Military History of Korea

한국군사사 ⑥

── 조선전기 II

기획 · 주간

육군군사연구소
ARMY MILITARY HISTORY INSTITUTE

육군본부

"역사를 깨닫지 못하는 자에게
비극의 역사는 필연적으로 되풀이 된다"

인류의 역사에서 전쟁은 한 국가의 명운을 좌우해 왔습니다. 그렇기 때문에 모든 나라들은 전쟁을 대비하는 데 전 국가역량을 집중해 왔습니다. 한 나라의 역사를 이해하기 위해 군사사 분야의 체계적인 연구가 필요한 이유가 여기에 있습니다.

육군에서는 이러한 군사사 연구의 중요성을 인식하고 1960년대부터 지금까지 '한국고전사', '한국의병사', '한국군제사', '한국고대무기체계' 등을 편찬하였습니다. 이는 우리의 군사사 연구 기반 조성에 큰 도움을 주었지만, 단편적인 연구에 국한된 아쉬움이 늘 남아 있었습니다.

이에 육군은 그간의 연구 성과를 바탕으로 군사사 분야를 보다 체계적으로 연구·집대성한 '한국군사사(韓國軍事史)'를 발간하였습니다. 본서는 2008년부터 3년 6개월 동안 비록 짧은 기간이지만, 많은 학계 전문가들이 참여하여 군사, 정치, 외교 등 폭넓은 분야에 걸쳐 역사적 사실을 새롭게 재조명하였습니다. 특히 고대로부터 근·현대에 이르기까지 전쟁사, 군사제도, 강역, 군사사상, 통신, 무기, 성곽 등 군사사 전반이 망라되어 있습니다.

"역사를 깨닫지 못하는 자에게 비극의 역사는 필연적으로 되풀이 된다"라는 말이 있습니다. 미래에 대한 변화와 발전도 과거에 대한 깊은 이해와 성찰을 통해서 이루어 질 수 있습니다. 이러한 의미에서 우리나라 최초로 군사사 분야를 집대성한 '한국 군사사'가 군과 학계 연구를 촉진시키는 기폭제가 되고, 군사사 발전을 위한 길잡이가 되길 기대합니다.

그동안 어려운 여건속에서도 연구의 성취와 집필을 위해 열과 성을 다해 준 집필진과 관계관 여러분의 노고를 치하합니다.

2012년 10월

육군참모총장 대장 김상기

1. 이 책의 집필 원칙은 국난극복사, 민족주의적 서술에서 벗어나 국가와 민족의 생존의 역사로서 군사사(전쟁을 포함한 군사 관련 모든 영역의 역사)를 객관적으로 서술하는데 있다.

2. 한글 맞춤법과 표준어 등은 국립국어원이 정한 어문규정을 따르되, 일부 사항은 학계의 관례를 따랐다.

3. 이 책의 목차는 다음의 순서로 구분, 표기했다.
   : 제1장 - 제1절 - 1. - 1) - (1)

4. 이 책에서 사용한 전쟁 명칭은 다음과 같은 원칙에 따라서 표기했다.
   (1) '전쟁'의 명칭은 다음 기준에 부합되는 경우에 사용했다.
   ① 국가 대 국가 간의 무력 충돌에만 부여한다.
   ② 일정 규모 이상의 대규모 군사활동에만 부여한다.
   ③ 무력충돌 외에 외교활동이 수반되었는지를 함께 고려한다. 외교활동이 수반되지 않은 경우는 군사충돌의 상대편을 국가체로 볼 수 있는지를 검토한다.
   (2) 세계적 보편성, 여러 나라가 공유할 수 있는 명칭 등을 고려하여 전쟁 명칭은 국명 조합방식을 기본적으로 채택했다.
   (3) 국명이 변경된 나라의 경우, 전쟁 당시의 국명을 사용하는 것을 원칙으로 했다.
   (예) 고려-요 전쟁   조선-후금 전쟁
   (4) 동일한 주체가 여러 차례 전쟁을 한 경우는 차수를 부여했다.
   (예) 제1차~제7차 고려-몽골 전쟁
   (5) 일반적으로 널리 알려진 전쟁 명칭은 ( ) 안에 일반적인 명칭을 병기했다.
   (예) 제1차 조선-일본 전쟁(임진왜란)   조선-청 전쟁(병자호란)

5. 연대 표기는 다음과 같은 원칙에 따라서 표기했다.
   (1) 주요 전쟁·전투·역사적 사건과 본문 서술에 일자가 드러난 경우는 서기력(양력)과 음력을 병기했다.
   ① 전근대 : '음력(양력)' 형식으로 병기하는 것을 원칙으로 했다.
   ② 근·현대: 정부 차원의 양력 사용 공식 일자를 기준으로 구분하여, 1895년까지는 '음력(양력)' 형식으로, 1896년 이후는 양력(음력) 형식으로 병기했다.
   (2) 병기한 연대는 ( ) 안에 양력, 음력 여부를 (양), (음)으로 표기했다.
   (예) 1555년(명종 10) 5월 11일(양 5월 30일)
   (3) 「연도」, 「연도 월」처럼 일자가 드러나지 않은 경우는 음력(1895년까지) 혹은 양력(1896년 이후)으로만 단독 표기했다.
   (4) 연도 표기는 '서기력(왕력)' 형태를 기본으로 하되, 필자가 필요하다고 판단한 경우에는 왕력(서기력) 형태의 표기도 허용했다.

6. 외국 인명은 다음과 같은 원칙에 따라서 표기했다.
   (1) 외국 인명은 최대한 원어 발음을 기준으로 표기하는 것을 원칙으로 했다. 단, 적절한 원어 발음으로 표기하지 못한 경우에는 한자음으로 표기했다.

(2) 전근대의 외국 인명은 다음과 같은 원칙에 따라서 표기했다.

　① 중국을 제외한 여타 외국 인명은 원어 발음을 기준으로 표기하고 한자를 병기했다.

　　(예) 누르하치[努爾哈赤]　도요토미 히데요시[豊臣秀吉]

　② 중국 인명은 학계의 관행에 따라서 한자음으로 표기했다.

　　(예) 명나라 장수 척계광戚繼光

(3) 근·현대의 외국 인명은 중국 인명을 포함하여 모든 인명을 원어 발음 기준으로 표기하는 것을 원칙으로 했다.

　　(예) 위안스카이[袁世凱]　쑨원[孫文]

7. 지명은 다음과 같은 원칙에 따라서 표기했다.

(1) 옛 지명과 현재의 지명이 다른 경우에는 '옛 지명(현재의 지명)' 형식으로 표기했다. 외국 지명도 이 원칙에 따라서 표기했다.

(2) 현재 외국 영토에 있는 지명은 가능한 원어 발음으로 표기했다.

　　(예) 대마도 정벌 → 쓰시마 정벌

(3) 전근대의 외국 지명은 '한자음(현재의 지명)' 형식으로 표기했다.

　　(예) 대도大都(현재의 베이징[北京])

(4) 근·현대의 외국 지명은 원어 발음으로 표기하는 것을 원칙으로 하되, 학계에서 일반화되어 고유명사처럼 쓰이는 경우에는 한자음으로 표기했다.

　　(예) 상하이[上海]　상해임시정부上海臨時政府

본문에 사용된 지도와 사진

- 본문에 사용된 지도는 한국미래문제연구원(김준교 중앙대 교수)에서 제작한 것을 기본으로 하여 필자의 의견을 반영해서 재 작성했습니다.
- 사진은 필자와 한국미래문제연구원에서 제공한 것을 1차로 사용했으며, 추가로 장득진 선생이 많은 사진을 제공했습니다. 필자와 한국미래문제연구원, 장득진 제공사진은 ⓒ표시를 하지 않았습니다.
- 이 외에 개인작가와 경기도박물관, 경희대박물관, 고려대박물관, 국립중앙박물관, 국사편찬위원회, 규장각한국학연구원, 독립기념관, 문화재청, 서울대박물관, 연세대박물관, 영집궁시박물관, 육군박물관, 이화여대박물관, 전쟁기념관, 한국학중앙연구원, 해군사관학교박물관, 화성박물관 외 여러 기관에서 소장자료를 제공했습니다. 이 경우 개인은 ⓒ표시, 소장기관은 기관명을 표시했습니다. 사진을 제공해 주신 분들께 감사드립니다.
- 이 책에 실린 사진 중에서 소장저를 파악하지 못해 사용허가를 받지 못한 사진이 있습니다. 이 사진에 대해서는 저작권자가 확인되는 대로 게재 허락을 받고 통상의 기준에 따라 사용허가 및 사용료를 지불하도록 하겠습니다.

목차

제7장

병력관리와
군수 · 통신 체제

제1절

군기와 군율

---

1. 기강의 확립과 군법 운영 체계의 개편

1) 체계 개편의 추진

군대와 군인이 정상적으로 기능하기 위해서는 명령 계통이 확실해야 했는데 그것을 유지하기 위해 예전부터 특유의 법이 존재해 왔다. 그것이 곧 군율이며 형률의 범주에 속하나 그 대상이 원칙적으로 군인이라는 점에서 별도로 취급되는 경우가 많았다.[1]

군율은 사회가 바뀌고 그로 인해 군대가 변모함에 따라 자연히 구조가 달라지게 된다. 그렇다고 본연의 역할이 변한 것은 아니며 내용과 기능면에서 차이가 생길 뿐이다. 역으로 군율의 모습이 변했다면 그것은 명령 계통이라든가 조직 운용상에 어떤 변동이 일어났음을 의미하는 것이기도 하다. 아울러 군인들의 군기를 확립하는 방식에도 변화가 발생했다고 볼 것이다.[2]

고려말에 사회 변동에 따른 체제 운영상의 혼란이 극에 달하면서 많은 문제가 발생했다. 국방 분야에서도 특히 사병화의 진전에 따른 통수 체제의 동요가 매우 심각해

---

1 齋藤忠和, 「北宋の軍法にいて」『中國近世の法制と社會』, 京都大學校人文科學硏究所, 1992.
2 尹薰杓, 「高麗時代 軍律의 構造와 그 性格」『史學硏究』69, 2003, 1쪽.

서 적을 보고도 싸우지 않거나 도피하는 군인들이 적지 않게 나오는 실정이었다. 하지만 이들을 제대로 처결하지 못함으로써 군의 기강이 심각하게 훼손되었다. 마침내 군법을 엄격하게 적용해서 이를 바로잡으려 했으나 그것은 오히려 혼란만 부추기는 요인이 되었다.[3]

위화도 회군 이후 정국을 주도했던 급진개혁파들은 통수 체제 등의 개편과 연계시키면서 군법의 운영과 관련하여 일어난 혼란 및 그에 따른 폐해를 제거하는 작업을 시도했다. 첫째로 군법의 내용을 정리하고자 했다. 이는 형정 체계의 개편과 연관되었는데 그 중에서도 형법 조문의 통일을 위한 형법서의 편찬이 긴요했다. 고려말에 이르면 형정에 정해진 법이 없어 중앙과 외방의 관사가 서로 다르게 적용시킨다거나 시행하는 자가 자의로 해석한다거나 권세가에 대한 아첨 또는 친구親故라며 엄호하는 등의 이유로 죄짓고도 처벌받지 않는 자가 있는 반면에 억울하게 죄 없이 극형에 처해지는 등의 폐단이 발생하여 심각한 사회문제가 되었다.[4] 이 문제를 해소하기 위해 형법서를 새로 만들고자 했는데, 개혁파들은 당시 시왕지제時王之制라고 일컫던 『대명률』을 채택하여 활용하되 우리의 율과 맞지 않는 부분이 있으므로 양쪽에 능통한 전문가들로 하여금 짐작해서 경정更定할 것을 주장했다.[5]

그런데 『대명률』의 채택은 군법 내용의 정리와도 직결되는 문제였다. 당시 조문이 제대로 통일되어 있지 않아서 적용하는데 문제가 발생했던 것이 일반 형정에만 국한되지 않았을 것이고 군법 시행과 관련해서도 마찬가지였을 것이다. 따라서 우선 근본이 되는 형법 조문, 그것이 『대명률』로 통일되고 그에 입각하여 군법 내용을 정리하는 것이 순서였을 것이며 개혁파들도 그런 방향으로 추진하고자 했을 것이다. 군법의 내용 정리를 직접적으로 거론하기보다 근본이 되는 법조문의 통일을 위해 『대명률』의 수용을 전제로 단계적인 문제 해결을 시도했던 것으로 생각된다.

둘째로 외적과 직접 전투해야 하는 지방군에게 적용하는 문제를 거론했다. 당시 상

---

3 尹薰杓, 「麗末鮮初 軍法의 運營體系와 改編案」 『韓國思想史學』 21, 2003, 151~152쪽.
4 尹薰杓, 「고려시대 官人犯罪의 行刑 운영과 그 변화」 『고려시대의 형법과 형정』, 국사편찬위원회, 2002, 128~130쪽.
5 『고려사』 권84, 지38, 형법1, 직제, 우왕 14년 9월.

황에서 군법의 주된 일차적인 적용 대상은 지방군이었다. 일단 도별로 일원적인 지휘체계를 확립시킬 것을 주장했다. 그런 위에서 기존의 안렴사按廉使 대신 도안렴출척대사都按廉黜陟大使로 격을 높여 파견하여 절제사 등을 감독하며 근무 성적에 따른 출척黜陟, 즉 포폄褒貶을 담당시킬 것을 제시했다. 이는 안렴사의 품계가 관할 지역 내의 방진方鎭의 군관보다도 낮았기 때문에 제대로 다스릴 수 없었던 데서 발생했던 심각한 문제를 해소하려는 것이다. 이로써 당시 외적이 주군州郡을 공파해도 방진은 거리낄 것이 없어 군사를 끼고 위엄만 기르며 앉아서 바라보기만 하고 싸우지 않아 적의 기세가 날마다 맹렬해지는 폐단을 근절하고자 했다.[6]

장차 방진의 군관도 수령과 마찬가지로 5사, 즉 호령엄號令嚴·기계정器械精·병졸련兵卒鍊·둔전수屯田修·해구식海寇息의 성적에 따라 출척토록 함으로써 근무 평가의 기준이 새롭게 마련되게 하려고 했었다. 종전처럼 멋대로 정한 기준이나 권세가와의 친소 관계에 의거해서 처리되지 않도록 하기 위해 보다 합리적인 근거에 의해 마련된 표준안에 따라 집행되도록 하고자 했음을 알 수 있다.

이에 근간해서 군관에 대한 처벌 기준도 정했다. 전투에 패배하여 한 주군을 상실한 자는 참하고 그 다음에 해당하는 죄에 대해서는 파직으로 논죄하며 다시 그 아래의 죄는 벌을 주되 공무는 그대로 맡도록 했다. 죄의 크기에 따라 벌을 주도록 함으로써 남형을 방지하는 대신에 책임을 확실히 묻도록 했다.[7]

군관의 5사는 주로 평상시의 근무 성적을 평가하는 기준으로 작용할 것인데, 이는 자칫 해이해지기 쉬운 상황에 놓인 장수들에게 항상 긴장감을 유지시켜 직무에 충실토록 만들고 특히 승진과 강등에 대해 명확하고 공평한 지침을 제공함으로써 군기를 엄정하게 세울 수 있도록 한 것이었다.

그리고 전투에서 패배하여 한 고을을 상실하면 참하고 그 이하 죄의 경중에 따라 처벌함으로써 유사시의 처결이 분명하게 이루어지도록 했다. 이렇게 군정 및 군령 체계에 대한 개선작업을 전개하는 것과 더불어 평상시와 유사시를 구분하여 그 처리 기준을 구체적으로 상정함으로써 공정한 군법의 운영체계가 수립, 유지되도록 만들려고

6 『고려사』 권75, 지29, 선거3, 전주, 범선용감사, 창왕 즉위년 7월.
7 尹薰杓, 「朝鮮初期 外方武班의 褒貶制」 『實學思想研究』 10·11, 1993, 312~313쪽.

했다.

이렇듯 방진의 군관 등과 같은 외방 지휘관에 대해서는 비교적 구체적인 방안을 마련했으나 중앙에 대해서는 직접적인 언급이 상대적으로 적었다. 그만큼 외적의 방어와 관련하여 외방의 군사 문제 해결 및 군법 운영 체계의 개편이 시급했음을 반증하고 있다. 그러나 중앙 차원의 통수 체제 개혁 작업과 연계시켜 가면서 운영체계 전반에 걸쳐 구조적인 문제 해결을 시도하지 못했던 것은 개편안이 지닌 한계를 뜻하기에 조속한 후속 조치가 필요했다. 하지만 왕조 교체라는 정치적 격변으로 인해 실행되지 못한 채 조선으로 넘겨졌다.

2) 건국 직후의 병권 집중과 군법의 성문화

초창기 개편 작업을 주도했던 정도전은 의흥삼군부의 판사직을 겸하면서 그간 혼란을 초래하였던 사병적인 통솔체제를 해체시키고 병권의 중앙 집권을 꾀했다.[8] 그는 태조의 즉위교서를 통해 의장과 법제는 한결같이 전조前朝의 고사故事에 의거하겠다면서도 고려말에는 형률에 일정한 제도가 없었다고 비판했다. 그리고 지금부터 『대명률』의 적용을 강조하였다.[9] 그러나 잘 모르는 백성들이 법에 저촉되지 않을까 걱정해서 유사에게 명해 『대명률』을 방언으로 번역해서 많은 사람들로 하여금 쉽게 알도록 할 것과 처결함에 있어서는 모두 이 율을 사용하도록 할 것을 건의했

정도전 동상(충북 단양) 도담삼봉.

8 韓永愚, 『朝鮮前期社會經濟研究』, 乙酉文化社, 1983, 52~53쪽.
9 『태조실록』 권1, 태조 1년 7월 정미.

대명률(규장각한국학연구원)

다.[10] 얼마 지나지 않아 『대명률』을 이두로 풀이한 『대명률직해』가 간행되었다.[11] 따라서 세세한 것까지 『대명률』에 의해 처결하지 않았지만 기본적으로 우선하여 적용시키려 했던 것은 분명하다.

이는 군법의 운영 체계에도 곧 바로 반영되었다. 도평의사사에서 군법[12]에 군사를 거느리는 자는 사졸과 더불어 고락을 함께하고 항상 병에 걸린 군인을 잘 구호하여 마음이 떠나지 않도록 해야 적과 싸울 때 공을 세울 수 있다며, 만일 병이 깊어 구료가 어려운 자는 하선下船시켜 그 관官으로 하여금 구호하되 정성껏 돌보지 않아 죽는 자가 있으면 각관各官의 차인差人 및 여전히 조령條令을 쫓지 않는 만호萬戶·천호千戶·영선두목領船頭目을 『대명률』의 군사무어무방조軍士撫馭無方條에 의해 결장決杖 1백에 처하고 변방의 군역에 편입시킬 것을 건의해서 승인받았다.[13]

이렇듯 전투에 패배한 지휘관뿐만 아니라 병에 걸린 사졸들을 제대로 돌보지 않아 발생했던 인명 손실에 대해서도 『대명률』 조문에 의거 처벌하도록 함으로써 군법 운영 체계의 개편에 직접적인 영향을 주었다. 종전과 달리 전투 위주의 군법 운영에서 탈피해서 지휘관들로 하여금 군인 위생과 구호에도 적극적으로 관여하도록 만듦으로써 실질적인 변모의 계기를 부여했다.

또한 정도전은 군법 운영과 관련하여 전쟁터에서는 상이 많아야 목숨을 내놓고 뛰어들 수 있고 벌이 무거워야 죽는 데도 불구하고 나아갈 수 있는 것인데, 상과 벌이

---

10 『조선경국전』 하, 헌전, 총서.
11 李成茂, 『朝鮮兩班社會硏究』, 一潮閣, 1995, 298쪽.
12 이는 현대식 표현으로는 병법이라고 해야 올바르다.
13 『태조실록』 권11, 태조 6년 2월 갑오.

공정하지 못하고 한 개인의 기쁨과 노여움에서 결정된다면 아무 소용이 없다며 반드시 공적인 데서 나와야 함을 강조했다.[14] 상벌의 공정하고 공평한 운용이 무엇보다 중요하다는 것이다.

이에 바탕을 두고 세부적인 사항들을 정리했다. 진치고 적과 대치할 때에는 반드시 엄한 형벌을 먼저 세워 겁먹고 후퇴하는 것을 위압해야 하며, 만약 명령을 어기고 정돈하지 않거나 기약을 어기고 기율을 상실하는 것은 전군을 전복시키고 말 것이니 경계해야 한다며, 반드시 중전重典을 써서 중심衆心을 통일시킨 다음 군정을 거행해야 무공을 이룰 수 있는 것이라고 했다.[15] 군의 일사불란한 통솔을 위해서도 군법의 내용이 매우 엄중해야 한다는 것이다.

그러한 원칙이 마침내 구체화되기에 이르렀다. 우선 고려말 조준 등의 상소에서 입론되었던 '하나의 성보를 잃고 하나의 주현을 상실해도 군법으로 처리한다[失一城堡亡一州郡 軍法從事]'가 조선에 들어와 최초로 간행된 성문법전인『경제육전』에 수록되어 적용되기에 이르렀다.[16] 단 하나의 성보나 주현을 상실하더라도 책임자를 군법으로 다스리겠다는 것은 방어상의 실패는 결코 용납하지 않겠다는 것으로 당시 상황의 심각성을 반증하는 것이다. 동시에 이는 왕조 교체의 어수선한 시기를 맞이하여 우선 방어의 일차적 책임과 권한을 지방관 및 지휘관에게 부여하고 그 공과에 따라 처리한다는 정책에서 비롯되었다.

하지만 위 조문에는 구체적으로 어떻게 다스리겠다는 내용이 실려 있지 않았기 때문에 그대로 적용하기가 어려웠다. 이때 고려말에 제출된 도제의 강화에 기반하여 도안찰출척사를 파견해서 관내 민관과 군관을 엄격히 통제하자는 방안에 근거하여 1392년 9월에 제도에 안렴사를 파견하며 다음과 같이 하교했다. '혹 적을 두려워하여 머뭇거리거나 탐욕스럽고 간사한 짓으로 백성들을 소란하게 하거나, 율을 위반하고 법을 어긴 자들을 마땅히 징계해야 될 것이니, 양부兩府 이상은 감금하여 신문하고

---

14 『조선경국전』하, 정전, 상벌.
15 『조선경국전』하, 헌전, 군정.
16 『태종실록』권19, 태종 10년 6월 을축. 위 조문은 본래 "其失一城堡 亡一州郡者 處以軍法 毋得輕宥 以示勸懲"이었는데,『경제육전』에 수록되면서 다소 수정된 것으로 생각된다(연세대학교 국학연구원편,『經濟六典輯錄』, 다은, 1993, 246~247쪽 참조).

가선嘉善 이하는 마땅하게 처결하라'고 했다.[17]

1392년 7월에 제정된 문산계에 따르면 가선대부는 종2품 하계였다.[18] 따라서 위 하교에서 양부 이상이란 결국 종2품 상계 이상을 의미했다. 이들은 고려시대의 재추를 이어받아 국가의 중대사를 처리했으며,[19] 그에 따른 많은 특권을 누렸다.[20] 하지만 최고위직자라도 제대로 싸우지 않으면, 안렴사로 하여금 감금하거나 처결할 수 있게 함으로써 실질적으로 군법을 적용할 수 있게 했다.

그러나 안렴사들은 그대로 시행하지 못했다. 실례로 1393년에 왜구와의 싸움에서 패배한 지군사知軍事 김균金鈞 등에 대해 서해도 안렴사는 당시 정황만 보고했을 뿐 처결에 직접 관여한 자취는 보이지 않는다. 왕명으로 관련자들에게 군률을 적용시켜 처리했을 뿐이다.[21] 이보다 조금 앞서 왜구에게 병선 3척을 빼앗겼다는 이유로 처형된 고만량만호高灣梁萬戶도 형조의 정문呈文에 의거한 도평의사사의 보고에 따라 집행되었다.[22]

실제로 안렴사들은 하교 받은 대로 군법을 적용했던 것은 아니었다. 그 이유는 무엇보다 안렴사의 권한을 제대로 발휘하기 어렵게 했던 제도상의 결함에서 발견된다. 즉 군정·민정을 모두 통솔케 함으로써 책임이 막중한 데도 실질적으로 지위가 낮기 때문에 장수와 수령들을 쉽게 제어할 수 없었다. 그 대신 2품 이상의 중신으로 임명한 관찰사를 파견함으로써 이 문제를 해결해 보려고 했다.[23]

1393년 9월부터 관찰사가 파견됨에 따라 관내의 장수와 수령들 사이의 관계 및 군법의 적용 방식에 관한 조정이 필요했다. 드디어 1397년(태조 6) 2월의 도평의사사의 상언에 따라 다음과 같이 규정되었다.

---

17 『태조실록』 권2, 태조 1년 9월 기축.
18 李成茂, 『朝鮮初期兩班研究』, 一潮閣, 1980, 74~75쪽.
19 金松姬, 『朝鮮初期堂上官兼職制研究』, 漢陽大出版部, 1998, 50~51쪽.
20 李成茂, 「朝鮮初期의 文·武散階」『朝鮮兩班社會研究』, 一潮閣, 1995, 73쪽.
21 『태조실록』 권4, 태조 2년 7월 병진.
22 『태조실록』 권3, 태조 2년 3월 경신.
23 張炳仁, 「朝鮮初期의 觀察使」『韓國史論』 4, 서울大 國史學科, 1978, 144쪽.

이제 각관의 군민 호수를 장부에 기록했으니 도절제사는 마땅히 그 장부에 의거하여 군대의 수를 작정하되, 농한기에는 각각 그 관에서 무예를 훈련하고 유사시에는 때에 맞게 이를 초치하여 공격 수비하게 할 것이며, 만일 군관·군인을 즉시 기송起送하지 않거나, 군기軍器나 의갑衣甲이 견실하지 않거나, 늙고 약한 군인을 추려서 기송하는 일이 있으면 수령 및 총패摠牌·두목頭目을 조율하여 논

관찰사 부임(국립중앙박물관)
김홍도가 그렸다고 전하는 「평생도」 중 지방으로 부임해 가는 관찰사의 행렬을 그린 것이다.

죄한 후에 도관찰사에게 보고하게 할 것입니다. 또 도절제사로서 구도寇盗가 장차 이른다는 소식을 듣고도 머뭇거리고 즉시 나가지 않은 자, 전투에 임하여 힘을 다하지 않은 자, 변고 없이 군을 일으킨 자, 적의 수가 적은데도 전 병력을 동원한 자, 시기가 아닌데도 전렵田獵을 한 자, 긴급하지 않은 공사로 군관에게 말을 주어 도내를 횡행하게 한 자는, 관찰사가 규찰하여 신문해서 논죄하게 할 것입니다.[24]

위에서 일단 군사 관계는 도절제사로 하여금 총괄하도록 했음을 알 수 있다. 권한과 함께 책임에 따른 처벌 관계도 명확히 했다. 즉 관별로 군의 수를 정한 뒤에 농한기에는 훈련을, 유사시에는 동원에 따른 전투를 책임 지우는 것과 아울러 휘하 인원에 대한 징계도 담당하게 했다. 의무적으로 도관찰사에게 보고해야 하지만 위 규정에 따르면 그것은 처리 결과에 관한 것이었다. 특히 민사가 아닌 군사에 관해 '수령 및

---

24 『태조실록』 권11, 태조 6년 2월 갑오.

총패·두목을 조율하여 논죄한다'고 했을 때 일반 형률보다 군법을 적용했을 가능성이 높다. 유사시 군대를 지휘하면서 지니게 되는 전결권의 행사와 관계가 있기 때문이다.

한편, 관찰사는 도절제사의 보고를 받고서 이를 검토하거나 징후를 살피는 상황에서 수집된 정보 등을 바탕으로 종합 정리된 것을 조정에 최종적으로 신문하여 죄를 논하게 하는 권한을 지니게 되었다. 이렇듯 관찰사의 감독을 받는 상황에서 도절제사가 휘하 인원들에 대해 자의로 군법을 적용하기란 쉽지 않았을 것이다. 일단 양자 사이의 견제와 균형을 통해 혹시 빚어질지도 모르는 군법 적용의 폐해나 남용 등을 차단하고자 했던 것이 아닐까 한다.

하지만 사안별로 형량이 얼마나 되는지는 구체적으로 정해놓지 않았다. 전쟁이나 비상 상황이 아닌 경우에는 사안에 따라서 적당하게 처리했던 것 같다. 실제의 사례를 보면 1409년(태종 9)에 풍해도경차관으로 나갔던 한옹韓雍의 보고에 의거해서 도관찰사 함부림咸傅霖 이하에 대해 의정부에서는 다음과 같은 형량을 정하였다. 즉 함부림은 보고해야 할 일을 제대로 하지 아니한 죄로 태 40, 병마도절제사 김계지金繼志는 정원 외에 함부로 군병을 충당한 죄로 장 1백, 만호 박귀봉朴貴俸과 최안해崔安海는 군인을 동원하여 시기가 아닌데도 사냥한 죄로 태 40으로 처벌할 것을 청했다.[25] 국왕에 의해 그대로 받아들여지지 않았지만 그 당시 처리 방식 및 형령의 부과 형태 등을 잘 보여주고 있다.

대체로 1397년 2월의 도평의사사의 상언대로 시행되었음을 알 수 있는데 제대로 보고해야 할 책임이 있는 도관찰사가 그렇게 하지 않았을 경우에도 처벌되었다.[26] 그러나 책임자급에 대한 형량만큼은 보고 받은 뒤 중앙에서 적당히 정하여 처리했던 것으로 보인다. 몹시 위급한 경우에는 지휘관의 전결권으로 처리했겠지만 그렇지 않다면 중앙에서 결정하여 처리했다.

다른 한편으로 왕조 성립 직후에는 여러 가지 복잡한 사정으로 중앙군에도 사병적

---

25 『태종실록』 권17, 태종 9년 5월 무자.
26 왜선 3척이 삼척부를 노략질하는데도 두려워하면서 쫓아가지 못한 천호의 처벌을 관찰사가 청했던 일을 통해 재차 확인된다(『태종실록』 권14, 태종 7년 7월 정축).

인 통솔 체제가 잔존하고 있었다.[27] 이것을 완전히 청산하여 국가의 공병으로 전환하는 것과 더불어 그들의 군기를 확립하기 위해 군법 운영 체계를 개편하는 일이 남아 있었다. 그러나 이로 인해 일어날지도 모르는 중앙 정계의 권력 구도 재편 등과 맞물려 있었기 때문에 매우 신중하게 진행되어야 했다. 드디어 1394년(태조 3) 정도전 등의 상소를 통해 거론되기 시작했다.

> 군사는 엄함을 위주로 삼으니 판지判旨를 따르지 아니하여 무릇 부위지법府衛之法에 범하는 자가 있으면 의흥삼군부로 하여금 상세히 심문하게 하여, 중자重者는 계문하여 법사法司에 내려 과단科斷하고 간사하고 완악하여 허물을 고치지 아니하고 성법成法을 무너뜨려 여러 사람을 미혹시키고 어지럽히는 자는 변방에 안치하여 군역에 충당하게 할 것입니다.[28]

위에서 판지란 임금이 판하判下하여 내린 명령[29]이란 뜻을 지니고 있으므로 이에 따르지 않는다는 것은 결국 왕명을 거역하는 것을 말한다. 그리고 부위지법의 부위府衛란 중국 당나라의 부병제에서 나온 용어인데, 그 해석을 놓고 현재 두 가지 견해가 존재한다. 먼저 『조선경국전』에서는 '우리 나라에서는 중앙에는 부병이 있고, 그 밖에 주군에서 당번으로 상경하는 숙위병이 있으며, 지방에는 육수병과 기선병이 있다.'[30]고 했기 때문에 이에 근거해서 부위는 중앙에만 상주하는 군대라고 해석할 수도 있는데, 반면에 병농 일치에 따라 지방에서 번상 입역하는 체계를 부위법府衛法이라고 이해하는 견해도 있다.[31] 후자를 따르면 번상하는 지방군까지도 포함시킬 수 있다.

그런데 위 사료에서 '성법을 무너뜨리는 자는 변방에 안치하여 군역에 충당한다'는 표현이 나오는 것으로 미루어 보아 부위지법이 단순히 일반 군인들을 대상으로 적용

---

27 조선 성립 직후 중앙의 군대는 사병적 존재들로 구성되었다(閔賢九, 『朝鮮初期의 軍事制度와 政治』, 韓國研究院, 1983, 101쪽).

28 『태조실록』 권5, 태조 3년 2월 기해.

29 檀國大學校東洋學研究所, 『韓國漢字語辭典』 卷1, 1992, 585쪽.

30 『조선경국전』 하, 정전, 군제.

31 金鍾洙, 「高麗・朝鮮初期의 府兵」 『歷史教育』 69, 1999, 121쪽.

하는 군법을 가리키는 것으로 보이지 않는다. 적어도 일정 범위의 특수한 위치에 있던 군인들에게 적용하기 위해 제정했다는 인상이 강하다. 만약 육수병, 특히 기선병까지를 모두 범주에 포함시켰다는 것은 내용상 무리한 점이 적지 않다. 명령에 잘 따르지 않는 기선병의 처벌이 변방 군역의 충당이라는 것은 이해하기 어렵다. 이는 육수병에게도 마찬가지이다. 따라서 부위지법은 일반 군법으로 보기 어려우며 특수층을 대상으로 별도로 만든 것으로 생각된다.

군법으로서의 부위지법에 적용되는 층은 그야말로 당시 부위에 해당되는 존재들로서 대개 공병이면서도 실제로 중앙 권력자들의 사병적인 지휘체계로 움직이는 군사들로 여겨진다.[32] 이들은 직속 상관이 아니면 거의 통제를 받지 않았기 때문에 심지어 국가 기구조차 어쩔 수 없었다. 가장 전형적인 사례로 1397년 왜구를 격퇴하기 위해 해도조전절제사海道助戰節制使에 임명된 진을서陳乙瑞가 그 휘하에 있던 갑사甲士 이순백李順伯과 노현수魯玄守를 군법으로 다스리려고 하자 좌우에서 친군親軍이니 마땅히 신청申請하여야 한다며 말렸던 사건을 들 수 있다.[33]

이때의 갑사는 무장한 일반 군인이 아니라 고려말에 태조 휘하에 있다가 조선으로 넘어오면서 친군위親軍衛에 소속된 군사를 가리킨다.[34] 따라서 공병임이 분명했으나, 그에 대한 신병처리는 반드시 왕명에 따라야만 했으니 심지어 절제사의 전결권마저도 행사할 수 없는 존재였다. 그들을 일반 군법에 의거해 처결한다는 것은 상정하기 힘들다. 정도의 차이는 있겠지만, 친군위의 갑사가 아닌 왕자, 종친, 개국공신 등이 거느린 사병에 대해서도 국가기구라든가 다른 관원들이 통제하기란 매우 힘들었을 것이다. 즉, 갑사 이순백 등과 같은 경우가 얼마든지 일어날 수 있는 상황이었다.

그렇기 때문에 일단계 조치로 판지의 형식을 취해 내려지는 명령을 거역하는 군사들을 처벌할 수 있는 발판을 마련하고자 했다. 이것이 쌓여 마침내 부위지법이라는 법체계를 확립하였을 것인데 그것은 일반 군인들을 대상으로 하는 군법과 성격이 조금 달랐다. 중앙의 사병적 통솔체제를 점차 해체시키고 완전한 공병으로 만들기 위한

---

32 閔賢九, 「朝鮮初期의 私兵」『東洋學』14, 1984.
33 『태조실록』권12, 태조 6년 7월 정사.
34 柳昌圭, 「朝鮮初 親軍衛의 甲士」『歷史學報』106, 1985, 135~137쪽.

군법으로 운영되었던 것으로 짐작된다.

그 점은 운영 체계의 분석을 통해 볼 때 더욱 확연한데, 판지를 따르지 않거나 부위지법을 위반하는 자는 의흥삼군부에서 심문하되 곧 바로 처리하는 것이 아니었다. 중자, 즉 정도가 심한 자라야 계문하여 법사에 내려 과단하도록 했으며, 끝까지 반성치 않으면서 성법의 운영 체계를 위협할 정도가 되야 변방의 군역에 충당하도록 했다. 중범죄자라면 즉각 참으로 처단하는 것이 군법의 일반적 운영인데 사뭇 다른 모습을 보여주고 있다. 아무리 의흥삼군부가 군권을 장악하는 기구라 하더라도 거기까지는 이르지 못했다.

어쨌든 중앙의 사병적 존재에 대해 국가의 명을 거역하거나 군법을 범할 경우 처벌할 수 있는 발판을 마련했다는 점이 중요하며, 이 역시 『경제육전』을 통해 법제화되었다.[35] 이렇게 해서 당시 정치적 혼란의 요인이었던 사병적인 통솔 체계를 해체해서 공병 조직으로 전환시키는 것과 더불어 군법 운영 체계도 그에 맞추어 개편하고자 했다.

2. 군령의 운용과 군법의 적용

1) 군법 운영 방식의 변모

최초로 간행된 성문 법전인 『경제육전』에 수록되어 적용되었던 '하나의 성보를 잃고 하나의 주현을 상실해도 군법으로 처리한다.'라든가 부위지법 등은 왕조 교체 직

---

35 이는 『세종실록』의 "六典一款節解 凡於宿衛 有所犯 重者啓聞 下法司科斷 其姦頑不革 沮毀成法 惑亂衆聽者 置之邊遠 以充軍役(『세종실록』 권10, 세종 2년 11월 갑술)"라는 구절에 의해 확인된다. 그런데 양자를 비교해 보면, 태조대의 원문과 약간 다른 부분이 있는데, '凡有衛之法'이 '凡於宿衛'로 변경되었다. 전자는 사병 혁파 이전이며, 후자는 그 이후의 것이다. 따라서 중앙에서 사병적 통솔체제가 해체되고 공병 체제가 자리잡으면서, 그들을 대상으로 삼았던 부위지법은 더 이상 의미가 없다고 여겼으나 법 자체의 기본 골격을 유지시킬 필요가 있었는데, 다만 좀더 뜻을 명확히 하려고 용어만 바꿨던 것으로 생각된다. 『경제육전』은 몇 차례 개찬작업을 거쳤는데, 그 과정에서 본래의 법조문은 그대로 두되 필요에 따라 용어를 교체하거나 표현을 바꾼 것이 있었다(연세대학교 국학연구원편, 「해제」 『經濟六典輯錄』, 도서출판 다은, 1993, 참조).

후의 어수선했던 정치 상황으로 본다면 대단한 의미를 지니고 있었다. 하지만 사정이 바뀌면서 달라지기 시작하였다. 전자의 경우 지나치게 방어적이며 수세적이라 전시 작전에 입각했던 군령의 운용에 결부된 본래의 모습과는 다소 거리가 있었다. 그로 인해 일반 형법과의 차이가 명확하지 않았으며 실제 처결 과정에서도 두드러진 점이 보이지 않는다. 그런데 태종 후반 특히 세종대에 들어와 정세의 변화에 따른 적극적인 북방 개척의 추진 및 왜구의 근절을 위한 쓰시마 정벌 등이 시도되면서 서서히 공세적인 자세로 바뀌었고 그 과정에서 군법의 적용 양태도 달라졌다. 후자의 경우도 비슷했다.

세종이 즉위한 이후 체제 정비를 통해 어느 정도 내정이 안정되었던 것과 더불어 점차 외부에 대해 그 동안 수세적인 태도에서 벗어나 적극 공세를 펼치기 시작했다. 강역의 안전한 수호를 위해서는 보다 적극적인 자세가 필요한 것임을 인식하고 이것을 실천해 나갔던 정책의 추진에 따른 결과였다.[36]

첫 번째 시도가 1419년(세종 1)의 쓰시마 정벌이었다.[37] 그런데 당시 전투에서 패배했던 지휘관들을 처벌해야 한다는 주장이 제기되었다.[38] 원정군이라도 잘못한 것에 대해서는 응분의 책임을 물어야 한다는 논의에서 나온 것으로 지금까지 주로 방어에 실패했을 때 군법으로 다스렸던 경우와 구별되는 면이 없지 않았다.

그 다음의 대규모 원정이 1433년(세종 15)에, 그 뒤에도 오랫동안 두통거리로 남았던 이만주李滿住 등이 이끌던 파저야인婆猪野人을 향해 단행되었다.[39] 준비가 철저했던 만큼 전에 없이 군령의 세세한 부분까지 마련되었고 군법 적용에 대한 것도 매우 구체적으로 설정되었다.

처음 최윤덕崔閏德이 발군할 때 여러 장수를 모아 놓고 교서와 사목을 보이고, 인하여 취초하기를, "주장조령主將條令을 혹 어기는 자가 있으면, 삼가 교서에 의해 군법으로

---

36 朴元熇, 「15세기 동아시아 정세」『한국사 22-조선 왕조의 성립』, 국사편찬위원회, 1995.
37 이 문제에 대해 장학근, 「대마도 정벌」『조선시대 군사전략』, 국방부 전사편찬연구소, 2006이 참고된다.
38 『세종실록』권5, 세종 1년 8월 병술 ;『세종실록』권5, 세종 1년 8월 갑오.
39 강성문, 「世宗朝의 婆猪野人 征伐戰」『韓民族의 軍事的 傳統』, 鳳鳴, 2000.

종사從事할 것이니, 그 죄를 면치 못할 것이다."고 했다. 군령에, "1. 피인彼人과 대적할 때 지금 내린 칙서勅書 및 영락연간永樂年間에 선유宣諭한 성지聖旨의 사연을 개설하지 말고, 일체 반강頒降한 교서에 의해 제장諸將들은 오로지 주장의 영을 따른다. 1. 주장이 각角을 일통一通하면 제장은 응해야 하는데, 금고金鼓도 같으며, 휘麾를 좌左로 눕히면 좌로, 우右로 눕히면 우로 간다. 고鼓를 치면 나아가고, 금金을 치면 그치며, 재금再金하면 곧 물러나되, 일체 주장의 령에 따른다. 1. 임전에 휘에 불응하는 자, 고를 듣고도 부진한 자, 장수를 구하지 않은 자, 군정軍情을 누설하는 자, 요언妖言을 발하여 중자衆者를 혹하게 하는 자는 대장大將에게 고하여 참단斬斷한다. 1. 그 패牌를 잃고 타패他牌를 따르는 자, 장章을 잃은 자, 떠드는 자는 벌한다. 1. 오伍 중에서 3인人을 잃은 자는 벌하고, 패두牌頭를 구하지 않은 자는 참한다. 1. 고를 천천히 치면 천천히 가고, 빨리 치면 빨리 가며, 법을 따르지 않은 자는, 행진行陣에는 벌을 주고, 임전臨戰에는 참한다. 1. 적리賊里에 들어가서 늙고 어린 남녀는 격자擊刺하지 말며, 장정이라도 항복하면 죽이지 말라. 1. 적리에 들어가 영을 내리기 전에 재보를 수습하는 자는 참한다. 1. 험애를 행군하다가 갑자기 적인賊人을 만나면 그치고 공격하며, 각을 불어 그 군에게 보고하고, 제군諸軍은 각으로 주장에게 보고한다. 후퇴하여 패하는 자는 참한다. 1. 우마계견牛馬鷄犬을 죽이지 말고, 집을 불태우지 말라. 1. 대저 공벌법攻伐法은 의로서 불의를 주멸하는 것이니, 그 마음을 다스려서 만전을 기하는 것이 의인데, 만약 노유老幼를 잡아 죽이고, 당인唐人을 죽여 군공을 낚고자 조령을 범하는 자는 모두 군법으로 시행한다. 1. 월강시 반드시 오오십십伍伍什什씩 차제次第로 상선上船하고, 먼저 타려고 다투어 차례를 잃지 말 것이며, 어기는 자는 총소패摠小牌와 함께 논죄한다. 1. 영營에 머무는 사객使客과 제장을 접대할 때에 경래군관京來軍官들은 칼을 차고 좌우를 떠나지 말아야 하고, 어기는 자는 5일료日料를 정지하며, 행진하면 기정고독旗鉦鼓纛을 영에 따라 봉지捧持한다. 1. 진무鎭撫 1원과 경래군관 4원은 날마다 윤번으로 영문을 파직하며 행로인行路人을 제외하고 각군 절제사 및 영군차사원등領軍差使員等은 반인伴人 1명만 거느리고 들어온다. 1. 주장이 내린 영은 진무소에서 전해 일체 동정動靜에 응하되 제군은 진무소에서 영을 듣는다. 1. 각패各牌 사후伺候 1인은 불리不離하고서 영을 듣는다. 1. 만약 사람과 말이 사망하면, 말은 뼈를 거두어 묻어 주고, 사람은

『세종실록』 권12,
세종 3년 7월 기사)
병조에서 올린
진법 훈련의 시행규칙.

싣고 온다."고 했다. 영을 마치고 제장들과 함께 언약하기를, "오는 19일에 모두 적의
소굴에 들어가서 문죄問罪하는데 만일 비바람이 심하여 날씨가 어두우면 20일도 가하
다."하고, 자리에 나아가서 서로 배拜하고 헤어졌다.[40]

　이로써 종래의 방어적, 수세적 입장에서 벗어나 대규모 공세를 펼치기 위해 군령에
관련된 필요한 사항들이 망라되어 정리되었으며, 그에 따른 군법의 적용 내용도 사안
별로 상황에 따라 어느 정도 처벌해야 하는지가 상세하게 되었다.

　위에서 16개조로 된 군령에는 주장에서 일반 병사에 이르기까지 수행해야 할 역할
과 행동, 명령의 전파 방식, 임전 수칙 및 행군시 각종 주의 사항, 적진에서의 엄금 행
위, 그리고 이것을 위반한 자에 대한 처벌 내용 등이 포함되었다. 한편 일부 조문에
는 세부적인 면까지, 예컨대 벌로서 그쳐야 할 것과 참해야 하는 것까지 세밀하게 규

---

40 『세종실록』 권60, 세종 15년 5월 기미. 당시 군법 마련, 계획 수립 등에 관여했던 자는 원정 지휘
　관뿐만이 아니었다. 이에 대해 문신인 안숭선이 주도적 역할을 했다는 기록이 있어 주목된다(『문
　종실록』 권13, 문종 2년 4월 무인, 안숭선 졸기 참조).

정하여 집행에 따른 혼란이 일어나지 않도록 하되 중복되거나 상호 모순이 없게 해서 전체적으로 운영하는데 지장이 생기지 않게 했다.

그런데 여기서 특별히 주목해야 할 것은 1421년 7월에 병조에서 외방으로 진법 훈련을 확대 실시할 것을 건의하면서 올렸던 '진도지법陣圖之法'이다. 행진行陣, 결진結陣, 응적應敵, 교장敎場 순으로 편을 나누어 진법의 내용 및 연습 절차 등에 대해 서술하다가 마지막 부분에 '무릇 출군했을 때 중위中衛에서 진을 돌아다니며 요탁搖鐸하면서 영하는 내용'을 수록했다. 그 영에는 기각김고지절旗角金鼓之節, 좌작진퇴지절坐作進退之節을 어긴 자 및 망장복자亡章服者는 주장에게 보고해 문득 참한다는 것과 5인 중에서 2인을 잃으면 나머지 구하지 않은 3인을 벌한다는 것 등이 실려 있다.[41] 이것으로 위에서 최윤덕이 발군할 때 제장을 집합시키고 보여준 사목의 기각김고지절旗角金鼓之節에 의거한 좌우진퇴에 관한 사항들이 병조에서 올렸던 '진도지법'에 근거하여 마련되었음을 알 수 있다.

대개 파저야인의 정벌을 위해 마련했던 군령은 이전부터 내려왔던 것에다 정벌이라는 당시의 특별한 상황을 가미하고 여기에 세종 즉위 이후 중외에 걸쳐 체계적으로 실시했던 진법 훈련의 내용 및 그 성과 등을 종합해서 정리한 것이었다. 특히 정벌을 앞두고 동원된 군대에게 갑자기 나누어주고 억지로 따를 것을 강요했던 것이 아니라 정기적으로 익혀 왔던 것을 실전에 임해서 자연스럽게 구현케 하고자 했던 것이다.

파저야인의 정벌에서 얻었던 성과들은 곧 바로 재정리되어 조금 뒤 하경복河敬復 등에 의해 편찬된 『계축진설癸丑陣說』[42]의 군령편에 수록된 것으로 파악된다.[43] 그렇게 보는 이유로 우선 형태상으로, 더불어 내용상으로 매우 유사하다는 점을 들 수 있다. 다만 원정이라는 특수 상황으로 인해 들어간 몇몇 조, 예컨대 '적리에 들어가서 늙고 어린 남녀는 격자하지 말며……'라든가, '대저 공벌법은 의로서 불의를 주멸하는 것이니……' 등은 제외되었다. 그 이외에는 대개 유사한데 『계축진설』의 군령편에는 다

---

41 『세종실록』 권12, 세종 3년 7월 기사.
42 『계축진설』이란 책명은 정해은, 『한국 전통 병서의 이해』, 국방부 군사편찬연구소, 2004, 89쪽의 서술에 의거하여 사용했다.
43 『세종실록』 권61, 세종 15년 7월 을묘.

하경복을 모신 경현사(경남 하동, 문화재청)

소 세부적인 면에서, 특히 군영에서의 행동거지와 관련된 금령 따위가 보강되었다. 원정 갔을 때에는 아무래도 그런 점들은 될 수 있는 대로 간략히 하는 것을 위주로 했겠지만, 『계축진설』는 훈련을 염두에 두었던 만큼 단호히 처리하게 했다.

드디어 『계축진설』의 군령편 간행을 통해 실전시와 훈련시, 유사시와 평상시를 막론하고 일반적으로 적용되는 군령 및 군법 운영 체계가 어느 정도 틀을 갖추게 되었다. 이는 실전에서 활용하기도 하고, 또 보강, 부분 수정 등을 거치면서 다시 정리하는 작업이 추진되기도 했다.[44]

활용하였던 것을 보면 육진 개척을 주도하던 김종서의 상언에 의하면 오伍를 잃고서 이차離次한 자와, 좌작坐作을 깨닫지 못하는 자, 기일을 어기고 이르지 아니한 자, 도주한 자를 모두 군법으로 다스렸다가 불만을 사기도 했다고 한다.[45] 또 항복한 왜인을 공을 바라고 함부로 살해한 최완崔浣 등을 참형에 처하기도 했다.[46] 한편 1450년

44 河且大, 「朝鮮初期 軍事政策과 兵法書의 發展」 『軍史』 19, 1989.
45 『세종실록』 권88, 세종 22년 1월 경신.
46 『세종실록』 권100, 세종 25년 4월 병오.

(문종 즉위)에 명나라에 사은사를 파견하면서 당시의 정세를 염려하여 호송군을 따라 보냈다. 그 때의 설비조건에 호송군이 만약 적군과 대진對陣할 경우의 군령 운용에 대해 기록했는데, 그 내용은 『계축진설』의 군령편과 대동소이하다. 다만 참한다는 표현 대신 말미에 군령을 거스르는 자는 군법으로 논한다고 했다.[47] 이로써 실제 적군과 대진했을 때 『계축진설』의 군령편 기록대로 위반자를 군법으로 처리하고자 했음을 알 수 있다.

그 뒤 보강, 부분 수정 작업을 거치면서 확고한 체계화가 추진되었다. 그것은 문종 때 이른바 5위 조직으로의 지휘 체제 개편 작업과 결부되었다. 즉 5위 조직 수립의 기반이 되었던 『오위진법五衛陣法』[48]이 1451년(문종 1)에 편찬되었는데 그 안에 군령편도 포함되었다.[49] 이때 임전 수칙 등의 기본 요목은 앞서의 것과 큰 차이가 없었다. 다만 5위의 설치와 관련해서 하영下營과 더불어 각 군영의 운영, 그리고 군행 및 행군 시 내용에 대한 보강 및 부분 수정이 이루어졌다. 더하여 교전시 오 이상의 단위 부대 장들에게 달아나는 대원들을 참할 수 있는 권한을 공적으로 부여했던 점 등이 특징이었다.[50]

5위 조직의 수립과 결부되어 편찬된 『오위진법』의 군령편은 단지 훈련에만 적용되었던 것은 아니었다. 유사시 군법 적용의 근거가 되었다. 성종 때 북정 군사로 나갔다가 전진戰陣에 임하여 도망친 자에 대해 『진법』, 곧 『오위진법』의 군령조에 의거해 참형을 선고했다.[51] 중종 때에는 적에 대한 협격을 약속하고도 머뭇거리며 진격하지 않았던 대장 등에 대한 처벌 근거를 『오위진법』 군령조에서 찾았다.[52]

결과적으로 『오위진법』 군령조는 단순한 훈련 교범에서 그치지 않고 유사시 군령

---

47 『문종실록』 권3, 문종 즉위년 8월 을해.
48 『오위진법』이란 책명은 정해은, 앞의 책, 2004, 96~98쪽의 서술에 의거하여 사용했다.
49 『오위진법』의 군령편에 대한 내용 검토 및 군형법 적용의 법원성을 얼마나 지녔는지에 대한 문제가 李根寬, 「李忠武公時代의 軍刑法에 대한 試論的 考察」, 『海龜趙成都敎授華甲紀念忠武公李舜臣研究論叢』, 海軍士官學校博物館, 1991에서 다루어진 바가 있었다. 그 논문에서 법적 구속력을 가졌던 것으로 추론했는데, 실제로 적용했던 사례가 찾아지므로 어느 정도 사실인 것으로 확인되었다.
50 『문종실록』 권8, 문종 1년 6월 병술.
51 『성종실록』 권290, 성종 25년 5월 갑진.
52 『중종실록』 권60, 중종 23년 2월 경오.

운용 체계의 근간으로써 군법 적용의 실제적 근거가 되었다. 그러므로 법전의 조문들과 마찬가지로 법적인 구속력을 지녔다.[53] 특히 좌·우부장으로써 적과 싸우는 만호를 구하지 않았던 자들의 죄는 군령에 있는 것이므로 만일 군법으로 엄하게 다스리지 않으면 뒷일을 어떻게 경계할 수 있겠는가라는 주장 속에는 그러한 인식들이 확고하게 반영되어 있음을 알 수 있다.[54]

2)『경국대전』의 규정과 운영 체계의 정리

1466년(세조 12) 이후에 통일 법전의 집대성인『경국대전』의 반포를 앞두고 그에 대한 검토 작업이 본격적으로 추진되었다.[55] 이와 더불어 군법 운영 체계에 대한 정리 작업도 병행하였다. 그 동안 군법의 적용과 관련해서 빚어졌던 논란 가운데 특히 전시가 아닌 때의 처리 방침에 대한 정비가 추진되었다. 만약 전면전이 발발했을 경우에는 바로 앞에서 검토했던 바『오위진법』군령조 등의 원칙대로 처결하면 되었다. 그러나 국경에서 단기간에 걸쳐 소규모로 치러졌던 국지적인 전투라든가 내부의 치안 및 군의 기강 따위를 유지하기 위해 필요한 조치들을 행할 때 일어났던 사항들에 대한 처리가 문제였다. 이 경우에 대해서도 전면전이 벌어졌을 때와 똑같이 처리한다는 것은 상당히 무리였다. 그러므로 그 기준과 범주 따위를 명확히 해서 혹시 일어날지도 모르는 반발에 따른 불상사를 차단할 필요가 있었다.

새로 편찬된『(경국)대전』[56]「병전」용형조에서는 '장수로 명을 받아 외방에 있는 자는 장杖 이하는 직단한다.'는 규정이 들어 있었다.[57] 이는 외방에서의 비교적 경미한 군령 위반 사항이나 사소한 잘못에 대해서는 장수들로 하여금 직접 처벌하게 하되 중

---

53 이 문제가 일찍이『오위진법』의 군령편에 대한 검토를 통해 다루어진 바가 있었다(李根寬, 앞 논문, 1991, 620쪽).
54 『성종실록』권237, 성종 21년 2월 갑진.
55 朴秉濠,「經國大典의 編纂과 頒行」『한국사 9-조선 양반국가의 성립』, 국사편찬위원회, 1973, 252~253쪽.
56 본 기사가 1475년(성종 6) 7월이므로 1485년(성종 16)의『을사대전』은 아니고 그 이전에 간행된『갑오대전』에 해당된다.
57 『성종실록』권57, 성종 6년 7월 계해.

죄에 속하는 도·유·사형에 해당할 경우에는
반드시 중앙에 보고하여 지시를 받아 처결
하도록 법제화했음을 의미했다. 대체로 군법
으로 다스린다는 것은 중벌에 처함을 의미
하며 흔히 참형을 연상하는 경우가 많았다.[58]
따라서 중벌을 부과하고자 할 때 중앙에 보
고하게 했던 것은 장수에 의해 군법 적용의
남용을 방지하는 효과를 거두기 위함으로
추정된다. 비록 지휘관이라 하더라도 시기와
상황에 구애됨이 없이 마구 영을 내리고 이
것을 어기는 자를 무조건 군법으로 다스림
으로 말미암아 억울하게 해를 당하는 등의
불상사가 일어나지 않게 하려는 것이다.

「경국대전」 병전의 용형조

그러나 한편으로 장수들의 권한이 마구 흔들려도 안 되었다. 군법이 시기와 상황에
따라 적절하게 행사됨으로써 휘하의 군대를 효율적으로 통솔할 수 있도록 제도화될
필요가 있었다. 심지어 적변賊變이 일어나면 당상관, 공신, 의친도 모두 군법으로 다
스리게 했다.[59] 당상관, 공신, 의친은 신분상 최고위층에 속했다. 따라서 아무리 큰 죄
를 지었더라도 함부로 처결할 수 없는 존재들이었다. 그러나 유사시 군법으로 다스리
도록 했다는 것은 적변을 당해 군령을 위반하는 자가 있으면 가차 없이 처리해도 상
관없다는 것을 의미했다. 물론 이것이 처음부터 외방 장수 누구에게나 허용되었던 것
은 아니었다. 왕명으로 매우 특별한 임무를 띠고 떠나는 중신으로 임명된 사신에게만
해당되는 것이었다.

드디어 『경국대전』에 이르러 다음과 같이 규정되었다.

장수로서 명을 받아 외방에 있는 자는 당상관, 의친, 공신 이외에는 장형 이하의 경우

---

58 尹薰杓, 앞의 논문, 2003, 16쪽.
59 『성종실록』 권58, 성종 6년 8월 임오.

직단한다. 제진장諸鎭將은 태 이하는 직단하고 장 이상은 주진장主鎭將에게 전보傳報한다.〈임적臨敵하였을 때에는 이 제한을 받지 아니한다.〉[60]

위에서 장수 가운데 주진장과 제진장을 구분하여 지위에 따른 권한의 차이를 분명히 했음을 알 수 있다. 동시에 임적, 즉 전쟁시와 그렇지 않은 시기를 나누어 행사에 따른 혼선이 일어나지 않도록 했다. 그리고 당상관, 의친, 공신에 따른 규정도 함께 명시해서 그들의 신분 보장을 확실히 하는 것과 더불어 임적의 경우에는 누구도 예외 없이 적용되도록 했다.

적과 대치했을 때에는 장수들로 하여금 군령을 범한 자들에 대해서는 그 누구라도 군법을 적용하여 처단했다. 그 때의 군령이 이미 『오위진법』 군령조에 마련되어 있었고 사전에 습진 등을 통해 정기적으로 숙달시켰다. 그리고 적과 대치하는 것이 아니라면 군령의 운용과 결부하여 사안 및 직위, 신분에 따라 계문하거나 혹은 직단으로 처결하는 체계가 구축되었다.

3. 계급법의 실시

1) 도입과 운영 방식의 정리

넓은 범위의 군법에는 군령을 위반한 자에 대한 처벌 등을 규정해 놓은 것과 함께 군대 내부에서 계급간의 절대적인 상하 관계를 규제하기 위한 계급법 등이 존재한다. 특히 후자는 하급자가 상급자를 능멸하여 상관으로서의 권위가 떨어져 기강이 무너지는 것을 막는 역할을 담당했다. 이로 인해 여러 가지 사정으로 뿔뿔이 흩어진 병력을 재차 국왕을 정점으로 하는 군으로 편성하여 상하의 규율 및 명령 계통을 확립하고자 이것을 새롭게 정비하여 운용하는 때가 있었다.[61]

---

60 『경국대전』 권4, 병전, 용형.
61 齋藤忠和, 「宋代の階級法に關する一試論 - 宋代軍法研究の一環として」『立命館文學』518, 1990.

건국 초기에는 혼란의 근원이었던 사병적 요소들을 제거하고 공적인 체제로 재편성하기 위한 시도가 여러 방면에서 추진되었다. 그 저변에는 지난 시절 여러 계통으로 얽혀 들어와 나름의 색채를 지녔던 군인들을 일관된 기율 체계에 의거해서 일사불란하게 통솔하는 문제가 놓여 있었다. 드디어 문제 해결을 위한 방안의 하나로 계급법의 도입 및 재정비, 그리고 효율적 운용이 서둘러 추진되었다.

건국을 전후하여 강도 높게 추진된 군제 개혁을 통해 서로 계통이 다른 부대들이 하나로 통합되고, 그에 따라 일관된 기율 체계에 의거해서 통솔하게 되었다. 그러나 입속 배경이 각자 다르고, 군대 생활 및 상하의 조직 체계, 승진 등에 있어 상이한 길을 걸었던 사람들이 한데 어울려서 새로운 서열 관계에 따라 주워진 계급 및 직책에 적응한다는 것은 결코 쉽지 않았다. 더구나 복잡한 신분 문제까지 겹치면서 서열과 계급, 그에 따른 직책 부과가 커다란 난제로 등장했다. 여기에 군대식 상명하복의 원칙에 따라 낯선 상관에 대해 존경심을 표시하고 엄격히 복종하게 한다는 것은 결코 녹녹한 문제가 아니었다.[62]

문제 해결을 위해 초창기 군제 개혁을 주도했던 정도전은 먼저 무직 계급[63]의 호칭부터 새로 바꿀 것을 주장했다. 상장군은 도위사都尉使로, 대장군은 도위첨사都尉僉事로, 도호제위장군都護諸衛將軍은 중군사마中軍司馬·좌군사마左軍司馬·우군사마右軍司馬로, 장군은 사마司馬로, 중랑장은 사직司直으로, 낭장은 부사직副司直으로, 별장은 사정司正으로, 산원은 부사정副司正으로, 위는 대장隊長으로, 정은 대부隊副로 바꾸자고 했다. 이처럼 고려적인 명칭에서 탈피한 이유가 명확치 않으나 종래의 사병적인 색채를 약화시키고 기능을 변경하려는 의도가 있지 않았는가 한다.[64]

명칭 변경은 구체제와의 단절을 의미했다. 이어서 계급법의 도입과 그 운용 문제를 정식으로 제기했다.

---

62 윤훈표, 「조선초기 階級法 運用에 관한 試論的 考察」 『歷史와 實學』 37, 2008, 8~9쪽.
63 군계급으로 써야 하는데(閔賢九, 앞의 책, 1983, 118쪽), 무반 문제와 연결되어 있어 일단 '무직 계급'으로 표현했다(『태종실록』 권12, 태종 6년 8월 갑오 참조).
64 鄭杜熙, 「三峰集에 나타난 鄭道傳의 兵制改革案의 性格」 『震檀學報』 50, 1980, 144~145쪽.

삼군부三軍府에서 상언하기를, "군사는 엄한 것을 중히 여겨 계급 사이에 상호 능멸하거나 범하지 못하게 하는 것이니, 상관이 명을 내리면 아랫사람이 복종하고 따라야 사업을 성취할 수 있는 것입니다. 마땅히 각위상장군各衛上將軍을 일위一位로, 대장군을 일위로, 삼군장군을 일위로, 각령장군을 일위로, 중랑장을 일위로, 낭장을 일위로, 별장을 일위로, 산원을 일위로, 대장을 일위로, 대부를 일위로 정하고, 피아의 위衛를 물론하고 위로부터 아래에 이르기까지 일위가 일위에 엄하게 하여, 서로 능멸하거나 범하는 일이 없게 하되, 감히 나란히 서지도 못하게 하며, 길에서 만나면 낮은 자가 먼저 말에서 내리고, 일위를 격隔해서 높은 자는 말에서 내리고 내리지 않는 것은 임의대로 하게 하되, 어긴 자는 추고하여 죄를 논하게 하소서"라고 하였다.[65]

그 내용으로 보아 삼군부의 상언이 계급법의 도입에 관한 것임을 알게 된다. 단지 그 범위가 문제가 된다. 언뜻 각령 상장군에서 대부까지의 무관직에만 해당시킨 것처럼 보이기도 한다. 하지만 이것은 전근대 사회의 군조직에 보이는 양상일 뿐이며 그 아래 일반 병사들에 대해서도 당연히 적용되는 것으로 간주해야 한다.[66] 그러나 지방군을 포함한 군 전체를 대상으로 했는가에 대해서는 회의적이다. 왜냐하면 '위'와 '영'이라고 했던 것은 중앙군을 가리키며 지방군 등을 포괄했던 것은 아니었기 때문이다.

이어서 '피아의 위를 물론하고 위로부터 아래에 이르기까지 일위가 일위에 엄하게 하여, 서로 능멸하거나 범하는 일이 없게 하라.'고 했던 것은 계급법의 본 내용에 해당한다. 이는 특히 정도전 계열이 추구했던 군제 개혁의 방향과 일치하는 것으로 생각된다. 신분이라든가 기타 출신 따위를 고려하지 않고 무조건 일위라도 높은 상급자에 대해 하급자는 철저하게 복종하게 만들었다는 점에서 그렇게 생각된다.

끝으로 내용상 임무 수행 중이 아니고 평상시라도 상·하급자 사이에 반드시 깍듯하게 예절을 지키되 이를 어기는 자에 대해서는 벌까지 줄 수 있게 했다. 즉 감히 나란히 서지 못하게 한다든지 만났을 때 말에서 내리게 한 것 등이 그에 해당한다. 사실

---

65 『태조실록』 권7, 태조 4년 2월 계미.
66 그런 점은 송나라 경우에도 비슷했다(齋藤忠和, 앞의 논문, 1990, 274쪽).

하륜 묘(경남 진주)

같은 위와 영에 소속되지 않았다면 업무 밖의 일로 만나게 될 가능성이 높기 때문에 바로 그런 점을 염두에 두고 제정되었을 것이며, 어떤 경우에서나 하급자는 상급자에 대해 자신을 낮추며 복종하는 자세를 갖추게 하기 위함이었다.[67]

위 삼군부의 상언은 정식으로 법제화되어 1397년에 편찬된 『경제육전』에 등재되었다.[68] 특히 강조되었던 것은 계급에 대한 철저한 복종이었다. 이는 지극히 당연한 것이었지만, 당시에 만연된 구시대적인 잔재들, 예를 들면 사병적인 요소라든가 친군 출신이므로 특별대우를 받아야 한다는 생각 등의 문제가 남아 있어 쉽게 넘어갈 수 있는 사안이 아니었다. 더구나 정도전 계열이 추구했던 군제 개혁 방향과 결부되면서 배경이나 출신, 신분 따위를 무시하고 계급을 무엇보다 중시해서 그것으로서 지위를 결정하게 했던 조치는 새로운 마찰을 초래하는 요인으로 작용할 수도 있었다.[69]

왕자의 난 등으로 종전까지 국정을 주도했던 정도전 등이 제거되고 태종 계열이 득세하면서 정권 교체가 이루어졌다. 이를 계기로 군제 개편의 방향이 크게 바뀌었다.

---

67 윤훈표, 앞의 논문, 2008, 10~12쪽.
68 『세종실록』 권10, 세종 2년 11월 갑술 ; 『세종실록』 권41, 세종 10년 9월 병자.
69 윤훈표, 앞의 논문, 2008, 13쪽.

하지만 계급법의 경우에는 일단 그대로 적용하는 것을 원칙으로 삼았다. 대책 없이 함부로 변경했다가 발생할지도 모르는 혼란을 우려했기 때문인데, 군관은 일위가 일위에 대해 엄격하게 해야 한다고 왕명으로 선포했다.[70] 그리고 실제로 이 원칙에 입각해서 처리했다.[71]

하지만 신분이나 배경, 출신 따위를 묻지 않고 오직 계급으로 지위를 결정하게 했던 것은 새로운 정권으로서는 선뜻 받아들이기 곤란한 문제였다. 이 문제를 정식으로 거론했던 것은 하륜 등과 함께 『경제육전』의 개찬 작업을 주도해서 이른바 『속육전』을 간행케 했던 이직李稷이었다.[72] 그는 1406년(태종 6)에 송나라 사마광의 계급법을 엄격히 실시해야 한다는 주장이 담긴 주소奏疏를 거론하면서 고려의 무직 계급제도를 다시 시행하여, 모든 장졸들로 하여금 각각 자기 분수에 안주케 하는 것을 상습常習으로 삼게 할 것을 건의했다.[73]

이직이 건의하고서 대략 한 달이 조금 지난 뒤 고려의 무직 계급제도인 호군방護軍房을 복구시키고, 더불어 좌기예도坐起禮度와 공사행이절목公事行移節目 등을 상정했다. 이때 새로 호군에 임명된 자가 감사의 뜻을 표하고 인사하기 위해 의정부에 행하는 당참례堂參禮, 이어 방주房主와 장무호군掌務護軍 이하 여러 선배 등을 찾아뵙는 참알례參謁禮, 그리고 신입자의 가계·인품·실력 등을 고찰하여 등급을 매기고 제자리에 앉게 하는 회좌례會座禮 등도 함께 제정되었다.[74]

호군방과 이들 의례들을 복구시킨 이유는 그것들이 본래 지녔던 의의를 다시 재현하기 위함이었다.

---

70 『태종실록』 권8, 태종 4년 8월 기묘.
71 『태종실록』 권8, 태종 4년 9월 갑자 ; 『태종실록』 권14, 태종 7년 12월 신사.
72 연세대 국학연구원편, 「해제」 『經濟六典輯錄』, 다은, 1993, 5~6쪽.
73 『태종실록』 권12, 태종 6년 8월 갑오. 이직의 건의가 있기 전에도 사헌부에서 전조, 즉 고려 때보다도 부위의 예가 간략하여 부병들이 한갓 용맹만 숭상하고 예절을 알지 못해 혹 장관에게도 항거하고 업신여기기를 기탄없이 하니, 군의 위엄을 기르는 도가 무너졌다며 만약 예의로써 가르치지 않는다면 명령이 제대로 시행되지 아니할까 염려된다며 승추부로 하여금 한결같이 고려 중방의 규식에 의거하여 처리할 것을 주장했다[『세종실록』 권41, 세종 10년 9월 병자, 永樂元年(태종 3년, 필자주)十一月日 司憲府申軍令]. 그런데 정식으로 받아들여졌던 것은 이직의 건의가 있고 난 뒤였다.
74 『태종실록』 권12, 태종 6년 9월 을유.

전조前朝 때 각령의 장군이 한 방에 합사하였으므로 장군방將軍房이라 칭했는데, 장군 가운데 명망이 있는 사족을 뽑아 방주와 장무로 삼아, 방주는 수석이 되고 장무는 그 다음이 되게 했다. 새로 사진仕進하는 자에 대해 반드시 족씨族氏·가풍家風·재행才行 등을 고찰한 뒤에야 좌차坐次에 앉기를 허락했는데, 이것을 참알·회좌라고 이른다.[75]

위에 나오는 장군방은 곧 호군방을 의미했다. 그에 따르면 같은 장군, 즉 호군이라도 수석인 방주, 차석인 장무가 되려면 반드시 가문이 좋아야 했다. 동시에 서열을 매기는데 재주와 행실보다 집안의 품격이 우선이었다. 그러므로 호군방 체제에서는 아무리 실력이 뛰어나도 출신이나 배경이 나쁘면 좋은 대우받기가 쉽지 않았을 것이다.[76]

계속해서 호군방 복구에 따른 또 다른 보완 사항은 평상시 예절과 어기는 자에 대한 처벌에 관한 것이었다. 먼저 방주·장무호군 이외의 호군을 제시랑諸侍郎이라고 칭하는데, 이들이 노상에서 상호군 이하 망십인호군望十人護軍 이상을 만나면 모두 말에서 내리도록 했다.[77] 이 경우 망십인호군의 성격이 문제가 된다. 그런데 새로 임명된 호군이 참알·회좌를 하기 전에는 단지 행수상호군, 장무대호군, 친종호군, 방주·장무 10인과 망십인호군의 각처各處에만 명함名銜을 들이고 타처에는 출입할 수 없다고 했다.[78] 이로써 망십인호군은 방주·장무(호군)보다 한 단계가 낮고, 그 자리가 빌 경우 곧 이어 승진할 수 있는 자격을 갖춘 자들을 의미하는 것으로 이해된다.[79]

다음으로 어기는 자에 대한 처벌 문제인데, 특별히 하급자를 상급자가 직접 벌을 줄 수 있도록 했다.

1. 각령의 오원五員·십장十將으로 본령本領의 호군護軍에게 범마犯馬하고 지나간 자

---

75 『태종실록』 권17, 태종 9년 4월 경인.
76 장군(호군)에 신임되는 자는 장군방에서 그 가계와 능력 등을 심사하여 이곳을 통과한 연후에야 동료로서의 자격을 인정하였다(千寬宇, 「朝鮮初期 五衛의 形成」 『近世朝鮮史研究』, 一潮閣, 1979, 79쪽).
77 『태종실록』 권12, 태종 6년 9월 을유.
78 『태종실록』 권12, 태종 6년 9월 을유.
79 '십인'이 양쪽 모두에 공통적으로 나온다는 점과 특히 '망'자에는 될 것으로 예정된다는 뜻이 포함되어 있다(李基白, 『高麗兵制史研究』, 一潮閣, 1968, 91쪽)는 것으로 미루어 짐작할 수 있다.

나, 오만하여 예를 어긴 자는 그 영의 호군이 각자 헤아려서 포를 징수하고, 죄를 다스리게 한다.[80]

위에서 호군 아래의 무직 계급자들이 명령을 위반할 때는 말할 나위도 없고 평상시 예를 어기는 경우에도 직접 벌을 줄 수 있게 했다. 하지만 무조건 아무나 처벌할 수 있게 했던 것은 아니고 본령의 호군에 대해서만 허용했다. 즉 직계 상급자에게만 한정하였다. 그렇다고 여타의 상급자들에게 무례해도 상관이 없다는 의미는 아니었다. 직접 처벌할 수 있는 권한을 본령의 호군으로만 국한시킴으로써 혹시 일어날지도 모르는 혼란을 미연에 방지하지 하고자 했다.

호군방 체제의 복구를 통해 서열과 지위를 정할 때 실력뿐 아니라 신분, 출신 배경 등도 함께 고려하게 했으며, 그에 입각하여 같은 계급이라도 신분과 배경이 뛰어난 사람이 좀더 우대 받을 수 있게 했다. 아울러 어기는 하급자에 대해서는 비록 직속 상관에게 한정시켰지만 직접 처벌할 수 있게 했다. 이로써 평상시라도 항상 존중함에 익숙해지게 만들려고 했다.

그러나 계급만을 강조하였던 『경제육전』 원전의 조문과 복구된 호군방의 체제는 서로 상충되는 면이 없지 않았다. 특히 실제 운용 과정에서 어떤 것을 우선해야 하는가에 대한 합치된 결론을 내릴 필요가 있었는데 그것이 결코 쉬운 일이 아니었다. 나아가 상충으로 인해 일위가 일위에 대해 엄격해야 한다는 계급법의 근본 원칙이 훼손될 수도 있었기 때문에 문제가 심각했다.[81]

다른 문제는 호군방의 참알·회좌례가 자칫 최고 통수권자의 인사 명령을 무시하는 경우가 될 수 있다는 점이다. 그 같은 사례가 호군방의 전신인 장군방 시절에 실제 일어났다. 1400년 당시 방주房主였던 박동미朴東美와 장무掌務인 김성미金成美가 새로 장군에 임명된 이등李登이 사알司謁 이덕시李德時의 아들로서 내료의 계보에서 나왔다고 해서 회좌례를 거행하지 않았다가 임금의 불만을 사 사헌부의 탄핵을 받으면서 방 자체가 혁파되었다.[82] 이런 일이 호군방의 복구로 말미암아 다시 재현될 가능성이 높

---

80 『태종실록』 권12, 태종 6년 9월 을유.
81 윤훈표, 앞의 논문, 2008, 17~18쪽.

았다. 마침내 1409년에 호군방에서 참알·회좌하는 예가 또 다시 폐지되었다.[83]

참알·회좌례의 폐지로 해서 복구된 호군방 체제는 사실상 제구실을 하기 어려웠다. 그것이 실력뿐만 아니고 신분과 출신 배경 등도 고려해서 서열을 매기는 작업의 상징적인 의미를 지니고 있었기 때문이다. 그것 없이 호군방을 운용한다는 것은 실질적으로 큰 의미가 없다고 해도 과언이 아니었다.[84]

2) 계급제도의 변경과 운영 방식의 변화

1420년(세종 2)에 병조의 건의에 따라 호군방을 혁파하고 호군은 각기 본위本衛에서 근무하게 했다. 그리고 소속시켰던 섭대장攝隊長·대부도 각기 본령本領으로 돌려보내며 보충군도 또한 각령各領에 나누어 속하게 했다. 그리고 방패대장防牌隊長·대부는 패두를 정해 한 곳에 모이게 하기보다 각령에 분속시켜 호군이 영솔케 하였으며, 만약 방패로 실습할 때에는 본조와 진무가 훈련관에서 함께 시험하게 했다.[85]

호군방을 중심으로 호군의 서열과 차례를 정하고 이를 중심으로 상하 관계를 철저히 확립하였던 체계를 대신하여 각위 별로 호군이 책임지고 하급자들을 다스리는 방식으로 전환했다. 이로 인해 신분과 출신 배경 등도 중요하지만 무엇보다 지휘관으로서의 능력과 자질의 검증이 필요했다. 자칫 적당치 못한 인물이 호군이 될 경우에는 맡은 위 전체가 혼란에 빠지면서 통솔이 힘들어질 수도 있기 때문이다. 호군방 체제 하에서는 집단성이 강조되면서 설사 어느 하나에 문제가 생기더라도 다른 쪽으로 대처하는 것이 가능했다. 하지만 호군방이 해체되고 각각의 호군에게 책임과 권한이 집중됨으로 해서 이제 그런 식의 운용이 어려워졌다. 자연히 선임 방식에도 변화가 오게 되었다.

일단 각위별로 호군에게 책임을 지우는 방식의 채택으로 인해 군조직 전체를 대상

---

82 『정종실록』 권5, 정종 2년 7월.
83 『태종실록』 권17, 태종 9년 4월 경인.
84 윤훈표, 앞의 논문, 2008, 18쪽.
85 『세종실록』 권7, 세종 2년 1월 병오.

으로 하는 것보다 위를 단위로 운용하는 체계가 한층 중요해졌다. 이미 호군방 체제 하에서도 본령의 호군에게 잘못하는 하급자를 직접 벌할 수 있는 권한을 부여했지만 이제부터 그 범위가 더욱 넓어졌다. 섭대장 등과 보충군, 심지어 방패까지 통솔했기 때문이다. 그들도 소속 위와 영의 상하 관계 속에 편입되어 호군의 명령을 따라야 했고, 만약 이를 어기거나 잘못을 저지르면 직접적으로 징계를 받아야 했다. 이로 말미암아 위와 영이라고 하는 조직하에서의 상하 관계를 표시하는 계급이 매우 중요하게 되었으며 그것이 전체에서 어떤 지위를 가지게 되는가는 소속 위와 영의 위치에 따라 달라지게 되었다.[86]

그러나 호군방의 혁파에 따른 후유증이 만만치 않았으며, 또한 그에 반발도 매우 컸다.[87] 심지어 혁파를 건의해서 관철시켰던 병조조차 다시 복구시킬 것을 요구할 정도였다.[88] 하지만 문제가 있다고 해서 옛 제도로 회귀할 수는 없었다. 몇 개월이 흐른 뒤에 병조에서 호군방의 폐지는『육전』에 기재되어 있어서 다시 설립할 수 없으므로 다른 대안을 상정해서 보고하겠다는 것으로 마무리되었다.[89]

이와 더불어 변화를 촉진시킨 또 하나의 계기는 무직 계급제도의 변경에 관한 문제였다. 일찍이 고려 때부터 사용했던 상장군, 대장군, 장군, 중랑장, 낭장, 별장, 산원, 위, 정 등은 대체로 그 지위와 더불어 맡게 되는 보직을 함께 표시했다. 전성기에는 부병 외에 군호는 없었으며, 만약 외침 따위를 당하여 파병해야 할 때 그 규모가 작으면 중랑장 이하를 보내고 크면 상장군이나 장군을 보내 막게 하되, 부득이한 경우에는 군현의 군사까지 징발했다는 것이다.[90]

---

86 윤훈표, 앞의 논문, 2008, 19~20쪽.
87 호군방이 1420년 1월에 병조의 건의에 따라 혁파되었다고 했으나(『세종실록』권7, 세종 2년 1월 병오), 1422년(세종 4) 11월에도 똑같이 혁파되었다는 기사가 나온다(『세종실록』권18, 세종 4년 11월 계해). 이는 어느 한쪽의 기사가 잘못되었거나 혁파에 따른 반발과 후유증 때문에 시도한 지 2년 뒤에 비로소 완전히 없어지지 않았는가라는 추측을 낳게 한다. 그러나『세종실록』10년 9월 병자조의 기사에서 세종 2년에 혁파되었다고 했기 때문에 전자의 기사가 올바른 것이 입증되었다. 그렇지만 그만큼 반발이 컸던 탓이 아닐까라는 의문은 계속해서 남아 있다.
88『세종실록』권41, 세종 10년 9월 병자.
89『세종실록』권44, 세종 11년 4월 병신.
90『태조실록』권5, 태조 3년 2월 기해.

고려시대에서는 비교적 조직이 단순했기 때문에 계급 관계도 간단해서 지위와 보직을 함께 표시해도 큰 무리가 생기지 않았음을 알 수 있다. 하지만 조선 초기에는 다양한 병종이 존재했으며 계속해서 폐지되거나 새로 설립되고 있는 형편이었다. 따라서 계급과 관련된 지위 및 보직 관계가 매우 복잡해졌다.[91]

더구나 무직 계급제도도 몇 차례 변화를 겪었는데, 우선 고려시대에 수여되지 않았던 무산계가 1392년(태조 1)에 신설되어 처음으로 무관들에게 주어졌으며, 이때 없었던 9품계는 1436년(세종 18)에 비로소 설치되었다.[92] 더불어 무관직도 1466년(세조 12) 상호군, 대호군, 호군, 부호군, 사직, 부사직, 사과, 부사과, 사정, 부사정, 사맹, 부사맹, 사용, 부사용으로 될 때까지 몇 번 변경되었다.[93]

1430(세종 12) 병조의 건의에 따라 계급법이 또 다시 정비되었다. 먼저 군관은 일위가 일위에 대해 엄격하게 해야 계급 사이에 업신여기거나 범할 수 없게 된다며 그 상접相接하는 예도禮度를 한결 같이 『경제육전』에 의하여 행하게 하되, 그 중에 미진한 절목과 상고하여 살필 조건을 새롭게 마련했다.[94] 즉 『경제육전』, 특히 태조 때 편찬된 『원육전』의 계급법 조문을 원칙대로 시행하되 다만 그 동안 바뀐 것들을 반영하여 일부 내용을 보완하고 보충했다.

1. 상·대호군 이하 본위의 좌차예도坐次禮度는 예조의 수교 안에, '동반 각사의 좌차는 직사職事에 따른다.'고 한 예에 따라, 산관散官은 고하를 물론하고 모두 직사에 따른다. 상호군은 북쪽 벽에, 절충折衝 이하 대호군은 동쪽 벽에, 보공保功 이상 호군은 서쪽 벽에, 위용威勇 이하 호군은 남쪽 줄에 앉는다. 다른 위衛의 각품 상접은 모두 산관에 따른다.

1. 노차路次에서 본위의 각품이 상접하는 예도는 역시 산관을 물론하고 모두 직사에 따르되 하관이 먼저 말에서 내리면, 상관도 말에서 내리되, 만약 산관이나 직사가 모

91 윤훈표, 앞의 논문, 2008, 21쪽.
92 李成茂, 앞의 책, 1980, 77쪽.
93 千寬宇, 앞의 책, 1979, 76~83쪽.
94 『세종실록』권48, 세종 12년 6월 경오.

두 일위를 격隔하면, 『육전』에 의하여 상관은 말에서 내리지 아니한다. 다른 위의 각
관과 상접할 때에는 모두 산관을 따른다.

1. 삼군경력三軍經歷·도사都事가 상호군 이하 일위 이상의 차가 있는 상관을 만날 적
에는 먼저 말에서 내리고, 상관도 모두 우대하는 뜻으로 말에서 내린다. 만약 사직
이 삼군도사를 만날 적에는 먼저 말에서 내리고, 도사도 말에서 내린다.

1. 상항의 각품으로 예를 어기는 자는 각각의 행수장무行首掌務가 엄하게 고찰하여 본
조本曹에 고하면, 위령률違令律에 의하여 속전贖錢 1관貫에 처하고, 중한 자는 계문
하여 파직시키며, 해당 고찰인으로 숨기고 고하지 않는 자에게는 응신부신률應申不
申律을 적용하여 속전을 징수한다."고 하였다.[95]

위에서 첫째로 상·대호군 이하의 무관들은 본위에서는 동반 각사의 예에 따라 산
관이 아닌 직사에 의거하여 예의를 하게 했음을 알 수 있다. 노차의 경우에서도 마찬
가지로 행하게 했다. 이때 산관이란 관품[96] 또는 자급을 가리키며,[97] 직사는 실직을 의
미했다.[98] 바로 그 때 세종이 직접 정의했던 바에 따르면, 관제에는 직사와 산관이 있
다. 직사는 재능이 있는 사람을 서용하여 서무를 처리하는 것이고 산관은 존비를 정
해서 공로를 밝히는 것이라고 했다. 그러므로 직사는 재능에 따라 녹용하기 때문에
한산한 자리에서 복잡한 곳으로 옮길 수도 있고 높은 자리를 떠나 낮은 자리로 가는
경우도 있어서 옮기고 드나드는 것이 일정하지 않았으나 산관은 일체 자급과 노효勞
效로서 진급시킨다고 했다.[99]

군대에서는 존비를 나타내는 산관의 중요성이 상대적으로 컸음에도 동반 각사의
예에 따라 본위에서 직사에 의거하게 했다는 것은 그만큼 업무 중심, 재능 중심의 체
제로 운용하고자 했음을 알 수 있다. 비록 공로가 있어 산관이 높더라도 자기보다 낮

---

95 『세종실록』 권48, 세종 12년 6월 경오.
96 李成茂, 앞의 책, 1980, 66쪽.
97 李成茂, 앞의 책, 1980, 89쪽.
98 韓㳓劤等, 『譯註經國大典註釋篇』, 韓國精神文化研究院, 1986, 182쪽. 실직은 직사가 있는 관직이
다(李成茂, 앞의 책, 1980, 124쪽).
99 『세종실록』 권50, 세종 12년 윤12월 임술.

지만 직사가 높은 사람에게는 깍듯하게 예를 표해야 했으며 그의 지시를 따라야 했다. 만약 이를 어길 경우 당연히 처벌했을 것이다. 문무반을 모두 같은 원리로 따르게 하여 전체적으로 통일성을 기해 혼란이 일어나지 않도록 했다.

둘째로 본위가 아닌 다른 위에 대해서는 모두 산관에 의거하도록 했다는 사실이다. 본인 소속이 아닌 다른 위에 대해서도 직사에 의거한다는 것은 사실상 불가능했으며 그럴 필요도 없었다. 어차피 다른 위의 내부 사정에 관해서는 잘 모르는 것이 당연하므로 겉으로 표시되는 산관으로 처리하는 것이 합리적이었다.

셋째로 삼군경력·도사는 비록 무관이기는 하지만 공무를 맡아 일을 다스리는 직위에 있음으로 해서 다르게 취급했다는 점이다.[100] 일위 이상 높은 상관이라도 말에서 내려 우대하는 뜻을 보이라고 했던 것은 그만큼 그들이 담당하는 직사의 비중을 높게 평가했기 때문이다. 군대를 직접 지휘하기보다 군무 행정에 관한 일을 맡았던 것으로 추정되는데 아마도 그 자리가 매우 요직으로 간주되었던 것 같다. 이 역시 넓은 범위에서 특별 직사를 우대하는 조치에 해당되었던 것으로 보인다.

넷째로 어기는 자를 처벌하는 문제인데 아무리 직계 상관이라도 직접 처리하지 못하게 하고 반드시 병조에 보고하게 했던 것이 주목된다. 더구나 상관 중에서도 행수 장무가 고찰해서 보고하게 하고, 이것을 소홀히 취급하면 도리어 그들이 징계 받게 했던 것과 심지어 가벼운 죄로 속전, 즉 벌금을 부과하는 경우에도 병조에서 맡아 처리했다는 것은 법 운용과 관련해서 어떤 경우라도 철저하게 일원적인 체계로 움직이게 했음을 의미했다.

대개 세종 때 계급법을 재정비하면서 군관은 일위가 일위에 대해 엄격하게 해야 한다는 『원육전』 조문의 원칙에 충실하되 그 동안 추진했던 무직 계급제도 개편 작업의 성과들을 반영하여 필요한 부분에 대해 수정 및 보완, 보충을 실시했다. 이때 두드러진 것은 예를 표하는 부분에서 본위와 여타 위를 구분하여 전자에 대해서는 직사를, 후자는 산관에 의거하게 했다는 점이다. 하지만 설사 『원육전』 조문의 원칙에 충실했다고 하더라도, '위'에 따라서는 실력보다도 신분이나 출신 배경을 중시하거나 절대

---

100 『세종실록』 권29, 세종 7년 7월 경진.

적인 것들이 있었다.[101] 더불어 공신 및 그 후손 출신의 군사들은 특별한 경우가 아니라면 처벌하기 어려웠다.[102]

그러므로 태종 때 운용 방식을 전면적으로 개편하는 작업을 실시하면서 추구했던 것들이 세종 때의 재정비 작업으로 인해 실질적으로 배제되었다고 보기 어렵다. 오히려 양 측면이 교묘하게 절충, 조화되는 과정을 거치면서 그 운용 체계가 재정비되었다고 할 수 있다. 결국 그 자체가 조선 초기 계급법의 근간을 형성하기에 이르렀다.[103]

문종 때 들어와 5사 25령, 다시 세조 때 5위 25부로 중앙군의 조직 체제가 크게 변모했다. 이로 인해 5위에 중앙군을 이루는 모든 병종이 편입되었고 각위에 병종별로 분속되어 입직과 시위 등의 임무를 수행했다. 그리고 중앙 단위, 나아가 전국적인 훈련도 역시 이에 의거하여 실시되었다.[104]

이로 인해 군사의 경우 소속 병종 조직뿐만 아니라 5위에 의해 실제로 움직이는 일이 잦았다. 5위의 직사자들로부터 직접 명을 받아야 했고 그것을 어기면 당연히 처벌되었다. 개편 작업에 핵심적인 지침 구실을 했던 『오위진법』에서 대장은 5위를 보유하고 매위는 각각 5부를 보유하고 매부는 각각 4통을 보유한다고 했다. 그리고 대장은 위장을 호령하고, 위장은 부장, 부장은 통장, 통장은 여수, 여수는 대정, 대정은 오장, 오장은 그 졸병을 호령한다고 했다. 이어서 군령편에 대장을 잃으면 그 위장을 참하고, 위장을 잃으면 그 부장, 부장을 잃으면 그 통장, 통장을 잃으면 그 여수, 여수를 잃으면 그 대정, 대정을 잃으면 그 오장, 오장을 잃으면 그 5졸✦을 참하며, 좌우에 가까이 있던 군졸로서 구제하지 않은 자도 참한다고 했다.[105]

위 방안은 일단 실전, 또는 실전에 가까운 훈련 상황에서 실행하는 것을 염두에 두고서 마련되었지만 평상시에도 얼마든지 적용할 수 있었다. 그것은 앞서 언급했듯이

---

101 공신의 후손들로 편성된 충의위가 대표적이다. 본래 재주를 시험하지 않고 노유를 모두 소속시켜 훈련과 연습을 하지 아니하므로 어쩌다가 군법을 범하는 일이 있더라도 죄를 줄 수 없다고 했다 (『세종실록』 권47, 세종 12년 1월 계해).
102 『세종실록』 권64, 세종 16년 6월 병오.
103 윤훈표, 앞의 논문, 2008, 23~25쪽.
104 閔賢九, 앞의 책, 1983, 155쪽.
105 『문종실록』 권8, 문종 1년 6월 병술.

중앙군은 입직과 시위 등의 임무를 수행할 때 각위에 분속되었기 때문이다. 5위로의 개편을 단행했던 세조 때에 들어와서도 그러한 원칙에는 변함이 없었다. 일단 5위에서 군령을 범한 군사는 위장이 직계하게 했다.[106] 즉 위장이 책임자로서 명령을 수행하되 어기는 자를 대해서는 직접 보고해서 처리하게 했다. 이때의 순서는 당연히 오장에서 시작하여 위장에 이르게 되었을 것이며 함부로 건너뛸 수는 없었을 것이다. 그러나 보다 높은 상급자, 예를 들면 위장이 부장이나 통장 등을 거치지 않고 대정, 오장, 그리고 일반 군사들의 잘못을 적발해서 직접 보고할 수는 있었을 것이다. 그러나 부장, 통장 등이 위장을 거치지 않고 위에 직접 보고할 수 없었다.[107]

5위 체제의 원활한 운영을 위해 1459년(세조 5)에 편찬된 군령서인 『병정』에서는 특별히 「용형」 항목을 별도로 마련하였다. 여기에서는 도진무나 대장 등이 관장하는 곳에서 범죄가 발생하면 위에 보고하여 처리하되, 왕이 교외에 있으면 도진무·대장·위장·부장이 각각 피패皮牌[108] 50대까지는 바로 처리하고 장杖 이상은 왕에게 보고하게 했다.[109] 왕이 교외에 있다는 것은 궁궐을 떠나 있는 것으로 전시에 준하는 일종의 비상시국으로 간주해서 위반자에 대해 군법으로 다스리는 것을 원칙으로 삼았다.[110]

마침내 『경국대전』의 편찬과 더불어 운용 체계의 재정비 작업도 일단락되었다. 특히 이와 관련해서 크게 참작된 것은 『병정』의 「용형」 항목 내용이었다.

> 도총부의 대장도 또한 그 소관하의 범죄에 대하여 임금에게 보고하여 거핵擧劾하되, 행재시行在時에는 도총부의 대장, 위장, 부장이 각기 소관하의 범죄에 대하여 태 이하는 직단하고 장 이상은 임금에게 보고한다.〈통장, 부장 및 유군장, 영장, 위장의 순서를 따라서 대장에게 보고하여 임금에게 아뢴다.〉여, 대, 오도 같다.[111]

---

106 『세조실록』 권7, 세조 3년 4월 갑오.
107 윤훈표, 앞의 논문, 2008, 27쪽.
108 관아에서 경죄를 저질렀던 아전 등을 가죽채찍으로 때리던 형벌로 전체 50대를 넘지 못했으며 태형보다 가벼운 것에 속했다(『세종실록』 권30, 세종 7년 11월 임자).
109 정해은, 『한국전통병서의 이해(Ⅱ)』, 국방부군사편찬연구소, 2008, 5~18쪽 참조.
110 尹薰杓, 「朝鮮前期 軍法의 適用과 軍令의 運用」, 『軍史』 61, 2006, 26쪽.
111 『경국대전』 권4, 병전, 용형.

위에서 평상시에는 대장이 소관하의 범죄를 보고해서 처리토록 했으며, 행재시에는 대장 이하 부장에 이르기까지 태형 이하는 직접 처벌하고 장죄 이상은 보고하게 했다. 그 과정에서 보고 체계를 명확히 규정했다는 점이 주목된다. 맨 아래 오장에서 출발해서 단계별로 올라가서 대장에 이르게 했으며 그런 다음에 대장이 임금에게 최종적으로 보고하게 했다. 이로써 상하의 관계가 분명해졌는데 평상시나 행재시를 분간하지 않고 모두 적용시켰다.

오장에서 대장에 이르는 상하 관계는 위 조문처럼 단지 소관 범죄를 보고하는 것으로 국한되지 않았을 것이다. 명령을 필두로 군무에 관계된 사항이라면 모두 이에 입각해서 처리되었을 것이다. 그러므로 계급법 운용 체계도 기본적으로 이에 기반하여 수립되었다고 사료된다. 설사 그 안에서 돌발적인 상황이 일어난다고 하더라도 이 안에서 해결되었을 것으로 보인다.

그러나 『경국대전』이 계급법 운용의 전반적인 사항을 모두 포괄했던 것은 아니었다. 그것은 어디까지나 군관은 일위가 일위에 대해 엄격해야 한다는 커다란 원칙이 실제에 적용되는 과정에서 필요한 한 부문을 규정했던 것이다. 또 다른 것은 『대명률』을 위시하여 다른 법전이나 『오위진법』 등에 의해 보완되었다.[112]

---

112 윤훈표, 앞의 논문, 2008, 30~31쪽.

제2절

군사 훈련

1. 대열 실시

1) 실시와 법제화

대열은 국왕의 참관 하에 행하는 진법 훈련으로 매년 9월이나 10월 중에 도성 근교에서 실시하는 것이 원칙이었다. 국왕이 직접 임한다고 해서 친열親閱로 불리기도 한다.[113] 오늘날의 기동 훈련과 비슷한 성격의 것으로 일정한 군사를 좌·우상左右廂으로 나누어 진법에 따라 대항하게 하여 전투 능력을 평가하고 배양하는 데 그 목적이 있었다.[114]

어쨌든 국왕이 참관해서 주관해야 대열이라고 할 수 있다.[115] 이것은 군대를 국왕이 직접 지휘한다는 정치적 상징을 보여주는 의식이며 대외 정세의 유동 시기에는 군사력 강화를 대외적으로 표방하는 의미를 지니는 것이었다.[116] 조선초기에는 사냥을 겸

---

113 韓㳓劤等, 앞의 책, 1986, 625쪽, 630쪽. 이것과 차이가 조금 있는 듯이 느껴지는 정의도 있는데, 국왕의 친림 하에 이루어진 조선의 주요한 군사 훈련으로는 대규모 열무인 대열, 국왕 친무의 열무인 친열, 사냥 훈련인 강무, 비상소집훈련인 취각령 등이 있었다고 한다(盧永九,「조선후기 漢城에서의 閱武 시행과 그 의미-大閱 사례를 중심으로-」『서울학연구』32, 2008, 2~3쪽).
114 閔賢九, 앞의 책, 1983, 146~147쪽.
115 백기인,「조선후기 국왕의 열무 시행과 그 성격」『韓國政治外交史論叢』27-2, 2007, 38~41쪽.

한 군사 훈련인 강무에도 국왕의 친림 하에 각도의 수만 명 군사를 동원하여 이루어졌고 그 장소가 주로 경기와 강원도, 충청도 등 일대의 군현에서 이루어진 경우가 대부분이었다. 그 내용도 군사의 동원과 운용, 진법 훈련 등 대규모 동원 훈련의 성격을 강하게 지니고 있었다. 하지만 국왕이 주관하였더라도 사냥 훈련의 특성상 모든 절차를 관장하기에는 어려움이 있었다. 따라서 강무의 정치적인 함의는 대열보다 크지 않았다. 즉 이는 군권軍權의 주재자로서 국왕의 면모를 과시하는 의미를 지니는 것이었다. 특히 대규모의 경우에는 이것이 이루어지던 당시 국왕의 고도의 정치적인 입장이 이 훈련 속에 함축되어 있었다.[117]

대열은 세종 때부터 본격적으로 시행되기 시작했다.[118] 그 이전부터 여러 형태의 훈련이 실시되었으나 제도화된 대열은 세종 때 실행되었다. 1421년(세종 3) 병조에서 대열하는 날에 백관을 중위中衛의 5개 소所에 나누어 예속시키되, 의정부·돈녕부·제군부諸君府·이조·병조·승정원·사헌부·사간원·삼군진무소三軍鎭撫所는 각기 소속된 여러 관청을 거느리고 중소中所에 매이게 하고, 예조는 소속 관청을 거느리고 좌소左所에, 형조는 소속 관청을 거느리고 우소右所에, 호조는 소속 관청을 거느리고 전소前所에, 공조는 소속 관청을 거느리고 한성부와 함께 후소後所에 매이게 할 것을 건의해서 허락을 받았다. 이때 더불어 처음으로 진도陣圖를 연습하는데 법령을 범하는 군사 중 통정通政 이하는 직단하도록 했다.[119]

위에서 통정대부라는 동반 정3품 당상관계를 지닌 군사라도 직단하라는 명이 내려질 정도의 대규모 진도 연습을 실시하는 것과 대열의 개최가 연결되어 있음을 알 수 있다. 다시 말해 대열은 대규모의 진도 연습을 전제로 해서 실시하는 것이며 거기에는 서반, 일반 군사뿐만 아니라 동반의 고위직자들도 참가해야 했다. 단순히 기동 훈련으로 실시해서 전투 능력을 향상시켰다. 게다가 동반까지 포함하는 다수의 신료층을 동원하여 행함으로써 군주의 위신을 실질적으로 높이는 일이었다. 그런 점이 대열

---

116 盧永九, 앞의 논문, 2008, 3쪽.
117 盧永九, 앞의 논문, 2008, 3~4쪽.
118 盧永九, 앞의 논문, 2008, 7쪽.
119 『세종실록』 권11, 세종 3년 4월 병오.

이 지닌 특징이라고 할 수 있다.

1421년의 대열에서 다시 더 주목해야 할 점은 대소 군사들은 모두 갑옷을 입고 병기를 가지게 하며 별군別軍은 각기 화통火㷁을 가지게 했으며, 또 2품 이상의 관원으로서 군직을 가진 자는 5위에 나누어 소속하게 하고 육조와 그에 소속된 여러 관사는 앞서 언급했던 것에서 다소 수정된 중위의 5개소에 나누어 소속시켰다는 사실이다. 다른 한편으로 그 외의 여러 관사는 대열과 보통 때의 연습에도 참여하지 않게 했다.[120]

중앙의 모든 관사와 관원이 대열에 참여해야 하는 것이 아니라 반드시 동원되어야 하는 부서나 관리들만 대상이 되었다. 대열이 군사 훈련의 성격이 지니고 있었기 때문에 성과를 기대할 수 없는 사람들까지 쓸데없이 징발할 필요는 없었다. 그 대신 나와야 하는 사람들은 무장을 갖추어야 했다. 장비 없는 군사란 소용이 없었기 때문에 매우 중요했다. 그 무기에는 화통까지 포함될 정도였기 때문에 절대로 가볍거나 형식적인 것은 아니었을 것이다.

아무리 고관이라고 하더라도 군직에 있다면 무장을 하고 실질적인 훈련을 받으면서 항상 대비하는 자세를 보여주어야 했다. 평상시라도 비상시를 잊지 않는 자세를 지니는 것이 중요했다. 동시에 이것은 무장권이 인정되는 범위였다. 관부에 소속되어 있다고 해서, 관원이라고 해서 누구나 무장할 수 있는 것은 아니었다. 국가로부터 허락된 사람에 한해 무장을 하고 훈련을 받아야 했다. 그것은 관료로서의 특권이면서 또한 의무이기도 했다. 대열은 그 점을 주지시키고 숙달하기 위해 실시했다.

『조선왕조실록』의 기록상 첫 번째 본래적인 의미에서 실시했던 대열이라고 할 수 있는 1421년 5월의 경우에는 삼군三軍이 변하여 오진五陣이 되는 이른바 오위진五衛陣에 의거하여 이루어졌다.[121] 상당한 성과를 거뒀음에도 불구하고 미진한 바가 있었는지 곧이어 대열 제도를 개정할 것을 명했다.[122]

드디어 1421년 6월 예조에 의해 9월이나 10월 중에 도성 밖에서 대열을 행하는데 반드시 강일剛日을 택하며 기일 전 11일에 병조에서 대열을 청하여 전교를 받고 드디

120 『세종실록』 권12, 세종 3년 5월 을해.
121 『세종실록』 권12, 세종 3년 5월 기묘.
122 『세종실록』 권12, 세종 3년 5월 신사.

어 장수에게 명하여 군사를 뽑되 유사가 먼저 풀을 베고 땅을 소제하여 장소를 만든다는 등의 가장 원칙적인 사항들이 규정된 대열의 人閱儀가 공포되었다.[123] 이를 계기로 대열이 그저 단순한 군사 훈련에 그치는 것이 아니라 국가의 의식으로 승격되었음을 의미했다. 자연히 그 안에는 진법 훈련은 말할 나위도 없고 국가 의례 수준의 각종 의식 등이 망라되어 있었다. 그러므로 이것은 대열의 위상은 높이는데 큰 기여를 했지만 동시에 실시에 따른 각종 부담과 부작용 등으로 인해 함부로 개최하기 힘들게 만드는 요소로도 작용하였다.

대열 속에 포함된 진법 훈련에서 가장 중요한 것 중의 하나인 교범이 곧이어 나왔

『대열의주』(규장각한국학연구원)

다. 이른바 『진도법』으로 불린 것이다.[124] 당시 상왕으로 있으면서 실질적으로 군권을 행사했던 태종은 대열을 실시하고자 제도에 습진훈도관習陣訓導官을 파견하였다.[125] 계속해서 대열할 때 여러 도의 군사들을 의갑과 장색章色으로 구별해야 한다는 이유로 경기·경상·전라도는 중위에 속하게 하고, 평안도는 전위에, 충청도는 좌위에, 황해도는 우위에, 강원·함길도는 후위에 각기 속하게 했다.[126] 그리고 하번갑사下番甲士나 도성위都城衛 등의 군사까지 돌려보내지 않고 실시하려 했으나 사신의 행차 때문에 중단시키고 습진훈도관도 소환했다.[127]

비록 사신 행차 때문에 실행에 옮기지 못했지만 이때 대열을 실시하는데 필요한 모든 요소를 구비하였다. 여러 도의 군사는 물론 갑사나 도성위와 같은 중앙군의 동원, 아울러 오위 진법을 골격으로 하는 진법

123 『세종실록』 권12, 세종 3년 6월 임진.
124 『세종실록』 권12, 세종 3년 7월 기사. 『진도법』이라는 명칭은 정해은, 앞의 책, 2004에 의거했다.
125 『세종실록』 권12, 세종 3년 7월 무자.
126 『세종실록』 권13, 세종 3년 8월 임인.
127 『세종실록』 권13, 세종 3년 9월 병술.

서뿐만 아니라 관련 의례 등에 이르기까지 거의 전체가 망라되었다. 장차 이것에 의거해서 그대로 실시할 수 있는 만반의 태세가 갖추어졌다.

1424년(세종 6)에 이르자 병조에서 9월 하순의 길한 날을 택하여 동·서의 각 품관과 성중애마, 당번갑사, 방패, 수전패受田牌, 무수전패無受田牌, 당번시위별패當番侍衛別牌를 모아서 대열을 실시할 것을 청했다.[128] 그 해 9월에 문무의 여러 신하들이 갑주를 갖추고 시종하는 가운데 동교에서 대열을 실시했는데, 참가한 병력은 5,015명이었다.[129] 1421년 5월 이래로 2번째 실시하는 대열로서 기획안은 이미 만들어 놓았으나 미처 실행에 옮기지 못했던 것을 이번에 행하면서 재점검하였던 것으로 보인다. 실시와 동시에 약간 개정된 대열의주大閱儀注를 다시 내놓았기 때문이었다.[130] 그만큼 대열의 의식 자체를 중요시했던 것으로 생각된다.

1426년(세종 8) 9월에 동교에서 대열을 의식과 같이 했다. 군사의 총수는 9천 7백 명이었다. 최윤덕 등을 좌·우대상左右大廂의 장수로 나누어 삼고 진을 변경할 때마다 한 번씩 도전하여, 좌·우상이 서로 이기고 지고 하다가, 제5차의 도전에 이르러 좌상군이 이기고 우상군이 패하였다. 그런데 좌상의 군졸이 징소리를 듣고도 물러가지 않자 임금이 병조로 하여금 그 이유를 국문하게 했다.[131] 점차 의례뿐만 아니라 훈련의 성과를 중요시하는 쪽으로 발전해갔던 것으로 보인다.

그러나 그 뒤 대열은 제대로 실시되지 못했다. 다만『경제육전』의 개찬과 관련해서 대열의주를 수정하는 작업이 계속되었다.[132] 특히 대열은 강무와 더불어 항구한 규정으로 중대한 일인데도 임시로 수교受敎하는 것이 곤란하다며 앞으로는 별도로 수교하는 것을 폐지하고, 강무할 때는 거둥하실 장소를, 대열할 때는 길한 날을 미리 가려서 병조에서 보고해서 시행하도록 했다.[133] 대열의주가『경제육전』에 수록되면서 대열도 하나의 법제화된 제도로서 운영되기 시작했음을 의미하는 것이었다.

---

128 『세종실록』권25, 세종 6년 9월 기묘.
129 『세종실록』권25, 세종 6년 9월 병신.
130 『세종실록』권25, 세종 6년 9월 병신.
131 『세종실록』권33, 세종 8년 9월 갑인.
132 『세종실록』권54, 세종 13년 10월 병오.
133 『세종실록』권61, 세종 15년 윤8월 을해.

1434년(세종 16) 9월에 대열을 동교에서 의식과 같이 실시했다.[134] 그러나 이때에는 다만 서울의 시위군 6천여 명을 동원했을 뿐이라 대열이라고 일컬었던 것이 온당치 못하다는 주장이 제기될 정도였다. 이에 대해 국왕은 예전에는 몇 사람을 사용하여 대열이라고 일컬었는지를 집현전으로 하여금 조사하게 했다.[135]

그런데 세종은 매년 9월에 대열하는 법이 『경제육전』에 실려 있으나 즉위한 이래로 다만 3번 행하였을 뿐이라고 했다. 전에는 국가에 일이 없었으나 지금은 북쪽 변방에 경계할 일이 있으니 더욱 해이할 수 없다고 했다.[136] 많은 관심을 기울여 『경제육전』에도 법제화했으나 제대로 시행되지 못했던 것은 그 의례의 방대함과 실시 과정의 복잡함 때문으로 생각한다. 너무나 지나쳐서 훈련의 실효성이 떨어져 상당한 재정 지출에도 불구하고 실질적인 도움이 되지 못하는 측면이 컸다. 다만 대열의가 『세종실록오례의』에도 오를 정도로 국가적인 의식으로 자리잡았다는 점은 대단히 중요했다.

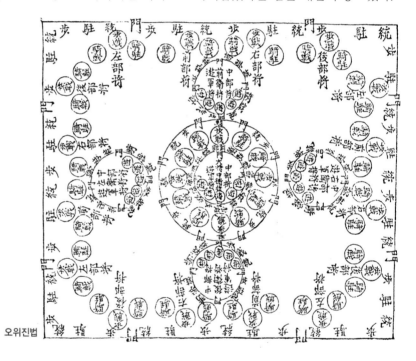

오위진법

──────────
134 『세종실록』 권65, 세종 16년 9월 무술.
135 『세종실록』 권66, 세종 16년 10월 신해.
136 『세종실록』 권121, 세종 30년 7월 정해.

2) 실시의 변모와 실질적 기능의 강화

대열 실시가 새로운 단계로 접어들게 되었던 것은 이른바 5위 체제로의 개편과 관련이 깊었다. 이는 그 작업의 주역이었던 문종과 세조가 함께 국사를 논의했던 자리에서 나왔던 이야기를 통해 알 수 있다. 그 때 세조는 오늘의 사세에 대해 하루아침에 위급한 일이 생기면 누가 능히 막을 수 있겠는가라고 개탄하고서 국가가 오랫동안 강무를 하지 않으니 무사武事가 해이해진 것이 지금과 같이 심한 적이 없었다고 했다. 이에 문종이 대열을 행하면 어떻겠는가라고 묻자 세조가 대열은 도움이 되지 못할 것이라며 모으기는 어렵고 연습하는 법은 너무 간략해서 소용이 없다고 했다. 문종도 옳은 말이라고 했다는 것이다.[137] 두 사람은 그 때까지의 대열, 즉 세종 때 구축해 놓았던 대열 체제가 실상 크게 유용한 것이 아니었다는 점에 의견이 일치했다. 따라서 새롭게 정비할 필요가 있었다.

대열이 새롭게 거듭나서 제 기능을 다하기 위해서는 무엇보다 의식적인 면모가 줄어들고 연습의 효용성이 높아지도록 해야 했다. 그것은 5위 체제의 근간이 되는 『오위진법』의 간행과 연계시켜 추진하였다. 『오위진법』 안에 다음과 같이 포함시켰다.

○ 대열 의주大閱儀注【열병에는 상용은 형식이 없으나, 한때의 의주로는 이와 같이 하여 교련하고 검열한다.】

○ 그날에는 좌·우군左右軍이 교장敎場에서 상대하여 포치布置한다.【5위가 각각 방진方陣을 이룬다. 만약 변진變陣하려면, 먼저 유군遊軍으로 하여금 나가 배열하게 하여 불우不虞에 대비한다.】대가大駕가 교장에 이르면 대각大角 둘을 불고, 대장大將이 5위장衛將을 불러서 서약한다.【대장이 대각을 불고, 5휘麾와 초요기招搖旗를 아울러 세우면, 5위장은 각각 표기標旗를 점點하여 응應하고 단기單騎로 달려가 대장기大將旗 아래에 모여서 꿇어앉고, 대장은 탁鐸을 흔들고서 서약한다.】 "이제 대열을 행하여 사람들에게 싸움을 가르친다. 진퇴좌우進退左右를 한결같이 병법대로 한

---

137 『세조실록』 권1, 총서.

다. 명을 받들면 상주고, 명을 어기면 형벌하니, 힘쓰라." 위장이 듣기를 끝내고 각각 제 위로 돌아와서 차례로 영을 전한다.【5위장이 각각 제 위에 돌아와 대각을 불고 5휘 및 유류기有旒旗와 초요기를 아울러 세우면, 5부장部將·유군장遊軍將은 각각 표기標旗를 점하여 응하고 단기로 달려와 서약을 받고서 간다. 부장은 각각 4통장統將을 불러서 서약하고, 유군장은 각각 5영장領將을 불러서 서약한다. 통장·영장이 서약을 받고서 가면, 또 각각 차례로 영을 전한다.】가전駕前에서 대각을 불고, 휘를 점하여 진을 이룬다.【대각을 불고 청휘靑麾를 점하면 좌군이 그 점하는 바에 따라 변하여 진을 이루고, 백휘白麾를 점하면 우군이 그 점하는 바에 따라 변하여 진을 이룬다.】가전에서 화포를 쏘고 전각戰角을 불고 휘를 지指하여【청·백 2기를 서로 향하여 지한다.】용겁勇怯·승패勝敗의 형세를 짓는다.【용겁의 형세가 세 가지이고, 승패의 형세가 세 가지이다. 가전에서 만약 대장을 부르려면 대각을 불고 휘와 초요기를 아울러 세운다. 그러면 대장이 용대기龍大旗를 점하여 응하고 단기로 달려 와서 명을 받는다.】[138]

위 내용의 특징은 대열의주가 독립된 것이 아니라 『오위진법』안에 포함되어 진법훈련을 하면서 자연스럽게 실시하는 것으로 되었다는 점이다. 다시 말해 오위 진법을 연습할 때 국왕이 친림하면 저절로 대열이 실시되는 것으로 만들었다. 그렇다면 종전과 같이 별도로 명령을 받아서 여러 가지 사항들을 준비했다가 하는 것이 아니라 곧바로 교범에 의거해서 실시하게 되었다. 그만큼 형식적이고 의례적인 요소들을 배제시키며 군사 훈련의 효용성을 높이는 것으로 변모시켰다.

다만 1465년(세조 11)에 병조에서 대열의주를 보고하면서 그날에 대가가 훈련장에 도착하면 고취鼓吹를 진작振作하고, 임금이 자리에 오르면 병조판서가 나아가 아뢰도록 한다. 포를 3번 발사하면 어전에서 대각을 불고 북을 한 통通을 치면 장상과 백관이 들어와 절하고 물러나서 각각 제자리로 나아가게 했다. 하지만 이것은 어디까지나 임금이 임시로 제정하게 한 것이고 『오위진법』의 내용 자체를 개정한 것은 아니었

---

138 『문종실록』권8, 문종 1년 6월 병술.

다.[139] 그리고 실질적으로 임금이 자리에 올라왔을 때의 의례에 관한 것일 뿐 내용에 대해 언급했던 것은 아니었다.

일단 『오위진법』이 간행된 뒤에는 그 안에 들어 있는 대열의주에 의거해서 실시되었다. 『실록』의 기록상으로는 문종, 단종 때에는 실시되지 않았던 것으로 나타나 있다.[140] 하지만 청성군淸城君 한종손韓從孫의 졸기에 따르면, 세조가 중외도통사中外都統使 시절에 동교에서 대열을 할 때에 한종손이 중위장中衛將으로 참여했다고 한다.[141] 세조가 중외도통사였다는 것은 곧 단종이 재위하던 때였다.[142] 한종손의 졸기에서 본다면 단종 때에도 대열은 실시했으나 『실록』에는 누락되었다.[143] 그 당시에는 실질적인 집권자인 세조가 주도했다. 한종손의 졸기에 세조가 진영을 출입하는 것을 여러 위장의 수문자守門者들이 감히 저지하지 못하였으나 홀로 중위의 수문자만이 이를 막고 들이지 않았다는 것이다. 이에 세조가 그 까닭을 물으니 수문자가 군중軍中이 전부 위장의 명령만 듣고 다른 사람의 명령은 듣지 않는다고 답했다. 이에 감탄했던 세조가 중위장이었던 한종손을 높이 평가해서 출세시켰다.[144]

이로써 실록에는 구체적으로 기록되지 않았으나 단종 때에도 대열은 실시하였고 세조가 주도했음을 알 수 있다. 아마도 그런 이유로 해서 실록에 싣지 않았던 것으로 보인다. 국왕이 엄히 있음에도 아직 신하였던 세조가 대열을 주도했다는 것은 여러 가지 논란거리였을 것이다. 동시에 대열이 반드시 국왕이 참석해야만 실시되었던 것도 아니었다. 다만 국왕이 참석하지 않았던 것을 실록에 기록하기가 곤란했을 것이다.

아무튼 『오위진법』의 간행과 5위 체제로의 개편으로 인하여 새로워진 대열이 세조의 주도로 실시되었다. 기본 방침이 의례적인 것을 축소하고자 했으나 그대로 실천되지 않았다. 1458년(세조 4)에는 백관과 분사分司가 호종扈從하였을 뿐만 아니라 중궁

---

139 『세조실록』 권36, 세조 11년 6월 병신.
140 백기인, 앞의 논문, 2007, 42쪽의 〈표 1〉 대열의 시행 현황 참조.
141 『세조실록』 권41, 세조 13년 3월 병술.
142 『단종실록』 권8, 단종 1년 10월 기유.
143 대열을 실시한 뒤 논상했던 예를 통해 보면 갑술년, 곧 1454년(단종 2)에 행했던 것으로 확인된다(『성종실록』 권60, 성종 6년 10월 기축).
144 『세조실록』 권41, 세조 13년 3월 병술.

과 왕세자까지도 거가車駕를 수종隨從하였다. 저녁때에는 아차산 아래의 이궁離宮에 머물렀다.[145] 이것은 대열이 아니라 그것을 빙자한 거창한 임금의 행차였다. 그런 것은 이후에도 계속되었다.[146] 하지만 지나치면 차후에 문제가 될 수밖에 없었다.

한편, 대열 때의 위장·부장·통장에게 진법을 강講하기도 했다.[147] 원래 대열의주에 따르면 『오위진법』에 나와 있는 방식대로 훈련하는 것이 원칙이었다. 그러나 세조는 거기에 만족하지 않았다. 오히려 이를 계기로 무재가 있는 자를 발탁하고 양육하고자 했다. 그것은 세조 정권이 추구하던 국정 목표하고도 일치하는 것이었다. 단순히 훈련이 연습에서 그치는 것이 아니라 발탁의 계기로 삼고자 했다. 그것은 훈련에 활력을 불어넣고 자발적 참여를 높이려는 것이기도 했다. 심지어 세조는 훈련의 성과가 좋았다는 구실로 참여 군사들의 내년도 잡요를 면제하게 했다.[148] 이런 일들은 일시적으로는 군사들의 참여 강도를 높여 성과를 크게 올릴 수도 있었을 것이다. 그러나 계속해서 그런 식으로 베풀어줄 수는 없었다. 재정상의 문제는 물론 형평성에도 맞지 않았다. 결국 그런 일들은 장기적으로 볼 때 제도화된 실시에 부담을 주는 요소로 작용했다.

성종 때에도 대열은 계속 실시되었다. 가장 대표적인 사례로 1475년(성종 6)의 실시를 들 수 있다. 백관이 흥인문興仁門 밖에서 지송祗送 곧 전송하는 것으로 시작했다. 광주廣州 정금원定今院 벌판에서 좌상군과 우상군의 대열을 실시하였는데, 총 28,115명이 참가했다.[149] 참가했던 병력의 수만으로도 그 규모를 짐작할 수 있을 정도였다. 그런데 세조 때와 다른 점은 백관과 분사의 호종과 중궁과 왕세자의 수종 등이 보이지 않는다는 점이다.

아울러 논상에서도 세조 때와 달리 판서 이하의 병조 관원들과 실수가 없었던 대장 등에게 마필 등을 하사했으며, 실수가 없었던 종사관從事官·부장部將·선전관宣傳官에게 각각 한 자급을 더하고 자궁자資窮者는 자서제질子壻弟姪 중에서 대가代加하게

---

145 『세조실록』 권14, 세조 4년 9월 경술.
146 『세조실록』 권18, 세조 5년 10월 무오.
147 『세조실록』 권14, 세조 4년 9월 기유.
148 『세조실록』 권14, 세조 4년 10월 정사.
149 『성종실록』 권59, 성종 6년 9월 임신.

했다.[150] 성격상 반드시 포상해야 할 대상 자에 국한해서 실시했음을 알 수 있다. 당 시 아직 세자가 책봉되지 않았던 탓도 있 겠지만 대체적으로 행사보다는 훈련에 치 중했다는 인상을 주고 있다. 드디어 대열 이 원래의 기능에 충실한 쪽으로 나아가 고 있음을 의미했다.

이어서 1477년(성종 8),[151] 1479년(성종 10),[152] 1487년(성종 18),[153] 1488년(성종 19),[154] 1489년(성종 20)[155]에 실시하였다. 남아 있는 기록으로는 규칙적으로 실시되 었던 것은 아니었으나 끊어지지 않고 이

서울 도성의 흥인지문(동대문, 서울시사편찬위원회) 앞을 옹성으로 쌓았다.

어지고 있었다. 그 중에서 특기할 점은 1489년에 실시하면서 의주에 따라 영각令角을 불었음에도 이에 응하지 않았던 좌상과 우상의 대장에 대해 임금이 대열은 사냥을 위 한 것이 아니고 국가의 대사이므로 반드시 따라야 한다는 점을 주지시켰다는 사실이 다. 이에 대해 대장들은 근자에 열무閱武하는데 이 의주를 사용하지 않았던 관계로 착 오가 일어났다고 변명했다.[156] 의주에 의거해서 실시했느냐가 대열에서는 상당히 중요 한 문제였다.

그 의주는 『오위진법』의 대열의주를 가리킨다. 1474년에 간행된 『국조오례의』 에 따르면 대열의는 『(오위)진법』과 『경국대전』에 있는 것을 따른다고 규정되었다.[157] 『경국대전』에서는 대열을 실시할 때 마땅히 시행하여야 할 조건은 병조가 왕지王旨를

---

150 『성종실록』 권60, 성종 6년 10월 기축.
151 『성종실록』 권76, 성종 8년 2월 정해 ;『성종실록』 권85, 성종 8년 10월 정유.
152 『성종실록』 권108, 성종 10년 9월 임오.
153 『성종실록』 권207, 성종 18년 9월 을축.
154 『성종실록』 권220, 성종 19년 9월 갑신.
155 『성종실록』 권232, 성종 20년 9월 계미.
156 『성종실록』 권232, 성종 20년 9월 계미.
157 비슷한 성격의 강무의가 『국조오례의』에 규정되어 있는 것과는 달랐다.

받들어 공문으로 전달한다고 규정되었다. 왕세자가 거둥할 때에도 마땅히 시행하여야 할 조건 역시 왕지를 받아야 한다고 규정되었다.[158] 그리고『경국대전』의 첩종疊鍾에 따르면 대열하고자 하면 대종人鍾을 거듭 치도록 했다. 이때 입직하는 제위諸衛는 첩고疊鼓의 예와 같이 모이도록 했다.[159]

그 구체적인 내용은『오위진법』의 대열의주에 기록되었고 실시에 필요한 규정들은 『경국대전』에 실어놓았다. 이로써 양자의 연결을 통하여 대열이 실질적인 기능을 할 수 있게 했다. 의례적인 측면보다는 실용성을 좀더 강화하려는 의도가 있었다.

2. 진법 훈련

1) 전투 능력의 배양과 훈련의 도입

진陣이란 군 병력의 행렬을 말하며 진법이란 진을 설치하는 법을 뜻했다.[160] 그러므로 진법 훈련을 단순하게 정의한다면 군대로 하여금 진치는 법을 훈련시키는 것을 의미하였다. 그런데 전근대 전투에서 진의 설치가 가장 기본적인 것이었기 때문에 평상시에 그에 대한 대비가 다른 무엇보다 중요했다. 반복된 연습을 통하여 어떠한 상황에서도 즉각적으로 전개해서 필요한 진을 갖추고자 노력했다. 그 신속함과 견실함이 싸움의 승패를 좌우한다고 생각하는 경향이 강했다. 자연히 지휘자들도 이에 대한 많은 관심을 가지고 그 체계 확립에 골몰했다.

건국 직후 정도전은 태조의 즉위교서를 통해 문무양과를 편폐해서는 안 된다며 훈련관에서 주관하는 무반의 등용시험인 강무법講武法의 실시를 천명했다.[161] 이와 더불어 개국과 동시에 단행된 관제 개혁에서 훈련관을 새로 설치했는데, 무예를 훈련하고

---

158 『경국대전』 권4, 병전, 시위.
159 『경국대전』 권4, 병전, 첩종.
160 河且大, 앞의 논문, 1989, 104쪽.
161 『태조실록』 권1, 태조 1년 7월 정미.

병서·전진을 교습시키는 등의 일을 담당했다.[162] 전과 달리 군사 훈련을 관장하는 최고의 기구가 설립되어 그에 관련된 여러 사항을 관장했다. 그리고 훈련관에 양반자제와 각성중관各成衆官·각령의 가교자可敎者들을 모아 병서와 진도陣圖를 강습하되, 그 중 재주를 성취한 자가 있으면 전에 내린 교지에 의거하여 시취해 탁용하도록 했다.[163]

설치와 더불어 훈련관은 명실공히 병학 교육과 무반 선발의 중추 기구로 자리잡기 시작했는데 1394년 1월에는 중군군후소中軍軍候所마저 흡수했다.[164] 그 다음 관내에 병가兵家의 요무要務라는 태일산太一算을 강습하는 국局을 설치하여 그 성재자成才者도 무과 안에서 함께 시험하여 탁용하게 했다.[165] 이렇게 해서 한층 더 내실을 갖추게 되었다.

훈련관의 설치와 확대 등을 통해 양장良將을 양성하는 것과 더불어 사졸들을 체계적으로 단련시켜 지휘관들과 신뢰를 쌓게 해서 일체감을 조성하는, 즉 중심을 하나로 묶는 훈련체계의 수립에도 박차를 가했다. 이를 통해 종래의 숙달되지 못한 병력을 출동시켜 피해를 당했던 폐단을 제거하고자 했다. 특히 이 문제를 진법 훈련의 도입을 통해 해결하고자 했다.

1394년 1월 정도전의 주도로 둑제纛祭가[166] 베풀어졌는데,[167] 같은 해 9월 중군中軍의 둑纛을 강무당講武堂으로 옮겼다.[168] 강무당과 관련해서, 1422년(세종 4) 11월 예조에서 올린 계의 내용이 주목된다.

---

162 『태조실록』권1, 태조 1년 7월 정미.
163 『태조실록』권1, 태조 2년 7월 병진. 태조의 즉위교서에서는 『무경칠서』와 사어의 재예를 강습하도록 했는데, 여기서는 병서와 진도라고 하여 사어 대신에 진도가 포함되어 있는 것이 특징이다. 그렇다고 사어가 완전히 제외되지는 않았을 것이다. 그것은 어디까지나 무반의 기본에 속하는 기예이기 때문이다. 다만 진도가 더 들어간 것은 당시 군제 개혁과 밀접하게 관련이 있는 것처럼 보인다. 왜냐하면 1393년 11월에 정도전이 왕에게 건의하여 여러 절제사들의 거느린 군사 중에서 무략이 있는 사람을 뽑아 『진도』를 가르치게 하였기 때문이다(『태조실록』권4, 태조 2년 11월 경술). 이는 정도전의 주관으로 추진되었던 군제 개혁과 밀접하게 관련되어 있음을 보여준다.
164 『태조실록』권5, 태조 3년 1월 임자.
165 『태조실록』권6, 태조 3년 12월 을해.
166 군기에 대해 지내는 제사였다(韓㳓劤 等, 앞의 책, 1986, 418쪽).
167 『태조실록』권5, 태조 3년 1월 정묘.
168 『태조실록』권6, 태조 3년 9월 계축.

정도전의 『삼봉집』에 수록된 진법

삼가 태청관太清觀의 설치 유래를 아뢰면, 그 중창고기重創古記에 '국초에 태청관을 문묘의 오른쪽에 설치하고 천황天皇·태일太一 등의 신에게 초제醮祭를 지냈으며, 또 관의 남쪽에 강무당을 설치하여 제조관提調官을 두고, 교학관·오군녹사五軍錄事·육위참군六衛參軍을 두어 진법을 강습하였다'고 하였습니다.[169]

위 기사에서 국초란 건국 초기를 가리키며 강무당은 태청관의 남쪽에 있었고 문묘와 이웃하였음을 알 수 있다. 국가의 중요 제사가 베풀어졌던 장소에 위치했으므로 둑을 옮겼던 것은 둑제의 실시와 관계가 있었다. 그리고 강무당에서는 진법의 강습이 실시되었는데 그것과 관련해서 관원들도 배치되었음이 확인된다. 그 명칭을 보면 대개 겸관이었던 것으로 추정된다. 그 점은 훈련관과 비슷했다.[170] 차이도 보이는데, 훈

---

169 『세종실록』 권18, 세종 4년 11월 신미.
170 『태조실록』 권1, 태조 1년 7월 정미.

련관에서는 주로 제가의 병서를 강하면서 각종 시험을 주관했던 것에 비해 강무당에서는 대개 진법을 강습했던 것 같다. 그러나 위 기사만으로는 진법강습이 누구를 대상으로 무슨 목적으로 행해졌는지가 불확실하기 때문에 좀더 검토가 필요하다.

진법 훈련의 실시와 관련하여 『조선경국전』의 다음 기사가 주목된다.

> 『주례』에 따르면 봄사냥·여름사냥·가을사냥·겨울사냥으로 무사武事를 강습하여 때를 거르는 일이 없었고, 금고金鼓, 기휘旗麾의 절차를 밝히고, 전진과 후퇴, 격자擊刺하는 방법을 익히면, 병사는 장수의 뜻을 알고 장수는 병사의 사정을 알아, 전진해야 할 때에는 함께 전진하고, 후퇴할 때 함께 후퇴하였으며, 방어하면 견고하게 하고 싸우면 이겼으니, 이는 평소 교습했던 바가 있기 때문이었다.…… 신(정도전)은 그(제갈무후)의 뜻을 조술하여 『오행진출기도五行陣出奇圖』를 지었고, 또 사마법司馬法을 가감하여 『강무도講武圖』를 지어 바쳤더니, 전하는 이것을 보고 좋다고 칭찬하고 군사에게 명하여 익히게 하였다.[171]

위에서 정도전이 『오행진출기도』와 『강무도』를 태조에게 찬진했으며, 이들에 의거해서 군사훈련을 실시하도록 허락받았음이 확인된다. 하지만 두 책의 정확한 내용은 불명인데, 대개 금고기휘에 의한 진퇴좌작의 훈련과 결진 및 습진의 내용을 담았으리라고 추정되므로,[172] 진법 훈련에 관한 것으로 볼 수 있다.[173] 진법 훈련을 통해 단지 전투능력만을 배양시키는 것이 아니라 장수와 사졸 간의 일체감도 조성하고자 했음을 알 수 있다.

하지만 처음에는 절제사들이 거느린 군사 중에 무략자를 골라 진도를 가르쳤는데,[174] 구정毬庭에서 고각기휘, 좌작진퇴의 절차를 익혔다고 한다.[175] 아마도 『오행진출기도』와 『강무도』에 의거해서 실시했던 것으로 추정된다.[176] 따라서 모든 사졸들을 대

---

171 『조선경국전』 하, 정전, 교습.
172 김광수, 「鄭道傳의 「陣法」에 대한 고찰」 『陸士論文集』 51, 1996, 216쪽.
173 김광수, 앞의 논문, 1996, 216쪽 註4.
174 『태조실록』 권4, 태조 2년 11월 경술.
175 『태조실록』 권4, 태조 2년 11월 계축.

상으로 본격적으로 시행했던 것은 아니며 시범적으로 실시했을 뿐이다.

그런데 1394년 3월에 임금이 임진수미포臨津壽美浦에 행차하여 정도전에게 오군진도를 강하게 하고, 또한 연습하는 것을 친히 관람하되 여러 절제사들에게 하지 않거나 영을 위반하면 처벌하겠다고 했다.[177] 태조 앞에서 오군진도, 즉『오행진출기도』[178]를 강했다는 것은 앞서 구정에서 절제사들이 거느린 군사 중에 무략자를 골라 가르쳤던 때와 비교해서 격식이나 규모면에서 차이가 컸다. 전에는 소수를 대상으로 시범적으로 실시했다면, 이때부터 전군으로 확대되는 계기가 마련되었다. 더욱이 태조가 직접 절제사들을 독려했다는 것은 그만큼 힘을 실어준 조치였다. 그 동안 독자적인 지휘권을 행사했던 절제사들의 휘하 군사들도 이제부터 의무적으로 진법 훈련을 받게 되었다. 아마도 이를 계기로 해서 앞서 언급했던 바 강무당에서 진법을 강습하게 되었을 것이다.

마침내 1395년에 삼군부에 명해『수수도蒐狩圖』와『진도陣圖』를 간행케 했다.[179] 이것도 정도전이 찬진했던 것으로 왕명으로 훈도관訓導官을 두어 가르쳤다.[180] 각 절제사, 군관, 서반 각품, 성중애마뿐만 아니라 심지어 능통한 사람을 각도에 파견하여 강습시켰다.[181] 진법 훈련을 지방군까지 확대시켰다. 중앙에서는 삼군부에서 날마다 절제사에서 산원까지를 모아 시가에서 습진했으며,[182] 지방의 각도와 각진에는 진도훈도관을 보냈다.[183] 이렇게 해서 정형화되고 표준화된 진법 훈련이 전국에 걸쳐 실시될 수가 있었다. 그것은 곧 각 절제사의 시위패에 대한 사적 영속관계를 제약할 목적 때문이라고 파악된다.[184]

---

176 김광수, 앞의 논문, 1996, 216쪽.
177 『태조실록』 권5, 태조 3년 3월 경술.
178 김광수, 앞의 논문, 1996, 216쪽.
179 『태조실록』 권7, 태조 4년 4월 갑자.
180 훈도관은 강무당의 교학관과 서로 통했던 것으로 보인다. 일치하는지의 여부가 명확치 않으나, 그럴 가능성이 충분히 있다.
181 『태조실록』 권11, 태조 6년 6월 갑오.
182 『태조실록』 권12, 태조 6년 8월 무자.
183 『태조실록』 권12, 태조 6년 8월 무자.
184 閔賢九, 앞의 책, 1983, 110~111쪽.

군사교육체계의 개편을 통해 능력과 자격을 갖춘 장수를 발탁해서 적절히 배치하는 것을 전제로 전국에 걸쳐 정형화되고 표준화된 사졸들의 진법 체계가 새롭게 구축되었다고 할 수 있다. 즉 교육 및 선거를 통해 능력이 검증되어 발탁된 장수들에 대한 신뢰를 바탕으로 사졸의 체계적 훈련을 실시해서 상하간의 유대감을 조성하여 드디어 중심이 하나가 되어 종래의 숙달되지 못한 병력을 출동시켜 피해를 당했던 폐단을 극복하도록 했다.

2) 운영 체계의 정비와 훈련의 확대

1398년에 일어난 1차 왕자의 난으로 정도전, 남은 등이 제거되고 태조가 퇴위하면서 정권이 교체되었다. 정종이 즉위하고 얼마 지나지 않아서 간관의 상언에 의해 남은과 가까웠던 전직 지방군 지휘관들이 대거 숙청되었다. 그 구실 가운데 하나가 백성의 고통을 돌보지 않고 제철이 아님에도 불구하고 군사 훈련을 실시했다는 것이다.[185] 정도전 등이 집요하게 추진했던 군사 훈련이 도리어 민폐만 끼쳤다는 점을 부각시켰다. 반대파의 제거 및 훈련 체계를 재검토하기 위한 명분 축적의 의도가 강하지 않았는가 한다.

태종이 즉위한 뒤 훈련체계에 관한 수정작업이 본격적으로 추진되었다. 이때 전술이 부족한 장수로써 가르치지 않은 민으로 하여금 싸우게 하는 과거의 폐단을 불식시키고자 양장의 양성을 전제로 전국에 걸쳐 사졸을 정형화되고 표준화된 훈련 체계에 의해 단련케 하고자 했던 기본 원칙을 뒤집었던 것은 아니다. 다만 정도전 등이 추구했던 정책에 경도되면 최고 통수권자인 국왕의 입장이나 의지가 소홀하게 여겨지거나 축소될 것을 우려했다.

지금까지 추진했던 체계 개편의 방향을 수정하여 최고 통수권자의 의사가 분명하게 반영되는 절차 및 장치를 마련하고자 했다. 그러므로 정도전 등의 방안처럼 문호가 개방된 교육 및 훈련과정을 통해 자연스럽게 유능한 인물이 발탁되도록 하기보다

---

185 『태조실록』 권15, 정종 즉위년 10월 을사.

는 엄격한 선발 절차를 통해 걸러진 인물들을 대상으로 최고 통수권자가 친히 임용하는 사람들을 단련하는 형태로 바꾸려 했다. 즉, 선발과 교육·훈련과정을 분리해서 후자를 전자를 통과한 사람들을 대상으로 실시하되, 그 과정에서 탁월한 성적을 거둔 자를 출세시키는 체계를 구축하고자 했다.[186]

일단 사졸을 정형화되고 표준화된 훈련 체계에 의해 단련시키기 위해 진법 훈련을 실시하는 것은 변함이 없었다. 다만 그 방향만 조금 바꾸었을 뿐이다.

> 전보田甫를 호용시위사대호군虎勇侍衛司大護軍으로 삼았다. 임금이 (전)보에게 이르기를, "듣건대, 정도전이 진법을 예습할 때에 네가 사마였다고 하는데, 지금도 진법을 잊지 아니했느냐?" 하니, (전)보가 답하기를, "신이 스스로 능한 것이 아니고, 다만 진법에 의하여 행했을 뿐입니다." 하였다. 임금이 말하기를, "내가 삼군갑사·응양위·별시위, 그리고 좌우인左右人들에게 진법을 예습시켜 좌작진퇴의 절차를 알게 하려고 하니, 네가 그것을 가르치도록 하라."고 하였다.[187]

위에서 태종이 정도전이 진법을 연습할 때 참여했던 전보를 기용해서 본격적으로 훈련을 재개시켰음을 알 수 있다. 하지만 그 당시에는 없었던 삼군갑사·응양위·별시위, 그리고 좌우인 등이 연습의 주축을 이루었다. 이들은 대개 태종이 즉위한 뒤에 복립하거나 설치했던 중앙군의 핵심이었다.

이를 계기로 진법 훈련이 본궤도에 오르기 시작했다. 우선 병서습독제조兵書習讀提調를 임명한 다음 전보 등을 다시 진도훈도관으로 삼았다.[188] 전자가 주로 병서를 가지고 병학을 이론적으로 강습시켰던 반면에 후자들은 대개 실습을 담당했던 것으로 보인다. 마침내 이론과 실습 양자에 걸쳐 체계적인 습진의 차비가 갖추어졌다. 1409년(태종 9) 4월에 비로소 반송정盤松亭에서 진도를 연습했다.[189] 그 뒤에도 진법 훈련이

---

186 尹薰杓, 『麗末鮮初 軍事訓鍊體系의 改編』, 2004, 204쪽.
187 『태종실록』 권17, 태종 9년 3월 갑자.
188 『태종실록』 권17, 태종 9년 3월 을축.
189 『태종실록』 권17, 태종 9년 4월 을유.

꾸준하게 실시되었던 듯, 사졸들이 좌작진퇴의 절차와 적을 공격하고 변에 응하는 법을 알고 있어, 한 사람도 영을 어기는 자가 없었다고 보고되기도 했다.[190]

하지만 상당한 성과를 거두었음에도 불구하고, 진법 훈련이 아직까지 제도화되었던 것은 아니었다.

> 명하여 진도를 이습肄習하게 했다. 병조에서 계하기를, "진도를 이습하게 해야 하니, 입직한 상·대호군, 삼군진무·경력·도사, 내금·내시위·별시위·응양위 및 각문 차비외의 갑사·별패別牌 등으로 하여금 마아馬兒를 가지고 날마다 이습하게 하되, 그 중에서 삼가지 않는 자는 율에 비추어 죄를 논하게 하소서." 하였다.[191]

위에서 첫째로 진도의 이습에 성실히 임하지 않는 자를 율에 비추어 논죄하도록 했다는 것은 의무적으로 참가할 것과 만약 이를 어기면 처벌하겠다는 것으로써 제도화된 실시를 의미했다. 권장이 아닌 의무사항이 되었다. 둘째로 마아라는 진법 연습에 사용하는 도구를 이용함으로써 훈련 방식의 정비라든가 효과 등을 한 단계 더 증진시킬 수 있는 계기가 마련되었다.[192] 마지막으로 진도의 이습은 입직한 시위군의 통솔 책임자들과 그 휘하에 배속된 인원들을 대상으로 실시되었다. 각문 차비와 같이 절대로 근무지를 이탈해서는 안 되는 시위군을 제외하고는 책임을 맡은 지휘자들과 함께 이습해야 했다. 이를 통해 시위군들을 일사불란하게 움직일 수 있게 만들려고 했다.

태종 때의 진법 훈련은 대체로 중앙의 시위군을 중심으로 실시되었다. 물론 별패와 같이 번상하는 시위군[193]에 대해서도 습진소에서 예습하게 하여, 군사들로 하여금 영을 알지 못하는 자가 없게 하였지만,[194] 정작 외방에서는 실시되지 않았다. 그것은 1421년(세종 3) 병조에서 '진도의 법이 군국의 급무인데도 외방의 군사는 전연 연습

---

190 『태종실록』 권19, 태종 10년 4월 임술.
191 『태종실록』 권33, 태종 17년 5월 임진.
192 마아는 어휘상 『경국대전』에 나오는 마아를 가리키는 것으로 보이는데, 이는 도상 습진에 사용되는 도구로써 형명과 진퇴를 익혔다고 한다(韓㳓劤 等, 앞의 책, 1986, 633쪽).
193 閔賢九, 앞의 책, 1983, 124쪽.
194 『태종실록』 권19, 태종 10년 4월 임술.

하지 아니하였으니, 실로 불편하다'[195]고 했던 것을 통해 알 수 있다. 세종 때에 들어와서 비로소 습진이 외방에서도 본격적으로 실시되었다.

이를 위해 먼저 진법 훈련의 교범부터 새롭게 편찬하는 작업을 시작했다. 태종 치세의 후반기부터 검토하기 시작하면서 드디어 세종 초기에 본격적으로 정리 작업이 추진되었다. 태종은 특별히 변계량卞季良에 맡겨서 진법의 교범을 완성하도록 조처했으며, 대체로 그 작업은 1421년 5월경에 이르러 일단 완료되었던 것 같다.[196] 그리고 곧 바로 시험에 들어갔다. 우선 대열 의식을 통해 관료들부터 시험적으로 연습을 실시하였다.[197] 다음으로 삼군으로 확대했다.[198]

그럼에도 곧 바로 정식으로 확정해서 공포하지 못했던 것 같다. 왜냐하면 『세종실록』에 이른바 『진도법』의 원문이 수록된 것은 2개월이 지난 1421년 7월이었기 때문이다.[199] 아마도 그 사이에 『진도법』의 편찬을 주도했던 변계량과 다른 사람들 사이에 새로운 진법 교범을 놓고 상당한 논쟁이 오갔던 모양이다. 대개 그런 사실들이 변계량이 정리했던 「진설문답陣說問答」에 서술되었다.

『진설문답』을 통해 변계량은 익재益齋(이제현李齊賢), 삼봉三峯(정도전), 호정浩亭(하륜河崙) 등의 설을 종합하여 오행진법을 구체화시켰다고 주장했다. 그리고 그들 중에서 특별히 삼봉이 말한 '전충前衝은 움직이지 않고 후충後衝이 먼저 나가 적을 유인한다.'는 설을 채택하였다고 언급했다.

이에 대해 여러 논자들이 우리나라의 지형은 평탄한 곳이 매우 적은 반면에 대부분 험악한 곳이 많으므로 적을 만났을 때 후충으로 하여금 먼저 나가게 하고 싶어도 되지 않을 것이기 때문에 실효성이 부족하다는 비판이 많았다. 실제로 익재와 호정이 지은 진법에는 그런 내용이 없음에도 굳이 삼봉의 것을 따른 이유에 대해 따졌다. 변계량은 삼봉의 진법이 아군의 방어를 굳히는 치밀한 계책으로서 고인의 진을 운용하는 본뜻을 잘 이해한 듯하며, 다른 학설들은 이에 미치지 못한다고 응수했다.[200]

---

195 『세종실록』 권12, 세종 3년 7월 기사.
196 『세종실록』 권12, 세종 3년 5월 기묘.
197 『세종실록』 권11, 세종 3년 4월 병오.
198 『세종실록』 권12, 세종 3년 5월 기사.
199 『세종실록』 권12, 세종 3년 7월 기사.

변계량의 주장은 그 의미하는 바가 컸다. 아마도 이제현으로부터 진법서 편찬이 본격화되었을 것이다. 뒤이어 정도전의 것이 나왔으니 당연히 태조 때에는 기본으로 채택되었다. 그와 정치적으로 대립했던 호정의 것은 태종 때 주목을 받았을 것이다. 하지만 태종이 여전히 정치를 주도하였던 세종 초창기였음에도 호정의 체계보다 정도전의 설이 채택되었던 것은 그만큼 고전적인 병법 이론에 충실했기 때문이었다. 즉 변계량은 우선 고전적인 병법 이론을 나름대로 완벽하게 소화한 것에서 출발해야 한다고 보았다. 자연히 그가 주도해서 편찬했던 1421년의 『진도법』은 이론적인 분위기가 짙을 수밖에 없었을 것이다.[201]

변계량의 설에 입각해서 마련된 진도법이 1421년 7월에 병조에 의해 임금에게 보고되었다.[202] 주도적인 역할을 해왔던 변계량의 이름으로 올려진 것이 아니라 병조의 보고 형식을 빌어서 공표되었던 것은 아마도 그 사이에 수정 내지 보완 작업이 이루어진 것이 아닌가 한다. 그러나 확실한 기록이 없어 알 수 없으나 일반적인 의미의 간행물은 아니었던 것으로 보인다.

기존 연구에서는 이 『진도법』에 대해서 이른바 1433년(세종 15)의 『계축진설』과 함께 소규모부대의 기동과 전투에 대한 전술교범으로서 주로 산악전투를 연상하는 것으로 파악했다. 이것은 태종~세종 연간의 군사지도자의 주된 관심사가 북방 여진족과의 전쟁에 있었기 때문이라는 것이다.[203] 이는 이 시기 진법 훈련의 체계화와 진법서 편찬이 주로 외적인 요인에 의해 이루어졌다고 파악하는 입장이다.

진도법이 공포된 바로 그 달에 병

열성지장(변계량, 한국학중앙연구원)

200 『춘정집』 권5, 잡저, 「진설에 대한 문답」.
201 河且大, 앞의 논문, 1989, 123쪽.
202 『세종실록』 권12, 세종 3년 7월 기사.
203 河且大, 앞의 논문, 1989, 125쪽.

조에서는 다시 여러 도에 진법을 가르칠 사목事目을 제정해서 발표했다. 첫째로 진법을 연습할 때 법을 범한 수령과 3품 이상의 군관을 관찰사에게 보고하면, 관찰사가 사실을 조사하여 죄를 논하게 했다. 둘째로 23개의 진을 한꺼번에 교열하는 것이 어렵다며 방方·원圓·곡曲·직直·예銳의 다섯 종류의 진과 행진을 교습하게 했다. 셋째로 평안도의 여연閭延·삭주朔州·의주義州·강계江界와 함길도의 경원慶源·경성鏡城 갑산甲山의 군병과 마필을 만약 집합시켜 교열한다면, 방어가 허술해질 것이니 그 군관 중에 문자를 아는 사람을 불러서 교습하게 했다. 마지막으로 유후사留後司에 작패作牌한 군인 가운데 마병을 뽑아서 교열하되 본사本司의 낭청郎廳 한 사람으로 이를 관장하게 했다.[204] 이로써 외방에서도 진법 훈련이 체계적으로 실시되게 되었다.

1421년 7월에『진도법』이 공포된 이후 1433년(세종 15년) 7월에 이르자 판중추원사 하경복·형조판서 정흠지鄭欽之·예문대제학 정초鄭招·병조우참판 황보인皇甫仁 등이 왕명을 받들어『진서陣書』를 편찬하여 올렸다.[205] 앞서 언급했듯이 그 원본은 지금까지 발견되지 않았으며『세종실록』에 기록된 원문만 전할 뿐인데,『계축진설』로 불린다.[206]

『계축진설』은 앞서 나온 진도법과 거의 동일한데 다만 실제 야전에서 그대로 적용될 수 있도록 실전에서의 전술적 요소가 많이 보완되었다는 것이다.[207] 그리고 보완 작업이 이루어진 계기는 간행되기 바로 직전에 있었던 같은 해 4월의 파저강 전투 따위를 들고 있다. 즉 여진족과의 전투 경험이 보완 작업에 직접적으로 영향을 주었다는 것이다. 이로 인해 실전에 있어서의 전술적 요소가 많이 발전되고 전투 기법이 보강되어 전장의 냄새가 강하게 풍기는 독특한 진법서가 되었다고 한다.[208]

그런데 세종의 후계자였던 문종은 즉위하자 곧 군제 개편에 착수하는 한편 진법서도 개정했다. 1451년(문종 1)에 기존의 중앙군 12사 조직을 5사로 개편했다. 세자 때부터 이미 군정에 많은 관심을 보였는데, 왕위에 오르면서 스스로 군제 개혁안을 제

204『세종실록』권12, 세종 3년 7월 무자.
205『세종실록』권61, 세종 15년 7월 을묘.
206 정해은,「계축진설」『전통병서의 이해』, 국방부군사편찬연구소, 2004.
207 河且大, 앞의 논문, 1989, 124~125쪽.
208 河且大, 앞의 논문, 1989, 129~130쪽.

시하여 관철시켰다. 이때의 개혁 배경에는 세종말 이래의 중앙군의 양적 질적 변화가 작용하였다.[209] 특히 5사로의 개편에는 5군·5진·5위의 계열을 잇는 진법체제와 부합되도록 한 조처였다. 문종 스스로 간여하여 성립시킨 오위진법과 서로 표리 관계를 이루었다.[210]

문종 대왕 태실비(예천 명봉사)

5사로 개편이 추진되었던 것과 동시에 그 기저를 이루는 『오위진법』이 간행되었다. 1451년 6월에 친히 『신진법新陣法』을 지어서 수양대군 및 김종서·정인지 등에게 명하여 함께 교정하게 하여서 이때에 이르러 완성되었다.[211] 그 내용상의 특징으로 가장 주목되는 점은 대장 아래에 5위, 각 위 아래에 5부로 되어 있다는 점이다. 이로 인해 진법은 대규모부대의 운영을 위한 교범이라는 특성을 갖게 되었다. 종전의 군제는 단지 군정 계통을 위주로 하여 행정적인 측면이 강조되었으며, 전시에 채택되는 진법의 체계와는 무관했다. 따라서 유사시 전투를 위해서는 진법에 의한 편성을 다시 해야 했으며, 군대의 실전배치는 늦어질 수밖에 없었다. 이러한 폐단을 제거하기 위해 중앙군을 5사로 개편하여 오위진법과 일치시켰다.[212]

대장은 5위를 보유한다. 매위는 각각 5부를 보유하고【모두 25부】매부는 각각 4통統을 보유한다.【모두 100통. 기병이 2통인데, 1은 전戰, 1은 주駐. 보병이 2통인데, 1은 전, 1은 주. 병력수가 적어서 1통의 인원이 비록 대隊에 차지 않더라도 4통이라는 명칭

209 閔賢九, 앞의 책, 1983, 140쪽.
210 閔賢九, 앞의 책, 1983, 143쪽.
211 『문종실록』권8, 문종 1년 6월 병술.
212 閔賢九, 앞의 책, 1983, 138쪽.

은 덜할 수 없고, 병력수가 많아서 비록 1통의 인원이 대·여旅에 넘더라도 4통이라는 명칭은 더할 수 없다. 5인이 오伍가 되고, 25인이 대가 되고, 125인이 여가 된다. 만일 중위中衛의 병력를 각 위보다 많게 하거나, 중부中部의 병력수를 각부보다 많게 하려면 다 한때의 장략將略에 달렸다. 혹 기병이 많으면 기통騎統의 인수가 많고, 보병이 많으면 보통步統의 인수가 많게 될 것이니, 반드시 균일하게 할 것 없다.】[213]

위에서 위-부-통의 대부대 편제와 여-대-오의 소단위 편성이 병존함을 알 수 있다. 양자는 동질적으로 연결되는 것은 아니었다. 전자는 전술적 기동을 위한 대형의 단위로서 전투를 위한 편제였다. 후자는 부대의 인원편성과 규모를 결정지어 주는 단위였다.

이로 인해『신진법』, 즉『오위진법』은[214] 종래의 소규모 부대 전투·전술의 개념에서 벗어나 총력전의 개념을 수용할 수 있는 대부대 운영체제로 넓혀지게 되었다.[215] 나아가『오위진법』은『계축진설』의 내용을 종합적으로 체계화한 것으로 그 편찬은 조선 초기 진법의 완성을 의미하는 것이었다.[216]

이후의 진법 훈련은『오위진법』에 의거하여 이루어졌다. 중앙에서는 간행 직후부터 신법 절목新法節目에 의거하여 실시되었다.[217] 처음에는 1개월에 3번하였으나 일단 2번으로 줄였다가 너무 번거롭다는 이유로 다시 1번으로 축소했다.[218] 또한 의정부의 건의에 따라 진법의 연습이 1개월에 2일에 지나지 않으니 그 날에 입직하는 사람은 별시위는 충순위로써 대체시키고, 갑사는 총통위로써 대체시키며, 수문졸守門卒을 제외하고는 모두 낮에는 진법을 연습하고 밤에는 숙직하게 해서 진법 훈련도 중지되지 않고 숙위도 빠짐이 없도록 했다.[219]

---

213 『문종실록』권8, 문종 1년 6월 병술.
214 정해은, 「오위진법」『한국 전통 병서의 이해』, 국방부 군사편찬연구소, 2004.
215 河且大, 앞의 논문, 1989, 138~139쪽.
216 河且大, 앞의 논문, 1989, 151쪽.
217 『문종실록』권9, 문종 1년 8월 갑오.
218 『문종실록』권10, 문종 1년 10월 임오.
219 『문종실록』권12, 문종 2년 3월 무술.

한편 지방군의 경우에는 1453년(단종 1)부터 새로운 진법을 근간으로 하는『약초진서略招陣書』에 의하여 훈련하게 되었다.[220] 이때 앞으로는 도회都會에 모여서 연습하는 것을 혁파하고 각각 그 읍에서 매년 2월 2일과 10월 2일에 경내의 하번군사下番軍士와 영진군營鎭軍·수성군守城軍을 징집하여 진서에 능통한 자를 택하여 장수와 훈도를 삼아 수령이 그 연습하는 것을 친히 감독하게 하였다. 그리고 양계의 강변 제읍의 구자口子와 다른 도의 연변에 방어하고 있는 여러 영진의 부방 군사에 대한 진법 연습은 경중京中의 예에 의하여 매월 2일과 22일에『오위진법』에 따라 연습시키되, 전서全書만을 사용하여 교습시키면 형명을 갖추기가 어려울 뿐 아니라, 군사들도 또한 부족하니, 진서를 간략하게 줄여서 주자소로 하여금 인쇄하게 하여 제도 도절제사에게 나누어 보내도록 했다. 다시 도절제사로 하여금 순행하며 검찰하게 하거나 혹은 사람을 보내어 간사함을 적발하게 하여 매 세초歲抄마다 진법을 연습시킨 일시와 교습을 잘 시켰는가 못 시켰는가를 갖추 기록하여 보고하게 했다. 아울러『약초진서』로 반포하였다.[221]

이 뒤 중앙을 비롯하여 지방에서의 진법 훈련에 참여하는 군사의 범위와 장소 및 일시는 세조 때 진관체제를 편성하는 과정에서『경국대전』의 규정으로 정착되기에 이르렀다.[222]『경국대전』의 관련 법규는 다음과 같다.

> 매달 초 2일과 16일에 진법을 연습하는데 임금이 사열하지 않을 때에는 병조에서 추천한 후보자 중에서 임금의 선발을 받은 장수들이 수직을 서고 나가는 장병들을 집결시켜 교외에 나가서 진법을 연습시키는 한편 장수들의 숙련 여부를 기록했다가 임금에게 보고하며 연말에 총적으로 계산하여 승급시키기도 하고 강직시키기도 한다. 제진에서는 매달 16일에 각기 자체로 진법을 연습하되 농사철에만 정지한다. 잡색군雜色軍은 제외한다.
> ○ 2월과 10월에는 거진에 소속된 제진의 군사들이 하루나 이틀 혹은 10여 일 분의 식

---

220 吳宗祿, 「朝鮮初期 兵馬節度使制의 成立과 運用(下)」『震檀學報』60, 1985, 104쪽.
221 『단종실록』권10, 단종 2년 3월 신유.
222 吳宗祿, 앞의 논문, 1985, 104쪽.

량을 싸와서 진鎭을 바꿔 진법을 연습한다. 잡색군은 제외한다.

○절도사는 시일과 장소를 정하지 않고 제진의 진법 훈련과 화포 발사에 대한 연습 등 일체 군무를 순찰하다가 만일 능숙치 못한 장수가 있으면 곧 임금에게 보고한다.[223]

이렇게 해서 중앙과 외방의 걸친 진법 훈련체계가 확립되었다. 그에 입각하여 제도화된 진법 훈련이 실시되기에 이르렀다.

3. 강무 시행

1) 강무제의 시행

강무는 평화로운 때에 농한기를 이용하여 왕의 친림 하에 사냥을 통해 군사를 훈련시키는 행사였다. 즉 그것은 유사시의 위급한 사태에도 용이하게 대처하기 위해 농한기에 군사훈련과 군사동원체제를 위해 실시한다는데 그 역사적 의의가 있었다.[224] 내용에서는 비슷한 점이 많으나 위상에서 차이가 나는 타위打圍와는 구별되었다. 타위는 대체로 국왕이 군사의 동원 없이 몇 명의 수행원들과 하루 일정의 사냥을 즐기는 정도였다.[225]

강무는 중국 고대의 주나라에서 천자가 매년 사계절마다 행하던 수렵에서 유래했다. 백성들에게 농사를 짓는 여가를 이용하여 군사 훈련을 시켜둠으로써 유사시 동원하여 군사로 활용하고자 하였던 데서 비롯된 것이다.[226] 농경민족으로서는 싸움에 능하고 기동력이 뛰어났던 유목민족을 상대하기 위해서는 평소에 훈련하는 것이 필수였다. 하지만 생업상 항상 할 수 있는 것이 아니었기 때문에 계절마다 적당한 날을 골

---

223 『경국대전』 권4, 병전, 교열.
224 朴道植, 「朝鮮初期 講武制에 관한 一考察」 『慶熙史學』 14, 1987, 389쪽.
225 李珉秀, 「조선초기 講武 施行事例와 軍事的 기능」 『軍史』 45, 2002, 235쪽.
226 李珉秀, 앞의 논문, 2002, 235쪽.

라 사냥을 통해서 기동력도 증진시키고 전투 능력도 키웠을 것이다. 그것이 발달해서 드디어 강무로 정착되었을 것이다.

우리도 일찍부터 사냥을 통한 군사 훈련이 이루어졌는데 삼국시대까지 올라갈 수 있다고 한다. 그런데 당시의 사냥은 군사훈련의 기능뿐 아니라 거기서 획득한 짐승으로서 하늘신과 산천신에게 제사하는 의례적인 기능과 경우에 따라서는 인재 등용의 기회로도 활용된 여러 가지 성격을 띤 행사였다. 고려시대에 들어와서는 사료의 미비로 인해 자세한 내용은 알 수 없다. 다만 강무가 『신당서』 등에서는 오례五禮의 한 항목인 군례軍禮에서 중요하게 취급되었으나 『고려사』에서는 탈락되었다.[227] 이것으로 고려에서도 사냥을 통한 군사훈련은 실시되었을 것으로 추정되나 그것이 강무라는 하나의 의식으로 발전되지 못했던 것으로 짐작된다.

강무가 사냥을 통한 군사훈련, 나아가 신에게 제사를 지내는 제례로 기능하며 인재까지 선발하는 기능을 지니게 되었던 것은 조선에 들어와서 꾸준하게 진행되었던 개편 작업의 결과로 말미암은 것이다.

건국 직후에 정도전은 강무는 농민이 평소에는 농사를 짓고 농한기를 이용하여 군사훈련을 받기 때문에 양병養兵의 비용은 물론 징병의 번거로움 또한 없음으로 위급한 사태에도 용이하게 대처할 수 있는 제도라고 했다.[228] 뿐만 아니라 1393년(태조 2)에는 『사시수수도四時蒐狩圖』를 만들어 바치기도 했다.[229] 제목으로 보았을 때 아마도 사계절마다 사냥하면서 군사를 훈련시키는 것에 관해 그린 그림으로 짐작된다. 곧 이어 삼군부에 명하여 간행하게 했다.[230] 제도의 도입을 위해 여러 방면으로 상당한 노력을 기울였던 것 같다.

드디어 1396년 11월에 의흥삼군부에서 정식으로 강무제의 도입을 건의하였다.

삼가 생각하옵건대, 전하께서는 신무神武의 자질로 왕업王業의 터전을 처음 마련하시

227 朴道植, 앞의 논문, 1987, 391~392쪽.
228 朴道植, 앞의 논문, 1987, 396쪽.
229 『태조실록』 권4, 태조 2년 8월 계사.
230 『태조실록』 권7, 태조 4년 4월 갑자.

와 예문禮文의 일은 차례로 마련하시면서 강무의 일만은 오직 행하지 않으시니, 어찌 성대盛代의 궐전闕典이 아니겠습니까? 엎드려 바라옵건대, 중외에 강무의 일을 명령하시어 편안할 때에도 위태함을 잊지 않으시는 계책을 보이시어, 그 강무의 제도와 드물게 하고 자주 하는 절목은 시대와 사세事勢가 다르오니, 옛날 제도에다가 더하기도 하고 덜기도 하여 수수강무도蒐狩講武圖를 만들어서, 서울에서는 사철의 끝 달에 강무하여 짐승을 잡아서 종묘와 사직에 제물로 올리며, 외방에서는 봄·가을 양철에 강무하여 짐승을 잡아서 그 지방의 귀신에게 제사지내게 하면, 무사武事가 익숙해지고 신神과 사람이 화和할 것입니다. 강무할 때를 당해서는 어가가 친히 거둥하시는 것과 대리로 행하는 의식이며, 외방 관원들이 감독하고 성적을 매기는 법을 예관禮官으로 하여금 상정詳定하여 아뢰게 하소서.[231]

위에서 중국의 고제를 참작하여 만든 수수강무도에 의하여 국가에서 정기적으로 강무할 것을 요청하고 있었으며 그것은 군사훈련과 아울러 유교적인 의례를 겸하여 확립하기를 요청하였던 것이다. 그럼에도 불구하고 태조 때에는 아직 제도화되지 못했다.[232]

제도화된 강무의 실시가 다시 논의되었던 것은 태종 때였다. 1402년(태종 2) 6월 예조에서 수수법蒐狩法을 올렸다.

신 등은 역대로 사냥하던 법을 참고하여 아래에 갖추 아뢰오니, 전하께서 해마다 세 번씩 친히 근교에서 사냥하시어 종묘를 받드시고, 무사를 강구하소서. 7일을 전기하여 병조에서는 여러 사람들을 모아 사냥하는 법을 지키게 하고, 승추부에서는 사냥할 곳에다 표지를 붙인다. 그날 미명에 사냥할 곳의 뒤, 근교에다 적당한 곳에 기를 세우고, 여러 장수는 각각 병졸을 거느리고 기 아래로 모인다. 먼동이 트면 기를 거두고 뒤늦게 온 자는 벌을 준다. 병조에서 나누어 사냥의 영을 펴고, 마침내 빙 둘러서서 사냥을 시작한다. 좌우 양익의 장수는 모두 기를 세우고 빙 둘러선다. 대궐 앞에 대가가 나와 출

231 『태조실록』 권10, 태조 5년 11월 갑신.
232 朴道植, 앞의 논문, 1987, 398쪽.

발하고 인도하며 쉬는 것은 보통 때의 의식과 같이 한다. 사냥하는 곳에 장차 이르면 대가가 북을 치며 둘러싼 안으로 들어간다. 유사가 대가 앞에서 북을 울리면, 동남에 있는 사람들은 서향하고, 서남에 있는 사람들은 동향하여 모두 말을 탄다. 여러 장수들은 모두 북을 치며 포위해 나간다. 그리고 반대쪽에서 몰이하는 기군騎軍을 설치한다. 임금이 말을 타고 남향하면, 유사가 따르고, 여러 군 이하가 모두 말을 타고 활과 화살을 가지고 대가의 앞뒤로 벌여서고, 유사가 또 따른다. 이에 짐승을 임금 앞으로 몰아내는데, 초일구初一驅가 지나가면, 유사가 활과 화살을 정돈하여 앞으로 나아가고, 재구再驅가 지나가면, 병조가 활과 화살을 받들어 올리고, 삼구三驅가 지나가면, 임금이 곧 짐승의 왼쪽으로부터 쏜다. 매구每驅마다 반드시 세 마리 이상이다. 임금이 화살을 쏜 뒤에야 여러 군郡들이 이를 쏘고 여러 장수들도 차례로 이를 쏜다. 이를 마치면 반대쪽에서 몰던 기군도 멈춘다. 이런 연후에야 백성들의 사냥을 허용한다. 무릇 짐승을 쏘는데 있어서는 왼쪽 허구리[膘]로부터 쏘아 오른쪽 어깻죽지[腢]에 이른 것을 상上으로 삼아, 건두乾豆로 하여 종묘에 이바지하고, 왼쪽 귀 밑에 이른 것은 그 다음으로 삼아 빈객에게 이바지하고, 왼쪽 넓적다리[髀]에서 오른쪽 갈비[䯒]에 이른 것은 하下로 삼아 포주庖廚에 채운다. 여러 짐승들이 서로 따라다니면 다 죽이지 아니하며, 이미 화살에 맞은 것은 다시 쏘지 아니하며, 또 그 얼굴을 쏘지 아니하며, 그 털도 깎지 아니하며, 표지 밖으로 나간 것은 쫓지도 아니한다. 장차 그치려 하면 승추부에서 사냥터 안에다 기를 세우고, 우레와 같이 대가의 북과 여러 장수의 북을 치며, 군졸들은 급하게 소리쳐 부른다. 여러 장수로서 짐승을 잡은 사람은 기 아래에 바치되, 그 왼쪽 귀를 바친다. 큰 짐승은 공물로 하고, 작은 짐승은 사사로 가진다. 사자를 보내 잡은 짐승을 가지고 달려가서 종묘에 올리게 하고, 다음에 악전에서 연회를 한다. 따라간 관원에게 술 세 순배를 돌린다.[233]

제도화된 뒤에 태종은 건강이 극히 나빠진 말년을 제외하고는 거의 매년 봄·가을에 강무를 시행하여 재위 18년간 23회의 강무를 시행했다. 춘등 강무를 13회, 추등

---

233 『태종실록』 권3, 태종 2년 6월 계해.

강무를 10회 실시했다. 춘등 강무는 대체로 음력 2월 하순에서 3월 초까지 시행된 경우가 많았다. 추등은 음력 9월에서 10월 사이에 시행되었다. 강무 일수는 평균 춘등이 11.1일, 추등은 8.8일로서 전체적으로 10.1일이 되었다.[234]

하지만 태종 때의 강무가 바로 위에서 언급되었던 예조에서 올린 수수법에 의거해서 실시되었는지는 의문이다. 왜냐하면 강무를 주도한 태종의 의지에 좌우되었던 적이 많았기 때문이다.[235] 사냥의 성격을 지니고 있던 관계로 군사훈련이나 제례 의식, 인재 등용의 본래 목적에서 벗어나 놀이로 변질될 가능성이 매우 농후했다.[236] 그것을 막기 위해서는 철저하게 법에 입각하여 실시할 필요가 있었다. 하지만 법의 규정대로 실시하려면 복잡한 과정과 절차를 거쳐야 하는데 결코 쉽지 않은 일이었다. 그러므로 강무가 실시되었지만 법규대로 되지 못했고 그것은 현실과 제도의 괴리 현상을 낳게 되었다. 그것은 결국 강무제 실시의 의의를 약화시키는 요소로 작용하였다.

강무에서의 법규를 더욱 엄격하게 하기 위해 1414년(태종 14) 병조의 건의로 강무사의講武事宜를 제정해서 공포했다. 우선 도졸徒卒로 하여금 상잡相雜하지 못하게 하고 가전駕前의 금수禽獸는 요사要射하지 못하게 했다. 대소인大小人이 위내圍內에서는 먼저 갈 수 없고 명령을 위반하는 자는 태 50을 때리며, 중한 자는 장 80을 치도록 했다. 특히 강무를 당하여 말을 달려서 가전에 들어가는 자는 2품 이상은 보고하여 과죄하고, 3품 이하는 그 죄를 직단하도록 해서 군법을 엄하게 세웠다.[237] 분위기를 틈타서 참가자들이 기강이 흐트러지는 것을 방지하기 위해 엄격한 법적용을 강조했다. 이로 인해 강무는 최고 통수권자로서의 임금의 위상을 확고하게 부각시키는 계기가 되었다.[238]

태종을 이어서 세종도 꾸준하게 강무를 실시했다. 병이 심하였던 말년을 제외하면 거의 매년 행해져 재위 31년간 총 30회 강무가 있었다. 태종 때와 마찬가지로 춘등 강무는 대체로 2월에서 3월 초에 이루어졌고 추등은 9월에서 10월 사이에 행해졌다.

234 李玥秀, 앞의 논문, 2002, 240쪽.
235 李玥秀, 앞의 논문, 2002, 241쪽.
236 李範稷,『韓國中世禮思想硏究』, 一潮閣, 1991, 260쪽.
237『태종실록』권27, 태종 14년 2월 기사.
238 尹薰杓, 앞의 논문, 2003, 189쪽.

강무 일수는 평균 9.6일로 태종 때보다 짧아졌다.[239] 그러나 강무 때 군사들에게 화살을 쏘지 못하게 하고 대군들만 치사馳射하게 했더니 대군만 위하는 강무라고 사람들이 비난해서 장수들도 치사하게 했더니 다시 장수만 위한다는 이야기를 들었다고 했다.[240] 강무가 과연 군사훈련에 실질적으로 도움이 되었는가를 의심케 하는 대목이라고 할 수 있다. 오히려 중앙 위주의, 상층을 중심으로 하는 훈련의 성격을 뚜렷하게 부각시키는 역할을 수행하였을 뿐이었다.[241]

『세종실록오례의』의 「군례」에는 강무의講武儀도 포함되었다. 대체로 그 내용은 『주례』의 군례체제보다 당나라 군례의 내용과 상당 부분 일치했다. 주목되는 점은 고제에 따르면 강무는 사계절에 걸쳐 행하는 것이 상례였다. 하지만 조선에서는 사계절에 걸쳐 시행하게 되면 농사가 한참 시작될 때 도리어 폐단이 있다고 하여 봄과 가을에 실시하는 것으로 성문화되었다.[242] 이처럼 중국의 고제를 수용하면서도 어디까지나 주체적인 입장에서 약간 변형하여 받아들였다는 점이 중요하다. 다만 강무가 군사훈련에 얼마나 효과적이었는가에 대해서는 좀더 세밀한 검토가 필요하다.

2) 위축과 그 요인

문종의 즉위 이후에 조직과 편제, 그리고 진법 등을 위시하여 군사제도의 여러 부문에 커다란 변화가 일어났음에도 불구하고 강무는 활성화되기보다 위축되는 경향을 보이고 있다. 문종과 단종대에는 선왕에 대한 장례 등으로 인하여 한 차례의 강무도 행해지지 않았다. 그 뒤를 이은 세조대에 이르러 비로소 실시되었으나 전보다 크게 축소되었다. 강무 횟수도 줄고 강무 일수도 2~5일로 단축되었다. 세조 재위 14년 동안에 9회의 강무가 있었지만 말년에 온양 온천에서 장기간 머문 것을 제외하면 강무 일수는 평균 5,6일 정도에 불과했다.[243]

239 李琄秀, 앞의 논문, 2002, 242~245쪽.
240 『세종실록』 권95, 세종 24년 3월 경오.
241 尹薫杓, 앞의 논문, 2004, 211쪽.
242 朴道植, 앞의 논문, 1987, 413~415쪽.
243 李琄秀, 앞의 논문, 2002, 245~246쪽.

다른 부문과 달리 강무의 실시가 이렇게 위축되었던 이유가 중요한데 문종대 완성된 진법으로 인해 군사 훈련의 방식이 전환된 점도 고려해야 한다는 지적이 중요하다.[244] 아울러 강무에 대한 인식의 문제도 크게 작용했던 것 같다.[245]

> 임금이 이르기를, "원유苑囿는 임금이 놀고 즐기는 곳이 아니며, 제사에 이바지하고 강무의 일을 할 뿐인데, 이제 강무장講武場이 넓이와 길이가 넓고 멀어서 국가에 이익이 없고 금수禽獸가 또 좋아서 곡식의 싹을 해치고 하니, 관원을 보내어 땅의 적정 여부를 심찰하여 그 한계를 정하고, 나머지는 일체 모두 이를 폐지하고, 백성의 경작과 사냥을 들어주라. 후세의 임금이 전렵田獵을 좋아하면 이를 늘릴 것이고, 좋아하지 않는 자는 이를 스스로 폐할 것이다. 내가 전렵의 즐거움을 모르는 것은 아니나, 그러나 어찌 백성을 무휼撫恤하지 않겠는가? 나의 계책은 이와 같을 뿐이다."라고 하였다.[246]

위에서 세조는 마치 백성들의 처지를 불쌍히 여겨 위로하고자 강무장을 축소하고 사냥을 자제해야 한다는 것처럼 묘사하였다. 하지만 그 이외의 훈련 분야에서는 확대하였으면 하였지 줄이고자 하는 시도는 하지 않았다. 그런 점에서 사냥을 통하여 군사 훈련을 실시하는 것보다 대열을 통한 진법 훈련 쪽에 더 큰 비중을 두었다는 견해가 주목된다.[247]

성종대에도 강무는 실시되었으나 그 횟수는 더욱 줄었다. 재위 25년 동안 단 6차례의 추등 강무가 시행되었을 뿐이라고 했다. 강무 일수는 짧게는 3일에서 길게는 16일까지로서 평균 7.7일이었다. 태종과 세종대에는 국왕이 강무를 시행하려 하고 대신들은 정지를 요구했으나, 성종대에는 오히려 대신들이 청하는데 국왕이 기피하였다고 한다. 이렇게 강무가 소홀하게 된 데에는 무비武備의 중요성에 대한 인식이 둔화된 것이 근본적인 원인으로 생각된다고 한다.[248]

---

244 李玗秀, 앞의 논문, 2002, 246쪽.
245 李玗秀, 앞의 논문, 2002, 246쪽.
246 『세조실록』권9, 세조 3년 10월 정미.
247 李玗秀, 앞의 논문, 2002, 247쪽.
248 李玗秀, 앞의 논문, 2002, 248~249쪽.

그런데 1474년(성종 5)에 편찬된 『국조오례의』의 군례항목에는 강무의가 포함되었다. 비슷한 성격의 대열의가 『오위진법』과 『경국대전』에 그 내용이 있다며 실제로는 빠졌던 반면에 강무의는 『세종실록오례의』에 이어서 계속해서 실렸다. 그런 점에서 제도나 의례상에서 강무를 소홀하게 취급했던 것은 아니었다. 하지만 문제는 그것이 지닌 실용성 때문이었던 것으로 짐작된다. 강무를 통하여 군사훈련의 성과를 어느 정도 올릴 수 있는지가 의문이었던 것 같다. 확신하지 못한 상태에서 중요한 제도이며 의례라고 해서 무작정 실시할 수는 없었을 것이다. 강무 실시를 통하여 얻을 수 있는 성과가 무엇인지에 대해 고민했던 것 같다.

제3절

무기개발과 제작

1. 무기 제작 기관

1) 군기감

(1) 군기감의 설립목적

조선은 농본정책에 의거하여 민간상업과 수공업을 억제했다. 따라서 조선전기의 수공업은 관에서 장인들을 징발하여 일정기간 무상으로 사역하면서 필요한 물품을 제작하는 관영수공업이 대세를 이루었다. 무기제작도 예외가 아니었다. 국가에서 군기감을 설립하고 이곳에서 장인을 사역하여 모든 무기의 제조와 생산을 직접 담당했다.[249]

지방에서는 계수관과 영진이 무기제조의 중심지였다. 하지만 군기감에서 지방의 무기생산을 관리, 관할하게 했다. 그 이유는 무기의 표준을 유지하기 위해서였다. 1431년 병조에서 창의 길이가 일정하지 않다고 문제를 제기하고 군기소와 지방에서 제작하는 창의 척수를 병조에서 삼군도진무와 군기감 제조가 함께 의논해서 정하자고 건의해서 왕의 허락을 받은 사례가 있다.[250] 이런 표준화 작업은 비단 창뿐만이 아

---

249 군기감의 무기생산 체제에 대해서는 김일환, 『조선초기 군기감의 무기제조 연구』, 홍익대학교 박사학위논문, 2000.
250 『세종실록』 권52, 세종 13년 6월 신해.

니라 다른 무기에도 적용되었을 것이 분명하다. 이에 지방에서는 군기감에서 제공하는 기준과 모형에 따라 군기감과 같은 방식으로 무기를 제조했다. 군기감에서는 생산과 납품을 감독하고, 군기감의 관리를 파견하여 무기제조 상황과 관리들의 근무태도, 생산품의 품질을 감독했다.

이 방식은 필요한 재료와 노동력, 생산기간과 수량을 정확히 산정하여 생산 효율성을 높이고, 부정을 방지하고, 백성의 부담도 경감하는 의미도 있었다. 세조 12년에 횡간제도에 의거해서 연간 군기생산수량을 확정할 수 있었던 것도 이런 표준화 작업의 성과였다.

(2) 군기감의 설립과정과 직제

군기감의 기원은 고려 말의 군기시에서 찾을 수 있다. 고려시대의 무기제조 기관은 분명하지 않다. 그러나 고려시대는 조선시대와 같이 군기감을 중심으로 하는 일원적인 조직과 통제를 갖추어지지 않았던 것은 분명하다. 고려후기에 무기제조를 전담하는 기관으로 방어도감을 설립했다.[251] 14세기말 최무선이 화약제조법을 알아내면서 화약무기의 제조기관으로 화통도감이 설립되었다. 고려말 화통도감과 방어도감을 군기시로 통합하여 재래무기와 화약무기를 함께 생산하게 했다. 조선의 군기감은 이 군기시를 계승한 것이다.

정종은 즉위한 후 바로 외방에서 제련한 철물은 모두 군기감에 집중시키도록 했다. 이것은 정종~태종조에 시도한 사병혁파 정책과 관련이 있는 것으로 사적인 무기제조를 막고 모든 무기 제조를 군기감 관할 하에 두도록 하려는 의도였다. 이때부터 군기감의 체제와 소속인원이 증가하게 된다. 1407년에는 사원혁파로 획득한 노비 중 4천여 구를 군기감에 소속시켜 1번에 400구씩 차례로 입역하게 했다.[252] 입역 못지않게 이들이 바치는 신공도 군기감의 커다란 재원이 되었다. 이때 토지도 일부는 군기감에

---

251 방어도감의 설립시기는 명확하지 않다. 그러나 우왕대에 기록에 등장하고, 방어도감이 무기제조를 전담한다는 기록(『고려사』 권133, 열전46, 우왕 2년 7월)으로 보아 우왕대에 설립했던 것 같다.
252 『태종실록』 권11, 태종 6년 4월, 신유.

소속시켰다.[253] 이 노비들이 내는 신공은 적지 않았다. 이들은 1년에 장정 남자는 쌀 평목平木 3석, 아내가 없는 자는 2석, 건장한 여종은 2석을, 남편 없는 자는 1석, 노비 끼리 서로 혼인한 자는 남녀가 각각 정오승포 1필씩을 세로 바쳤다. 15세 이하와 60세 이상인 사람은 세금이 면제되었다.[254]

태종 5년 3월에 모든 중소 관청을 6조의 관할로 예속시키는 속아문 체제를 시행했다. 군기감은 병조의 속아문이 되었다. 『경국대전』 편찬기에 군기감의 명칭을 군기시로 바꿨다.

군기시의 책임자는 군기시정으로 정3품 당하관을 임명했다. 당상관이 없는 관청이므로 도제조 1명, 제조 2명을 두었다. 군기시에서 제조한 갑주, 활과 화살, 창검, 화약, 화포를 반출할 때는 제조의 검찰을 받아야 했다.[255]

〈표 7-1〉 군기시의 관원(경국대전)

품계	관직	인원	비 고
정3품	정(正)	1	수성금화사 제검을 겸함
종3품	부정	1	
종4품	첨정	1	
정5품	별좌		별좌는 별제나 별좌 중 2명을 둠
종5품	판관	2	구임
정6품	별제		
종6품	주부, 별제	2	
종7품	직장	1	훈련원 참군이 겸함
종8품	봉사	1	훈련원 봉사가 겸함
정9품	부봉사	1	훈련원 봉사가 겸함
종9품	참봉	1	훈련원 봉사 겸함
아전	서리	20	

---

253 『태종실록』 권9, 태종 5년 4월, 기묘.
254 『태종실록』 권13, 태종 7년 1월, 정묘.
255 『경국대전』 권3, 호전, 지공.

군기시정은 수도의 소방대책과 성
벽관리를 맡은 수성금화사의 제검을
겸했다.[256]

종7품 직장 이하 봉사, 부봉사, 참
봉은 하급관원이지만 군기시의 임무
가 워낙 막중했기 때문에 선임에 주
의를 기울였다. 그리하여 세종 때는
다른 관서처럼 지인이나 녹사의 승
진대상자들 중에서 승진 순서대로
무작위로 임명하지 말고 글과 산술
에 능하고, 근면한 사람을 특별히 선

군기시 터(서울 종로)

발해서 임용하도록 했다.[257] 그러나 『경국대전』에서는 임명기준이 크게 바뀌어 모두
무관인 훈련원의 참군과 봉사가 겸임하는 관직이 되었다.[258] 이들이 군기시의 관원을
겸한 것은 평소에 무기의 효용과 규격, 성능, 품질을 제일 잘 파악하고 시험할 수 있
는 곳이 군사의 훈련을 담당하는 훈련원이기 때문일 것이다.

이들의 주 임무는 생산과정을 감독하는 것이었다. 이처럼 생산과정을 감독하는 임
무를 감조관이라고 불렀다. 생산된 무기가 품질이 불량하면 이 감조관과 무기를 제조
한 공장이 함께 처벌받았는데, 처벌은 군율을 적용했다. 대신에 새로운 무기를 제조
하는 등의 공을 세우면 감조관에게 관작을 1계급 올려주기도 했다.[259]

256 『경국대전』 권1, 이전, 경관직, 정4품아문, 수성금화사. 수성금화사 제검은 모두 4인인데, 이중 3
명은 사복시정, 군기시정, 선공감정이 겸임했다. 군기시와 선공감정은 중앙 관청 중에서 장인을
제일 많이 보유하고 있는 관청이다. 이들이 수성금화사의 제검을 겸한 것은 수성금화사의 업무에
장인이 많이 필요했기 때문이다.
257 『세종실록』 권30, 세종 7년 11월 갑자.
258 『경국대전』 권4, 병전, 경관직, 정3품아문, 훈련원.
259 『세조실록』 권21, 세조 6년 9월 갑술 ; 김일환, 앞의 책, 2000, 82쪽.

2) 계수관과 영진

　지방에서는 관찰사의 책임 아래 무기 생산을 시행했다.[260] 생산거점은 시기에 따라 차이가 있다. 처음에는 계수관과 영진이었다. 1408년 5월 평양 부윤 윤목의 건의에 따라 월과군기제가 시행되었다. 호조에서 계수관마다 생산할 품목과 수량을 지정하면 계수관에서 이에 맞추어 생산하고, 군기감에서 생산량과 품질을 고찰하는 방식이었다.[261] 이 수량은 각 계수관에서 확보한 철광과 생산량, 장인의 수를 고려하여 정밀하게 산정되었다.

　생산에 종사하는 사람은 고을에 거주하는 장인이었다. 그런데 지방의 장인들은 생산이나 판매 여건의 좋지 않아 수공업자로 전업하는 사람이 적고 대부분이 겸업농민이었다. 그러다 보니 동원사역이 큰 부담이 되었고, 실농, 흉년, 병충해 등을 이유로 월과군기를 중지하거나 사역 중인 농민을 놓아 보내자는 건의가 자주 발생했다. 이에 1415년에 월과군기의 양을 줄이고, 군사에게 무기를 다시 자비하게 했다. 이것은 농민의 부담을 줄이는 대신 군사의 부담을 높였지만, 민간수공업이 발달하는 계기도 되었다.[262]

　이후 지방에서의 무기제작은 병사들의 자비제, 도회소를 설치하고 할당된 무기를 제작하는 도회제 등으로 변화하다가 세조대에 진관체제를 시행하면서 거진 중심의 제작 체제가 형성되었다. 『경국대전』에서는 각 진에서 횟간에 규정한 품목과 생산량에 따라 무기를 제조하고, 이전에 제조한 것도 수리, 정비하도록 했다. 품질관리를 위해 진에서 생산한 무기는 진의 명호를 새기게 했다. 그러나 모든 무기를 생산, 공급하지 않고 자비제도 병행했다. 병사가 자비하는 무기는 서울은 병조가 지방은 수령과 절도사가 검찰하여 저질 무기를 휴대하지 않도록 했다.

---

260 세종조 이후 수군을 동원하여 사철을 채광하게 하면서부터 철의 생산에 수군의 역할이 커졌다. 이에 수군이 생산하고 제조하는 철물은 수군절제사가 관할하도록 했다. 철의 관할은 월과군기의 할당량 이행과 이권에도 긴밀한 관련이 있으므로 관찰사와 절제사 간의 커다란 분쟁거리가 되었다.
261 『태종실록』 권15, 태종 8년 5월 정사, 평양 부윤 윤목의 상소.
262 유승주, 『조선시대 광공업사연구』, 고려대학교 출판부, 1999, 36~49쪽.

지방에서 제작하는 무기의 종류와 동원하는 공장의 종류는 정확히 알 수 없다.『경국대전』에 도별로 소속된 외공장의 수가 기록되어 있는데, 영의 경우 19종 268명의 장인이 소속되어 있었다. 이중 228명이 무기제작과 관련이 있는 장인이었다. 도별로는 대략 31~36명 정도이다. 그러나 유독 경상도가 102명으로 몇 배나 많았다. 장인별로는 야장冶匠이 제일 많았다.

이들이 제작하는 무기는 철갑, 창과 도검, 활과 화살, 궁현이다. 군기감과 비교하면 전투용 무기가 대부분이고 통신장비와 화기가 빠져 있다. 특히 화살, 화살촉과 같은 소모품은 개인이 자비할 수 없으므로 군영에서 제작해서 지속적으로 공급했다. 이런 것들은 멀리서 운반하기도 힘들었으므로 지방에서 제작해서 군영에서 보급하는 것이 편했고, 따라서 지방에서 제작하는 무기에서 중요한 분량을 차지했던 것으로 보인다. 양계 지방은 국경분쟁이 잦은 곳인데 6진에 철이 없어서 화살촉을 만들지 못한다고 해서 남부의 군현에서 촉을 만들어 보급하기도 했다.[263]

그러나 외공장이 무기 생산을 담당하기에는 수가 너무 적다. 대부분의 작업은 동원된 농민들이 담당하였을 가능성이 높다. 또 외공장의 수가 너무 적다보니 대우도 혹독했다. 이들이 없으면 작업이 진행되지 않으므로 이들은 작업장에 상주해야 했다. 기근으로 군기감의 장인이나 화통군을 방면할 때도 월과군기를 생산하는 장인들은 귀농을 허락하지 않을 정도였다.

외공장들은 외공장안에 등록하여 경공장과는 따로 관리했다. 공장의 명부는 거주지의 도와 읍에 보관했다. 이들의 신분은 대부분 공천이었다. 가끔은 양인으로 보충하기도 했다. 사노비는 포함하지 않았으며, 공장의 정년은 60세였다.

생산한 제품에는 생산한 도를 표시했다. 보통 도명의 첫 1글자를 새겼다. 정부는 이를 감독하기 위해 주기적으로 경관을 파견해서 생산지의 근무 상태와 품질을 검찰했다. 이 임무에는 주로 군기감의 관원들이 파견되었다. 이들은 이미 생산된 무기고의 무기, 병사들의 무장과 무비 상태를 점검하는 일도 겸했다.[264]

---

263 『성종실록』 권54, 성종 6년 4월 병술. 화살대는 남쪽에서는 대나무를 많이 사용하고, 북쪽에서는 광대싸리나무를 사용했다. 화살대로서는 대나무보다 더 명품으로 쳤다. 아마 이런 사정 때문에 화살촉만 지원했던 것 같다. 그러나 대나무(전죽)를 지원한 사례도 있다.

3) 군기서

양계 지역에는 군사적 특수성으로 인해 별도의 군기생산 시설을 두었다. 평양과 영흥에 두었던 군기서이다. 고려시대부터 평양은 제2의 수도로서 특별한 대우를 받아서 개경의 관서를 본 딴 분사가 세워졌다. 분사의 책임자는 중앙에서 파견했지만 관원들은 지역의 유력자들이 임명되었다.

이러한 분사제도는 조선에서는 토관제도로 이어졌다. 이 토관에 군기감을 본 딴 군기서가 있었다. 군기서의 관리는 토관직 종5품 군기서장과 종7품 주부를 두었다.

1452년에 영흥(함흥)을 평양과 같이 유수부로 승격시켰다. 이때 군기서도 설치했다. 1457년 양성지의 건의로 경주와 전주에도 군기서가 설치되었으나 1462년에 폐지되었다. 대신에 영변과 경성에 군기시를 설치했다.

또 하나의 유수부인 개경에는 군기서 대신에 군기감의 분사가 설치되었다. 개경에 우수한 장인이 많았기 때문이었다. 이곳에서 제작한 무기는 양계 지방으로 수송되었다. 이곳은 군기감의 분소였으므로 장인들도 외공장안이 아닌 경공장으로 분류되었다.

『경국대전』이 편찬되기 전에 군기서는 융기서로 명칭이 바뀌었다. 주로 양계 지방에 융기서가 계속 설치되었는데, 영변, 경성, 의주, 회령, 경원, 종성, 온성, 부령, 경흥, 강계에 융기서가 설치되었다.[265] 이곳을 담당한 토관은 무기제조에 숙련된 인물로 임명했다.[266]

---

264 윤훈표, 「조선초기 무기점고체제의 개편과 그 운영-법전 규정의 변화를 중심으로-」『人文科學硏究論叢』第16號 -春鹿申定玉博士님停年退任紀念特輯-, 명지대학교 인문과학연구소, 1997.

265 『경국대전』 권1, 이전, 토관직.

266 『성종실록』 권241, 성종 21년 6월 무신.

2. 무기 제작 방식과 현황

1) 군기감 제작 무기의 종류와 수량

군기감은 무기제조와 수리에 필요한 다양한 종류의 장인을 확보하고, 필요한 무기를 생산했다.[267] 군기감에서 제작하는 제품은 무기만이 아니었다. 『조선경국전』에서는 군기감 생산 제품으로 활, 검, 과, 모, 화약, 갑옷과 투구, 각종 깃발, 북, 징鐃, 방울鐸을 제시하고 있다. 즉 무기와 방어구, 통신장비까지 군사장비 일체를 대상으로 했다.

초기에는 이런 생산용품의 수량이 일정하게 정해져 있지는 않고 대략적인 수효 안에서 탄력적으로 운용했던 것 같다. 그러나 세조 12년 횡간 제도를 시행하면서 군기감에서 생산하는 무기와 생산량도 횡간에 따라 1년 치 생산물량이 정확히 책정되었다.[268] 이때의 생산품목과 수량은 다음 표와 같다.

이렇게 생산한 무기는 경군에게 지급되었다. 무기지급 조치는 시대에 따라 변화가 있는데, 세종 때까지는 지방군은 군기와 군복, 갑옷을 모두 자신이 마련했지만, 경군은 군기감에서 지급받았다가 근무를 끝내고 내려갈 때는 장비를 반납했다.[269] 이처럼 군기감에서 무기를 지급하는 것은 사병들이 무장하거나 무기를 철저히 통제하여 불의의 사변을 예방하려는 의도도 있었다고 생각된다. 그러나 이처럼 경군의 무기를 군기감에서 관리하다 보니 하번 중인 경군들은 무기가 없어 지방에서 사변이 발생하거나 하번 중에 전쟁에 차출되면 무장을 할 수 없다는 문제점도 있었다. 이런 이유가 군사들이 무장을 자비하게 하자는 주장의 근거가 되기도 했다.[270]

---

267 조선시대의 왕궁은 최대의 공업시설이기도 했다. 『경국대전』에 의하면 중앙에서는 장인을 거느리고 생산 활동을 하는 관청만 30개 관아였다. 이곳에서 생산하는 물품은 129종에 달했으며, 예속된 장인만 2,795여명이었다. 이 중에서 군기시에 속한 장인이 제일 많았다. 군기시에 속한 공장은 16종에 644명으로 전체의 23%였다.
268 『세조실록』 권39, 세조 12년 7월 신사.
269 『세종실록』 권6, 세종 1년 12월 병술. 이 기록에서는 갑사와 별패만을 언급했으나 다른 경군들도 장비를 지급받았을 것이다.
270 『세종실록』 권6, 세종 1년 12월 병술.

품목	수량	품목	수량
향각궁(鄕角弓)	740	유군장표기(遊軍將標旗)	5
녹각궁(鹿角弓)	500	영장표기(領將標旗)	25
착전(錯箭)	880	만강 표기(彎强標旗)	1
마전(磨箭)	1,500	장용 표기(壯勇標旗)	1
통전(筒箭)	500	파적 표기(破敵標旗)	1
신기전(神機箭)	1,400	공현 표기(控弦標旗)	1
중전(中箭)	7,200	잡류표기(雜類標旗)	1
세전(細箭)	4,800	사자 표기(獅子標旗)	1
궁현(弓弦)	6,000	사대 표기(射隊標旗)	1
철갑(鐵甲: 투구 포함)	16	잡류통장표기(雜類統將標旗)	5
대쟁(大錚: 망치 포함)	12	대장 초요기(大將招搖旗)	1
중쟁(中錚: 망치 포함)	20	위장 초요기(衛將招搖旗)	5
소쟁(少錚: 망치 포함)	20	부장 초요기(部將招搖旗)	25
대장휘(大將麾)	5	유군장초요기(遊軍將招搖旗)	5
위장휘(衛將麾)	25	부장영하기(部將令下旗)	100
고(鼓) 20개	20	통장영하기(統將令下旗)	150
대각(大角)	20	여수영하기(旅帥令下旗)	200
소각(小角)	10	대정영하기(隊正令下旗)	250
대장표기(大將標旗)	1	유군장영하기(遊軍將令下旗)	25
위장표기(衛將標旗)	5	영장 영하기(領將令下旗)	25
부장표기(部將標旗)	25	대발화(大發火)	480
통장표기(統將標旗)	250	중발화(中發火)	1,200
여수표기(旅帥標旗)	150	소발화(小發火)	6,000
대정표기(隊正標旗)	205	지화(地火)	1,200
장표기(長標旗)	250		

　경군에게 지급하는 무기가 모두가 실전용은 아니었다. 경군의 중요 임무 중 하나가 의장이었다. 군대의 외형을 멋있게 보이기 위해 국가에서 특별히 의장용 갑옷과 복식을 제작하기도 했다. 1500년 군기시와 개성의 분군기시에 저장한 엄심갑을 4군 지역으로 수송해서 이 지역의 토병과 남쪽에서 징발한 군사에게 지급하자는 논의가 있었다. 그러자 성준은 이 엄심갑은 종이로 만든 지갑으로서 가죽갑옷도 화살을 막지 못하는데, 지갑은 평상시에나 쓰는 것으로 전투용으로는 사용할 수 없다고 반대했

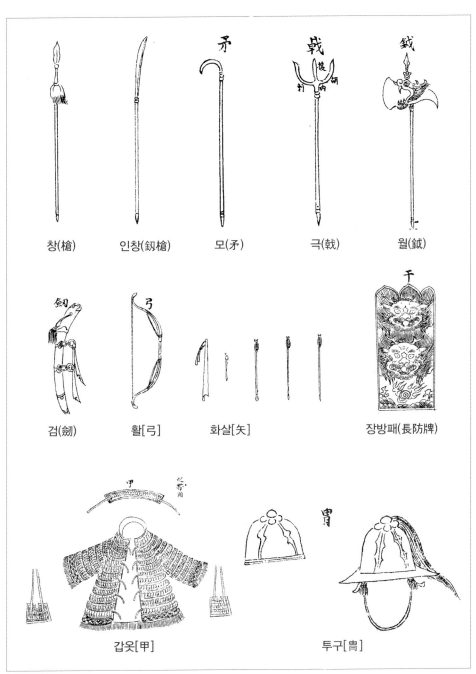

창(槍)	인창(釰槍)	모(矛)	극(戟)	월(鉞)

검(劍)	활[弓]	화살[矢]	장방패(長防牌)

갑옷[甲]	투구[胄]

『세종실록』「오례의」 군례(軍禮)의 각종 병기

다.[271] 이 기사는 군기시에서 제작하는 무구에 의장용도 상당한 비중을 차지했음을 말해준다.

군기감의 무기 제작은 전시를 대비해 무기를 비축한다는 목적도 있었다.[272] 여진정 벌이나 국경의 긴장이 높아질 때는 군기감과 지방에서 제작한 무기와 갑주를 일반 군사들에게 지급하기도 했고,[273] 국경방어의 충실을 기하기 위해 때때로 국경 지방의 무기를 보충해 주기도 했다.[274]

군기감은 무기의 제작뿐만이 아니라 제작한 무기의 시험, 신무기 연구와 개발, 실험 업무도 관장했다.[275] 신무기 개발에 성공했을 때는 관원과 장인에게 포상을 내리기도 했다. 1433년(세종 15) 군기감에서 1개의 화포에서 4발의 화살을 동시에 발사하는 4전 화포의 개발에 성공하자 관원과 녹사에게 말 1필 씩을 하사하고 공장 9명에게 쌀 3석씩을 하사했다.[276] 그런데 화약무기의 제조에는 특별한 관심과 노력이 필요하다 보니 세종과 문종은 종친과 환관을 비롯한 별도의 기구와 인원을 동원하기도 했는데, 이런 문제로 모든 사업은 기존의 관서와 조직을 이용해야 한다고 주장하는 신하들과 마찰을 빚기도 하였다.

2) 생산공정과 관리

제품의 생산을 담당한 사람은 경공장京工匠이었다. 조선의 관영수공업 체제하에서 이들은 일정기간 동안 교대로 군기감에 나와 근무하면서 생산활동에 종사했다. 공장의 신분은 거의가 공노비였다.

---

271 『연산군일기』 권37, 연산군 6년 5월 계해.
272 『중종실록』 권91, 중종 34년 7월 정해 ; 『선조실록』 권17, 선조 16년 5월 정미.
273 『연산군일기』 권37, 연산군 6년 5월 무오.
274 『성종실록』 권250, 성종 22년 2월 갑인 ; 『중종실록』 권5, 중종 3년 3월 계축 ; 『중종실록』 권91, 중종 18년 7월 을해.
275 『세종실록』 권30, 세종 7년 11월 임술 ; 『세종실록』 권52, 세종 13년 5월 경진 ; 『세종실록』 권61, 세종 15년 9월 신사 ; 『세종실록』 권61, 세종 15년 9월 정해 ; 『명종실록』 권3, 명종 1년 4월 기유.
276 『세종실록』 권61, 세종 15년 9월 8일, 정해.

1407년(태종 7) 군기감의 생산력을 늘리기 위해 왕명으로 선공감과 다른 관서에 속한 장인 중에서 각 관서에서 부득이 하게 확보해야 하는 정수를 제외하고는 모든 장인을 군기강에 이속시켰다. 이때 이속한 인원은 대략 7백~8백명 정도로 추산된다.

그러나 군기감의 복무조건이 좋지 않고, 일이 많아서 도망치는 노비가 많았다. 세종 16년에는 군기감에 남아 있는 노비가 겨우 284명이었다. 이에 양인, 공천, 외거노비를 가리지 않고 재주 있는 자는 모두 징발해서 군기감에 소속시켰다. 이런 방법으로 310명을 증원하여 594명의 장인을 확보했다.[277]

세조 6년 8월에 군기감의 장인은 21종 589명으로 감축되었다. 세종 때에 비하면 세조 때의 장인 구성은 궁장과 시장 등 활과 화살을 제조하는 장인이 대폭 늘고, 화약, 화포 관련 장인이 줄었다.

『경국대전』에서는 16종에 644명이 되었다. 장인의 수는 늘었지만 종류는 더 줄어들었다.(아래의 표 군기감 장인수의 변천 참조) 이처럼 장인의 종류가 지속적으로 들어든 이유는 이전에는 공정에 따라 세분화되어 있던 장인명칭을 간소화했기 때문이다. 예를 들면 활과 화살을 제작하는 장인이 예전에는 궁장, 궁현장(활의 시위 제작), 전철장(화살촉), 시통장(화살통) 등으로 나뉘어 있었는데,『경국대전』에서는 궁인, 시인, 궁현장으로 줄었다.

일부는 제외된 제품도 있다. 화약 및 화기제조와 관련된 장인들이 군기시 소속에서 빠졌다. 이들은 별도의 관리체제로 편성했기 때문인 것으로 보인다. 환도를 제작하는 환도장은 상의원으로 이속되었다. 그러나 상의원의 환도장은 무기로서의 환도가 아니고, 작업용, 의전용, 궁중용이나 외국 사신에게 주는 하사품, 중국에 진상하는 제품을 만드는 장인이었다. 군사의 기본무기인 환도가 빠진 이유는 명확하지 않은데, 지방생산물로 대체했거나[278] 기본병기이므로 군사들에게 자비하게 한 것이 아닌가 싶다.

---

277 『세종실록』권28, 세종 7년 4월 28일, 정묘.
278 1538년 환도를 지방에서 생산해서 납품하게 하는 기록이 있다(『중종실록』권89, 중종 33년 12월 을묘).

〈표 7-3〉 군기감 장인 수의 변천[279]

| 군기감(軍器監) | | 군기감(軍器監) | | | | 세조 6년 | | 군기시(軍器寺) | |
| 고려 문종 30년 | | 세종 16년 | | | | | | 경국대전 | |
장인명	인원	장인명	원수(元數)	가수(加數)	계	장인명	인원	장인명	인원
피갑장(皮甲匠)	2	궁장(弓匠)	27	13	40	궁인(弓人)	90	궁인(弓人)	90
모장(牟匠)	2	전촉장(箭鏃匠)	13	10	23	시인(矢人)	60	시인(矢人)	150
화장(和匠)	2	노야장(爐冶匠)	15	10	25	노야장(爐冶匠)	45	야장(冶匠)	130
자갑장(自甲匠)	2	주장(注匠)	9	23	32	주장(注匠)	45	연장(鍊匠)	160
장도장(長刀匠)	2	조갑장(造甲匠)	14	29	43	갑장(甲匠)	45	갑장(甲匠)	35
각궁장(角弓匠)	2	연정장(鍊正匠)	6	15	21	쇄아장(鎖兒匠)	30	생피장(生皮匠)	4
칠장(漆匠)	2	쇄자장(鎖子匠)	24	19	43	이갑장(移甲匠)		주장(鑄匠)	20
연장(鍊匠)	2	환도장(環刀匠)	2	4	6	환도장(環刀匠)	33	궁현장(弓弦匠)	6
노통장(奴筒匠)	1	약장(藥匠)	22	10	32	약장(藥匠)	75	유칠장(油漆匠)	2
기화업(旗畫業)	1	주성장(鑄成匠)	8	4	12	주성장(鑄成匠)	15	연사장(練絲匠)	2
전장(箭匠)	2	쟁장(錚匠)	2	4	6	쟁장(錚匠)	15	쟁장(錚匠)	11
근두장(筋頭匠)	1	마조장(磨造匠)	5	5	6	마조장(磨造匠)	15	마조장(磨造匠)	12
피장(皮匠)	2	고장(鼓匠)	6		6	고장(鼓匠)	15	고장(鼓匠)	4
		소목장(小木匠)	9	11	20	소목장(小木匠)	21	목장(木匠)	4
		칠장(漆匠)	7	2	9	칠장(漆匠)	9	칠장(漆匠)	12

---

279 김일환, 앞의 책, 2000, 71쪽에서 전재.

		아교장 (阿膠匠)	2	2	4	아교장 (阿膠匠)	6	아교장 (阿膠匠)	2
		궁현장 (弓弦匠)	2	2	4	거모장 (去毛匠)	15		
		시통장 (矢筒匠)	1	8	9	마경장 (磨鏡匠)	15		
		명유장 (明油匠)	3	4	7	명유장 (明油匠)	6		
		조각장 (彫刻匠)	9	11	20	조각장 (彫刻匠)	12		
		속모치 (速毛赤)	20	40	60	시복장 (矢服匠)	12		
		두구장식장 (頭具粧飾匠)		12 (復立)	12				
		두구타조장 (頭具打造匠)		20 (復立)	20				
		답달장 (踏達匠)		10 (復立)	10				
		천혈장 (穿穴匠)		16 (復立)	16				
		염초장 (焰硝匠)	35		35				
		취토장 (取土匠)	35		35				
		주루장 (綢縷匠)	4	16	20				
		고모장 (古毛匠)	2	6					
		동 장 (銅 匠)	2	4	6				
합계	23 (13종)	합계	284	310	594 (30종)	합계	579 (21종)	합계	644 (16종)

이처럼 궁시 장인이 늘어난 이유는 세조대의 진관체제로 군액이 크게 증가한 것과 관련이 있다고 생각된다. 활과 화살은 조선군의 장기이자 주력 무기여서 병력이 늘어나면 수요도 함께 늘어났다. 활의 성능을 유지하는 것도 대단히 중요했다. 활과 화살은 기본적으로는 병사들이 자비하는 것이 원칙이었지만, 활이 워낙 고가품이고 장인과 재료도 부족했다.

흑각궁(육군박물관)과
수노궁(연세대 박물관)

특히, 각궁의 성능을 좌우하는 것은 뿔이었는데, 양질의 뿔을 사용하지 못하면 활의 성능이 크게 떨어지고 약했다. 성종 10년 병조참판 여자신은 양계에서 군사들이 지닌 활을 검열해 보니 모두 향각궁이어서 잘 부러지고 쓸모가 없으니 군기시에서 제작한 활을 양계의 무기고로 옮겨 비치하자고 건의하기도 했다.[280] 이런 사정으로 군기시나 영진에서는 활을 집중제작해서 군사에게 하사하거나 영진에 분급하고, 군사에게 팔기도 했다.

작업장은 생산물품에 따라 야로소, 조갑소, 궁전소, 화약감조청으로 구분되었다. 각 소에서 무기제작 과정은 공정을 세분한 후 분업적 협업형태로 이루어진 것으로 보인다.[281] 그런데 공장의 총수는 많지만 작업별로 나누어지고, 3교대로 근무하므로 실제 작업장에서 일하는 장인은 많지 않았다. 따라서 이들만으로는 생산이 불가능했다. 이들의 작업을 돕기 위해 별군, 조역 등이 추가로 지원되었다. 조역은 보통 지방에서 징발하는 선상노비로 충당했다.[282]

제품의 생산관리는 월과제를 이용했다. 매달 생산할 양을 정하고 그믐에 생산량을 결산하는 방식이었다. 월과의 생산목표를 맞추기 위해 일과를 정해놓고 운영했다. 월

---

280 『성종실록』 권108, 성종 10년 9월 기해.

281 군기감의 작업방식을 보여주는 자료는 없다. 그런데 성종 대에 운영했던 조전도감의 사례를 보면 총통전 1개를 제조하는데 5명이 5개 공정을 하나씩 나누어 담당했다. 먼저 목장이 화살대를 만든다. 각장은 화살대에 깃을 붙일 자리를 판다. 피장은 화살깃을 붙였다. 철장은 활촉을 만들고, 연장은 이것들을 최종적으로 마감하여 가공했다.(『성종실록』 권273, 24년 정월 기사) 군기감의 경우도 이와 동일했던 것으로 보인다(김일환, 앞의 책, 2000, 81쪽).

282 김일환, 앞의 책, 2000, 82쪽 ; 김일환, 「조선초기 군기감 별군고」, 『실학사상연구』 12, 1999.

과제는 고려말에 왜구를 방비하기 위해 설치한 방어도감에서부터 시작되었고,[283] 조선시대에도 국초부터 시행되었다.[284]

군기감의 무기생산과 관리체제는 15세기까지는 비교적 잘 준수되었다. 그러나 16세기로 가면 생산과 관리 모두가 이전만 못하였다. 삼포왜란이 발발했을 때 군기감 무기고에 소장한 무기를 사용하려고 하니 무기가 모두 파손되어 있어 제대로 사용하지 못했다고 한다.[285] 이런 사정은 을묘왜변 때도 마찬가지였다.[286]

제품의 원료로 중요한 철은 공물로 걷는 공철貢鐵로 충당했다. 공철의 양은 1년에 15만근이었는데, 군기감과 선공감에 반반씩 나누어 주었다. 철을 생산하지도 않는 일반 농민에게 철을 납부하도록 하는 제도는 상식적으로 불합리한 점이 많았다. 이에 계수관에서 철장을 직접 관리하고 농민을 사역하여 철을 생산하는 철장도회제가 시행되었다.[287] 그러다가 성종대가 되면 철장도회제도 중단했다. 대신 야장들에게 철의 판매를 허용하고, 철의 산지에서는 철로 그 이외의 지역에서는 미나 포로 세금을 받아 시장에서 구입하여 조달하는 정책으로 전환했다. 중종대부터는 철의 납부를 완전히 폐지하고, 모든 지역에서 쌀이나 포로 납부하게 했다.

그 외에도 염초와 전죽, 송진, 아교, 가죽 등 생산에 필요한 많은 양의 공물이 군기시에 책정되었다. 이들은 군수물자이므로 다른 공물보다도 귀중하게 취급되었다. 흉년 등의 사유로 공물의 감액할 때도 군기시의 공물은 가능한 한 감면하지 않거나 적게 감면했다.[288]

---

283 『고려사』 권81, 지35, 병1.
284 정도전, 『조선경국전』 하, 공전, 병기.
285 『중종실록』 권91, 중종 34년 7월 정해. 강원도 관찰사 고형산의 상소에도 관고에 있는 군기는 모두 녹이 슬었고, 관찰사가 직접 보수를 독려하고 있으나 재료가 없어 수리를 못하고 있다고 하였다(『중종실록』 권17, 중종 7년 5월 정사).
286 『명종실록』 권31, 명종 20년 12월 기사.
287 유승주, 「조선전기의 군수철광업연구」 『한국사론』 7, 국사편찬위원회, 1980, 318쪽 ; 국방군사연구소, 『한국군사사논문선집 4 (조선전기편)』, 1999 재수록.
288 『중종실록』 권95, 중종 36년 6월 을축 ; 『중종실록』 권95, 중종 36년 6월 신미.

3) 장인의 근무조건과 대우

공장의 근무조건은 신분에 따라 달랐다. 양인 수공업자는 3개 조로 나누어 1달을 근무하고, 2개월을 휴식했다. 이들은 양인으로서 국역에 종사하므로 군역을 대체하는 것으로 간주되었고, 명부도 병조에서 관장했다.

노비는 2개조로 편성해서 1달씩 번갈아 가며 근무했다. 1475년에 근무조건을 바꾸어 3개조로 나누고, 2개조가 2달을 근무하고, 1조씩 휴식하게 했다.[289] 근무하는 날의 식사도 한 끼만 제공되었다.

이들은 공장안에 등록해서 관리했다. 처음에는 이들의 명단은 공조와 근무관아, 거주지 도, 군에 비치했다. 그러다가 양인 장인도 등장하게 되자 천인 공장은 별도로 장예원을 관장하는 형조에도 비치하게 되었다.[290]

군기감의 장인은 궁중의 모든 장인 중에서 업무도 가장 고되었다. 상의원이나 공조, 주자소 등의 장인은 다른 역에 동원되지 않고 근무조건도 좋았다. 그러나 군기감은 군기제작뿐 아니라 궁중의 영선사업, 군영건설,[291] 성벽 수축,[292] 타 관서의 잡역, 외국 사신이 요구하는 물품과 영접에 필요한 물건 제작, 각종 기계제작, 심지어 송충이 잡기에도 동원되었다.[293]

『경국대전』에서도 군기시정이 수성금화사의 제검을 겸하게 되어 있었는데, 군기시 장인과 노비들을 수성금화사의 업무에 동원하기 위한 조치였다. 수성금화사의 업무는 궁중의 영선작업과 성벽 수축, 도시관리, 소방 및 화채 처리 업무 등이 있었다.[294] 이처럼 사역이 많다보니 쉬는 날에도 동원되어야 했다. 역이 고되므로 대역가도 다른 관서의 2배나 되었다.[295]

---

289 『성종실록』 성종 4년 정월 계묘.
290 『대전속록』 권6, 공전, 공장.
291 『태종실록』 권35, 태종 18년 5월 23일 임신.
292 『세종실록』 권49, 세종 12년 8월 23일, 신묘.
293 『태종실록』 권5, 태종 3년 4월 21일 정묘.
294 군기시의 인원이 화재진압에 동원되는 사례는 『세종실록』 권32, 세종 8년 4월 병자.
295 『명종실록』 권27, 명종 16년 2월 신해. 서울 관서 중에서 역이 고되다고 알려진 관사는 군기시와 와서, 사포서, 전연사였다.

이들은 일반 국역 부담자에 비해 사역기간도 길었다. 모든 국역이 16세부터 60세 사이의 남성에게 부과하였지만, 공장들은 70세까지 사역되었다. 1410년에 약간 완화시켜 66세로 낮추었다.[296]

〈표 7-4〉 세조 6년 군기감 공장수와 체아수

공장명	정수	분번수	체아직수	체아내역
궁인	90	3	5	부관사 1, 전사 1, 부전사 1, 급사 2
시인	60	3		
노야장	45	3	5	급사 2, 부급사 2, 부전사 1
주장	45	3		
갑장	45	3		
쇄아장	30	3		
이갑장				
환도장	33	3		
약장	75	3	1	부전사 1
주성장	15	3	1	부급사 1
쟁장	15	3		
마조장	15	3		
고장	15	3		
거모장	15	3		
마경장	15	3		
소목장	21	3		
칠장	9	3		
아교장	6	3		
명주장	6	3		
조각장	12	3		
시복장	12	3		
계	579		12	

---

296 『태종실록』 권27, 태종 14년 6월 경술.

공장들에 대한 대우는 열악했다. 군기감 장인에게는 체아직으로 부사직 1명을 배당했다. 그나마 체아직에는 양인만 임명하고, 천인은 임용하지 않았다. 1450년(문종 즉위) 군기감의 부사직을 혁파하는 대신 6품관인 섭대부 3명을 늘려 주었다. 또 양천을 논하지 않고 근무기간에 따라 순서대로 임명하게 했다. 그런데 이 방법을 사용하자 천인들이 체아직을 독점하게 되었다. 천인들은 신역으로 동원되므로 거의가 어린 나이부터 일찍 사역하였고, 양인은 뒤늦게 종사하는 경우가 많았기 때문이다. 이에 1451년 양인에게는 6품 체아직을 주고, 천인에게는 상림원에 할당한 부급사 체아직을 주게 했다.[297]

3. 화약무기의 개발과 제작

1) 화약무기의 개발 노력

화약무기는 조선의 군사기술과 전술체제에 혁신적인 변화를 초래했다. 화약무기의 생산은 고려말 최무선이 화약제조법을 알아내고 1377년(고려 우왕 3)부터 화통도감에서 화약무기의 생산하면서 시작되었다. 화통도감에서 만든 화약무기는 신호용, 화염무기, 화포와 같은 발사무기로 구분된다. 그런데 고려말에 제작한 화약무기는 주로 해전에서 사용된 것이었고, 발사무기의 수준은 상당히 낮고 비효율적이었다.

화기를 육전에서 사용하기 위해서는 화기의 발사력과 파괴력을 개선하고 육전에서 필요한 기능을 확보할 필요가 있었다. 이에 조선은 건국초부터 화기의 성능개선과 개발을 위해 노력하게 된다. 조선의 화기 개발의 대한 노력은 1401년(태종 1) 최무선의 아들 최해산을 군기시 주부로 특채하면서 시작되었다.[298]

이후 세종대까지 화기개발을 위한 노력은 꾸준히 지속되었다. 이때의 화기 개발의 목표는 화포의 위력 강화, 성문이나 성벽을 파괴할 수 있는 대형 화포의 개발, 한국의

---

297 『문종실록』 권8, 문종 1년 6월 병술.
298 박성래, 「화약과 화기의 제조」, 『한국사』 27, 국사편찬위원회, 1996.

지형과 전술에 적합한 화기의 개발로 압축된다. 특히 세종은 여진정벌을 추진하면서 화포의 성능개선에 지대한 관심을 보였고, 왕자들을 화포 개발의 책임자로 임명하는 열정을 보였다.

노력의 결과로 태종~세종 대에 조선에서 직접 제조하는 화포의 종류가 완구, 대완구, 신포, 발화, 천자포, 지자포, 현자포, 석탄자, 소화포, 상양포 등으로 다양화 하였다. 이런 포들은 조선에만 있던 것은 아니고, 발화, 신포 등은 이미 고려말의 화통도감에서도 제작하던 것이지만, 이 시대에는 상당한 개량이 이루어지고 있었던 것이 분명하다. 신포의 경우 신포의 포성이 20리 정도 밖에서도 들릴 정도였다고 한다.[299]

발사하는 탄환도 화살, 돌탄, 철탄, 철탄환 등으로 다양화되었다. 또한 신기전, 화차, 세화포와 같은 조선의 전술에 맞는 다양한 화기들이 개발되거나 실험

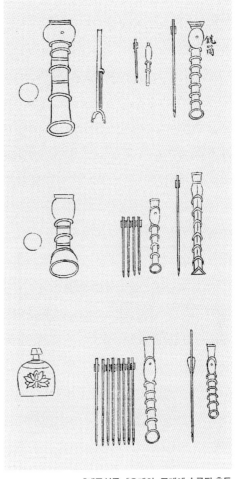

「세종실록」「오례의」군례에 수록된 총통

되었다. 화기조작을 전담하는 화통군이 창설되었다.

이렇게 개발한 화포는 기능에 맞추어 실전에 배치되었다. 예를 들어 세종대에는 여진족과 긴장이 높아 양계 지방에서는 여진족의 기습을 방지하는 것이 최대의 군사적 과제였다. 이에 1428년에는 모든 연대煙臺마다 적의 기습을 알리는 신포와 소화포, 발화를 배치하게 하였고,[300] 연대의 설치할 때는 연기가 보이는 거리만이 아니

---

299 허선도, 『화약병기사연구』, 일조각, 1994, 43쪽.
300 허선도, 앞의 책, 1994, 43쪽.

라 신포의 포성이 들리는 거리를 기준으로 삼게 했다.[301]

화포의 성능도 크게 강화되었다. 1433년(세종 15)에는 한번에 4발의 화살을 발사할 수 있는 4전화포가 개발되었다. 화약의 사용량은 줄이는 한편 화포의 파괴력도 크게 늘었다. 가장 큰 화기인 대완구는 지름 1자의 탄환을 500보(900m)나 날려 보냈다고 한다. 세종은 화포 개량 노력의 결과로 모든 종류의 화포가 화약생산량은 1/2로 줄고, 사거리는 2배로 늘었다고 자랑했다. 1448년에는 그간의 화포 개발 노력을 집대성한 『총통등록』을 편찬, 간행하였다.

그런데 화기의 개발사업을 위해서는 화기개발을 전담할 기구와 지원체제가 필요했다. 화기 개발에는 막대한 자금과 특별한 기술이 필요했다. 화포의 재료인 청동은 희소하고 비싼 자재였다. 1415년에는 억불책으로 혁파한 사원의 종을 녹여 화포 재료로 사용하기도 했을 정도였다.[302] 그러므로 인력과 자재를 집중적으로 운영하기 위해서는 국가의 지원과 전담관청이 필요했다.[303] 화약의 재료인 염초는 원료를 구하기가 더더욱 어려웠고, 공정이 복잡했으므로 염초를 조달하기 위해서는 국가행정망을 이용한 지원, 조달체제가 필요했다. 여기에는 화기와 화약의 제조비법이 유출되지 않도록 해야 한다는 보안상의 배려도 있었고, 화포와 염초의 유통과정을 국가가

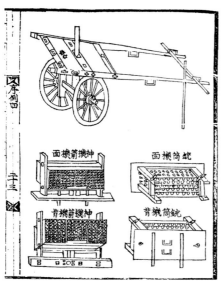

『국조오례의서례』「병기도설」의 화차
(규장각한국학연구원)

---

301 『세종실록』 권56, 세종 14년 6월 계사.
302 『태종실록』 권29, 태종 15년 3월 계축.
303 청동의 재료인 구리와 주석을 구하기 힘들었기 때문에 화포의 재료를 청동에서 무쇠로 바꾸어 보려는 노력이 시도되었다. 이 연구는 1418년(세종 즉위 1418년(세종 즉위) 쓰시마에 사신으로 갔다가 귀국하던 이예가 무쇠로 만든 중국 화포를 가져옴으로써 촉발되었다(『세종실록』 권1, 세종 즉위년 8월 신묘). 이 연구는 1444년까지도 지속되었지만 안타깝게도 성공적인 결과를 이루지 못했다.

장악함으로써 염초 공급에 안정을 기하고, 불법적인 무기나 화약제조를 방지하려는 목적도 있었다. 실제로 화약제조를 위해 염초의 가치와 수량이 증가하자 염초를 밀매하는 사례가 발생하기도 했다.[304]

2) 화기의 생산체제와 구조

(1) 군기감의 화기 생산체제

고려말 화통도감이 군기시로 병합된 이후로 화약과 화기제조 역시 군기감이 주도하였다. 그러나 일반 생산물의 작업장이 "○○소"로 불리고 있던 반면에 화기는 화약감조청이라는 독자의 부서를 세워서 운영했다. 화약과 화기제작 기술자들도 특별관리를 받았으며, 원료의 조달도 독특한 체제를 갖추었다. 조선전기의 모든 무기 중에서 무기의 개량과 개발에 가장 열정을 쏟은 무기가 화기였다.

군기감이 화기 개발과 제조의 중심이 된 것은 1401년 최무선의 아들 최해산을 군기시 주부로 특채하면서 부터이다. 이곳에서 최해산은 화기를 연구하고 화기와 화약을 제조할 뿐 아니라 기술자를 교육하고 양성하기도 했던 것 같다. 이곳에서는 중국에서 화기를 수입하여 연구하기도 했는데, 중국인 기술자를 군기감 별군으로 소속시키기도 했다.[305]

1410년에는 군기감 안에 화약제조를 전담하는 화약감조청이 별도로 설치했다. 이 건물은 군기감 본감과 별도로 건축했는데, 1417년에 완성했다. 화약제조 기관을 별설함으로써 화약과 화기제조량도 크게 증가했다. 태종 17년 군기감이 보유한 화약 재고량이 6,980근 7량, 중소 화통이 13,500자루나 되었다.[306] 1년에 소비되는 화약량이 4천근 정도였으니 1년 반 치를 확보한 것이다.[307]

화약고도 소격동으로 옮겨서 별도로 세웠다. 이것은 안전을 고려한 조치이기도 하

---

304 허선도, 앞의 책, 1994, 88쪽.
305 허선도, 앞의 책, 1994, 28쪽.
306 『신증동국여지승람』 권2, 경도 하, 군기시.
307 『세종실록』 권1, 세종 즉위년 9월 병인.

각종 화약통(전쟁기념관)

지만 세종 22년 화약고 옆에 제약청을 별도로 세운 것을 보면 보안과 실험을 위한 의미도 있었던 것 같다. 세종 27년에는 새로운 화약생산법을 실험하기 위해 사표국을 세우고, 실험을 위해서 내사복시 남쪽에 비밀리에 염초제조를 위한 실험장까지 조성했다. 이곳은 병방승지에게 감독을 맡기고, 환관을 투입했다.

이처럼 화약감조청과 화기 제조 과정은 군기감의 다른 작업장과는 다른 체제를 지녔다. 먼저 화약과 화기 제작과정을 철저히 감독하기 위해 군기감의 관리와는 별도로 관리나 관리의 자제 중에서 10명을 선발해서 겸군기로 임명하고, 화포의 제조를 전담해서 관리하게 했다.[308]

화기제조를 담당한 장인은 약장, 염초장, 취토장取土匠, 주성장鑄成匠 등이었다. 이 중에서는 약장의 대우가 비교적 좋았다. 세종 때는 약장은 식사도 특별히 2끼를 지급하고, 봉족도 2명을 주었다. 양인은 거관하면 6품을 지급하고, 천인은 장원서의 관직을 주었다.[309]

그러나 이들의 수로는 화기제조를 감당하기 곤란했다. 화기의 제작에는 많은 노동력이 필요했다. 따라서 이들은 화기제조를 감독하고 대부분의 작업은 별도의 노동력을 동원했다. 여기에 동원된 인력이 조역노자와 별군, 총통위였다. 조역노자는 선상노로 충당되었다. 조역노의 수는 정확치 않은데, 『경국대전』에 의하면 군기시 소속 노비는 차비노 2백 명, 근수노 12명이었다.[310] 별군은 원래는 화통군의 후신으로 화포운영을 담당하는 특수군이었다. 초기에 화통군은 거의가 노비로 충당되었다. 그러나 이들이 점차 사역군으로 변화했고, 군기감의 조역노로 전화했다.

---

308 『세종실록』 권63, 세종 16년 3월 계사. 이 조치에는 그동안 최해산이 독점했던 화약제조 기술이 보급된 것과도 관련이 있다고 보여진다.
309 그러나 이런 대우도 시간이 갈수록 나빠져서 15세기 말이 되면 이 모든 특혜가 다 사라졌다(『성종실록』 권75, 성종 8년 1월 29일, 무진).
310 『경국대전』 권5, 형전, 제사차비노근수노정액.

화통군이 조역노로 변화한데다가 천인에게 중요한 화기를 맡기는 것은 적당치 않다는 의견도 있어서 이들을 정군의 봉족으로 전환시키고 새로운 화통군을 창설했다. 이들이 별군이다. 이들은 전투에도 참전하였지만 화기를 다루는 기술 자체가 특수한 기술이 필요했으므로 점차 화통제조 기술을 전수받는 대상으로 선택되었고,[311] 마침내 화기제조에도 투입되었다.[312] 이로써 별군은 군기감 화기제조의 주요한 노동력이 되었다. 하지만 태종조부터 별군은 각종 사역에도 자주 동원되었는데, 군기감의 공장들과 마찬가지로 궁중의 영선에도 동원되었다.[313]

(2) 지방에서의 화기생산

세종 27년 군기감에서 독점하던 화기제조를 지방에서도 제조하는 새로운 생산체제를 수립했다. 지방에서 화기를 생산한다는 것은 곧 화기의 양산체제를 갖춘다는 것을 의미했다.[314] 군기감만으로는 양산체제를 갖추기가 어려웠다. 우선 서울에서 동원할 수 있는 경공장의 수에 한계가 있었다. 화기생산을 위해서는 철과 동, 염초 등 많은 재료가 필요한데, 이 재료를 중앙까지 운반하고, 다시 지방에 분급하는 것도 농민의 부역에 의존했기 때문에 상당한 부담이 되었다.[315]

국경지역에 신속한 군수품 보급체제를 갖춘다는 것도 중요한 의미였다. 세종대를 거치면서 조선의 군사력과 전술운용에서 화기가 차지하는 비중은 점점 높아졌는데, 화기 일체를 중앙에서 공급하자면 비상시에 대응력이 떨어지고,[316] 운반비용도 적지 않았다. 대형화포는 무게 때문에 운송하기도 쉽지 않았다.

그런데 이처럼 화기를 지방에서도 생산할 수 있게 되었던 데는 화기 제작 기술의

---

311 『태종실록』 권30, 태종 15년 7월 신해.
312 『세종실록』 권49, 세종 12년 8월 신묘.
313 『태종실록』 권15, 태종 8년 5월 을묘.
314 김일환, 앞의 책, 2000, 92쪽.
315 지방에서 화기를 제작해도 재료를 운반하는 공역 때문에 많은 불평이 쏟아졌다. 그래서 실농과 기근을 이유로 감련관 파견을 중단하자는 논의가 계속 제기되었다(『세종실록』 권110, 세종 27년 11월 기묘). 이런 사정이었으므로 군기감에서 늘어난 생산량을 소화했다면 이런 불평도 몇 배로 증가했을 것이다.
316 『세종실록』 권58, 세종 14년 12월 병신.

발달과 기술과 제원, 규격의 표준화를 실현했던 것이 실질적인 배경이 되었다. 이러한 기술적 성과는 세종 30년에 간행한 『총통등록』으로 집약되는 바, 이러한 기술적 진보와 제품과 성능에 대한 자신감이 양산체제를 갖출 수 있는 계기가 되었고, 양산 체제가 지방생산 체제로 구현되었던 것이다.

지방에서의 화기 생산을 감독하기 위해 감련관제도를 도입했다. 감련관은 원래 화포 사용법을 교습하기 위해 설치한 제도였다. 보통 조관 중에서 화포법에 대해 잘 아는 사람으로 임명했는데, 보통은 군기감에서 근무한 경력이 있는 사람이 선발되었다. 이들은 화포를 교습할 뿐 아니라 화포 교습과 훈련상황도 감독했다. 변진의 장수와 수령, 만호 중에 화포교습에 마음을 쓰지 않는 자가 있으면 4품 이하의 관리는 재량으로 직단하고, 3품 이상의 관리는 중앙에 보고하여 처단하게 했다.[317] 이것은 지방에 파견하는 경차관이나 감독관의 권한 중에서는 최고 수준에 속하는 것이었다. 이런 권한을 지닌 감독관이었으므로 처음에는 군기시의 직장이나 녹사 중에 임명하다가 세종 26년부터는 대호군(종3품) 이상으로 임명하게 되었다.[318]

세종 27년부터 지방에서 화기를 제조하게 되면서 감련관의 주 임무가 화기제조법에 대한 감독과 교습이 되었다. 화기 제조에는 당시 어떤 무기보다도 귀하고 비싼 재료가 투입되었고, 복잡하고 복합적인 공정이 필요했다. 따라서 지방에서 화포를 제작하기 위해서는 감련관의 도움과 감독이 반드시 필요했다. 이들의 역할과 권한은 중대해서 관찰사, 절제사와 함께 도내의 군기제조를 책임진다고 할 정도였다.

정밀한 제조를 위해 『총통등록』을 지방에 배포했다. 중앙에서는 군기시와 춘추관에 비치하고, 지방 각도의 절제사 처치사에게 1책 씩 내려 보냈다. 『총통등록』 외에 제작지침을 담은 「각읍총통전제조규식」 등을 내려 보냈는데, 이 지침들은 제작, 관리. 시험에 대한 자세한 규격을 담고 있다.[319]

화기의 생산도 제조방법과 표준규격이 확정된 제품부터 시작했다. 군기감에서 제조 대상을 결정하면 모델을 제작하고, 모형과 제조방법을 지방의 감련관에게 보냈다.

---

317 『세종실록』 권93, 세종 23년 8월 을축.
318 『세종실록』 권106, 세종 26년 12월 신미.
319 『세종실록』 권122, 세종 30년 12월 무오.

감련관은 이 모델에 따라 제작했다. 이런 노력의 결과 세종 30년부터는 감련관 없이도 각 영진과 주현, 연해의 포구에서 화기제작이 가능해졌다.

영진과 주현, 포구로 확대된 제조장에서는 군기감의 생산관리 방식을 그대로 적용했다. 하루 작업의 일과를 정해 공장들이 총통전을 생산한다. 생산량은 월말에 감사에게 보고하고, 감사는 3달마다 수를 계산하여 중앙에 보고했다. 중앙에서는 매년 연말에 군기감 관원들을 나누어 보내 점검했다. 지방에서의 화기 제작에 동원된 인력은 이곳에 근무하는 부방군과 향리들이었다.

(3) 염초의 제조와 조달

조선시대 화약의 성분은 염초 대략 50%, 유황 25%, 목탄 15% 정도였다. 따라서 화약생산에서 절대적 비중을 차지하는 것이 염초의 조달과 제조였다. 이 염초의 원료는 염초토라는 것인데, 건물의 아래에 쌓인 먼지와 오래된 흙이었다. 이 염초토는 지방별로 조달했는데, 원이나 관 등에서만 채취하고 일반 민가에서는 채취하지 못하게 했다. 민가에서 채취하면 민가를 헐어버리거나 크게 부담을 줄 가능성이 높았기 때문이다.[320] 채취한 염초토를 구워서 염초를 제작했는데(煮取) 이 염초 제조법이 화약제조의 비법이자 핵심기술이었다.

염초의 조달방법은 2가지가 있었다. 중앙에서 지방에 관원을 파견해 도회소를 설치하고 관원이 감독하여 염초를 생산하여 납품하는 방법과 각 군현별로 염초를 공물로 할당하여 수납하는 방법이다. 조선은 처음부터 첫 번째 방법을 사용했고, 후에도 가능한 이 방법을 유지하려고 했다. 군현에서 염초를 제조해서 바치도록 하면 염초 제조법이 누설될 우려가 있다고 염려했기 때문이다. 특히 왜인에게 누설될 것을 우려해서 왜인이 많이 사는 하삼도에서는 염초를 제작하지 말고 양계 지역에서 제조하자고 할 정도였다.[321] 세종 16년에는 명나라에서 새로 개발한 염초제조법을 습득했는데, 이 방법은 염초토 소비량을 절반으로 줄일 수 있었다. 이 새로운 제조법에 의한 염초 제작도 왜인의 습득을 염려해서 평안도와 함경, 황해도 등지에서만 시행하게

---

320 허선도, 앞의 책, 1994, 34쪽.
321 허선도, 앞의 책, 1994, 36쪽.

했다.[322]

그러나 조선은 만성적인 화약 부족에 시달렸다. 화약의 부족으로 총통군의 양성과 훈련에도 차질이 빚어지고 있었다. 문종 즉위년 화약부족을 해소하기 위해 염초를 제조하는 도회소를 25개로 크게 늘렸다. 주변의 여러 고을을 도회소에 분속했는데, 도회소에는 별감과 취토장을 파견해서 제조사업을 감당하게 했다.[323] 필요한 노동력과 원료는 도회소별로 할당한 군현에서 제공받아 염초를 제조했다. 도회소의 개설 기간은 봄에는 1월 1일에서 3월 말, 가을에는 8월 15일에서 10월말까지로 했다. 염초를 굽는 일에는 군사들이 동원되었다. 동원하는 군사는 감사를 통해 산정하게 했다.[324]

민폐를 우려해서 염초토는 사원과 원, 관에서만 채취하고 민간에서는 채취하지 못하게 했다. 염초제조에 필요한 장작의 수량도 미리 군기감에서 수량을 산정하고, 병조의 결재를 받아 해당 도회소에 통지하면 도회소에서 각 관청에 분배하여 납부하도록 했다.[325] 생산량을 채우지 못하면 관리와 장인을 처벌했다. 1451년의 경우 관리는 태 30대, 장인은 태 40대로 판결한 사례가 있다.[326]

그러나 2년 뒤인 1452년에 정부는 농민의 부담이 크다고 하여[327] 도회소 제조방식을 포기하고 군현에 염초를 공물로 할당하게 된다. 도회소 운영보다는 이 방법이 편리하고 농민의 부담도 적고,[328] 생산량도 늘릴 수 있었지만, 염초제조법의 보안을 유지해야 한다는 이유로 꺼려왔던 것이다. 그러나 사실은 세종 때부터 이미 염초 기술은 광범위하게 유포되어 민간에서도 습득한 사람들이 많았다. 염초제조가 화약제조만이 아니라 채옥彩玉, 유리 등 여러 고급 제품을 만드는데도 유용했기 때문이다.[329] 결국 정부도 현실을 인정하고 염초생산을 군현에 맡기고 할당하게 되었다.[330] 그러나 도

---

322 허선도, 앞의 책, 1994, 73쪽.
323 『문종실록』 권13, 문종 2년 4월 신묘.
324 『문종실록』 권7, 문종 1년 4월 정해.
325 『문종실록』 권4, 문종 즉위년 10월 경진 ; 『문종실록』 권12, 문종 2년 3월 신축.
326 『문종실록』 권8, 문종 1년 7월 기해.
327 『문종실록』 권8, 문종 1년 6월 병자.
328 『문종실록』 권13, 문종 2년 4월 신묘.
329 『세종실록』 권20, 세종 5년 5월 신축 ; 『세조실록』 권17, 세조 5년 7월 정미.
330 『경국대전』을 편찬할 당시 교정청에서 『경국대전』에 수록하지 않은 법조문으로 다시 검토할 조

회소 폐지가 일거에 이루어지지는 않았고, 공납제와 도회소가 병행되다가 점차 공납
으로 전환했다.[331]

문을 열거하는 중에 염초는 국용 즉 화약제조에만 사용하고 사용은 금지한다는 조문이 들어 있
다. 그러나 이 조문은 끝내 『경국대전』에서 빠졌다. 이것은 이때쯤 되면 정부에서 염초 제조법을
비밀로 하기는커녕 염초의 사용을 금지하는 것도 불가능하다고 판단하고 있었다는 것을 암시한
다(『성종실록』 권10, 성종 2년 5월 정유).

331 중종 때가 되면 염초의 공납제도가 자리 잡으면서 방납의 대상이 되었다(『중종실록』 권89, 중종
34년 1월 임신). 그러나 정부는 염초의 방납은 금지했는데, 이것은 군수물자였기 때문이다.

제4절

군량과 군수

1. 군량의 규모와 운영방식

1) 군량 조달과 비축

군수에 필요한 재정을 조선에서는 군자軍資, 군사의 식량으로 사용하는 곡식은 군량이라고 했다. 조선에서는 군자의 대부분을 쌀과 콩 등의 곡물로 받아 저장하므로 군자는 군의 재원인 동시에 군량이 되었다. 따라서 군자곡의 확보는 군사재정의 확보와 군량의 확보라는 두 가지 의미가 있었다.

어느 시대에나 군량은 군의 유지와 전술운용에 절대적인 요소였다. 조선은 "3년의 저축이 없으면 국가가 아니다"[332]라는 모토 아래 군량의 비축과 배급에 커다란 노력을 쏟았다. 그러나 3년의 비축분을 마련하기란 쉽지 않았다. 대체로 조선은 1만명이 3년간 필요한 군량을 15만석으로 잡았다.[333] 정규군의 병력을 10만으로 잡으면 150만석이 필요하다. 그러나 조선은 한번도 이 비축량을 달성하지 못했을 정도로 쉽지 않은

---

332 이 구절은 『예기』에서 따온 것이다. 원문은 "나라에 9년의 축적이 없는 것을 부족이라 하고, 6년의 축적이 없는 것을 급이라 하고, 3년의 축적이 없는 것을 나라 구실을 못하는 나라라고 한다. 3년 동안 경작하면 반드시 1년의 식량을 저축할 수 있고, 9년 동안 경작하면 반드시 3년의 식량을 저축할 수 있다"이다(『예기』 권5, 왕제).
333 『세종실록』 권74, 세종 18년 7월 갑인, 충청감사 정인지의 진구황책(進救荒之策).

목표였다. 따라서 조선 정부는 군자와 군량의 확보를 위해 다양한 정책을 시행했다.

(1) 과전법 시행과 군자전 설치

위화도 회군 후 개혁파 사류는 상당한 저항을 무릅쓰고 과전법을 강행했다. 이때 사전 혁파의 중요한 명분 하나가 군량 확보였다.[334] 공민왕~우왕대에 왜구와 갖은 외침에 시달려온 터라 사전을 혁파해서 이 토지를 군자전으로 돌리자는 주장은 힘을 받을 수 있었다.

군자전은 그 토지의 전세를 군자로 사용하도록 설정한 토지를 말한다. 고려시대는 이처럼 군자로 확보하는 토지나 재원을 고정시키지 않고 일반 재정에서 군사비나 군량을 조달했다. 단 양계 지역은 전세를 일반 재정으로 돌리지 않고 양계의 군사재정으로 사용하게 했다. 군자전과 비슷한 토지로 둔전이 있다. 둔전은 원래 군인들이 직접 경작해서 그 수익을 군자로 사용하는 것이지만, 군자전처럼 일반 토지를 둔전으로 설정하고 세를 거두는 방법도 있었다. 그러나 이런 둔전은 많지 않고, 임시적이었다.[335]

양계 지역이 아닌 6도 지역에 전면적으로 군자전이 시행된 것은 역시 조선에 들어서였다. 고려말의 과전법 개혁에서는 약 10만결이 군자전으로 설정되었다. 양계를 제외한 전국 토지가 약 80만결이므로 전체의 1/8이었다. 군자전 제도를 통해 항상적으로 일정액의 군사재정을 확보하고, 군량을 비축할 수 있게 되었다. 군사재정이라는 측면에서 보면 조선의 군자전 제도는 크게 진일보한 것이다.

과전법에서 1결의 전세는 30두였으므로 10만결의 전세는 약 20만석이 된다. 그러나 휴경, 흉년으로 인한 감세 등 여러 가지 이유로 탕감되는 경우가 많았다.[336] 군자전은 관료들의 수조지인 과전에 비해 좋지 않은 땅에 설정된 경우가 많아 단위 생산력

---

334 『태조실록』 권2, 태조 원년 12월 임술, 좌시중 조준이 평양식읍과 경기도통사를 사면하기를 청하는 글.
335 둔전은 조선에서도 시행되었다. 『경국대전』에서는 주인이 유망하거나 일시적으로 경작을 못하게 된 토지는 땅이 없는 농민에게 분급하고 토지를 받은 농민은 그 대가로 군역을 지도록 했다. 조선에서는 이런 토지를 둔전이라고 했다. 그러나 이런 토지의 양은 많지 않았으며, 나중에 이런 토지의 수익은 대부분 지방재정으로 사용되었다.
336 『태조실록』 권13, 태조 7년 4월 기묘.

과 안정성도 떨어졌다.[337] 후대의 사정이긴 하지만 공법 시행 후에 전세는 대부분 1결 6두~4두에 불과했다.[338] 그러므로 1결 당 실제 수세액은 10~15만석 정도였다. 이 양은 크게 부족했으므로 정부는 군자전을 늘리고, 군사재정을 보충하기 위해 노력했다.

1402년 양전(토지측량) 사업을 하면서 속자정전續字丁田(토지문서에 '속'자를 붙인 토지로 경작 가능한 토지이지만 현재 경작이 되지 않아 놀고 있는 토지)은 모두 군자전으로 삼게 했다. 같은 해 사원혁파를 통해 확보한 사사전도 군자전으로 돌렸다. 그 외 혁파하는 관서의 수조지나[339] 죄를 저지른 관료의 과전을 몰수할 때도 군자전으로 이속시켰다.[340] 이외 면세전인 공신전에 세를 받아 군자에 충당하자는 방안도 제시되었으나 시행하지는 못했다.

이런 노력으로 군자전은 크게 늘었으나 토지는 유한하므로 군자전을 늘리는 방식은 한계에 봉착했다. 이에 1445년(세종 27) 군자전을 폐지하고 국용전제로 전환했다.[341] 국용전제는 재정수요별로 토지를 지정하지 않고 대부분의 토지를 국용전제로 통일하고, 호조가 전체 국가 수입을 총괄한 뒤에 필요한 액수만큼 관서에 분배하는 제도이다.[342] 국용전제의 시행으로 국가재정이 일원화되고 군자전의 전세만이 아니라 각종 재정수입을 군자로 충당할 수 있게 되었다. 예를 들어 국가에서 추가로 거두어 들이는 곡식이 있으면 군자로 돌리게 했고,[343] 염창을 설치한 고을에서는 염창에서 소금을 판매하여 얻은 수익,[344] 목장에서 키운 우마를 매매하여 얻은 수익[345] 등도 군자

---

337 『태종실록』 권3, 태종 2년 2월 무오.
338 이재룡, 「16세기 양전과 진전수세」 『손보기박사정년기념 한국사학논총』, 1988, 319쪽.
339 이재룡, 앞의 논문, 1988, 319쪽.
340 『세종실록』 권19, 세종 5년 3월 23일, 갑진, 양녕대군의 과전을 군자감으로 옮기는 사례.
341 국용전제에 대해서는 김태영, 「과전법하 수조권적 토지지배관계의 변천(상·하)」 『경희사학』 9·10 합집, 1982 및 11집, 1983 ; 『조선전기 토지제도사』, 지식산업사, 1983, 재수록 ; 이장우, 「조선초기의 국용전」 『진단학보』 73, 1992.
342 재정수입을 호조가 총괄하면서도 굳이 국용전이라는 명목을 남겼던 이유는 이전처럼 관사에서 직접 세를 걷거나 용도에 따라 토지를 지정하여 운영하는 토지가 약간은 남아 있었기 때문이다. 『경국대전』에서는 이런 토지를 자경무세지, 무세지, 각자수세로 구분했다(『경국대전』 권2, 호전, 제전).
343 『경국대전』 권2, 호전, 창고.
344 『경국대전』 권2, 호전, 어염.
345 『성종실록』 권63, 성종 7년 1월 무오.

로 보충했다.

　국용전제의 시행으로 군자 운영이 안정을 찾고 비축미도 크게 늘었다. 비축미는 시기와 상황에 따라 유동이 심했으나 대략 50만석 정도가 군자감의 평균 비축미 내지는 목표 수량이었다고 보여진다.[346] (아래 표 참조) 시대별 통계로 보면 50만석이 되지 않을 때도 많았지만, 이 기록들은 정례적인 조사 기록이 아니고 군자감의 비축분이 부족하거나 흉년 구제 등을 위해 비축미를 방출할 때의 기록이 많다는 점을 감안해야 한다.[347]

　그러나 50만석이란 액수도 비상시에는 턱없이 부족하다는 비판이 많았다. 1436년(세종 18) 정인지는 한 군현의 백성을 평균 1만으로 잡을 경우, 1도의 3년 치 군자로 필요한 양은 15만석이라고 추산했다.[348] 이 기준을 8도로 적용하면 120만석이 된다. 세조대는 군자곡 1백만석 비축을 목표로 하기도 했는데, 말년에 간신히 90만석까지 채웠다.[349]

〈표 7-5〉 시기별 군자감의 비축상황[350]

시기	비축량	시기	비축량
태종대	30만석	성종 13년	40만석
문종대	10만석	성종 14년	55만석
세조대	50만석	중종대	70만석
성종 13년	70만석	명종초	50만석

(2) 군량 확보 정책

　군자전과 국용전제 외에도 다양한 군량 확보 정책이 시행되었다. 대표적인 방식이

346　1548년 군자3감에 비축한 곡식의 원액이 50만석이라는 기록이 있다(『명종실록』 권7, 명종 3년 2월 무신).
347　김용곤, 「조선전기 군량미의 확보와 운송」『한국사론』 7, 국사편찬위원회, 1980, 308쪽 ; 국방군사연구소, 『한국군사사논문선집 4 (조선전기편)』, 1999 재수록.
348　『세종실록』 권74, 세종 18년 7월 갑인.
349　『성종실록』 권162, 성종 15년 1월 임진.
350　김용곤, 앞의 논문, 1999, 812쪽.

둔전이다.[351] 둔전은 병사들이 군에 복무하면서 직접 농사를 지어 식량을 조달하는 방식이다. 중국에서는 위나라의 조조가 이 방법을 사용해서 크게 성공했다. 조선에서는 연해지역이나 국경지역에 선군을 동원해서 둔전을 경영하는 등의 둔전법이 간간이 사용되기는 했으나 활성화되지는 못했다 군인들이 장기근무가 아니 교대근무제여서 지속적으로 농사를 짓기 힘들고, 군의 훈련과 근무에 장애가 컸기 때문이다.

조선시대에는 다른 방식의 둔전이 사용되었다. 조선시대는 농민이 가난, 질병, 유망 등으로 경작을 포기하는 땅이 자주 발생했다. 이런 땅에는 관에서 땅이 없는 사람이나 빈민에게 경작권을 주어 경작하게 했다. 본주인이 5년이 넘도록 돌아오지 않으면 경작자에게 소유권을 이전했다. 땅을 받은 사람은 대신 군역을 져야 했고,[352] 전세 수입은 지방관청의 경비로 썼다. 이런 땅을 둔전이라고 했다.

둔전제의 또 다른 변형이 호급둔전이다(또는 연호둔전, 연호미법이라고도 했다). 태종대에 시행한 이 법은 명칭은 둔전이지만, 실제로는 가호마다 종자 명목으로 3말에서 1말을 주고, 추수 때 5배를 걷는 방법으로 부가세에 불과했다. 이 법은 태종대에 잠시 시행되었다가 폐지되었다.[353]

수군을 사역해서 해물을 채취하고 소금을 생산하는 방법도 상례화된 방법 중 하나였다. 수군을 괴롭히고 수령, 만호의 중간수탈의 수단으로 악용된다고 해서 비판이 많았지만, 군자에 충당한다는 목적으로 지속되었다. 각 진에서 군기, 갑옷을 제작하고, 이것을 군사에게 팔아 수입을 군자에 보충하기도 했다.[354]

비축분이 부족하면 군현의 전세를 중앙에 상납하는 것을 면제하고 모두 해당 고을이나 특정 군현, 영진의 군량으로 그곳에 납부하게 했다. 관무곡官貿穀이라고 해서 군현에서 전세로 거둔 면포를 팔아 쌀을 구매하는 방법도 곧잘 사용되었다.[355] 이 방법은 면포 사용이 활성화되고 상업도 발달하는 15세기 후반 이후로 더욱 빈번하게 사용되었다.[356] 비상시나 전시에는 공출형식으로 관리와 백성에게서 쌀을 걷는 방법도

---

351 『태종실록』 권13, 태종 7년 2월 정해.
352 『경국대전』 권2, 호전, 전택.
353 『태종실록』 권13, 태종 7년 6월 경술.
354 『중종실록』 권16, 중종 7년 6월 을사.
355 『성종실록』 권11, 성종 2년 8월 기사.

있고, 노비 신공을 노비들이 거주하는 주현에 납부하여 군수에 충당하기도 했다.[357]

　관료들의 품계에 따라 쌀이나 면포를 징수하는 품미와 부호들에게서 군량을 받고 관직수여, 면역, 사면, 기타 반대급부를 제공하는 납속책도 있었다. 이 방법은 평상시에는 사용하지 않고 전시에 사용하는 비상책이었다.

　군량조달을 위해 사용한 특수한 제도로 회환제回換制가 있다. 회환은 양계 지방의 특수한 사정에 의해 등장한 방법으로 양계 지방에서 제한적으로 시행되었다. 회환제는 환미법이라고도 했는데, 부호나 상인이 양계 지역의 관에 군량미를 납부하고 대신 미나 포를 받거나 양계 이외의 지역에서 곡물을 받는 방법이었다. 이때 가격을 좋게 쳐주어 차익으로 수익을 얻을 수 있도록 해 주었다. 수익률은 정식이 없지만, 많게는 1.5배까지 지급해 주었다.[358] 면포나 동, 철, 어전, 단목 등 수익성이 좋은 물품으로 지급하기도 했다.[359] 회환제는 전세 이외의 방법으로 민간의 곡식을 수집하기 위해 고안한 방법이었다. 그런데 양계 이외의 지역에서 곡물을 운반하면 수송비용이 너무 커지므로, 이런 교환방식을 통해 수송비 부담을 줄이게 한 것이다.

　또 하나의 이유는 타지역 군인이 양계로 파견되거나 양계의 무사가 서울에서 복무할 때 양식을 운반하는 수고를 덜어주기 위한 목적도 있었다. 그러나 정부는 이 방식

---

356 1491년 호조에서 양계의 군량을 비축하는 방안을 구상했는데, 그것은 회환, 사섬시와 주변 군현의 면포 판매, 노비신공, 주변 고을의 전세를 군진 지역으로 이송하는 것 등으로 본문에서 언급한 방식을 망라하여 제시하고 있다(『성종실록』 권251, 성종 22년 3월 경자). 이 사례는 이 방식들이 군자확보책으로 거의 관행화한 방식임을 말해준다.

357 이 방법은 국용전제의 시행과 무관하게 국초부터 그 이후까지 지속적으로 사용되었다(『성종실록』 권33, 성종 4년 8월 계해.

358 박평식, 「조선전기 양계지방의 회환제와 곡물유통」『학림』 14, 1992 ;『조선전기 교환경제와 상인연구』, 지식산업사, 2009, 280쪽.

359 회환에 참여하는 사람들은 대략 두 가지 방법으로 수익을 올렸다. 하나는 곡물을 납입하고 관에서 대가를 받을 때, 실제 납부한 곡가 이상으로 가격을 수령하는 것이다. 또 하나는 상업적 이윤을 얻는 것이다. 당시에는 자유상업이 허용되어 있지 않았으므로 회환제가 상업활동을 할 수 있는 기회를 제공한다는 장점이 있었다. 상인들은 대가로 받은 철, 동 등을 되팔아 매매수익을 얻을 수 있었다. 또 현지로 내려가 농민들에게서 곡물을 매입해서 납품했는데, 이때 면포나 상품을 지급하는 방법으로 교화과정에서 시세차익을 얻거나 곡물을 싸게 구입할 수 있었다. 곡물만이 아니라 필요한 현지에서 다른 주요한 산물들도 매입해서 다시 판매했다(박평식, 앞의 책, 2009, 280~287쪽).

을 꺼렸고, 자발적으로 시행되는 경우도 금령을 내려 단속하는 경우가 많았다. 따라서 회환은 허용과 금지를 반복하다가 16세기 이후로는 시행하지 않게 되었다. 그 이유는 상인이 부당이익을 취한다. 수령이 이 회환을 모리의 수단으로 이용하고, 백성에게 회환을 강요하거나 면포 매입을 강요하는 등의 폐단이 발생한다는 것, 상인이 회환을 구실로 상업활동을 하므로 농민들이 쌀을 매각하여 오히려 양계지역의 쌀과 군량이 부족해진다는 것 등이었다.[360] 그러나 회환제가 쇠퇴한 근본적인 원인은 민간 상업의 발달이었다. 16세기 이후로 상업과 수운 능력이 발달하면서 곡물운송과 유통 기능을 민간 상인업이 흡수하였다.[361]

(2) 군자곡의 규모와 보관

군수의 관리는 군자감에서 담당했다. 군자감에서는 군차창을 세워 전세로 거두는 군자곡과 군수품을 관리했다.[362] 그러나 모든 군자곡이 군자창으로만 들어오는 것은 아니었다. 군수미의 저장과 관리는 크게 중앙, 지방, 양계 지역의 3계통으로 나뉜다.

(1) 한성

수도로 운송되는 전세는 용도에 따라 군자창, 풍저창, 광흥창으로 납부되었다. 군자창은 군자를 광흥창은 관리의 녹봉, 풍저창에는 기타 국용으로 사용할 곡식을 저장했다. 3창고 중에 군자창 소관 곡식이 가장 많았다. 그래서 군자창도 여러 곳에 두었는데, 광통교에 본감 창고, 송현에 둔 별창(분감), 용산에 둔 강창江倉 3곳이었다.[363] 군자곡은 평소에는 의창이나 환자곡으로도 사용했는데, 이때는 별창의 비축분을 사

---

360 박평식, 앞의 책, 2009, 288~289쪽.
361 박평식, 앞의 책, 2009, 322쪽.
362 전세로 받는 곡물을 쌀을 기준으로 했지만 쌀만을 저장했던 것은 아니다. 소금, 콩과 잡곡, 면포도 주요한 품목이었다. 그 외에 도토리도 있었다. 콩과 쌀은 1:2의 비율로 환산했다. 소금과 쌀의 환산가도 1:2였다. 다양한 곡물이 필요했던 이유는 미작을 하지 않는 밭농사 지역에서는 밭에서 생산한 곡물을 세로 받았기 때문이기도 하지만, 군량으로 사용할 때도 콩은 단백질의 공급원으로 꼭 필요했다, 말먹이로도 콩과 조 등이 필요했다.
363 조선후기에는 본감과 분감 창고는 폐지되고 강창만 남았다(『속대전』 권2, 호전, 창고).

용하는 것이 관행이었다. 그래서 "군자
창은 군량을 대비하고, 별창은 기근을
대비하기 위해 두었다"고도 하였다.[364]

군자창에 저장하는 군자미는 원칙적
으로는 양계를 제외한 6도 지역의 전세
를 수납하는 것이지만 실제로는 충청도
와 전라도 것이 대부분이었다. 경상도
는 조전의 어려움과 경상도 군수의 필
요에 의해 반, 또는 전부를 주창에 납입
했다.

광흥창 터(서울 마포)
조선시대 녹봉으로 쓰일 양곡을 저장하던 터.

서울로 운송하는 세곡의 양과 각 창고에 저장하는 수량은 시기에 따라 달랐다. 16
세기를 기준으로 하면 전국의 토지는 약 151만결이었다. 전세 수입은 쌀과 콩을 합
쳐 30만석 정도인데, 양계의 전세는 전액을 현지에 유치하므로 서울로 운반하는 세액
은 26만석이었다. 이 중 각사에 납부하는 것이 9만섬, 백관의 녹봉이 8만섬, 풍저창
에 저장하는 것이 3만섬, 왜인 상인이나 사신에게 지급하는 물량이 8천섬이었다. 이
를 제외하면 1만섬 정도가 비축미로 돌려졌다.[365]

이것은 재정상황이 많이 악화되었던 17세기경의 통계이다. 15세기에는 전세 비중
도 높고 재정 건전성도 좋아서 경창에 들어오는 양이 이보다 많았다. 군자창의 수입
분도 4만 천여 석 정도였다.[366] 관리의 녹봉 지출은 16세기보다 높아 10~14만석 정
도였다. 그래도 재정흑자가 상당히 높아 성종 때만 해도 매년 10여만 섬이 남아서 비
축되었다고 한다.

---

364 『성종실록』 권182, 성종 16년 8월 을사.
365 유형원, 『반계수록』 6, 「전제고설」 하.
366 『단종실록』 권4, 단종 즉위년 10월 신해 ; 김용곤, 앞의 논문, 1980, 304쪽 ; 국방군사연구소,
『한국군사사논문선집 4(조선전기편)』, 1999 재수록.

조선전기의 조운

(2) 6도 지역

양계를 제외한 6도 지역에서는 중앙에 상납하는 전세를 제외하고 지방에 비축하기로 되어 있는 부분을 주창에 보관했다. 여기에도 군자와 의창 등 명목에 따라 액수가 지정되어 있었다. 그러나 창고나 보관방식이 달랐던 것은 아니고, 회계상의 분류였다. 이와는 별도로 영진과 산성과 같은 군사요충지에 창고를 설치하고 병기와 군량을 보관했다.[367] 영진에 보관하는 군량의 수효는 일정치 않은데, 체찰사 영과 같이 큰 영의 비축분이 1백석 정도로 나타나고 있다.[368]

---

367 『태조실록』 권5, 태조 3년 1월 무진.
368 『태종실록』 권15, 태종 8년 5월 임술.

이런 군량은 주창에 납입되었다가 이속되는 것이 아니고 할당된 지역의 주민들이 직접 이곳으로 납부했다. 이런 창고의 규모나 보관수량은 잘 알 수 없다. 그러나 조선전기에는 영진을 제외한 산성 등지에 군량을 보관하는 경우는 많지 않았던 것 같다. 임진, 병자 양란을 겪고, 전시의 근거지로 강화도,

부소산 군창터(충남 부여)
조선시대 군창터로 판명되었다.

북한산성, 남한산성 등을 개발하게 되는 조선후기에 이런 방법이 주로 사용되었다.

이처럼 지방에 비축한 군자미의 양도 적지 않았는데, 지방에 비축한 곡식들은 진대, 의창곡으로도 많이 사용되었다. 비상시에 양계 지역의 군량으로 지원되기도 했다. 하지만 반대로 양계 지역에 비축한 군량이 다른 지역으로 나오는 경우는 전혀 없었다.

(3) 양계

양계 지역에서 거두는 전세는 모두 군자로 충당되어 현지의 주창에 납부되었다. 아무래도 16세기까지는 국방의 중심이 4군 6진 지역이었고 전쟁과 군사적 충돌도 이 지역이 많았다. 따라서 중남부 군현의 군자미는 사실상 군량보다는 의창, 진대용으로 많이 사용된 반면 이 지역에 비축한 군자곡은 본래적 용도에 충실하게 사용되었다.

양계 지역은 군사도 많고, 하삼도에서 차출한 군사들까지 배치하므로 군량의 필요성이 높은 반면에 곡물산출량은 적었다. 평안도는 사신의 행차 비용도 군자에서 사용했다. 이 때문에 4군 지역 같은 곳은 "지출이 전세 수입의 2배나 된다"[369]고 할 정도로 재정수요가 많아서 이 지역의 전세만으로는 안정적으로 군량을 비축하기가 곤란했던 것 같다. 실록 기록을 보면 양계 지역의 비축미가 항상 부족하다는 기록이 자주

---

369 『세종실록』 권89, 세종 22년 4월 을유, 함길도 관찰사, 도절제사의 봉서.

보인다. 세조 13년의 경우 함흥에 비축한 군자미는 17,385석으로 65일분의 군량에 불과했다고 한다.[370]

양계의 군량 수요를 조달하기 위해 3가지 방법이 사용되었다. 하나가 앞 장에서 살펴본 회환제이다. 하나는 의주, 강계와 같은 거진에 주변 군현의 군량을 이속해서 모아서 집중배치하는 방법이었다.[371] 마지막 방법이 중앙이나 6도 지역의 비축분을 이급하는 방법이다. 여기에는 그때그때 필요에 따라 운반하는 경우도 있고, 아예 도별로 분량을 지정하여 정기적으로 양계로 운송하는 방법도 사용했다.[372] 수운을 이용하면 비용과 노력을 절감할 수 있었지만, 수운이 불안정했으므로 육운을 병행했다. 그런데 운송은 모두 부역노동에 의존해야 했고, 도로사정과 수송수단도 좋지 않았다. 그래서 하삼도의 곡식을 바로 양계로 이송하는 것이 아니라 강원도의 곡식을 함경도로 보내고, 그 이송분만큼 경상도의 곡식을 강원도로 보내는 식으로 단계적인 방법을 사용했다. 그래도 군사와 농민의 노고도 크고, 소와 말이 많이 희생되며, 운송비용으로 차감되는 양도 많았다.

15세기 후반에는 이런 노력이 성과를 보아 1467년(세조 13)과 1491년(성종 22) 여진정벌 당시 함경도에 비축한 군량만으로 군량을 조달했다.[373] 전시, 비상시에는 일시에 많은 군량을 운반해야 했다. 15세기 후반까지도 지방의 많은 지역에 창고가 없거나 부족해서 비축미를 충분히 수용할 공간이 없었다. 1474년 군창이 있었던 안주와 영변에도 창고가 없어 군량으로 확보한 안주의 15만여 석과 영변의 11만석을 다 노적하고 있는 실정이었다.[374] 이것은 창고가 없어서가 아니라 부족한 탓이었을 수도 있다. 일반적인 조세 수납분은 보관할 창고가 있지만 양계 이외 지역에서 지원되는 곡

---

370 『세조실록』권42, 세조 13년 6월 갑인. 16세기 양계의 군량비축량을 보여주는 중요 자료가 16세기 중반에 편찬한 것으로 보이는 『제승방략』이다. 여기에는 함경도의 6진과 6진에 부속한 보의 군량과 무기 비축량이 상세히 기록되어 있다.

371 김용곤, 앞의 논문, 1980, 287~288쪽.

372 『세종실록』권105, 세종 26년 8월 계유.

373 1491년 함경도의 비축곡은 쌀 20여만 석과 피곡 29만여 석 이었다(『성종실록』권252, 성종 22년 4월 임술). 그런데 북정에 반대하는 논자들이 군량비축이 부족하다는 것을 첫 번째 이유로 내세웠다(『성종실록』권254, 성종 22년 6월 을묘).

374 『성종실록』권48, 성종 5년 10월 기축.

식을 보관할 공간이 없었던 것이다. 세조대부터 평양을 비롯한 평안도 연변 고을에 전라도의 미곡을 지원했는데, 평양에서도 이 곡식을 모두 노적했다고 한다.[375] 이렇게 노적한 곡식은 짚으로만 덮어 놓아 비를 맞으면 계속 썩었고, 새나 쥐들에 의한 손실도 상당했다.

3) 군자곡의 용도와 운용

(1) 군량 지출

군량은 전시와 흉년을 대비해 비축하는 분량이 있고, 평상시 군사들의 식량으로 사용되는 부분도 있었다. 이 경우 군사만이 아니라 국역자들의 식량으로도 제공되었다.[376] 평화시에 식량으로 소모되는 군량의 양은 가늠하기 어렵다. 조선은 군복무에 들어가는 비용은 군사들이 자비로 감당하는 것이 원칙이었다. 이 원칙에 따라 평소에는 병사들의 식사도 스스로 마련해야 했다. 번상근무를 할 때는 종자를 대동하는 것이 일반적이었다. 갑사의 경우는 보통 3~4명을 거느렸는데, 이들의 식량까지 자비해야 했다.

경우에 따라서는 식량을 제공하는 경우도 있었다. 관원, 군관이 임지로 이동하고, 순찰하는 비용, 사신을 호송하는 호송군에게는 전량을 지급했다.[377] 섬을 수색한다든가 하는 특수한 임무를 수행하는 경우,[378] 도성수축이나 산릉역 같이 특별한 사역에 동원될 때도 식사를 제공하는 경우도 있었다. 그러나 이런 경우들도 경우에 따라 방침이 일치하지 않고, 병종, 신분, 지위에 따라서도 끼니 수, 수량과 지급여부에 차이가 있었다. 관청에서 역에 종사하는 공장, 노비들도 조건이 다 달랐다. 따라서 식량지급 방식을 일괄적으로 정의하기는 어렵다.

---

375 『성종실록』권86, 성종 8년 11월 을해.
376 오늘날의 관점에서 보면 군사재정에서 큰 비중을 차지하는 분야가 군기 제작 및 군수품의 조달이다. 그러나 조선시대에 군수품의 제작은 군기감의 재원과 공물, 역역 동원에 의존했으므로 회계상으로 보면 거의 별도의 재정이었다.
377 『성종실록』권52, 성종 6년 2월 신사.
378 『성종실록』권15, 성종 3년 2월 경오.

전체적으로 보면 병사들의 자부담 비중이 아주 높았던 것은 확실하고, 신분이 낮고 역이 고될수록 조건이 더 좋지 않았다. 역이 가장 고되고 선상에서 생활해야 하는 선군들도 식량을 자부담했다.[379] 양계 지방에서 국경을 지키는 병사들도 대부분 그러했다.[380]

전시에는 군량을 지급하는 것이 원칙이었지만, 사실은 이 경우도 사례가 다양했다. 1467년 이시애의 난을 정벌하기 위해 경기도의 병사를 동원할 때 전선에 도달하기까지 군사들의 식량과 말의 사료를 개인과 고을에 비축한 군자미로 반반씩 부담하게 했다.[381] 여진정벌 때도 군량을 국가에서 지급할 것인지 병사들의 부담으로 할 것인지를 두고 고민을 했다. 조선전기에 군자곡의 비축량은 전국적으로는 수 백만석에 달했지만, 이 수량은 군사들의 수고와 희생을 바탕으로 성립한 것이었다.

전시 배급량도 명확하지 않다. 법전에도 이러한 규정은 수록되지 않았다. 보편적이고 통일된 규정은 존재하지 않았던 것 같다. 16세기에 이일이 편찬한 『제승방략』에 병사들에 대한 식량지급 규정이 수록되어 있는데, 군사 1인당 하루에 양미 3되를 지급하고, 종 2사람의 몫으로 미 4되와 콩 3되를 지급했다. 말은 군마 1필에 죽미粥米 큰 되로 1되, 짐 싣는 말은 1필에 콩 2되를 지급했다.[382]

1467년 이시애의 난을 진압할 때 정부군이 파악한 함흥 일대의 군자미가 74,749석이었다. 정부에서는 이 분량을 4만 명이 4개월을 쓸 수 있는 군량으로 산정했다.[383] 이 4만 명은 기병과 보병, 장교와 병사, 하인이 혼합된 병력이고, 기병의 비율이나 군마의 수도 알 수 없다. 그러나 이 수치를 기준으로 하면 완편된 군대의 경우 병사 1인당 군량이 1달 평균 0.47석(7말)이 된다. 이를 되(승)로 환산하면 1일 당 2.33되가 된다. 이는 제승방략에 규정한 군사 3되 종 2되의 평균치와 대략 일치한다.

---

379 『세종실록』 권37, 세종 9년 7월 신해.
380 『문종실록』 권12, 문종 2년 3월 임인.
381 『세조실록』 권43, 세조 13년 7월 갑자.
382 『제승방략』, 방량식.
383 『세조실록』 권43, 세조 13년 7월 정축.

(2) 군자곡의 전용

중앙과 지방의 창고에서 보관하는 곡물 중에는 군자곡의 수량이 제일 많았다. 그러다 보니 군자곡은 여러 용도로 전용되었다. 흉년으로 기민을 구제할 때, 의창, 환곡의 자본으로 군자곡을 사용하는 경우가 많았다. 이런 관행은 군자전을 만들고 군자확보 정책을 처음 시행하던 태조 때부터 이미 시작되었다.[384] 세종은 즉위 초부터 의욕적으로 진대정책을 시행했는데, 그 결과 군자곡의 전용분이 상당히 많아졌다. 세종 5년까지 환곡으로 분급한 군자곡의 총액이 무려 105만석이었다.[385] 세종 30년에는 125만석이 의창곡으로 사용되었다.[386] 군자곡의 과다한 사용은 조정의 논란이 되었다. 세종대와 성종대는 이 고민을 해결하지 못해 문과의 책제로 내건 적도 있다.[387]

이 외에 여진족이나 쓰시마 도민에 대한 원조, 귀순자에 대한 정착지원 등에도 사용되었다. 특이한 사례로 강도에게 가족을 희생당한 사람에게 위로금 명목으로 군자 창의 미두와 소금을 하사하는 경우도 있었다.[388]

군자곡을 의창이나 구제용으로 전용하는 것은 인도주의적인 측면에서 어쩔 수 없는 면이 있었다. 그러나 구제정책이 군자곡의 용도와 완전히 배치하는 것만은 아니었다. 구제정책은 군호와 보인을 보호하고, 군역자원을 확보하는 기능도 했다.

상대적으로 군역제도가 안정적이었다는 세종대에도 빈민들은 의창이나 종자곡을 지급받지 못하면 보릿고개를 넘기지 못하고, 바로 유망해 버리거나 몰락한다고 할 정도였다. 식량은 물론이고 종자가 부족한 농민들은 사채에 의존하거나 권세가의 농장으로 들어갈 수밖에 없었다. 군호와 보인을 현거주지에 안착시키고, 군역을 수행하도록 하기 위해서는 의창과 종자곡의 지급이 필요했다.

국가의 양인농민 보존정책이라는 입장에서 보면 이러한 정책은 양인농민을 보호

<hr>

384 『태조실록』 권15, 태조 7년 12월 무신, 조준의 시무책. 조준은 군자곡을 이용해서 진제를 시행할 것을 주장했다.
385 『세종실록』 권21, 세종 5년 9월 갑오.
386 이재룡, 『조선전기사회경제구조연구』, 숭실대학교 출판부, 1999, 138쪽.
387 『세종실록』 권19, 세종 5년 3월 기유 ; 『성종실록』 권147, 성종 13년 10월 경인.
388 『성종실록』 권21, 성종 3년 8월 정해.

하고, 국가의 군역의 주 대상인 공민층에 대한 지배권과 사역권을 선점한다는 의미도 있었다. 전근대 사회에서는 농업경영의 불안정성으로 인해 소농들의 경영안정성은 극히 취약했다. 국가의 군역이나 부세제도도 불합리해서 이들이 몰락하는 주요 원인이 되고 있었다. 따라서 이들은 지주층의 사채와 고리대의 위험에 늘 노출되어 있었고, 투탁, 압량위천, 협호, 고공 등이 되어 이들의 사적지배체제로 흡수되기도 쉬웠다. 그러므로 국가가 의창이나 환곡, 진대제를 운영하는 것은 구휼만이 목적이 아니라 국가가 양인농민과 채무관계를 형성함으로써 사족, 지주가 고리대나 향촌의 권력체제를 이용해 양인 농민을 그들의 사적권력에 매립하는 것을 방지한다는 의미가 있었다.[389] 이렇게 국가가 양인농민을 보호하고 장악하는 것은 군역제의 존립과 직결되는 과제였다.

항상 그런 것은 아니었지만 원칙적으로 의창이나 환곡의 분곡, 심지어는 구제사업도 호적에 올라 있는 호구를 대상으로만 시행한다는 것이 원칙이었다. 이런 방식으로 국가의 구제정책은 군역자원을 수색, 확보하는 기능도 했다.

군자곡의 전용은 군자곡의 보존과 관리를 위해서도 필요했다. 비축미는 주기적으로 신곡으로 교환해 주어야 했다. 하지만 군자미는 군량 이외에는 사용처가 없었다. 그러므로 오래된 곡식을 의창으로 소비하고, 햇곡식을 비축미로 들여야 했다.[390] 『경국대전』에서는 오래 묵은 곡물은 여러 관사로 배당하고, 다른 명목으로 확보한 신곡 및 별창, 상평창의 신곡과 바꾸어 비축하도록 규정했다.[391]

충청 수영 진휼청(충남 보령)
흉년이 들면 관내의 빈민 구제를 담당한 곳이다.

---

389 임용한, 『조선전기 수령제와 지방통치』, 혜안, 2002, 282~284쪽 ; 송찬식, 「이조시대 환상취모 보용고」 『역사학보』 27, 1965, 23~24쪽.
390 『문종실록』 권7, 문종 1년 4월 계사.

군자곡을 관리의 녹봉으로 전용하는 분량도 상당히 큰 비중을 차지했다. 기근 구제나 의창곡으로 사용하는 경우는 전용이라기보다는 군자미의 관리라는 측면에서 당연한 측면이 있었다. 하지만 녹봉의 경우는 달랐다. 과전법 체제에서는 국가 재정을 국가의 총수입에서 관서로 분배하는 방식이 아니고, 재정 용도마다 지정된 토지가 있고, 그 토지에서 나오는 수익으로 재정수요를 감당하게 되어 있었다. 그런데 토지의 생산력은 늘 불안정하고 유동적이므로 토지에서 거두는 세는 언제나 예산보다 부족하기 마련이었다. 관리의 녹봉에서도 이런 현상이 항상적으로 발생했는데, 관리의 녹봉을 체불할 수는 없으므로 부족분을 늘 군자에서 충당했다.[392] 하필 경관의 녹봉으로 지불하는 액수가 10만 석으로[393] 군자의 규모보다 조금 적었다. 세종조에 저화, 동전 등 화폐유통을 시도하면서 군자곡을 화폐와 교환해 주는 자금으로 사용하여 크게 논란이 되기도 했다.[394]

이러한 군자곡의 전용은 군자곡의 감소와 중간부정을 야기했다. 묵은 군자곡을 단순히 의창곡이나 다른 항목의 곡식으로 교환만 한다면 이론적으로는 군자곡의 원액은 지속적으로 유지할 수 있었다. 하지만 실제로는 그럴 수가 없었다. 많은 빈민들이 의창이나 환곡을 제대로 갚지 못했다. 게다가 이 시대에는 군량을 노적하는 경우도 흔했을 정도로 보관시설이 좋지 않았다. 이에 훼손, 부패, 쥐와 새, 병충해 등으로 손상되는 양이 작지 않았다. 묵은 곡식을 햇곡식으로 교환하기만 해서는 이런 감손분을 감당할 수가 없었다.

이에 군자곡을 환곡으로 전용할 때는 높은 이자를 매겼다. 군자곡의 이율은 1459년까지 연 4할이었다. 단순히 손실을 보존하려고 한 것이 아니라 군자곡의 증식수단으로서도 의미를 부여한 것이었다. 이 시대 일반 고리대(장리)의 이율이 10할에 달했고, 실제로는 더 높았던 것[395]에 비하면 낮은 이율이라고 할 수 있지만 그래도 4할은

---

391 『경국대전』권2, 호전, 창고.
392 『정종실록』권1, 정종 1년 5월 경오 ;『태종실록』권3, 태종 2년 2월 무오.
393 『정종실록』권4, 정종 2년 4월 신축.
394 『세종실록』권11, 세종 3년 4월 무술 ;『세종실록』권19, 세종 5년 2월 신미.
395 조선시대의 장리는 연 10할에 1년이 지나면 원금과 이자를 합쳐 다시 이 수량에 대해 10할의 이자를 적용하는 것이 관행이었다. 결과적으로 채무자가 부담해야할 액수는 매년 2배씩 불어났다.

높은 이율이었다. 사창의 이율도 2할이었기 때문이다. 이에 1459년에 군자곡의 이율도 사창과 동일하게 2할로 수정했다.[396]

의창이나 환곡에 비해 군자곡은 환수비율과 징수압력도 높았다. 의창 등은 흉년이 들거나 오랫동안 갚지 못한 분량은 탕감하거나 비율을 낮춰주기도 했는데, 군자곡은 군량이라는 이유로 완전히 탕감하는 법은 없었고, 기한연기도 잘 시행하지 않았다.[397]

하지만 이런 방법에도 불구하고 군자곡의 보존은 쉽지 않았다. 군자곡의 대출 이율이 상대적으로 높다보니 향리의 중간부정도 증가했다.[398] 군자곡과 의창, 환곡도 용도에 따라 구분해서 보관하는 것이 아니고, 장부상으로만 구분되는 것이어서, 군자곡으로 전용해도 눈에 잘 드러나지도 않았다.[399] 그 결과 16세기로 접어들면 군자곡의 부족이 심각한 수준으로 저하되었다.

2. 군자 비축분의 감소와 그 대책

1) 만성적인 재정적자와 군자곡의 감소

16세기 중반인 명종 때까지도 군자곡의 비축 수량은 50만석 이상의 수준은 유지했다. 최고 수준이었던 세조 말년의 90만석에는 미치지 못하지만 전체적으로 보면 15세기와 별 차이가 없다. 그러나 이 시기 재정과 비축미의 상황을 언급하는 기록들을 보면 군량미의 비축이 풍부했다고 알려져 있는 15세기 후반의 성종대부터 벌써 불안한 징조가 포착되고 있다.

이런 악습을 금지하기 위해 자모법, 또는 일본일리법이라고 해서 아무리 채무기간이 길어도 이자가 원금을 넘지 못하게 하는 금령을 제정했다. 이 법은 고려후기에 등장해서 『경제육전』과 『경국대전』에도 수록되었다. 하지만 이 규정은 잘 시행되지 않았다.

396 『세조실록』 권17, 세조 5년 8월 기미.

397 『중종실록』 권19, 중종 8년 11월 기사, 관찰사 권균의 치계.

398 『성종실록』 권191, 성종 17년 5월 정미, 경상도 진휼사 한치형의 보고.

399 단 서울에서는 군자창의 별창을 짓고 의창, 진제용으로는 주로 이곳의 곡식을 사용했다. 이는 군자곡이 지나치게 전용되는 것을 방지하고 기본적인 비축분을 보존하기 위한 조치였다.

압록강 유역에서 가장 큰 거점인 의주의 경우 정부에서 산정한 최소한의 비축물량은 3만석이었다.[400] 그러나 1480년(성종 11) 의주의 비축 군량은 이에 훨씬 못 미치는 겨우 5천석이었다.[401] 1515년(중종 10) 영안도의 군량은 90만석이 있어야 하는데, 지금 있는 것은 30만석뿐으로 1~2개월 분량도 되지 못한다고 했다. 군사요충인 5진(五鎭: 6진 중 남쪽의 부령을 제외한 북쪽의 경성, 경원, 종성, 회령, 온성)에도 군량이 없어 변이 발생하면 지탱할 수가 없는 상황이었다.[402] 양계 지역에서 그나마 군량이 많은 곳이 평양과 안주, 영변이었다고 하는데,[403] 이곳의 비축량도 안주 2만 3백 석, 영변 2만 30석에 불과했다.[404]

국경방어의 최일선 지역으로서 다른 도의 군량까지 운송해서 조달하도록 되어 있는 4군 6진의 군량 사정이 이 정도였다면 다른 지역의 사정은 거론할 필요도 없을 것이다. 평균적으로는 모든 군현의 군량 비축이 절반 밖에 되지 않는다고 했다.[405]

16세기 초반의 급격한 재정악화 사태에 대해 『조선왕조실록』에서는 연산군의 난정을 주된 원인으로 지목하고 있다. 연산군은 국가 재정이 부족하자 군자의 비축분을 함부로 전용했다. 이를 풍자해서 군자감이 변해서 풍저창이 되었다는 말까지 생겼다고 할 정도였다.[406] 연산군 때에 재정 팽창은 주로 공물의 증가, 왕실 지출의 팽창에서 기인했다고 알려지고 있다.[407]

연산군 때에 재정지출이 증가하고 만성적인 재정적자 상황을 초래한 것은 부정할 수 없는 사실이다. 그러나 그것이 군자곡 부족의 유일한 혹은 근원적 요인은 아니었다. 후술하겠지만 재정 부족으로 군자곡을 전용하는 사태는 이미 성종 때부터 발생하

---

400 『중종실록』 권16, 중종 7년 6월 을사, 좌의정 유순정의 보고.
401 『성종실록』 권120, 성종 11년 8월 정축.
402 『중종실록』 권21, 중종 10년 2월 임진 ; 『중종실록』 권60, 중종 23년 1월 계미. 1525년 회령의 비축곡은 1만석이었다(『중종실록』 권54, 중종 20년 4월 기유. 허굉의 보고).
403 『중종실록』 권15, 중종 7년 1월 신유.
404 『중종실록』 권14, 중종 6년 12월 임오. 성희안의 보고.
405 『중종실록』 권19, 중종 8년 11월 신미.
406 『연산군일기』 권43, 연산군 8년 3월 정유.
407 김성우, 「16세기 국가 재정수요의 증대와 재정운영의 위기」 『조선중기의 국가와 사족』, 역사비평사, 2001, 59~76쪽.

고 있었고, 연산군이 축출된 후에도 그치지 않았다.

이 시기에 재정과 군량 사정이 갑자기 열악해진 근본적인 원인은 특권세력의 공신전과 농장의 확대, 양인의 감소에서 찾아야 한다. 세조의 집권 이후 공신층의 규모와 세력이 크게 증가했다. 이들은 막대한 양의 공신전, 별사전을 차지하고, 전국에 농장과 노비를 확대했다. 이들의 토지와 노비는 양계 지역에까지 뻗쳤고, 이것이 세조대에 발발한 이시애의 난의 직접적인 원인이 되었다.

공신이 아니라도 지방의 사족, 토호, 향리층에 의한 토지겸병과 지주제의 확산도 지속되었다. 이로 인해서 전세를 산출하는 공전이 줄어들고,[408] 역과 세를 부담하는 공민 즉 양인층이 크게 감소했다. 이 현상이 군사제도와 군역제의 근간을 흔들어 놓게 되지만, 재정분야에서도 타격은 심각했다. 수세지와 조세부담층이 급감하니 전세 수입도 줄어들 수밖에 없었다.

1524년 풍저창, 광흥창, 군자창을 합하여 경창에 들어온 전세 수입이 약 13만석이었는데, 1525년의 전세는 겨우 1만여 석이었다. 한 해 사이에 공전이 이렇게까지 급감한 것은 아니고, 중앙에 납부하지 않고 군현의 주창에 납부하게 해서 의창이나 군자곡으로 충당하거나 양계 지역의 군자곡으로 이송하는 등의 방침에 따라 경창에 납부하는 양이 줄어든 것이겠지만, 그런 사정을 감안하더라도 재정운영 상황이 심각하게 나빠지고 있음을 보여주고 있다.

이렇게 되자 정부는 군자곡을 끌어다 쓰지 않을 수가 없게 되었다. 이런 징조는 연산군 이전 성종 초반에 벌써 나타난다. 성종 1년에 관리의 녹봉이 부족해서 군자곡에서 전용하는 일이 있었다.[409] 이날의 기사에서는 마침 경기지방에 흉년이 든 탓이라고 했지만, 이후로도 이런 경우가 빈번해 지고 있다. 군자곡을 녹봉으로 전용하는 사례는 군자전 제도를 시행하던 세종 초반까지 빈번히 행해지던 것으로 군자곡 결핍의 주범으로 지목받던 행위였다. 그러나 국용전제를 시행하면서 이런 사례는 쑥 들어갔는데, 15세기 후반에 이런 사례가 다시 등장한 것이다. 1525년의 세입 1만석은 예외로 하더라도 1524년의 세입 13만석은 관리의 녹봉 14만석을 조달하기에도 모자라는 양

---

408 『중종실록』 권18, 중종 8년 5월 을유.
409 『성종실록』 권7, 성종 1년 9월 무인.

이었다. 이에 관리들의 생활보조를 위해 지급하던 직전세까지도 철폐했지만, 그 정도로는 재정적자를 감당할 수 없었다.[410]

이후로 재정 부족분을 군자곡으로 충당하는 것이 관행화하였고, 그 규모도 점점 늘어서 16세기 초반에는 조정의 경비를 모두 군자에 의존한다고 할 정도가 되었다.[411] 마침내 16세기 후반이 되면 국고의 저축이 1년분도 되지 않을 정도로 감소했다.

군자곡의 감소에는 재정수입에서 전세의 비중이 낮아진 데도 원인이 있다. 과전법에서 전세액은 1결 당 30두, 공법에서는 최고 20두에서 4두였다. 그러나 16세기 들어서면 공법의 연분9등과 전분6등법이 허문화하고, 전세는 공법의 세율 중에서 최하 수준인 하지중下之中(6두) 또는 하지하下之下(4두)로 고정되는 경향이 있었다. 하지만 그렇다고 백성의 납세액이 줄어 든 것은 아니었다. 납세의 중심은 공물로 옮겨갔기 때문이다.[412] 세곡 수입도 전세의 감소분만큼 대폭 줄어들지는 않았는데, 공물 중 상당수는 현물이 아니라 공물가격만큼 쌀로 환산해서 바쳐야 했기 때문이다. 그러나 전체적으로는 어느 정도 세곡의 감소를 초래한 것으로 보인다.

의창, 환곡으로 전용한 군자곡의 미수분이 많아진 것도 빼 놓을 수 없는 중요한 원인이었다. 평양의 군자곡은 원액이 25만여 석인데, 무려 18만여 석을 진휼에 사용했고, 이 곡식을 거의 돌려받지 못했다는 기록도 있다. 이처럼 미수액이 늘어난 것은 관리들의 농간과 부정도 한 몫을 했겠지만, 근본적인 원인은 양인농민의 몰락과 궁핍화, 군역과 부세의 과중에 있었다. 그 결과 1488년에 남아 있는 곡식은 4~5만석에 불과했다.[413]

이렇게 군자곡의 비축 상황이 악화되고 있음에도 불구하고 16세기 중반 명종대까지도 국고의 비축량이 50~70만석으로 나타나고 있는 이유는 이 수가 허수였기 때문이다.

---

410 김성우, 앞의 책, 2001, 77쪽.
411 『중종실록』 권7, 중종 4년 1월 임자.
412 여기에는 양인농민과 자영농이 감소함에 따라 토지를 기준으로 하는 전세를 징수하기가 어려워졌다는 사정도 있었다. 공물은 '호' 단위로 분정하므로 부세를 부과하기가 더 쉬웠다. 그러나 호 단위 과세는 개별 가호의 인정수, 토지를 무시하고 진행되므로 과세의 무차별성이 더욱 강화되었다.
413 『성종실록』 권215, 성종 19년 4월 신해.

호조에서 아뢰었다. "군자3감軍資三監(본감, 별창, 강창)의 곡식을 회계하니 지금 유고
留庫된 것이 모두 26만 3천 8백여 석인데 근자에 관원의 교대로 인하여 그 중 더욱 허
술한 자고字庫【창고마다 다 자호字號가 있다.】를 뽑아 번고反庫 했더니, (문서상으로)
3천석이라는 창고는 남아 있는 것이 겨우 3백이고, 2천 3백 50여 석이라는 창고는 남
아 있는 것이 다만 2백 60여 석뿐이었습니다. 이것으로 미루어보면 원수元數는 비록
많으나 현존한 실수량은 10만이 차지 못합니다.[414]

명종 초반까지도 군자곡의 비축분은 50만석으로 보고되고 있었다. 그러나 위 기사
에서 솔직히 밝힌 바와 같이 실제 비축분은 10만석에 불과했다.

『경국대전』에 의하면 군자창은 10년마다 비축곡을 장부와 일일이 대조하여 조사하
는 번고를 하게 되어 있고,[415] 군자감의 관리들이 이직할 때마다 수량을 조사해서 확
인증인 해유解由를 발급받게 되어 있었다. 그러나 장부상의 수치와 실제 수치가 너무
크게 벌어지고, 그것이 관리의 부정이나 잘못도 아닌 국가 재정 운영의 난맥에서 초
래되다 보니 번고와 해유도 시행하지 못하고,[416] 명목과 실 재고를 대비해서 바로 잡
으려는 시도조차도 못하고 지나오게 되었던 것이다.

열악한 재정상태에도 불구하고 원액을 유지할 수 있었던 또 하나의 비법은 군자곡
을 교체하지 않고 일정 수량을 계속 쌓아놓는 것이었다. 이렇게 원곡을 묵혀 두면, 곡
식은 못쓰게 되지만, 회계상의 기본 수량은 유지할 수 있다. 그러면 매년 수납하는 전
세는 전액을 마음대로 활용할 수 있다.

이 방법은 군자창과 지방에서 모두 사용했다. 온성에서는 무려 1만 3천여 섬을 50
년 동안 쌓아두어 개도 먹지 못할 물건이 되었다고 한다.[417] 군자창에도 세종 때부터
쌓아 두어 변색되고 썩은 상태가 된 것도 있었다.[418]

흙과 모래를 섞어 먹을 수 없게 만든 군량미도 상당히 많았다.[419] 이런 불량미는 여

---

414 『명종실록』 권33, 명종 21년 7월 정사.
415 『경국대전』 권2, 호전, 창고.
416 『성종실록』 권228, 성종 20년 5월 갑자.
417 『성종실록』 권261, 성종 23년 1월 기묘.
418 『성종실록』 권128, 성종 12년 4월 갑인, 심회의 보고.

진정벌이나 비상시에 심각한 문제가 되었다. 이런 불량미는 대개가 군자곡을 환곡, 의창으로 전용하는데 따른 부작용이었다. 관리와 아전들이 곡식을 빼돌리기 위해 이런 수법을 사용했던 것이다.[420]

2) 군자곡 증식의 실패와 그 결과

군자곡의 부족 상황을 타파하기 위해 정부는 여러 가지 대책을 모색했다. 정부에서 거론하고 시행한 방안은 미포를 사용하여 민간의 곡식을 매입하는 방안, 회환제, 소금이나 수산물의 매매, 노비신공을 주현의 군자로 충당하는 것, 납속 등이었다. 이 모두가 15세기부터 시행해 온 고식적인 방안이었다. 물론 그 내용과 방법을 구체적으로 비교해 보면 이전 세기와는 다른 변화가 찾아지기는 한다.

15세기에 비해서는 무곡貿穀, 즉 국가에서 면포로 미곡을 매입하는 상업적 방법에 의한 군량마련 방식의 빈도와 비중이 높아졌다. 사실은 이 방법이 가장 빈번하게 사용된 방법이었다. 이것은 장시의 발달과 상공업의 성장 등 16세기의 사회경제적 변화가 반영된 결과라고 볼 수 있다.

그러나 이런 방법으로는 별다른 효과를 볼 수 없었다. 15세기에 이 방안이 유효했던 이유는 전세 제도가 안정된 상황에서 이러한 방법을 부가적으로 사용했기 때문이다. 그리하여 군자곡을 90만석까지 증식할 수 있었다. 하지만 전세 수입이 극단적으로 감소한 상황에서 이런 부가적인 방법만으로 군자곡의 결손을 충당한다는 것은 불가능했다.

군자곡의 부족 상황을 타개하려는 노력이 별다른 성과를 보지 못함으로써 16세기 중반 이후로 군사재정은 더욱 열악해졌다. 군량과 군수의 부족으로 인해 연산군대 이후로는 여진족의 성장과 도발에도 제대로 대응할 수 없게 되었다. 연산군대와 중종대

---

419 『중종실록』 권7, 중종 3년 11월 경자.
420 오희문의 『쇄미록』에 오희문이 인맥을 통해 수령에게 청탁을 해서 환곡을 수령했지만 받은 쌀에 모래와 나뭇가지가 섞여 전혀 사용하지 못했다는 일화가 나온다. 피난 생활 중이기는 했지만, 오희문과 같은 경중의 사족이 얻는 환곡도 이런 상황이었으니 일반민의 경우는 어떠했을지 충분히 짐작할 수 있다. 이처럼 의창, 환곡의 부정은 이미 16세기에 만연하고 있었다.

의 여진정벌 논의는 미수로 그치고 말았는데, 제일 결정적인 원인이 군량부족이었다.

군량이 부족하므로 병사들의 훈련, 축성사업도 강력하게 추진할 수 없게 되었다. 국가에서 병력을 마련해도 군사요충이나 국경지역에 보충병을 투입하기가 곤란했다. 선방어(수성전)에 기초한 조선의 국방전략 하에서 군량이 부족한 지역에 병력을 증강한다는 것은 무의미했기 때문이다.

양인층의 몰락과 궁핍화, 군역 자원의 부족과 보인의 감소로 인해 군사들이 군복무를 수행할 수 있는 경제적 기반은 계속 악화되고 있었다. 이로 인해 군역은 더욱 고달픈 것이 되었고, 병사들이 장비와 식량을 마련하기가 힘들어지므로 훈련, 동원, 경계 등 군사들의 기본적인 임무수행에도 차질을 빚었다. 이는 장기적으로는 군사의 훈련부족, 자질 저하, 군사력의 약화를 초래하는 것이었다. 이런 상황을 타개하려면 군사들에 대한 정부의 경제적 지원을 늘리는 수밖에 없었다. 하지만 군자곡의 부족으로 인해 군사들의 장비는 고사하고 근무 중의 식사를 지원하는 것조차도 더욱 어렵게 되었다.

군자곡이 부족해지자 당시 형편에서 국가가 양인농민을 보호하고 확보하기 위해 할 수 있던 최고의 수단이자 최후의 수단이었던 의창, 진대, 환곡 정책도 축소되었다. 군자곡을 이용해 군역 담당 계층을 보호, 육성한다는 희망도 수단을 잃었다. 오히려 16세기부터 의창, 환곡은 관리의 수탈방식으로 악용됨으로써 양인층의 몰락을 재촉하는 요인이 되었다.

제5절

군마의 조달과 관리

1. 마정의 시행과 담당기구

1) 마정의 의미와 목적

국가에서 국가행정조직을 이용해 말을 생산하고 조달하는 정책을 마정이라고 했다.[421] 마정은 삼국시대부터 시작되어 고려, 조선시대를 거치면서 발달했다. 말은 소와 함께 전통사회에서는 매우 중요한 동물이었다. 말은 군사(군마, 전마), 교통(역마, 태마), 농경에[422] 사용되었고, 고기는 식용으로, 부산물은 군기와 생필품의 재료가 되었다.[423]

---

421 마정에 대해서는 다음의 연구를 참조했다. 남도영, 『한국마정사연구』, 아세아문화사, 1976 ; 남도영, 『한국마정사』, 한국마사회 마사박물관, 1996.

422 중국의 화북, 만주지역, 유럽 등 밭농사를 위주로 하는 지역에서는 농경용으로 소보다는 말과 노새를 선호했다. 말이 소보다 힘이 더 좋고, 수송수단으로서도 우수하기 때문이다. 그러나 말은 수전에는 적합하지 않아서 논농사 지역인 우리나라에서는 소를 중시하게 되었다. 그러나 15세기 이전에는 우리나라에서도 논보다는 밭이 많았는데, 농사용으로 말을 사용하는 정도나 관습에 대해서는 연구가 많이 진행되지 않았다. 그러나 밭이 많았던 서북 양계나 제주도에서는 말이 농경의 중요한 수단이었다는 기록이 있다(『연산군일기』, 권60, 연산군 11년 10월 갑인 ; 남도영, 앞의 책, 1996, 239쪽).

423 말갈기와 말꼬리는 갓, 관모의 재료였다. 가죽은 신발, 복식에 사용되었고, 힘줄은 활의 재료였다 (남도영, 앞의 책, 1996, 238쪽).

그러나 마정이 필요한 근거는 말의 군사적 용도였다. 『실록』에서 마정을 논의할 때마다 빠지지 않는 문구가 "마정馬政은 군국軍國의 중요사"라는 것인데,[424] 여기서 말한 군국의 용도란 군사용과 역마, 수송용 말을 말한다.[425] 소는 군사적 용도만 제외하고는 말과 똑같이 중요했고, 농경에는 없어서는 안되는 동물이었지만, 국가의 용도에는 긴요하지 않다는 이유로 국가적 사육 대상이 되지 못했다.[426] 말은 중국에서 요구하는 중요한 진헌품목이며 교역품이라는 사실도 마정이 필요한 이유의 하나로 취급되었다.[427]

군사적 관점에서 마정의 1차적 목적은 우수한 군마를 생산, 확보하는 것이었다. 그래서 "나라의 중요한 것은 군사요, 군사의 소중한 것은 말"이라고 하기도 했고,[428] "군정은 말보다 급한 것이 없다"는 말도 있었다.[429]

말의 군사적 용도는 기병용과 수송용을 들 수 있다. 말의 중요성은 어느 나라나 마찬가지였지만 조선에서의 전술적 비중은 주변국인 중국, 일본보다 더욱 높았다. 조선-일본 전쟁 때까지도 조선의 주력 병종은 기병이었다. 16세기까지도 기병과 보병의 비율이 한·중·일 3국 중에서 조선이 제일 높았다. 기병과 보병의 비율이 6:4 정도로 나타나는 경우도 곧잘 볼 수 있다. 총이 사용되는 조선후기에도 기병의 중요성이

---

424 『태종실록』 권13, 태종 7년 3월 계미. 이외에도 이 기록은 마정을 논의할 때마다 관용적으로 등장한다.

425 마정의 목표 중 하나가 "육지의 교통이 소통되게 하는 것"이었다(『인조실록』 권42, 인조 19년 6월 임신, 전 현감 이희웅의 상소). 조선사회의 특징은 중앙집권적 국가체제였다. 공무를 전달하고, 관원과 군사가 이동하고, 관물과 공물을 수송하는 일은 조선의 국가, 사회, 경제의 근간이었다. 이 수송은 전국 540개의 역과 지방 군현에서 확보하는 말들이 담당했다.

426 조선시대에 소를 키우는 목장이 있었지만 말목장에 비하면 극히 적었다. 또 국가의 용도에 긴요하지 않다는 이유로 아예 폐지하자고 주장하기도 했다(『성종실록』 권176, 성종 16년 3월 무술, 사복시 제조 윤호·이철견의 계문).

427 『태종실록』 권14, 태종 7년 10월 갑진. 고려말과 조선초기에 원나라와 명은 조말의 진상을 요구했다. 무상징발은 아니고 값을 지불하는 교역이기는 했지만, 수송비가 많이 들고, 명나라의 조건이 까다롭고 체격이 큰 말을 요구하는데, 우리나라는 조랑말이 많아 고통을 겪었다. 말의 진상요구는 15세기 이후로 거의 없어졌지만, 사신을 보낼 때마다 말을 진헌하는 관례는 후기까지 계속되었다. 이 진헌마들은 체격도 크고 최상품이어야 했다.

428 『태종실록』 권18, 태종 9년 11월 임오.

429 『세종실록』 권21, 세종 5년 8월 경술.

크게 감소하지는 않았다.

한국은 산악지형이 많고, 산성을 이용한 수성전이 국토방어전략의 핵심이었기 때문에 기병의 활용도가 떨어진다고 보는 견해가 많다. 그러나 이것은 커다란 오류이다. 수비를 중시하고 수성전에 능하다고 무조건 수비에만 치중해서는 전쟁에서 승리할 수 없다. 어느 경우든 수비는 공격 및 반격과 전술적으로 연결되어 있을 때에 전술적 의미를 지닐 수 있다.[430]

조선의 경우도 수성전의 목적은 적을 피곤하게 하고, 병력을 집결할 시간을 버는 것이었다. 적을 피로하게 만들기 위해서는 수성전만으로는 비효율적이었다. 수성전이라도 해도 틈을 보아 병력을 출격시켜 적을 괴롭혀야 하고, 다른 성에 있는 기병들은 끊임없이 적의 후미와 보급로를

『마경대전』춘권(신동원, 『한국마의학사』, 한국마사회 마사박물관, 254쪽) 왕이 신하들과 마정을 논하는 그림.

요격하고 괴롭혀야 했다. 적이 충분히 약해졌다고 판단될 때 주력부대가 적을 공격하고, 적이 강력해서 끝까지 공격할 수 없더라도 적이 퇴각할 때까지 유격전을 계속해야 했다. 이런 전술을 수당 전쟁 때부터 이어져 온 고전적인 전술로 이 전술을 운용하려면 기병이 꼭 필요했다.

조선의 진관체제는 번상병이 주축을 이루어서 군사요충에도 상비군이 많지 않았다. 사변이 발생하면 주변 영진의 병력을 동원하여 지원하게 했다. 이 체제의 생명은 신속성이고, 신속성은 기병의 임무였다.

---

430 이것은 동서고금을 막론하고 군사학의 정설이었다. 나폴레옹 전술의 대가로 근대 군사학의 창시자 중 한명인 앙리 조미니의 저술에도 이런 지적이 있다(앙리 조미니 지음/이내주 옮김, 『전쟁술』, 책세상, 1999, 93쪽).

기병의 전술적 기능이 이처럼 중요했지만 기병 전력의 핵심인 군마를 양성하고 조달하는 일은 쉽지 않았다. 원칙적으로 기병이 말을 구비하는 것은 기병 개인의 몫이었다. 그러나 개인적으로 사육한다고 했을 때, 좋은 말을 구하고 기르기가 쉽지 않고, 말의 사육에는 만만치 않은 비용이 들었다. 말이 귀하고 가격이 비싸다 보니 말이 없는 군사가 속출했다. 군사들은 장비 검열이 있거나 동원되었을 때 일당을 주고 말을 빌려 타기도 했다. 아예 보병으로 전과하는 경우도 있었다. 이것은 기병 전력을 크게 약화시켰고, 군사들이 말을 구하고 빌리기 위해 가산을 탕진하는 사례도 발생했다.

국가와 관에서 비축한 말이 부족하므로 비상시나 사신왕래, 기타 공무에서 말이 필요하면 민간의 말을 징발해서 사용할 때도 많았는데, 이 방식은 민에게 커다란 부담이 되었다.[431] 하지만 말의 수요가 증대하고, 그것이 군사적, 사회적으로 심각한 문제가 되어도 조선은 농본사회로서 억말정책을 국시로 했기 때문에 수요가 있어도 목장사업이 번창하거나 말의 사육이 증대하는 효과를 기대할 수 없었다. 그래서 기병이 말을 구입하려고 해도 구입할 말이 없다는 상황이 곧잘 빚어지곤 했다.[432]

결국 정부에서는 목장을 양성해서 국용의 말을 조달함으로써 징발의 피해를 줄이고, 민간에 판매도 하여 말의 수요에 부응하는 방안을 구상하게 되었다.

> 사복시 제조가 계문하였다. "평안도는 지경이 중국에 연하여 있으므로 사신이 내왕할 때에 타고 싣는 말을 민호民戶에서 징발하니, 그 폐단이 한이 없습니다. 바라건대 본도의 신이도身伊島·직도稷島·화도和島 등지에 물과 풀을 자세히 살펴서 만약 목장을 삼을 만하다면 면포와 쌀로써 그 도의 자원하는 사람에게 피마를 바꾸어서 사복시의 상마와 함께 섞어 방목하게 하여 번식시킨 뒤에, 3, 4세 되는 건장한 말은 국용에 충당하게 하고, 그 다음의 것은 각 참站에 나누어 주어 군사에 이르기까지 모두 이를 살 수 있게 한다면 쇄마刷馬하는 폐단을 거의 면하게 될 것입니다."[433]

---

431 『태종실록』권16, 태종 8년 12월 무술 ;『세종실록』권19, 세종 5년 3월 갑오.
432 『성종실록』권254, 성종 22년 6월 병진.
433 『세종실록』권37, 세종 9년 9월 정해 ;『문종실록』권7, 문종 1년 4월 을유.

이것이 마정의 목적이자 의의였다. 아울러 국영목장을 운영함으로써 국가의 관리를 통해 우수한 말을 개량, 생산하자는 의미도 있었다.

2) 마정의 담당기관

중앙에서 마정을 담당한 관서는 사복시였다. 그러나 사복시는 마정의 실무를 담당하는 기구이다. 마정은 국가의 주요 사업이었으므로 마정의 주요 정책은 의정부와 병조에서 의논하고 결정했다. 사복시의 제조도 반드시 정승으로 임명하는 것이 관례였는데, 그만큼 마정은 국가의 중대사였기 때문이다.[434]

사복시(司僕寺)
(도판: 이찬 · 양보경, 『서울의 옛지도』,
서울시립대 서울학연구소, 1995)

---

434 『성종실록』 권226, 성종 20년 3월 경진.

〈표 7-6〉 사복시의 관원

관원	품계	인원
제조		2
정(正)	정3품	1
부정	종3품	1
첨정	종4품	1
판관	종5품	1
주부	종6품	2
마의		10

※ 이속은 서리 15인, 제원 600인, 차비노 14인, 근수노 8인.

사복시는 실무적인 임무를 맡았다. 『경국대전』은 사복시의 임무를 임금의 가마와 외양간과 목장을 관장하는 것이라고 했다. 사복시는 병조의 속아문으로 정3품 아문이었다. 정3품 아문은 속아문 중에서는 지위가 제일 높은 관청이다.

마정의 중요성은 조선후기까지도 이어졌다. 『경국대전』에 수록한 많은 기관과 제도가 후기에는 폐지되거나 약화되는 것이 일반적 추세였지만 마정의 담당기구는 오히려 강화되었다. 『속대전』에서는 정6품 체아직인 이마理馬가 4인이나 증설되었다. 6백명이던 제원은 무려 3,448명으로 증원되었다.

이마는 말 사육과 치료를 담당했다. 이마는 국초부터 있었는데, 어리고 영리한 자를 뽑아 마의술을 습득시켜 이마로 양성했다. 그런데 『경국대전』에서는 이마는 수록하지 않고 마의만 수록했다. 마의에게 안기, 조기, 이기, 보기 등의 관직을 주었는데, 후기에는 이 관직들이 폐지되었다. 대신에 마의와 이마에게 체아직을 주었다. 마의나 이마의 임무는 쉽지 않았다. 이들은 말 외에 소와 다른 가축의 질병도 치료해야 했고, 전염병이 발생하면 속수무책이었다.

15세기 후반부터 "임금의 가마와 외양간과 목장을 관장"한다는 사복시의 임무도 분화되어 앞의 2개의 임무를 전담하는 부서로 내사복시가 독립했다. 내사복시가 처음 법제화한 것은 『대전속록』(1492, 성종 23)부터였다. 『속대전』에서 내사복시의 관원은 내승 3인이었다. 이는 겸직으로 2인은 종2품~9품에 있는 자가 겸임하고, 1인은 사복시의 정이 겸임하고, 특별히 왕이 경희궁으로 이거할 때는 내승 1인을 증원할 수 있었다. 내사복시는 겸사복처럼 시위의 임무도 맡았으며, 관마와 사마의 조련을 매월 시행하도록 했다.

2. 말의 사육과 목장 경영

1) 목장의 실태

목장의 수는 시대에 따라 달라졌다. 목장은 전기에는 계속 증가하다가 17세기를 기점으로 감소해서 50~60개 정도가 유지되었다. 목장은 고려시대에 설치한 목장을 재건해서 운영한 경우도 있고, 새로 설치한 곳도 있었다. 목장은 대부분이 섬이나 곶에 설치되었다.[435] 목장을 섬에 설치한 이유는 경작하기에는 곤란한 빈 땅을 활용하고,[436] 불법개간의 우려도 적기 때문이었던 듯하다. 그러나 도둑이 들어오기 힘들고,[437] 섬에는 소와 말을 해치는 맹수가 없다는 것도 이유 중 하나였다.[438]

〈표 7-7〉 조선시대 목장수의 변천

출전	간행시기	목장수	비고
세종실록지리지	1454	58	폐목장 2
동국여지승람	1481	87	
반계수록	1670	123	
대동여지도	1861	114	
목장지도	1678	140	폐목장 62
증보문헌비고	1908	171	폐목장 54, 소재불명 3

---

435 목장은 마목장만 있었던 것은 아니고, 소, 양, 돼지, 염소, 노루, 고라니 목장까지 있었다. 하지만 90%가 마목장이었다. 소목장은 소만을 전문으로 사육하는 목장과 말목장에 부속된 것 두 종류가 있었다. 목장지도에 의하면 소목장 12개 중 전문 소목장은 2개, 마목장에 부속한 것이 10개소였다(남도영, 앞의 책, 1996, 228쪽).
436 목장을 설치했던 섬이라도 경작이 가능한 지역이라고 판정되면 목장을 다른 곳으로 옮기고 둔전을 설치하거나 농민의 경작을 허용하는 경우도 있었다(『성종실록』 권20, 3월 4일 갑진).
437 『성종실록』 권189, 성종 17년 3월 을해.
438 『성종실록』 권134, 성종 12년 10월 기유. 그러나 목장을 설치하자 맹수도 따라서 번식했다고 한다.

<표 7-8> 전국의 목장

도 별	목장 구분	소관읍명	목장명
경기도 (38개소)	현 목장 (24개소)	강화(江華)	(1)진강장(鎭江場) (2)신도(信島) (3)걸도(乬島) (4)매음도(煤音島) (5)미법도(彌法島) (6)북일장(北一場) (7)장봉도(長峰島) (8)주문도(注文島)
		인천(仁川)	(9)용류장(龍流場) (10)무의도(無衣島) (11)신불도(薪佛島)
		남양(南陽)	(12)대부도(大阜島) (13)영흥도(靈興島) (14)선감도(仙甘島) (15)소홀도(召忽島) (16)이작도(伊作島) (17)소우도(小牛島) (18)이측도(伊側島) (19)불도(佛島) (20)풍도(楓島) (21)입파도(立破島)
		수원(水原)	(22)양야곶(陽也串) (23)홍원곶(洪原串)
		양성(陽城)	(24)괴태곶(槐台串)
	폐 목장 (11개소)	강화(江華)	(1)보음도(甫音島) (2)송가도(松家島)
		인천(仁川)	(3)자연도(紫烟島) (4)모도(茅島) (5)난지도(難智島) (6)토야곶(土也串)
		남양(南陽)	(7)덕적도(德積島) (8)승황도(昇黃島) (9)독갑도(禿甲島)
		장단(長湍)	(10)호곶(壺串)
		파주(坡州)	(11)사목도(沙牧島)
	소재불명(3개소)		(1)항포(項浦) (2)오타장(吾朶庄) (3)진위둔(振威屯)
충청도 (10개소)	현 목장 (5개소)	서산(瑞山)	(25)대산곶(大山串)
		태안(泰安)	(26)이원곶(梨園串) (27)원서면(遠西面) 독진도(禿津島)
		홍주(洪州)	(28)흥량도(興良島)
		면천(沔川)	(29)창택곶(倉宅串)
	폐 목장 (5개소)	태안(泰安)	(12)지령산(智靈山) (13)안면곶(安眠串) (14)신곶(薪串) (15)대소산곶(大小山串)
		홍주(洪州)	(16)원산도(元山島)
전라도 (59개소)	현 목장 (32개소)	흥양(興陽)	(30)도양장(道陽場) (31)절이도(折爾島) (32)소록도(小鹿島) (33)시산도(示山島) (34)녹도(鹿島) (35)마질도(亇叱島)
		순천(順天)	(36)내라노도(內羅老島) (37)성두곶(城頭串) (38)외라노도(外羅老島) (39)화태도(火太島) (40)개도(蓋島) (41)제리도(諸里島) (42)백야곶(白也串) (43)돌산도(突山島) (44)백야도(白也島) (45)묘도(猫島) (46)낭도(狼島) (47)검모도(黔毛島)
		낙안(樂安)	(48)장도(獐島)
		해남(海南)	(49)황원곶(黃原串)
		진도(珍島)	(50)지력산(智力山) (51)남도포(南桃浦)
		강진(康津)	(52)신지도(薪智島)

전라도 (59개소)	폐 목장 (27개소)	영광(靈光)	(53)다경곶(多慶串) (54)임자도(荏子島)
		나주(羅州)	(55)압해도(押海島) (56)우곶도(牛串島) (57)장산도(長山島) (58)자은도(慈恩島) (59)지도(智島)
		무안(務安)	(60)가라곶(加羅串)
		함평(咸平)	(61)진하산(珍下山)
		흥양(興陽)	(17)적마도(赤亇島) (18)평내이도(平內伊島) (19)사일해도(沙日海島) (20)소리도(所里島) (21)대두리도(大頭里島) (22)소두리도(小頭里島) (23)다리도(多里島) (24)자모도(自毛島) (25)안도(安島) (26)빗견도(非叱見島)
		순천(順天)	(27)이리도(耳里島) (28)대화도(大花島) (29)소화도(小花島) (30)사질도(四叱島)
		진도(珍島)	(31)점찰산(占察山) (32)부지산(夫之山)
	폐 목장 (27개소)	강진(康津)	(33)고이도(古爾島)
		장흥(長興)	(34)내덕도(來德島) (35)득량도(得良島) (36)장내곶(帳內串)
		영광(靈光)	(37)증도(甑島) (38)고이도(古耳島) (39)임치도(臨淄島)
		나주(羅州)	(40)기도(箕島) (41)안창도(安昌島) (42)기좌도(其佐島)
		옥구(沃溝)	(43)오식도(筽食島)
황해도 (11개소)	현 목장 (7개소)	해주(海州)	(62)연평도(延坪島)
		강령(康翎)	(63)등산곶(登山串) (64)순위도(巡威島)
		옹진(甕津)	(65)기린도(麒麟島)
		장연(長淵)	(66)백령도(白翎島)
		풍천(豊川)	(67)초도(椒島)
		은율(殷栗)	(68)석도(席島)
	폐 목장 (4개소)	해주(海州)	(44)용매도(龍媒島) (45)보음도(甫音島)
		옹진(甕津)	(46)창린도(昌麟島)
		장연(長淵)	(47)대청도(大靑島)
경상도 (27개소)	현 목장 (20개소)	진주(晉州)	(69)흥선장(興善場) (70)창선장(昌善場) (71)적량도(赤梁島)
		거제(巨濟)	(72)구영등장(舊永登場) (73)장목포장(長木浦場) (74)칠천도(漆川島) (75)가조도(加助島) (76)구천장(九千場) (77)구조라포장(舊助羅浦場) (78)지세포장(知世浦場) (79)산달도(山達島)
		고성(固城)	(80)삼천당포장(三千唐浦場) (81)해평장(海坪場)
		남해(南海)	(82)금산장(錦山場)
		울산(蔚山)	(83)방어진(魴魚津)
		장기(長鬐)	(84)돌배곶(乭背串)

		동래(東萊)	(85)절영도(絕影島) (86)돌포(乭浦) (87)오야항(烏也項)
경상도 (27개소)		김해(金海)	(88)금단곶(金丹串)
	폐 목장 (7개소)	거제(巨濟)	(48)한산도(閑山島) (49)용초도(龍草島)
		고성(固城)	(50)포도도(葡萄島)
		칠원(漆原)	(51)귀산도(龜山島)
		웅천(熊川)	(52)가덕도(加德島)
		김해(金海)	(53)명지도(鳴旨島) (54)고금단마성(古今丹馬城)
함경도 (7개소)	현 목장 (7개소)	함흥(咸興)	(89)도련포(都連浦) (90)화도(花島)
		문천(文川)	(91)사눌도(四訥島)
		영흥(永興)	(92)말응도(末應島)
		홍원(洪原)	(93)마랑이도(馬郎耳島)
		단천(端川)	(94)두언태(豆彦台)
		온성(穩城)	(95)사초도(莎草島)
평안도 (5개소)	현 목장 (4개소)	철산(鐵山)	(96)대곶(大串) (97)가도(椵島)
		선천(宣川)	(98)신미도(身彌島) (99)탄도(炭島)
	폐 목장 (1개소)	정주(定州)	(55)도치곶(都致串)
제주목 (15개소)	현 목장 (15개소)	제주목 (濟州牧)	
		대정(大靜)	6
		정의(旌義)	3
		산둔(山屯)	2
		우둔(牛屯)	1
		을병별둔 (乙丙別屯)	1
		청마별둔 (淸馬別屯)	1

※ 출처 : 남도영,「마정」,『한국사』24, 569쪽에서 재인용.
※ 목장명 앞의 번호(현 목장, 폐 목장 별도)로 〈전국 목장 분포도〉에 위치를 표시함.

　전국의 목장에서 사육하는 말의 수는 시대에 따라 달라졌다. 사육하는 말의 수는 성종대가 제일 많았는데 약 4만필 정도로 추정된다. 연산군대는 3만필, 숙종 때가 2만필 정도였다. 이후로 계속 감소해서 1870년(고종 7)에는 5,646필로 줄어들었다.

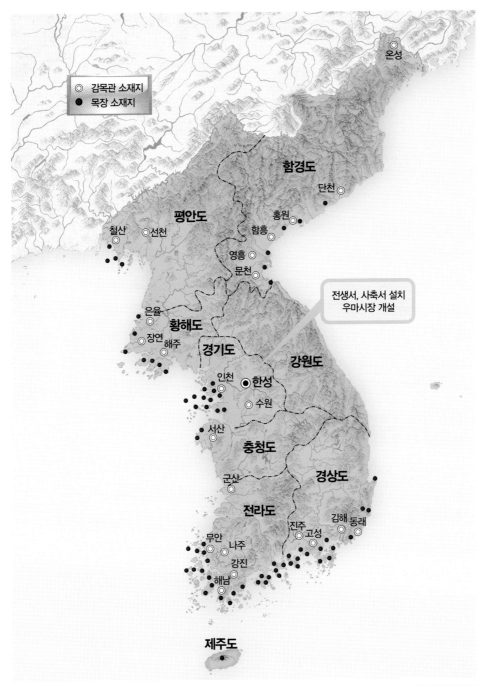

감목관 소재지
목장 소재지

온성

함경도

단천

평안도
홍원
철산 선천
함흥
영흥
문천

전생서, 사축서 설치
우마시장 개설

은율
황해도
장연 해주
경기도
강원도

인천
한성
수원

서산

충청도

경상도

군산

전라도
김해 동래
진주
무안 나주 고성
강진
해남

제주도

전국 목장 분포도

〈표 7-9〉 시대별 목장마의 수

시기	마필수
성종대(15세기 후반)	40,000
16세기 초(연산군)	30,000
1678(숙종 4)	20,000
1805(순조 5)	8,337
1858(철종 9)	10,137
1870(고종 7)	5,646

목장의 설치목적은 가축의 사육만이 아니라 초지를 조성해서 군마의 사료로 사용할 꼴을 예비하는 것도 있었다.[439] 내지에 설치한 목장은 강무지, 사냥터, 군사훈련지역으로도 사용되었다.[440]

목장의 설치지역을 도별로 보면 전라도가 43.9%로 제일 많다. 그 다음이 경기도와 경상도였다. 강원도에는 하나도 없었다. 그러나 마정의 중심지는 단연 제주도였다. 제주도 목장의 기원은 원간섭기로 소급된다. 1276년(충렬왕 2) 몽골식 목장을 설치한 것이 시초였다. 이때 몽골 말을 들여와 번식시켰다. 이후로 우리나라에서는 호마와 향마의 구분이 생겼다. 호마는 북방에서 온 말로 몽골계열의 말로 보인다. 국마(향마)는 고대 기록에 과하마라고도 불린 대로 체구가 작은 조랑말로 나귀와 같다고 했다.[441] 체격이 큰 호마는 제주도에서 처음 배양되었던 것인데, 조선초기까지도 제주도에만 호마가 남아 있었다. 그러나 고려말 조선초의 혼란기에 관리가 잘 되지 않아 거의가 조랑말화 했다고 한다.[442] 이 때문에 제주의 목장을 재건해서 양마를 생산하기 위해 노력했던 것이다.

조선후기에는 제주도 안에 64개의 목장이 있었고, 1678년을 기준으로 목자가 1,386명, 말은 12,411필이 있었다. 목자는 전국 목자의 1/4, 말은 전국의 반이 넘는 수치였다. 전성기였던 성종 때에는 20,000~25,000필의 말을 사육했던 것으로 추정되고 있다. 제주도의 말 중에서 특별히 우수했던 말은 산중에 방목하는 산마였다. 산마는 성질이 억세고 기운이 왕성해서 전마로는 최고로 쳤으며 왕실에 진상했다. 후기에 목장이 많이 쇠퇴하고 말들도 나빠졌다고 하지만 18세기까지도 제주도에서는 산

---

439 『성종실록』권70, 성종 7년 8월 병술.
440 『중종실록』권12 중종 5년 10월 병술.
441 『증보문헌비고』권125, 병고17, 마정.
442 『세종실록』권25, 세종 6년 8월 무신 ;『성종실록』권278, 성종 24년 윤5월 경술.

마를 2백필 정도는 공물로 왕실에 제공했다.[443] 한편, 조선에는 조랑말이 많아 여진족으로부터 말을 수입했다. 이 말들은 민간에 분양하기도 했지만 목장에서 번식시키며 품종 개량에 사용했던 것 같다.

조선후기에는 많은 목장이 폐지되었는데, 주로 개간으로 인해 농토로 불하하면서 발생한 것이었다.[444] 목장의 땅을 몰래 개간하는 사례는 15세기부터 발생했는데,[445] 연산군 때 급증했고[446] 조선–일본 전쟁과 조선–청 전쟁을 거치면서 마정은 소홀해 지고, 개간지는 증가해서 백성을 내쫓기도 곤란한 상황이 초래되었다. 이 결과 많은 목장이 폐지되었다. 그러나 목장이 과도하게 줄어들고 마정이 해이해지면 말이 줄고, 사육하는 말도 부실해지는 문제가 당장 발생했다. 심지어 왕이 사용하는 내구마마저도 부실해졌다. 1629년에는 감목관이 거의 유명무실해지자 최대의 목장인 제주도 목장도 부실해져서 말들이 모두 정수 미달이고, 대정현에 있는 암말이 453필인데, 1년에 79필을 낳고, 73필을 유실해서 겨우 6필이 늘었다고 했다.[447]

1652년에 사복시의 보고에 따르면 왕실 마구간에 있는 왕이 타는 어승마 8필과 고급관료가 타는 좌마 4필 중 쓸 만한 것이 겨우 2,3필에 불과하다고 하는 실정이었다.[448] 이 대책으로 사복시는 감목관의 부활과 마정의 강화를 주장하였고, 17, 18세기에 여러 차례 마정의 재정비, 강화사업이 추진되었다. 조선후기에 마정이 소홀해 진 이유는 상업과 유통경제가 확대되면서 매매에 의한 말의 구입과 사용이 증가해서 국영목장의 역할이 많이 줄었던 데 근본 원인이 있다. 그러나 이런 노력으로 한말까지도 마정이 완전히 철폐되지는 않았다.

443 『영조실록』 권21, 영조 5년 3월 신해.
444 『숙종실록』 권40, 숙종 30년 11월 계축.
445 『성종실록』 권75, 성종 8년 1월 기유.
446 『연산군일기』 권25, 연산군 3년 7월 정사.
447 『인조실록』 권20, 인조 7년 6월 임술.
448 『효종실록』 권8, 효종 3년 2월 경신.

2) 목장의 관리

말의 사육과 관리를 위해 조선은 국영목장을 설치하고 운영했다. 목장의 말을 마적을 작성해서 말의 수, 나이, 털빛깔 등을 정확히 기록해서 관리했다. 마적은 군적과 함께 병조의 속아문인 무비사에서 관장했다. 마적은 회계, 군적과 함께 국가의 중요한 관리대상이었다.[449] 목장은 관찰사를 최고 책임자로 해서 목장마다 감목관을 두었다. 감목관은 종6품관으로 1408년(태종 8)에 처음 설치되었다. 처음에는 목장이 설치된 지역의 수령이 겸임했다. 그러나 수령은 일이 많고 전문성도 떨어져 목장을 제대로 관리할 수 없었다. 1414년 말을 제대로 관리 못한 수령(현임과 전임을 포함)을 적발했는데, 무려 80명이나 걸려들었다.[450]

1425년(세종 7)에 수령들은 일이 많고, 감목관은 말 사육에 전문적 능력이 있는 사람으로 임명해야 한다는 주장이 대두해서 전임 감목관제를 실시했다. 그러나 막상 전임감목관제를 시행하려니 이들의 대우, 비용 문제가 대두해서 역승이 겸임하도록 했다. 역승이 겸임을 해도 목장에 전념할 수 없거나 목장에 전념하면 역의 일이 소홀해졌다. 역승은 수령보다 민폐를 끼치는 일도 더 많았다. 1431년 역승의 겸임제도를 폐지하고 전임관제를 시행했다. 전임관은 2품 이상의 당상관이 3품 이하의 관원 중에서 사육에 지식이 있는 사람을 추천해서 임명하게 했다.

그러나 전임관 제도는 또 다시 문제를 일으켰다. 전임관은 목장을 감독할 뿐 다른 권한이 없었다. 목장에 물자나 노동력을 지원하려면 수령의 협조가 절대적으로 필요했는데, 수령들은 자신들이 전임관이 아니므로 지원하려 들지 않았다. 그래서 목장은 오히려 더 피폐해졌다.[451]

1433년부터는 만호, 천호에게 감목관을 겸하게 했다. 이들은 무장이므로 말을 잘 아는데다가 배를 타므로 섬에 있는 목장을 돌아다니기가 쉬웠다. 하지만 감목관 제도 자체가 필요 없다는 의견도 계속 제시되었다. 감목관을 임명해도 목장은 고을에서 먼

---

449 『세종실록』 권1, 세종 즉위년 8월 병신.
450 『태종실록』 권27, 태종 14년 4월 정사.
451 『세종실록』 권54, 세종 13년 11월 병술.

바닷가나 섬에 있었는데, 이곳을 돌아다니며 관리하기도 쉽지 않다는 이유였다. 실제로 이들은 1년에 2~3번 정도나 순시할 뿐이었다고 한다. 그러니 실효가 없고 이들의 왕래 비용을 관에서 지불하니 비용만 소모한다는 것이었다. 그러므로 차라리 점마별감과 같이 중앙에서 때때로 사신을 파견해서 목장을 검찰하자고 하였다.[452]

이후 점마별감이 제도로 정착했다. 점마별감은 사복시의 관원이나 무신이 주로 담당했다. 그러나 감목관 제도도 폐지할 수는 없어서 계속 유지되었다. 다만 감목관을 겸임하는 관원을 지역의 사정에 따라 만호, 수령, 판관 등으로 다양화했다. 감목관은 중간에 폐지되거나 유명무실해지기도 했지만, 그때마다 마정이 문란해진다는 문제로 다시 재건해서 조선후기까지 유지되었다. 『속대전』에는 제주도의 3인을 포함하여 전국에 24명의 감목관을 두었다.

감목관은 마소의 증식에 따라 포상도 받고 처벌도 받았는데 관리 규정이 목자와 마찬가지로 매우 엄했다. 이 시기 맹수의 피해는 의외로 심각했다. 맹수로 인해 목장의 폐지를 논의하는 경우도 있었다.[453] 가축을 노리고 목장에 표범이나 호랑이가 들어오면 이들을 즉시 잡아야 했다. 맹수에게 피해를 입은 수가 5필 이상이면 장 1백의 처벌을 받았다. 번식 수와 잃어버린 수를 고과해서 3년간 번식시킨 수가 연평균 30필 미만이면 파면했다.[454] 잃어버린 말이 10필 이상일 때도 감목관을 파직했다. 5필 이상이면 자급을 강등하며 4필이면 추고하고 3필 이하이면 문제 삼지 않았다.

〈표 7-10〉 도별 감목관 수

지역	세종실록지리지	속대전
경기도	1	5
충청도	1	1
경상도	1	3
전라도	3	5+3
황해도	1	3
강원도	0	0
평안도	0	1
함경도	1	3
계	8	24

452 『세종실록』 권106, 세종 26년 11월 기해, 전라도도관찰사의 계문.
453 『성종실록』 권140, 성종 13년 4월 을묘.
454 처음에는 목자와 마찬가지로 1년간 생산수로 고과를 했다. 그러나 1470년부터 3년간 생산수를 평균해서 평가하도록 했다(『성종실록』 권4, 성종 1년 3월 병술).

목장에는 목자를 두어 관리와 운영을 맡겼다. 목자는 양인 중에서 선발해서 임명했다. 이들은 명부를 만들어 관리했는데, 3년마다 병마절도사가 명부를 작성해서 보관했다.[455] 목자는 세습역으로 아들을 다른 역에 충당하지 못하게 했다. 양인이 목자로 투속해도 처벌했다. 목자는 천역이어서 양인들이 결혼을 꺼려했다. 목자가 천인과 결혼하면 자식은 천인이 되므로 목자는 갈수록 줄어들게 된다. 이에 1511년 목자가 여자 종과 결혼해서 자식을 낳으면 딸은 모친의 역을 따르지만 아들은 목자로 소속시켰다(다른 경우는 소유권과 신분은 모계를 따르도록 되어 있었다). 이처럼 역이 고정되고 신역을 지므로 신분은 양인이었으나 천인대접을 받아 대표적인 신량역천 계층의 하나가 되었다. 1678년에 작성한 『목장지도』에 따르면 전국의 목자의 수는 5,178명이었다.[456]

목자의 역은 신역이므로 16세에서 60세까지 종사했다. 역의 대가로 목자위전 2결과 여타의 요역을 면제하는 혜택을 주었고, 동거친족 2인을 보인으로 지급했다. 목자위전은 매매가 불가능한 토지로 매매하면 처벌받았다. 반대로 목장 안에 경작지를 만들어 목자위전이라고 사칭하며 세금을 내지 않는 경우도 있었는데, 이런 사례를 적발하면 장 1백에 도 3년으로 처벌하고 토지는 몰수하게 했다. 말과 소를 돌보아야 하고, 목장의 울타리를 만들고, 그 외 사신의 행차에 동원되는 등 고달픈 사역이 많아 역이 고되었다. 목장을 운영하므로 여러 가지 부수입을 올릴 수도 있었다. 정부도 이를 알고 목자에게 매년 포를 징수하게 했다. 이들에게서 받은 포는 곡물로 바꾸어 군자곡으로 삼았다.

1406년에는 목자 1명 당 10필의 말을 사육하도록 되어 있었다.[457] 하지만 1425년에는 25필로 늘렸다. 아울러 목장의 관리조직도 개편했다. 1426년(세종 7)에 목장의 말을 암말 1백필을 1군群으로 편성하고 책임자로 군두群頭 1명을 두었고, 50필마다 군부群副 1명, 25필마다 목자 1명을 두었다. 『경국대전』에서는 세종 때의 규정을 보완해서 1군을 암말 1백필과 수말 15필로 구성했다. 군두와 군부는 양인으로 배정하게 했다. 그러나 제주도를 제외한 섬의 목장 중에는 무인목장도 있었다. 이곳은 평소

---

455 『세종실록』 권40, 세종 10년 4월 기미.
456 남도영, 앞의 책, 1996, 321쪽.
457 『태종실록』 권12, 태종 6년 7월 병신.

에 방목하고, 주기적으로 관리, 점검하는 방식을 사용했던 것 같다.

목자는 말의 생산수로 업무를 평가받았다. 매년 새끼말 20필 이상을 생산하면 상등, 15필 이상이면 중등, 15필 미만이면 하등으로 평가했다. 30개월 단위로 성적을 매겨, 3회 이상 상을 받으면 승진하고, 중을 3회 받으면 좌천되었다. 하를 받으면 처벌대상이었다. 『경국대전』에서는 이 규정을 더 강화해서 목자 4인이 암말 1백필과 수말 15필을 길러서 매년 새끼 85필 이상을 생산하면 군두에게 관계를 더해 주었다[加階]. 특별히 실적이 좋은 자에게는 관계와 관직을 주게 했다. 감목관은 번식수를 3년간 통산하여 연평균 50필 이상이 되면 논상하게 했다.[458] 이 규정은 조선후기까지도 그대로 적용되었다.

반대로 소나 말이 죽으면 변상을 해야 했다. 분실한 우마 1필 당 군두, 군부, 목자에게 태형 50대로 처벌했다. 분실한 마리수가 늘어나면 1필마다 1등급을 올려 처벌했다. 감목관도 함께 처벌을 받았는데, 목자의 형보다 1등급을 감형했다. 이런 형벌은 실제로 집행한 것이 아니라 속전을 받은 것으로 보이므로 실제로는 벌금형이었다. 이와는 별도로 잃어버린 마리 수에 따라 변상도 해야 했다. 변상가는 상등말은 면포 8필, 중등은 6필, 하등은 4필이었다.

조선시대에는 우마의 도살이 금지되어 있어 목자는 밀도살, 우마나 고기의 밀매 행위의 유혹에 노출되어 있었다. 이 경우는 처벌이 엄격해서 초범은 장1백에 얼굴에 문신을 뜨고, 재범이면 전가사변하고 3범은 사형에 처하도록 했다.[459]

3. 군마의 조달

마정의 목적은 군마의 조달만이 아니라 국용, 수송용, 역마 등 여러 분야의 말을 공급하는 데 있었다. 그러나 이 글에서는 군마를 중심으로 살펴보도록 하겠다.

기병에게 제일 중요한 장비는 말이었다. 조선의 군기 자비의 원칙에 의해서 기병

---

458 『경국대전』 권4, 병전, 구목.
459 『세종실록』 권31, 세종 8년 4월 임오.

이 되려면 군마를 보유하고 있어야 했다.[460] 그러나 말이 없거나[461] 말을 빌려와서 타고 시험에 합격하는 자가 종종 있었다. 이에 1445년(세종 27)부터는 기병인 별시위, 갑사의 선발시험을 볼 때 말의 소유 여부를 엄격하게 확인하게 했다. 하지만 말만 검열해서는 그 말이 군사의 소유인지 빌린 것인지 확인할 수 없으므로 합격자의 노비문권을 점검해서 판정하도록 했다.[462] 기병이 되려면 말도 1필만 소유해서는 어림도 없었다. 군마도 가능하면 1필 이상이어야 했고, 군장과 식량, 사료를 운송하기 위해서는 짐 싣는 말도 필요했다.

이 정도 말을 소유하고 운영하기 위해서는 상당한 재산이 필요했다. 그런데 노비문권을 점검하게 한 것은 이 시대에 재산 증식 방법에서 토지 못지 않게 노비가 중요하기도 했지만, 여러 마리의 말을 사육하기 위해서도, 기병으로 전쟁에 출전하기 위해서도 노비가 반드시 필요했기 때문이었다. 표준적인 경우 기병 1명이 출진하려면 최소한 3필의 말과 2~3명 이상의 종이 필요했다. 기병을 선발할 때 말의 보유상태를 점검하는 관행은 조선후기의 무과와 취재, 새로운 병종의 창설할 때마다 변함없이 시행되었다.[463]

군사로 합격한 후에도 주기적으로 말의 보유상태에 대한 검열을 받아야 했다. 이것을 점고라고 했다. 점고는 관리를 파견해서 중앙과 지방에서 군사의 상태, 훈련도, 군기 등을 점검하는 제도이다. 처음에는 점고제도를 운영할 때 말의 점검은 포함되지 않았다. 그러나 말이 없는 기병들이 늘어나고 말이 필요하면 서로 빌리고 바꿔 타면서 순간을 모면하는 경우가 늘어나자 1423년부터 말도 점고의 대상이 되었다.[464]

말을 점검하는 병종은 내금위·별시위·삼군 갑사·시위패侍衛牌였다. 점고할 때는 말의 유무만이 아니라 말의 상태까지 점검해서 말이 부실하면 일정 기한 내로 충실한 말로 바꾸게 했다. 말을 빌린 것이 적발되면 처벌하고 다른 역(선군)으로 옮겼다.

---

460 이런 관행은 고려시대에도 마찬가지였다. 1104년 여진정벌을 위해 별무반을 편성할 때 기병인 신기군의 선발 대상은 "신분을 불문하고 말이 있는 자"였다(『고려사』 권96, 열전9, 윤관).
461 『세종실록』 권116, 세종 29년 5월 2 병진.
462 『세종실록』 권108, 세종 27년 6월 무신, 의정부에서 병조의 정문에 의거하여 올리는 계문.
463 『영조실록』 권40, 영조 11년 12월 임신 ; 『영조실록』 권85, 영조 31년 8월 을묘 등.
464 『세종실록』 권21, 세종 5년 7월 갑오 ; 『세종실록』 권63, 세종 16년 1월 갑오.

1433년에는 빌린 말은 관에서 몰수하는 것으로 수정했다.[465] 이것은 빌려준 사람까지 처벌한다는 의미가 있는 것이었다. 이 규정은 『경국대전』에도 수록되었다.

점고는 눈으로만 점검하는 것이 아니라 문서에 기록하고 점검 상태를 판정한 문서를 만들어 군사에게도 주었다. 1434년부터는 패두 1명에 10명 단위로 소패 1명을 정해 자체적으로 늘 관리하고 달마다 말의 나이, 털 색깔, 상태를 기록해서 중앙은 병조, 지방은 수령에게 바치도록 했다. 3개월마다 일제 검열을 시행하는데, 서울에서는 병조 낭청(봄에는 병조 당상)과 삼군 진무가 검열했다. 지방에서는 서울로 상경하는 병사는 도절제사가 검열하고 영진에서 근무하는 병사는 진의 책임자가 검열했다. 이 검열에서 말의 관리가 부실하다고 판정되면 파면하고, 파면할 정도는 아니지만 말이 병들고 허약하면 본인은 물론 패두와 소패에게도 각각 50대, 40대씩을 채찍형에 처했다. 빌린 말은 몰수할 뿐 아니라 빌린 사실을 알고도 신고하지 않은 자, 총패, 소패도 함께 처벌했다.

이처럼 상세한 규정이 어느 정도로 준수되었는지는 알 수 없다. 그러나 15세기에는 국가 행정망이 꽤 준수하게 작동해서 점고제도도 꾸준히 시행되었다. 16세기에는 점고가 허술해지고 형식화한다는 비판이 증가하지만 그래도 점고 제도는 꾸준히 운영되어서 조선후기까지도 지속되었다.[466]

그런데 이런 점고 방식은 결국은 군마의 부담을 철저하게 개인에게 전가하는 방식이라는 비판을 면하기 어렵다. 게다가 내금위, 겸사복 등은 보인도 지급하지 않았고, 보인을 지급하는 병종이라고 해도 너무나 부족했다. 조선시대 기병이 군마와 장비를 유지하는데, 어느 정도의 경제적 지원이 필요했는지를 밝혀주는 자료는 없다. 조선의 봉족제도와 비슷한 제도를 운영했던 프랑크 왕국의 경우 자영농 5호에서 1호의 기병을 내도록 했다. 이는 과전법에서 군전을 5결로 상정했던 것과 유사한 규모라고 하겠다.[467]

---

465 『세종실록』 권60, 세종 15년 4월 갑신, 병조의 계문.
466 『숙종실록』 권6, 숙종 3년 1월 기해 ; 『숙종실록』 권6, 숙종 3년 4월 무신.
467 J.F.Verbruggen, "THE ART OF WARFARE IN WESTERN EUROPE", The Boydell Press, Woodbridge, 1954, pp.6~7. 조선시대에 1결의 농토를 소유한 농민은 많지 않았다. 하지만 자영농 1가구가 자립할 수 있는 규모로 1결을 상정하는 것이 보통이었다. 이런 관점에서 보면 군전

안윤덕 신도비(경기 광주)

하지만 봉족제와 보인제가 도입되면서 기병의 지원규모는 5호(또는 5결)의 규모에는 턱없이 부족한 것이 되었다. 15세기 후반부터 군역제의 모순이 심해지고 가뜩이나 부족한 보인수도 더 줄거나 아예 없는 경우도 증가했다. 이에 군사의 경제적 사정이 극히 악화되었다. 군사들의 부족은 당장 군마의 결핍으로 나타났다. 1514년 지중추부사 안윤덕安潤德은 "양계의 군졸이 모두 가난해서 말을 기르는 사람이 한 명도 없으니 목장의 말을 군사들에게 나누어 주자"고 했다.[468] 말 가진 병사가 한 명도 없다는 표현은 과장이라고 볼 수 있겠으나 말값이 워낙 고가였던 점을 감안하면 군마의 보유상황이 심각한 수준으로 저하한 것은 틀림없는 것 같다.

조선초기 말의 가격은 5승포 4백~5백필 정도였다.(표 7-11 참조) 말의 가격도 시대에 따라 변동이 있지만, 대략 이 수준이 표준이었던 것 같다. 하급마는 절반 정도의 가격을 형성했지만 군마는 최상등의 말이어야 했다. 그러므로 군마 1필과 중간 수준의 짐 싣는 말 2필만 갖추려고 해도 5승포 1천필이 필요했다. 남자 노자의 가격이 150필 정도였으므로 1천필을 만들려면 노비 6~7명은 팔아야 했다. 이 말을 끌고 출전하려면 말 먹이는 종도 2~3명은 필요했으므로 말이 전혀 없는 기병이 말을 구비해서 출동하려면 최소한 노비 10명은 있어야 했다.

면포와 쌀 값은 환산비율이 유동적이어서 심할 때는 2배의 차이가 났다. 태종 때는 1필=1두였고, 세종 때는 1필=2두였다. 1필 1두로 계산하면 5백필은 5백두이다. 『경

5결이 단순히 전국의 토지량과 품계에 따른 분배 규모만을 고려해서 설정된 것이 아니라 기병의 경제적 부담을 계산해서 산정한 기준이었던 것으로 보인다.
468 『중종실록』 권21, 중종 9년 10월 임인.

국대전』에서도 최상급인 상등의 진상가를 쌀로 환산하면 5백두였다.

조선시대에 토지 1결당 생산량이 1결 3백두정도였다. 하지만 이것은 남부지방의 최고의 토지를 기준으로 한 것이다. 중부지방의 평균은 150~200결이었다. 그러므로 5백두 하는 군마 1마리를 마련하려면 최소한 2결의 토지의 1년 생산량 전부를 투자해야 했다. 소작을 주어 병작반수를 한다고 보면 4~5결이 필요하다. 여기에 짐 싣는 말 2필을 마련하려면 마리당 군마의 반 가격으로 장만한다고 해도 또 이만큼의 비용이 필요하다.

〈표 7-11〉 조선초기 말의 가격

구분		오승포	쌀(1필=1두)
대마	상등	500필	33.3석
	중등	450필	30.0석
	하등	400필	26.7석
중마	상등	300필	20석
	중등	250필	16.7석
	하등	200필	13.3석
소마	상등	150필?	10석
	중등	100필?	6.7석
	하등	50필?	3.3석

※ 1석은 15두.

게다가 어린 말이나 늙은 말은 군마로 쓸 수 없었다. 건장한 말은 4살~16살 사이의 말이어야 했다. 목장에서도 16살이 넘은 말이 분실되거나 죽은 것은 잘못으로 치지 않았다. 군마 마련에 2,3년의 수입이 다 들어가는데, 10년에 한 번 정도 갈아주어야 했으니 그 부담은 엄청난 것이었다.

군사 개개인이 처음부터 말을 소유하고, 번식시켜 왔다면 이 정도의 비용은 들지 않고, 말을 판매해서 수익을 올릴 수도 있었다. 하지만 개인 목장을 경영하기란 쉽지 않았고, 유지비용이 상당히 들었다. 목장을 경영해도 좋은 군마를 생산하기는 더욱 어려웠다.

구분			목면	오승포(상포)	쌀
별마 진상마	상등		50필	250필	33.3석
	중등		45필	225필	30석
종마	상등	수컷	40필	200필	26.7석
		암컷	30필	150필	20석
	중등	수컷	35필	175필	23.3석
		암컷	25필	125필	16.7석
	하등	수컷	30필	150필	20석
		암컷	20필	100필	13.3석
토마	상등		40필	200필	26.7석
	중등		35필	175필	23.3석
	하등		30필	150필	20석

※ 목면 1필 = 오승포 5필.

　이처럼 군마의 장만은 기병에게 큰 부담이 되었다. 하지만 군마의 점고제도가 군마의 비용을 기병에게 전가하기 위해 존재하는 것만은 아니었다. 군마는 말도 우수해야 하지만 사람 못지 않은 훈련이 필요했고, 기병과 말과의 호흡도 중요했다.[469] 이 점은 군사도 마찬가지였다. 기병이 말이 없다면 훈련과 자기단련을 할 수 없고, 하지 않는다는 의미였다. 그러므로 기병은 자신의 말을 자신이 사육해야 했고, 국가가 능력과 의지가 있다고 해도 군마를 전액 목장마로 지급할 수는 없었다.

---

469 전투마의 조련방법 중 하나가 거세였다. 기병으로 유명한 몽골군은 거세한 말을 전마로 사용했다. 거세한 말은 훈련에 잘 따르고 참을성이 강하고, 무엇보다도 함부로 울거나 소리 내지 않는다는 것이 큰 장점이었다. 그런데 조선에서는 거세를 하면 말의 생산이 줄어든다는 이유로 거세를 금지했다. 거세는 병이 들었을 경우에만 허용했다. 거세를 하려면 서울은 병조에 지방에서는 수령에게 신고하고 허가를 맡아야 했다(『태종실록』 권13, 태종 7년 3월 계미). 거세를 했다가 21일 내로 말이 죽으면 거세한 사람을 처벌했다(『경국대전』 권4, 병전, 구목). 그런데 『속대전』을 보면 제주도에서 양육해서 임금에게 진상하는 말을 거세하고 훈련시키게 되어 있었다(『속대전』 권4, 병전, 구목). 이것이 진상마에게만 특별히 허용한 것인지 후대에는 거세 금령이 풀린 것인지 알 수 없는데, 특별히 이 규정을 만들어 놓은 것을 보면 진상마에 대한 특별규정이었던 것 같다.

대신 정부가 할 수 있는 일은 민간에서 사육할 말을 제공하는 것이었다. 정부는 목장에서 양육한 어린 말은 주기적으로 군현에 분급하고, 군사나 민간에게 나누어 주거나 판매해서 기르게 했다.[470] 군사에게 줄 때는 주로 내금위, 겸사복 같은 금군이나 양계 지방의 군사에게 배급했다.[471] 종친, 고관에게 하사하는 경우도 있었는데,[472] 이것은 마정과는 무관한 것이었다.

하지만 좋은 말은 국가에 진상하거나 진헌마로 사용하고, 좋지 않은 말을 민간에 판매하는 것이 원칙이어서 수송용 말인 복마卜馬 조달책으로서는 의미가 있지만 군마 조달에는 도움이 되지 않았을 것 같다. 다만 이런 원칙에도 불구하고 목장의 관리와 짜고 좋은 말을 병든 말이라고 사칭해서 민간에서 받아가는 경우는 있었다.

기병의 말을 엄하게 단속, 관리한다고 해도 그것만으로 군마 문제를 해결할 수는 없었다. 아무리 엄하게 단속한다고 해도 개개인의 경제사정은 항상 유동적이므로 말을 팔아서 없어지거나 부실하고 약한 말을 소유한 병사가 발생할 수밖에 없었다. 그러므로 전시나 비상시, 전쟁의 위험이 있는 시기에는 별도의 대책이 필요했다.

전마의 경우는 목장에서 좋은 말을 골라 무상으로 지원하거나[473] 판매했다. 약한 말을 지닌 군사를 찾아 교환해 주는 방법도 사용했다.[474] 목장의 말을 분배하는 것은 군사에게 말을 지급한다는 의미도 있지만 목장이 대체로 교통이 불편한 섬이나 해안가 깊숙한 곳에 있어서 비상시에 갑자기 사용 하려면 사용할 수가 없었기 때문이었다. 사변에 대응하려면 미리 말을 군사들에게 배포해야 했다. 그렇다고 목장을 폐지하고 개인에게 미리 분양하면 판매, 분실, 전용 등으로 군마의 수와 질을 유지하기 힘들었다. 그래서 목장에서 사육, 관리하다가 사변이 예상되거나 전쟁을 준비할 때는 병사들에게 분양하는 방식으로 미리 배부해야 했다.

470 『세종실록』 권82, 세종 20년 8월 을묘 ; 『세종실록』 권114, 세종 28년 11월 기유.
471 1491년(성종 22년)양계에 목장말 각각 4백필을 보냈는데, 이렇게 양계에 보내는 것은 관례라는 기록이 있다(『성종실록』 권250, 성종 22년 2월 갑인). 금군에게 분배하는 사례는 『성종실록』 권76, 성종 8년 2월 무술.
472 『성종실록』 권172, 성종 15년 11월 기해.
473 『문종실록』 권1, 문종 즉위년 3월 신유 ; 『세조실록』 권21, 세조 6년 7월 계묘 ; 『성종실록』 권262, 성종 23년 2월 갑진 ; 『중종실록』 권5, 중종 3년 3월 계축.
474 『중종실록』 권100, 중종 38년 2월 경진, 평안도 관찰사 민제인의 계본.

전마는 우수한 말이어야 했으므로 목장의 사육마 중에도 많지가 않았다. 1492년 여진 정벌을 감행하면서 성종은 목장과 왕실의 말 중에서 전마를 골라 약한 말을 지닌 병사들과 바꿔주게 했다. 1491년에 양계에 말을 각각 4백필씩 도합 8백필이나 보냈지만,[475] 특별히 전마라고 골라서 보낸 말은 겨우 40마리만을 얻을 수 있었다. 성종과 대신들은 마정이 허술하고, 관리들의 부정으로 좋은 말이 민간으로 빠져 나간 때문이라고 한탄을 했지만 어쩔 수가 없었다. 그래서 값을 후하게 쳐주고 민간에서 양마를 매입해서 조달하기도 했다.[476]

목장마를 나누어 주는 경우는 전마보다도 수송용 말이 더 요긴했다. 1491년의 8백필도 그렇고, 1543년 목장마 3백필을 4군 6진의 군사에게 나누어 준 적이 있는데, 이 말은 전마도 있었지만 복마로 더 유용했던 것 같다.[477] 하지만 말의 수효에 비해서는 목장과 말이 부족했다. 목장의 말을 분배받을 수 있는 군사는 1/10에 불과했다고 한다.[478]

전시에는 전마만이 아니라 수송용 말도 대량으로 필요했다. 전투가 벌어지거나 가혹한 행군을 하면 말이 죽거나 손상을 입는 일이 많았다. 사변이 발생하면 전선까지 장거리 이동을 해야 하는데, 장거리 이동과 수송은 말에게 큰 부담을 주었다. 게다가 개인장비만이 아니라 군수물자와 식량도 수송해야 하는데, 이 수송을 군사들의 말로만 해결할 수가 없었다. 이런 경우 보통은 군현에서 말을 징발해서 사용했다. 이렇게 징발한 말을 쇄마라고 했다.

쇄마는 전시에만 사용한 방법은 아니다. 일상적인 수송, 국역, 군역 수행, 관리의 이동, 사신 호송 등 대규모 수송수단이 필요할 때마다 쇄마를 사용했다. 역마를 이용하도록 정해져 있는 사안이라고 해도 역마가 부족해서 쇄마를 병행할 때가 많았다. 함길도 같이 긴장감이 높은 지역에서는 평소에 국경수비에 나서는 병사들이 쇄마해서 말을 조달하기도 했다.[479] 이 말들이 먹는 사료도 관청에서 평소에 비축하고 제공

---

475 『성종실록』 권250, 성종 22년 2월 갑인.
476 『성종실록』 권249, 성종 22년 1월 정유.
477 『중종실록』 권100, 중종 38년 2월 경진, 평안도 관찰사 민제인의 계본.
478 『성종실록』 권172, 성종 15년 11월 을미.
479 『세종실록』 권86, 세종 21년 9월 정미.

하게 했다. 『경국대전』에서는 큰 고을은 연간 10만속, 중간은 8만속, 작은 고을은 6만속을 비축하게 하고, 교통의 요지는 1만속씩 더 비축하게 했다. 민간에서 징발하면 수령을 처벌하게 했다.[480] 그러나 쇄마와 마찬가지로 민간에서 징발하는 경우도 많았던 것 같다.

쇄마를 사용할 때 대가를 지불했는지, 무상 징발인지는 확실하지 않다. 대가를 지불해도 적합한 가격이 아닌 것은 분명했다. 말이 다치거나 죽으면 더더욱 제대로 보상이 되지 않았다.[481] 그래서 "바닷가에 사는 사람은 격군(노 젓는 군사)으로 지치고, 내륙에 사는 사람은 쇄마에 시달린다"는 말이 유행했다고 한다.[482]

조선후기에는 목장이 줄고, 품종도 좋지 않아서 목장의 말을 나누어 주는 방식은 잘 시행되지 않았다.[483] 대신에 유통경제의 발달에 힘입어 전마나 수송용말 모두 임대하거나 매득하는 비중이 늘었다. 군사들의 전마도 지방재정을 이용해 여진족과 무역해서 호마를 구입하는 경우가 일반화되었다.

> 병조 판서 김구金構가 말했다. "근래 우리나라에는 좋은 말이 없고, 제주나 각도의 목장에도 좋은 품종은 절종이 되었습니다. 신이 무사나 금군이 탄 말을 보았더니, 호마胡馬가 아니면 모두 노둔한 말이었습니다. 얼마전에 함경감사 유득일兪得一이 변군邊郡에서 모곡耗穀(환곡으로 얻은 이자수익)으로 말을 사들이는 일을 금하게 하여 달라고 청하였습니다. 그런데 모곡이 아무리 많더라도 상례로 보아 수령이 사용하게 되는 것이니, 그 모곡으로 전마戰馬를 사는 것이 무슨 불가할 것이 있겠습니까? 이제 개시開市 시기가 멀지 않았으니, 금하지 말도록 하는 것이 마땅하겠습니다."[484]

---

480 『경국대전』 권4, 병전, 적추.
481 『연산군일기』 권41, 연산군 7년 9월 병자.
482 『광해군일기』 권7, 광해군 즉위년 8월 경오.
483 『숙종실록』 권49, 숙종 36년 11월 갑진.
484 『숙종실록』 권35, 숙종 27년 7월 경자 ; 『영조실록』 권23, 영조 5년 윤7월 경자. 전마의 가격은 상당히 높았다. 우수한 준마의 경우 최소한 백금 30냥 이상이었다고 한다(『영조실록』 권17, 영조 4년 을유, 나숭대의 공초).

이 재원을 마련하는 방법은 환곡의 수입을 이용하기도 하고 둔전을 경영하기도 했다. 말의 구입을 위해 설치한 둔전을 전마둔전戰馬屯田이라고 했다.[485]

또는 군사와 보인이 내야할 세를 면제해 주고 대신 그 돈으로 말을 구입하도록 하는 방법도 사용되었다.[486] 이처럼 전마를 매입하는 방식이 일반화되자 무과나 취재시험에 합격했을 경우, 새로운 병종을 창설했을 경우는 수백 명 이상이 갑자기 말이 필요하게 되므로 공급부족 현상이 초래되었다. 따라서 조선전기에는 말을 소유하고 있는 사람에 한 해 합격을 허락했지만 조선후기에는 일단 합격시키고, 말을 차후에 구입하는 것을 허용했다.[487]

쇄마의 경우도 말을 직접 징발하는 대신 쇄마가를 징수하는 방식으로 바뀌었다. 필요한 말의 수를 산정한 뒤에 고을마다 가격을 분배하면 고을에서는 가호마다 전결수에 따라 징수했다. 이렇게 징수한 돈으로 말을 임대해서 수송했다. 사료도 매입해서 조달했다.[488]

---

485 『정조실록』권4, 정조 11년 12월 무오.
486 『영조실록』권13, 영조 3년 9월 갑술.
487 『영조실록』권40, 영조 11년 12월 임신.
488 『광해군일기』권7, 광해군 즉위년 8월 갑술. 쇄마가 군현에서 사역할 일이면 쇄마가를 거두어 말을 매입하여 해결하면 그만이었다. 국가적 사안으로 전국에서 쇄마를 징발할 때는 두 가지 방법이 있다. 군현마다 할당액만큼 쇄마가를 거두어 말을 매입하고 마부를 세우고, 사료를 마련해서 서울로 올려 보내는 방법이다. 이 경우 말은 매입했지만 마부는 농부가 역역으로 담당해야 했고, 서울까지 이동하는 기간 동안 사료값과 기타 비용이 적지 않았다. 그래서 나중에는 아예 군현에서 서울로 말대신에 쇄마가를 보내면 서울에서 총괄적으로 말과 마부를 고용하는 방법을 사용했다. 18세기 이후에는 민고를 세워 쇄마가를 운영하는 것이 보편적 경향이 되었는데, 쇄마가, 고마가(雇馬價)가 모리의 수단이 되기도 했다.

제6절

봉수

1. 봉수제의 정비

봉수는 횃불과 연기로 변방의 긴급한 사안을 중앙에 알리는 군사통신의 하나로써 봉화烽火라고도 했다. 변경에서 적이 침입하면 그 사실을 중앙의 병조兵曹와 지방의 진보鎭堡에 전달해야 했다. 이를 위해 주변을 잘 살필 수 있는 산봉우리에 수십 리의 간격으로 연대煙臺나 봉수대烽燧臺를 축조해서 낮에는 연기로 밤에는 횃불로 그 사실을 알렸다. 이러한 봉수는 전통시대의 가장 보편적인 군사통신 방법이었다.[489]

조선은 지리적으로 남방 연안과 북방 변경의 이민족과 밀접한 관계를 맺어왔다. 이러한 상황에 대해 1413년(태종 13)에 사헌부는 "우리나라의 땅은 오랑캐의 지경과 접해 있고, 바다로는 왜국과 연해 있어 변방의 환을 염려하지 않을 수 없다"고 한 바있다.[490] 조선과 대적하고 있는 외적들은 북로남왜北虜南倭였다.[491] 조선은 이들과의 물

---

[489] 봉수에 관한 대표적인 연구 성과는 다음과 같다.
　　남도영, 「조선시대의 봉수제」, 『역사교육』 23, 1978.
　　조병로 외, 『한국의 봉수-옛날 우리조상들의 군사통신네트워크』, 눈빛, 2003.
[490] 『태종실록』 권26, 태종 13년 8월 임자.
[491] 북로남왜는 북방의 여진과 남방의 왜인을 가리키는 말이다. 이 단어는 『조선왕조실록』을 통해 그 용례를 찾아볼 수 있다(『성종실록』 권255, 성종 22년 7월 을미 ; 『중종실록』 권58, 중종 21년 12월 임신 ; 『명종실록』 권33, 명종 21년 10월 경오). 혹 동왜북로나 남왜북적으로 호칭되기도 했다(『세종실록』 권112, 세종 28년 5월 정축).

남산봉수대 측면(서울 중구)

리적인 충돌을 피하기 위해 다양한 대책을 강구했다. 그러나 이들의 침입은 빈번하게 계속되었다. 따라서 야인과 왜인들이 침입하면 그 사실을 중앙과 인근의 제읍에 알리고 그 대책을 마련해야 했다. 봉수제의 정비는 조선 건국 초창기부터 비변대책備邊對策의 일환으로서 국가의 존립과 직결되는 중대사였다.

조선이 건국된 후 봉수의 설치를 촉구하는 대책이 거론된 것은 1406년(태종 6)이었다. 이때에 동북면 도순문사는 야인野人들이 침입하는 요충지의 높은 곳에 봉수를 설치하여 척후를 부지런히 하자고 주장했다. 당시 이러한 의견이 제기되었던 것은 경원慶源 근처에 흩어져 살던 군민들이 성 가까이 모여 살면서 농사를 짓고 있었기 때문이었다. 이들을 야인들의 침입에 앞서 보호해야 했던 것이다.[492] 조선이 건국된 후 15년이나 지난 시점에서 봉수 문제가 불거졌던 것은 야인들의 침입이 현실적인 문제가 되었기 때문이었다. 동북면은 이성계의 지역적 기반으로써 이 앞서 정도전이 도선무순찰사로서 해당 지역에 파견되어 주군과 참로站路를 구획하고 그 곳의 관리의 이름과 등급을 정한 바 있었다.[493]

이때의 성과는 야인과의 변경 지대를 조선의 행정구역화 한다는 의미를 지니고 있었다.[494] 그러므로 태조대에는 야인의 침입이 그다지 현실적인 위협으로 여겨지지 않았을 가능성이 많았다. 태종이 즉위한 후에도 이런 상황은 계속되었다. 그러다가 1404년(태종 4) 5월에 태종은 명에 올린 주본奏本을 통해 조선의 동북지방 영토가 공험진公嶮鎭으로부터[495] 공주孔州·길주吉州·단주端州·영주英州·웅주雄州·힘주咸州 등

---

492 『태종실록』 권11, 태종 6년 3월 을미.
493 『태조실록』 권13, 태조 7년 3월 정묘.
494 김순남, 「조선초기 備邊對策의 수립과 시행―재상급 국방전문가의 활약을 중심으로―」『조선시대사학보』 45, 2008, 60쪽.
495 공험진은 두만강 북쪽 7백리 지점에 있다고 알려져 있다. 이 지역은 후에 세종이 국토개척의 목

의 고을에 걸친다는 점을 밝히고, 해당 지역에 거주하는 야인들을 관할하겠다는 뜻을 밝혔다.[496] 그러나 1405년(태종 5)에 명에서 종래 조선에 내조했던 모련 등처 지면毛 憐等處地面 만호 퉁몽거티무르(동맹가첩목아童猛哥帖木兒)를 효유하기 위해 사신을 파 견했다.[497] 그러자 퉁몽거티무르童猛哥帖木兒를 조선의 번리로 삼고자 했던 태종은 동 북면에 경차관을 파견해 그로 하여금 명 사신의 명령을 따르지 말도록 설득했다.[498] 또한 명에도 사신을 보내 공험진 이남의 여진을 관할하겠다는 전년의 뜻을 강조하는 한편 경성과 경원의 야인들을 그대로 다스리겠다고 했다.[499] 그러나 퉁몽거티무르는 이중적인 태도로 조선에 복종하는 듯하면서도 실상은 조선을 배반했다.[500] 결국 퉁몽 거티무르는 1405년(태종 5) 10월 명에 입조했다.[501] 경원에 봉수를 설치하라는 동북 면 도순문사의 계가 올라 온 것은 바로 이때였다. 경원 등처에 거주했던 퉁몽거티무 르가 조선을 배반하면서, 종전과는 다른 상황이 전개되는 데에 따른 대비를 하지 않 을 수 없었던 상황이었던 것이다.

이때에 북방의 봉수 설치에 관한 의견이 제기된 이후 실지로 봉수에 관한 구체적인 규정이 마련된 것은 세종대에 들어서였다. 1419년(세종 1) 5월에 병조에 의해 마련된 봉화의 규정에서는 왜적이 바다에 나타날 때부터 육지에 상륙했을 때까지를 단계별 로 구분하고, 육지에서의 싸움이 일어났을 때에도 역시 단계별로 구분했다. 종래에는 각도에서 특별한 일이 없으면 1번 들게 하고, 유사시에는 2번 들게 했었다. 그러다가 이때에 이르러 거화炬火의 단계를 5단계로 세분화했다. 즉, 왜적이 바다에 있으면 봉 화를 2번 들게 하고(2거), 근경近境에 오면 3번 들게 하고(3거), 병선이 서로 싸울 때 는 4번 들게 하고, 육지에 상륙하면 5번을 들도록 했다. 그리고 육지에서 적변이 일 어났을 경우 적들이 국경밖에 있으면 2번 들게 하고(2거), 국경 가까이에 있으면 3번

표로 삼았다(김구진, 「여진과의 관계」『한국사 22-조선왕조의 성립과 대외관계』, 1995, 341쪽).
496 『태종실록』권7, 태종 4년 5월 기미.
497 『태종실록』권9, 태종 5년 3월 병오.
498 『태종실록』권9, 태종 5년 3월 기유.
499 『태종실록』권9, 태종 5년 5월 경술.
500 『태종실록』권10, 태종 5년 8월 신묘.
501 『태종실록』권10, 태종 5년 9월 을사.

들게 하고(3거), 적들이 국경을 침범하였으면 4번 들게 하고(4거), 적들과 서로 접전하는 상황이 되면 5번을 들도록 했다(5거). 뿐만 아니라 낮에는 불을 피우는 대신 연기로 대신하도록 했다. 이러한 규정은 상왕의 윤허로 그대로 실시되었다.[502]

세종 1년인데도 봉수법 정비 규정을 상왕이 윤허했던 것은 당시 군사권을 상왕 태종이 장악하고 있었기 때문이었다. 태종은 1418년(태종 18) 8월에 아들 세종에게 양위했다.[503] 그런데 이때까지도 군사권을 비롯한 군국 중사는 여전히 태종 자신이 장악했다.[504] 태종은 세종이 30세가 되면 전권을 이관하겠다고 했었다.[505] 이에 세종이 즉위한 후에도 상왕 태종은 여전히 군사권을 장악하고 있었고 이러한 상황에서 1419년(세종 원년)에 쓰시마 정벌이 단행되었다. 쓰시마 정벌은 세종대에 이루어진 거사였지만 이를 실지로 계획하고 실행에 옮겼던 것은 전적으로 상왕 태종이었다.[506]

당시에 봉수에 관한 세부적인 규정이 이루어졌던 것은 그 앞서 왜구들의 침입이 빈번했기 때문이었다고 생각된다. 거화 규정이 마련된 것은 5월 26일(양 6월 19일)이었는데, 이보다 앞선 4일(양 5월 28일)에는 왜선이 충청도 결성結城 지경에 나타났고,[507] 5일(양 5월 29일)에는 명에 가서 노략질하고 돌아 온 왜선 39척이 영광靈光 지경에 둔병하고 있었다.[508] 또한 그 이틀 뒤인 7일(양 5월 31일)에는 5일 새벽에 왜선 50여 척이 비인현庇仁縣 도두음곶이都豆音串에 이르러 조선 병선을 에워싸고 불살랐는데, 연기가 자욱하게 끼어 서로를 분별하지 못할 지경이었다는 소식이 충청도 병사를 통해 올라왔다.[509] 12일(양 6월 5일)에도 왜적 7척이 황해도 해주에서 도적질했다.[510] 세종 1

---

502 『세종실록』권4, 세종 1년 5월 경오.
503 『태종실록』권36, 태종 18년 8월 정해.
504 『세종실록』권1, 총서, 세종 즉위년 8월.
505 『세종실록』권1, 세종 즉위년 9월 계유.
506 세종이 즉위한 후 상왕 태종은 세종 4년(1422)에 승하했다. 이 기간 동안 상왕은 군사권을 장악한 상태에서 국정을 지휘했고, 세종은 금상으로서 부왕(副王)의 역할을 했다. 이 5년간의 시기를 양왕체제기라고 부르기도 한다(민현구, 「조선 세종대 초엽의 양왕체제와 국정운영」『역사민속학』22, 2006).
507 『세종실록』권4, 세종 1년 5월 무신.
508 『세종실록』권4, 세종 1년 5월 기유.
509 『세종실록』권4, 세종 1년 5월 신해.
510 『세종실록』권4, 세종 1년 5월 병진.

년 5월에 왜구의 침입이 집중적으로 발생하자, 이를 보고 받은 상왕은 쓰시마 정벌을 논의했다.[511] 그리고 실행에 옮겼다.[512] 세부적인 거화규정이 마련된 것은 바로 이 직후였다.

2. 연대의 축조와 봉수망의 완성

세종 1년에 세부적인 거화 규정이 정비된 이후 점차 남북 변경의 연변 봉수대가 증설되었다. 먼저 남해안의 연변 봉수대를 축조했다. 1422년(세종 4) 8월에 경상도수군도안무처치사의 건의에 따라 보루와 장벽이 없어 적의 겁탈이 용이한 문제점을 해결하기 위해 연대를 높이 쌓고 그 곳에 활쏘는 집과 화포와 병기를 설치하도록 했다.[513] 이 조치 이후 1422년(세종 4)에는 봉수제烽燧制가 새로이 정해졌다. 이때에 세종은 병조에 명하여 의정부·각조와 함께 의논해 봉수를 정하도록 했다.[514] 이에 따라 1423년(세종 5) 2월에 서울 남산에 봉수대 5곳이 설치되었다. 그 5개소 중 동쪽의 제1봉화는 명철방明哲坊방향에 위치했는데, 양주 아차산봉화峨嵯山烽火와 서로 마주 보며 함길도, 강원도에서 오는 봉화를 받았다. 제2봉화는 성명방誠明坊 방향에 위치했는데, 광주 천천현봉화穿川峴烽火, 뒤의 천림산봉수와 마주 보며 경상도 봉화를 수신했다. 제3봉화는 훈도방薰陶坊 방향에 위치했는데, 무악 동봉毋岳東烽과 마주보며 평안도 봉화를 수신

천림산 봉수유적 터

---

511 『세종실록』 권4, 세종 1년 5월 무오.
512 쓰시마 정벌에 관한 자세한 내용은 한문종, 「조선초기의 왜구대책과 대마도정벌」 『전북사학』 19·20, 1997 참조.
513 『세종실록』 권17, 세종 4년 8월 계묘.
514 『세종실록』 권18, 세종 4년 윤12월 계유.

철신포(鐵信砲)
『국조오례의서례』권4,
병기도설.

했다. 제4봉화는 명례방明禮坊방향에 위치했는데, 무악 서봉
母岳西烽과 마주하며 평안도, 황해도 봉수를 수신했다. 제5
봉화는 호현방好賢坊 방향에 위치했는데, 양주 개화봉開花烽
과 마주하며 충청도, 전라도 봉화를 수신했다.[515]

남방의 경우에는 1427년(세종 9) 7월 전라도 고흥에 연대
가 설치되었다. 이때에 마북산馬北山과 수덕산愁德山에 별도
의 해망海望 즉 연대를 설치하여 낮에는 연기, 밤에는 봉화
를 올리고 구름이 끼어 어두울 때는 나팔을 불어 적변을 통
지하도록 했다.[516]

서울의 봉수대가 마련된 이후 북방에 연대가 본격적으로
축조되었던 것은 세종대 중반에 들어서였다. 물론 북방 연대
의 축조는 여진의 침입을 염두에 두고 이루어졌다. 1432년(세종 14) 2월에 세종은 연
대를 높이 쌓아 그곳에 수비와 방어에 필요한 물건을 구비해 놓는다면 야인들의 침입
에 대처할 수 있을 것이라면서 연대를 쌓아 신포信砲·소화포小火砲 등의 물건을 준비
해 놓으라는 명을 내렸다.[517] 명령이 내려진 뒤 4달 후인 1432년(세종 14) 6월에 함길
도에 연대 17개소가 설치되었다. 그런데 이 앞서 정흠지는 형조 판서로서 함길도에
파견되어 경성의 성터를 살펴서 정하는 임무를 수행해야 했다.[518] 정흠지는 함길도 도
순찰사로서 순찰 활동의 결과로 경원·경성의 축성과 함께 연대 축조에 관한 자신의
의견을 개진했다. 당시 정흠지는 경원과 석막石幕 상원평上院平 성터 이북과 남쪽의
용성龍城에 이르는 곳에 연대 17개소를 설치하여 연화를 마주보며 포성을 서로 듣게
하라고 했다. 그리고 1곳의 연대마다 화통예습인火㷀肄習人 1명, 봉수군 3명을 두어
간수하도록 하고, 병기로는 신포 2~3발과 대발화 4~5자루, 흰깃발白大旗 등의 비품
을 준비해 두라고 했다. 그러다가 적변이 일어나면 낮에는 연기를 올리고 밤에는 횃

---

515 『세종실록』권19, 세종 5년 2월 정축.
516 『세종실록』권37, 세종 9년 7월 갑오.
517 『세종실록』권55, 세종 14년 2월 기해.
518 『세종실록』권56, 세종 14년 5월 계해.

불을 들며 신포를 쏘아 서로 호응하며 백대기를 장대에 달아 편리한대로 적변을 알리라고 했다.[519]

함길도의 연대 축조에 관한 순찰활동이 이루어진 후 평안도의 연대에도 관심이 기울여졌다. 특히 평안도 강계와 여연은 1432년(세종 14) 12월에 야인 4백여 기가 쳐들어 와서 조선의 백성과 가축을 노략질해 갔던 곳이었다.[520] 이때에 조선 군사 중에서는 포로가 된 자가 27명이었고 전사한 사람은 48명이나 되었다.[521] 이러한 상황에서 평안도 여연閭延에서 강계江界에 이르는 연변 지역의 방어 대책이 논의되었는데, 조선 쪽 강변에 연대를 설치하도록 했던 것이다. 다만 평안도 연변은 삼림이 울창했던 까닭에 그 나무들을 베고 연대를 설치하도록 했다.[522]

이후 최윤덕을 주장으로 한 파저강 건주야인 이만주에 대한 정벌이 단행되면서,[523] 야인과 강을 사이에 두고 있는 평안도 연변의 방어는 더욱 강화되었다. 그리하여 1436년(세종 18) 5월에 4품 이상으로 하여금 외구外寇의 제어책制禦策을 올리도록 한 바 있었는데, 그 내용을 정리하여 평안도 도절제사에게 보냈다. 그 방책 중에는 연대에 관한 것도 있었다. 여연으로부터 이산理山에 이르기까지 강을 따라 10리 혹은 15리 간격으로 높은 고지에 연대를 축조하라는 것이었다.[524]

이 과정을 거쳐 1437년(세종 19) 2월에 봉수대의 운영에 관한 규정이 정해지게 되었다. 의정부에서는 봉화가 있는 각도의 극변極邊 초면初面에 연대를 높이 축조하고, 그곳의 봉졸烽卒은 인근에 거주하는 백성 10여 인으로 삼아, 번이 되는 3명은 모두 병기를 가지고 항상 연대에서 주야로 정찰토록 했다. 봉졸은 5일 만에 교대하게 했다. 극변이 아닌 곳에도 연대의 예에 따라 봉졸을 적당하게 배치하여 엄하게 고찰토록 했다.[525]

519 『세종실록』 권56, 세종 14년 6월 계사.
520 『세종실록』 권58, 세종 14년 12월 갑오.
521 『세종실록』 권59, 세종 15년 1월 계해.
522 『세종실록』 권59, 세종 15년 1월 정묘.
523 이때에 이루어진 파저강 야인 정벌에 대한 구체적인 내용은 강성문, 「조선시대 여진정벌에 관한 연구」 『軍史』 18, 1989를 참조.
524 『세종실록』 권73, 세종 18년 윤6월 계미.
525 『세종실록』 권76, 세종 19년 2월 기묘.

제주 서림연대

이처럼 연대가 축조되어 실제로 운영됨으로써 야인의 침입에 대해 미리 효과적으로 대처할 수 있었다. 실제로 1437년(세종 19) 5월에 여연과 조명간趙明干에 야인 도적 3백여 기병 중 40여 기병이 먼저 강을 건너 왔는데, 이를 연대에서 탐지하고 그곳에 비치되어 있던 신포信砲를 2번 발사하여 그 사실을 알렸다. 그러자 목책 밖의 들에서 농사짓던 사람들이 야인 침입 사실을 알고 목책 안으로 들어가거나 숲 사이에 흩어져 숨어 버림으로써 피해를 면할 수 있었다.[526] 연대의 유용성이 확인되면서 평안도 소용괴所用怪, 조명간, 어괴용於怪用의 연대에는 대臺를 축조하고 대 밑에는 구덩이를 파도록 했다.[527]

1437년(세종 19) 9월에 평안도 도절제사 이천李蕆을 주장으로 한 건주야인 이만주 정벌이 세종 15년에 이어 다시 단행되었다.[528] 이후 연변의 방어를 강화할 방책이 다시 논의되었는데, 무너진 연대의 보수와 축조도 그 한가지였다. 이에 기왕에 여연 등지에 적의 사정을 탐지하기 위해 축조한 연대가 1년도 못되어 무너지는 경우가 있어 그에 대한 보수와 감독을 강화하고자 했다. 그리하여 기존의 연대를 보수할 때는 포백척에 따라 한 면의 넓이가 20척, 높이는 30척이 되도록 사면을 쌓고 사면에는 구덩이를 파도록 했다. 그리고 군사 5인으로 하여금 병기와 화포를 가지고 밤낮으로 망보게 하고, 10일마다 교대하도록 했다.[529] 이때의 규정은 야인 정벌이 단행되기 이전의

---

526 『세종실록』 권77, 세종 19년 5월 기해.
527 『세종실록』 권78, 세종 19년 7월 임진.
528 『세종실록』 권78, 세종 19년 9월 신축
529 『세종실록』 권80, 세종 20년 1월 경자.

것보다 강화된 것이었다. 앞서는 봉졸 3명을 5일마다 1번씩 교대하게 했었는데, 이때에는 봉졸 5인을 10일마다 교대하도록 함으로써 연대의 수비인원을 늘리고 봉졸의 부담을 가중시켰다.

이처럼 북방의 연대 축조를 강화하는 한편, 남방의 경우에도 왜구에 대한 수비책으로써 봉화를 중시했다. 1439년(세종 21) 윤2월에 제주 도안무사가 올린 계에 따르면 제주의 동쪽 금녕에서 서쪽 판포板浦사이의 10곳에 봉화가 설치되어 있고, 대정현 서쪽 차귀遮歸에서 동쪽 거옥居玉 사이의 5곳에 봉화가 설치되어 있으며 정의현 서쪽에서 북쪽 지말산只末山 사이의 7곳에 봉

황보인의 필체

화가 설치되어 있었다. 그리고 봉화가 있는 곳에는 5인씩을 근무하게 했다. 또 높이와 너비가 각각 10척인 연대도 쌓았다. 연대의 후망인에게 병기와 기旗·각角을 가지고 올라가게 하여, 적변이 있으면, 봉화를 들고 각을 불어 그 사실을 통보하게 하고, 적이 상륙하면 육군과 수군으로 하여금 협공하도록 했다.[530]

조선전기에 북방의 연대 축조를 본격적이고 체계적으로 추진한 것은 1440년(세종 22) 이후 병조판서 황보인을 평안, 함길도 도체찰사로 파견하면서였다. 당시의 황보인은 연변의 읍성과 구자에 설치된 석보石堡와 목책이 견고한지를 조사하고 또한 연변 각 구자의 연대煙臺와 주망晝望 및 요해처의 증감 상태를 파악하며 그리고 해당 지역의 방수防戍 상황과 군인 숫자를 점검할 뿐 아니라 각 구자에 비치되어 있는 화포 및 화약을 점검하고 함길도 신설 읍으로 입거한 인물들의 유이流移 실태를 파악하고, 갑산甲山~여연, 창성昌城~의주義州 사이의 읍을 신설해야 할지, 강계江界 및 이산理山, 소삭주小朔州의 축성 편부便否 등을 심찰하는 등 연변 방어책을 대대적으로 강구하기 위한 체찰 활동을 했다.[531] 황보인은 해당 지역에 대한 체찰 활동을 마치고 연변

---

530 『세종실록』 권84, 세종 21년 윤2월 임오.
531 이때의 황보인의 체찰활동에 대해서는 김순남, 「세종대 체찰사제의 운용」 『한국사학보』 14,

비어책을 건의했는데, 평안도와 함길도의 연대 축조에 관한 것도 그 주요한 내용이었다. 당시 황보인은 평안도의 경우 여연부의 무로연대無路煙臺는 읍성과의 거리가 멀고, 강 건너에는 적들의 왕래로가 많으므로 온대溫大 주망봉畫望峯과 조명간 동쪽 봉우리 사이에 연대를 축조하고, 또한 의주 서쪽의 금음수音, 동암同暗, 임홍林弘, 륵당勒堂의 구자와 진병곶이鎭兵串의 신포 소리가 들릴만한 곳에도 연대를 축조하라고 했다. 그리고 함길도의 경우에는 적의 요충로인 갑산군 지항포池巷浦에 석보를 수축하고 그 동쪽 가음마동加音麼洞과 동량북東良北이 서로 붙어 있으니 감음파甘音坡에 성벽과 연대를 축조하라고 했다. 그리고 종성鍾城을 수주愁州에 이설하고 다온평多溫平에 새로이 읍(온성)을 설치하며, 회령會寧 서쪽 권두가權豆家 서봉西峰에 보루堡壘를 쌓은 다음, 이곳부터 경흥慶興 남쪽 서수라곶徐水羅串에 이르기까지 신포 소리가 들릴만한 곳을 헤아려 모두 연대를 설치하라고 했다.[532]

남방의 경우에는 1442년(세종 24) 3월에 쓰시마에 있는 민가의 연화를 볼 수 있을 정도로 가까운 거리에 있는 전라도의 거질다포居叱多浦와 도로가 통해 있는 방원현防垣峴에 연대를 설치하고 또 피리 소리가 들릴 수 있는 거리에 취각군吹角軍을 두어 적변을 알리도록 했다.[533]

이후 1443년(세종 25)에 이르러 창주구자昌州口子의 전자동田子洞 봉우리 꼭대기와 의주義州 청수구자靑水口子 봉우리 꼭대기에도 연대를 축조함으로써 평안도는 무창茂昌에서 의주까지의 연변에 거의 모두 연대를 축조하게 되었다.[534] 그리고 5달 뒤에는 가파리보加波地堡와 인차외보因車外堡에 연대를 설치할 곳을 살펴 평안도 농소리農所里 봉우리 꼭대기와 함길도 혜산보惠山堡를 연결하는 연대를 설치하도록 했다.[535] 그 결과 압록강에서 두만강에 이르는 연변의 연대망이 거의 완성되기에 이르렀다. 이렇게 연대망이 구축될 수 있었던 데에는 세종 22년부터 32년까지 무려 10년간 봄, 가을로 평안도와 함길도를 왕래한 도체찰사 황보인의 활동이 바탕이 되었음은 물론

2003, 137~139쪽 참조.
532 『세종실록』 권90, 세종 22년 7월 기사.
533 『세종실록』 권95, 세종 24년 3월 임술.
534 『세종실록』 권100, 세종 25년 4월 기해.
535 『세종실록』 권101, 세종 25년 9월 신미.

이다.[536]

이리하여 1446년(세종 28) 10월에 드디어 봉수법烽燧法이 상세하게 정해졌다. 그 규정은 다음과 같다.

① 연변沿邊의 연대 1개소에 봉화군 10명, 감고 2명을 정하여 상·하번으로 나누어 교대근무하게 한다.

② 내지봉수內地烽燧에는 봉화군 6명과 감고 2명을 정하고 2번으로 나누어 밤낮으로 후망하되 낮에는 연기로써, 밤에는 불로써 중앙에 전달한다.

③ 각도의 수로와 육지에 따라 봉화의 상호 조응相互照應하는 곳과 산의 이름, 거리(식수息數)를 수로와 육지로 나누어 장부에 기록하고 병조와 승정원, 의정부 및 관찰사, 절제사, 처치사의 각 영營에 비치하여 후일의 빙거憑據로 삼는다.

④ 관찰사와 절제사의 관할구역에 사람을 파견하여 근무실태를 조사하되 처음 점고에 빠지면 태형 50대, 두 번 적발당하면 장형 80대, 세 번 적발 당하면 장형 1백대를 집행한다. 잘못을 고찰하지 못한 관리는 초범 태형 50대, 재범은 장형 1백대와 파직시킨다.

⑤ 만약 노약과 잔질殘疾로써 임무를 감당할 수 없어 사적으로 대체시킨 자가 있으면, 대명률에 의거하여 대체한 자는 장 60대에 수적충군收籍充軍하고, 대체시킨 자는 장 80대에 이전의 역에 충군시킨다. 단 자손제질子孫弟姪과 동거친속同居親屬이 대체를 원하면 허가해 준다.

⑥ 평상시에는 낮에 연기로, 밤에 불로써 전하게 한다. 만약 앞의 봉화가 상준相準 즉, 봉화를 올리지 않으면 다음 봉화에 즉시 알리고 소재관所在官에서는 까닭을 추고하여 병조에 공문으로써 알린다. 봉화를 피우거나 올리지 않은 군사는 변이 일어났을 때에는 장 1백대를 집행하고 일이 없을 때에는 명령을 어긴 죄로 논하며 봉화를 거행하지 않아 호구와 성을 함몰시킨 자는 참형斬刑에 처한다.

⑦ 서울과 지방의 죄인 중에서 도형徒刑을 범한 자는 봉화군에 충원하여 공역供役하게

536 김순남, 앞의 논문, 2003, 138쪽.

하되, 만기가 되면 놓아준다.

⑧ 남산봉수대 5개소의 간망군看望軍은 전의 15명에다 5명을 추가하여 상·하 양번으로 나누고, 매소 2명은 입직入直하고 5명은 경수상직警守上直하는 예에 의거, 봉화가 있는 곳에 서로 번갈아 밤낮으로 입직하게 하고 출근여부와 후망의 근만勤慢을 고찰하여 병조에 보고하게 한다.

⑨ 연변연대의 축조하는 법식과 내지內地 봉화의 배설排設하는 제도와 봉수군의 출근 등에 대한 조목은 병조로 하여금 마련하여 시행하도록 한다.[537]

봉수법이 확립된 이후 1447년(세종 29) 3월에 연대의 축조방식과 내지 또는 복리腹裏 봉수의 배설제도가 마련되었다. 그 내용은 다음과 같다.

① 연변 각 곳에 연대를 축조하되 높이는 25척, 둘레는 70척이며 연대 밑의 4면은 30척으로 한다. 밖에는 참호를 파는데 깊이와 넓이는 각각 10척으로 하며 모두 영조척營造尺을 사용하며, 갱참坑塹의 외면에는 길이 3척의 목책을 설치하되 위를 뾰족하게 깎아 땅에 심고 넓이는 10척으로 한다.

② 연대 위에는 가옥假屋을 지어 병기와 조석으로 사용하는 물과 불을 담는 기명 등의 물품을 간수한다.

③ 후망인侯望人은 10일 동안 서로 번갈아 지키되 양식이 떨어졌을 때에는 고을의 감사와 절제사가 모자라는 것을 보충해 준다.

④ 감고監考와 후망인은 공부貢賦 외의 잡역을 일체 감면해 준다. 감고 중에서 부지런하고 조심성 있는 사람은 6년마다 한 차례 산관직散官職을 제수하며 적을 잡게 한 후망인은 서용하고 상을 준다. 그 나머지는 선군船軍의 예에 의거하여 도숙到宿을 계산하여 해령직海領職에 임명한다.

⑤ 복리봉수腹裏烽燧는 전에 배설한 곳에 연대를 쌓지 말고 산봉우리 위에 연조烟竈(아궁이)를 쌓아 올려 위는 뾰족하게 하고 밑은 크게 사각형 또는 원형으로 하며,

537 『세종실록』 권114, 세종 28년 10월 경자.

높이는 10척에 지나지 않게 한다. 또 담장을 쌓아 사나운 짐승을 피하게 한다.

⑥ 봉화는 사변이 있으면 감고가 즉시 해당 고을 관리에게 알리고 사변이 없으면 매10일마다 1회씩 감사에게 보고하며 매4개월마다 병조에 통첩을 보내 후일에 참고하게 한다. 그리고 감고와 봉수군의 근만勤慢을 수령과 감사가 고찰하게 하고, 군기를 점고하는 경차관도 아울러 사실을 검사하여 계문啓聞하게 한다.[538]

이후 1447년(세종 29) 4월에는 충청도 도순찰사 김종서의 계본에 의거해 충청도 태안군의 서쪽 지령산智靈山과 남면南面의 잠문이潛文伊에 봉화대를 쌓아 신포를 배치하도록 했다.[539] 북방, 남방에 이어 서해안의 봉수도 이때에 이르러 갖추어졌다.

이처럼 조선전기의 봉수제는 세종대에 이르러 남북방의 연대 축조를 통해 완성되었다. 남방의 연대는 왜구에 대비한 것이었고, 북방의 연대는 여진에 대비한 것이었다. 그런데 세종 원년 쓰시마 정벌이 단행된 이후, 왜구의 문제는 현실적인 위협이 되지 않았다. 따라서 이 시기의 연대 축조의 관심은 평안도와 함길도에 집중되었다. 더욱이 세종대에는 동왕 15년과 19년에 건주야인에 대한 정벌이 단행된 이후, 압록강 상류와 두만강 하류의 영토 개척에 진력했다.

4군과 6진의 설치로 대표되는 이 지역의 영토 개척과 아울러 적으로 상정되는 야인의 동향을 살피고 그에 대처하기 위한 연대 축조도 적극적으로 이루어졌다. 북방대책으로서의 연대 축조의 사안은 중앙의 재상급 관리를 별로로 파견함으로써 추진되었다. 그리하여 세종 말엽에 전국적인 봉수망이 완성되면서 봉수법의 확립을 보게 되었던 것이다.

3. 봉수체계의 재정비

세종대에 확립된 봉수제는 세종 사후 변화의 과정을 거쳤다. 북방지역의 경우 기

---

[538] 『세종실록』 권115, 세종 29년 3월 병인.
[539] 『세종실록』 권116, 세종 29년 4월 병신.

존의 연대를 신설, 이설 혹은 혁파함으로써 연변의 봉수체계가 재정비되었다. 먼저 1453년(단종 즉위) 10월에 평안도 의주의 석계연대石階煙臺를 벌좌리伐坐里 봉우리로 이설하였다.[540] 또 1454(단종 2) 1월에는 전라도 남해현南海縣의 망운산望雲山과 성현 城峴의 두 곳의 봉수를 폐지하고 그곳의 봉수군들은 성현방호소城峴防護所로 이동시켰다.[541] 그리고 1455년(단종 3) 4월에 소삭주小朔州 연평현延平峴에 연대를 신설하고 자성慈城 경내의 허공교 구자虛空橋口子에 연대를 신설했으며 강계부 적유령狄踰嶺에 봉수를 신설했다.[542]

세조대에 들어서도 기존의 봉수체계의 변화는 계속되었다. 1457년(세조 3) 8월에는 당시 평안도 의주 남쪽으로 있던 통군정統軍亭연대, 조산造山연대, 오언기吳彦基연대, 야일포也日浦연대, 고정주古靜州연대, 광성光城연대, 인산麟山연대, 기성岐城연대가 있었고, 의주 북쪽으로는 구룡九龍 연대, 석계石階연대, 수구水口연대, 송곶松串 연대 중에서 적로賊路의 위치와 연대간의 간격을 고려하여 조산연대, 야일포연대, 광성연대의 3곳을 폐지했다.[543]

세종 사후 이러한 봉수체제의 변화는 국방 체제의 변화와 맞물려 나타난 것이었다. 세종이 승하한 다음 해인 1450년(문종 즉위) 7월에 압록강변의 만포구자와 태일구자가 폐지되었다.[544] 만포구자의 폐지는 이후의 여연·무창茂昌·우예虞芮·자성慈城 등 압록강 유역에 설치된 4군의 폐지와 연관이 있었다. 이 지역은 수비의 어려움 때문에 이미 세종대부터 철폐 논의가 있었으나, 조종의 강역을 함부로 버릴 수 없다는 세종의 강고한 의지 때문에 당시에는 철폐에까지 이르지는 않았었다.[545] 그러나 세종말부터 당시 서몽골 오이라트 세력이 여진족을 압박하면서 오히라트에 몰린 건주위 추장 이만주와 동창·범찰 등이 대거 조선으로 몰려 올 것이 예상되는 등 외부적인 위협이 대두되자 방어하기 어려운 곳을 포기하는 대신 내지의 방어를 더욱 굳건히 하자는 뜻

540 『단종실록』 권4, 단종 즉위년 10월 정유.
541 『단종실록』 권10, 단종 2년 1월 갑자.
542 『단종실록』 권14, 단종 3년 4월 무자.
543 『세조실록』 권8, 세조 3년 8월 기해.
544 『문종실록』 권2, 문종 즉위년 7월 무오.
545 『세종실록』 권76, 세종 19년 2월 갑술.

에서 문종대에 이르러 압록강변의 두 곳의 구자가 폐지되었던 것이다.[546] 그리고 이어 1455년(단종 3) 4월에 여연·무창·우예의 3군 역시 폐지되었다.[547]

이처럼 최북단의 구자 두 곳과 3군이 폐지되면서 북방 방어선이 뒤로 물려지게 되었다. 그에 따라 연대 축조를 통해 구축된 연변 방어망도 변화되지 않을 수 없었다. 세종 사후 기존 연대 중심의 봉수체계가 변화된 데에는 이러한 사정이 있었던 것이다.

특히, 1455년(세조 1)에 평안도와 함길도에 설치된 군익도 체제를 전국으로 확장하여 전국의 주요 지역을 중·좌·우익으로 편성했다. 이때에 이르러 남방의 연해지역에만 진을 설치했던 것을 확대해 내륙지방에도 거진을 설치하고 주변의 여러 고을을 분속시켰다.[548] 그 후 2년이 지난 1457년(세조 3) 10월에 다시 진관체제로 지방군 체제가 바뀌었다. 진관체제하에서는 전국 각지의 요충지를 거진으로 해서, 거진의 군사기지로서의 거점적 성격을 분명히 하고 나머지 주변 지역의 여러 진이 거진에 소속되도록 했다.[549] 이러한 진관체제로의 개편이 이루어지면서 평안도는 내륙의 국방을 강화하는 쪽으로, 함길도는 국경 지역의 국방을 강화하면서도 내륙의 국방을 배제하지 않은 쪽으로 진관이 편성되었다. 그리고 남방에는 내륙의 방위 체제가 갖추어짐으로써 종래 남방의 해안 요충지에 설치되었던 변진은 그 중요도가 떨어졌다.[550]

세조대에 이르러 국방체제가 변화하면서 세종대에 확립된 봉수체계는 당연히 세조대의 그것에 맞추어 변화하지 않을 수 없었다. 그리하여 1458년(세조 4) 12월에는 연대의 거리가 멀지 않은 곳을 중심으로 평안도 벽동군 수락水落연대, 창성군 성저城底연대, 영유현 당대堂代연대, 장경곶長京串연대, 증산현 가을곶加乙串연대, 함종현 입석立石연대, 용강현 하조촌下釗村연대, 삼화현 동림산東林山연대·광량廣梁연대·목촌木村연대, 용천군 오도곶吾道串연대·양량梁郎연대·신지도信知島연대를 혁파했다.[551] 그리고 1459년(세조 5) 4월에는 함경도 회령부의 보을하甫乙下연대를 혁파했다. 보을하연

---

546 李仁榮, 「廢四郡問題管見」 『韓國滿洲關係史의 研究』, 1954.
547 『단종실록』 권14, 단종 3년 4월 무자.
548 『세조실록』 권2, 세조 원년 9월 계미.
549 『세조실록』 권9, 세조 3년 10월 경술.
550 본서 조선전기 제4장 제3절 참조.
551 『세조실록』 권14, 세조 4년 12월 정묘.

대가 야인들의 경계에 깊이 들어가서 위치해 있던 까닭에 형세가 고단할 뿐만 아니라 알타리가 거주하는 곳과 너무 가까워서 지형상 불리했기 때문이었다.[552] 그리고 1460년(세조 6) 4월에는 평안도 강계부의 산단山端연대와 건배자개乾背者介연대를 혁파했고,[553] 그해 11월에는 갑산진 진동보鎭東堡의 이설과 함께 동인원東仁院에 동인원보東仁院堡 및 동인원東仁院연대를 신축했다.[554] 그리고 1456년(세조 10) 2월에는 남방의 경상도 창원부의 봉산峯山봉수와 양산군의 계명산鷄鳴山봉수가 낮고 작아서 먼 곳과 통할 수 없기 때문에 봉산 봉수는 합산合山으로, 계명산 봉수는 위천역渭川驛 북산北山으로 이설했다.[555]

세조대 들어 지방군 체제의 개편에 따라 연대의 신설과 이설, 혁파가 빈번하게 일어났던 것과 아울러 연대의 운영에도 변화가 나타났다. 봉수대의 군졸 5인 내에서 1인을 줄이고, 그 자리에는 본읍의 갑사 충보充補 중의 1인을 보충하여 1개월마다 서로 교체하되 별도別到를 갑절로 주도록 했다. 갑사로 충보된 1인은 본래 정한 4인을 거느리고서 화포 쏘는 등의 일을 상시로 가르치게 하고, 구덩이와 목책과 군기도 또한 수보修補해야 했다. 그 중에 후망에 부지런하여 사변을 잘 보고한 사람이나 부지런히 보수하여 공적이 현저한 사람은 그 도의 도절제사로 하여금 그 공로의 등급을 정하여 계문하여 논공행상하여 서용하고, 반대는 논죄하여 도到를 삭제하도록 했다.[556]

이러한 변화를 거쳐 조선전기 봉수체제는 『경국대전』에 등재되었다.[557]

봉수는 평상시에는 1거를, 적이 나타나면 2거를, 경계에 접근하면 3거를, 경계를 범하면 4거를, 접전하면 5거를 올리되 서울에서는 5원員이 본조에 보고하고 지방에서는 오장伍長이 진장鎭將에게 보고한다. 목멱산 봉수는 동측의 제1대는 영안도·강원도에서 오는 양주 아차산의 봉수에 준하고, 제2대는 경상도에서 오는 광주 천천령의 봉수에 준

552 『세조실록』 권16, 세조 5년 4월 임신.
553 『세조실록』 권20, 세조 6년 4월 정미.
554 『세조실록』 권22, 세조 6년 11월 신묘.
555 『세조실록』 권32, 세조 10년 2월 무술.
556 『세조실록』 권16, 세조 5년 4월 경진.
557 『경국대전』 권4, 병전, 봉수.

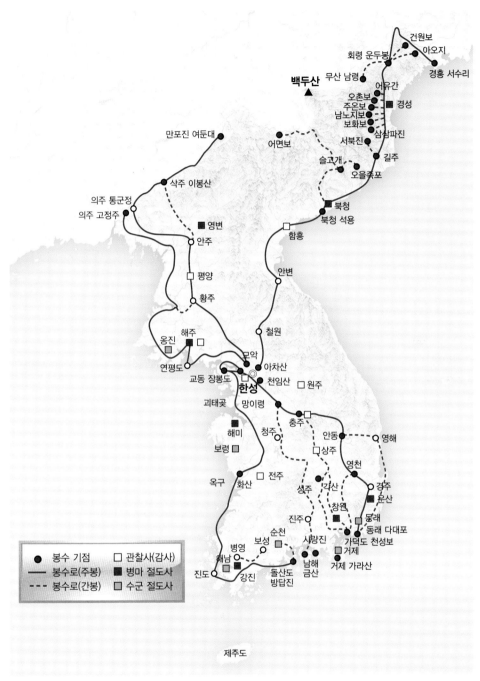

봉수 기점
봉수로(주봉)
봉수로(간봉)
관찰사(감사)
병마 절도사
수군 절도사

백두산

건원보
회령 운두봉
아오지
경흥 서수리
무산 남령
어유간
오촌보
주오보
경성
남노지보
보화보
삼삼파진
서북진
슬고개
길주
만포진 여둔대
어면보
오을족포
북청
북청 석용
삭주 이봉산
함흥
의주 통군정
영변
의주 고정주
안주
안변
평양
황주
철원
옹진
해주
모악
연평도
아차산
교동 장봉도
한성
천임산
원주
괴태곶
망이령
충주
청주
해미
안동
영해
보령
상주
영천
옥구
전주
경주
화산
생주
각산
운산
창원
진주
동래
순천
가덕도 천성보
다대포
보성
사량진
거제
병영
해남
남해
거제 가라산
진도
강진
돌산도
방답진
금산

제주도

조선전기 봉수도

하고, 제3대는 평안도의 육로로부터 오는 모악 동봉의 봉수에 준하고, 제4대는 평안도·황해도의 해로로부터 오는 모악 서봉의 봉수에 준하고 제5대는 충청도 전라도에서 오는 양천 개화산의 봉수에 준한다. (본조에서 사람을 지정하여 망을 보게 하고 이튿날 새벽에 승정원에 보고하여 왕에게 아뢰게 한다. 만약 변고가 있을 때에는 야간이라도 즉시 보고케 한다.) 목멱산은 봉수대 매소에 군사 4인, 오원 2인을, 연변은 봉수대 매소에 군사 10인 오장 2인을, 내지內地는 봉수대 매소에 군사 6인 오장 2인을 배치한다. (군사 및 오장은 모두 봉수대 근처의 거주인을 차정한다. 혹 구름이 끼어 어둡거나 바람이 세차서 연화로 통할 수 없을 때에는 봉수군이 달려가서 보고한다.)

봉수의 관리는 중앙에서는 병조의 무비사武備司가, 지방에서는 감사, 병사, 수사, 도절제사, 순찰사 등 군사책임자가 수령을 지휘, 감독했다. 봉수에 관한 책임은 거의 수령에게 있었다. 수령은 봉수군의 후망 실태를 감독하거나 봉수군의 차정差定과 교대 근무 및 봉수대의 이상 유무를 감찰했다. 감고는 평상시에는 매10일마다 1회씩 봉수대의 이상 유무를 감사에게 보고했고, 유사시에는 즉시 보고했다. 그리고 수령은 이를 3·6·9·12월마다 병조에 보고했다.[558]

---

558 조병로, 앞의 책, 2003.

제8장

대외 군사활동과 영토 확장

제1절

왜구진압과 쓰시마 정벌

1. 왜구상황과 정벌의 배경

왜구문제는 조선 초기 대일문제의 핵심이었다. 이 문제 해결을 위해 조선정부는 수군을 강화하고 해안방어시설을 구축하여 군사적 방비에 힘을 기울이는 한편, 외교적인 노력을 통해 왜국에 대한 회유책을 사용하는 두 가지 정책을 함께 추진했다.[1] 이런 노력의 결과 태종대 이르러 점차 왜구의 침략이 줄어들었고, 조선정부는 쓰시마 도주島主 소오 사다모리[宗貞茂]를 우대하는 상황을 유지했다.

그렇지만 세종 즉위년(1418) 9월 9일(양 10월 8일) 제주의 조운선이 왜구들에게 약탈되는 사건이 발생하자[2] 전라도 일대의 조운로 보호를 위한 군사방비가 강조되었다. 나아가 그해 12월 11일(양 1419년 1월 6일) 왜구가 3백여 척의 배로 중국을 침구할 것이라는 첩보가 전달되었다.[3] 그에 따라 왜구를 방비하기 위해 무략이 있는 사람을 선발하여 연해지방에 충원했다.[4] 왜구의 침구가 일어날 것이라는 우려가 커지는 가운데 쓰시마에서 탈출해 오는 중국인을 통해 쓰시마 사정을 면밀하게 관찰하던 조선정

---

1 한문종, 「조선초기 왜구대책과 대마도 정벌」 『전북사학』 19·20호, 1997, 163쪽.
2 『세종실록』 권1, 세종 즉위년 9월 병진.
3 『세종실록』 권2, 세종 즉위년 12월 병술.
4 『세종실록』 권2, 세종 즉위년 12월 을미.

부는 이듬해 1월 13일(양 1419년 2월 7일) 때마침 왜구들에게 포로가 되었다가 탈출한 중국인 김득관金得觀 등 2인이 진양晉陽에 도착하자 왜구들이 전선을 만들고 있으며 3월경에는 중국 연해 지방에 난리를 일으킬 것이라는 결정적인 제보를 보고받았다.

왜구 침구의 구체적인 정보와 시기를 접한 조선 정부는 이 사실을 중국 정부에 어떻게 전달할 것인가를 고민했다. 중국 정부가 우리나라가 왜구와 교통한다고 의심할 것을 염려했기 때문이었다. 이에 대해 예조판서 허조는 김득관의 공장供狀을 먼저 요동에 알리고 미리 방비할 것을 주장했고, 찬성 박신朴信은 김득관을 중국에 보내면 중국 정부가 우리나라가 왜구와 교통한다고 의심할까 두려우니 그를 조선 내에 머물러 있게 할 것을 건의했다. 태종은 좌의정 박언朴블의 견해를 따라 중국에 첩보를 알렸고,[5] 중국 정부는 그 정보에 따라 포왜도지휘捕倭都指揮 곡상谷祥, 장저張壸와 절강浙江 복건福建 연해위소緣海衛所에 경계태세를 발령했다.[6]

2. 왜구의 서해안 침공과 조선의 대응

1) 비인과 백령도 전투

5월에 왜선이 서해안인 충청도 결성結成과 전라도 해역에서 탐지되었다.[7] 조선은 대비태세를 갖추었으나 5일(양 5월 29일) 새벽에 왜선 50여 척이 충청도 비인현庇仁縣 도두음곶都豆音串에서 정박 중인 조선 병선을 습격하고 불살랐다.[8] 이 전투에서 만호 김성길金成吉이 술에 취해 방비를 소홀히 한 탓에 습격을 허용, 왜구는 병선 7척을 탈취하여 불사르고, 군사 태반을 죽였다. 해상에서 승리한 왜군은 상륙해서 비인 현

---

5 『세종실록』 권3, 세종 1년 1월 경신 ; 『세종실록』 권3, 세종 1년 1월 기사.
6 『명태종실록』 권209, 영락 17년 2월 신묘.
7 『세종실록』 권4, 세종 1년 5월 무신. 결성은 현재의 충남 홍성군 결성면으로 천수만에 연한 해읍인데, 이 날 나타난 왜구는 가장 먼저 북상한 선발대로 보인다.
8 『세종실록』 권4, 세종 1년 5월 신해.

성을 포위했다. 현성에서의 전투는 진시(오전 7~9시)로부터 오시(오전 11시~오후 1시)까지 계속되어 성이 거의 함락될 지경이었다. 그러나 마침 지서천군사知舒川郡事 김윤金閏과 남포진藍浦鎭 병마사 오익생吳益生이 군사를 거느리고 잇달아 도착하여 함께 싸워 왜구를 베어 죽였다. 지원을 받은 비인 현감 송호생도 성 밖에 나와 화살에 부상당하면서도 맞서 싸워 왜구를 생포했다. 그러한 반격에 왜구는 포위를 풀고 도망했다.[9] 이후 보고에 따르면 이 전투에서 조선군이 입은 피해는 전사 300여 명에[10] 선군船軍 이원생李元生을 비롯한 40여 명이 포로로 잡혀간 것으로 집계되었다.[11]

비인에서 막대한 피해를 입히고 북상하던 왜구들은 11일(양 6월 4일)에는 해주 일대에 나타났으며, 18일(양 6월 11일)에는 조정에서 왜구 토벌을 위해 파견한 윤득홍과 귀화 왜인 평도전이 이끈 함대와 백령도에서 마주쳤다. 왜구들은 식량을 얻기 위

수직왜인고신(국사편찬위원회)
1555년 왜인 평송차를 호분위 사맹으로 임명하는 문서이다.
조선전기에는 왜인들에게 회유책으로 벼슬을 주기도
하였다.

해 조선 서해안 일대에서 15일 정도를 머물렀던 것이다. 윤득홍은 경기수군 첨절제사로 왜구추적에 실패하여 체복사가 군법으로 논죄하려 할 때였는데, 죽음을 맹세하고 기회를 얻어 출전한 것이어서 사력을 다하여 싸웠고,[12] 때마침 평도전도 함선 2척을 거느리고 와서 협공했다. 그 결과 적의 괴수가 탄 왜선 1척을 나포하는데 성공했다.[13]

왜선에 승선한 인원이 약 60여 명이었는데 윤득홍이 13명을 죽이고, 8명을 생포했으며, 평도전이 3명을 죽이고 19명을 생포하여 전체 26명의 포로를 잡았다.

9 『세종실록』 권4, 세종 1년 5월 신해.
10 『세종실록』 권4, 세종 1년 5월 계유.
11 『세종실록』 권5, 세종 1년 9월 무신.
12 『세종실록』 권119, 세종 30년 1월 임인, 윤득홍 졸기.
13 『세종실록』 권4, 세종 1년 5월 계유. 이때 적의 괴수는 萬戶僧 饒伊이다.

나머지는 물에 빠져 죽었고 남은 왜선은 먼 바다로 도주했다. 조선의 피해는 경미하여 선군 2명이 전사하는 정도였다. 세종은 이들을 위해 부의를 보내고 복호復戶하게 했고, 소재지 수령관으로 하여금 매장하고 표목을 세우게 했다.[14] 포로로 잡은 26명의 왜구는 왜인들의 사정을 잘 아는 3명만 남기고 모두 참수하도록 명하여[15] 개성유수부에서 전원 주살했다.[16]

2) 쓰시마 정벌논의와 지휘부 구성

왜구대응책을 고민하던 상왕 태종은 5월 13일(양 6월 6일) 좌의정 박은朴訔, 우의정 이원李原, 병조판서 조말생趙末生, 이명덕李明德을 궁궐로 불러, 주력부대가 빠져나간 허술한 틈을 타서 쓰시마를 섬멸하고 철수한 후 왜구가 귀환할 때 요격하자는 계책을 은밀히 의논했다.[17] 다음 날인 14일(양 6월 7일)에 태종과 세종은 다시 유정현, 박은, 이원, 허조, 조말생을 불러 구체적으로 쓰시마 정벌을 논의하는 회의를 개최했다. 유정현·박은·이원·허조 등 대다수는 쓰시마에 대한 직접 정벌은 불가하고 왜적이 요동을 약탈하고 돌아오는 것을 기다렸다가 치자는 의견을 피력했다. 그러나 유독 조말생만이 왜구의 주력이 부재한 허술한 틈을 타서 쓰시마를 쳐야 한다고 주장했다. 그러자 태종은, "물리치지 못하고 항상 침노만 받는다면, 한나라가 흉노에게 욕을 당한 것과 무엇이 다르겠는가? 약하게 보이면 후환이 끝이 없다"고 하면서 쓰시마 정벌을 강력히 주장했다. 구체적으로 쓰시마를 정벌해서 그들의 처자식을 잡아 오고, 다시 거제도에 매복했다가 요동에서 돌아오는 왜구 주력을 요격하자는 작전계획까지 제시했다.

태종의 주장에 따라 쓰시마 정벌군 지휘부가 구성되었다. 좌리공신인 장천군長川君 이종무를 삼군도체찰사로 명하여 출정군 사령관으로 임명했다. 출정군은 중군, 좌군,

---

14 『세종실록』 권4, 세종 1년 5월 정묘.
15 『세종실록』 권4, 세종 1년 5월 정묘.
16 『세종실록』 권4, 세종 1년 5월 신미.
17 『세종실록』 권4, 세종 1년 5월 병진 ; 『세종실록』 권4, 세종 1년 5월 정사.

이종무 묘(경기 용인)

우군의 3군으로 나누어 삼군도체찰사 이종무가 중군 도절제사를 겸하게 하고 우박禹博·이숙묘李叔畝·황상黃象을 중군 절제사로 임명했다. 좌군은 유습柳濕이 좌군 원수인 도절제사를 맡고, 박초朴礎·박실朴實이 좌군 절제사가 되었다. 우군은 이지실李之實이 우군 원수인 도절제사를 맡고 김을화金乙和·이순몽李順蒙이 우군 절제사가 되어 군대를 지휘하도록 했다. 하지만 출정에 앞서 5월 16일(양 6월 9일) 태종은 이숙묘를 대신하여 광주목사廣州牧使 박성양朴成陽을 중군 절제사를 삼아 지휘부의 일부를 교체했다. 또 5월 19일(양 6월 12일)에는 우군 절제사 김을화가 늙었다는 이유로 빼고 다시 이천李蕆으로 대신하게 했다.

급하게 쓰시마 정벌을 결정했으므로 출정시간이 촉박했다. 우선 박초와 우박을 충청, 전라도로 보내 출정할 병선과 군졸 및 기계를 정제整齊하고 점검한 뒤에 정벌하러 가도록 명하고 미리 출발시켰다. 한편 병조의 건의를 받아 삼군 도체찰사와 도절제사·절제사 등 지휘관들에게는 각각 구전관口傳官 15인, 삼군 병마사·지병마사·병마사·부사 3품에게는 당黨 3인을 주고, 4품에게는 각각 2인을 주었다.[18] 출정군 지휘부를 격려하기 위하여 이종무에게 승록대부 장천군을 더하고, 유습은 중군도총제中軍都摠制, 우박은 우군총제右軍摠制, 김을화는 우군동지총제右軍同知摠制, 이숙묘는 황해도 도관찰사로 임명했다.[19] 이 구성을 정리하면 다음 〈표 8-1〉과 같다.

원정군의 함선과 병력조달 방식은 다음과 같다. 우선 함선은 경상·전라·충청의 3도 병선 2백 척을 동원하기로 했다. 병력은 하번갑사下番甲士, 별패別牌, 시위패侍衛牌 및 수성군영속守城軍營屬과 재인才人·화척禾尺·한량인민閑良人民·향리鄕吏·일수양반日守兩班 중에서 배 타는 데 능숙한 군정들을 뽑고 6월 초8일(양 6월 30일)까지 각 도

18 『세종실록』 권4, 세종 1년 5월 경신.
19 『세종실록』 권4, 세종 1년 5월 임술.

군명	지휘관명칭	성명	전직
중군(中軍)	삼군도체찰사/중군도절제사	이종무(李從茂)	의정부참찬판우군도총제부사
	절제사	우 박(禹 博)	제주도도안무사판제주목사
		박성양(朴成陽)	광주(廣州)목사
		황 상(黃 象)	우군동지총제
좌군(左軍)	좌군 도절제사	유 습(柳 濕)	평안도도절제사
	절제사	박 초(朴 礎)	좌군동지총제
		박 실(朴 實)	좌군동지총제
우군(右軍)	우군 도절제사	이지실(李之實)	공조판서/충청도도체찰사/황해도조전병마도절제사
	절제사	이 천(李 蔵)	우군동지총제
		이순몽(李順蒙)	우군동지총제

의 병선들을 거제도에 있는 견내량見乃梁[20]에 집결하도록 약속했다.[21] 충청도에서는 염전에서 일하는 역부인 염한鹽漢들도 동원했다.[22]

　귀화 왜인들의 동요를 방지하기 위한 조치도 행해졌다. "이미 우리나라에 와서 귀화한 왜인들은 곧 우리나라의 백성이라. 그 이름을 따로 밝혀 등록하게 하고, 각 포구의 병선에 분배하되, 집마다 세금을 면제하고, 그 이름을 적어서 알릴 것이며, 이중에 공이 있는 자는 반드시 상을 후히 줄 것이다." 하면서 정벌을 앞두고 국내에 거주하는 향화왜인들을 등록하여 관리토록 하고 이들을 병선에 배치하여 향도로 활용할 것을 천명했다. 나아가 각관에 안치된 왜인의 출입을 통제하고, 수령을 능욕하거나 행패를 부리는 자는 징계하도록 조처했다.[23]

　출정식은 5월 18일(양 6월 11일) 한강 두모포豆毛浦 백사장에서 열렸다. 세종은 태

---

20 견내량은 현재 경상남도 거제시 사등면 덕호리와 통영시 용남면 장평리를 잇는 거제대교의 아래쪽에 위치한 좁은 해협이다.
21 『세종실록』 권4, 세종 1년 5월 무오.
22 『세종실록』 권5, 세종 1년 8월 갑술.
23 『세종실록』 권4, 세종 1년 5월 기미.

종과 함께 거둥하여 이종무 등 여덟 장수를 전송했다. 태종이 친히 여러 장수와 군관에게 술을 주고 장수에게 활과 화살을 주었다.[24] 이날 중군과 좌군은 출발했고, 우군은 다음날인 19일(양 6월 12일)에 출발했다.[25] 우군이 하루 지체된 것은 지휘부의 교체문제 때문인 듯하다. 출정 당일에 태종은 내정된 우군절제사 김을화가 늙었으므로 우군 첨절제사에 명하고, 이천李蕆을 부절제사를 삼아 교체했던 것이다.[26] 태종은 승정원에 명하여, 각도의 감사로 하여금 도체찰사·도절제사·절제사에게 술과 소주를 주고, 또 도체찰사 이하 군관까지 궁시弓矢·모帽·우구雨具 등을 주었다.[27]

한편, 20일(양 6월 13일) 태종은 국내에서 원정을 총괄 지휘할 국내 지휘부도 구성했다. 영의정 유정현을 삼도도통사로, 참찬 최윤덕을 삼군도절제사로 삼고 사인舍人 오선경과 군자정軍資正 곽존중을 도통사종사관都統使從事官으로, 사직司直 정간丁艮과 김윤수金允壽를 도절제사진무都節制使鎭撫로 삼았다.[28] 도통사는 최고군령권을 가지고 국내에서 출정군을 지휘했다. 그러나 군법을 적용할 시 2품 이상은 국왕에 계품한 후에 단죄하도록 했다.[29] 이들이 떠나는 5월 21일(양 6월 14일) 태종은 도절제사 최윤덕에게 궁시를 주어 보냈다.[30] 유정현은 5월 25일(양 6월 18일) 출발했다.

한편, 태종은 출정군이 빠져나가 각 포구의 방어가 허술해지는 것에 대비하여 국내 해안방비를 강화하기위해 남아 있는 병선을 요새지에 나누어 보내어 머물러 둔을 치게 명령했다. 육지에는 하번 갑사·별패·시위패·진속鎭屬 및 재인·화척·일수양반으로 방어할 만한 자들을 모아 4번으로 나누어 교대로 방어업무를 수행하도록 명령했다.[31] 또 해상방어를 강화하기 위하여 왜구가 침입하는 길목인 충청도 비인현과 전라도 강진현은 경상도 연해에 있는 현령과 현감의 예에 따라 3품관 이상으로 제수했다.[32]

---

24 『세종실록』 권4, 세종 1년 5월 임술.
25 『세종실록』 권4, 세종 1년 5월 임술.
26 『세종실록』 권4, 세종 1년 5월 계해.
27 『세종실록』 권4, 세종 1년 5월 계해.
28 『세종실록』 권4, 세종 1년 5월 갑자.
29 『세종실록』 권59, 세종 15년 3월 기사.
30 『세종실록』 권4, 세종 1년 5월 을축.
31 『세종실록』 권4, 세종 1년 6월 을해.
32 『세종실록』 권4, 세종 1년 5월 신유.

3) 국내 거주 왜인에 대한 선무(宣撫) 활동

태종은 쓰시마 정벌이 결정되자 출정군을 조직하는 한편 신속하게 국내에 머무는 왜인이나 정박 중인 왜인 상인을 생포하게 했다. 쓰시마 정벌에 따른 국내 거주 왜인들의 동요와 준동을 미리 막고, 쓰시마 정벌에 관한 정보를 사전에 유출하지 못하도록 미리 차단하기 위한 예방조처였다.[33]

유치된 왜인의 처리를 두고 박은과 허조는 민족과 종류가 달라 왜인을 서울·경상·전라도에 두는 것이 옳지 않으며 나누어 깊고 궁벽한 곳에 두자고 제안했다.[34] 그러나 이런 조치에 대한 왜인들의 반발도 만만치 않아 관헌 살해사건이 발생했다.[35] 이에 관원이 대궐을 출입하거나 국왕행차에 시위할 때 왜인 종을 인솔하지 못하게 하거나[36] 지방으로 분치된 왜인들이 자유롭게 왕래하는 것을 막았다.[37] 나아가 관청이나 사가에 소속된 왜인노비들이 배를 훔쳐 도망갈 것을 염려하여 각 포구의 만호나 천호에게 명하여 공사公私의 선박을 등록하고 왕래를 살피는 등 이들에 대한 통제를 강화했다.[38] 나아가 분치된 일기주 一岐州 해적들도 쓰시마 왜적의 예에 의해 노비를 삼고 깊고 먼 고을로 보내 노비가 되게 했다.[39]

이러한 왜인에 대한 선무작업은 지방에도 확산되어 쓰시마 정벌을 총지휘하기 위해 거제도 내이포(제포)로 내려온 국내 지휘부도 지방에서 왜인 선무작업을 진행했다. 최윤덕은 군사를 엄하게 정비하고 왜인으로 포에 온 자들을 모두 체포하여 깊은 원지에 나누어 두도록 하고 각 관에서 반항하는 왜인은 주살했다. 이때 반항하던 평도전의 아들 평망고 平望古를 비롯한 21명을 죽였다.[40]

이런 조처의 결과 도통사 유정현의 보고에 의하면 각 도의 도박 왜인, 판매 왜인을

---

33 『세종실록』 권4, 세종 1년 5월 기미.
34 『세종실록』 권4, 세종 1년 7월 기유.
35 『세종실록』 권5, 세종 1년 8월 계미 ; 『세종실록』 권5, 세종 1년 8월 을유.
36 『세종실록』 권5, 세종 1년 8월 갑신.
37 『세종실록』 권5, 세종 1년 8월 기해.
38 『세종실록』 권5, 세종 1년 9월 병오.
39 『세종실록』 권5, 세종 1년 9월 계축.
40 『세종실록』 권4, 세종 1년 6월 갑술 ; 『단종실록』 권7, 단종 1년 9월 정축.

잡아들이는데 수로에는 병선으로, 육지는 마병과 보병을 동원하여 포위하여 체포하여 각 관에 분치했다고 한다. 이때 체포된 인원은 경상도에 355명, 충청도에 203명, 강원도에 33명으로 총 591명이었다. 이런 가운데 추쇄시 피살되거나 해변의 여러 섬을 수포할 때 물에 투신하여 죽은 자가 136명이고, 왜인에게 피로된 중국인 6명도 찾아냈다.[41] 하지만 이렇게 사로잡힌 왜인들을 처리하는 문제에 관한 의견은 분분했다. 조정 대신들은 이들을 모두 주살하자고 하는 의견이 대다수였으나, 그러한 건의에는 세종이 적극적으로 반대했다.

태종도 이들이 비록 쓰시마에 소속되어 있으나 도적질에 참여한 자들이 아니므로 20세 이하의 남자로 교묘한 재주가 있는 자는 신하들에게 사노로 나누어 주고, 나머지는 각 관가에 나누어 주어 노비로 삼게 했다. 그 중에 불순한 자가 있으면 소재지 수령이 처치하고 만약 관원들이 애휼하지 않으면 다른 곳으로 옮기도록 했다.[42] 그러나 구주절도사의 사행은 예외로 체포하지 않았는데,[43] 그것은 이들과 분쟁을 일으켜 불필요한 전선을 확대할 의사가 없음을 보인 것이다. 다만 쓰시마 정벌에 대한 정보를 미리 흘리지 못하도록 하기 위해 조선의 쓰시마 정벌군이 출발한 후에 구주 사신의 배를 돌려보내도록 했다.[44]

한편 4월 26일(양 5월 20일)에 쓰시마 주도 소오 사다모리[宗貞盛]의 아우인 소오순[宗俊]의 사신이 서울로 들어와 토산물을 바치고, 5월 20일(양 6월 13일) 귀환하고자 했는데, 태종은 이들의 귀환을 저지하고 8명 전원을 사로잡아 함길도에 분치했다.[45] 나아가 혼란 중에 간첩이 있을까 염려하여 요해처를 지켜 행인들을 점검하고 증명서가 없는 자는 그 자리에서 체포하게 했다.[46]

41 『세종실록』 권4, 세종 1년 6월 정축.
42 『세종실록』 권4, 세종 1년 6월 병술.
43 『세종실록』 권4, 세종 1년 6월 정축.
44 『세종실록』 권4, 세종 1년 6월 기묘.
45 『세종실록』 권4, 세종 1년 5월 갑자.
46 『세종실록』 권4, 세종 1년 5월 무진.

3. 쓰시마 정벌의 과정

1) 출정과정

쓰시마 원정함대는 처음에 6월 8일(양 6월 30일)까지 거제도 견내량에 집결하기로 약속했다. 이것은 11일(양 7월 3일)이 발선하기에 좋은 길일이었기 때문이었다. 그러나 각도의 출정 함대가 모두 거제도에 집결한 것은 예정보다 4일 늦은 12일(양 7월 4일)이었고 정작 출정군이 거제도를 출발한 것은 6월 17일(양 7월 9일)이었다. 출정이 늦어지자 태종은 출정군들의 빠른 출발을 재촉했다. 그것은 두 가지 이유 때문인데 첫째, 7월은 태풍의 계절이어서 태풍이 오기 전에 정벌을 끝내야 할 필요가 있었고, 둘째는 요동을 향해 북상한 왜구들이 귀환하기 전에 쓰시마를 점령하여 군사 정벌을 신속히 끝내야 하므로 시간적으로 쫓기는 상황이었기 때문이다. 쓰시마 정벌을 끝내면 귀환하는 왜구를 해상에서 요격하는 것이 2차 작전이므로 시간적으로 여유를 가질 상황이 아니었던 것이다.

출정군의 총 병선 수는 경기도 10척, 충청도 32척, 전라도 50척, 경상도 126척 등 총 227척이었다. 병력은 서울로부터 출정 나간 모든 장수 이하 관군 및 따르는 사람이 669명이고, 갑사·별패·시위·영진군과 자원병으로 건강한 잡색군과 기선군이 16,616명으로 총수가 17,285명의 대병력이었다. 정벌기간은 2주 정도였지만 식량은 65일분을 준비했다. 그런데 때마침 역풍이 불어 원정대는 다시 거제도에 되돌아 왔다.[47] 재출발지는 거제도 남쪽에 있는 주원방포周原防浦이며 재출정 시간은 6월 19일(양 7월 11일) 사시(오전9~11시)였다.[48]

2) 쓰시마에서의 전투 양상

쓰시마 정벌은 두 시기로 나누어진다. 19일(양 7월 11일)부터 25일(양 7월 17일)까

---

47 『세종실록』 권4, 세종 1년 6월 경인.
48 『세종실록』 권4, 세종 1년 6월 임진.

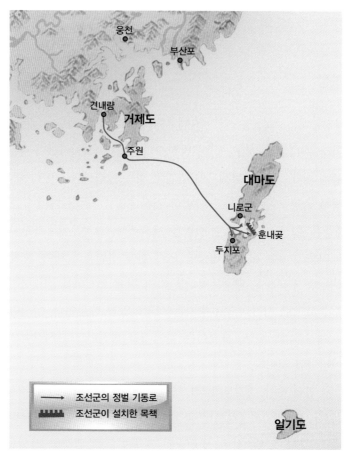

쓰시마 정벌

지를 전반부라면, 26일(양 7월 18일)부터 7월 2일(양 7월 24일)까지를 후반부로 구분
할 수 있다. 이종무의 선발대 10여 척이 대한해협을 건너 쓰시마의 중심에 있는 아소
만[淺茅灣]으로 들어와 내해를 따라 항행하여 만 입구에서 가까운 두지포[豆知浦]에 도
착한 것이 20일(양 7월 12일) 오시(11~1시)였다. 아소만은 해안선이 아주 복잡하게
발달한 다도해해역으로 해안에 많은 포구를 가지고 있다. 두지포는 지금의 오사키우
라[尾崎浦]인데, 아소만 입구에 위치하며, 거주민의 호수가 300여 호 정도에 이를 정
도로 큰 포구였다.[49] 정벌군의 선발대가 도착하자 처음에 섬에 있던 왜적들이 바라보

---

49 이 숫자는 신숙주의 『해동제국기』에 나타난 것으로, 이 책에는 두지포를 두두포라 했다.

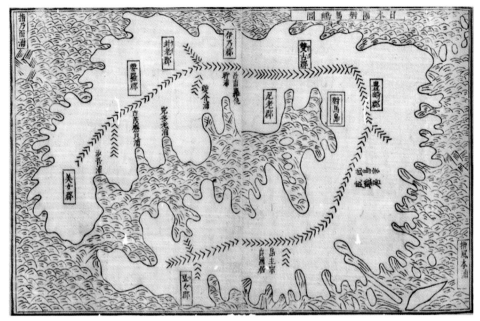

신숙주의 『해동제국기』에 나오는 쓰시마지도

고서 요동으로 출정한 쓰시마 왜구들이 원정 약탈에 성공한 후 귀환한 것으로 오해하고 술과 고기를 가지고 환영했다. 그러나 조선의 대군이 뒤이어 나타나 두지포에 정박하자, 조선의 대규모 정벌군이 쳐들어 온 것을 알고서 모두 넋을 잃고 도망했다. 다만 50여 명이 막으며 싸웠지만 이들도 곧 흩어져 양식과 재산을 버리고, 험하고 막힌 곳에 숨어서 대적하지 않았다. 먼저 정벌군은 귀화한 왜인 지문池文에게 편지를 주어 도주인 소오 사다모리[宗貞盛]에게 보냈으나 도주는 응답하지 않았다.

이곳에서 조선 수군은 길을 나누어 수색하기 시작하여, 크고 작은 적선 129척을 빼앗아, 그 중에 사용할 만한 20척을 남기고 나머지는 모두 불살라 버렸다. 또 가옥 1,939호를 불 질러 태웠다. 그를 전후하여 머리를 벤 왜인이 114명이고, 포로로 잡은 사람이 21명이었다. 더하여 밭에 있는 벼를 베어버렸고, 중국인 남녀포로 131명을 구출했다.

이 과정에서 여러 장수들이 구출한 중국인 포로들을 통해 중요한 정보를 얻었다. 그것은 쓰시마가 현재 기근이 심하고, 또 갑자기 침공을 당해 창졸간에 부자라도 겨

아소만에서 바라본 두지포 전경

우 양식 한두 말만 가지고 달아났기 때문에, 오랫동안 포위한다면 그들 모두가 반드시 굶어 죽을 것이라는 것이었다. 이런 정보를 접한 조선군은 왜인이 왕래하는 것을 막기 위해 훈내곶訓乃串[50]으로 진출하여 목책을 세워 놓고 적이 왕래하는 중요한 요지를 지키면서 장기 주둔할 태세를 보였다.[51] 훈내곶은 지금의 코후나코시[小船越]로[52] 아소만 내해에서 가장 깊숙한 곳에 자리한 요충지이다. 쓰시마는 아소만을 기준으로 북쪽지역을 상현上縣이라 하고 남쪽지역을 하현下縣이라 하는데, 훈내곶은 양쪽 지역을 육로로 연결하는 교통의 요지였다. 따라서 이곳을 장악하면 쓰시마의 중심을 끊어 상현에서 하현으로 이동하는 왜인의 육상통로를 차단할 수 있는 것을 계산에 넣었던 것이다. 쓰시마의 중허리를 끊어 장악하고 나서 이종무는 함대를 두지포에 정박하여 날마다 편장編將을 육지에 상륙시켜 병사를 끌고 수색작전을 실시했다. 이것은 하현 지역을 대상으로 이루어진 것인데 그 가운데 다시 왜구들을 잡고, 가옥 68호와 선박 15척을 불사르고, 9명을 베어 죽이고 포로가 되었던 중국인 남녀 15명과 조선인 8명

---

50 실록에는 훈라곶(訓羅串)이 2번 나온다. 훈내곶이 착종인 듯하다. 『해동제국기』에도 훈라곶이라고 했다.
51 『세종실록』 권4, 세종 1년 6월 계사.
52 對馬島敎育會, 『(改訂)對馬島誌』, 1940, 279쪽.

을 얻는 전과를 얻었다.

『세종실록』의 기록을 보면 처음에 조선 출정군은 이 정도의 전과를 거두고 철군하려고 했던 것 같다. 그것은 국내지휘부인 영의정 유정현의 종사관으로 쓰시마에 파견된 조의구趙義昫가 위의 전과 사실을 가지고 귀국하여 6월 29일(양 7월 21일)에 조정에 승전했음을 고하였기 때문이다. 군사작전이 종료되기 전에 승전 보고를 조정에 전했다는 것은 전쟁의 종료와 함께 철병을 전제로 한 것이다.

그러나 조의구가 승전 보고를 하기 위해 귀국한 후 이종무가 이끈 조선군은 쓰시마 왜인들과 대접전을 치뤘다. 그 과정을 살펴보면 '적이 밤낮으로 우리 군사 막기를 생각하므로, 26일(양 7월 18일)에 이종무가 전진했다. 니로군尼老郡에 이르러 3군에 명령하여, 길을 나누어 육지에 내려 한 번 싸우고자 했다. 좌우 군사들을 독려하여 먼저 육지에 내리게 하니, 좌군 절제사 박실朴實이 적과 만났다. 이때 왜적들도 일기도와 상송포上松浦에 구원병을 요청하는 한편[53] 험한 곳에 모여 복병하고 기다렸다. 박실이 군사를 거느리고 높은 곳에 올라 싸우려 할 그 순간에, 졸지에 복병이 일어나 앞으로 돌격해 와서, 조선군은 크게 패전했다. 이때 편장 박홍신朴弘信[54]·박무양朴茂陽·김해

---

53 일기도와 상송포의 왜인에게 구원을 요청했다는 사실은 실록에는 없고 김종직의 『이존록』 부록, 「外祖司宰監正 朴公傳」과 『국조정토록』에 기록되어 있다.

54 김종직, 『이존록』 부록 「외조 사재감정 박공전」. 좌군 절제사 박실의 편장으로 쓰시마 정벌시 니로군 전투에서 전사한 박홍신은 김종직의 외조이다. 이 기록에 의하면 박홍신은 그의 족질인 손맹, 박종과 함께 종군했고, 가노가 시신을 수습했기에 이들에 의해 니로군 전투상황이 생생히 가족들에게 전달된 것으로 보인다. 그러므로 박공전의 기록은 사실에 근거했다고 할 수 있다. 김종직은 니로군 전투를 실록보다 더 상세하게 전하고 있다.
이것은 박실의 증언과도 유사하다. 박실은 패전에 대한 책임추궁이 있자 전투에 대해 생생한 증언을 했다. 처음 3군이 모두 상륙하여 작전을 실시하려다가 이종무가 작전을 변경하여 좌우군에서 하나만 선택하여 출정하기로 하고 제비뽑기를 하도록 하여 박실이 결정되었다는 것이다. 그런데 박실이 거느린 병력은 자신이 속한 좌군 병력 모두가 아니고 박실이 직접 지휘하는 휘하 병사로 그 숫자는 1천명을 넘지 않았을 것이다. 이것은 니로군의 왜인 토벌전을 가볍게 보았기 때문에 일어난 일로, 그런 이유로 적의 유인책에 걸려들었던 것으로 짐작된다. 전투 당시 실제로 일기도와 상송포의 왜인이 니로군 왜인과 합류한 것인지 알 수 없지만 이들은 결전을 위해 사전에 준비를 철저하게 한 듯하다. 박실은 적병의 숫자가 적은 것을 보고 높은 데로 올라가서 공격하려고 하다가 매복한 적병이 뛰쳐나와 앞으로 돌격해오자, 조선군들이 크게 놀라 소란해지면서 무기를 버리고 함선 정박지까지 달아나 서로 밟고 배에 오르다가 배가 전복되어 많은 사람이 죽었다는 것이다. 박실도 증언하기를 '이종무가 처음에는 삼군 삼절제사에게 명령하여, 다 육지에 내려서 싸우라고 했다. 그러나 뒤에 명령을 변경하여, 삼군 절제사 가운데 한 사람만이 내리라고 하여서, 내가

니로군(현재의 니이군)의 조선군 상륙 추정지

金該·김희金熹 등 박실의 부하 장수들이 다수 전사했고, 조선 군사 중에 전사하거나 언덕에서 떨어져 죽은 자가 백 수십 인이나 되었다. 박실이 군사를 거두어 후퇴하여 다시 배에 오르자, 적이 추격하여 왔다. 이때 우군 절제사 이순몽李順蒙과 병마사 김효성金孝誠 등이 군대를 끌고 적을 맞아 힘껏 싸워 막으니, 적이 그제야 물러갔다. 그러나 이종무가 이끄는 중군은 마침내 상륙하지 않았다. 이때 이순몽은 군사를 거느리고 내려가 높은 산봉우리를 거점으로 하여 적과 싸워 물리쳤다고 한다.[55] 이순몽이 용감하게 싸워 조선군은 이순몽이 아니었으면 반드시 졌을 것이라고 한다.[56] 박실의 패전에 수행했던 중국인 송관동宋官童의 증언에 의하면 이때 왜인은 20여 명이 죽었고 조선군은 100여 명이 전사했다.[57]

니로군은 현 니이군(인위군仁位郡) 지역으로 아소만의 북쪽으로 깊숙이 들어간 니이아소만[仁位淺茅灣]의 안쪽에 위치한다. 전투 장소는 현재 누카우라[糠浦]란 지역으

제비를 뽑게 되어서 육지에 내렸다. 그런데 적은 강하고 우리는 약하여서, 두 번이나 보고하여 구원하기를 청했지만 이종무가 들어 주지 않았다. 또한 같은 좌군의 도절제사였던 유습과 절제사 박초 등도 역시 하륙하여 구원하지 아니하여 마침내 패전하게 되었다'고 했다.

55 『세종실록』 권5, 세종 1년 9월 병인.
56 『세종실록』 권93, 세종 23년 6월 갑술 ; 『세종실록』 권104, 세종 26년 6월 무자.
57 『세종실록』 권5, 세종 1년 8월 정축.

로 상륙지점인 만 입구에서 보면 바다까지 이어진 능선이 좌우로 길게 늘어져 있고, 오른쪽에 능선(최고높이 149m)을 넘어가면 니이군이 자리하고 왼쪽 능선(최고높이 114m)을 넘으면 우우기[卯麥]이다. 능선 사이의 계곡의 폭도 좁은 지형이며 좁은 계곡으로 들어가면 복병을 숨기기에 가장 알맞은 새로운 능선(일본인들은 이곳을 강악糠嶽이라고 지칭

이순몽 묘(경기 양평)

함)들이 중첩되어 있는 장소이다. 니로군에서 이루어진 박실군의 패배는 논자들에 따라 쓰시마 정벌의 전체적인 의미를 다르게 평가하는 기준이 되었다. 조선측은 이전에 올린 전과에 비해 이 패전은 미미한 것으로 정리하고 전체적인 면에서 쓰시마 정벌은 성공한 것으로 보는 반면, 일본측은 니로군의 패배로 조선군이 완전히 패배하여 결정적 타격을 입고 퇴각한 것으로 이해했다.

　여기서 우선 의문시 되는 것은 이종무 원정군이 왜 누카우라[糠浦]의 좁은 계곡 속으로 진격 했느냐는 점이다. 니로군은 아소만을 가운데 두고 두지포와는 반대편에 위치한다. 따라서 조선군이 두지포가 있는 하현下縣과 연결통로인 훈내곶을 장악함으로써 쓰시마 왜인들이 활동할 수 있는 곳은 상현뿐인데 니이군은 척박한 쓰시마 지형 중에서 약간의 농지가 있고 큰 규모의 취락지가 형성될 정도의 지리적 입지를 가지고 있었다. 그러므로 한 때 쓰시마 도주의 근거지가 되었던 적도 있는 부락이다. 이런 이유로 상현의 거점지역이 니로군이었고 해상과 육로가 다 봉쇄되어 있는 가운데 쓰시마 도주도 이곳에 웅거했던 것이다.

　한편 두지포와 훈내곶을 장악하여 많은 전과를 올린 조선군은 그 동안의 출정에서 얻은 성과에 자신감을 가지고 있었다. 하지만 상현 지역은 정벌기간 중에 한 번도 수색하거나 점령해 보지 못했으며, 그런 가운데 상현에 왜인들이 집결해 있다는 사실을 잘 알고 있었다. 따라서 정벌 막바지에 제대로 된 전투를 통해 상현에 갇혀 있는 왜인

을 쳐서 큰 전공을 세우고 싶은 유혹을 크게 느꼈다고 보인다. 하지만 지형에 대한 사전 정탐과 숙지가 충분치 못했다. 그 이유는 해상에서 니로군이 있는 니이아소만으로 들어가면 3개의 작은 만이 나타난다. 가장 오른쪽의 넓고 큰 만이 니이만이다. 여기는 비교적 넓은 개활지여서 많은 군대가 상륙하고 작전을 하더라도 여유로운 공간이 있다. 하지만 중간에 있는 누카우라는 상기하듯이 좁고 긴 계곡으로 이루어져 있어 방어하는 쪽은 유리하지만 공격하는 쪽은 아주 불리한 지형이었다.

그런데 왜 조선군이 니이만으로 상륙해 들어가지 않고, 불리한 전쟁터인 누카우라 만으로 상륙한 것인지 의문이지만 그 이유를 3가지로 추정을 할 수 있다. 첫째, 미리 이 지형에 대한 정보를 가지지 못했을 경우를 상정할 수 있다. 둘째는 현지 왜인 안내자의 잘못된 유인책에 말려들어 누카우라만에 상륙했을 경우이다. 셋째 주거지와 농토가 많은 니이군에서 전투를 회피하고 자신들에게 유리한 지형에서 전투하려는 왜인들의 의도에 말려 왜인들이 웅거하고 있다는 사실을 알면서도 누카우라로 상륙했을 경우를 상정할 수 있다. 첫째 경우는 생각해보면 성립될 수 없다. 그 이유는 쓰시마출신의 향화왜인들을 다수 데리고 정벌에 나섰기 때문에 이들에 의해 쓰시마의 지리적 특성을 정확히 알았을 것이다.

둘째, 셋째의 가능성이 높은데 누카우라만은 지형적 특성을 보아 대병력이 접전할 수 있는 지형적 특성을 가지고 있지 않다. 상륙시에 작전이 갑자기 바뀌어 제비뽑기를 통해 박실군만 상륙하기로 결정된 사실에서 보듯이 조선정벌군 전체는 차치하고, 좌군 전체도 수용할 수 없을 정도로 많은 병력이 동시에 상륙할 수 없는 지형이었다. 따라서 박실의 휘하 병력만 상륙했던 것인데 격군格軍을 빼고 나면 실제 전투를 수행할 수 있는 병력은 1천여 명을 넘지 않았을 것으로 추정된다.

박실의 패전 이후 전황이 어떻게 전개되었는지에 대한 상세한 기록은 없으나, 일본측 기록에는 조선군이 철수하여 두지포로 되돌아왔다고 한다. 그리고 이때 도주 소오 사다모리는 우리 군사가 오래 머물까 두려워서 글을 받들고 군사를 물려 수호하기를 빌면서 7월 사이에는 항상 풍파의 변이 있으니, 오래 머무름이 옳지 않다고 했다고 한다.[58] 이후 이종무 원정군은 7월 3일(양 7월 25일) 귀환을 결정한다. 최윤덕의 회고에 의하면 이 쓰시마 정벌로 인해 1천명의 왜인을 포로로 사로잡아 종을 만들었고 왜선 40여 척을 빼앗았다고 한다.[59] 포로 중에는 쓰시마의 호족인 좌위문삼랑左衛門三郞과 등차랑藤次郞 같은 인물들도 있었다.[60]

3) 귀환과 재동정(再東征) 준비

쓰시마 도주의 분명한 항복도 받아내지 못했고, 니로군에서 패전의 쓰린 경험도 있었지만 전체적으로 보면 큰 전과를 세운 이종무 정벌군은 7월 3일(양 7월 25일)에 14일간의 쓰시마 정벌을 끝내고 철군하여 거제도로 돌아와 대기했다.[61] 조선함대는 단한 척의 배도 복몰한 것이 없이 무사히 귀환했다.[62] 하지만 조선군의 인명 피해는 적지 않아 전사자가 모두 180명이나 되었고,[63] 또 혹독하고 열악한 환경 속에서 병사한선군도 21명이나 되었다. 죽음의 공포와 고통스런 환경을 견디지 못하고 쓰시마에서탈영하여 몰래 조선으로 귀환한 병졸들도 많았다.[64] 정부는 사망자들의 유가족에게 각기 미두 4석을 주고 복호했다.[65]

도주의 항복을 받지도 않고 이렇게 급히 귀환한 것은 요동으로 갔던 왜구가 귀환할때가 되었기 때문이다. 국내에서는 이미 6월 25일(양 7월 17일) 병조의 건의로 귀환하는 왜구들에 대한 대응책이 강구되었다. 그것은 쓰시마 왜적이 본도로 돌아갈 때에반드시 땔나무와 식수를 준비해 갈 것이므로, 경상·충청·전라도의 섬과 여러 조전

---

58 『세종실록』 권4, 세종 1년 6월 임인.
59 『세종실록』 권54, 세종 13년 11월 기사. 이 기록에서 포로 숫자가 국내에서 억류한 왜인까지 포함한 것인지, 순수하게 쓰시마 정벌군이 잡아온 포로의 숫자를 말하는 것인지는 분명치 않다.
60 『세종실록』 권18, 세종 4년 12월 계묘.
61 『세종실록』 권4, 세종 1년 7월 병오.
62 『세종실록』 권4, 세종 1년 7월 기유.
63 『세종실록』 권4, 세종 1년 7월 계축.
64 『세종실록』 권5, 세종 1년 10월 임오. 충청도에서 출정한 군사의 경우 쓰시마 원정에서 도망친 갑사, 별패, 시위패, 진속군관들은 다시 선군에 충당하여 후일 정벌시 공을 세워 지속토록 했다. 도망인원은 별패의 경우 원수가 700명인데 도망하여 선군에 충당된 자가 286명이나 되었다. 이 예를통해 각 도 출정군 중에 도망자는 상당했을 것으로 짐작되며, 특히 니로군 패전 이후 대량 발생한것으로 생각된다.
65 『세종실록』 권4, 세종 1년 7월 계해.

절제사助戰節制使로 하여금 각각 병선을 거느리고 나누어 요해지에 머무르면서, 공격하자는 것이었다. 태종도 이 의견을 따라 이전에 도절제사로 있던 권만權蔓과 동지총제 이천李蕆을 모두 경상해도 조전절제사로 삼고, 동지총제 박초朴礎를 전라해도 조전절제사로 삼고, 공조 판서 이지실李之實을 충청해도 조전절제사로 삼아 대비하도록 했다.[66]

바로 이종무가 철군하던 7월 3일(양 7월 25일)에 요동에서 귀환하는 왜구들이 이미 황해도 소청도에 이르렀고, 7월 4일(양 7월 26일)에는 왜선 선발대 2척이 황해도에서 충청도 안흥량으로 들어와 전라도에서 올라오는 공선貢船 9척을 노략질하고 쓰시마로 향했다.[67] 이 소식을 접한 태종은 급히 2차 정벌군을 출정시키기로 결정했다.

태종은 처음에 좌의정 박은의 건의를 받아들여 이종무 함대가 쓰시마로 귀환하는 왜구의 주력을 기다렸다가 맞받아치면 왜적을 진멸할 수 있을 것이라고 생각하고[68] 2차 원정을 준비토록 했다.[69] 이때 작전 방법을 두 가지로 나눴다. 첫째는 1차와 같이 3군 체제로 군대를 조직하되 우박과 권만이 중군절제사가 되고, 박실과 박초는 좌군절제사, 이순몽과 이천으로 우군절제사를 삼고 각기 20척씩, 총 120척의 함선을 거느리고 쓰시마로 가도록 했다. 이들의 전략은 육지에 상륙하지 않고 해상에서 대기하다가 돌아오는 왜구를 바다에서 기다려 결전을 준비한다는 것이었다. 둘째는 요격함대를 따로 조직하는 것이었다. 이것도 3군으로 나누어 박성양이 중군 절제사를 맡고, 유습이 좌군 절제사, 황상이 우군 절제사를 맡게 하여 각기 병선 25척씩, 총 75척을 거느리고 등산登山이나 굴두窟頭 같은 요해처에 잠복하고 있다가 귀환하는 왜선을 맞

---

66 『세종실록』 권4, 세종 1년 6월 무술.
67 『세종실록』 권4, 세종 1년 7월 정미. 이때 충청우도 수군 도만호 이매가 구원하지 못했다. 이 책임으로 이매는 사형은 면제되었지만 삭직충군되었으며, 고만량 해령만호 안권는 삭직되어 산군방어 하게 하였다. 이매는 만호로서 배 8척을 영솔하고 서근이에 정박하였는데, 안흥량과의 거리가 5~6리이었고, 적선 두 척이 안흥량에 와서 도적질하며 노략질한다는 것을 듣고도 겁이 나서 곧 군사를 내지 아니하여, 하나도 잡지 못했다. 안권은 전라도 공선 9척이 고만을 지나 북으로 올라가는데, 병선을 영솔하여 호송하기를 꺼리다가 적에게 빼앗기고, 또 적이 안흥을 노략하며 남으로 내려가도 또 제때에 쫓아가 잡지 않았으니, 법대로 하면 사형에 해당하지만, 태종이 특히 죄를 감하여 가볍게 했다.(『세종실록』 권4, 세종 1년 7월 을축).
68 『세종실록』 권4, 세종 1년 7월 기유.
69 『세종실록』 권4, 세종 1년 7월 경술.

아 추격하고, 쓰시마에 미리 대기하고 있는 2차 출정함대와 협공하도록 하는 계획이었다.[70]

　이러한 작전 계획은 좌의정 박은의 구상이었다. 그러나 2차 정벌에 대하여는 조정 중신들 간에 의견이 일치되지 않았다. 우의정 이원은 2차 공격의 작전은 훌륭하지만 1차 정벌로 군사들이 지쳐 예기銳氣가 이미 쇠했고,[71] 선박의 장비도 파손되었으며 무엇보다도 날씨가 불순하여 바람이 거세지므로 멀리 험지를 건너다 불측한 일이 발생할 우려가 있다는 것이었다. 따라서 바람이 평온해지기를 기다려 군사를 정제하여 공격해도 늦지 않는다는 것이었다. 이 의견에 태종도 찬동하여 쓰시마에 선유문을 보내 귀순을 종용하고 듣지 않으면 다시 공격하자고 했다. 그러나 좌의정 박은은 이 시기를 놓치는 것이 불가하다고 처음 계획대로 실행할 것을 강하게 주장했다.[72] 논란 끝에 결국 출정일은 7월 15일(양 8월 6일)로 결정되었다.

　이런 논의가 분분한 중에 2차 공격의 방향을 바꾸는 결정적 전환점이 발생했다. 요동에서 전달된 왜구의 패전 소식이었다. 그 전말을 정리하면 다음과 같다. 이 무렵 요동은 명나라 건국 초기부터 둔전제도가 완비되지 않아 수많은 군량과 물자가 산둥반도를 출발하는 해로를 따라 요동으로 수송되었다. 이러한 물자를 노린 왜구들은 해도를 공격하여 물자를 약탈했고, 해주海州, 금주金州 등의 해안 도시를 공격하기도 했다.[73] 실례로 1415년(태종 15) 7월 4일(양 8월 8일) 왜구가 여순旅順 항구를 급습하여 낭낭전娘娘殿에 있는 보물을 약탈하며 중국인 2만여 명을 살상하고 150여 명을 포로로 잡고 산둥반도로 진출하여 전함을 모두 불사르고 돌아간 적이 있었다.[74] 이처럼 쓰시마 왜구들이 요동을 공격하는 경우에는 요동과 발해만을 따라 산둥반도를 공격하고 약탈한 후, 조선 서해안을 타고 내려와 조선 해안지역에서 약탈물로 식량을 교환

---

70 『세종실록』 권4, 세종 1년 7월 경술.
71 이 무렵 출정군 병사들은 이미 해상생활이 한 달이 넘어가고 있었다. 덥고 습한 선상생활에 지쳐 있었고 니로군 패전이후에는 사기마저 저하되어 있었다.
72 『세종실록』 권4, 세종 1년 7월 임자.
73 『명태종실록』 홍무 7년 7월 갑술 ; 『명태종실록』 홍무 27년 10월 기사.
　南義鉉, 『明代 遼東都司 支配의 限界에 관한 硏究』, 강원대 박사학위논문, 2005, 83쪽.
74 『태종실록』 권30, 태종 15년 7월 무오. 태종은 이 침략이 왜구가 침구한 중에 가장 참혹한 결과라고 평가했다.

한 후 본국으로 귀환하는 경우가 많았다.

요동으로 떠난 왜구들은 이전의 약탈경로를 따라 북상하면서 조선 해역에서 여순과 가까운 요동의 금주위金州衛 망해과望海堝에 상륙한 것은 6월 15일(양 7월 7일) 이전이었다.[75] 중국측 사료인 『명사기사본말明史紀事本末』 「연해왜란沿海倭亂」에 의하면 6월 당시(아마도 하순일 듯) 금주위 망해과를 침략한 왜구는 2천여 명이었다. 이들은 요동총병이며 도독인 유강劉江의 복병에 걸려들어 배는 불타고 수백 명이 사로 잡혔으며 참수된 자가 1천여 명이었다.[76] 일부가 도망하여 배로 돌아가 탈주를 했지만 왜구의 중국 요동 침범은 참담하게 대패한 것으로 끝난 것이다. 이것을 중국사에서는 '망해과대첩'이라고 한다.

그러나 이 전쟁의 승리는 조선에서 미리 제공한 정보에 의거하여 중국이 군사적 대비태세를 갖추어 왜구를 방어한 결과였다. 4월 초에 천추사 성엄成揜이 북경에 가는 도중에 왜구 침공에 대한 결정적 정보를 요동에 전달했던 것이다.[77] 그러자 4월 12일(양 5월 6일) 중국 정부는 요동총병관 도독 유강에게 칙유하기를 조선에서 전한 정보에 의하면 왜구가 기근으로 변방을 침략하려 한다고 하니 연해의 여러 위衛를 엄중히 경계하여 왜구에 대비하고 힘을 다해 사로잡으라고 명령했다.[78] 이렇게 명나라는 조선 정부가 제공한 왜구 급습에 대한 유용한 정보를 미리 가지고 왜구침략에 대응하여 만반의 준비를 갖추고 있는 상황이었다. 이것은 조朝·명明간 군사적 공조에 의해 성공적으로 왜구 침범을 격퇴한 대표적인 사례라고 할 수 있다. 나중에 알려진 사실지만 9월 6일(양 9월 25일) 사은사 조흡曹洽과 부사 이흥발李興發이 북경에서 돌아올 때 도

---

75 『명태종실록』 권213, 영락 17년 6월 무자.

76 谷應泰, 『明史紀事本末』 권55, 「연해왜란」 성조영락 17년 6월. 이 공적으로 도독 유강은 광영백으로 봉해지고 자손이 세습케 했으며 승전한 294인은 초폐를 상으로 받았다(『명태종실록』 권216, 영락 17년 9월 갑자).

77 성엄은 세종 1년 2월에 우군동지총제, 좌군동지총제를 역임한 무관이었다. 천추사 성엄이 천추사행으로 출발하여 언제 요동에 도착했는지 『세종실록』에는 기록이 없다. 그러나 다른 천추사행의 경우에 통상 4월초에서 중순경에 서울을 출발하였다는 사실로 미루어, 비슷한 시기에 성엄이 서울을 출발했다면 왜구가 조선을 침략한 사실을 몰랐을 것이다. 하지만 중국으로 가는 중에 조선정부가 보낸 연락을 받고 왜구의 요동행을 중국에 전달한 것으로 짐작된다(『세종실록』 권5, 세종 1년 9월 무신).

78 『명태종실록』 권211, 영락 17년 하4월 병술.

왜구의 약탈과 방화(『왜구도권』)(좌), 왜구의 명나라 상륙(『왜구도권』)(우)

둔곶都芚串에서 왜구들에게 포로가 되었다가 탈출한 선군 이원생李元生 등 세 사람을 데리고 왔다. 이들의 증언에 따르면 왜구들은 망해과에서 패한 것이 조선이 왜구 습격을 중국에 미리 알려준 결과라 하여 포로로 끌고 간 조선인을 40여 명이나 찔러 죽였다고 한다.[79]

아무튼 7월 12일(양 8월 3일), 천추사 성엄을 따라 통사로 갔던 김청金聽이 먼저 귀국하여 복명하면서 자신이 직접 목격한 요동의 왜구 패전상황을 보고했다. 김청이 전한 내용은 『명사기사본말』「연해왜란」조와 유사하다. 그 기록에 따르면, 조선을 떠난 왜구가 최후로 목표로 한 지역은 요동의 금주위였다. 그러나 왜구가 침범했다가 도독 유강이 복병으로 유인하고 수륙으로 협공하여 사로잡힌 자가 110여 명이고 참수된 자가 700여 급이었다. 또 적선 10척을 빼앗겼으며 수레 5량에 수급을 싣고 50량에는 포로를 실어서 북경에 보냈다는 것이다.[80]

이러한 왜구의 패전 소식을 접한 태종은 당일 바로 2차 정벌을 중단시키고 전라, 경상도의 요해처에서 왜구의 본대가 우리 해역을 통과하면 추격하여 잡을 것만을 명령했다.[81] 한편, 쓰시마 출정군은 7월 15일(양 8월 6일) 2차 정벌일이 정해지자 동정하는 장수들이 이미 구량량仇良梁[82]에 집결해 있었다. 이들이 막 출정하려고 할 때 이

---

79 『세종실록』 권5, 세종 1년 9월 무신.

80 『세종실록』 권4, 세종 1년 7월 을묘.

81 『세종실록』 권4, 세종 1년 7월 무오.

82 구량량은 경상도 진주의 임내인 각산향에 있었다(『세종실록지리지』, 경상도, 진주목, 고성현). 이후 고성현 남쪽에 있는 사량으로 병선을 옮겼다. 만호영도 사포에 위치했다(『세종실록』 권83, 세종 20년 10월 임자 ; 『세종실록지리지』, 경상도).

호신이진시(7~9시)에 군중에 이르러 교지를 선포하고 토벌을 중지하라는 태종의 명령을 통보했다. 그런데 이날 밤 거친 풍랑으로 병선 7척이 파괴되고 1척은 복몰覆沒되어 익사자가 7명이 나왔고 8척은 실종되는 피해를 입었다.[83] 이날 만약 예정대로 출정했더라면 조선군은 바다 한 가운데에서 폭풍을 만나 큰 피해를 입었을 것이다. 정부는 익사한 병사들에게 미두 6석을 주고 복호하도록 했다.[84]

패퇴한 왜구들에 대한 정확한 보고는 7월 28일(양 8월 19일)에 전달되었다. 경상도에 머물던 도통사 유정현이 도두음곶에서 포로가 되어 왜구의 요동 원정에 끌려갔다가 왜선에서 탈출하여 귀환한 부여 사람 윤함 등 3인의 진술을 보고했는데, 요동으로 간 왜구들이 30여 척으로 요동에 침범했다가 패하여 돌아온 수가 10여 척이고 배마다 살아남은 자는 30~40명에 불과하다는 것이었다. 2천여 명이 출병하여 불과 300~400명만 살아 돌아온 셈이다. 또 양식이 떨어져 굶주리다가 겨우 돌아 왔다.[85] 이듬해 쓰시마도주 소오 사다모리의 말에 의하면 해적선 30척 중에서 싸우다 없어진 것이 16척이고, 나머지 14척이 귀환했다. 그중 7척은 일기도一岐島의 배이며 나머지 7척은 쓰시마 왜선인데 선박의 주인은 전쟁에서 죽고, 배를 지키던 격인格人만 돌아 왔다.[86]고 하였다.

왜구의 패퇴 소식을 접한 태종은 본래 의도였던 교화를 통한 쓰시마 도주의 복속을 추진했다. 이를 위해 병조판서 조말생에게 명하여 쓰시마 도주 소오 사다모리에게 선지를 보냈다. 선지의 내용은 항복을 하던지, 아니면 쓰시마를 비우고 일본 본주로 돌아가던지 선택하라는 강경한 입장이었다. 이 글은 귀화한 왜인 등현藤賢 등 5인에게 주어 쓰시마로 가지고 가게 했다.[87] 그리고 경상도에 대기하고 있는 삼군도통사 유정현 등 여러 장수들에게는 상경할 것을 통보하고, 만약 쓰시마에서 조선정부의 요구를 거절하고 등현 등을 구류하고 돌려보내지 않으면, 9·10월쯤 사이에 장차 다시 군사를 일으켜 쓰시마를 정벌할 것이라고 하면서 삼군 도체찰사 이하 여러 장수와 군관은

83 『세종실록』 권4, 세종 1년 7월 무오.
84 『세종실록』 권4, 세종 1년 7월 정묘.
85 『세종실록』 권4, 세종 1년 7월 신미.
86 『세종실록』 권7, 세종 2년 윤1월 기묘.
87 『세종실록』 권4, 세종 1년 7월 경신.

다 같이 귀경하고, 여러 도의 병선은 자기 주둔지로 돌아가 방어하게 했다.[88]

이 결과 재동정은 일단 보류되었고 쓰시마 상황을 지켜보다가 여의치 못하면 9·10월쯤에 정벌을 다시 재개하기로 했다. 다른 지휘관들도 모두 귀경하게 했다. 8월 1일(양 8월 21일) 경상도에서 유정현이 돌아왔고, 최윤덕도 이날 전라도에서 돌아왔다. 이들을 환영하기 위해 태종이 지병조사 이욱을, 세종은 동부대언 유영을 한강가에 보내 영접하고 위로하면서 주연을 베풀었다.[89]

8월 4일(양 8월 24일)에는 이종무, 우박, 박성양이 귀경했다.[90] 같은 날 박초와 유습이 돌아와 복명했다.[91] 다음 날 이순몽과 이천도 경상도에서 돌아왔다.[92] 이지실은 병으로 8월 7일(양 8월 27일)에 귀경했다.[93] 이때 패전한 박실의 처벌문제가 정치적 쟁점으로 부각되어 일시적으로 그를 의금부에 하옥했지만 이것이 쟁점이 되면 유정현, 이종무를 비롯한 지휘부 전체가 처벌되어야 한다는 정치적 부담과 2차 동정을 위한 준비가 진행되고 있는 시점에서 지휘체제를 변경할 수 없다는 현실론으로 인해 이 문제는 덮어 두는 것이 좋겠다는 태종의 결론을 따라 박실은 석방되었다.[94] 이것으로 쓰시마 1차 정벌은 공식적으로 종료되었다.

쓰시마 도주를 회유하려고 등현 일행을 파견했지만 10일이 넘어도 쓰시마에서 공식적으로 항복을 선언하는 조처는 나오지 않았다. 그러자 조정에서는 2차 정벌을 준비해야한다는 강경론이 대두했다. 정부는 협상이 여의치 못하면 다시 출정하기로 결정하고 잠정적으로 9, 10월 사이를 출정 달로 잡고 각 도에 병선을 정리하도록 독려했다.[95] 8월에 들어와서는 2차 정벌 계획을 더욱 구체화하여 우박을 경상도, 박초를 전라도, 이천을 충청도 병마도절제사로 삼아 본도의 수군도절제사와 의논하여 병선을

---

88 『세종실록』권4, 세종 1년 7월 신유.
89 『세종실록』권5, 세종 1년 8월 계유.
90 『세종실록』권5, 세종 1년 8월 병자.
91 『세종실록』권5, 세종 1년 8월 병자.
92 『세종실록』권5, 세종 1년 8월 정축.
93 『세종실록』권5, 세종 1년 8월 기묘.
94 『세종실록』권5, 세종 1년 8월 임오 ;『세종실록』권5, 세종 1년 8월 을유 ;『세종실록』권5, 세종 1년 8월 병술 ;『세종실록』권5, 세종 1년 8월 무자 ;『세종실록』권5, 세종 1년 8월 경인.
95 『세종실록』권4, 세종 1년 7월 신미.

건조하며 2차 동정을 대비했다.[96] 때마침 쓰시마에 억류 중이던 중국인 포로가 탈출하여 왜적이 9, 10월간에 조선침략을 계획하고 있다는 첩보를 전달하자 조선정부는 경상우도의 각 포구의 좌·우령左右領 선군을 징집하여 선군이 없는 병선에 분승하게 하는 등 비상상황에 대비했다.[97]

등현 일행의 귀환이 늦어진 것은 쓰시마의 고민이 깊었기 때문인 것 같다. 우선 조선의 정벌 결과가 가져온 쓰시마의 피해가 심각했고, 요동에서의 패배가 가져온 주력부대의 전력상실도 컸다. 그리고 많은 가족들이 이미 조선에 억류되었고 포로로 잡혀 인질이 되었다. 더하여 조선과의 경제적 단절은 경제적인 어려움을 더욱 가중시키는 결과를 초래할 것도 분명한 사실이었다. 그보다 더 나아가 조선의 쓰시마 정벌을 어떻게 받아들일 것인가 하는 것도 큰 문제였다. 그것은 조선의 정벌이 일과성인지, 아니면 이미 수차례 경고되었듯이 중국과 연합하여 본격적인 일본 원정을 단행하기 위한 서막인지 판단하기도 쉽지 않았다.[98] 또 이런 사실을 어떻게 일본 정부에 보고할 것이며 일본 정부와 비전주, 구주의 영주들과 어떻게 의견을 조율할 것인가 하는 것도 큰 문제였다. 한때 보복적 차원에서 조선 해안을 급습하자는 의견도 있었다. 하지만 이미 체포 억류된 쓰시마인과 다른 일본인, 정벌 중에 사로잡혀 조선으로 이송된 포로들이 많은 상황에서 이들의 안위가 문제였다. 이런 이유로 2개월에 걸친 쓰시마의 정책적 판단은 결국 항복 쪽으로 기울었다.

쓰시마에 건너간 등현 일행이 귀국한 것은 9월 20일(양 10월 9일)이었다. 쓰시마의 수호 소오 사다모리가 도이단도노都伊端都老를 보내어 예조 판서에게 신서信書를 내어 항복하기를 빌었고, 인신印信을 내리기를 청원했으며, 토산물을 헌납했다.[99] 또한 등현 일행은 소오 사다모리가 심복心服한다고 약속했음을 전했다. 하지만 조선 정부의 불신은 컸다.[100] 그것은 조선은 쓰시마 도주의 동생 소오 순[宗俊]이 사신으로 올 것을

---

96 『세종실록』 권5, 세종 1년 8월 임오.
97 『세종실록』 권5, 세종 1년 9월 경술.
98 『태종실록』 권25, 태종 13년 3월 기해. 왜구의 발호로 인한 명의 일본원정설은 태종대부터 시작되어 세종대 내내 거론되었다. 일본은 고려시대에 여몽연합군이 침공했듯이 조선과 명이 연합하여 일본을 공격할 것이라는 우려를 항상 가지고 있었다.
99 『세종실록』 권5, 세종 1년 9월 임술.

기대했는데, 보내온 사신의 격이 그에 미치지 못했기 때문이었다. 조선에서는 그들의 진정성을 믿을 수 없었다. 결국 조선에서는 매년 가을 각도에 관원을 보내 군기, 의갑, 병선을 점검 하고[101] 요해처에 병선을 각각 20척을 모아 나누어 수비하게 했다.[102] 이렇게 2차 동정을 대비하여 긴장 국면이 계속되고 병사들도 오랫동안 귀농하지 못하게 되자 실농의 어려움을 느끼게 되었다.[103] 그러자 계속되는 토벌 논의 속에 지친 제도의 군정들은 힘든 2차 토벌을 피하기 위해 속속 유망했다.[104]

그런 가운데 조선정부는 쓰시마를 설유하는 방책을 다시 의논했다. 내용은 '수호修好하기를 바란다면 소오 순 등이 친히 와서 투화하게 할 것'을 요구하였다.[105] 다시 쓰시마 도주의 항복의사가 전달되었고 도두음곶과 쓰시마 정벌시 포로가 되었던 전 사정司正 강인발 등 4명을 보내왔다.[106] 이듬해 윤1월 쓰시마 도주는 쓰시마는 척박하여 살기 어려우니 도민들을 거제도 가라산加羅山에 이주하여 농사짓게 하고, 쓰시마를 조선의 주군으로 편입시키고 인신을 주면 신하의 도리를 지키어 시키는 대로 따르겠다고 약속했다.[107] 그러자 조선정부는 쓰시마를 조선의 속주로 인정하고 경상도의 관할에 두며 경상관찰사를 통해 서계를 올릴 것, 요청한 인신을 하사하되 쓰시마로부터 오는 사절은 반드시 도주의 서계를 지참할 것 등으로 결말을 지었다.[108] 그리고 "종씨도도웅와宗氏都都熊瓦"라고 새긴 인장을 하사했다. 이로써 쓰시마 도주는 수도서인受圖書人이 되었고 도주가 올리는 서계도 이때

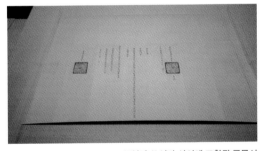

조선과 쓰시마 사이에 교환된 공문서

100 『세종실록』권5, 세종 1년 9월 계해.
101 『세종실록』권5, 세종 1년 9월 정묘.
102 『세종실록』권5, 세종 1년 10월 을해.
103 『세종실록』권5, 세종 1년 10월 갑술.
104 『세종실록』권5, 세종 1년 10월 갑술.
105 『세종실록』권5, 세종 1년 10월 임오.
106 『세종실록』권6, 세종 1년 11월 경신.
107 『세종실록』권7, 세종 2년 윤1월 기묘.
108 『세종실록』권7, 세종 2년 윤1월 임진.

부터 시작되었다.

4) 포상

조선정부에서는 쓰시마 정벌이 성공적으로 마무리되자 전쟁결과에 따른 논공행상을 단행했다. 동정한 삼군의 첨절제사와 병마사 이하의 군관과 군인들의 전공을 상주는 등수의 차례는 3등으로 나눴다. 접전하여 목을 베었거나 포로를 잡은 자는 1등으로 하여 세 계급을 뛰어 승직시키고, 향리는 병조에서 왕명에 따라서 공패를 주어서 자손에 이르기까지 부역을 면제하고, 역자·염한·관노는 자원에 따라 보충군에 속하는 것을 허락했다.

한편, 적을 잡아 목을 베었거나 포로를 잡은 자는 2등으로 하여 두 계급을 뛰어서 승직시키고, 향리·역자·염한·관노는 그 자신에 한하여 신역을 면제했다. 토벌에 종군하여 공력을 바친 자는 3등으로 하여 한 계급 뛰어서 승직시키고, 향리·역자·염한·관노는 2년 동안 신역을 면제했다.[109] 동정의 공으로 이 같은 상직을 받은 자는 2백여 명에 이르렀다.[110] 나아가 전쟁준비에 수고한 백성들에게는 명년의 공철貢鐵을 면제토록 했고,[111] 출정한 염한의 소금공납을 면제했다.[112] 또 쓰시마에서 노획한 무기는 군기가 없는 각 고을에 보급했다.[113]

쓰시마 정벌의 의의는 왜구의 근절과 함께 통교체제 확립의 계기가 되었다는 점이다.[114] 조선 서해안과 중국 요동에 출몰하던 왜구의 침입과 약탈이 사라졌다는 점에서 이쓰시마 정벌이 일대 전기가 되어, 전기 왜구와 후기 왜구를 구분하는 기준점이 되었다. 그리고 이때부터 왜구는 완전히 복속되었다는 인식이 일반화되었다. 동시에 쓰

---

109 『세종실록』 권5, 세종 1년 8월 임오. 이것은 이후 왜적을 잡을 때 포상의 선례가 되어 준용되었다(『세종실록』 권23, 세종 6년 3월 병신 ; 『세종실록』 권26, 세종 6년 12월 임술 ; 『세종실록』 권29, 세종 7년 7월 임진 ; 『세종실록』 권32, 세종 8년 5월 정미).
110 『세종실록』 권5, 세종 1년 9월 정묘.
111 『세종실록』 권5, 세종 1년 10월 병신.
112 『세종실록』 권5, 세종 1년 8월 갑술.
113 『세종실록』 권5, 세종 1년 9월 병오.
114 하우봉, 「일본과의 관계」 『한국사 22』, 국사편찬위원회, 379쪽.

시마가 조선의 요구에 순응하면서 각종 통교제한 정책의 실시가 가능해졌고, 조선이 외교적 주도권을 확립하는 계기가 되었다. 이후 세종 8년에 이르러 염포를 추가로 개방하면서 부산포, 내이포와 함께 삼포가 왜인들의 교역항구로 확정되면서 여기에 왜관倭館을 설치하고 흥리선이 도박하여 무역을 할 수 있게 되었다.

제2절

여진 사회의 동향과 4군 6진의 개척

1. 조·명간 영토확장과 여진족의 동향

만주지역은 고대로부터 여러 종족이 교차하여 활동했다. 구체적으로는 여진女眞, 숙신肅愼, 읍루挹婁, 말갈靺鞨, 물길勿吉 등이 있는데, 가장 대표적인 종족이 여진이다. 숙신을 비롯한 만주지역의 여러 종족이 여진과 어떻게 혈연적으로 연결되는지는 분명치 않으나, 여진과 말갈 사이에는 인종적인 유사성이 있는 것으로 여겨진다. 여진이란 명칭은 10세기 초에 처음으로 나타나는데, 12세기에 여진은 중원 지역으로 들어가 금金을 세웠다. 하지만 1234년 몽골이 침략하여 금을 멸망시킨 이후로 이들은 만주로 돌아갔고, 원의 지배를 받았다.

명은 건국 후 원의 지배를 받던 만주지역에 대한 지배권을 장악하기 위해 1375년 (우왕 1, 홍무 8)에 군사와 민정을 총괄하는 요동도지휘사사遼東都指揮使司를 설치했다.[115] 이어 다수의 위소衛所를 설립하기 시작하여 1395년(태조 4, 홍무 28)에 이르러 요동도사 소속 25위 체제를 완성했다. 그리고 25위 지역 내의 기존의 부府·주州·현縣을 폐지하면서 여진을 건주여진建州女眞, 해서여진海西女眞, 야인여진野人女眞으로 구분했다. 그러나 조선에서는 여진족을 여진(토착여진), 오랑캐[兀良哈], 오도리斡朶里,

---

115 南義鉉, 『明代 遼東支配政策研究』, 강원대출판부, 2008, 53쪽.

우디캐[兀狄哈]로 나누어 이해했다.[116]

두만강 이남에 살고 있던 토착여진은 남하하여 조선의 편호로 정착했다. 특히 명에서 철령위 설치 때 문제로 삼았던 11처 인민은 모두 조선인화 했다. 길주 지역의 대추장 퉁투란티무르[佟豆蘭帖木兒], 일명 이지란李之蘭은 여진출신이었으나 조선의 개국에 크게 기여하여 개국일등공신으로 진출되기까지 했다.[117]

오랑캐Orangkhai, 兀良哈는 강 또는 벌판에서 농경생활을 하던 여진 종족으로 중국에서는 삼위 三衛 우량하를 지칭하는 것으로, 일반적으로는 건주여진建州女眞을 말한다. 원말·명초의 혼란기를 이용하여 압록강과 두만강 유역으로 남하한 여진족들은 농경지를 따라 정착하여 촌락을 이뤘다. 따라서 사는 지역에 성이 다른 씨족이 혼합할 수 있었기 때문에 씨족이 해체되고 혼성부락이 나타난다. 이러한 농경 오랑캐는 내지 內地 우디캐의 침입을 막기 위하여 보다 강력한 정치세력을 필요로 했다. 이 결과 압록강 유역의 파저강(동가강) 일대에서 하루아[火兒阿] 만호부萬戶府 출신의 이만주李滿住가 명의 세력을 업고 여진세력을 규합하자 명에서는 1403년에 건주본위建州本衛를 개설한 것이었다.[118]

우디캐는 숲Wedi 속에 살고 있는 여러 여진 부족으로 만주의 원시림 속에서 수렵, 어로생활이나 유목생활을 했다. 이들도 두 부류로 나눠볼 수 있는데, 흑룡강 하류, 아무르강 일대에 살던 일부는 수렵, 어로생활을 했고, 송화강이나 목단강 일대에 사는 일부는 유목생활을 했다. 전자는 워낙 조선이나 명과 거리가 멀었기 때문에 조선과 교섭한 기록은 별로 보이지 않으나 후자는 조선과 명에 빈번히 내조來朝하기도 했고 또 자주 침입하기도 했다. 특히 조선과 교섭이 많았던 우디캐는 골간骨石우디캐, 혐진嫌眞우디캐, 홀라운[忽剌溫] 우디캐 등이다. 골간 우디캐는 두만강 북쪽에서 수분하綏分河 일대까지, 연해주 일대에 흩어져 살며 어업을 주업으로 하던 물가[水] 우디캐

116 金九鎭, 「여말선초 두만강 유역의 여진분포」『백산학보』15, 1973 ; 金九鎭, 『13C~17C 女眞社會의 硏究』, 고려대학교 박사학위논문, 1988.
117 王永一, 『李之蘭에 대한 硏究; 朝鮮建國과 女眞勢力』, 고려대학교 박사학위논문, 2003, 78~122쪽.
118 金九鎭, 「조선전기 대여진관계와 女眞社會의 실태」『동양학』14, 단국대, 1984.
이만주의 조부는 오랑캐 여진족의 대추장 김어허출이다. 김어허출은 명의 영락제가 연왕일 때 그 딸을 시집보냈고 연왕이 황제로 즉위하자 건주위 참정을 제수받았다.

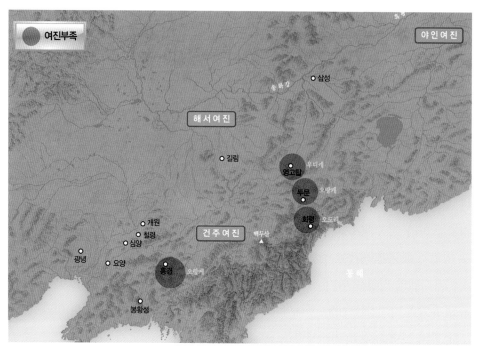

여진족의 분포

였다. 혐진 우디캐는 목단강의 영고탑(현재의 헤이룽장성黑龍江省 닝안寧安) 일대에 살았던 일곱 종족의 우디캐였으며, 홀라온 우디캐는 수초를 따라 이주하여 경제생활을 했으므로 씨족중심의 생활을 했다. 씨족은 성을 갖는 족외혼의 단위로서 결혼을 통해 일종의 그 연합세력을 구축했으니, 칠성七姓우디캐가 그 대표적 예이다. 이들은 송화강 지류인 호란강呼蘭江 유역에 살던 해서여진의 일파이다.

이렇게 당시 여진사회는 수렵·유목생활권의 우디캐, 농경·농목생활권의 오랑캐 및 조선화 단계의 토착여진으로 나누어진다. 그 생활패턴도 유목생활→농목생활→농경생활로 바뀌고 씨족중심의 혈연사회에서 촌락중심의 지연사회로 변동했다. 그 결과 여진은 꾸준히 남하하는 현상을 나타냈다.

한편 두만강 유역의 회령會寧에는 퉁몽거티무르가 조선을 배경으로 오도리斡朶里 만호부를 중심으로 동북면 일대의 여진세력을 규합했다. 오도리족은 금나라의 후예로서 잡종 오랑캐와 구분되는 종족인데, 그 원주지는 목단강과 송화강이 합류하는 삼성三姓 지방이었다. 고려말 동북면의 실력자인 이성계를 시위하면서 관계를 맺게 되었고 이성계의 배려에 의해 회령(아목하)에 자리를 잡았다.[119] 그러나 명나라 영락제가 건주본위의 이만주를 앞세워 퉁몽거티무르에게 명에 복속할 것을 강요했다. 조선의 태종은 이에 복종하지 말도록 거듭 회유했으니, 이것은 두만강 유역은 물론 수분하 이남의 일대를 조선의 복속아래 두려고 하였기 때문이다. 그러나 명의 강압에 이기지 못한 퉁몽거티무르가 입조하여 명으로부터 건주좌위建州左衛를 개설 받게 되었다.

퉁몽거티무르가 입조하자 명은 건주위도지휘사를 제수하고 어허출의 아들이며 이만주의 부친인 김시가노金時家奴에게 건주위지휘사를, 아고차에게는 모린위등처지휘첨사를 주어 여진초무를 둘러싸고 전개된 양국 간의 각축은 대세가 명 쪽으로 기울었다. 퉁몽거티무르의 명 입조는 조선에 큰 충격을 던져 주었다. 이를 계기로 조선은 그동안 여진이 소금·철·우마를 교역하던 경원 교역을 중단시키고 이들에 대한 불만을 노골적으로 드러냈다. 이 조처는 여진의 숨통을 조이는 행위로 여겨졌으며, 여진이 이 처분에 격분하여 태종 6년 2월 우디캐의 김문내金文乃 등이 경원의 소다노蘇多老를 침략하는 지경에 이르렀다.[120] 무역소는 곧 회복되었지만[121] 여진과의 관계가 악화되기 시작했다.

1410년 2월 우디캐 김문내金文乃, 갈다개 등이 오도리 오랑캐의 갑병 300여 기와 결탁하여 경원부를 침략하여 병마사 한흥보韓興寶가 전사하는 사건이 발생했다. 이때 관병도 15명이 죽고 말 5필을 약탈당했다.[122] 태종은 길주도찰리사 조연趙涓을 시켜 오랑캐를 응징하기로 결정했다. 조연은 두문豆門에 이르러 모련위지휘 파오손 등 여러 추장들과 수백인의 여진인을 학살하고 가옥을 불살랐다. 이것은 조선을 배반하고 명에 입공한데 대한 조선의 불만을 가차 없는 응징으로 나타난 것으로 볼 수 있다.[123] 이때 퉁몽거티무르가 경원의 소다노에 침입하여 가재와 우마를 약탈한 사실도 알려져 조연은 승세를 타고 퉁몽거티무르까지 처지하려고 했다. 퉁몽거티무르도 자신의 관하 사람들이 죽은데 분노하여 조선을 침략했으나, 이후 조선의 토벌을 두려워하여

119 『세종실록』 권20, 세종 5년 6월 계유.
120 『태종실록』 권11, 태종 6년 2월 기묘.
121 『태종실록』 권11, 태종 6년 5월 기해.
122 『태종실록』 권11, 태종 10년 2월 경자.
123 박원호, 『明初朝鮮關係史硏究』, 일조각, 2002, 186쪽.

회령(오음회)으로 돌아오지 못하고 타지에서 떠돌았다. 이 무렵 조선정부도 여진의 잦은 침구에 방어가 어려워진 경원부를 경성으로 옮기고 왕실 조상의 능묘를 함주로 이장하는 역사를 단행했다.[124]

같은 해 5월 영락제의 1차 몽골원정에 건주위 어허출의 아들 김시가노가 출정하여 전공을 세움으로써 이현충李顯忠이라는 이름을 하사받고 도지휘첨사로 승진했다.[125] 이를 계기로 명에 밀착된 건주위가 퉁몽거티무르를 초유하기 시작했다.[126] 조선의 군사행동에 위협을 느낀 퉁몽거티무르도 이듬해 4월 6,500여명의 대부족을 이끌고 백두산을 넘어 옛 개원로인 봉주鳳州에 있는 이만주의 건주본위로 이주했다.[127] 이후 그는 건주위의 김시가노, 이만주 부자와 함께 13년간 합거하게 된다. 퉁몽거티무르는 봉주에 거주하면서 1412년(태종 12, 영락 10년)에 명에 조공하러 북경에 갔으며 이때 건주위로부터 분리 독립된 건주좌위가 설치된 것 같다.[128] 그는 1422년(세종 4,영락 20) 3월 영락제가 타타르부의 추장 아룩타이阿魯台와 이들과 연합한 오랑캐를 치기 위해 3차 몽골원정을 단행하자 종군하기도 했다.[129]

이 무렵에 퉁몽거티무르는 다시 회령으로 돌아올 계획을 가지고 있었다. 그 이유는 계속되는 영락제의 원정으로 봉주는 몽골 타타르족의 군마로軍馬路가 되어 타타르의 침략이 계속되었기 때문이었다. 때마침 조선에서는 퉁몽거티무르와 반목하던 태종이 죽자, 퉁몽거티무르는 영락제의 성지를 핑계 삼아 다시 회령으로 돌아올 결심을 했던 것이다.[130] 퉁몽거티무르가 회령을 귀환할 때 마침 개양開陽에 살고 있던 우디캐 양무타우楊木荅兀가 도지휘사 왕웅王雄 등과 갈등으로 인해 개양성을 대대적으로 약탈하고 다수의 포로를 거느리고 안주할 곳을 찾아 퉁몽거티무르의 건주좌위를 따라 경원

---

124 박원호, 앞의 책, 2002, 188쪽.
125 『명태종실록』 권107, 영락 8년 8월 을묘.
126 퉁몽거티무르는 어허출의 다른 아들인 건주위지휘첨사 맹가불화와 사돈 간이다. 맹가불화는 퉁몽거티무르의 아들 도적의 장인인 것이다. 맹가불화는 태종 10년 3월에 모련위지휘사로 임명되었다.
127 『태종실록』 권21, 태종 11년 4월 병진.
128 『명사』 권90, 志66, 兵2, 衛所.
129 『세종실록』 권20, 세종 5년 6월 계유.
130 『세종실록』 권20, 세종 5년 6월 계유.

으로 이주했다.[131]

1424년 4월이 되자 건주위의 이만주가 1,000호를 이끌고 파저강 지역으로 이주했다.[132] 이들은 건주좌위와 같이 1423년(세종 5)에 파저강 다회평多回坪으로 이주하도록 영락제의 성지를 받았다 한다. 그러나 이주를 미루다가 1424년 2월 17일(양 3월 17일)에 달단군韃靼軍이 침략해 오자 결국 이주했던 것이다. 이렇게 이들이 이동한 이유는 주로 오랑캐와의 충돌로 홀라온忽剌溫 야인들이 건주를 압박한 것이 주요 요인으로 나타나고 있으나 당시 여진의 상황으로 보아 경제적 목적을 성취하기 위해 이동한 측면도 있다고 볼 수 있다.[133]

그러나 이들은 점차 심각한 식량부족에 직면하게 되자 여연의 소보리 구자, 조명간 구자[134]와 강계江界의 만포 구자滿浦口子, 여연閭延 등지에 떼를 지어 나타나 식량을 요구했고, 이런 사실을 조선정부에 고하기 위하여 상경을 요구하기도 했다. 이들은 종자와 식량을 얻기 위하여 노력했지만 조선정부는 비협조로 일관했다.[135] 조선정부는 이들이 '본래 명나라 건주위에 속한 백성이니, 사사로이 통할 수 없다.' 하고 강을 건너지 못하게 했다. 만일 억지로 건너오면, 변장은 이들을 접대하지도 말고 술과 밥도 주지 말 것을 명령했다. 만일 백성의 집에 횡행하면서 약탈하면, 인보隣保의 정正·장長들이 약탈하는 대로 도로 빼앗아 침범과 약탈을 금지시키고, 강변에 거주하던 백성은 보루에 들어오게 하고, 들에 있는 곡식도 모두 거둬 약탈에 대비하게 했다.[136]

한편, 이만주의 건주위가 파저강 유역으로 남하한 이후 조선으로 도망하는 포로의 탈출이 증가했다.[137] 포로 중에는 조선인도 있지만 중국인이 압도적으로 많았다. 그 중 조선인 피로인의 경우 탈출하면 숨기고 송환을 거부했다.[138] 예를 보면 이만주가 직접 부리던 노비 10명이 강계로 탈출하여 도망했는데, 이들을 조선의 예빈시 사환으로 부

131 『세종실록』 권28, 세종 7년 6월 경신.
132 『세종실록』 권24, 세종 6년 4월 신미.
133 南義鉉, 『明代 遼東都司 支配의 限界에 관한 研究』, 강원대학교 박사학위논문, 2005, 100~114쪽.
134 『세종실록』 권26, 세종 6년 12월 경신.
135 『세종실록』 권24, 세종 6년 4월 임신 ; 『세종실록』 권25, 세종 6년 7월 을해.
136 『세종실록』 권26, 세종 6년 11월 갑신.
137 『세종실록』 권37, 세종 9년 9월 기유.
138 『세종실록』 권31, 세종 8년 2월 을유.

리는 것을 알고 분개하고,[139] 무력으로 침구하여 이들을 색출하여 송환하겠다고 위협했다.

주로 개원開原지역에서 포로로 잡힌 중국인들은 대부분 여진의 농경노비가 되었다. 여진 사회에서 노예 1구口의 가격은 우마로 환산하면 15~20필에 해당하기 때문에 노예는 여진족의 재산으로는 우마보다 훨씬 가치가 높았다.[140] 여진족은 조선으로 도망간 중국인 노비들의 송환을 조선정부에게 빈번하게 요청했다. 그러나 조선정부에서는 그들을 명으로 환송하기 때문에, 여진족은 조선의 조치에 강한 불만을 나타냈다. 1433년(세종 15)의 파저강 여진 정벌의 계기가 된 1432년 12월에 여진의 여연 침구도 중국인 납치자 환송문제에서 비롯된 사건이었다.[141]

여연 침구 사건은 평안도 관찰사 박규朴葵가 여진족 기병 400여 명이 여연군 경내를 기습하여 주민과 재물을 약탈하여 돌아가는 것을 강계병마사 박초朴礎가 군사들을 이끌고 추격하여 주민 26명과 말 30필, 소 50마리를 탈환하여 돌아왔으며, 이 과정에서 조선군사 13명이 전사하고 25명이 부상당했다는 보고를 하면서 알려졌다.[142] 이어서 평안도 병마절도사 문귀文貴로부터 이만주가 사람을 보내 홀라온 지역의 우디캐 군사들이 조선주민 64명을 잡아가는 것을 알고 부하를 거느리고 이들과 싸워 포로가 된 조선주민을 빼앗아 보호하고 있다고 알려왔다는 보고가 올라왔다. 이에 따라 논란 끝에 먼저 진상파악에 나선 결과 무너진 목책을 방치한 것과 현지 토호로서 병력을 지휘하고 있는 천호와 전무 등이 수수방관하였던 것 등이 알려져 관찰사 박규와 병마절도사 문귀 이하 장수들이 처벌되고 국방태세를 강화하는 조처가 취해졌다.

한편 침입사건의 주범이 이만주의 부하인 임합라林哈剌이고 따라서 이 사건의 최종 책임이 이만주에게 있으며 이를 이만주가 홀라온 지역 우디캐에게 뒤집어 씌웠음을 확인하게 되었다.

---

139 『세종실록』 권39, 세종 10년 2월 정축.
140 김구진, 「명대 여진의 중국에 대한 공무역과 사무역」 『동양사학연구』 48, 1994, 11~12쪽.
141 박원호, 『明初朝鮮關係史硏究』, 일조각, 2002, 210~219쪽.
142 『세종실록』 권59. 세종 15년 3월 계해.

2. 1·2차 파저강 여진정벌의 과정

1) 정벌군의 편성과 지휘 운영체제

(1) 1차 여진정벌

1432년(세종 14) 겨울 파저강 유역에 자리 잡은 건주위 본위 소속으로 이만주 휘하의 오랑캐 여진족이 대거 여연에 침공했다.[143] 이때 조선은 전사 48명, 피랍 75명의 큰 규모의 피해를 입었다.[144] 이 사건은 평안도 지역에서 처음 당한 여진족의 대규모 침입인 데다가 침입한 여진세력이 조선의 울타리 구실을 하는 대가로 생활물자를 공급받으며 생활해 오던 오랑캐였다는 점에서 조선정부의 충격은 컸다. 이에 앞서 이만주와 통몽거티무르 등은 명 성조成祖의 몽골 공격에 참여한 적이 있는데, 그 뒤 몽골의 공격을 받은 이만주는 휘하 세력을 이끌고 봉주鳳州에서 압록강 지류인 파저강(현재의 동가강) 유역으로 이주했다. 이에 따라 오랑캐는 우디캐를 가장하여 여연 등지를 노략질하여 수급이 어려워진 식량과 생필품을 해결하려고 했던 것이다. 조선은 침입에 대한 응징으로 1433년(세종 15) 4월 최윤덕의 지휘아래 파저강 유역에 대한 정벌을 단행했다.[145]

세종은 1월 11일(양 1월 31일) 최윤덕을 평안도 도절제사로, 호조참의 김효성을 도진무로 임명하여 파견했다. 처음에 세종은 이만주에 대한 토벌을 신속히 단행하려 했다. 그러나 평안도에 도착한 최윤덕이 1월은 이 지역의 땅이 얼었다 풀렸다하는 시기이므로 4~5월중에 정벌하자고 제안했다. 정벌군의 규모는 평안도 병사 3천명을 동원할 예정이었다. 3월에 현장의 사정을 정확히 파악한 최윤덕은 정벌계획의 시안을 제시했다. 야인정벌의 목표는 이만주와 그의 부하 심타나노, 심할라의 은거지로 잡되 공격로는 3갈래로 나누어 급습해야 한다는 계획이었다. 우선 이만주를 잡기 위해서는 그의 은거지인 우라兀羅산성을 목표로 출정하되 두 길로 나누어 출정해야 하는데 하

---

143 『세종실록』 권58. 세종 14년 12월 갑오.
144 『세종실록』 권59. 세종 15년 1월 계해.
145 오종록, 「세종시대 북방영토개척」『세종문화사대계 3』, 세종대왕기념사업회, 2001.

최윤덕 묘(경남 창원)

나는 만포에서 출발하고, 하나는 벽동에서 출발하게 한다는 것이었다. 둘째는 감동加洞에서 마천馬遷, 목책木柵으로 향하여 동서 양쪽에서 협공을 해야 한다는 것이었다. 마지막으로 심타나노, 심할라를 잡기 위해서는 소보리小甫里로부터 출정해야 한다는 것이었다. 또한 야인들의 땅은 험하고 막힌 곳이 많아서 중요한 지점마다 수비군을 나누어 주둔시켜야 하며, 또 보급물자를 수송하는 치중輜重을 보호하는 호송군도 필요하므로 병력이 증강되어야 한다고 했다.[146]

병력 증강의 이유는 공격전술과도 관련이 있었다. 공격 대상인 파저강 일대는 평원이 적고 산이 많으며 5~10명이 함께 걸어가기 힘들 정도로 길이 좁았다. 더구나 야인들은 대도시를 이루지 않고, 이 산골짜기에 흩어져 살았다. 만약 조선군이 한 마을을 공격하면 다른 마을은 바로 마을을 비우고, 서로 연합하여 조선군을 공격할 것이므로, 효과적인 토벌을 위해서는 공격목표를 나누어 동시다발적으로 여진부락을 습격하는 것이 효과적이라고 판단한 것이었다.[147]

전술을 확정하자 부대편성도 전술에 맞추어 수정했다. 전통적인 편제는 중군, 좌군,

---

146 『세종실록』 권59, 세종 15년 3월 경신.
147 『세종실록』 권59, 세종 15년 3월 경신.

우군의 3군으로 나누어 최윤덕이 중군, 이순몽이 좌군, 최해산이 우군을 지휘하기로 했다. 그러나 이순몽의 건의에 따라 도절제사인 최윤덕과 중군절제사 이순몽이 지휘하는 중군 2개 부대와 최해산, 이각이 지휘하는 좌·우군, 이징석李澄石 김효성, 홍사석洪師錫[148] 3명의 장수를 조전절제사로 둔 3개의 독립부대로 편성되었다.

병력은 평안도 마병, 보병 1만 명과 황해도 마병 5천여 명, 총 14,962명이었다. 전군이 4월 10일(양 4월 29일) 강계부에 집결하여 부대마다 구체적인 공격목표를 정했다.(표 8-2 참조)

〈표 8-2〉1433년 1차 여진정벌 출정군수와 출정담당지역

관직	지휘관 성명	병력수	출전지역
중군 절제사	이순몽	2,515명	이만주의 채리(寨里)
좌군 절제사	최해산	2,070명	거여(車餘) 등지
우군 절제사	이각	1,770명	마천(馬遷) 등지
조전 절제사	이징석	3,010명	올라(兀剌) 등지
조전 절제사	김효성	1,888명	임합라(林哈剌) 부모의 채리
상호군	홍사석	1,110명	팔리수(八里水) 등지
중군 도절제사	최윤덕	2,599명	임합라의 채리
		총병력 14,962명	

공격 목표는 부대별로 할당한 진로상에 위치한 여진부락들이었다. 그러나 그 중에서 특별한 목표는 여진족의 지도자인 이만주와 임합라의 부락이었다.

각 부대의 병력은 거의가 2,500명~1,000명 수준으로 오위체제에서 부대의 기본단위인 1개 영 또는 2개 영으로 구성되어 전술운영과 조직력에서 가장 효율적인 단위라고 할 수 있다. 여기에 상당수가 기병이었으므로 기동력도 뛰어났다. 반면에 이런 소규모 부대가 분산해서 산악지형을 종단하다가 여진족이 집결하여 반격을 가하면 큰 위험에 빠질 수도 있었다. 특히 이 지역은 산곡이 많고 삼림이 우거져 매복과 기습공격에 매우 취약했다. 그래서 부대를 나누어 목표지역을 신속하게 소탕한 뒤 전

---

148 홍사석은 원래 이순몽의 군관으로 참전하였다가 독자적인 부대를 지휘하게 되었다(『세종실록』 권59, 세종 15년 3월 기사).

군이 최종 목적지에 집결해서 돌아온다는 계획이었다. 효과적이면서 모험적인 전술이었다. 여진족이 부족, 부락단위로 분열되어 있다는 약점을 노린 것이기도 하지만, 이런 모험적인 전술을 사용할 수 있었다는 것은 꾸준히 진행해 온 조선군의 전술훈련과 자신감이 바탕이 된 것이었다.

공격 목표가 여진부락인 것은 특별한 전략거점이나 상비군이 없고 병농일치적인 사회구조를 지닌 반 유목민 집단인 여진족의 특성상 어쩔 수 없는 일이었다. 그러나 민간인을 죽이거나 집을 불태우는 것, 개별적인 약탈은 엄격하게 금지했다. 장정이라도 항복한 사람은 죽이지 못하게 했으며, 소와 말, 개와 닭 같은 가축도 죽이지 못하도록 엄격하게 금지했다.

작전은 순조롭게 진행되어 19일(양 5월 8일) 새벽에 최윤덕의 중군은 최종 목적지인 임할라林哈剌의 채리寨里에 도착했다. 20일(양 5월 9일)에 홍사석의 부대와 김효석의 부대도 도착했다. 이들은 이만주와 휘하 추장에 대한 수색작전을 잠시 진행했지만, 실질적인 군사 활동은 19일, 20일로 종료되었다.

각 부대별 전과는 다음의 표와 같다.

각 부대는 비교적 준수한 전과를 올렸으나 최해산 부대만은 완전히 실패했다. 그 부대는 약속된 기한에 부대가 집결하지 않아 도강부터 하루가 늦었다. 그래서 적진에 진입했을 때는 이미 소문이 퍼져 여진족들이 미리 도망해 버려 군공이 가장 적었다.

여진족의 저항은 대단히 미미했다. 강가에서 3~4명이나 7~8명씩, 또는 10여 명씩 소규모로 나타나 활을 쏘거나 벌판에 불을 질러 목초를 태워버리는 수준이었다. 홍사석 군은 31명의 포로를 잡았는데, 부대가 출발하자 여진족이 뒤에서 공격해 왔다. 여진족은 조선군이 공격하면 저항을 포기하고 도망하고, 소수 병력이 조선군을 습격하는 게릴라전으로 대응했지만 효과는 미미했다. 이순몽, 최해산, 이각, 이징석 부대는 피해가 전혀 없었다.

신속한 공격으로 여진족은 병력을 모아 반격할 기회조차 얻지 못했다. 하지만 완전한 기습은 어려웠다. 조선군의 공격소식도 빨리 전해져서 많은 여진인이 부락을 비우고 도주했던 것 같다. 가장 멀리 있던 목표인 이만주와 임할라의 부락은 비어 있었다. 진군로의 가장 처음에 부대를 나누어 진군시키면서 한편으로는 적을 몰고, 다른 부대

지휘관 성명	전과		전리품	아군 피해
이순몽 (李順蒙)	포로 남녀 56	살해 기록 안했으나 나중 보고에 의하면 참수 (斬首) 26, 사살 46, 귀를 벤 것[割耳] 2명[149]		
최해산 (崔海山)	생포한 남자 1	참수 3	각궁 6, 화살 104, 화살통 6, 나도(羅韜) 2, 환도 1	
이각 (李恪)	생포 남녀 14	죽인 도적이 43	말 11필, 소 17두	
이징석 (李澄石)	생포한 장정 남자 18, 장정 여자 26, 남녀 아동 각 12	사살하여 귀를 벤 것 5 사살한 자와 물에 빠뜨려 죽인 자 3[150]	갑옷 2, 각궁 15, 화살통 7, 환도 1, 화살 330, 창 2, 말 25, 소 33, 안자(鞍子) 3	
김효성 (金孝誠)	생포한 남녀 16	죽인 도적 13	각궁 2, 화살 14, 말 6, 소 12	군사 2명, 화살 맞은 말 6필(1필 즉사)
홍사석 (洪師錫)	생포 남녀 31	죽인 도적 21	각궁 8, 화살 1백 12, 환도 1, 소 21	화살 맞은 군사 3, 말 3
최윤덕 (崔潤德)	포로 남녀 62	사살 98	각궁 21, 화살 4백 20, 환도 3, 화살통 8, 나도 (羅韜) 3, 화살통 3, 창날[槍刀] 28, 소고 (小鼓) 1, 말 25, 소 27	화살에 맞아 죽은 자 4, 화살에 맞은 자가 20, 화살에 맞은 말 18, 화살에 맞아 죽은 말 2

※ 출처 : 『세종실록』 권60, 세종 15년 5월 기미.

는 적의 퇴로를 차단하는 전술을 고려했던 것 같지만, 이 지역은 산곡이 발달하고 길이 좁은데다가 부대간의 연락과 조응도 쉽지 않아서 그런 전술이 효과를 보기는 어려웠다. 그러나 직접적인 성과가 적었다고 해도, 한창 농사철에 피난을 해야 했던 여진인들은 상당한 고통을 겪어야 했을 것이다.

승전 소식이 전달되자 세종은 승리를 축하하는 선유宣諭를 내리고 군사가 돌아온 후에 야인의 보복에 대비하여 연강沿江 등지에 더욱 군사를 정비하여 수어하라고 명

---

149 『세종실록』 권60, 세종 15년 5월 임신.
150 『세종실록』 권60, 세종 15년 5월 임신.

했다.[151] 또 잡은 포로 중에 노인과 어린 아이를 제외하고 장정은 모두 참수하도록 했다.[152] 포로들은 남부지방에 분산 배치했다. 그러나 여진족이 끈질기게 송환을 요구했고, 명나라도 중재역을 자처하고 나서 송환을 촉구함에 따라 1434년(세종 16)에 포로와 노획한 마필과 재산을 반환했다.[153]

(2) 2차 여진정벌

1차 파저강 야인정벌이 끝나고 한동안 여진은 소강상태를 유지했다. 하지만 여진족은 조선에 굴복하지 않았다. 그들은 조선이 전쟁을 싫어하고 1차 정벌같이 공세로 나와도 기간을 최소화하고 단기간에 철수한다고 확신하고 있었다.[154] 조선의 눈치를 보며, 방어태세를 정비한 이만주는 1435년(세종 17)부터 다시 공격을 시작했다. 이해 1월 13일(양 2월 10일) 오랑캐로 위장한 이만주의 부족과 홀라온 2천7백여 기병이 여연성을 기습했다. 1436년 5월 23일(양 6월 19일)에 또다시 오랑캐 5백여 기병이 여연·조명간 구자에 침입하여 남녀를 합하여 14명을 포로로 잡아가고 말 51필, 소 34두를 약탈하는 사건이 일어났다. 조선군의 피해는 사망자 1명, 화살에 맞아 부상한 자가 7명이었다.[155]

이 사건을 계기로 세종은 2차 파저강 야인정벌을 결심하고, 중추원부사 이천李蕆을 평안도 도절제사로, 이종효李宗孝를 지여연군사로 삼았다.[156] 그 다음 4품 이상의 관리들에게 외구外寇의 제어책을 강구하여 올리도록 하고 그 건의서를 이천에게 주어 여진정벌의 방법을 연구하게 했다.[157]

---

151 『세종실록』 권60, 세종 15년 5월 기미.
152 『세종실록』 권60, 세종 15년 5월 경신.
153 명나라는 조선보다는 여진족을 경계하고 여진과 대립하는 입장이었다. 그럼에도 불구하고 이때 적극적으로 중재역을 자처하고 나서 조선에 포로송환을 촉구한 것은 동아시아의 강대국으로서 지위와 외교에서 주도적 위치를 점유하고, 이 지역의 균형을 온존시키려는 명의 대외정책의 발로였다(국방군사연구소, 『국토개척사』, 1999, 73쪽).
154 『세종실록』 권77, 세종 19년 6월 기사.
155 『세종실록』 권72, 세종 18년 5월 무자.
156 『세종실록』 권72, 세종 18년 6월 기미.
157 『세종실록』 권73, 세종 18년 윤6월 계미.

두 번째 여진정벌은 이전보다 더욱 어려웠다. 그 사이에 여진족은 조선의 침공에 대비한 여러 가지 대비책과 피난대책을 마련했다. 조선의 공격을 대비해 겨울이 되면 모두 식량과 가축을 이끌고 오미부의 수허산성에 들어가 겨울을 났다. 조선의 공격에 대비한 경보체제도 강화했다. 따라서 1차 여진정벌 때와 같은 기습의 효과를 거두기 어려웠다. 여진인들이 주요 부락의 거주지도 옮겼기 때문에 조선이 정벌을 감행하기 위해서는 여진 부락의 위치부터 파악해야 했다. 이천은 적진 정찰을 담당한 특수부대인 체탐자를 여진지역 깊숙이 침투시키면서 여진족의 상황과 정보 수집에 노력했고,[158] 이를 토대로 1437년(세종 19) 6월에 종합적인 공격계획을 올렸다.[159]

이천은 여진의 경계태세에 대응해서 먼저 소규모 부대를 파견하여 2일 거리에 있는 아한, 고음한리를 기습하여 공격할 것을 주장했다. 그렇게 해서 여진족이 당분간 조선의 공격이 없을 것이라고 방심하게 한 뒤에 주력을 침투시키자는 것이다. 조선이 전쟁을 싫어한다는 여진족의 판단을 역이용하자는 계략이었다. 본격적인 토벌계획도 1차 공격과는 다르게 설정했다. 이번의 토벌 목표는 다음과 같다.

① 오미부를 목표로 3천명을 2개 방면으로 나누어 출동시킨다.
② 여진부락은 낮에 매복하고 밤에 포위 공격하며 화포와 화전으로 마을을 불태운다.
③ 공격 시기는 매복과 은신이 어려운 가을이나 겨울을 택한다.
④ 여진을 복종시키기 위해서는 적이 도발하면 바로 반격하는 식으로 연속적인 파상공격을 가해야 한다. 이렇게 함으로써 적의 전력을 지치게 하고, 생업에 안주할 수 없게 한다.

이천은 여진이 굴복하지 않는 이유가 조선의 공격력과 전쟁의지를 가볍게 보고 있기 때문이라고 파악했다. 그래서 그의 방안의 핵심은 여진이 도발하면 즉각적이고, 지속적이고 실질적인 타격을 가해야 한다는 것이었다. 1만 5천에 달했던 1차 원정군

---

158 체탐자를 이용한 정찰활동은 여진정벌을 위한 정보수집 외에 끊임없이 계속되는 여진족의 침공을 방지하기 위해 여진족의 공격거점을 파악하는 것도 중요한 목적이었다.
159 『세종실록』 권77, 세종 19년 6월 기사.

에 비해 겨우 3천의 병력을 구상한 것도 지속적인 공격을 염두에 둔 것이었다.

이러한 이천의 계획은 세종의 승인을 받았다. 그러나 이 계획은 실제 준비과정에서 변경되었던 것 같다. 이 해 9월에 진행된 2차 파저강 정벌은 전체적인 전략은 오히려 1차 원정과 유사했다. 2차 원정군은 이천을 주장으로 3개 군으로 편성되었으며, 병력은 7,743명이었다.

〈표 8-4〉 1435년 2차 여진정벌 출정부대 병력동원 수

군명	지휘관 성명	병력수	공격지점
좌군	상호군 이화(李樺)	1,818명	이산(理山) → 우라산 남쪽 홍타리(紅拖里)방면
우군	대호군 정덕성(鄭德成)	1,203명	이산(理山) → 우라산 남쪽 아간(阿開)방면
중군	평안도도절제사 이천(李蕆) 여연절제사 홍사석(洪師錫) 강계절제사 이진(李震)	4,722명	강계(江界) → 옹촌(甕村), 오자점(吾自岾), 오미부(吾彌付)일대
합		총7,743명	

9월 7일(양 10월 6일) 원정군은 만포-집안 부근으로 추정되는 압록강 중류를 도하해서 9월 16일(양 10월 15일)에 개선하기까지 8일 동안 여진지역을 습격, 소탕했다. 최종 목적지는 이만주의 근거지이자 우라산성이 있는 오미부로서 지금의 집안-환인 통로를 기축으로 진격했다. 전과는 살해 46명, 생포 14명이었다. 아군의 손실은 전사 1명이었다.

조선군이나 여진족 모두 피해가 적었던 것은 조선군이 1차의 전술을 답습하고, 여진족도 그에 대응했기 때문이다. 그렇다고 이 전역이 의미와 성과가 적었다는 것은 아니다. 이천의 전술은 확실히 여진족에게 실질적인 타격을 입히는 데는 효과가 있었겠지만, 양국 간에 희생과 피해가 크면 서로 간에 원한과 분노를 누적시키고 오히려 강경한 저항을 유발할 우려도 높았다. 조선은 희생을 최소화하면서 무력시위의 의지를 확고히 보였고, 이런 정책은 오히려 여진족 내부에 온건파의 입지를 강화시킬 수 있었다.

이 원정이 끝난 후 1443년(세종 25) 조선은 최북단에 고립되어 있어 여진족의 주 목표가 되었던 조명간 보루의 방어를 보완하기 위해 조명관, 소우예, 자성군 태일 등의 민호를 분할하여 우예군을 설치하고 강계부에 소속시켰다.[160] 이로써 여연과 강계 사이에 자성과 우예 2군이 설치되었다. 하지만 갑산과 여연 사이도 너무 멀어서 협력 방어가 어렵다는 문제가 제기되었다. 이에 1440년(세종 22) 여연과 갑산의 중간지점 인 상무로보에 1,200척의 석보를 쌓고, 1440년 여연의 손랑, 후주를 분리해서 무창 현을 설치했다. 이로써 여연, 자성, 무창, 우예의 4군이 성립했다.[161]

2) 조선군의 전략과 전술

(1) 병기와 전술

이만주가 은거하고 있는 파저강 야인지역은 '열 그루의 나무를 베어야 한 개의 별을 본다'고 할 정도로 수림이 울창하고 험조險阻한 지형이었다.[162] 길이 매우 좁고 꼬불꼬불하여 대규모의 군사를 몰고 가도 5명 혹은 10명씩을 동시에 움직일 수 없을 정도였다.[163] 여진족의 주거지도 한곳에 모여 살지 않고 소규모의 취락이 하천과 산곡山谷을 따라 널리 산개되어 있었다. 은신과 매복공격이 용이하여 공격하는 측에는 위험부담이 큰 지리적 상황이었다. 따라서 정벌하면 이들은 미리 낌새를 알아 집을 비우고 높은 산에 올라 숨어 자취를 감추며 적군이 군대를 돌리면 곧 따라와 노략했다.[164] 이러한 상황에서 대규모의 군대를 동원하여 야인을 토벌하는 것은 군사적 효과가 없다는 부정론이 많았다.[165] 그러나 세종은 침략을 받고 군사적 응징을 하지 않으면 이들이 조선은 얕보고 계속 노략질을 반복할 것이므로 강력한 군사적 대응은 필요하다는 생각이었다.[166]

---

160 『세종실록지리지』 평안도, 강계도호부, 우예군.
161 국방군사연구소, 『국토개척사』, 1999, 108쪽.
162 『세종실록』 권59, 세종 15년 1월 임신.
163 『세종실록』 권59, 세종 15년 2월 기해.
164 『세종실록』 권59, 세종 15년 1월 임신.
165 『세종실록』 권59, 세종 15년 2월 임자.

여진족은 말과 활을 다루는 기술이 능하여 기마궁수가 주된 병력이었다. 더불어 매복과 유인책, 밀정, 그리고 철저한 정찰 등의 전략을 사용했다.[167] 그래서 여진의 전술은 뛰어난 기마술에 의한 기습공격과 유인책을 꼽을 수 있다. 이들은 숲속에 몸을 숨기고 조선측의 동태를 살피고 있다가 대규모의 기병을 이용하여 빠르게 기습하여 조선군의 허점을 뚫고 들어가 치고는 약탈을 감행했다. 조선군이 반격을 개시하면 신속히 도망하며 추격하는 조선군에게는 활을 쏘면서 대응했다. 한편 여진족은 유인책도 적절히 구사했는데 숲속에 대규모의 기병을 매복시키고 나서 소수의 병력이 기습하는 것같이 위장하여 접전을 시도하다가 조선군의 추격이 시작되면 거짓으로 신속히 도망한다. 조선군이 추격에 열중하여 깊숙이 들어올 때면 매복한 대병력이 일제히 뛰쳐나와 퇴로를 차단하고 포위하여 일제히 활을 쏘아 섬멸하는 것이었다.

방어전일 때의 여진족의 군사 포진법은 새처럼 흩어지고 구름처럼 퍼져서 항오行伍를 이루지 못하지만 자신들의 병력이 많고 적이 적으면 포위공격을 시도했다. 반대상황이면 형편을 보아 물러가면서 나무나 바위에 숨어 자신들의 장기인 강궁强弓을 쏘았다. 여진족의 화살 공격은 대단히 날카로워서 이들의 공격을 받으면 조선군은 한군데 모여 밀집대형을 갖추고 대응할 수밖에 없어 적의 화살에 맞아 인마가 살상당하는 경우가 많았다.[168] 따라서 이런 상황에 대응하기 위한 체계적인 진법훈련이 요구되었는데, 통상 지세가 험조한 곳에서는 열을 짓기가 어려우므로 조운진鳥雲陣이 가장 적절한 대응책이었다. 조운진은 항오를 성기게 하고 흩어져서 적을 방어하며 병사들이 각자가 싸움을 하되 거의 항오를 잃지 않으면서 각기 자기 위치를 회복하므로 진형陣形이 깨지거나 병졸을 잃을 우려가 조금도 없었다.[169]

여진족의 무장은 궁시와 도창을 주로 사용하는데, 활이 최고의 장기였다. 이들은 오랫동안 수렵생활에서 훈련되어 활솜씨가 뛰어나 조선군의 피해는 주로 이들이 쏘는 활에 맞아 죽거나 부상당하는 경우가 대부분이었다. 그러나 무기체제는 원시적이

---

166 『세종실록』 권59, 세종 15년 1월 계유.
167 에릭 힐딩거, 『초원의 전사들』(채만식 역), 일조각, 2008, 267쪽.
168 『세종실록』 권64, 세종 16년 4월 계유.
169 『세종실록』 권68, 세종 17년 6월 병진.

어서 화살을 제조할 때 철촉을 사용하지 못하고 소위 골전을 사용하는 경우가 많았다. 곰의 다리뼈를 오랫동안 피에 담가두면 그 견고하기가 철과 같아 이것을 전촉으로 이용했던 것이다.[170] 이것은 조선과 명이 무기제조에 전용될 것을 우려하여 철의 수출을 엄격히 금지한 결과였다. 하지만 나중에는 점차로 밀무역을 통해 조선과 명으로부터 철물을 수입하고, 자체적으로 금속제련 기술을 확보하여 공장工匠을 두고 철촉을 생산했다. 방어구는 갑옷은 드물고 평복이 일상적이었으나 간혹 가죽으로 만든 피갑을 입는 경우가 있었다. 하지만 성종이후에는 지휘관들의 경우에 중국제 수은갑水銀甲을 입고 수은두무水銀兜鍪(투구)를 쓰고 나타나는 사례가 확인된다.[171]

이러한 여진족의 전술에 대항하여 조선정부는 정벌을 앞두고 최윤덕의 의견을 좇아 각도의 수륙 군사들에게 총패摠牌를 골라 정하고 2월과 10월에 무예를 연마했다. 특히 편전을 익히도록 하고 군사훈련을 강화했다.[172] 또 평안도, 함길도에 무기체계를 강화하기 위하여 화살제조의 원료가 되는 삼남지방의 전죽箭竹을 배분하여 병기를 제조했다. 여연, 강계를 비롯한 강변지역에 연대를 축조하여 적의 동향을 감시하는 후망候望체제를 구축했다. 나아가 중앙의 군기감과 함흥, 길주, 평양, 영변에서 궁전·창·환도를 제작하여 연변지역으로 보내도록 했다.[173] 한편 출정군의 무기, 궁시, 갑옷, 투구, 창칼, 화포 등의 수요에 대해서 무기전문가인 최해산과 의논을 하며 준비했다.[174]

당시 조선군의 무장형태를 보면 공격무기의 경우 창·장도·각궁·가달전加達箭을 사용했고, 방어무기는 철갑·엄심掩心·지갑·철주·백주·철호항鐵

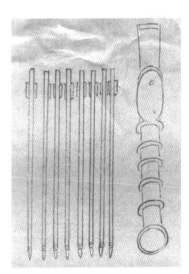

『세종실록』 오례 중의 8전(箭) 총통
세종때 개발된 한번에 화살 8개를 쏘는 총통.

170 『성종실록』 권50, 성종 5년 12월 을사.
171 『성종실록』 권50, 성종 5년 12월 을사.
172 『세종실록』 권59, 세종 15년 1월 병인 :『세종실록』 권59, 세종 15년 2월 임진.
173 『세종실록』 권59, 세종 15년 1월 정묘.
174 『세종실록』 권59, 세종 15년 2월 계묘.

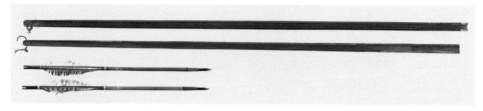
편전과 통아(복원품, 육군박물관)

護項 등을 사용했다.[175] 공격무기인 궁시 중에서 편전은 조선시대 최고의 비밀병기이
며 장기長技였다. 편전은 그 오늬括가 대단히 정교하여 보통 사람들이 쏘아도 먼 곳에
까지 미칠 수 있어 적의 예봉을 꺾고 적진敵陣을 무너뜨릴 수 있는 특별한 무기로 평
가되었다.[176] 또한 장전에 비해 사거리가 2~3배 정도로 길어 1천보에 달했고 크기도
작아 날아가는 모습이 보이지 않아 적에게 치명적인 무기로 인식되었다. 특히 짧은
화살을 쏘기 위해 통아桶兒를 사용하는데, 적은 편전을 얻어도 통아가 없고 사법을 몰
라 다시 쏠 수 없는 특성을 가졌다.[177] 따라서 그 발사법을 비밀에 부쳤고 그 누설을
막기 위해 여진인의 출입이 빈번한 경성군鏡城郡과 경원군慶源郡에서는 사격훈련을
중지하기까지 했다.[178]

그렇지만 파저강 야인정벌 때에 새롭게 중요하게 취급된 무기는 방패와 화기였다.
방패는 태종 7년에 비로소 채택된 무기였다. 조선의 방패는 그 모양이 두 가지로 원
방패와 장방패가 있었다. 이것은 널판으로 만들었으며, 모두 안쪽으로 오그라드는 모
양이었다. 안쪽에는 가죽으로 싸고 오채五彩를 베풀어 나두螺頭를 그렸고, 그 가운데
머리 위에는 동경銅鏡을 장치했다. 이것을 보병이 왼손으로 잡고 자기 몸을 가리게 하
고, 오른쪽 손으로는 칼을 잡고 기마병의 앞에 서서 수비병이 되어 적이 가까이 오지
못하게 했다.[179] 그 가운데 사졸들의 몸을 호위하기 위하여 목방패의 필요성이 커 평
안도에서 제조하여 지급했다.[180] 여진과의 전쟁에서 방패의 역할은 매우 중요했다. 특

---

175 『태종실록』 권19, 태종 10년 5월 을미. 야인들에게 빼앗긴 조선군의 무기의 종류이다.
176 『태종실록』 권35, 태종 18년 1월 갑자.
177 강성문, 「조선시대 片箭에 관한 연구」, 『학예지』 4, 육사박물관, 1995.
178 『세종실록』 권51, 세종 13년 3월 병자.
179 『태종실록』 권14, 태종 7년 9월 을묘.

히 원방패는 기병을 대처하는 데 필수적이었다.[181] 우디캐, 오랑캐 등 잡종여진은 통상 갑주로 무장하지 않고 열을 짓지도 않으면서 활을 발사해 대응하기가 매우 어려웠다. 그런데 이를 막기 위해서 목방패를 만들어 전열에 세우고 기창騎槍과 기사騎射를 뒤에 세우면 겁약자라도 도망하지 않았다.[182]

시복(矢箙)과 궁대(弓袋)(『세종실록』 오례의)

한편, 파저강 야인정벌에 사용한 최고의 무기는 화약병기였다. 화약무기는 야인들이 가지고 있지 못한 비대칭무기였다. 따라서 화약무기의 소지와 사용은 야인과의 전투에서 조선군이 무기적 우위를 점하게 한 신병기였다. 조선정부가 화약무기를 여진방어에 사용하게 되는 계기는 1414년(태종 14)에 명의 영락제가 2차 몽골 원정[183]에 화약무기를 사용한 정보가 전달된 이후였다. 이때 영락제는 복병을 만나 여러 겹으로 포위당했지만, 화약을 사용하여 포위를 뚫는데 성공했다는 것이었다.[184] 화약무기의 중요성을 인식한 조선정부는 1417년(태종 17) 봄에 군기감에 화약감조청火藥監造廳을 설치하고 화약무기 생산을 독려하기 시작했다.[185]

그 해 10월 화약과 화통 등 화약무기를 양계지방에 처음으로 배치했다. 특히 경원지역 방어를 위해 화약과 화통을 지급하고 군기감의 유능한 방사인 1인을 보내 화기 사용법을 교습하게 했다.[186] 태종대부터 화기생산과 기술개량에 열중한 조선정부는 파

---

180 『세종실록』 권59, 세종 15년 2월 신해.
181 『세종실록』 권12, 세종 3년 6월 경자.
182 『세종실록』 권16, 세종 4년 7월 계유.
183 남의현, 『명대요동지배정책연구』, 강원대출판부, 2008, 169쪽.
184 『태종실록』 권28, 태종 14년 9월 기축.
185 김일환, 『조선초기 軍器監의 무기제조연구』, 홍익대박사학위논문, 2000, 17~18쪽.
186 『태종실록』 권34, 태종 17년 10월 무술.

저강 1차 야인정벌을 통해 야전에서 화기를 사용한 새로운 전례를 만들었다.[187] 화기 중에 화포로 발사하는 총통전은 화살의 힘이 맹렬하여서 만일 여러 군사들 속으로 쏘면 화살 하나가 3~4인을 꿰뚫어 죽일 수 있을 정도로 위력적이어서 적군에게 주는 충격이 대단히 크므로 공격하는 쪽에서는 대단히 유용한 무기였다.[188]

세종은 1432년(세종 14) 야인들이 중국의 변경을 침략할 수 없는 것이 화포와 궁노를 두려워하는 것이라 하면서 화약무기의 중요성을 강조했다. 따라서 북방에 연대 煙臺를 높이 쌓고 화포를 설치하도록 하고[189] 파저강 정벌을 앞두고는 거관하여 화기 방사군放射軍인 군기감 별군別軍에 소속된 20세 이상, 40세 이하 자들로 하여금 모두 화포를 연습케 했다.[190] 여연 지역은 이미 1422년(세종 4)에 부방군들에게 총통 방사를 훈련시키고 있었으며[191] 요해처에 연대를 쌓고 화포를 설치했다.[192] 여진의 침략이 잦아지자 1431년(세종 13)에 여연, 강계에 화포를 대량으로 보내어 국경지역에는 많은 양이 이미 비축되어 있었다.[193]

화포 모형(독립기념관)

그러나 야인정벌을 앞두고 세종은 야전에서의 화포사용을 위한 방법을 연구했다. 화포는 원래 수전용으로 개발되었고 육지에서는 수성을 위한 방어용 무기로만 사용되었다. 따라서 신속한 기동이 요구되는 야전에서는 한 번도 사용된 적이 없었다.[194] 하지만 세종은 파저강 야인

---

187 『세조실록』 권34, 세조 10년 8월 임오, 梁誠之 上書.
188 『세종실록』 권107, 세종 27년 3월 계묘.
189 『세종실록』 권55, 세종 14년 2월 기해.
190 『세종실록』 권59, 세종 15년 1월 무인.
191 『세종실록』 권18, 세종 4년 12월 경자.
192 『세종실록』 권18, 세종 4년 12월 계묘.
193 『세종실록』 권58, 세종 14년 12월 병신.
194 『경주선생안』「왜구격퇴기」에는 1379년(우왕 5) 경주성내에 난입한 왜구가 영흥사에 육박하자 성두에서 화통을 발사하여 왜구를 격퇴했다고 했다. 이것이 육지에서 화약무기를 실제 전투에 사

정벌에 화포를 사용하기로 결심했다. 그것은 중국이 화기를 사용하여 몽골과 여진을 토벌하여 전과를 올린 사실이 좋은 사례로 알려졌기 때문이다. 하지만 야전에서 화기를 사용하려면 무거운 화포를 효과적으로 이동시켜야 하는데, 조선에서는 아직 전장에서 사용하는 운용법이 정립되어 있지 않았다. 그러자 세종은 화기 수송군 1인을 두어 이 사람이 화포를 말에 싣고 자신도 말을 타고 이동하며 방사군放射軍은 다른 말을 타고 이동한 후 화포를 발사하면 되겠다고 제안했다.[195]

하지만 이 제안은 효과적인 진전이 없었는지 1441년(세종 23)에 세종은 이 문제를 구체화하기 위해 중국의 사례를 들어 새로운 조처를 취한다. 세종은 화포가 적병을 막는 데에 가장 유리한 무기라고 하며 중국에서 북방을 정벌할 때에 화기는 오직 방사인放射人만이 휴대하는 것이 아니라, 말에 싣기도 하고, 혹은 다른 사람이 가지고 따르게 한다고 했다. 방사군이 화기를 쏘아서 다 없어지면 수행인이 장약裝藥하여 전해 주게 하여 적을 막을 때에 매우 이익이 있었다고 예시했다. 조선의 경우에는 이전에 화포의 효력을 보지 못했으나, 근년 이래로 변진邊鎭에서 적을 막을 때에 효과가 있었다. 하지만 다만 화기는 방사인 자신이 가지고 있는 것뿐이고, 말에 실은 것도 없고, 가지고 따르는 사람도 없기 때문에, 화살이 다하면 더 이상 대응 할 수 없는 것이 결점이었다.

그러므로 세종은 조선의 지형과 도로가 거칠어서 싣고 다니기가 힘들지만 방사인이 말 위에서 이를 휴대하고, 다른 사람이 말을 타고 화기를 가지고 있다가 적을 방어할 때에 화살이 떨어지는 대로 화살을 전해 주어 끊임없이 발사하게 한다면 편하고 유익할 것이라며 야전에서의 화약무기 운송과 화기 운용법을 구체적으로 적시했다. 이 경우 화기를 실을 태재마와 방사군의 확보가 문제인데 만약 태재마가 없다면 군기감의 화포군 중에서 몸이 가볍고 동작이 빠른 자에게 관가에서 말을 주어서 내려 보내겠다고 했다.[196]

용한 최초의 기록이라고 할 수 있는데, 이것은 성곽 위에 거치하고 수성용으로 사용한 예이고 야진에서 사용한 사례는 아니다.

195 『세종실록』 권59, 세종 15년 1월 기사.
196 『세종실록』 권93, 세종 23년 6월 무진.

이 제안이 어떻게 실전에 적용되었는지는 구체적인 자료가 없지만 1447년(세종 29)의 기록에 화기수송법이 다음과 같이 정착되는 사례를 보아 파저강 야인 정벌 시에도 동일했을 것으로 짐작된다. 그 방법은 한 오伍 안에 장약하는 1인이 말 1필을 거느리고 장약하는 도구일체와 미리 장약한 총통을 많이 싣는다. 나머지 4명의 방사군은 궁시와 도검을 휴대한 후 앞줄에 서서 총통을 쏘면 뒤에서 장약하는 자가 쏘는 대로 새로 장약한 총통을 바꾸어 주는 것이었다. 이때 장약인이 휴대한 장약도구는 격목憁木·철추鐵椎·철전鐵箭·화약火藥·화심火心·양약요자量藥吅子·장화기藏火器 등으로 그 종류가 많고 다양하다. 그 중 화약·화심과 장화기는 분리하여 휴대하는데 제반 잡물까지 포함하면 무거워 한사람이 가지고 다니기가 어려울 정도였다고 한다.[197]

야인 정벌에서 어떤 종류의 화기를 사용했는지를 살펴보면 화포의 경우 1432년(세종 14)에 쌍전화포雙箭火砲가 막 개발되었다. 이것은 사거리가 200보였고 파저강 야인정벌 때 사용하여 큰 효과를 보았다.[198] 한편 주화走火의 사용도 짐작할 수 있는데, 주화는 마상에서 사용하기에 편리한 화약무기였다. 기사騎 허리 사이에 꽂거나 혹은 화살통에 꽂아서 말을 달리다가 마주치는 적을 향해 쏘면 적이 반드시 죽었고, 또 그 발사형상을 보고 그 꿩음을 듣는 자들이 겁을 내어 항복했다. 특히 야간전투에서 쓰면 광염이 하늘을 비추어 놀란 적의 사기가 떨어졌고, 복병이 의심스러운 장소에 발사하면 연기와 불이 어지럽게 나와 적들이 놀라고 겁에 질려 뛰쳐 나왔다. 하지만 주화는 화살이 총통같이 곧게 나가지 못하고 흩어져 날며, 화약의 허비가 너무 컸고 관리하는데도 어려움이 많다는 것이 약점이었다.[199]

이러한 화기를 전문적으로 다루기 위해 군기감 소속의 화기방사군인 군기감 별군이 참전했다.[200] 군기감 별군은 이미 1426년(세종 8)에 경원 경성 등지에 파견되어 관노들에게 화포방사를 교습하고 있었다.[201] 화기를 다루는 화기방사군이 작전에서 어떻게 편제되고 활약했는가를 보여주는 직접적인 자료는 없다. 그러나 태종 이래 화약무

197 『세종실록』 권118, 세종 29년 11월 갑진.
198 『세종실록』 권107, 세종 27년 3월 계묘.
199 『세종실록』 권118, 세종 29년 11월 신해.
200 김일환, 「조선초기 軍器監 別軍考」 『실학사상연구』 12, 무악실학회, 1999.
201 『세종실록』 권33, 세종 8년 7월 계사.

기의 중요성이 부각되면서 화기를 소지한 별군이 대열人閱에 참여하여 훈련했다.[202] 1421년(세종 3) 7월에 병조에서 진법과 그 운영방법을 제시하면서 모든 진을 포열할 때 기본적으로 전열에 대오를 지어 방패군이 전면에 서고 다음에 창, 장검, 그 다음에 화통, 궁노, 그 다음에 기창騎射순으로 포열하도록 하면서 화약무기를 다루는 화기방사군의 역할이 진법 속에 확실히 자리 잡았다.[203] 이후 파저강 1차 정벌의 전투 경험이 반영되어 새로 그해 7월에 편찬된『계축진설癸丑陣說』에서도 각 진의 포열순서가 위 내용과 동일한 것을 보면 화기방사군의 역할이 군 편제 중에 중요한 요소가 된 것이 분명하다.[204] 야인정벌 후 군기감 별군은 종군한 방패군과 함께 별도로 구휼했고,[205] 종군한 수고로 인해 쌀과 콩을 각 한 섬씩 하사받기도 했다.[206] 이같이 야인정벌에 중요한 무기로 활용된 방패와 화약무기의 중요성은 1차 아인정벌 이후 더욱 커져 양계에 화포와 방패를 분정할 수요를 정하기에 이르렀다.

화약무기의 효능이 본격적으로 기대되는 것은 2차 파저강 야인정벌 때였다. 1차 야인정벌이 끝난 후 9월에 다시 군기감에서 한번에 2전二箭, 혹은 4전四箭을 쏠 수 있는 새로운 화포를 개발하는데 성공했다.[207] 이 결과 개발에 참여한 군기감 관리와 장인들에게 상을 내렸다.[208] 화약무기의 중요성은 2차 정벌에서 더욱 강조되었다. 이만주의 최후의 보루로 여기는 올라산성兀剌山城과 같은 견고한 성을 함락시키는 데는 화포가 유효한 공성무기가 되었기 때문이다. 세종은 이러한 산성이나 작은 보루와 목책 공격

---

202 『세종실록』 권12, 세종 3년 5월 을해.
203 『세종실록』 권12, 세종 3년 7월 기사.
204 『세종실록』 권61, 세종 15년 7월 을묘.
205 『세종실록』 권60, 세종 15년 6월 병신.
206 『세종실록』 권60, 세종 15년 6월 병신.
207 『世宗실록』 권61, 세종 15년 9월 신사.
208 『세종실록』 권61, 세종 15년 9월 정해. 그런데 여기서 쌍전화포, 곧 이전화포의 개발 시기가 언제냐 하는 것이 논란이 된다. 세종은 1445년(세종 27)에 옛 일을 회고하면서 1432년(세종 14)에 개발되어 파저강 야인정벌에 크게 활용했다고 하였으나 실록 기사에는 세종 15년 9월에 이전화포와 사전화포가 개발되었음을 설명하고 있다. 그렇다면 이전화포와 사전화포가 동시에 개발된 것인지, 아니면 세종 14년에 이전화포가 먼저 개발되고 이를 바탕으로 세종 15년에 사전화포가 개발된 것인지가 명확치 않다. 다만 새로운 화기의 개발이 파저강 야인정벌을 통해 급속히 진행 중이었다는 점은 인정할 수 있겠다.

사전총통(좌), 대완구(육군박물관)(우)

〈표 8-5〉 양계지방 화포·방패 분정 수

도명	화포수 / 방패수	지명	전체수
평안도	200	강계(江界)·영변(寧邊)	900
	100	창성(昌城)·자성(慈城)·벽동(碧潼) 이산(理山)·여연(閭延)	
함경도	200	부거(富居)	750
	150	회령(會寧)·경원(慶源)	
	100	영북(寧北)·갑산(甲山)	
	50	경성(鏡城)	

※ 출처 :『세종실록』권68, 세종 17년 4월 기유.

에는 완구腕口를 사용하도록 지시하면서 다만 무거워서 싣고 가기가 어려우니 운송방법을 강구하라고 했다.[209]

그러자 평안도 도절제사 이천은 대완구는 너무 무거워서 싣고 부리기에 어려워서 실제로 쓸모가 없고, 중완구가 성을 공격하는 데 편리하지만, 소에게 실을 수 없으며, 소완구는 너무 작으니, 중완구와 소완구의 중간 정도쯤 되게 다시 제조한다면 말에 싣는 데 편리할 것이라고 했다. 세종은 그 건의에 따라 평안도에 공장工匠을 보내어 완구 2개를 만들게 했다.[210] 나아가 화약무기와 방패의 중요성이 더욱 커지자 양계에 화포와 방패를 분정할 수요를 정했다. 화포와 방패를 함께 분정한 것에서 전술적으로

209 『세종실록』권78, 세종 19년 7월 병오.
210 『세종실록』권78, 세종 19년 7월 을묘.

화포를 방패가 보호하도록 되어 있음을 알 수 있다.

(2) 진법의 운용과 개량

1차 파저강 정벌후 가장 크게 반성한 전술적 문제점은 진법의 운영이었다. 최초의 진법은 요동정벌 논의과정에서 고안된 것으로 진형을 사용하려면 평야가 적합했다. 그러나 여진 지역은 산곡이 발달했고, 여진족은 게릴라전으로 맞섰다. 게다가 진법은 실제 전투현장에서 운영해 본 경험이 없었다.

이 문제를 해결하기 위해 조선정부는 함경도 병마절제사로 오랫동안 복무한 하경복을 참여시켜, 여진족과의 전투 경험을 반영하고, 특수한 지형적 환경에 맞는 새로운 진법 개발에 착수했다. 1차 야인정벌의 실전 경험은 새로운 진법을 만드는데 대단히 유익한 정보를 주었다. 이 때 새롭게 개발된 진법을 「계축진설」이라고 한다.[211]

「계축진설」은 행진行陣과 결진結陣, 군령軍令, 응적應敵으로 구분되었다. 내용면에서의 특징은 좁은 산곡과 삼림지대에서의 대응방식과 응용전술을 수록하고 있다는 점이다. 예를 들어 정찰기병을 내보낼 때 기병은 오색기를 지니고 가며, 전방의 지형을 보고 깃발로 신호를 보내게 했다. 숲이 무성하면 푸른 기, 언덕이나 험한 지역이 있으면 붉은 기, 둑이 있는 곳이나 막히고 좁은 지형은 노란 기, 적의 행적이 있으면 흰 기, 물을 만나면 검은 기를 드는 방식이다.

좁은 산곡의 통과는 여진족과의 전투뿐만이 아니라 모든 전장에서 애로사항이었다. 쓰시마 정벌 때도 좁은 협곡을 행군하다가 복병에게 패한 경험이 있다. 「계축진설」에서는 실전 경험을 바탕으로 협로의 통과 방법을 고안했다. 일렬로 행군할 수밖에 없는 좁은 길을 만나면 50명을 단위로 제대를 편성하여 서로 간격을 두고 통과한다. 보졸 30명을 앞에, 기병과 창수, 기병 사수 20명이 후위에 선다. 보병은 방패 1명, 창수와 장검수 1명, 화통수나 궁수 1명의 순으로 3인 1조의 대형으로 편성한다.[212] 이 방법은 대형을 잘게 쪼개어 습격을 받더라도 대형 전체가 동요하지 않고, 전후에서

---

211 『세종실록』 권61, 세종 15년 7월 을묘.
　　국방전사편찬위원회, 『병장설, 진법』, 1983.
212 국방전사편찬위원회, 『병장설, 진법』, 1983, 237~238쪽.

『계축진설』행진(行陣) 부분
『세종실록』권61, 세종 15년 7월 을묘.

바로 협공할 수 있게 한 것이다. 방패와 창수, 사수(궁수, 화통수)를 병종별로 분산시키지 않고 3인 1조로 편성한 것도 진형을 펼칠 수 없는 좁은 길에서 공격을 받을 때, 병사들이 최소 단위로 방어대형을 형성해서 구원이 올 때까지 버틸 수 있도록 한 것이다.

하지만 막상 전투를 벌이는 결진법에서는 부족한 점이 있었다. 진법은 처음부터 선수비 후공격의 방침을 고수해서 전위에 방패와 궁수를 배치하여 먼저 사격전을 벌이고, 그 다음에 후위의 기병이 출동해서 좌우로 움직이며 적을 공격하는 전술을 기본으로 했다. 그런데 이런 방식은 소규모 부대로 기동과 기사를 장기로 하는 여진과의 전투에서는 비효율적이라는 것이 판명되었다. 여진족은 대형을 이루지 않고 소규모로 분산해서 움직이며 활로 공격하는데, 조선군은 밀집대형을 형성하고, 사격으로 대응하니 조선군이 화살에 맞을 가능성이 훨씬 높았다. 게다가 적이 대형을 형성하지 않으므로 후위의 기병이 출동해서 에워싼다는 전술도 효과를 보지 못하고 결국 난전이 되어 버렸다. 이렇게 난전이 되면 느리고, 밀집한 조선군의 피해가 크고 여진족에게 결정적 타격을 입힐 수가 없었다.[213]

이에 여진과의 전투에 대응하는 방법으로 조운진을 채택했다. 조운진은 산천이 험하고 좁아서 열을 이룰 수 없는 곳에서 쓰는 진으로 밀집대형 대신 5인을 한 팀으로 편제하여 전투를 벌이는 방법이다. 행군대형과 상통하는 전술이라고 할 수 있다. 다만 행군은 3인, 전투는 5인을 기본으로 하므로 양자 간의 전환과정에서 혼란이 올 수

---

213 『세종실록』권68, 세종 17년 6월 병진.

있다는 문제가 제기되었으나 함길도 도절제사의 건의에 따라 5인 대형으로 확정했다.

5인의 항오는 1명은 방패와 칼, 1명은 활과 창, 3명은 활과 칼을 가진 병사로 구성된다. 이들 중 4명은 기병으로 땅에 내려 싸우게 되면 1명이 4사람의 말을 지킨다. 3대에 하나씩 화통부대를 두는데, 화통부대도 5인 단위로 구성하며, 이 부대는 활 대신 화통을 장비했다.

여진족과 조우하면 지형을 보고 말을 타고 싸울 것인지, 내려서 싸울 지를 결정한다. 그 다음 방패가 앞에 서고 뒤에 활과 창, 칼을 가진 사람이 서서 활을 쏘며 전진하고 근접하면 백병전을 벌인다. 이 같은 팀 단위의 전투방식은 5인이 한 팀이 되어 1~2명의 적을 공격하는 전술이었다. 이런 전술은 전면전을 벌이지 않고, 좁은 산곡이나 비탈, 숲에서 소규모 병력이 개별 분산적으로 매복과 습격을 반복하는 여진족에게 대응하는데 효과적이었다.[214]

3. 4군 6진의 설치와 경영

1) 여진의 공격과 방어, 변진의 설치와 방어전략

변진은 변방에 군사적 거점으로 설치한 군진으로[215] 나라의 방벽(보장保障)[216]이라고 이해되었다. 변진은 고려 중엽만 해도 양계지역에 많이 설치되어 북방에서 침입하는 적을 막는데 효과적이었다.[217] 그러나 원의 지배를 받는 동안 변진은 유명무실해졌고 공민왕 이후 원의 지배로부터 벗어나고 14세기 후반 홍건적과 왜구의 침략이 가중되자 진의 설치가 다시 중요하게 되었다.

변진의 본격적인 설치는 왕조가 교체되고 1397년(태조 6)에 남방지역에서 먼저 이

---

214 『세종실록』 권68, 세종 17년 6월 병진.
215 육군본부, 『韓國軍制史-근세조선전기편』, 1969, 279~287쪽.
216 『태종실록』 권19, 세종 10년 6월 병신.
217 이기백, 「고려 양계의 주진군」 『고려병제사연구』, 일조각, 1968, 259~261쪽.

루어졌다. 당시 경기를 제외하고 남방 5도의 연해지역에 15개의 변진이 설치되었던 것이다.[218]

〈표 8-6〉 1397년의 변진 현황

경상도(4진)	합포, 강주, 영해, 동래	전라도(4진)	목포, 조양, 옥구, 흥덕
충청도(3진)	순성, 남포, 이산	풍해도(2진)	풍주, 옹진
강원도(2진)	삼척, 간성		

이후 변진은 1432년(세종 14)에 하삼도 연해지역을 중심으로 증설되었다. 변진의 수는 2개가 늘었을 뿐이지만 연해지역 국방은 대폭으로 강화되었다.

〈표 8-7〉 1432년의 변진 현황

경상도(5진)	울산, 영일, 동래, 영해, 사천	전라도(4진)	옥구, 부안, 무장, 조양
충청도(5진)	순성, 남포	황해도(4진)	풍천, 장연, 옹진, 강령
강원도(2진)	강릉, 간성		

남방의 변진은 태종 말인 1413~1417년 사이에 집중적으로 증설되었다. 이 시기는 연해지역 인구가 회복되어 국방 강화의 필요성이 높아지고 있었기 때문이었다.[219]

1402년(태종 2) 11월 안변부사 조사의가 반란을 일으키고 명에서 만주에 건주위를 설치한 뒤로 조선과 여진의 관계가 악화되자 양계에 변진을 설치해야 한다는 논의가 나오게 되었다. 이어 1410년(태종 10) 2월 우디캐, 오랑캐 등이 경원에 침입하자 이 달에 곧 바로 경원진이 설치되었다.[220]

변진의 설치는 세종 중엽 양계의 영토 확장이 강력히 추진되면서 본격화하였으며 그 계기는 1432년(세종 14) 12월에 일어난 여진족의 여연 약탈과 이에 대응한 15년 4월 파저강의 여진족에 대한 정벌이었다. 여진 정벌후 이들의 침입이 심화될 것을 우려하여 여러 거진巨鎭을 신설했던 것이다. 한편 변진의 증설은 그동안 양계에 대규모

---

218 『태조실록』 권11, 태조 6년 5월 임신.
219 오종록, 「조선초기의 변진방위와 병마첨사·만호」『역사학보』 123, 1989, 98쪽.
220 『태종실록』 권19, 태종 10년 2월 경자.

사민徙民을 실시하고 축성작업을 벌일 수 있을 만큼 국력이 강화된 것이 바탕을 이루었다.

평안도에는 여연군을 도호부로 승격하고 첨절제사를 설치한 1435년(세종 17)을 전후하여 여연을 중심으로 4개 군을 신설했다. 4군 개척이 본격화되기 전에 여연군은 이미 도호부가 되어 있었고 자성, 무창, 우예, 위원 등 4개군이 1433년(세종 15)에서 1443년(세종 25) 사이에 신설되었다. 함경도에는 1417년(태종 17)에 복설된 경원진을 이전하고 1435년(세종 17)에서 1450년(세종 32)의 15년 동안에 걸쳐 경원진외에 회령, 경흥, 종성, 온성, 부령 등 5진이 추가로 설치됨으로써 6진 개척이 완료되었다.[221]

구자口子 설치는 1440년(세종 22)부터 본격화된 장성 축조사업과 밀접하게 관련되어 있다. 장성은 각 진과 구자를 보호하기 위하여 쌓은 행성(장성)을 총칭하는 것으로서, 적의 침입요로에 위치한 진과 구자의 외곽을 막아서 험한 지형을 만들어 유사시에 대비하는 시설이다. 흔히 평지에는 성을 쌓고, 낮은 곳은 목책을 세우고 험한 곳은 깎아내려 성의 형태를 갖추었다.[222]

1449년(세종 31)을 기준으로 함길도에는 9개의 진이나 군사적 기능이 중시된 군과 도호부(수령이 절제사나 첨절제사를 겸함), 20개의 구자가 설치되었다. 평안도에는 12개의 진이나 군, 도호부, 27개의 구자가 설치되었다.

2) 변진의 구성과 변화, 사민정책

(1) 변진의 구성과 변화

본래 사군이 개척된 평안도의 압록강 중상류 지역과 육진이 설치된 함길도의 두만강 하류 유역은 거의 주민이 없거나 여진족만이 살고 있었다. 따라서 영토확장과 아울러 사민이 진행되어야 했고 국방은 기존의 군익도 군사조직에만 의존할 수 없었다. 영토를 확장하여 그 지역에 사민하기 위해서는 먼저 국방 거점을 확보해야 했다. 그 결과 사군, 육진 등 변진 설치에는 구자설치가 수반되었으며 진은 물론 구자에도 성

---

221 오종록, 『조선초기 양계의 군사제도와 국방체제』, 고려대학원박사논문, 1992, 156~174쪽.
222 송병기, 「조선조 양계행성 축조에 대하여」『사학연구』18, 1964, 189쪽, 200~202쪽.

을 쌓게 되었고, 진과 구자에 대한 축성은 행성축조로까지 이어지게 되었다.[223]

명 중심의 국제질서가 더욱 안정되어 가는 한편 여진족의 침구가 늘어가자 저들로 부터 주민과 재산을 보호하고 나아가 영토를 확장하겠다는 세종의 의지가 강력히 표명됨에 따라 국방 체제도 변진 즉 국경지역의 군사요새를 중심으로 개편되어 갔다. 영토 확장에 따라 여진족과의 대립도 격화되고 아울러 저들을 막기 위한 변진도 지속적으로 증설되었다. 함경도에서는 6진이 국방의 중심이 되고 여기에 차츰 중요해진 갑산, 삼수에도 진이 설치되어 총 8개의 진에 19개의 구자가 소속되어서 방어망을 형성했다. 평안도에는 12개의 진에 25개의 구자가 설치되었으나 국경선이 훨씬 긴 까닭에 오히려 함경도보다 허술한 부분이 많았다.

〈표 8-8〉 1449년 함경도와 평안도에 설치된 진과 구자

도명	구별	개수	지명
함경도	진	8	경원 회령 경흥 온성 종성 부령 삼수 갑산
	구자	19	무산 동건 수천 건원 동관 동풍 서풍 응곡 고령 화풍 옹희 풍천 주원 낙토 훈융 진북 안정 무이 진변
평안도	진	12	의주 삭주 강계 자성 여연 창성 이산 벽동 무창 위원 우예 정령
	구자	25	조명간 보산 가사동 훈두 추파 하무로 유피 창주 벽단 산양회 고산리 청수 지령괴 도을한 아이 소파아 대파아 두을한 암림 전죽동 수구 보진장 만포 옥강 구령

당초 평안도와 함경도에서는 도내에 각기 5개와 3개의 군익도를 설치하여 군익도 단위의 국방을 지향했다. 이는 국경지역과 내륙의 국방을 모두 중시한 체제였다. 그러나 국경지역의 국방에 주력하게 되면서 이처럼 군사요새의 수가 급증하자 국경지역 군익도 소속 군사만으로 각 진과 구자에 필요한 병력을 충당하기는 불가능했다. 평안도에서는 군익도를 조정하여 국경지역에 위치한 강계도와 삭주도를 확대했으나 사정은 크게 호전되지 않았다. 사민의 효과도 기대만큼 크지 않아 평안도에서는 도내 남부 지역 군익도 군사는 물론이고 황해도 군사의 부방을 요청한 일도 있었다. 이에

---

223 송병기, 「세종대의 양계행성축조에 대하여」 『사학연구』 18, 1964.

따라 두 도의 남부지역 군사가 국경지역 진과 구자에 가서 국방에 종사하는 부방이 차츰 정례화 되었다.

4군과 6진의 국방은 도내 남부지역에서 부방하는 병력과 해당 진 소속 토착병력에 의해 수행되었다. 그럼에도 몰래 침입하는 여진족을 막는 것은 쉬운 일이 아니어서 그에 대한 방책으로 입보가 실시되고 또 진과 구자들의 사이를 잇는 행성이 축조되었다. 입보는 청야책이 국방전술로 채택된 결과 시행된 것이었다. 따라서 국경지역 주민들은 적침이 우려되는 겨울철마다 수확물, 가축 등을 모두 거두어 진성이나 구자에 입보하여야 했다. 이 같은 폐단 때문에 애써 사민한 많은 주민들이 도망하자 국방의 중요성이 적어진 지역의 입보해제가 논의되기도 했다. 그러나 보다 근본적인 문제 해결책으로 제시된 것이 진은 물론 구자에도 성을 쌓는 것이었다. 즉 구자에도 석성, 곧 석보를 쌓아 멀리 진까지 가지 않고 구자에 입보할 수 있도록 하는 한편 이로써 국방도 아울러 강화하는 정책이 추진되었다. 국경지역의 축성은 곧이어 1440년(세종 22)에는 진성과 구자성을 연결하는 행성의 축조로 발전했다.

한편, 증설된 진과 구자에 막대한 군자가 필요해짐에 따라 이제 군량도 내륙 읍성이나 산성보다는 주로 국경지역의 진성에 저장하게 되었다. 정부는 국경지역 군량비축과 이를 위한 운송방안을 여러 각도로 강구했다. 1440년(세종 22)부터 양계지역의 곡물주인이 변방의 고을에 곡물을 들이고 그 대가로 경창이나 충청·경상·전라 등 하삼도의 곡물을 받는 회환제가 실시된 것도 그러한 방안이 강구된 결과의 하나였다.

평안도와 함경도의 국방선은 영변과 경성에 설치된 도절제사영을 배경으로 하여 평안도는 의주, 삭주, 강계 등 군익도 중심지와 자성 등의 4군을, 함길도는 경원 등의 6진과 삼수, 갑산을 중심으로 형성되었다. 그런데 수시로 변하는 정세에 대응하여 진장鎭將에게 보내지는 명령은 도절제사영, 즉 병영에서 내려졌기 때문에 이로부터 병영의 위치 선정이 다시 중요한 문제로 부각되었다. 국방에서 가장 중요한 곳으로 대두된 4군과 6진이 병영에서 멀리 떨어져 있는 것이 문제된 것이다. 이러한 까닭에 두 도의 병마도절제사는 국방이 긴요한 철마다 4군과 6진 배후지역인 강계와 옛 종성에 와서 주둔했고, 한때 양계의 병영이 강계와 옛 종성으로 이전되기까지 했다.

이러한 국경중심 국방체제는 4군 6진의 설치가 거의 마무리된 단계인 1448년(세종

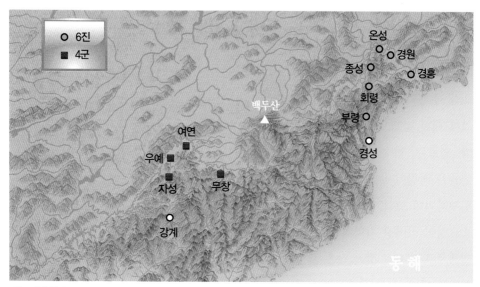

4군 6진의 위치

30)에 이르러 몽골을 정벌하던 명 황제가 사로잡히는 사태가 발생하면서 크게 흔들리게 되었다. 그러나 몽골의 움직임이 조선에까지 영향을 미치지는 않은 까닭에 결국은 세종 때의 국경중심의 국방체제가 다시 부활되게 되었다.

(나) 사민정책

4군 6진으로 대표되는 국경지역의 군사요새 설치는 이제 영토 확장이 본궤도에 올랐음을 뜻하는 것이지, 영토 확장이 마무리되었음을 뜻하는 것은 아니었다. 새로 요새가 설치된 지역이 완전한 조선의 영토가 되기 위해서는 농사를 지으며 살아가는 백성의 수가 고을의 모양새를 갖추기에 충분하여야 했다. 확장된 영토를 유지하기 위해서는 현실적으로 국방을 수행할 현지 주민출신 병력이 어느 정도 확보되어야 했다. 또한 국방시설로서 성곽을 갖추기 위해서는 주민이 다수 확보되어야 그 노동력을 동원할 수 있었다. 세종이 백성들의 저항을 무릅쓰고 굳이 사민을 단행한 까닭이 여기에 있었다.

그러나 사민은 세종 대에 처음 시작된 것은 아니었다. 삼국시대와 고려시대에도 새 영토에 사민 한 일이 있었고, 조선 건국 후에도 함경도 지역을 중심으로 이미 사민이 시행된 바 있었다. 경원부를 부거참으로 전진시킨 뒤 사민이 시행된 태종 말엽에는 당시로서는 최북방에 해당하는 평안도의 이산, 함경도의 길주지역에도 외부로부터 인구가 유입되는 현상이 나타나 사민을 해도 그에 따른 부작용이 크지 않았을 것이다. 단지 그 때 당시에 원이 멸망했기 때문에 원의 치하에서 생활하던 고려 사람들이 그 지역에 다시 유입되는 경우가 많아 자연적인 인구유입이 가능했다는 특수성이 있었다. 그렇지만 세종 대 시행된 사민은 이미 정착해 생활하는 백성을 대상으로 하는 까닭에 그에 따른 반발을 피할 수는 없었다.

세종시대에는 북방영토가 대폭 확장되었으므로 전보다 훨씬 큰 규모의 사민이 필요했다. 다만 4군 6진의 설치가 점진적으로 이루어진 까닭에 사민도 그에 따라 여러 단계에 걸쳐 점차적으로 시행되었다. 또한 각 단계의 사민은 대체로 도내의 중앙부 이남지역 주민을 북부지역의 신설지역으로 사민하고 이에 따라 주민이 부족해진 도내 중앙부 이남지역을 한반도 중부와 남부 각도로부터 사민하여 채우는 방식으로 진행되었다. 따라서 경상도나 전라도 백성이 6진과 4군 지역에 곧바로 사민되는 일은 없었다.

함경도와 평안도 국경지역에 대한 사민문제는 4군과 6진의 개척이 본격화되기에 앞서 세종과 조정 신료들 사이에서 이미 상당한 논의가 진행되고 있었다. 그러나 실제 사민의 시작은 4군 6진의 개척이 착수되면서 함께 이루어졌다. 먼저 함경도를 보면 1433년(세종 15) 11월에 경원부를 다시 옮기고 영북진을 설치하면서 대규모 사민계획이 수립되어 진행되었다. 6진 개척에 따라 함경도 중앙부에 위치하게 된 단천과 길주 경성 등의 고을에서 2,200호를 뽑아 경원부와 영북진에 각각 1,100호를 사민시키기로 한 것이다. 이어서 이듬해인 1434년 정월에는 사목을 작성하여 고을별로 호구의 사정과 지난해 농사의 풍흉 정도, 사민할 지역까지의 거리 등을 참작하여 뽑아서 사민할 수효를 정했다.

함경도 중앙부 지역에서 2,200호를 사민한 것은 생각보다 큰 규모의 인위적 인구이동이었다. 사민한 호는 남성 4인 이상인 호를 대상으로 하여 실제 호당 인구는 약 15명가량이 될 것으로 추정되므로 사민한 인구의 수는 3만 명을 넘는다고 볼 수 있다. 또한 『세종실록 지리지』에 기록된 함경도의 총호수 14,739호와 비교해 보아도 그 1/6에 가까운 수임을 알 수 있다. 그 뒤로도 6진이 속속 설치됨에 따라 1437년(세종 19) 봄까지 세 차례에 걸쳐 400호나 500호씩 뽑아 총 1,400호를 사민했다. 이때에는 함경도 남부지역과 강원도 주민, 나아가서 하삼도의 지원자까지 뽑아 수를 채웠다. 이미 이 무렵에는 함경도의 주민만으로는 새로 확장된 영토의 주민을 채우기에 벅찬 사정으로 몰리고 있었던 것이다.

6진 개척 사업은 1437년(세종 19)까지 경원과 회령, 종성 등 3개진이 설치된데 이어 3개의 거진을 추가로 설치하는 작업이 이어지고 소속 구자들도 속속 신설되었다. 이에 따라 사민의 필요성도 계속 발생하게 되었다. 여기에 더해 사민한 백성들 가운데 군역과 축성사업에 따른 노동력 징발 등의 부담을 견디지 못하고 도망가는 경우가 자주 발생하여 사민의 부담이 커질 수밖에 없었다.

사정이 이렇게 전개됨에 따라 1441년(세종 23)에는 하삼도 즉 경상도와 전라도, 충청도에서 총 1,600호를 뽑아 사민시킬 계획이 세워져 추진되었다. 조정은 사민 대상자에게 여러 혜택과 특전을 제시하며 계획을 시행하고자 했으나 반발과 사회적 동요를 이겨내지 못하고 결국 다시 함경도 중앙부 이남지역의 주민 1,600호를 뽑아 사민하는 것으로 대체했다. 이로써 인구가 더욱 감소된 함경도 남부지역에는 과거에 함경도로부터 하삼도로 이주했던 사람들과 하삼도에서 죄를 범한 향리 등이 사민되었다. 그러나 그 수는 1446년(세종 28)의 시점에서도 7,630여명에 그쳐, 6진 지역으로의 사민에 따른 인구감소를 다소 완화하는 정도를 넘어설 수 없었다.

평안도의 경우는 4군의 개척 즉 영토확장과 함께 사민이 시작되었다. 그러나 함경도의 사민이 새 영토인 6진 지역에 초점이 맞추어진 것과 달리 평안도의 사민은 기왕의 국경지역 중 군사적 중요성에 비해 인구가 적은 여러 지역 전반을 대상으로 했다. 평안도는 국경이 압록강을 따라 길게 이어진 까닭에 군사 요충지의 수가 많았던 때문이다. 그중에는 땅이 거칠어 농사짓기가 힘든 곳이 적지 않았으므로 평안도의 사민의 수요는 함경도의 경우에 비해 더욱 컸고, 이에 따른 어려움도 심했다.

평안도에서는 오랜 시간동안 사민논의만 진행된 채 시행이 미루어지다가 여진족이 대거 여연을 침구한 것이 계기가 되어 1435년(세종 17) 비로소 사민이 단행되었다. 주민이 늘면 토착 병력이 증강되어 국방력이 강화된다는 것이 사민을 추진한 논리였

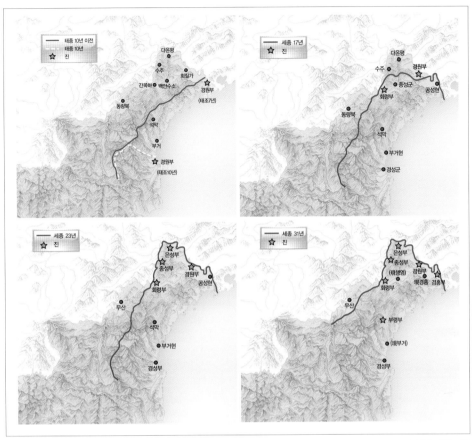

6진의 개척 과정

다. 그러나 여연에서 창서에 이르는 압록강 중류 전반을 대상으로 하여 몇 차례에 걸쳐 사민한 규모가 200호를 넘는 정도에 불과해 충분한 효과를 기대하기는 어려웠다. 그러한 가운데 이 평안도의 1차 사면이 완료된 해인 1437년 겨울에 다시 여진족이 대거 벽동에 침입하는 사태가 벌어졌다. 이에 이듬해에 종전과 달리 평양부에만 200호를 책정하는 등 도내 34개 고을에서 사민대상 가호 1천호를 선정해 여연과 자성, 강계, 이산, 벽동, 창성 등 국경지역의 고을에 사민시키는 계획이 세워져 2년에 걸쳐 사민이 진행되었다.

이어서 1442년(세종 24)에는 4군 개척의 완료를 눈앞에 두고 평안도에도 하삼도와 황해도의 주민을 대거 사민시키라는 왕명이 내려졌다. 세종이 계획한 사면 규모는 총

<표 8-9> 세종대의 사민 현황

사민연월	입거인	입거지	전거
세종 16년 1월~3월	함길도 남도민 2,200호 (경원 350호, 단천 280호, 북청 280호, 경성 550호, 길주 500호 등)	경원부 1,100호, 영북진 1,100호	『세종실록』권63, 세종 16년 1월 갑신
세종 16년 5월	경성 300호, 길주 200호	경원부 200호, 영북진 300호	『세종실록』권64, 세종 16년 5월 갑신
세종 17년 6월	고원.영흥.문천.선천. 안변 500호	경성 200호, 길주 300호	『세종실록』권68, 세종 17년 6월 갑진
세종 18년 ~21년 5월	충청도 120호, 전라도 120호, 강원도 52호, 경상도 140호 등 총432호	함길도 남도지역(龍城)	『세종실록』권85, 세종 21년 5월 정사
세종 19년 1월~8월	평안도 남도민 211호	여연·강계·이산·벽동· 창성	『세종실록』권78, 세종 19년 8월 갑자
세종 20년 1월~5월	평안도 남도민 1,000호	여연·자성·강계·이산· 벽동·창성	『세종실록』권81, 세종 20년 5월 임진
세종 21년 10월	평안도 남도민 700호	평안도 연변 각관	『세종실록』권87, 세종 21년 10월 정유
세종 23년 1월	함길도 남도 정군(正軍) 1,600호	온성 800호, 도미하 300호, 오롱초 300호, 종성 200호	『세종실록』권92, 세종 23년 1월 병진
세종 25년 5월	함길도 남도민 858호	함길도 길주 이남	『세종실록』권100, 세종 25년 5월 병인
세종 28년 2월	하삼도 유이민 250호	평안도 100호, 함길도 150호	『세종실록』권111, 세종 28년 2월 갑인
세종 28년 2월	전라도 유이민 및 부정세리 (不正稅吏) 800호	함길도 용성·경성 이남	『세종실록』권111, 세종 28년 2월 기유 ;『세종실록』권112, 세종 28년 6월 계축
세종 18년 ~21년 5월	제주 우마적(牛馬賊)	평안도 여연·회령 등지	『세종실록』권67, 세종 17년 3월 갑신 ;『세종실록』권105, 세종 26년 7월 갑자

※ 출처 : 이상협, 「조선전기 북방사민의 성격과 실상」『成大史林』 12.13합집, 1997, 162쪽에서 인용.

3천호로, 이에 앞서 함경도에 대한 하삼도 백성의 사민계획에서 목표한 규모의 배나 되었다. 이처럼 대규모의 사민을 추진한 까닭은 평안도 국경지역에서의 주민 도망이 매우 심각하여 인구가 급격히 감소한데 있었다. 특히 신설 4군 지역에서의 주민 도망은 매우 심각했고, 6진 지역으로 도주했다가 발각된 경우도 적지 않았다. 이러한 사정 때문에 이 대규모 사민 계획은 많은 반발과 사회적 동요를 초래하였으며 결국 함경도에서의 경우와 마찬가지 형태로 귀결되었다. 즉 평안도에서 다른 도로 이주해간 사람들을 다시 쇄환하고 여기에 더해 범죄 향리를 사민하는 쪽으로 가닥을 잡아간 것인데 그 결과 사민된 정확한 인원수는 파악되지 않는다.

세종대가 지난 뒤 평안도의 신설 4군은 주민의 도망을 견뎌내지 못하고 결국 폐지되었다. 그 반면에 6진 지역에서는 사민된 주민의 정착이 어느 정도 이루어져 차츰 번성해 갔다. 이러한 상반된 결과는 4군 지역이 압록강 중상류에 위치해 상대적으로 토지가 더 척박한데다가 국방 요새가 가로로 연결되어 있을 뿐이어서 유사시에 좌우 지역의 도움 외에 배후에서의 도움을 기대할 수 없었기 때문에 주민의 고생이 매우 심했던 데서 나온 결과였다.

이와 달리 6진 지역은 두만강 하류에 위치해 토지가 그런대로 비옥했, 6진이 거미줄의 일부처럼 상호 교통로로 이어져 유사시 에 여러 진의 도움을 받을 수 있고 도의 주장인 병마도절제사도 인접한 옛 종성에서 국방을 지휘한 까닭에 4진보다는 훨씬 안락한 생활을 누릴 수 있었다. 이러한 6진지역의 환경이 사민의 성과가 어느 정도 나타나게 된 배경이었다.

3) 진의 병력구성, 토병과 부방군의 복무형태

(1) 진의 병력구성

조선이 건국할 때 양계지역 주민으로 구성된 군대는 익군과 수군, 수성군, 시위군이 있었다. 익군과 수군과 수성군은 국방을 위해 편성된 군대이지만 시위군은 국왕을 시위하는 병종이었다. 그런데 15세기 중반에 내려오면 갑사甲士와 정병正兵이 양계지방 국방병력의 주력으로 나타난다.

변진과 구자의 국방병력은 해당지역에 거주하며 유방하는 군인과 양계 남부의 여러 읍에서 부방하는 군인들로 충당했다. 해당지역 출신으로 자기 지역에서 방수하는 익군을 토병土兵이라 했다. 토병은 향궁수鄕弓手라 이르고, 적이 침입해 오면 싸우고, 적이 물러가면 농사지으며 산천의 형세 등, 지리를 잘 알아서 어느 곳이나 모르는 곳이 없으므로 이를 숙호熟戶라고도 이르는데, 그 빠르고 용감한 것이 모든 군사 중에 으뜸이었다.[224]

토병도 마병과 보병으로 구성되어 있고 보병은 화포군과 방패군이 포함되었을 것으로 추정된다. 토병의 수는 진의 경우 100여명에서 700여명까지 수가 고르지 않았다.[225] 만호가 배치되는 구자는 200명 정도의 토병이 두어지는 것이 원칙이었으나 때로는 수십 명에 불과한 구자도 있었다. 복무형태는 2번으로 나누어 입번했으나 유사시에는 합번하는 부담이 있었다. 진과 구자에 근무하는 토병은 특수임무를 맡기도 했다. 이들은 국경지역을 감시하는 연대煙臺의 연대군이 되었고, 양계 지역에 거주하는 충보갑사充補甲士는 주로 체탐體探을 담당했다.[226]

부방군의 경우 이들이 배정된 이유는 변경 지역의 인구가 적고 또 도망하는 군사가 많아 해당지역의 군사력만으로는 진과 그에 소속된 구자에 병력을 배치하여 국방에 임하기에는 힘이 벅차기 때문이었다. 각 읍의 군인 수는 그 인구 규모에 따라 다를 수밖에 없으나 각 진과 구자에 부방하는 지역의 군인 수는 어느 정도 일정한 기준아래 정해져 있었다. 부방군사의 수는 진에는 150~300명, 구자에는 100명 정도로 2번 내지 3번으로 나뉘어 부방하다 유사시에는 합번하는 것이 보통이었다. 그러나 군인이 부방하는 진이나 구자가 일정하게 정해져 있지 않아서 대립代立하는 폐단이 생기기도 했다.[227]

진과 구자에 부방하는 지역과 군인 수는 어느 정도 일정한 기준아래 정해져 있었다. 부방 군사의 수는 진에는 150~300명, 구자에는 100명 정도로, 2번 내지 3번으

224 『세종실록』 권67, 세종 17년 3월 신축.
225 오종록, 『조선초기 양계의 군사제도와 국방체제』, 고려대박사학위논문, 1992, 238쪽, 244쪽.
226 정하명, 「조선초기의 체탐」 『육사논문집』 32, 1987.
227 『세종실록』 권124, 세종 31년 4월 신해.

로 나누어 부방하다 유사시에는 합번하는 것이 보통이었다. 진과 구자지역에 거주하는 군사도 대개 2번으로 나뉘어 유방했다. 부방군의 경우 진에 300명이 부방한다면 마병 200명과 방패 30명 및 화포군 30명 등을 포함한 보병 100명으로, 구자에 150명이 부방한다면 마병 100명과 방패 15명, 화포군 15명 등 보병 50명으로 구성하는 것이 표준으로 제시되어 있다.[228] 자기 고을에서 유방하는 군사의 구성도 이와 비슷했을 것으로 추측된다. 즉, 전체 병력에서 마병이 2/3, 화포군이 1/10을 차지하도록 제시된 것을 통해 진과 구자를 중심으로 한 방위전술에서 기동력과 화력이 중시되었음을 시사한다.[229] 그러나 이것은 일정하지 않아 평안도의 경우 제진의 부방군이 많은 곳은 400~500명, 적은 곳은 200~300명이었다.[230] 야인의 침입이 예상되는 자성慈城과 만포滿浦는 500명씩 편성했다.[231]

부방군의 병종은 다양하다. 1425년(세종 7)에 함길도 군익도를 정비할 때 별패, 수성군, 잡색군 등의 편성이 보이며 중엽이후에는 국경지역에 증설된 진, 구자에 별시위, 방패, 화포군, 취라치 등도 부방했다. 이 밖에 보충군도 입역했다.[232]

(2) 토병과 부방군의 복무 형태

부방군의 복무형태는 함길도의 경우를 통해 살펴볼 수 있는데, 남부지역에서 부방하는 익군은 1년에 1개월씩 1패 또는 2패를 단위로 국경지역에 가서 근무했다. 이것은 평안도 지역도 비슷한 것으로 짐작된다. 이에 비해 진이 설치된 지역의 익군은 군사력이 충분한 지역이라도 1년에 6개월을 근무해야 했고 경원같은 곳에서는 6개월을 단위로 1개월을 쉬는 곧 1년에 10개월을 근무해야할 정도로 고역에 시달려야 했다.[233]

부방군의 군역이 수월해진 것은 1438년(세종 20)에 와서이다. 이 무렵 양계의 국경

228 『세종실록』 권81, 세종 20년 1월 경자.
229 오종록, 앞의 책, 1992, 222쪽.
230 『세종실록』 권92, 세종 23년 4월 신묘.
231 『세종실록』 권95, 세종 24년 1월 계미.
232 오종록, 앞의 책, 1992, 220~225쪽.
233 『세조실록』 권32, 세조 10년 2월 갑신.

지대에 진과 구자가 증설되는 한편 사민을 통해 현지의 군사력이 증대하자 5명으로 편성되는 익군의 오伍 가운데 1명만 부방토록 하게 되었다. 그러나 매달 교대하는 불편을 덜기 위해 실제는 3번으로 나누어 근무하게 하므로 실제 진과 구자에서 방수하는 군사력은 1/4만이 줄었다.

이 같은 부방 규정의 변화는 전보다 병사들의 부담을 줄인 것이지만 그 내용을 살펴보면 여전히 고역이었음을 알 수 있다. 특히 거리가 먼 함길도 남부지역 익군의 부방은 매우 고될 수밖에 없어 말을 끌고 험준한 산을 넘어가야하는 마병의 경우는 부담이 더욱 컸다.[234] 이런 이유로 함길도 최남단 지역인 홍원洪原이남 지역의 익군은 1444년(세종 26)부터 번차를 6번으로 나누어 부방하게 했다.[235]

부방하는 군인은 평안도는 대개 익천호翼千戶가 담당했지만,[236] 1445년(세종 27) 7월에서 1년간은 수령이 인솔하기도 했다. 함길도의 경우는 문종 즉위 후에야 익천호가 맡았다.[237] 한편 영진에 부방하는 부방군사들은 1454년(단종 2)부터 매월 초2일과 22일에 정기적으로 진법연습을 했다.[238] 이런 부방군 중에 지략이 있고 장용壯勇한 자는 척후병으로도 복무하기도 했다.[239]

이렇게 부방역이 고되어 양계의 부방 군사로서 근친親親이나 성묘를 하고서 곧 방어처防禦處로 돌아가지 않는 자도 있었다. 또한 서울을 출발하는 날을 첫날로 계산하여 도到를 주므로, 친병親病을 핑계 삼아 여러 달을 머무는 자도 있어 1442년(세종 24) 7월부터는 방어처에 도착한 날부터 도到를 주어서 만 1주년이 되면 교대토록 했다.[240]

이들의 군장과 무기는 스스로 부담하는 것이 원칙이었다. 의갑衣甲이 찢어지고 떨어진 것이 많아서 군장이 소루疏漏할 때는 매년 봄·가을로 부방군壯防軍들이 한두 번을 넘지 않는 범위에서 강을 건너가 사냥을 포획한 짐승의 가죽으로 떨어진 갑옷을

---

234 『세종실록』 권79, 세종 19년 12월 병자 ; 『세종실록』 권91, 세종 22년 11월 계축.
235 『세종실록』 권106, 세종 26년 10월 무진.
236 『세종실록』 권69, 세종 17년 7월 정유 ; 『세종실록』 권72, 세종 18년 윤6월 을축.
237 『문종실록』 권1, 문종 즉위년 3월 경오.
238 『단종실록』 권10, 단종 2년 3월 신유.
239 『세종실록』 권93, 세종 23년 9월 병신 ; 『세종실록』 권111, 세종 28년 1월 임신.
240 『세종실록』 권97, 세종 24년 7월 무인.

보수하게 했다.[241] 부방 군사의 식료는 둔전을 설치하여 보졸들로 하여금 경작하고 수확하게 하고 농민을 시키거나, 또 농민의 토지를 침탈하지 못하게 했다.[242]

241 『세종실록』 권97, 세종 24년 9월 무인.
242 『세종실록』 권104, 세종 26년 4월 계미 ;『문종실록』 권1, 문종 즉위년 5월 갑진.

제3절

세조대의 여진 정벌

1. 1460년(세조 6)의 모련위 정벌

1) 정벌의 배경

1460년(세조 6) 8월에 조선은 신숙주(申叔舟)를 도체찰사로 하여 모련위(毛憐衛) 여진을 정벌하는 북정을 단행했다.[243] 이때의 여진 정벌은 조선과 명과 여진과의 삼자 관계 속에서 빚어진 일이었다. 이 정벌이 이루어지기 전의 조선과 여진족의 관계는 각 부족별로 다른 양상을 보였다. 두만강 유역의 여진들은 조선에서 4군과 6진을 설치하자 부령을 제외한 5진의 성 주위를 빙 둘러 이른바 '성저야인(城底野人)'으로서[244] 조선 국경의 울타리가 되었다. 이들은 내조(來朝)를 통해 조선으로부터 필요한 물품을 충당했고, 그 대가로 조선의 위협이 되는 다른 여진 종족의 동향을 미리 알려 주었다. 그러나 성저야인과는 달리 조선은 압록강 유역의 건주위(建州衛) 여진과는 원만한 관계를 유지하지 못했다. 당초 압록강 유역에 거주하던 건주위 추장 이만주는 파저강으로 이

---

[243] 『세조실록』 권21, 세조 6년 9월 갑신.

[244] 여진은 퉁구스계의 동북만주 원주민이었다. 조선은 두만강 연안의 여진족인 우디캐(兀狄哈)와 모련위의 오랑캐(兀良哈), 그리고 건주좌위의 오도리(斡朶里) 등과 밀접한 관계를 맺었다. 조선에서는 특히 이들 두만·압록강 이북의 여진을 '야인'으로 통칭했다(震檀學會, 『韓國史 近世朝鮮前期篇』, 1962, 116~133쪽 참조). 이들은 피인으로 불리기도 했다.

동해 갔는데, 조선에서는 1433년(세종 15)
과 1437년(세종 19)의 두 차례에 걸쳐 이들
을 정벌했다.[245] 그 결과 추장 이만주는 조선
에 의해 심각한 피해를 입었다. 또한 두만강
유역에 거주하던 퉁창童倉과 퉁판챠童凡察가
건주위로 도망해 조선을 배신함으로써 이른
바 건주삼위와는 우호적인 관계를 유지하지
못하는 상황이었다.[246]

세조가 즉위하면서 조선을 둘러싼 여진과
의 이러한 상황은 전환되었다. 세조는 집권
과 즉위과정의 폭력성을 '천명天命'으로 정
당화하고자 했고, 여진과의 관계까지도 그
러한 정치적 의도를 구현하는 데에 이용했
다. 그래서 세조는 즉위 초부터 여진의 내조
를 적극적으로 받아들였다. 이러한 정치적

신숙주 초상(고령신씨문중)

분위기의 변화 속에서 명나라로 갔던 신숙주가 그곳에서 건주위 추장 이만주의 아들
과 만난 이후, 건주삼위 추장의 관하인管下人들이 조선에 내조했다. 자연히 건주삼위
와의 관계는 회복되었다. 그런 가운데 이만주의 아들 이고납합李古納哈이 내조하자 세
조는 그에게 지중추원사知中樞院事의 관직을 내려주고[247] 녹祿도 주었으며,[248] 건주좌위

---

245 세종 대에 단행된 두 차례의 여진 정벌에 대해서는 본서 제8장 제2절 참조.
246 건주위는 명이 만주일대를 평정하고 여진을 통제하기 위해 설치한 위소 중의 하나였다. 건주위는
1403년(태종 3)11월에 명에 의해 오랑캐의 추장 아합출이 건주위지휘사로 임명되면서 설치되었
다. 그 후 1405년(태종 5)에 오도리의 퉁몽거티무르가 건주위의 권유에 따라 명에 입조하여 도
지휘사에 임명되면서 건주좌위가 설립되었다. 이후 1433년(세종 15)에 건주좌위의 추장 퉁몽거
티무르가 우디캐의 양무타우(楊木荅兀)에 의해 살해당했는데, 그 후 좌위의 주도권을 둘러싸고
퉁몽거티무르의 아들인 퉁창과 퉁몽거티무르의 동생인 퉁판챠(童凡察)가 갈등했다. 그러자 명은
퉁창으로 하여금 건주좌위를 계승하게 하고 건주우위를 다시 설치해 퉁판챠로 하여금 그를 맡게
했다. 이것이 건주삼위이다(김순남, 「조선 성종대의 건주삼위」 『대동문화연구』 68, 2009, 227쪽).
247 『세조실록』 권13, 세조 4년 8월 임술.
248 『세조실록』 권13, 세조 4년 8월 계해.

추장 퉁창에게도 지중추원사직과 녹을 내려 주었다.[249] 그런데 이 일은 곧이어 명과의 외교적 문제로 비화했다. 명은 이고납합과 퉁창이 명의 도독 지위를 받은 인물들이라며 그들에게 관직을 내려 준 조선의 행위를 트집 잡았다. 이 일은 조선이 표문表文을 보내 명에 사과함으로써 일단락되었다.[250]

이 일이 있고 난 후 여진을 사이에 두고 조선과 명 사이에 또 다른 갈등이 야기된 일이 있었다. 그것은 조선에서 낭발아한浪孛兒罕을 처벌했던 일이었다.[251] 낭발아한은 회령진에서 120리 떨어진 하동량에 거주한 여진 대추장이었다.[252] 그도 명의 관직인 모련위 도지휘사 뿐 아니라 조선의 관직인 정헌대부正憲大夫 지중추원사知中樞院事를 받은 이중 수직자였다.[253] 그의 아들 낭이승가浪伊升哥는 투화 야인投化野人으로 북평관에서 내조 야인에게 잔치를 베풀 때 잔치를 주관하는 압연관押宴官이라는 벼슬을 받기도 했다.[254] 그러던 중 건주위의 이만주 아들과 건주우위의 퉁창이 내조하여 조선의 후대를 받았다. 그러자 낭발아한은 자신보다 조선의 후대를 받은 건주삼위를 시기한데다, 마침 함길도도절제사 양정으로부터 입조자의 수까지 줄이라는 제한을 받자거기에 분노했다.[255] 그해 12월에 낭발아한이 입조했는데, 그때에 세조로부터 양정에게 무례했던 행동에 대한 힐난을 받았다.[256]

그 이듬해인 1460년(세조 5)에 조선에서는 신숙주를 함길도 도체찰사로 파견해 오랑캐와 우디캐 사이의 갈등을 조정하여 변방의 안정을 꾀했다. 오랑캐와 우디캐의 갈등은 이미 오랜 동안 이어져 왔었다. 1457년(세조 3) 11월에 우디캐와 오도리斡朶里가 군사적으로 충돌할 것이라는 소식이 들려 온데다가[257] 1458년(세조 4) 12월에는

---

249 『세조실록』 권14, 세조 4년 10월 신미.
250 한성주, 「조선 세조대 모련위 정벌과 여진인의 종군에 대하여」 『강원사학』 22·23 합집, 2008, 93~94쪽.
251 낭발아한은 세종 20년의 기록에는 낭복아한으로 나오는데, 이때 그의 지위는 모련위 두목 도지휘동지였다(『세종실록』 권80, 세종 20년 1월 신묘).
252 『단종실록』 권13, 단종 3년 3월 기사.
253 『단종실록』 권12, 단종 2년 12월 병신.
254 『세조실록』 권14, 세조 4년 10월 무진.
255 『세조실록』 권14, 세조 4년 11월 신해.
256 『세조실록』 권14, 세조 4년 12월 병인.
257 『세조실록』 권10, 세조 3년 11월 경오.

오랑캐 유상동합(柳尚同哈)과 우디캐가 서로 다투는 사실이 알려졌다.[258] 오랑캐 유상동 합은 1459년(세조 5) 1월에 조선에 내조해 우디캐의 보복이 두려우니 자신의 부족을 한 곳에 모여 살게 해 달라고 세조에게 요청했다.[259]

반면 골간 우디캐의 김마상합(金麻尚哈)은 오히려 오랑캐의 공격이 이어졌기 때문에 자신들이 약탈하는 것이라고 전혀 반대의 사실을 전했다. 조선을 사이에 두고 오랑캐 와 우디캐의 갈등이 노골화되자 세조는 그들의 화해를 도모하고자 신숙주를 도체찰 사로 임명해 함길도로 가게 한 것이었다.[260] 그리하여 신숙주는 3월에 회령에 도착해 오랑캐와 우디캐족의 추장들을 불러 서로 화해하라는 세조의 뜻을 알렸다.[261] 그 결과 다음 달 4월 6일(양 5월 7일)에 여러 여진 추장들이 모여 서로 화해하고, 노략질한 인 축은 쇄환하기로 했다.[262]

앞서의 낭발아한은 이때의 신숙주의 회합에 참석하지 않았다. 또한 우디캐의 인물 을 쇄환할 때에도 조선에 협조하지 않았다. 게다가 그를 부르러 간 통사(通事)에게 활을 쏘려 했고, 동량(東良)에 거주하는 여진에게 조선이 공격하려 한다는 소문을 퍼트려 분 란을 만들고자 했다. 또한 낭발아한의 아들 낭이승가는 길주(吉州)의 온정(溫井)에서 병을 치료하겠다고 휴가를 청한 후 명으로 들어가려다가 발각되었다.[263] 이에 세조는 조선 을 배반하려 했던 낭발아한과 그 아들 낭이승거, 구난(仇難)과 그의 아들 모다가(毛多哥) 등 17인을 참수했다.[264] 낭발아한이 참수된 이후 그의 친당인 화라온(火剌溫)의 가창합 (可昌哈)이 1천여 명의 군사를 모아 조선 변방을 침입하려 한다는 소식이 전해졌다.[265] 또한 낭발아한의 또 다른 아들인 아비거(阿比車)가 여러 종족의 야인 1천 5백여 인을 모아 회령에 침입했다.[266] 이후에도 그는 조선의 종성, 부령, 경성에 연달아 침입했

258 『세조실록』 권14, 세조 4년 12월 병진.
259 『세조실록』 권15, 세조 5년 1월 갑오.
260 『세조실록』 권15, 세조 5년 1월 임자.
261 『세조실록』 권15, 세조 5년 3월 임진.
262 『세조실록』 권16, 세조 5년 4월 갑자.
263 『세조실록』 권17, 세조 5년 8월 을해.
264 『세조실록』 권17, 세조 5년 8월 정축.
265 『세조실록』 권18, 세조 5년 11월 갑진.
266 『세조실록』 권19, 세조 6년 1월 병오.

다. 이들의 침입이 빈번하고 또 폭력적인 양상으로 나타나자 결국 세조는 북정北征을 결심하고, 좌의정 신숙주를 함길도 도체찰사로 삼았다. 이때가 1460년(세조 6) 3월이었다.[267]

이처럼 1460년에 북정이 단행된 데에는 조선을 배반했던 낭발아한 일족을 처벌하고, 그 위엄을 주변의 여진들에게 떨치기 위함이었다. 세조는 북정이라는 강경책을 단행함으로써 자주적인 입장을 견지하고, 국위를 과시하려 했던 것이다.[268] 하지만 이때의 북정의 배경은 이것만이 아니었다. 앞서 조선에서 모련위 도지휘사 낭발아한을 처형한 일은 다시금 명과의 갈등을 초래했다. 명은 낭발아한이 명의 관직을 받았는데도 조선에서 마음대로 그를 참수한 것을 문제 삼았다. 이 일은 조선에서 힐책하는 명의 칙지를 받아들이는 것으로 일단락되었다.[269] 하지만 명의 힐책이 있기 전에 세조는 이미 북정의 단행을 결정했다. 따라서 이 때의 모련위 정벌은 세조가 여진에 대해서는 물론 명에 대해서도 조선의 국위를 과시하려는 목적이 있었던 것이다.[270]

2) 정벌의 경과

세조는 과감히 모련위를 정벌하겠다고 결정했다. 하지만 그를 실행에 옮기는 데에는 신중했다. 세조는 정벌을 결의한 이후 바로 정벌군을 조직해 출정하지 않았다. 세조는 먼저 도체찰사를 파견해 해당 지역의 상황을 직접 살펴보도록 함으로써, 군사력을 동원한 정벌이 가능한지의 여부를 판단했다. 이에 도체찰사 신숙주가 함길도에 파견되어 도내의 여러 진을 순행하면서 군사와 병마의 편대를 짜고 병기와 의장들을 정리했다. 아울러 신숙주는 절제사인 양정楊汀·홍윤성 등과 함께 군사작전을 실행할 때 진을 설치할 장소를 자세히 조사하고, 다시 육진을 순행하면서 천천히 형세를 살폈다. 이러한 체찰 활동을 마치고 신숙주는 돌아와 세조에게 그 결과를 보고했다.[271]

267 『세조실록』권19, 세조 6년 3월 기해.
268 한성주, 앞의 논문, 2008, 20쪽.
269 한성주, 앞의 논문, 2008, 94~96쪽.
270 이인영, 「신숙주의 북정」『한국만주관계사의 연구』, 을유문화사, 1954, 100쪽.
271 『세조실록』권20, 세조 6년 4월 병진.

도체찰사의 보고에 따라 정벌의 타당성이 입증되자, 세조는 곧 출정군의 지휘체계를 조직했다. 이 지휘체계의 최고 자리에도 도체찰사가 위치했다. 세조는 신숙주를 강원함길도 도체찰사로, 홍윤성을 부사로 임명했다. 그리고 7월 27일(양 8월 13일)에 도체찰사로 하여금 부사·종사관 등을 거느리고 출정하도록 했다. 이때에 도체찰사로 임명된 신숙주는 세조로부터 동북방 군사에 관한 업무를 전적으로 처리할 권한을 위임받았다. 그리하여 부장 이하에 대한 처벌권을 행사할 수 있었다.[272] 뿐만 아니라 신숙주는 정벌이 이루어지는 지역인 강원도와 함길도의 관찰사까지도 지휘(절도節度)할 수 있었다.[273]

세조초상

이때의 북정 과정은 신숙주가 군관 김교金嶠·황수정黃守正을 보내어 올린 계본을 통해 나타난다. 그 계본을 따르면 신숙주는 처음에 북정할 것이라는 사실이 조선 백성과 야인들이 섞여 있는 5진에 미리 누설되어 그 소식을 접한 적들이 숨어 버릴까 우려했다. 그리하여 무산茂山과 역산櫟山의 요로를 막아서 지키도록 했다. 그리고 남쪽에서 오는 사람들은 반드시 증명(신부信符)를 조사한 후에 성으로 들어가도록 했다. 신숙주가 5진을 순찰한 후 고영古營에 돌아왔을 때 함길남도의 군사들은 이미 부령에 모여 있었다. 신숙주는 군사의 부서를 나누고 장수와 사졸들에게 북정의 목적을 강조하며 승리를 맹세하고 출정했다. 이때 길주목사吉州牧使 오익창吳益昌은 보병·기병 8백 명을 거느리고 8월 23일(양 9월 7일)에 경성을 출발하여 오촌吾村을 따라 고개를 넘어 박가비라朴加非刺·상동량上東良을 공격한 후 들어갔던 길을 따라서 돌아왔다. 영북진 절제사 강순은 보병·기병 9백여 명을 거느리고 27일(양 9월 11일)에 부령을 출발하여 고개를 넘어 들어가 허수라虛水刺를 공격하고, 강을 따라 내려가 중동량中東良을 공격하고 보병·기병 6백명을 거느린 이조 참판 곽연성郭連城과 만났다. 회령에

272 『세조실록』 권21, 세조 6년 7월 신축.
273 『세조실록』 권21, 세조 6년 7월 신축.

는 보병·기병 1천 3백명을 거느린 회령진 절제사 임득정林得楨과 안변 부사 우공禹貢, 그리고 보병·기병 6백명을 거느린 온성진 절제사 김처지金處智가 모여 있었다.

양정은 이 3명의 장수를 거느리고 27일(양 9월 11일)에 회령을 출발하여 보아하甫兒下에 이르렀다. 여기서 부령에서 출발한 곽연성으로 하여금 딴 길로 강을 따라 올라가 하동량을 공격하고 강순과 만나서 편리한 길을 선택해서 돌아오게 했다. 또한 양정은 운두성雲頭城에 이르러 임득정·우공으로 하여금 먼저 강을 건너가서 하다리何多里·사지斜地·무아계無兒界·여포廬包를 공격하고 하아안河兒安·하주河主에 이르게 했다. 양정 자신은 영병鸄兵 6백명을 거느리고 김처지를 데리고 강을 건너서 하다리何多里를 따라 남라귀南羅貴를 거쳐서 진군하여 임득정을 후원했다. 그리고 화상리和尙里에 이르렀을 때 김처지로 하여금 딴 길로 서쪽으로 올라가서 임득정과 함께 하아안河兒安·하주河主를 협공하고 벌인伐引의 강물을 따라서 내려가게 했다. 양정 자신도 진군해 모리안毛里安을 공격하고 임득정 등과 만났다.

신숙주는 보병·기병 4천명을 거느리고 27일(양 9월 11일)에 종성을 출발했다. 그때 니마거尼麻車 우디캐 우두亐豆 등 5인과 남눌南訥 우디캐 가아타합加兒打哈 등 2인이 조현朝見하러 종성에 이르렀었다. 이들은 모두 종군從軍했다. 신숙주는 강을 건너 수주愁州를 따라 고개를 넘어서, 먼저 강효문康孝文를 보내어 1백 기騎를 거느리고 하이란河伊亂을 선공하게 했다. 그리고 따로 한성부윤漢城府尹 김사우金師禹를 보내어 북청 부사 조방림趙邦霖을 데리고 1만 기를 거느리고 서쪽으로 상가하常家下를 공격하게 했다. 강원도 관찰사 김계손金繼孫은 경원 절제사慶源節制使 김귀손金貴孫을 데리고 1만 기를 거느리고 동쪽으로 보리하甫里下를 공격했다. 신숙주도 홍윤성洪允成·이극배李克培·정식鄭軾·허형손許亨孫과 종성진 절제사 박형朴炯·행호군行護軍 박대생朴大生을 데리고 2만 기를 거느리고 아치랑귀阿赤郎貴 대천大川의 숲을 끼고 좌우에서 공격하여 이를 불태웠다. 그 다음 급히 2백여 리를 행군하여 아치랑귀 상리上里에 이르렀다. 이무렵 날이 저물었는데, 보급대는 멀리 있었으므로 허형손·박대생으로 하여금 군사를 나누어 물러가서 수송대를 호위하게 했다. 신숙주는 자신이 있는 곳에다 영을 쳤다. 김계손이 보이하甫伊下를 공격하고 이곳으로 왔다. 적이 밤을 틈타 4면에서 공격했다. 그러나 신숙주는 진을 굳게 하여 움직이지 못하게 하고 활을 잘 쏘는 자로 하

여금 방패를 가지고 영 밖으로 나가서 번갈아 쏘게
했다. 그러자 적의 많은 수가 화살에 맞고 도주했다.

29일(양 9월 13일)에 박형朴炯·김귀손金貴孫으
로 하여금 정예병 5백 기를 뽑아서 진군하여 모리
안을 공격하고 양정 등과 만나 지름길로 회령에 돌
아오게 했다. 신숙주는 영으로 돌아왔다. 적이 허
형손이 주둔한 곳을 요격해 왔으나 패주시켰다. 김
사우도 28일(양 9월 12일)에 이미 상가하常家下를
공격하고 돌아와 허형손과 만나서 주둔했다. 29일
(양 9월 13일) 저물녘에 비가 오고 천둥이 쳤다. 그
러자 적들이 4면에서 공격했다. 역시 활을 잘 쏘는
자들로 하여금 영을 나가서 쏘게 했다. 이에 적들
이 많이 화살에 맞고 도주했다.

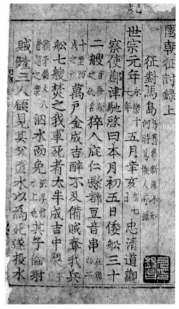

『국조정토록國朝征討錄』(보물 1511호)
세조~중종 연간의 해외 토벌 역사를 기록했다.

30일(양 9월 14일)에 신숙주의 모든 군사가 종성
으로 돌아왔다. 적들이 공격하매 김사우·김계손·강효문 등이 종일 비를 무릅쓰고 힘
껏 싸워서 이를 패주시켰다. 이때에 적을 죽이거나 사로잡은 것이 많았다. 그런데 양
정이 신숙주의 지휘을 어기고 임득정이 하다리何多里를 공격하지 못하게 했다. 당시
임득정의 군사들은 양정의 군사들에게 길이 막혀 진군할 수가 없었다. 임득정이 사지
斜地에 이르러 경기병 1백여 명을 거느리고 먼저 진군했을 때 오익창吳益昌이 남다른
공을 세워 속죄하고자 하여 50여 기를 거느리고 그를 따라갔다. 오익창은 오촌의 길
이 험해 들어갈 수가 없었기 때문에 돌아와 양정을 따라 진군했다.

양정은 이미 29일(양 9월 13일)에 나머지 군사들을 아울러 지름길로 회령에 돌아왔
다. 박형 등이 모리안을 공격할 때 임득정이 오지 않아서 남라귀를 경유하면서 곳곳
에서 비를 무릅쓰고 고전했다. 30일(양 9월 14일)에 모든 군사들이 회령에 도달할 수
있었다. 그러나 임득정은 회령에 도달하지 못하고 여포廬包·하아안河兒安·하주河主·
벌인伐引을 공격하고 강물을 따라 내려와서 아치랑귀에 이르렀다. 적이 곳곳에서 임
득정의 군사를 요격했다. 이중 오익창의 화살에 맞아 도주하다가 죽은 자도 있었다.

임득정은 30일(양 9월 14일)에 수주愁州 고성에 이르렀다. 이곳은 서쪽으로 종성과의 거리가 50여 리였다. 여기에 진을 쳤는데, 군사들이 스스로 놀라서 밤에 흩어져 회령·종성·온성으로 뿔뿔이 달아났다. 신숙주가 이 소식을 듣고 강가에 병사들을 포진시켜 맞이했다.

9월 초4일(양 9월 18일)에 임득정이 길주 판관 하숙부河叔溥, 군관 이중결李仲潔·홍계용洪繼庸, 군사 5인을 데리고 종성으로 돌아왔다. 이때 군사로서 돌아오지 못한 자가 20여 인이었다. 곽연성은 허수라·하동량과 중동량을 공격하여 죽이거나 사로잡은 것이 많았는데, 그의 군사는 29일(양 9월 13일)에 회령으로 돌아왔다. 회령 성저城底의 아목하阿木河·올롱초兀弄草와 수주愁州 이하에 사는 야인들이 평안하게 거주했고, 혹은 종군하여 향도가 된 자도 있었다. 정벌의 성과는 잡아 죽인 것이 430여 급이고, 불태워 없앤 집이 9백여 구, 죽이거나 사로잡은 우마가 1천여 마리였다.[274]

모련위 정벌은 7월 27일(양 8월 13일)에 신숙주가 출정함으로써 시작되었다. 정벌에 동원된 군사는 신숙주가 보병·기병 4천명을 거느렸고, 양정이 영병營兵 6백명을 거느렸으며, 길주 목사 오익창은 보병·기병 8백명, 영북진 절제사 강순은 보병·기병 9백여 명, 이조 참판 곽연성은 보병·기병 6백명, 회령진 절제사 임득정과 안변 부사 우공은 보병·기병 1천 3백 명, 온성진 절제사 김처지는 보병·기병 6백명을 각각 거느렸다. 이들은 8월 23일(양 9월 7일) 길주 목사가 경성을 출발한 것을 시작으로 8월 27일(양 9월 11일)에는 부령에서 영북진 절제사가, 회령에서는 함길도도절제사 양정이, 종성에서는 신숙주가 각각의 군사를 이끌고 출정했다. 28일(양 9월 12일)에 신숙주가 영으로 돌아왔고 29~30일에 걸쳐 양정의 군사들이 회령으로 돌아왔다.

세조 6년의 여진 정벌은 조선이 여진에 대해서도 그러했지만, 명에 대해서도 국위를 드높인 군사 작전이었다. 특히 이때의 정벌을 통해 조선은 여진을 둘러싼 명과의 갈등을 적극적이고 진취적으로 풀어내려고 했다. 겉으로는 명의 요구에 따라 여진에 대한 주도권을 철회하는 듯이 보였지만, 실제로는 무력을 동원한 정벌을 과감히 단행함으로써 당시 조선의 자주성을 과시했다고 할 수 있다.

---

274 『세조실록』권21, 세조 6년 9월 갑신.

2. 1467년(세조 13)의 건주위 정벌

1) 조선과 명과 건주위

1467년(세조 13) 9월 26일(양 10월 23일)에 강순을 주장으로 하는 조선 군대는 건주 추장 이만주 등을 살해했다.[275] 이때의 이만주의 죽음은 조선의 건주위 정토征討의 결과였다.[276] 당시 세조는 명의 요청에 응해 건주위 정토에 참여했었다.[277]

명이 건주위의 정토를 결정했던 것은 건주사회가 성장하면서 명의 요동을 압박해 들어왔기 때문이었다. 건주위는 1403년(태종 3)에 어허출을[278] 건주위지휘사로 삼으면서 개설되었다. 이때에 건주위 지휘사로 임명된 어허출이 바로 세조대 이만주의 조부였다. 어허출은 알타리의 통몽거티무르와 비슷하게 원말 명초에 무리를 이끌고 지금의 송화강가의 의란(依蘭: 三姓) 부근에서 수분하, 혼춘하, 해란강, 두만강 및 한반도 동북부) 쪽으로 이동했었다. 어허출은 영락제(1403~1424)가 연왕燕王이었을 시절에 자신의 딸을 그에게 바쳤고, 연왕은 즉위한 후 어허출로 하여금 야인들을 초유시키고자 했었다.[279] 그리하여 명은 1403년(태종 3)에 건주위를 만들고 1412년(태종 12)에 건주위를 쪼개 건주좌위를 만들고 맹가첩목아를 건주좌위 지휘사에 임명했다.

건주위와 건주좌위는 1423년(세종 5)에 다시 거주지를 남쪽으로 옮겼다. 달단의 침입을 받았기 때문이었다. 이때 건주위는 어허출의 지위를 계승한 손자 이만주를 중심으로 파저강에 이르렀다. 통몽거티무르의 건주좌위는 조선과 경계에 있던 회령으로 돌아왔다.[280] 파저강의 이만주는 그 무리를 이끌고 조선의 강계에 이르러 식량을 청탁하면서 돌아가지 않아 조선은 명 사신과 그 대책에 관해 논의하기도 했다.[281] 이만주

---

275 『세조실록』 권44, 세조 13년 10월 임인.
276 河內良弘, 앞의 책, 1992, 481~486쪽.
277 『세조실록』 권44, 13년 10월 갑오.
278 어허출은 『황명실록』에는 아합출로 나온다.
279 『태종실록』 권8, 태종 4년 12월 경오.
280 김한규, 『요동사』, 문학과 지성사, 2004.
281 『세종실록』 권27, 세종 7년 3월 갑술.

는 조선에 대해서 자신의 노비가 도망해 조선의 예빈시 사환으로 소속되어 있다고 원망하는 일도 있었다.[282]

그러다가 1432년(세종 14)에 이만주가 조선의 인민을 납치하려는 홀라온 우디캐의 행동을 저지하고 자신이 조선 인민을 보호하고 있다는 사실을 알렸다.[283] 조선에서는 인민을 보호하고 있다는 그의 말의 진위를 의심했다. 말로는 우디캐의 소행이라고 하면서도 여연 강계에 들어와 그곳의 인민을 잡아가려 한 것이 우디캐인지 아니면 이만주의 소행이면서 거짓으로 우디캐를 칭탁하는 것인지 그의 말을 전적으로 신뢰할 수 없었기 때문이었다.[284] 이에 조선에서는 조관을 파견해 그 실상을 파악했다.[285] 그 결과 조선 인민을 납치한 것은 우디캐가 아닌 이만주의 소행임이 확인되었다. 그러자 세종은 그를 토벌하는 군사를 일으키고자 했다.[286] 그리하여 1433년(세종 15) 3월 17일(양 4월 6일)에 평안도 절제사 최윤덕을 주장으로 하는 정벌이 단행되었던 바 있었다.[287] 그해 12월 이만주는 관하의 지휘들을 보내 토산물을 바쳤다.[288] 조선에서는 파저강의 야인이 사방으로 유리한다는 소식에 이만주의 무리를 잘 위무하고 이들을 이용해 우디캐에 대비하도록 했다.[289] 실지로 이만주는 그 후 휘하를 보내 조선에 귀순한다던가[290] 우디캐의 조선 침공사실을 전하는 등[291] 번리로서의 역할을 담당했다.

그러나 관하의 천호, 백호 등이 조선에 귀순하자,[292] 이만주는 그들의 쇄환을 요구했다.[293] 조선에서도 이러한 이만주의 움직임이 있을까 염려하여 그의 관하인들을 섣불리 받아들이지 못하고 있던 형편이었다.[294] 그러는 한편 이만주가 평안도의 여연을

---

282 『세종실록』 권39, 세종 10년 2월 정축.
283 『세종실록』 권58, 세종 14년 12월 병오.
284 『세종실록』 권58, 세종 14년 12월 정미.
285 『세종실록』 권59, 세종 15년 2월 갑오.
286 『세종실록』 권59, 세종 15년 3월 계해.
287 『세종실록』 권60, 세종 15년 5월 기미.
288 『세종실록』 권62, 세종 15년 12월 경오.
289 『세종실록』 권64, 세종 16년 5월 을사.
290 『세종실록』 권67, 세종 17년 1월 갑술 ;『세종실록』 권67, 세종 17년 1월 정축.
291 『세종실록』 권67, 세종 17년 1월 정해.
292 『세종실록』 권68, 세종 17년 5월 신사.
293 『세종실록』 권68, 세종 17년 6월 임자.
294 『세종실록』 권68, 세종 17년 6월 갑진.

침입하여 인축을 약탈했는데도 그 사실이 보고되지 않은 일도 있었다.[295] 이만주는 연이어 조선의 변경을 침범하면서 그것을 홀라온의 소행이라 칭탁했다. 그리고 그 행위를 숨기기 위해 관하인을 파견해 귀순하는 척했다.[296]

이만주는 퉁판챠童凡察 등이 파저강으로 가는 것을 조선이 막지 말라는 명의 성지를[297] 칭탁해 조선의 국경에 와서 머물렀다.[298] 그러자 세종은 그들의 침략을 토죄할 것을 결정했다. 그리하여 1437년(세종 19) 6월에 토벌책 16조를 평안도 도절제사 이천李蕆에게 보내고[299] 오미부에 거주하고 있는 이만주를 잡는데 주력하도록 독려한 후[300] 9월 7일(양 10월 6일) 출정을 단행했다.[301] 이때에 정벌군은 승전했으나, 이만주를 사로잡지는 못했다.[302] 이후 이만주는 조선이 자신을 정벌하려 했다는 사실에 불만을 품고 조선에 보복을 다짐했다.[303]

이러한 상황에서 1440년(세종 22)에 퉁몽거티무르의 둘째 아들 퉁창과 그 아우인 퉁판챠가 이만주의 파저강으로 옮겨갔다.[304] 그런데 이들의 이주는 이만주가 조선을 침범할 수 있는 가능성을 높여주는 것이었다.[305] 앞서 1433년(세종 15)에 건주좌위의 퉁몽거티무르가 양무타우楊木答兀에 의해 살해되면서 건주좌위 여진들이 파저강으로 옮기고자 할 때 명이 이 사실을 이만주에게 알린 적이 있었다.[306] 그런데 이 때에 와서 퉁창과 퉁판챠 역시 파저강으로 옮겨 간 것이었다. 이후 실지로 이만주가 명에서 돌아오는 조선의 하정사를 동팔참지역에서 공격할 것이라는 첩보가 전해지기도 했

---

295 『세종실록』권68, 세종 17년 6월 계축.
296 『세종실록』권74, 세종 18년 7월 신해.
297 『세종실록』권77, 세종 19년 5월 신축.
298 『세종실록』권77, 세종 19년 5월 을사.
299 『세종실록』권77, 세종 19년 6월 정축.
300 『세종실록』권78, 세종 19년 8월 신미.
301 『세종실록』권78, 세종 19년 9월 신축.
302 『세종실록』권78, 세종 19년 9월 기유.
303 『세종실록』권79, 세종 19년 12월 신사.
304 후에 퉁창과 퉁판챠는 숙질간에 건주좌위 추장 자리를 놓고 다툼을 벌였다. 명은 이를 해결하기 위해 1450년(세종 32)에 좌위를 쪼개 건주우위를 만들었다. 그리고 퉁몽거티무르의 아들 퉁창은 좌위를 관할하게 하고 그 동생 퉁판챠는 우위를 관할하게 했다. 이것이 이른바 건주삼위였다.
305 『세종실록』권90, 세종 22년 9월 기사.
306 『세종실록』권67, 세종 17년 2월 병인.

다.[307] 조선에서는 이를 우려해 명에 표를 보내어 퉁판챠 등을 그들의 본거지로 돌려보내야 한다는 뜻을 전했다.[308] 그러나 명은 조선에 대해 변경 방위에만 힘쓰라는 답변을 보내왔다.[309] 퉁판챠와 퉁창이 이만주와 합류한 뒤 이들은 겉으로는 조선에 사신을 보내 귀순의 뜻을 전했다.[310] 하지만 실상 이들은 홀라온과 합류해 조선의 여연 등 변경을 연달아 침범하려 했다.[311]

1443년(세종 25) 11월에 이만주와 퉁판챠 등은 해서 달달과 같이 공모해서 요동을 침구하려 했다. 이러한 소식이 전해지자 명의 총병관은 국경 방비를 강화하라고 조선에 알렸다.[312] 그 후 1448년(세종 30)에는 오이라트부 에센부카의 군사가 해서에 이르게 되었다. 그러자 그 여파가 삼위의 달단족과 해서야인, 이만주 등에게 미칠 가능성이 커지게 되었다.[313] 이에 이만주는 조선에 귀순의 뜻을 전했다.[314]

하지만 1450년(문종 즉위년) 4월에 달달과 야선의 군대가 요동의 가까운 지역에 주둔하자 이만주 등은 오히려 그들에게 투항하여 자신들이 요동을 공격하고 조선까지 칠 것이라고 떠벌였다.[315] 실지로 그해 10월에 이만주 관하의 사람들은 연산파절連山把截에서 청석동에 이르는 지역을 많이 노략질했다.[316] 그러다가 해서위를 공격한 탈탈왕에 쫓긴 이만주는[317] 백두산 북쪽의 남라이南羅耳 부니위大尼衛나 경원 땅인 훈춘에 살고자 했다.[318] 그러나 뜻을 이루지 못하고 결국 다시 자신들의 거주지였던 파저강 가의 올라산성으로 돌아가야 했다. 당시 이만주의 관하에는 1천 7백여 호가 있었다.[319]

---

307 『세종실록』 권91, 세종 22년 11월 을축.
308 『세종실록』 권92, 세종 23년 1월 병오.
309 『세종실록』 권92, 세종 23년 4월 을유.
310 『세종실록』 권94, 세종 23년 윤11월 을해.
311 『세종실록』 권94, 세종 23년 12월 기유.
312 『세종실록』 권102, 세종 25년 11월 기미.
313 『세종실록』 권119, 세종 30년 2월 임오.
314 『세종실록』 권124, 세종 31년 6월 병진.
315 『문종실록』 권1, 문종 즉위년 4월 계사.
316 『문종실록』 권4, 문종 즉위년 11월 계해.
317 『문종실록』 권5, 문종 1년 1월 임술.
318 『문종실록』 권8, 문종 1년 6월 임오.
319 『문종실록』 권9, 문종 1년 8월 갑술.

이후 이만주는 조선의 만포로 사람을 보내어 먹을 양식을 청하고 귀순을 요청했다.[320] 1455년(단종 3)에는 몽골족이 자신들의 옛 거주지로 돌아올 것을 두려워하여, 아들 이두리부처李豆里夫妻를 보내어 상경할 것을 청하고, 또 아목하阿木河로 돌아갈 것을 청했다.[321] 당시 계유정난 이후 권력을 장악하고 있던 수양대군(후의 세조)의 결정이라고 여겨지지만, 이때에 이르러 조선에서는 이만주 아들의 상경을 허락하고 이들의 내조를 받아 들였다.[322] 이것은 수양대군이 계유정난으로 정권을 획득한 이후 국방의 안정과 정통성을 확립할 필요성이 있었기 때문에 이루어진 일이었다.[323]

이러한 정치적 이유로 세조대 초반부터 건주삼위에서는 각각 휘하인을 보내 조선에 내조했다.[324] 특히 1456년(세조 2) 이만주와 동창은 종래의 함경도 길이 아닌 평안도 길을 이용해 내조할 정도로 세조의 후대를 받았다.[325] 이때에 이만주의 여러 아들은 조선의 상사물을 기대하고 수차례나 내조를 요청했다. 이에 조선에서는 그 허락 여부를 결정해 내조의 횟수를 조정해야 할 정도였다.[326] 1459년(세조 5)까지 지속된 이러한 상황 속에서 그 해 4월에 명은 조선에 귀순한 건주위의 이만주 등을 책망하는 서신을 보냈다.[327] 이에 조선은 명을 의식해 만포에 이른 이만주와 동창의 사송인들에게 빈번한 왕래를 자제하라고 타일렀다.[328] 당시 이만주의 건주위는 조선의 번리로서 다른 여진 종족들의 조선 공격을 중간에서 저지하고 그 대가로 쌀과 콩 등을 요구했다.[329] 1467년(세조 7)에 모련위의 조선 침입을 단념시킨 것도 이만주였다.[330]

그러다가 그해 9월 동창의 관하에 있던 조삼파趙三波 등이 명으로 가는 조선의 사신을 습격하려는 계획이 이만주의 아들 이두리에 의해 보고되면서[331] 조선과 건주위

320 『단종실록』 권3, 단종 즉위년 9월 계묘.
321 『단종실록』 권14, 단종 3년 5월 계유.
322 『단종실록』 권14, 단종 3년 윤6월 기유.
323 河內良弘, 「朝鮮世祖の字小主義とその挫折」 『天理大學學報』 93, 1974.
324 『세조실록』 권3, 세조 2년 2월 계묘.
325 『세조실록』 권4, 세조 2년 7월 기묘.
326 『세조실록』 권12, 세조 4년 5월 경술.
327 『세조실록』 권16, 세조 5년 5월 신축.
328 『세조실록』 권21, 세조 6년 8월 을묘.
329 『세조실록』 권23, 세조 7년 3월 임자.
330 『세조실록』 권23, 세조 7년 2월 신축.

의 관계는 이전 시기와 달라졌다. 당시 세조는 이만주로 하여금 조삼파가 약탈한 인축을 먼저 반환토록 했는데,[332] 그런데 이 과정에서 이만주 등이 화라온 도독과 함께 조선을 침범하려 했었다는 사실이 알려졌다.[333] 심지어 1463년(세조 9) 2월에는 압록강 강 건너에서 사냥하던 의주 목사 허형손 등이 습격당했다.[334] 그리고 그해 10월에는 이만주 등이 모련위와 협력해 명이나 조선을 침략하려 한다는 소식이 전해졌다.[335] 이에 세조는 군대를 동원해 건주위를 토벌하고자 했다.[336]

조선의 이러한 태도에 이만주는 조삼파로 하여금 조선에 귀화하도록 타일렀다.[337] 그리고 자신들이 조삼파의 침입과는 연관되지 않았다고 변명하며, 조선의 공격을 피하고자 했다.[338] 이런 상황에서 이두리는 조선이 명을 의식하여 자신들을 후대하지 않는다는 불만을 토로했다.[339] 이만주 역시 자신의 아들 이두리가 황성평으로 옮겨 와 거주하는 것을 조선에서 용납하지 않는다며 불평했다.[340]

세조 13년의 건주위 정벌은 당시 조선과 명과 건주위의 삼각관계 속에서 일어난 것이었다. 처음 명에 의해 개설된 건주위는 명과 조선의 중간에서 내조를 통해 경제적 이익을 얻었다. 그러나 건주위는 조선의 국경 약탈을 그치지 않았다. 이에 조선 세종대에는 두 차례에 걸쳐 그들에게 군사적 타격을 가한 바 있었다. 이후 건주위는 북방의 달달에게도 몰리게 되었다. 이런 상황에서 조선의 세조가 집권하면서 그의 정치적 목적에 따라 종래의 악화된 관계를 복원할 수 있었다. 이 시기에는 조선과 여진의 지나친 우호에 명이 경고할 정도로 양측은 가까워져 있었다. 그러다가 건주위가 점차 성장하면서 명의 요동을 공격했다. 또한 조선에 대해서도 침략의 의도를 드러냈다.

---

331 『세조실록』 권25, 세조 7년 9월 임자.
332 『세조실록』 권26, 세조 7년 10월 정묘.
333 『세조실록』 권28, 세조 8년 4월 정축.
334 『세조실록』 권30, 세조 9년 2월 경신.
335 『세조실록』 권31, 세조 9년 10월 을사.
336 『세조실록』 권32, 세조 10년 1월 임오.
337 『세조실록』 권33, 세조 10년 4월 병신.
338 『세조실록』 권33, 세조 10년 5월 병자.
339 『세조실록』 권34, 세조 10년 10월 을사.
340 『세조실록』 권34, 세조 10년 12월 임인.

그 결과 명은 건주위를 공격할 것을 결정하고 조선에 청병했다. 양자의 목적이 합치되면서 단행된 것이 '정해북정'이었다.

2) 정벌의 경과

건주위와 이러한 갈등이 심화되었던 가운데 1467년(세조 13) 10월에 명에서 칙서와 표리, 그리고 요동도사의 자문이 도착했다. 건주의 이만주를 정벌하고자 하니 조선에서도 그에 협력하라는 것이었다.[341] 자문이 도착하기 5달 전인 5월에 함길도 길주 사람인 전회령절제사 이시애李施愛가 아우 이시합李施合과 반란을 일으켰다. 이시애의 반군은 함길도 전체로 세력을 확장해, 절도사 강효문과 관찰사 신면(신숙주의 아들)을 비롯한 각 군현의 수령들을 살해했다. 이시애의 난이 진압되었던 것은 그 3개월 뒤인 1467년 8월이었다.[342]

세조는 난을 진압하기 위해 도총사를 이준으로 하고 조석문曹錫文을 부사로 삼았다. 그리고 도총관 강순을 진북장군으로 삼아 평안도 군사 3천 명을 영솔하여 영흥을 넘어 들어가게 하고, 병조참판 박중선을 평로장군으로 삼아 황해도 군사 5백 명을 영솔하고 문천文川을 넘어 들어가게 하며, 또 경중의 정병 1천 명을 어유소魚有沼에게 주어, 직접 도총사가 있는 곳으로 가게 했다. 그리고 강순 등으로 하여금 도착하는 곳의 읍의 창고를 풀어 군량을 지급하게 했다. 선전관 김이정金利貞을 충청도에, 민신달閔信達과 경임慶臨을 경기좌우도에 보내 군사를 징발했다.

이들은 각각 군사 1천 명을 징발했다. 이들 외에 또 충청·경기 양도에서 무재가 있는 수령과 한산인도 징발했다. 그리고 우참찬 김국광金國光을 지응사支應使로 삼아, 모든 일을 군사의 동원에 따른 일들을 간략하게 처리하도록 했다. 또한 길주인 마현손馬賢孫을 불러 함길도 여러 읍의 유향품관留鄉品官 등에게 효유하는 글을 주어 보냈

---

341 『세조실록』 권44, 세조 13년 10월 갑오.
342 김상오, 「李施愛의 亂에 對하여(上·下)」『전북사학』 2·3, 1978·1979 ; 정태헌, 「世祖의 李施愛 亂 收拾政策」『사학연구』 38, 1984 ; 이동희, 「李施愛 亂에 있어서 韓明澮·申叔舟의 역모 연루설」『전라문화논총』 7, 1994.

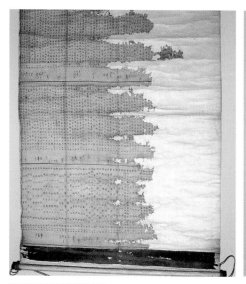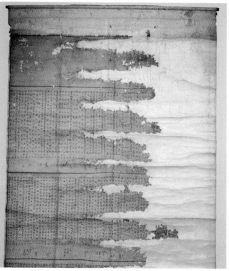

적개공신회맹록(문화재청)
세조와 이시애 난 평정에 공을 세운 적개공신(敵愾功臣)들이 모여 맹세하고 그 사실과 공신들의 명단을 기록한 문서.
적개공신 1등 10명, 2등 23명, 3등 12명의 군호, 관직, 성명이 적혀 있다.

다.[343] 또한 여러 종류의 야인들에게 통지해 이시애가 야인들의 땅으로 도주할 경우 그를 사로잡으라고 타일렀다.[344]

도총사 이준이 이끄는 난의 토벌군은 6월 1일(양 7월 1일)에 철령을 넘어 안변에 도착해 휴식했다가, 다시 6월 4일(양 7월 4일)에 영흥을 향해 출발해 용흥강龍興江을 점거했다.[345] 이준은 6월 22일(양 7월 22일)까지 함흥을 점거하고 있다가 이날 다시 출발해 함관령 아래 신원新院에 군사를 주둔시켰다. 이때에 진북장군 강순은 홍원洪原에 있었다. 강순의 군사는 6월 20일(양 7월 20일)에 종개鍾介·산개山介의 두 고개 아래에 이르러 결진했었다. 이들은 종개령鍾介嶺을 넘어 북청北靑에 들어가 주둔했다.[346] 당시 이시애의 동생 이시합은 홍원·북청·이성·갑산의 병사를 거느리고 북청의 여주을현汝注乙峴에 주둔해 있었고, 이시애는 단천端川 이북의 여러 진의 군사와 야인 5백

---

343 『세조실록』 권42, 세조 13년 5월 정해.
344 『세조실록』 권42, 세조 13년 5월 무자.
345 『세조실록』 권42, 세조 13년 6월 무술.
346 『세조실록』 권42, 세조 13년 6월 을묘.

여 군사를 거느리고 이성 고사리포高沙里鋪로부터 북청의 두어소頭於所까지 관군을 협공하려 했다.[347] 토벌군과 이시애군이 부닥친 곳은 북청이었다. 강순은 북청부 안에다 영을 치면서 안에는 목책을 밖에는 녹각성을 설치했다. 또 성 밖에는 참호를 팠다.

이때 이시애가 항복할 의사를 전했지만 진심은 아니었던 것 같다.[348] 정부는 결의를 굳혔고, 세조는 친정하려고도 했다.[349] 1467년 8월 4일(양 9월 2일)에 양군이 부딪혔다. 관군은 강순을 선봉으로 삼고 다음에 절도사 허종과 대장 어유소가, 다음에 도총사 이준이 따라 행군했다. 아들이 북청 거산역동居山驛洞에 이르렀을 때 이시애군 약 5천여 명이 이미 먼저 마흘현麻訖峴에 웅거해 있었다. 접전 결과 이시애군이 패배했다. 이시애는 도망쳤으나,[350] 8월 12일(양 9월 10일)경에 형제가 체포되었다. 이들은 문초당한 뒤 처형되었다. 이로서 이시애 난은 끝났다.[351]

하지만 그 후의 처리를 위해 진압군은 그대로 해당 지역에 남았다. 당시 허종은 5백 명의 군사를 거느리고 함흥에 머물러 있었는데, 덕원·문천·고원·영흥·정평·안변 등의 고을이 그에게 소속되었다. 김교는 5백 명의 군사를 거느리고 북청에 유둔했는데, 홍원·이성·갑산·삼수[水]·단천 등의 고을이 그에게 소속되었다. 어유소는 1천 명의 군사를 거느리고 경성에 주둔했는데, 길주·부령·회령 등의 고을을 그에게 소속되었다. 남이 역시 1천 명의 군사를 거느리고 종성에 주둔했는데, 온성·경원·경흥 등의 고을이 그에게 소속되었다.[352] 그리고 세조는 회령·종성·온성·경원·경흥 등의 고을에 거주하는 야인에게 이시애의 난이 평정되었음을 선포했다.[353]

조선이 건주위의 이만주 정벌을 결의했던 것은 이시애의 난이 마무리되고 그 후속 처리를 위해 군사들이 함길도에 주둔해 있던 상황에서 이루어졌다. 세조는 이시애의 난 진압 직후인 8월 27일(양 9월 25일)에 건주위를 정벌할 것을 결정했다.[354] 당시 명

347 『세조실록』 권42, 세조 13년 6월 병진.
348 『세조실록』 권42, 세조 13년 6월 정사.
349 『세조실록』 권42, 세조 13년 6월 계해.
350 『세조실록』 권43, 세조 13년 8월 정유.
351 『세조실록』 권43, 세조 13년 8월 을사.
352 『세조실록』 권43, 세조 13년 8월 정미.
353 『세조실록』 권43, 세조 13년 8월 계축.
354 『세조실록』 권43, 세조 13년 8월 경신.

남이 묘(경기 화성)

의 요동지역 군사는 9월 22일(양 10월 19일)에 출전하여 25일(양 10월 22일)에 건주위에 도착하기로 했다. 이에 따라 조선 군대도 9월 25일(양 10월 22일)에 건주위에 도착하도록 군사를 출발시켜야 했다.[355]

이에 세조는 우참찬 윤필상, 주장 강순, 대장 어유소·남이에게 하유해서 9월 27일(양 10월 24일)에 명군과 만나 건주위를 공격하도록 했다.[356] 그리하여 강순·남이 등이 거느린 군사는 9월 24일(양 10월 21일)에 압록강을 건너고, 25일(양 10월 22일)에 어유소의 군사와 황성평皇城坪에서 만나 27일(양 10월 24일)에 두 길로 나누어 공격해 들어가기로 했다.[357]

1467년 9월 26일(양 10월 23일)에 건주 정벌군의 주장 강순은 우상대장右廂大將 남

---

355 『세조실록』 권43, 세조 13년 9월 계유.
356 『세조실록』 권43, 세조 13년 9월 정축.
357 『세조실록』 권43, 세조 13년 9월 기축.

이와 함께 만포에서부터 파저강으로 들어가 이만주와 이고납합·이두리의 아들 이보라충 등 24명의 머리를 베었다. 노회한 건주추장 이만주가 이때에 죽은 것이었다. 그리고 정벌군은 이만주와 이고납합 등의 처자와 부녀 24구를 사로잡았다. 또 활로 쏘아 죽였지만 머리를 베지는 않은 것이 1백 75명이고, 중국인 남자 1명, 여자 5구와 아울러 병장·기계·우마 등을 얻었다. 그리고 가옥과 곡식을 불태웠다.

그러나 그때까지도 명나라 군대는 오지 않아 10월 2일(양 10월 29일)에 철군해서 다음 날 압록강을 건넜다. 좌상 대장 어유소는 고사리로부터 올미부로 들어가 공격해 21급을 참수했다. 활로 사살하고 머리를 베지 못한 것이 50명이었다. 중국 여자 1인과 병장·기계·우마를 노획하고 가옥 97채를 불태웠다.[358] 이때에 이루어진 건주위 정벌은 1467년 10월 12일(양 11월 8일) 백관들이 전문을 올려서 승첩을 하례하는 것으로 마무리되었다.[359] 물론 이 정벌은 명의 건주위 공격에 따라[360] 조선으로 하여금 그를 위한 군사 요청에 응하도록 해서[361] 단행된 것이었으나, 조선 변방의 위협이 되던 여진을 군사적으로 굴복시킴으로써 조선군의 능력을 발휘한 사건이 되었다.

358 『세조실록』 권44, 세조 13년 10월 임인.
359 『세조실록』 권44, 세조 13년 10월 갑진.
360 『세조실록』 권43, 세조 13년 9월 계유.
361 『세조실록』 권43, 세조 13년 9월 정축.

제9장

국방체제의 변화와 외침의 빈발

제1절

군역의 문란과 진관체제의 약화

1. 군사의 기능저하와 전술능력의 약화

진관체제는 군현을 단위로 민정과 군사 행정망을 통일함으로써 행정권과 군사권을 분리한 이전 체제에 비해 효율적이고 신속한 관리 및 동원체제를 갖췄다. 또한 전국의 군현을 빠짐없이 하나의 군진으로 형성하여 전국의 군사요충지와 도로를 모두 전술적으로 커버할 수 있게 되었다. 이를 기반으로 전면전이 발생하면 1선, 2선, 3선 개념의 다중 방어망을 형성할 수 있다는 것도 큰 장점이었다.[1] 그러나 이것은 진관체제가 내실이 채워지고 이상적으로 기능할 때의 경우이다. 진관체제의 현실은 이러한 구상과는 상당한 거리가 있었다.

진관체제 운영에서 최대의 난관은 급증한 병력수요였다. 전국의 군현 하나하나가 방어단위가 되면서 병력수요가 크게 늘어났다. 이전까지는 여러 군현에서 차출한 병력을 합쳐 주요 거진에 배치했지만, 이제는 모든 군현이 자기 병력만으로 수비대를 구성해야 했다. 게다가 모든 군현이 전술단위가 되면서 군현별로 전술지역과 요충이 계속 증가했다. 이미 진관체제로 인해 병력수요가 크게 늘어났다는 점을 감안하면 군

---

1 진관체제의 장점을 이렇게 해석한 사람은 유성룡이다. 유성룡은 제승방략과 진관체제를 비교한 뒤에 체계적인 방어망을 진관체제의 장점으로 파악했다(유성룡, 『서애문집』 권5, 「진시무차-갑오년 4월」). 이러한 견해는 근래까지 계승되었다(육군본부, 『한국군제사-조선전기편』, 1969).

사기지의 신설에도 전략적 원칙을 분명히 하고, 선택과 집중의 묘를 발휘할 필요가 있었다. 그러나 "각읍자수"의 원칙 아래 군사의 정원을 크게 늘리고 있는 상황에서 정부는 가시적인 명분과 효과가 필요했다. 보법까지 시행하여 군사와 보인의 수를 크게 늘리고, 군역 부담도 증가시키면서도 정작 왜구나 도적 떼에 대한 방비가 전과 다름이 없다면 백성들은 정부의 정책을 납득하기 어려울 것이다.

이런 과도한 병력 증강 조치는 부작용을 낳았다. 15세기의 호수-보인 체제는 외형적으로는 개인과 개인을 연결하는 것이지만 실제로는 1명이 군사가 되면 다른 가족, 친척들이 보인이 되는 방식이었다. 그러나 피역자와 도망자가 증가하면서 군역자원이 부족해졌고, 이런 원칙을 유지할 수 없게 되었다. 1486년(성종 17)에 작성한 병오군적에 의하면 1개의 갑사호는 보인 4명과 솔정 8명이 1군호로 편성되었다. 그러나 중종대가 되면 보인수가 급감하여 장정 1명이 1갑사호를 구성하는 수준으로까지 떨어졌다.[2]

그러자 토지소유와 가구의 구성을 가리지 않고 다른 가호의 장정을 보인으로 편제하게 되었다. 정부는 군현별로 호구 총수, 군호 총수를 지정하고, 지방에서는 군호의 편성원칙을 무시하고서라도 이 할당량에 맞추어 군사와 보인을 확보하는 편법이 유행하게 되었다. 1509년(중종 4) 기사군적을 작성할 때는 호수-보인으로 구성되는 군호 편성원칙을 포기하고 환곡을 분급할 때 기준이 되는 원호를 대상으로 군역을 편성하는 편법이 동원되었다.[3] 이것은 호수-보인의 가족 구성을 고려하지 않고 무조건 군정과 군정을 연결한다는 것이었다. 이것도 여의치 않으면 이름만 올려 가짜로 군호를 편성했다. 이런 노력을 통해 군사와 보인은 수는 16세기까지도 형식적으로는 15만이라는 수를 유지했다.

하지만 세조대에 지향했던 호수-보인-솔정체제와 완취의 개념은 사라졌다. 완취개념이 사라지면서 군역은 친족공동체가 공동으로 부담하는 역에서 장정 개개인이 역역이나 세를 제공하는 부세적 성격이 강화되었다.

---

2 오종록, 「조선초기 정병의 군역-15세기 후반을 중심으로」『한국사학보』 창간호, 1996 ; 김성우, 「공민층의 몰락과 국역체제의 해체」『조선중기 국가와 사족』, 역사비평사, 2001, 112~113쪽.
3 김성우, 앞의 책, 2001, 102쪽.

병종	상번군사		보인			총계	
	인원	%	급보	인원	%	인원	%
기병	23,700	49.6%	3	71,100	68.9%	94,800	62.8%
보병	16,200	33.9%	1	16,200	15.7%	32,400	21.5%
갑사	4,640	9.7%	2	9,280	9.0%	13,920	9.2%
정로위	2,161	4.5%	2	4,322	4.2%	6,483	4.3%
별시위	1,119	2.3%	2	2,238	2.2%	3,357	2.2%
합 계	47,820	100.0%		103,140	100.0%	150,960	

※ 유성룡의 상소 「진시무차」(『서애집』)의 기록을 표로 구성함.
※ 출처 : 김성우, 「공민층의 몰락과 국역체제의 해체」, 122쪽 표 3-4에서 전재.

그러나 이런 방식으로도 16세기가 되면 보인의 수를 제대로 채우는 경우가 적었다. 그래서 군적의 수와 실제 군역자원 사이에는 큰 차이가 있었다. 1513년(중종 8) 사간 이현보는 『경국대전』에서 정한 보인의 수는 지켜지는 경우가 없고, 액수를 채웠어도 보인이 가난해서 호수를 지원할 수가 없다고 했다.[4] 정확한 통계는 알 수 없고 지방마다 차이가 있었지만, 심한 경우는 2/3가 허수였다.[5] 보인은 규정대로 지급되지 않고, 호수-보인 사이에 친족적 유대가 사라짐으로 해서 보인에 대한 수탈도 증가했다.

군사가 보인에게서 역가로 받는 면포는 1필을 넘지 못하도록 규정되어 있었으나 40필까지도 징수하는 사례가 발견될 정도였다. 예전에는 완취라고 해서 호수와 보인을 친족공동체 또는 가족공동체로 구성했기 때문에, 다른 사람의 보인을 뺏기가 어려웠다. 그러나 완취개념이 사라지면서 동거하지 않는 보인들은 다른 사람이나 힘 있는 사람이 탈취하기도 쉬워졌다. 동거하지 않는 보인을 타역에 분정하는 사례도 발생했다.[6] 이처럼 군역 부담이 가중되면서 보인이 부담을 견디지 못해 도망하면 보인이 없어진 정군은 홀로 군역을 감당하다가 그 자신도 도망하여 떠도는 연쇄반응이

---

4 『중종실록』 권19, 중종 8년 11월 신미.
5 『중종실록』 권9, 중종 4년 8월 계해, 함경도 관찰사 고형산의 장계.
6 『성종실록』 권77, 성종 8년 윤2월 기유.

발생했다. 군사, 보인의 도망자와 피역자가 증가하자 16세기부터는 군사 스스로가 놀고 있는 군역 자원을 찾아 신고하는 방법을 도입하기까지 했다.[7]

그래도 군역자원은 부족했다. 결국 인징隣徵, 족징族徵이라고 해서 이웃과 친척에게 도망친 사람의 군역을 전가했다. 군사의 도망으로 결원이 생기면 각 진과 포에서는 이 사실을 본관에 보고하고, 본관의 수령은 도망친 군사의 대역가를 친족과 이웃에게서 강제로 징수했다. 부당한 징수를 이겨내지 못하는 사람은 또 도망할 수밖에 없었으므로 군역의 전가는 다시 양인농민의 몰락과 도망을 초래하는 악순환으로 이어졌다.[8]

이렇게 군역의 부담이 증가하자 군사와 보인이 급속히 감소했다. 정부는 군사의 부담을 덜기 위한 대책으로서 중앙군과 지방군을 합쳐서 운영하고, 군사의 교대횟수를 늘려 한 번을 서는 기간을 줄여줌으로써 군복무의 부담을 줄여 보려고 했다. 그런데 이처럼 교대횟수를 늘여주는 방법은 경제적으로는 별다른 실효가 없었다. 교통수단이 발달하지 않은 당시에는 이동과 왕래에도 적지 않는 시간과 비용이 들었다. 따라서 교대횟수를 늘여 복무기간을 짧게 해주어도 교대횟수가 늘어나면 오고가면서 소모하는 비용과 시간이 늘어나기 때문에 경제적 부담의 감소효과가 크지 않았다.

반면에 군사기능적으로는 상당한 손실을 감수해야 했다. 근무기간이 짧고 자주 교대하므로 군사들의 훈련효과가 크게 감소했다. 특히 진법훈련을 제대로 수행할 수가 없었다. 예종은 진법 훈련에 대단한 열의를 보인 왕이었음에도 서울로 상경복무하는 정병들이 번상근무에 고통이 크다고 해서 진법훈련을 없애자는 의견을 직접 발의할 정도였다.[9]

지방의 경우, 습진은 매월 16일에 각 진(군현)별로 시행하고, 매년 2월과 10월에는 거진에 모여 보다 확대된 제대단위의 훈련을 하게 되어 있었다. 그러나 군사의 복무기간이 짧아서 숙지도도 떨어지고, 병력이 제대로 모이지 않아 군현 단위의 훈련도 제대로 되지 않았다.[10] 좀 더 규모가 큰 거진에서 시행하는 연합훈련은 병사들의 부담

---

7 『중종실록』 권7, 중종 3년 10월 계미.
8 육군본부, 앞의 책, 1969, 214쪽.
9 『예종실록』 권6, 예종 1년 7월 병오.

과 고충이 크다고 해서 중지되기 일쑤였다.[11] 1492년(성종 23) 장령 신경申經이 경연에서 성종에게 거진에서 거행하는 진법은 한 번도 시행된 적이 없다고 지적하고, 진법훈련을 『경국대전』 규정대로 시행할 것을 촉구했다.

그러나 성종은 그것은 절도사에게 일임해야 한다고 말하며 사실상 신경의 제안을 거절했다. 거진 규모의 진법을 시행할 수가 없다는 현실을 성종도 인정하고 있었던 것이다.[12] 여기에 대립제까지 시행되자 아예 제대로 된 습진은 엄두도 내지 못할 상황이 되었다. 조선-일본 전쟁(임진왜란) 전 전라도 일대를 여행하던 오희문이 목격한 바에 의하면 임란의 징조를 파악하고 군현마다 습진 훈련을 하고 있었지만, 나온 사람은 모두 어린애가 아니면 대립자들도 병기도 없고 그저 어린애 장난 같았다고 했다.

정부에서 이런 문제를 방관하고만 있었던 것은 아니다. 1489년(성종 20)에는 정병과 수군의 역량 향상을 위해 습사 제도를 마련했다.[13] 정병은 매달 습진을 마친 후에 사격훈련을 해서 명중한 화살수 및 활의 품질을 상중하로 구분해서 기록하고, 후일에 고과의 자료로 사용하게 했다.[14] 수군은 정병보다 좀 더 파격적인 장려책을 두었다. 1년 간 습사 성적을 종합해서 1등 3인, 2등 7인, 3등 10인을 뽑아 1등은 근무일수 30일, 2등은 20일, 3등은 10일을 가산해 주게 했다. 중앙에서 고관대신이 내려올 때는 시험을 보아 성적이 좋은 자는 겸사복으로 발탁하고, 2등자는 3년간 복호(호에 부과하는 잡역을 면제함)하고 그 다음 사람은 활 1개와 전 1부部를 포상으로 주도록 했다.[15]

지휘관에 대해서도 포상과 처벌규정을 마련했다. 육진의 장수가 습사를 하지 않으면 중죄로 처벌하고, 감찰하지 못한 죄로 관찰사까지 죄를 주도록 했다. 수군은 습사를 해서 3백 명 이상의 군사에서 20명의 능사자가 나오거나 2백 명 이하에서 15인의 능사자를 배출하면 첨사, 만호는 임기 만료 후에 동반 5, 6품에 임명하거나 서반에서는 우등 서용하게 했다. 반대로 능사자가 5인이 나오지 않을 경우는 강등하고, 한명도

---

10 『예종실록』 권5, 예종 1년 4월 갑인.
11 『세조실록』 권34, 세조 10년 10월 임진.
12 『성종실록』 권271, 성종 23년 11월 계유.
13 육군본부, 앞의 책, 1969, 277쪽.
14 『성종실록』 권225, 성종 20년 2월 계묘.
15 『대전속록』, 병전, 장권.

없으면 파면하게 했다.[16]

그러나 엄밀히 말하면 이는 전투력을 향상시키기 위한 조치라기보다는 최소한도의 전투력을 유지하기 위한 고육책이었다. 15세기 후반만 되어도 군액이 줄고, 대립제가 성행하면서 병사의 수를 채우기에 급급해서 군사를 시험하는 생각은 엄두도 내지 않게 되었다.[17] 그 결과 병사들의 자질이 떨어졌다. "갑사는 잔열하고, 정병은 수효만 맞추어 놓았다", "전라도 수군 1천 1백 명 중 활을 소지한 자가 겨우 40인에 불과하며 활을 다룰 줄 아는 자는 겨우 몇 명에 불과하다", "각종 병종의 군사 2,718명 중에 활을 당길 수 있는 군사는 별시위이고, 정군은 모두 약하고 가세도 빈궁해서 병기를 갖출 수도 없다"[18]는 것이 이 시기 군사력의 현실이었다. 1528년(중종 23) 경연에서 검토관 최홍제崔弘濟는 중종과 야대한 자리에서 갑사와 별시위는 취재한 군사들이어서 더러 활쏘기는 잘하는 사람이 있었지만, 정병은 취재를 거치지 않으므로 거의 모두가 활쏘기도 못한다고 했다.[19]

따라서 정부는 습진은 둘째고 병사 개개인에게 궁술 훈련을 시키기에 급급했던 것이다. 하지만 습사 제도가 제대로 시행되었다고 해도 이런 수준의 군대에게 전투력을 기대하기는 어려웠다. 군사력 특히 전면전을 대비한 군사력을 유지하기 위해서는 군사 개개인의 역량보다도 집단적 전술 운용능력이 대단히 중요하기 때문이다.

진법훈련은 진법을 습득한다는 의미 외에도 장교, 군사의 능력을 검증하고 능력자를 발굴하고, 무능력자를 퇴출시키는 기능도 있었다. 진법훈련이 형식화하면서 이런 효과도 기대할 수 없게 되었다.[20] 인재의 발굴과 검증이 제대로 되지 않아 능력을 평가하는 기능이 작동하지 않으면 조직의 탄력성과 구성원의 성취의욕 역시 급격히 감소하게 된다. 가뜩이나 군 복무가 등용문으로서의 의미를 상실하여 사족, 한량층의 외면을 받는 상황에서[21] 그나마 남은 병사들을 심사하고 승진시키는 기능마저 상실했

16 『대전속록』, 병전, 장권.
17 『성종실록』 권79, 성종 8년 4월 경술.
18 『중종실록』 권15, 중종 7년 5월 정사, 강원도 관찰사 고형산의 상소.
19 『중종실록』 권61, 중종 23년 5월 신사.
20 『성종실록』 권79. 성종 8년 4월 경술.
21 『성종실록』 권79. 성종 8년 4월 경술.

다는 것은 군사력 유지에는 치명적인 상처가 되었다.

2. 지휘체제의 약화

진관체제로 인해 군현과 진이 통합되면서 수령이 군사지휘관을 겸하게 되었다. 물론 수령이 군사지휘관을 겸하는 것이 진관체제로 인해 시작된 것은 아니다. 조선 건국 후 군현제를 정비할 때부터 군현의 지정학적 위치에 따라 문반 수령을 파견하는 문과文窠와 무반 수령을 파견하는 무과武窠 지역으로 나누고, 무과지역에는 무반 수령을 파견했다. 무과지역은 주로 해안지역과 4군 6진 지역에 집중되어 있었다. 세종 때까지 무과는 전체 330여개 군현 중 약 80곳으로 전체의 1/4에 해당했다.[22]

그러나 전반적인 추세는 문반수령의 파견지역을 늘려가는 것이었다. 『경국대전』에서는 무관 파견지역이 50여 곳으로 축소되었다.[23] 4군 6진과 같은 지역도 문관과 무관을 교차 파견하게 되었다.[24] 도호부 같은 곳도 원래는 군사적 기능을 중시하는 행정구역이었지만, 조선에서 도호부의 설치 기준에서 호구가 중요해지면서 도호부의 수령들도 문관으로 파견되는 사례가 늘었다. 이처럼 문반수령이 늘어나자 민사와 군사가 분리되면서 군사적 기능은 진을 관할하는 첨절제사와 만호의 비중이 커졌다.

진관체제를 시행하면서 민정과 군사행정망이 수령에게 통합되었다. 이는 필연적으로 전문 무반 수령, 군지휘관의 부족현상을 야기했다. 『경국대전』에 수록한 외관제의 구조를 보면 조선 정부는 이전부터 사용해 온 방법대로 군사요충지에 무반 수령을 적절히 배치하는 방법으로 이 문제를 해결하려고 했다. 진관체제의 창설 초기인 15세기 중반까지도 진관체제의 지휘체제는 매우 효율적이었다. 1469년(예종 1) 하삼도에

---

22 『세종실록』 권117, 세종 29년 9월 계사. 그러나 무과 지역이라고 해서 항상 무반 수령이 파견된 것은 아니었다. 무반 수령 중에도 유능한 수령은 많았지만, 그렇지 못한 경우도 있었다. 그래서 무과 지역이라도 무반 수령이 문제를 일으켰을 경우, 정부는 적절히 문반 수령을 섞어 파견함으로써 지역민의 불만을 해소하곤 했다(임용한, 『조선전기 수령제와 지방통치』, 혜안, 2002, 174~175쪽).
23 임용한, 앞의 책, 2002, 177쪽.
24 『중종실록』 권7, 중종 4년 1월 기미.

도둑이 크게 일어나자 정부에서는 경차관을 파견하여 날을 잡아 일제히 소탕작전을 펴기로 했다. 작전 예정일은 4월 2일(양 5월 12일)이었고, 여러 고을의 수령들이 진법을 연습한다는 명분으로 병력을 모아 소탕작전을 폈다. 이 소탕작전은 체포한 도둑이 충청도가 404명, 경상도가 2백 명, 전라도에서 70여 명이었다고 할 정도로 대성공을 거두었다.[25] 자세한 내막은 알 수 없지만, 이 작전을 담당한 수령들은 대부분 무반 수령들이었을 것이고, 경차관을 파견했다는 기록으로 보아 자기 군현의 군사만이 아니라 여러 군현의 군사를 모아 운영했던 것이다. 이처럼 대규모 작전을 신속하게 전개했다는 것은 이 시기 조선군의 능력과 진관체제의 운영능력을 보여주는 귀중한 사례이다.[26]

그런데 15세기 후반부터는 진관체제의 지휘능력, 운영능력이 현저하게 저하되기 시작한다. 그 중요한 원인은 민정과 군사행정망이 통합되면서 문반 수령의 비율이 높아진데 있다. 군사요충지에도 문반 수령을 파견하는 사례가 부쩍 증가했다. 심지어는 부산, 동래, 삼포와 같은 가장 중요한 군사요충에도 문반 수령을 파견해야 한다고 주장하게 되었다.

> (1495년, 연산군 1년) 문관을 채용하여 왜노(倭奴)를 진압하소서. 사람은 다 북쪽을 근심하나 우리 혼자 남쪽을 근심합니다.……제포·부산·염포·울산·동래·웅천 이 6진(六鎭)은 가장 적당한 사람을 선택해야 됩니다. 선왕께서 활 잘 쏘는 문관을 선택하여 장래 장수 재목이라고 명칭하신 자가 무려 20여 인이었습니다. 낮은 벼슬에 앉아 늙어 버리면 장차 어디에 쓸 것입니까. 신이 원하옵건대, 자격에 구애됨이 없이 이런 사람을 두루 시험하여 보아서 능히 오랑캐를 진압시킬 만하면 차례에 구애받지 말고 상을 주소서.[27]

---

25 『예종실록』 권4, 예종 1년 윤2월 갑신.
26 1464년에도 비슷한 사건이 있었는데, 이때는 한 도 내에서 몇 개 고을의 병사를 동원하는 수준이었다(『세조실록』 권32, 세조 10년 3월 기묘).
27 『연산군일기』 권5, 연산군 1년 5월 경술.

해미읍성 동헌 수령(모형)

여기서 말하는 문반 수령이 활 잘 쏘는 문관 즉 문무를 겸비한 수령이라는 단서를 달고 있기는 하지만, 활쏘기에 능하다는 것만으로 군사지휘관의 역량을 갖추었다고 볼 수는 없다. 그런데 이런 지역에까지 문반 수령을 파견해야 한다고 주장하는 이유는 무반 수령은 탐욕스럽고, 아랫사람을 잘 다스리지 못하므로, 문반 수령이 가야 외교적 수완을 발휘할 수 있다는 것이었다. 이런 주장의 타당성을 떠나서 무반 수령을 문관으로 교체하자는 주장은 이후에도 지속적으로 제기되고 있다.[28] 심지어는 삼포왜란이 발발한 전시상황에서 경상좌도 방어사 유계종은 연해 고을이 가덕도 등지에 주둔한 왜구의 침략을 받을 우려가 있으니 기존에 문신과 무신을 섞어 놓은 연해 군현의 수령을 모두 무재가 있는 문신으로 바꾸자는 치계를 올리고 있다.[29]

전시상황에서 군사요충지의 수령을 문관으로 대체하자고 주장하는 것은 상당히 의외이다. 그러나 이런 주장이 나올 정도라면 군사적 중요성이 덜한 다른 무과 지역에서 문반 수령의 진출이 어떠했을 지를 짐작할 수 있다.

이처럼 무반 수령의 파견지역에까지 문반 수령을 파견하는 이유에 대해 16세기부터 강화되기 시작하는 성리학의 이념과 무반을 경시하는 문치주의의 영향이라고 생각할 수도 있다. 그러나 현실적인 이유는 군역제의 문란으로 인해 군정이 복잡하고 어려운 작업이 되었다는 데서 찾아야 할 것이다. 즉 군사제도를 유지하고 군정을 경영하는 데에 군사적 재능보다 행정적 능력이 더 중요하게 되었던 것이다. 일례로 1509년(중종 4) 대사헌 권홍은 당시 성행하던 방군수포의 폐단을 거론하면서 이를

28 『중종실록』 권12 중종 5년 9월 기묘 ;『중종실록』 권23, 중종 11년 1월 정해.
29 『중종실록』 권11, 중종 5년 4월 신축, 유계종의 치계.

방지하기 위해서 남해 연안의 수령을 무반에서 문관으로 교체해야 한다고 건의했다.[30]

사실 무반 수령이라고 해서 문반 수령보다 탐욕스럽다는 것은 상식적으로 수용하기 어렵다.[31] 이 시기 방군수포가 수령의 탐욕을 채우려는 목적으로만 시행되는 것은 아니었다. 군역 자원과 부세를 부담할 양인농민이 모두 부족한 상황에서 대립자 고용과 군사재정, 부세를 감당하기 위한 것이었다. 방군수포의 폐단을 감소시키기 위해서는 수령이 탐욕을 자제하는 것도 중요했겠지만, 군현의 자원을 보다 효율적이고 무리 없게 운영할 수 있는 경영능력과 정부관서와 부세의 감면이나 유예를 협의할 수 있는 능력과 인맥이 중요했다. 특히 후자의 부분에서 상대적으로 문반 수령이 좀 더 유리했던 것이다. 1510년 사간 이철균은 무관 수령을 문관으로 대체해야 하는 이유로 "무관은 변방 방어에만 힘쓰고, 백성을 불쌍히 여기지 않아 민생이 더욱 곤궁해진다"고 했다.[32] 또 1528년 특진관 최한홍도 경연에서 중종에게 함경도의 거진인 길주, 경성이 다 피폐해서 저장한 군량도 없다고 하면서 그 대책으로 이 지역의 만호와 첨사를 문관으로 임명해야 한다고 주장했다.[33]

이철균의 말을 반대로 이해하면 백성을 안정시키기 위해서는 군사업무를 유예 내지는 완화해야 한다는 의미가 된다. 이같은 정책의 조절은 개인의 성향과 자질 못지 않게 개인의 지위와 인맥도 큰 영향을 미쳤다. 대체로 정치적 입지가 낮고, 임무와 감찰이 군사에 중점이 두어지는 무관들은 군사분야에 더욱 집중할 수밖에 없었다.

이러한 주장은 지지를 받아 15세기 후반부터는 부사, 첨절제사의 파견지역까지 문반 수령을 파견하는 사례가 증가했다. 그러니 복잡하고 어려운 진법 훈련이나 유사시

---

30 『중종실록』 권8, 중종 4년 5월 기미.
31 무반수령을 교체해야 한다는 주장 중에는 무반수령이 탐욕스럽고, 백성을 학대하기 때문이라는 주장도 있다. 그러나 이런 표현들도 문무반의 인격적 차이보다는 문반 수령이 무반 수령에 비해 중앙 관료로 승진할 수 있는 가능성이 높다는 점, 정상적인 방법으로는 군정 수행이 어렵다는 시대적 한계와 임무의 차이에서 원인을 찾아야 할 것이다. 문무반의 인격과 자질에서 본질적으로 다를 바가 없다는 사실은 당시의 관료들도 잘 알고 있었고, 대표적인 성리학자인 이언적도 이런 견해를 지지했다(『중종실록』 권97, 중종 37년 3월 계미, 이조판서 이언적의 계문 ; 『명종실록』 권22, 명종 12년 2월 신축, 병사 이영과 의주 목사 유중영의 사례).
32 『중종실록』 권12, 중종 5년 9월 기묘.
33 『중종실록』 권60, 중종 23년 1월 계미.

의 지휘능력은 더욱 떨어질 수밖에 없었다. 정부는 만약의 사태에 대비해서 젊은 장수 중에서 엘리트 무관을 선정하고 양성해 두었다가 유사시에는 이들로 수령을 교체하는 방법을 사용했다. 우수한 장수를 미리 선발해서 유사시를 대비하는 방식은 이전부터 사용했던 방법으로 방법 자체가 특별한 것은 아니었다. 그러나 16세기가 되면 전체 국방에서 이들이 유사시에 담당해야 하는 비중이 상대적으로 커진다는 데에 문제가 있다. 삼포왜란이 발발하자 문반 수령뿐만 아니라 절제사와 무반 수령들까지도 교체하는 사례도 있다. 이처럼 전쟁이 벌어지면 현지의 무반 수령까지도 교체하는 방식은 제승방략으로 이어졌다.

이런 방법은 국지전에서는 대응이 가능하지만 전면전이 발생하거나 도 단위 이상의 대규모 병력을 지휘해야하는 사태가 발발하면 중앙에서 확보하고 있는 20~30명의 전문 무장으로는 지휘관의 수요를 감당할 수 없게 된다. 또한 아무리 유능한 장수들로 교체한다고 해도, 훈련되지 않은 병사들을 단기간에 조련할 수는 없다. 이것이 16세기의 진관체제가 직면한 심각한 한계였다.

진관체제는 전면전을 예상한 전국적인 방어체제와 신속하고 효율적인 동원 체제를 목표로 하는 체제였다. 그러나 실제로는 이상과 같은 문제들로 인해 병력동원, 군사들의 훈련과 전술운영능력, 지휘체제 모두에서 전면전을 감당할 수 없는 한계를 드러내고 있었다.

제2절

금군의 증설과 군사력 보강 시도

1. 내금위의 증설

1) 증설 배경

내금위는 왕을 경호하는 왕실의 시위부대로, 최정예의 무사로 구성되었다. 지휘관은 내금위장(3명)이며, 정원은 190명이었다. 이들은 집안도 좋고 용모도 훌륭해야 했다.[34] 근무방식은 1년 중 일정 기간만 군에 복무하고, 하번하는 일반 군사와 달리 장번군사로 품계가 있는 무신직으로 간주되었다. 3교대로 숙위했으며, 숙위할 때는 오위와는 별도로 내금위장의 지휘를 받았다.[35] 내금위보다도 더 국왕의 측근에서 근무했던 부대가 겸사복인데, 이들은 선발과 대우 규정은 내금위와 같고, 정원은 50명이었다.

내금위와 겸사복은 국왕과 왕실의 시위가 제일의 임무였으므로 오위에도 소속되지 않았다. 따라서 이들은 왕성을 떠나 전쟁터나 지방 근무로 차출되지 않았다.[36] 『경국대전』에는 양계 병마절도사의 군관인 경우에만 내금위를 임명할 수 있게 했다.[37] 병마

---

34 차문섭, 「선초의 내금위에 대하여」『사학연구』18, 1964 ; 『조선시대 군제연구』, 단국대학교출판부, 1973, 68~69쪽.
35 차문섭, 앞의 책, 1973, 57쪽.
36 육군본부, 앞의 책, 1969, 254쪽.
37 『경국대전』권4, 병전, 군관.

절도사가 데려가는 군관의 정수는 규정되어 있지 않았지만 보통 1명 정도만을 데려 갔다고 한다.

그러나 이것은 평상시의 경우이고 사변이 발생하면 내금위를 파견하지 않을 수가 없었다. 당시의 전투에서는 정예 무사의 역할이 중요했기 때문이다. 내금위는 최고의 정예 자원이므로 전시 파견에서도 다른 병종과는 격이 달랐다. 국가에서 내금위에게 기대하는 역할은 일반 군관보다는 격이 높은 중하급 지휘관이나 특수한 군관직이었 다. 대표적인 사례가 조방장에게 붙여주는 별부방 군관인데, 조방장의 별부방 군관은 보통 5~10명 정도였다.[38]

내금위의 격을 보여주는 또 하나의 사례가 내금위의 만호 임명이다. 만호는 동첨절 제사와 동급인 종4품의 무관직이다. 일반 군현에서는 수령이 만호를 겸임했지만, 주 요한 진과 포구에는 전임의 만호를 파견했다. 만호는 군현급의 병력을 지휘하는 일 선의 군사지휘관으로 군제상에서 매우 중요한 역할을 차지했다. 그러므로 만호가 되 려면 병서와 무예 시험을 봐서 합격해야 했다. 1472년(성종 3)에는 내금위를 만호로 임명할 때는 무예 시험은 면제하고 병서 시험만 보게 했다.[39] 이 규정은 당시 편찬 중 인『경국대전』규정으로 채택되었으나 1474년(성종 5)에는 다시 병서 시험도 면제했 다.[40] 이 규정은 "무과급제자와 겸사복 내금위는 만호에 임명할 때 무예시험을 보지 않는다"는 내용으로『경국대전』최종본에 수록되었다.[41]

금군의 만호파견은 주로 양계 지역이 대상이 되었지만, 왜구 방어를 위해 남해의 포구에도 파견되었다. 이와 같은 내금위의 만호 임명은 내금위를 격려하여 우수한 자 원을 지속적으로 유치하고, 우수한 자원을 일선 지휘관으로 파견한다는 의미가 있었 다. 한편으로는 내금위가 명문가의 자제들로 구성되어 있어 이들에게 관로를 열어준 다는 의미도 있었다.[42]

---

38 『성종실록』권48, 성종 5년 10월 기축 ; 육군본부, 앞의 책, 1969, 255쪽.
39 『성종실록』권23, 성종 3년 10월 갑자.
40 『성종실록』권43, 성종 5년 6월 갑자.
41 『경국대전』권4, 병전, 외관직.
42 성종 4년 강희맹은 지방민, 서얼 출신이 만호에 임명되는 등 만호 임명자의 자질이 낮아지고 있음 을 비판하고, 그 대책으로 내금위와 행직 당상관 중에서 임명하자고 건의했다(『성종실록』권29,

그러나 15세기 후반부터 별시위나 갑사가 담당해야 할 일반 군관직까지 내금위의 자원이 투입되기 시작했다. 원래 병마절도사, 수군절도사의 군관은 물론이고 각 진장의 막료는 무과합격자로 아직 관직을 받지 못한 사람, 하번 중인 별시위, 갑사 중에서 적임자를 병조에 추천하고 병조의 허가를 받아 임명하도록 되어 있었다. 이 군관의 정원은 주진이 5명, 거진이 3명이었다. 영안도(함경도)와 평안도의 경우는 주진이 10명, 거진 중 부령과 의주 등 17개 지역은 2명을 더하게 되어 있었다.[43]

그러나 별시위, 갑사와 같은 주력병종의 자질마저 저하하기 시작하면서 이런 군관직에까지 내금위를 파견하게 되었다. 그나마 군의 수준을 유지하고 있는 병종이 내금위, 겸사복과 같은 금군이었기 때문이다.

1491년(성종 22) 여진정벌의 도원수가 된 허종은 데려갈 장수 150명과 군관 2백명을 요청하고, 장수 150명은 내금위와 겸사복에서 선발해 달라고 요청했다.[44] 전역이 끝난 후 2백 명의 군관 중 1백 명의 군관이 현지에 남았다. 성종은 이들을 귀환시키고, 이 체류 군관도 겸사복이나 내금위로 교체하게 했다.[45] 성종은 이 조치가 금군 무사들에게 실전경험을 쌓아주기 위해서라고 하였다.[46] 성종은 허종이 내금위와 겸사복의 파견을 요청했을 때부터 실전경험을 위해 금군 중에서 신진급의 젊은 무사들로 선발할 것을 요구했었는데,[47] 이도 같은 이유일 것이다. 이후로 지방 군진의 군관직에까지 내금위를 파견하는 방식이 증가한다.

2) 예차 내금위의 시행

내금위의 지방 파견이 잦아지면서 내금위의 운영과 정원을 조정할 필요가 발생했다. 이에 예차내금위預差內禁衛 제도가 생겼다. 예차내금위란 내금위 시험에 합격하고

성종 4년 4월 을유). 이후 논의를 거쳐 성종 5년 내금위의 만호시험 면제 조치가 시행되었다.
43 『경국대전』권4, 병전, 군관.
44 『성종실록』권252, 성종 22년 4월 갑자. 실제 파견인원은 60명으로 조정되었다.
45 『성종실록』권261, 성종 23년 1월 경진.
46 『성종실록』권261, 성종 23년 1월 경진.
47 『성종실록』권252, 성종 22년 4월 갑자.

도 아직 발령을 받지 못한 인원으로 미리 예비인원으로 정해 두었다가 군관이나 만호 임명으로 내금위에 결원이 생기면 바로 예차내금위에서 충원하도록 한 제도이다.[48] 내금위의 이직과 충원과정을 신속, 원활하게 하기 위한 제도였다.

연산군대에 들어서 예차내금위는 하나의 독립된 병종으로 성장했다. 1501년(연산군 7) 영의정 한치형과 좌의정 성준, 우의정 이극균이 "경외의 자제 중에 무용이 뛰어나 내금위가 되고 싶어 하는 사람이 수백 명이 넘으니 갑사의 체아직 3백~4백 개를 내금위로 이속하자"는 건의하였다.[49] 이 건의가 계기가 되어 예차 내금위 3백 명을 만들고, 팽배, 대졸, 갑사, 별시위의 체아직 160명을 내금위로 옮겨서 녹봉을 지급하게 했다.[50] 이로써 예차내금위는 사실상 상설부대가 되었다.

예차내금위의 증설은 연산군의 추구한 왕권 강화를 위한 금군 확대 정책으로 이해할 수도 있다. 그러나 군제사적으로 보면 갑사와 별시위 등 중앙군의 체아직을 예차내금위로 옮겼다는 사실에 주목해야 한다. 16세기 이후 군사제도의 근간이 허술해 지면서 15세기에 수립한 중앙군의 주력부대들이 더 이상 군사적 수준을 유지할 수 없다는 사실을 반영하는 것이기 때문이다. 그나마 유지할 수 있었던 병종이 내금위, 겸사복과 같은 금군이었는데, 이는 금군 구성원의 성분, 무신직에 해당하는 차별적인 위상과 관로 진출에서 우월한 지위를 유지한 덕분이었다.

다시 말하면 경제적 보상이 없는 조선의 군사제도에서 군의 수준을 유지하기 위해서는 관직 보상이 필수적임을 보여준 것이라고 할 수 있다. 그러다 보니 군의 수준을 유지할 수 있는 부대가 금군 밖에 없었고, 중앙군이 담당해야할 군사적 역할이 금군으로 옮겨간 것이다. 내금위의 군관 발령이 전조적 현상이었다면 예차내금위의 설치는 정부가 이를 공식적으로 인정하고, 본격화하기 시작한 것이라고 할 수 있다.[51]

---

48 『성종실록』 권48, 성종 5년 10월 기축.
49 『연산군일기』 권41, 연산군 7년 8월 경술.
50 『중종실록』 권11, 연산군 5년 6월 갑인. 이하 내금위의 확대과정은 육군본부, 앞의 책, 1969, 258~260쪽 참조.
51 지금까지 연구에서는 내금위의 증원을 금군의 지방파견과 이로 인한 금군 부족과 시위의 부실화라는 메커니즘에서 파악하였다(차문섭, 앞의 책, 1973, 61쪽 ; 육군본부, 앞의 책, 1969, 254~261쪽).

1505년(연산군 11) 5월 금군의 체제를 개편했다. 내금위를 충철위衝鐵衛로 개칭하면서 정원을 2백 명으로 늘렸다. 예차내금위는 소적위掃敵衛로 만들어 정원을 3백 명으로 했다.[52] 이로써 내금위가 5백 명이 되었다. 그리고 충철위의 내금위 중 능력이 떨어지는 자는 소적위로 내리고, 소적위 중에 능력이 제일 뛰어난 사람은 충철위로 승격시키는 순환체제를 만들었다. 이와 함께 구성원에도 변화가 있었다. 충철위와 소적위에는 연산군에게 충성한 집안의 자제와 지금껏 내금위가 되기 힘들었던 서인출신이 많이 들어갔다.[53] 연산군대의 정치상황을 보여주는 사례이다.

종종반정 후 충철위와 소적위가 폐지되고 다시 내금위와 예차내금위로 환원되었다. 정원도 처음에는 크게 감액했으나 다시 5백 명에 약간 못 미치는 수준으로 늘어났다. 전체적인 내금위의 변화 과정은 아래 표와 같다.

〈표 9-2〉 내금위의 변화

연월일	내 용
연산군 7년 8월 5일 경술	예차 내금위 300 설치
연산군 11년 5월 15일 기해.	내금위 충철위로 개칭, 정원 200. 예차내금위 소적위로 개칭, 정원 300.
중종 3년 11월 28일 임진	충철위 내금위로 환원, 소적위 폐지. 예차내금위 100명, 체아 100 감액
중종 5년 6월 30일 갑인	예차내금위 100명을 300명으로 증원
중종 5년 8월 14일 정유	가내금위 50~60인 증설
중종 11년 5월 27일 정미	장번제에서 5번제로 변화
중종 22년 2월 27일 갑술	7번제로 변화
중종 35년 12월 1일 무오	예차내금위 50명 감액

조선후기에는 내금위가 조금 줄어들었다. 성종대에 우림위가 설치되면서 금군의 정원이 늘었기 때문이다. 『속대전』에서는 내금위 3백 명, 겸사복과 우림위 각각 2백 명으로 금군 7백 명 체제가 성립되었다.[54]

---

52 『연산군일기』 권58, 연산군 11년 5월 기해.
53 『중종실록』 권4, 중종 2년 10월 임진.

3) 예차내금위의 성격 변화

중종대에 충철위와 소적위를 혁파하고 내금위로 환원한 것은 연산군대의 기억과 정치를 지운다는 의미가 강한 것이었다. 그러나 16세기 군사제도의 실상은 내금위의 내용에도 변화를 야기했다. 그 계기는 1510년(중종 5)에 발발한 삼포왜란이었다. 왜란이 발생하자 다시 지방에 내금위를 파견하고 상주시킬 필요가 높아졌다. 이에 비상시마다 중앙에서 내금위를 파송할 것이 아니라 지방의 한량 출신을 예차내금위로 선발해 두었다가 지방에서 변란이 발생하면 지방에 거주하는 이 내금위를 바로 군관으로 파송하는 방안을 구상하게 되었다. 예차내금위가 공을 세우거나 능력이 증명되면 서울로 상경시켜 내금위로 복무시키게 했다. 지금까지 내금위는 서울에 거주하는 관료가의 자제들로 구성되었다. 그래서 "내금위는 모두 의관자제 중에서 정선한 자들"이라는 말이 있을 정도였다.[55] 그러나 중종 때부터 내금위의 이원화가 진행되어 내금위는 서울에 거주하는 관료자제, 예차내금위는 지방에 거주하는 한량이라는 분화가 발생하기 시작한다. 물론 내금위와 예차내금위가 이와 같은 기준으로 완전하게 분화

속대전(규장각한국학연구원)

한 것은 아니었지만, 이러한 변화는 나중에 정로위로 설치로 계승되었다.

예차내금위를 지방에서 선발함에 따라 내금위의 근무방식에도 변화가 발생했다. 『경국대전』에서 내금위는 상근제(장번)였다. 그러나 내금위의 파송이 늘고 예차내금위가 지방에 설치되면서 지방출신자들은 도성으로 와서 근무하던지 지방의 군사요충으로 가서 복무하던 간에 이전처럼 일년 내내 상근하기가 힘들어졌다. 이에 예차내금위에 교대근무제(번상제)가 도입되었고, 이러한 교대근무제가 장번이던 정규 내금위에까지 도입되었다.[56] 중종대에 내금위

---

54 『속대전』 권4, 병전, 금군.
55 『성종실록』 권43, 성종 5년 6월 갑자.

는 5번~7번제로변화하는데,『속대전』에서는 매년 4교대(정월, 4월 7월 10월)로 확정되었다.[57] 이들은 비번 중에는 본거지에 살다가 전란이 발생하면 현지에서 진관체제에 흡수되게 하였다.

과거 별시위, 갑사 등으로 흡수하던 지방의 무사층을 예차내금위로 흡수하고, 내금위가 장번에서 번상제로 변화한 것 역시 중앙군의 기능을 금군이 대신하는 추세를 반영하는 것이었다.

2. 우림위

1) 설치 배경과 목적

우림위羽林衛는 1492년(성종 23)에 처음 설치되었다.[58] 우림위라는 명칭은 중국 한나라의 우림기羽林騎, 당나라의 좌우우림위에서 기원한 것이다. 한나라의 우림기는 금군으로 전사자의 자손 중에서 선발했다.[59] 당나라의 좌우우림위는 638년 당태종이 창건한 부대이다. 처음에는 비기飛騎라고 불리는 1백명의 정예기병으로 황제의 호위병이었다. 685년 6천명으로 늘어났고, 명칭도 좌우 우림군이 되었다.[60]

조선의 우림위는 명칭만 빌려왔을 뿐 중국과는 다른 독특한 구성을 지녔다. 우림위는 양반관료의 서얼로 편성한 부대였다.[61] 서얼을 국왕의 시위군으로 활용하는 사례가 우림위가 처음은 아니다. 왕을 가까이서 시위하는 부대로 내금위와 겸사복이 있었는

---

56 육군본부, 앞의 책, 1969, 261쪽.

57 『속대전』권4, 병전 금군.

58 우림위에 대해서는 최효식,「조선시대 우림위의 성립과 그 편제」『醉睡李龍範博士 華甲紀念史學論叢』, 1981.

59 『한서』, 백관지, 공경표7 상(최효식, 앞의 논문, 1981, 178쪽에서 재인용).

60 『당회요』권72, 경성제군. 최효식은 "좌우"라는 어휘에 착안해서 국왕의 좌우에서 시위하는 특수병이었다고 보았다(최효식, 앞의 논문, 1981, 178쪽). 그러나 우림위는 당의 중앙군인 6위의 한 병종이다. 당의 6위는 모두 좌우로 분리되어 총 12위를 구성했다.

61 『성종실록』권264, 성종 23년 4월 무신.

데, 겸사복에는 의도적으로 일부를 서얼로 등용하고 있었다. 그래서 겸사복도 서얼들의 병종으로 인식되기도 했다. 그러나 우림위는 처음부터 서얼들을 대상으로 한 부대라는 점에서 특별했다.

우림위를 설치한 목적은 복합적이다. 신분제적으로 보면 서얼에 대한 차별을 완화하고 이들의 관로를 열어주려는 의도가 있었다.[62] 정치적으로는 차별받고 중요 관직이나 고위관직으로의 진출이 막혀 있는 서얼들에게 특별한 은혜를 베풀어 국왕이 자신에게 충성하는 특수집단을 양성하려는 의도도 있었다고 생각된다.[63]

그러나 여기에는 국방상의 이유도 있었다. 금군의 기능 확대로 내금위의 지방 파견이 증가하자 금군을 확대할 필요가 커졌다. 이에 기존의 내금위나 겸사복을 증원하는 대신에 서얼로 구성된 새로운 금군을 창설했다. 그런데 우림위는 내금위나 겸사복

---

62 서얼차별은 조선 건국과 함께 생겨난 제도이다. 고려시대까지만 해도 여러 명의 정식부인을 두는 것이 허용되었다. 그러나 조선에서는 부인은 1명만을 인정하고 그 외의 부인은 모두 첩으로 간주하게 했다(재혼의 경우는 예외였다). 첩의 자녀는 서얼이 되어 정치적, 사회적 차별을 받았다. 서얼 차별은 1414년(태종 14)에 처음 제정되어 『경제육전』에 수록되었다. 그 내용은 서얼은 5품 이하의 관직에만 등용하며, 아무리 큰 공을 세워도 재물이나 전답으로 포상할 뿐 이 품계 이상의 관직을 수여할 수 없다는 내용이었다. 단 2품 이상 관원의 서얼자녀는 양인으로 인정해 주었다(『세종실록』 권47, 세종 12년 2월 무자 ; 연세대학교 국학연구원 편, 『경제육전집록』 다음, 1993, 82~83쪽). 『경국대전』에서는 2품 이상 관원의 자제도 양첩자손은 정3품, 천첩자손은 정5품으로 제한하는 등 제한이 더 강화되고 세분화되었다. 그러나 2품 이상관의 후손도 문과에 응시할 수 없어서 사역원, 관상감, 전의감, 도화서, 산학, 율학 등의 기술직에나 진출이 가능했다(『경국대전』 권1, 이전, 한품서용). 양반 여인의 경우 남편의 관품에 따라 작위를 받았다. 하지만 서얼 여인인 경우에는 외명부의 작위를 주지 않았다(『경국대전』 권1, 이전, 외명부). 이하 조선 초기 서얼 차별에 대해서는 다음의 논고가 참조된다.
이상백, 「서얼금고법 시말」 『동방학지』 1, 1954 ; 이태진, 「서얼차대고-선초 첩자 '한품서용제의 성립과정을 중심으로』 『역사학보』 27, 1965 ; 배재홍, 「조선전기 처첩분간과 서얼」 『대구사학』 41, 1991 ; 이종일, 「16-17세기 서얼소통논의에 대하여」 『동국사학』 19·20합, 1986.

63 세조~성종 연간에 서얼의 과거응시나 관직등용을 허락하자는 논의가 여러 차례 발생했다. 보통 국왕은 서얼의 등용에 찬성했고, 이 문제를 해결하는데 적극적이었던 반면, 관료들은 강력하게 반대했다. 성종 17년 8월 최적의 아들 최치숭의 무과 응시를 두고 성종과 신하들 간에 논쟁이 발생했다. 최적은 세조에게 발탁된 무인으로 가계가 미천하고 서얼이었다. 성종은 세조가 최적을 허통시켰으니 아들의 무과응시를 허락해야 한다는 입장이었지만, 신하들은 최적의 사례는 특별한 은전으로 특혜는 최적 한사람에게만 해당된다고 했다. 여론의 반대에 밀려 성종은 최치숭의 무과응시를 불허하게 된다. 최효식은 이 사건이 성종이 서얼들을 위한 특별한 친위부대를 창설을 결심하는 계기가 되었을 것이라고 추정했다(최효식, 앞의 논문, 1981, 173쪽).

에 비해서 외방 파견이 적었다. 1499년(연산군 5) 여진정벌을 기획할 때 파견병력은 병사 2만에 내금위 70명, 겸사복 20명, 우림위 10명이었다.[64] 그런데 내금위 정원이 190명, 겸사복과 우림위의 정원이 각각 50명이었던 점을 감안하면 우림위의 파견 비율은 겸사복의 것과 비교해 절반 밖에 되지 않는다.

박원종 신도비(경기 남양주)

우림위는 1504년(연산군 10)에 갑자기 혁파되었는데[65] 그 이유는 명확치 않다. 연산군은 우림위를 폐지한 후에 "우림위와 같은 것도 역시 공연히 소비만 하는 것이다. 평화시에는 없어도 좋은 데 간신들이 그 자손들을 위해 둔 것이다"라고 말했다.[66] 연산군은 이들이 서얼이지만 중앙관료군의 자제라는 점을 경계했던 것으로 보인다. 연산군은 관료군의 자제, 서얼이 아닌 서인층에서 금군을 뽑아 친위군으로 육성하는데 관심을 가지고 있었다.[67]

우림위는 1506년 중종 반정 직후 박원종의 건의로 다시 부활했다. 부활의 이유는 우림위는 정예 무사이며, 무비를 소홀히 해서는 안된다는 것이지만,[68] 중앙 관료의 자제를 금군으로 삼아야 한다는 이들의 정치관이 반영된 조치였다. 그러나 중앙관료의 자제를 금군으로 선발함에 있어서도 적자와 서얼의 구분은 명확하게 하려고 했다. 이때까지는 겸사복에도 서얼들이 가입했는데, 우림위를 만들면서 겸사복에는 사대부의 자제만 선발하고 서얼은 모두 우림위로 배속하는 것으로 확정했다.[69]

중종 때에 부활한 우림위는 이전과 달리 국방상의 기능이 좀 더 보강되었다. 특히

64 『연산군일기』 권33, 연산군 5년 5월 신미, 우의정 성준, 좌찬성 이극균의 계문.
65 『연산군일기』 권55, 연산군 10년 8월 계유.
66 『연산군일기』 권55, 연산군 10년 10월 갑자
67 당시는 연산군 말기로 정치가 문란하고 부정이 증가해서 경비절감 차원에서 혁파했다고 보는 견해도 있다(최효식, 앞의 논문, 1981, 179쪽 ; 육군본부, 앞의 책, 1969, 273쪽).
68 『중종실록』 권1, 중종 원년 9월 경자. ; 『중종실록』 권1, 중종 1년 10월 을묘.
69 『중종실록』 권4, 중종 2년 10월 기해 ; 최효식, 앞의 논문, 1981, 180~181쪽.

1512년(중종 6) 정로위를 복구한 뒤에는 정로위 중 우수한 자를 겸사복이나 우림위에 보직하게 했다. 아예 한량은 정로위를 거치지 않으면 내금위, 겸사복, 우림위 선발 시험에 응시할 수 없도록 했다.[70] 이때도 우림위는 서얼들이 입속하는 병종이라는 사실은 변하지 않았지만, 정로위와 연계하여 지방의 한량들에게도 기회를 열어주고자 했다.

조선-일본 전쟁 중이었던 1593년(선조 26)에는 공사천과를 만들어 공사천 중에서 무재가 뛰어난 자를 군인으로 전형하고, 양인으로 만드는 방안을 시행했다. 그렇게 양인이 된 공사천 출신 중에서 큰 공을 세운 사람은 우림위에 소속하도록 했다.[71] 이것은 전시에 행해진 조치여서 조선-일본 전쟁이 끝난 후에는 폐지되었다.

2) 편제와 대우

『대전속록』을 기준으로 보면 우림위는 우림위청을 설립하고[72] 지휘관은 종2품 우림위장으로 3명을 두었다. 그러나 이 관직은 모두 겸임이었다.[73] 우림위는 충좌위에 속했으며, 정원은 50명이었다. 이들은 번상제가 아니라 장번제였다.[74] 이것은 내금위, 겸사복과 같은 구조로 우림위가 국왕의 전문적인 시위무사로 비중이 높았음을 말해 준다.

우림위도 시험을 통해 선발했다. 선발 기준은 내금위와 동일한 수준이었다. 각각 3발을 쏘아 목전은 240보를 1발 이상, 철전은 80보 이상 1발을 날려 보내야 했다. 관직은 체아직을 주었다. 처음 설치할 때는 24명이었으나 다음 해에 간행한 『대전속록』에서는 50명으로 늘었다.

---

70 『중종실록』 권16, 중종 7년 6월 을사.
71 최효식, 앞의 논문, 1981, 181쪽.
72 『대전속록』 권1 이전, 차정.
73 『대전속록』 권4, 병전, 관직.
74 『대전속록』 권4, 병전, 시취.

〈표 9-3〉 우림위의 체아직 변화

구분	설치당시(성종 23)	대전속록(성종 24)	대전후속록(중종 38)
부호군(종4품)	1	1	3
부사직(종5품)	1	1	5
부사과(종6품)	3	5	9
부사정(종7품)	4	7	7
부사맹(종8품)	5	10	10
부사용(종9품)	10	24	16
계	24	50	50

우림위는 내금위나 겸사복과 다른 점도 있다. 금군은 원래 보인이 없으나 우림위에게는 보인으로 1보를 주었다.[75]

조선 후기에 우림위는 내금위, 겸사복과 함께 금군청에 소속되어 병조판서의 통솔을 받았다. 1745년(영조 21)에 금군청은 다시 용호영으로 개칭되었다.[76]

〈표 9-4〉 우림위의 변화

	대전속록	속대전	대전회통
우림위청	설치	금군청에 속	용호영으로 개칭
우림위장	종2품 3명		정3품 2명
인원	5명	200명	200명
급보			
근무방식	장번	7번	6번

우림위는 내금위, 겸사복과 함께 조선후기까지 금군으로서 확고한 위상을 유지했다. 그러나 금군 중에서는 상대적으로 대우가 만족스러운 수준은 아니었던 것 같다. 우림위는 내금위와 겸사복에 비해 체아직이 적어 녹봉을 수령할 기회도 적고, 겸사

---

75 『대전후속록』 권4, 병전, 급보.
76 『대전회통』 권4, 병전, 용호영.

대전속록(규장각한국학연구원)

복은 구사를 거느리고 관마를 타지만 우림위는 이런 혜택도 없다고 했다.[77] 따라서 사람들이 우림위를 꺼리게 되었다.[78]

이에 체아직을 조정해서 우림위의 대우를 높였다. 『대전속록』에 기재된 우림위의 체아직은 50명이었는데, 총수에는 변함이 없지만 상위의 체아직을 증설했다. 이렇게 함으로써 녹봉을 증설하는 효과를 거두고, 우림위와 내금위, 겸사복과의 차별성도 줄일 수 있었다. 이 조치는 1543년(중종 38)에 간행한 『대전후속록』에 수록되었다.[79]

우림위는 금군의 증설과 국방기능의 수행이라는 측면에서는 의미 있는 병종이었다고 할 수 있다. 그러나 서얼에게 등용의 기회를 넓힌다는 취지는 별다른 진전을 보지 못했다. 우림위 자체는 기존의 서얼의 등용제한 규정(한품서용限品敍用)과 모순되는 것이 아니라 그 틀 내에서 움직이는 것이었다. 정치적 의미에서도 중앙 명문가의 자제를 금군으로 선발한다는 기존의 취지와 부합하는 제도였다. 오히려 금군에서도 적자와 서얼을 나누는 이 방식 때문에 우림위의 존재 자체가 적서의 구분을 과시하는 것이 되었다.[80]

3. 청로대

청로대는 『경국대전』 편찬 이후인 1484년(성종 15) 10월에 설치했다. 왕이 행차할

---

77 『연산군일기』 권45, 연산군 8년 8월 신해, 병조의 계문.
78 『연산군일기』 권45, 연산군 8년 7월 계사, 이극균의 건의.
79 『대전후속록』 권4, 병전, 체아.
80 1502년 우림위의 대우 개선을 위해 체아직을 증설해 주는 것과 한품서용의 법을 개선하는 방안이 논의되었다. 이에 대해 재상들은 하나 같이 체아직을 가설해 줄 수 있지만 적서의 분간이 중요하므로 한품서용의 원칙은 깨트릴 수 없다고 주장하였다(『연산군일기』 권45, 연산군 8년 7월 계사).

때 단속이 엄하지 않아 군중이 의장에 부딪히는 사건이 벌어진 것이 청로대를 만든 계기였다.[81] 청로대는 왕이 행차 때 붉은 막대기를 들고, 국왕의 가마 앞에서 걸었다.[82] 인원은 40명으로 팽배, 대졸, 파적위 중에서 선발했다.

청로대의 신분이 낮다 보니 시중의 무뢰배가 들어오게 된다고 하여, 1489년(성종 20)에 규정을 만들어 시험을 거쳐 선발하게 했다. 기준은 장용위에 준해서 240보 이상 1발을 날려 보내고, 1주, 1력에 합격한 사람으로 했다. 이때 인원도 늘려 원액을 2백 명으로 하고 5번으로 한 번에 4개월씩 근무하게 했다. 체아는 장용위의 체아직 15명 중 정7품 1명, 정8품 1명, 정9품 4명을 옮겨주었다. 근무일수 126일에 1품을 올려주고 종5품까지 도달하면 거관하는데, 영직影職을 주었다. 보인은 1보를 주었다.

청로대의 임무는 국왕의 호종이었지만 평소에는 금군의 지휘를 받는 사병의 역할을 하기도 했다. 1493년(성종 24) 겸사복 2인이 각각 청로대 5명을 거느리고 왜인과 밀거래를 하는 상인을 체포하게 했던 사례도 있다.[83]

청로대와 직접 관련은 없지만 1489년 성종은 국왕의 시위를 보강하기 위해 3품 당상관으로 임명하는 영별군장領別軍將을 만들어 국왕이 행차할 때 기병 50명과 보병 50명을 좌우에 나누어 거느리고 청로대의 바깥쪽에서 호종하게 했다. 이것은 당시 국왕을 위해하려는 음모가 있다는 첩보를 듣고 행한 임시조치였는데, 이후에 상례가 되었다고 한다.[84]

청로대는 이후에도 계속 존속했다. 그러나 청로대는 병력도 적고 임무도 제한적이어서 국방상의 의미는 없었다고 하겠다.[85]

81 『연산군일기』 권45, 연산군 8년 7월 계사.
82 『성종실록』 권171, 성종 15년 10월 계해.
83 『성종실록』 권274, 성종 24년 2월 정사.
84 『성종실록』 권226, 성종 20년 3월 병술.
85 청로대의 설치원인이 이 시기의 금군의 지방파견과 그로 인한 국왕 시위의 약화와 관련이 있다고 보는 견해도 있다(육군본부, 앞의 책, 1969, 274쪽). 그러나 청로대는 시위무사로서의 성격은 약해서 의장의 발달과정에서 이해하는 것이 무난하다고 생각된다.

4. 정로위

1) 설치 배경과 목적

16세기 군사제도의 변경은 주로 금군의 증강으로 이루어지고 있었다. 그 이유는 국방을 대비해 설치한 기존의 주력병종들이 군사제도의 모순으로 인해 계속 부실해지고 있었기 때문이다. 그러나 이 문제에 대한 대책으로 금군의 증설만을 시도했던 것은 아니었다. 약화된 국방력을 회복하기 위해 정부는 지방의 한량층을 다시 군사로 재편하려는 시도를 하게 된다. 그러한 목적으로 창설한 부대가 정로위定虜衛이다.

정로위는 1480년(성종 11)에 처음 창설했다가 1512년(중종 7) 6월에 다시 창설했다.[86] 선발 대상은 지방의 한량이었다. 한량의 정의는 분명하지 않지만 지방 사족 및 토호층의 자제로 사실상 군역을 면제받고 있던 계층을 말한다.[87] 고려시대만 해도 지방 토호, 향리층은 지방 행정의 담당자인 동시에 주현군의 장교, 치안담당자로서 준무사층을 형성했다. 그러나 조선 건국 후에 향리의 역할이 약화되면서 한량 자제도 일반 군역의 복무대상이 되었다.

하지만 이들은 지방사회에서의 우월한 경제적, 특권적 지위를 이용하여 사실상 군역의 면제 계층으로 존재했다. 그 결과 과거 지방군의 중추이자 전투력의 핵심을 구성하던 무사층이 약화되고, 이들이 피역계층으로 존재하는 현상이 발생했다. 물론 이들은 관료후보군으로서 무과나 취재에 응시해서 무관이 되거나 상위병종에서 복무할 수도 있었다. 그러나 무과 급제는 문이 너무 좁았다. 중앙군은 15세기 후반 이후로 위상과 대우가 낮아지면서 사족, 토호의 자제들은 시위군의 복무마저도 기피했다.

---

[86] 정로위에 대해서는 다음의 논저가 참조된다. 차문섭, 「중종조의 정로위」『사학지』 1, 1967 ; 『조선시대군제연구』, 단국대학교 출판부, 1973 ; 육군본부, 앞의 책, 1969, 262~270쪽.

[87] 한량에 대한 논저는 다음과 같다. 백남운, 『조선봉건사회경제사』 상, 1937, 283~287쪽 ; 천관우, 「여말선초의 한량」『이병도박사회갑기념정년논총』, 1956 ; 『근세조선사연구』, 일조각, 1979 ; 浜中升, 「麗末鮮初の閑良について」『朝鮮學報』 42, 1967 ; 민현구, 「근세조선전기 군사제도의 성립」『한국군제사 - 근세조선전기편』, 1969 ; 한영우, 「여말선초의 한량과 그 지위」『한국사연구』 4, 1969 ; 이성무, 「양반과 군역」『조선초기 양반연구』, 일조각, 1980.

한량자제들을 군역으로 흡수하려는 시도가 없었던 것은 아니었다. 건국 초에는 지방의 사족, 전함품관, 한량을 서울로 불러 이들에게 군전을 지급하고, 숙위임무를 부과했다. 이 조치의 목적과 의미에 대해서는 경군의 군사적 기능을 강화하려는 시도로 이해하는 견해로부터[88] 새로 건국된 조선왕조의 지지층 창출,[89] 과전법 시행에 따라 회유책,[90] 고려말에 남설된 첨설직의 정리,[91] 수도 중심의 특권적 관료제 운영 대신 재지사족층을 포용하는 관료층과 폭넓은 관료제를 창출하려는 의도[92] 등 다양한 견해가 제시되었다. 그러나 어쨌든 이 시도는 실패했다. 1459년(세조 5) 평로위를 설치하고,[93] 지방 한량자제의 입대를 장려했으나[94] 성공하지 못하고 금세 소멸되었다.

---

88 윤훈표, 『여말선초 군제개혁연구』, 143~150쪽.

89 한영우는 이 조치가 개국 초에 첨설관이 지방에 산재하는 것을 막고, 국가의 직접적인 통치 하에 두기 위한 것이라고 보았다(한영우, 『조선전기사회경제연구』, 264쪽).

90 수전패의 창설은 초기 연구에서는 군사적 목적보다는 과전법 개혁의 일환이었던 군전 지급과 연계시켜 이해하는 경향이 강했다. 이들 거경숙위자에게는 5결~10결 정도의 군전이 지급되었다. 수전패와 무수전패라는 명칭은 이 군전 지급으로 발생한 것이다. 그런데 군전 지급과 수전패의 창설에 대해 새 왕조 창설에 적극적으로 협력한 세력에게는 과전을 지급하고, 거부자 내지 불응자에게는 일종의 회유책으로 군전을 지급했다고 보았다(한영우, 앞의 논문, 1969 ; 이성무, 앞의 책, 1980). 한편 과전법 개혁으로 모든 수조지를 몰수해야 했으나 모두 몰수할 수는 없으므로 군전이라는 명목으로 5~10결의 수조지를 지급하거나 혹은 남기고, 대신 이들에게 거경시위의 의무를 부과하려고 했다고 보는 견해도 있다.

91 정두희는 첨설직 혁파라는 의도에 더하여 첨설직이 군공으로 수여되며, 그 수여자들이 대부분 장수들의 휘하에서 활약하던 지방세력, 향리층이라는 점에 주목하여 개혁파가 반대파들의 군사력을 약화시키려는 시도라고 이해했다(정두희, 「고려말기의 첨설직」 『진단학보』 44, 1977, 50쪽 ; 「고려말 신흥무장세력의 성장과 첨설직의 설치」 『이재룡박사환력기념한국사학논총』, 1990, 294~296쪽).

92 한량품관의 거경숙위를 추진했던 집단은 정도전, 조준 파였다. 이들은 이제까지의 수도라는 지역성과 공신, 음서제도를 통한 폐쇄적인 관료제 운영을 지양하고, 재지사족 전반을 포용하고, 순환을 활성화시키는 관료제 운영방안을 구상했다. 그리고 이런 구상을 포함한 관리등용제도와 관료인사제도의 개혁안을 구상했다. 한량품관의 숙위제도 이런 구상의 일환으로 추진된 것이었다. 이 방안의 가장 큰 특징은 숙위제도를 통한 관료로의 진출로를 마련해 놓는다는 것이었다. 그러나 태종의 쿠데타로 정도전 파가 실각하면서 이러한 방안은 철회되었다. 숙위는 하나의 군역으로 변했으며 군전지급도 철회되었다. 결국 수전패와 무수전패는 도성위와 같은 시위군이나 정병 같은 하위의 순수 군역으로 바뀌었다. 한량품관들은 이런 군역복무를 달가워 할 리 없으므로 숙위임무를 포기하고 지방사회의 특권층, 면역층으로 만족하게 되었다. 정부도 지방통치를 위해서는 지방 사족, 지주층의 협조가 필요했으므로 이들의 불법적 피역행태를 어느 정도 묵인하는 선에서 양자 간의 타협이 이루어졌다(임용한, 『조선전기 관리등용제도 연구』혜안, 2008, 270~272쪽).

93 『세조실록』 권17, 세조 5년 8월 갑술.

정로위라는 명칭이 처음 등장하는 때는 1480년(성종 11)이다. 이 해에 시위군의
보강을 목표로 정로위 설치가 처음 시도되었다. 이를 위해 시험규정(6발 이상 명중),
체아직, 근무 및 진급규정을 만들었다. 선발은 각 도의 절도사가 지방을 순시하면서
시험하여 선발했다. 시험 대상자는 분명히 언급하지 않았지만 전후 사정을 보면 한량
임이 분명하다. 그러나 이때는 정원이 123인에 불과할 정도로 소수였다.[95] 그 이유는
이때의 정로위는 내금위, 겸사복과 같은 금군 개념으로 창설된 부대였기 때문이다.
이렇게 성립한 정로위는 1484년(성종 15) 이후에는 기록에 나타나지 않는 것으로 보
아 창설 초기 실험적 단계에서 포기되었던 것 같다.[96]

그 결과 『경국대전』에서는 한량을 군역으로 편제하려는 법조문은 전혀 등재되지
않았다. 그런데 1510년(중종 5) 삼포왜란이 발생하자 정부는 국방력 강화를 위해 한
량자제를 선발하는 정로위를 다시 창설하게 된다.[97] 정로위의 창설은 기존의 주력 병
종이며 지방의 사족, 한량, 상층 양인들의 병종이던 별시위와 갑사의 질이 크게 떨어
진 상황을 개선하기 위한 것이었다. 이에 내금위를 지방에 파견하고, 지방에 예차내
금위를 창설하는 등의 금군확대책을 시행했지만, 금군의 수에는 한정이 있었다. 이에
한량층을 유입할 새로운 부대를 구상했던 것이다.[98]

그런데 보법 자체의 과도함과 군역제의 문란으로 기존의 정원과 군사의 수준, 이
들을 지원할 보인의 수를 유지하기조차 어려운 상황이었다. 그 결과 상위 병종에 속
하는 별시위와 갑사까지 허술해지는 상황에서 기존의 방식과 같은 방법으로 부대만
신설하는 것은 의미가 없었다. 정로위가 성공하기 위해서는 새로운 대우와 보상이

94 『세조실록』권17, 세조 5년 9월 계사. 병조의 계문.
95 『성종실록』권123, 성종 11년 11월 기해, 병조의 계문.
96 차문섭, 앞의 논문, 1967, 7쪽 ; 육군본부, 앞의 책, 1969, 264쪽. 성종 11년 정로위를 처음 창설
   할 때부터 성종은 효용성에 의문을 제시했다. 이에 대해 한명회는 나름대로 효과가 있을 것이라고
   창설을 지지했지만 확고하게 주장하지는 않고 일단 창설해서 효과를 시험해 보고 결정하자고 하
   였다(『성종실록』권123, 성종 11년 11월 기해). 정로위는 이런 논의를 거쳐 시행된 것으로 창설
   할 때부터 실험적 성격이 강했다.
97 『중종실록』권16, 중종 7년 6월 을사.
98 정로위를 설치한 목적이 기존의 금군(내금위, 겸사복, 우림위)의 증원이 아니라 갑사를 대체하기 위
   한 것이었다는 사실은 중종 11년 당시 재상이던 정광필이 "정로위를 가설하는 것은 갑사가 정병이
   아니기 때문입니다"라고 말하는 데서도 확인할 수 있다(『중종실록』권26, 중종 11년 9월 신묘).

필요했다.

2) 정로위의 편제와 구성원

1512년 6월 정로위 창설 당시의 규정은 다음과 같았다.[99]

① 자격대상: 한량.

② 합격조건: 6량전 3발을 90보(약162m) 이상 날려 보낼 수 있어야 함.

③ 인원: 1천명.

④ 지휘관: 겸사복장이 겸임.

⑤ 근무조건: 6번.

⑥ 보상: 충순위의 예에 따라 근무 75일에 가자한다.

⑦ 재능이 뛰어난 자는 시험을 보아 겸사복, 우림위에 보충함. 대산 한량은 정로위를 거치지 않고는 내금위, 겸사복, 우림위의 선발시험에 응시할 수 없다.

정로위의 입속대상은 지방의 한량이었다. 시험규정은 6량의 무게를 지닌 철촉 화살 3발을 90보 이상 날리는 것으로 130보 이상이었던 내금위의 선발기준보다는 낮다. 그러나 일반 정병보다는 높은 전투력을 자랑했다. 정로위 설치를 주도했던 병조판서 고형산은 정병 10명이 정로위 1명을 당하지 못한다고 주장하기도 했다.[100]

정로위는 독자의 관청과 지휘체제를 가지지 못하고 겸사복장이 최고 지휘관을 겸임했다. 이에 대해서 정로위가 금군의 성격을 지닌 탓이라고 보는 견해도 있다. 그러나 후술하겠지만 그 이유는 정로위가 임시적인 부대라는 성격을 떨쳐버리지 못했던 데서 기인한 것이 아닌가 한다.[101]

---

99 『중종실록』 권16, 중종 7년 6월 을사.

100 『중종실록』 권38, 중종 15년 2월 갑신.

101 이 점에 대해 정로위가 금군의 역할을 보강하기 위해 설치한 부대였기 때문이라고 보는 견해도 있다(육군본부, 앞의 책, 1969, 265쪽). 그러나 정로위를 금군으로 간주하는 것은 주의가 필요하다. 정로위를 금군으로 볼 수 있는 소지가 없는 것은 아니고, 정로위의 창설 목적이 국왕의 시위

정로위의 정원은 1천 명이었다. 지방별로 선발인원이 정해져 있었던 것 같으나 자세한 정원은 알 수 없다. 지원자가 많아 다음 달에 5백 명이 증원되었다.[102] 이후로도 증원논의가 여러 번 있었고, 야인이나 왜인의 침공이 있을 때면 일시적으로 증원하기도 했던 것 같다. 1528년(중종 23)에는 정액 1천 5백 명에 797명이 정원 외로 선발되어 있었다.[103]

정로위는 6번으로 1년에 2달을 근무했다. 6번제로 번수를 늘린 것은 이들에게 경제적 보상이 없으므로 가능하면 군무의 부담을 줄여주려는 의도도 있지만, 정로위의 본래 목적이 시위가 아니라 국방이므로 사변에 대응하기 위해서는 번상해서 복무하는 것보다는 지방에 거주하는 기간을 늘려줄 필요가 있었기 때문이다. 그러나 그렇다고 해서 상번시위를 아주 면제할 수는 없었다. 군사의 관리와 훈련이 필요하고, 상경숙위를 한다는 자체가 그들의 신분적 지위와 권리를 과시할 수 있는 중요한 요소였기 때문이다.

번상했을 때 이들의 근무지는 서울과 양계지방이었다. 그러나 대부분은 서울에 배치했다. 1528년 정로위의 배치는 〈표 9-5〉와 같다.

남방에는 근무지가 없지만 근무방식이 6번제여서 지방에 비번 중인 정로위가 상당히 많았다. 전시가 되면 이들을 동원했다. 을묘왜변 때도 경상도의 정로위가 동원되었다.[104] 지방에 정로위와 같은 정예병이 상주해 있으면 사변이 발생했을 때 중앙에서 금군을 파견할 필요 없

〈표 9-5〉 1528년 정로위 배치상황

지역	인원
서울	1,800
황해도	67
함경남도	188
함경북도	80
평안도	74
계	2,297

를 강화하기 위해서였다는 기록도 있다. 그러나 전체적으로 보면 정로위는 금군이라기보다는 국방 분야로까지 확대된 금군의 기능을 일부 대체하기 위해 만든 부대라고 보는 편이 더 타당하다. 1522년 대사헌 김극성의 상소에서도 정로위는 금군의 범주에 포함되지 않으며 별시위, 갑사와 같은 범주로 언급하고 있다(『중종실록』 권45권, 중종 17년 7월 임술).

102 『중종실록』 권25, 중종 11년 7월 갑진.
103 육군본부, 앞의 책, 1969, 267쪽.
104 이문건, 『묵재일기』, 1555년 5월 25일 ; 김성우, 「16세기 중반 국가의 군역 동원방식과 성주 사족층의 대응」, 『조선시대사학보』 18, 2001, 114쪽에서 재인용.

이 현지에서 정예 무사를 선발하여 복무하게 할 수 있었다. 금군 파견을 자제함으로써 국왕의 시위가 허술해질 우려도 없고, 서울과 지방을 왕래하는 수고를 줄여 군량을 크게 절약하는 장점이 있었다. 또한 금군이 서울에서 온전히 유지되므로 정작 대규모 사변이 발발해서 금군을 파견해야 할 때는 보다 강력한 부대를 효과적으로 파견할 수 있다는 장점이 있었다.

> 경중의 금군은 우림위·겸사복·내금위 등을 합계하여 6백 명뿐인데, 만호·첨사·권관및 별부방이 되는 자가 많이 있으므로, 남방이나 북방에 사변이 있으면 경군을 내어보낼 수 없으니, 장수가 혼자 가게 될 것입니다. 이번에 정로위에 소속되고자 하여 무역진성을 올린 자가 5백여 인인데, 이들은 다 정병이므로, 만약에 죄다 정로위에 소속시켜 번상하지 말게 하여 다만 양식을 가지고 본도에 부방하도록 한다면, 별부방의 폐단을 덜고 이들에게 보급하는 비용도 따라서 줄고 금군도 충실할 수 있으니, 한꺼번에 세 가지 이득이 됩니다.[105]

> 지난번에 신(병조판서 고형산)이 정로위를 증원하기를 힘껏 청원했습니다. 정로위에인원이 많으면 금군은 외방으로 나가지 않고 계속 서울에 있다가 사변이 생길 때에는장수가 거느리고 가게 됩니다.[106]

이 기록에서 개진한 의견은 그 자체가 새로운 발상은 아니다. 『경국대전』 체제의기본구조가 별시위, 갑사 등이 평소에는 각 진의 군관으로 소임을 다하고, 전시가 되면 그 지역에 살고 있는 별시위와 갑사를 동원해서 군의 기간 요원으로 편제하는 것이었다. 그래도 부족하면 최고 정예 무사인 금군을 파견했다. 그러나 갑사가 부실해지면서 금군 파견이 과도해졌다. 이에 정로위를 설치해서 별시위와 갑사의 역할까지금군인 내금위가 대신하던 것을 정로위가 담당하게 한 것이다.

그런데 이 정로위가 기존의 경군과 다른 점은 기존 병종의 보편적인 반대급부인 보

---

105 『중종실록』 권25, 중종 11년 5월 병자, 특진관 고형산의 상언.
106 『중종실록』 권26, 중종 11년 8월 계축, 병조판서 고형산의 보고.

인과 체아직(녹봉)이 없다는 점이다.[107] 유일한 보상체제는 가자와 내금위, 겸사복, 우림위 응시에 혜택을 주는 것이었다. 이 규정을 보완하기 위해 아예 한량은 정로위를 거치지 않으면 내금위 등에 응시할 수 없게 했다.[108]

승진규정에도 특혜를 주었다. 정로위는 75일 근무에 1계급 승진이 가능하게 했다. 이것은 금군의 기준이 180일이었던 것을 감안하면 상당히 파격적인 특혜로 보인다. 그러나 정로위는 6번제여서 1년에 60일(2달)을 근무하고, 금군은 4번제로 1년에 90일을 근무하므로 둘 다 3년을 근무해야 2계급 승진이 가능했다.

정로위의 이같은 특수한 대우조건은 정로위의 성격과 군제사적 의의를 파악하는 데에 중요한 단서가 된다. 기존의 연구에서는 정로위의 창설 이유를 보법의 문란 및 한량층의 특수한 조건에서 찾았다. 즉 보법의 한계로 인해 정부가 더 이상 보인을 지급할 수 없게 된 상황에서 새로운 군사를 동원하는 길은 보인을 필요로 하지 않을 정도로 경제적 여유가 있는 계층에서 군사를 모집할 수밖에 없었다는 것이다.

이런 점에서 한량은 아주 적절한 계층이었다. 이들은 거의가 향촌의 지주층들로서 일반농민보다 우월한 경제적 능력을 보유하고 있었다. 그러므로 한량을 군역에 끌어들이기 위해서는 녹봉이나 보인 같은 경제적 보상보다는 관계 제공이 더 효과적이었다.[109] 따라서 정로위의 설치는 지금까지 중앙군의 의존도가 높던 국방력의 현실에 위협을 느끼고 무재가 있으면서도 군대에 조직되고 있지 않던 각 지방의 한량층을 무장시킴으로서 국방력의 증진을 꾀했다는 데에 의의가 있다.[110] 16세기 군제의 문란이 광범위한 피역층의 존재와 양인농민의 몰락에 있다고 본다면 정로위의 설치는 이 시기 군제개혁이 나아가야 할 바람직한 방향을 보여주는 것이자 최후의 시도였다고 하겠다. 그런데 정로위의 설치에는 보다 복잡 미묘한 사정이 내재해 있었다. 한량층이 피역자로 존재한 것은 사실이지만, 지금까지 예상처럼 한량층이 쉽게 피역할 수 있었던 것은 아니다. 이들도 법망을 피하기 위해서는 여러 가지 방법을 강구해야 했다. 군

---

107 『중종실록』 권26, 중종 11년 9월 신사.
108 다만 이 규정은 금세 유명무실해졌다(차문섭, 앞의 논문, 1967, 11쪽).
109 육군본부, 앞의 책, 1969, 262쪽, 266쪽.
110 육군본부, 앞의 책, 1969, 267쪽.

역에서 완전히 벗어났으면 좋겠지만,
국가도 지속적인 단속과 검찰을 하므
로 쉽지가 않았다. 제일 안전하고 합
법적인 방법은 군역에서 완전히 벗어
나는 대신 군사의 보인이 되는 것이
었다.

묵재일기(국사편찬위원회)

　16세기 중반에 쓰여진 성주 사족이
었던 이문건李文楗의 『묵재일기』에는
이 시기 성주 사족들이 군적에 등재되는 것을 피하기 위해 벌였던 노력이 상세히 기
록되어 있다.[111] 가장 좋은 방법은 향교의 교안에 교생으로 등록되어 군역을 면제받는
것이었다. 그러나 정부의 강력한 단속으로 그것이 쉽지 않자 보인으로 편제되고자 했
고, 기왕에 보인이 될 바에는 형제의 시정, 그것도 안되면 별시위나 정로위 같은 상위
병종의 보인이 되려고 했다.

　한량이 보인이 되는 방법은 여러 가지로 이해가 맞았다. 16세기 들어 전반적으로
군역자원과 보인이 부족해지자 자대제라고 해서 군역 대상자가 스스로 군역자원을
찾아 보충할 수 있는 권한을 주었다. 군사가 피역자로 놀고 있는 사람을 발견하면 유
향소나 병방에 투서 형식으로 밀봉하여 고발하는 방식도 허용했다. 이런 방법을 망정
望定이라고 했다. 그런데 이런 방법을 사용해도 군사가 규정대로 보인수를 채우기는
어려웠다. 그렇다면 단 한 명의 보인을 얻더라도 경제적 능력이 있는 보인이 효과적
이었다. 한량이 보인이 된다면 군사는 보다 적절한 보상을 받을 수 있고, 한량층은 현
장 근무를 피할 수 있었다. 정로위를 창설하면서 정부가 징병 대상으로 삼았던 한량
은 이처럼 보인이 되어 있는 한량이었다. 이것은 1480년 정로위의 최초 설치 시도 때
부터 그러했다.

　임금이 말했다. "정로위를 설치하려고 하는데, 여러 도의 무사들을 징집한다 하더라도

---

111 이 내용은 김성우, 앞의 논문, 2001, 113~116쪽에 의거하였다.

지금 한 사람도 잘 쓰는 자가 없을 것이니, 비록 정로위를 설치한다 하더라도 장차 어디에 쓰겠는가?" 한명회가 말하기를 "이 사람들은 군사의 보솔이 되어 편안히 전리田里에 살면서 변상하는 노고를 면할 것을 꾀하는 자들입니다. 신은 생각하건대, 따로 하나의 위衛에 소속시킨다면 유사시에 도움이 됨이 없지 않을 것입니다."라고 했다.[112]

이 사정은 중종 때에도 마찬가지였다. 정로위 창설 당시 군사의 보인이 될 자들을 모조리 정로위로 만들었다거나[113] 정로위를 설치했더니 이전 같으면 보인이 될 자들이 모두 정로위가 되어 정병과 갑사 중에서 보인을 거느린 사람이 10명중 2, 3명밖에 되지 않게 되었다는 지적[114]이 나오고, 남곤이 정로위의 증원을 반대하면서 "정로위를 늘리면 다른 군사의 보인이 반드시 줄어들 것이다"[115]라는 말을 근거로 들고 있는 것은 정로위의 상당수가 피역자가 아니라 보인으로 존속하고 있었고, 정부도 이런 사정을 알고 있었음을 말해준다.

정로위에 보인과 체아직을 설치하지 않은 이유는 정로위 설치가 한역층을 발굴하여 충원하는 작업이 아니라 보인으로 자리잡고 있는 자들을 군사로 끌어내는 작업이었기 때문이다. 정로위에 보인을 설치하면 보인이었던 정로위가 빠져나온 자리를 메워 주고 정로위에게 보인을 또 가설해 주어야 하므로 2배의 보인이 필요했던 것이다.

정로위 선발에서 또 하나 유력한 대상자는 양계의 군사들이었다. 양계 지역은 다른 지역에 비해 무사층이 강고하게 형성되어 있었다. 사족층은 발달하지 않고, 문무과를 통해 관료가 될 수 있는 길은 거의 막혀 있었다. 그러므로 양계 군사들 중에는 보인이나 녹봉이 없더라도, 가능한 한 상위병종으로 가거나 금군이 되기를 바라는 자들이 많았다.

강변군사(압록강, 두만강 유역의 군사)는 재간이 있는 자라도 벼슬길이 없어 항상 답

---

112 『성종실록』 권123, 성종 11년 11월 기해.
113 『중종실록』 권32, 중종 13년 2월 을미, 영사 신용개의 의논.
114 『중종실록』 권32, 중종 13년 2월 을미, 정언 최산두의 건의.
115 『중종실록』 권25, 중종 11년 5월 계미.

답하게 생각하고 있습니다. 그들을 취재해서 차례차례 겸사복이 되게 하면 평소 답답하게 생각하고 있던 자가 시원히 속을 풀 수 있을 것입니다.[116]

그러나 이 지역은 상대적으로 우수한 무사가 많다보니 남방 같으면 별시위나 갑사가 될 수 있을 정도로 재능을 지닌 인물, 심지어 이미 취재에 합격한 인물도 임명을 받지 못하고 대기자가 되었다. 이런 무사들은 정로위에 매력을 느꼈다. 정로위가 창설되자 양계 무사들이 대거 응시했다. 취재에 합격하고도 지역별 정원 제한에 걸려 발령받지 못한 양계인이 7백명이나 된다고 할 정도로 호응이 높았다.[117]

하지만 경로위의 설치는 별시위, 갑사의 위상을 더 낮추었다. 정로위도 보인이 없다는 사실을 감수해야 했다. 이처럼 정로위는 이중의 희생을 수반하는 것이었다. 이런 구조 때문에 남곤은 정로위의 설치에 반대하고 "정로위는 위급한 때에 사용하는 방안"[118]이라는 주장을 굽히지 않았다. 같은 이유로 정로위의 설치는 동수의 군역 자원의 희생을 초래하는 것이므로 실제 군액의 증원이 이루어지는 것이 아니라 허수, 허상에 불과하다는 분석도 제기되었다.[119] 이후 정로위의 증원이 요청될 때마다 이러한 이유로 만만치 않은 반론이 제기되었다.

3) 정로위의 한계와 해체

정로위의 해체과정은 명확하지 않다. 인조 때까지도 정로위는 존속했으며,[120] 18세기 초반까지도 정로위보가 세목의 하나로 존속하고 있다.[121] 정로위의 소멸과정에 대해 『속대전』 성립기에는 이미 기능을 상실하고, 내금위, 우림위, 겸사복이 통합하여 금군청, 용호영으로 변제되는 과정에서 없어진 것으로 보기도 한다.[122] 이런 추정은 정

---

116 『중종실록』 권28, 중종 12년 7월 경진, 안윤덕의 의견.
117 『중종실록』 권28, 중종 12년 7월 경진, 이계맹의 의견.
118 『중종실록』 권25, 중종 11년 5월 계미 ;『중종실록』 권38, 중종 15년 2월 갑신.
119 『중종실록』 권32, 중종 13년 2월 을미, 정언 최산두의 건의.
120 『인조실록』 권21, 인조 7년 10월 병진, 수원부사 장신의 상소.
121 『숙종실록』 권40, 숙종 30년 12월 갑오.

로위가 금군에 해당한다는 가정 하에서 가능한 것인데, 정로위는 금군으로 보기에는 곤란한 면이 있다. 실제로 내금위 등은 모두 법전에 기재되었지만, 정로위는 법전에 정식 병종으로 기재되지 못했다. 정로위가 법전에 등장하는 것은 중종 때 편찬한 『대전후속록』의 단 한 조항뿐이다. 그것도 정기적인 평가시험에서 탈락한 정로위는 갑사로 강등한다는 내용으로, 기구나 조직을 등재한 것은 아니었다. 따라서 정로위의 해체과정이 불분명한 것은 정로위가 금군이라기보다 임시적인 병종에 가까웠기 때문이라고 보는 것이 정확하다고 생각된다.

해체시기와 무관하게 정로위가 실제로 활약을 보인 것은 을묘왜변이 마지막이었다. 그러나 이보다 앞선 1541년(중종 36)부터 벌써 "정로위에 평민(서인庶人)들이 입속해서 무능력자가 많다"거나 "정로위를 설치한 이유는 사족이 군역을 지게 하려는 것인데, 지금은 모두 평민이고, 사족은 정로위의 비천함을 싫어해서 하지 않는다"는[123] 지적이 나오고 있다. 정로위에서 다시 한량층이 빠져나가면서 갑사에서 발생한 현상이 그대로 재현되고 있음을 보여준다.

1522년 대사헌 김극성은 정로위의 사정을 이렇게 묘사하였다.

> 대사헌 김극성이 상소하였다.……숙위하는 금군 외에 갑사·별시위·정로위란 이름을 가진 무리들은 거개가 남을 대신하여 뽑혀서 군부에 실려 있는 자들이니, 정병과 수군 중에 활을 제대로 쏠 줄 아는 자가 백에 한두 명도 없습니다.[124]

이처럼 처음에 한량으로 편성하게 했던 정로위의 신분적 편성원리가 무너지고 서얼, 서인들이 들어오게 되는 것이 정로위가 쇠퇴한 주요 원인으로 파악되기도 한다.[125] 그러나 정로위의 쇠퇴는 정로위가 지닌 본질적 한계에 기인한 것이다. 애초에 정로위는 국방의 일선에 서야할 정예 무사들이 군인이 아닌 보인이 되거나 군역을 피하고

---

122 차문섭, 앞의 책, 1973, 153~154쪽.
123 『중종실록』 권96, 중종 36년 11월 을사.
124 『중종실록』 권45, 중종 17년 7월 임술.
125 차문섭, 앞의 논문, 1967, 13쪽, 20쪽.

있는 상황을 감지하고, 이들을 군사로 전환시키기 위해 창설한 병종이었다.

그런데 한량층을 군사로 유지시키기 위해서는 그에 상응하는 반대급부가 필요했다. 그러나 정로위는 경제적 보상은 없었다. 한량층이 경제적으로 여유가 있다고 하더라도 군역의 부담은 작지 않은 것이었다. 더욱이 내금위로 승진하는 길은 좁고, 사회전반에 산관을 지닌 사람은 늘어나고, 품계도 인플레가 되어 가는 상황에서 품계만을 더해주는 가자 규정은 매력이 크지 않았다.

정로위가 성공을 거두려면 신분과 무재, 경제력이 있는 사람이 보인으로 가고, 보인이 되어야 할 인물이 정군이 되는 자리바꿈 현상을 근본적으로 해결할 대책이 제시되어야 했다. 실제로 이런 문제점을 인식하여 정로위를 유지하기 위해 별시위와 갑사의 인원을 줄이고, 능력이 떨어지는 자를 보인으로 돌려 정병-보인의 관계를 튼튼하게 다시 구축하자는 안이나,[126] 차라리 갑사를 정비해서 정로위를 갑사로 돌리고, 재주가 변변치 않은 갑사는 보인으로 돌리자는 안이 제시되기도 했다.[127]

하지만 정부는 이 방안을 받아들일 수가 없었다. 이러한 방안은 새로운 것이 아니라 원래 15세기 군제가 지향했던 이상형이었다. 그러나 이미 그런 방식을 유지할 수 없기 때문에 정로위가 탄생한 것이었다. 그러므로 정로위를 해체하고 정로위를 갑사로, 부실한 갑사를 보인으로 돌린다고 해도 얼마 지나지 않아 지금의 형태로 다시 바뀌어 버릴 것이 뻔했다.

즉 정로위를 그대로 두어도 정로위를 이용해 갑사를 재편성해도 한량층은 보인이나 피역자로 빠지고, 군사는 부실해 지는 현상이 재현될 뿐이었다. 그렇다면 정로위를 그대로 두는 것이 나을 수도 있었다. 이미 증명된 바와 같이 정로위는 임시적 대응책으로는 나름 유용했다. 대규모 사변이나 전쟁이 발발해서 징병을 피할 수 없는 사태가 발생했을 때, 사족이나 한량층은 가능한 한 상위병종으로 입속하려는 경향이 있었고, 이들은 별도의 보인이 없어도 적어도 한시적으로는 군비와 무장을 자비할 수 있는 경제력이 있었기 때문이다. 이러한 가능성과 기대가 정로위의 존재가 명종 이후로는 유명무실해지면서도 18세기까지 유지될 수 있었던 이유였다.

---

126 『중종실록』 권57, 중종 21년 7월 임진.
127 『중종실록』 권34, 중종 13년 11월 갑진.

제3절

왜변의 빈발과 방어체제의 변동

1. 삼포의 상황과 방위체제

1) 삼포의 개항과 왜관 설치

조선은 일본과의 외교관계를 전통적인 사대교린의 관념 속에서 구상했다. 일본과의 무역도 사무역과 자유무역은 허용하지 않고, 일본의 조공품에 대한 답례의 형식으로 진행했다. 일본에서 보내는 교역선을 1년 단위로 보내는 배라는 의미로 세견선歲遺船이라고 불렀는데, 조선에서 발행한 증명서인 도서나 쓰시마 도주가 발행하는 도항증명서인 문인을 휴대한 배만 정박할 수 있었다. 조선은 세견선의 척수를 지정하고 왜인의 교역활동을 관리하기 위해 세견선의 기항지도 제한했다. 일본인의 기항과 거주를 허용한 지역이 동래의 부산포富山浦, 진해 일대인 웅천의 내이포乃而浦(제포薺浦), 현재 울산의 장생포와 방어진 사이에 위치한 염포鹽浦였다. 세 항구를 합쳐서 삼포라고 했다.

삼포를 개방한 이유는 교역을 한 개의 항구로 제한하면 왜인들의 불만이 커진다는 이유도 있었지만, 왜인들이 한 지역에 집중되면 더 위험할 수도 있다는 배려도 작용했다. 또한 이들이 서울로 왕래할 때 드는 식량과 비용을 길 가의 군현에서 부담했는데, 이 경로가 하나로 고정되면 노변의 군현들이 받는 부담이 커서 부담을 분산시킨

다는 이유도 있었다.[128]

1419년 쓰시마 정벌 직전에 조선은 먼저 국내에 거주하는 왜인들을 체포, 구금했는데, 이때 경상, 충청, 강원도에서 체포한 왜인이 591명, 체포과정에서 살해된 왜인이 136명이나 되었다.[129] 이를 보면 고려 말부터 왜구와의 전투가 격렬하던 와중에도 왕래, 거주하는 왜인들은 상당수가 있었음을 알 수 있다.

1419년 쓰시마 정벌 이후 조선과 일본의 교류는 한동안 단절되었다. 그러나 1423년(세종 5) 10월 동래의 부산포와 내이포를 다시 개항했고, 1426년에는 울산 염포도 추가로 개항했다.[130] 개항지에는 왜관을 설치하여 일본인의 거주하는 지역을 제한하고, 조선인과의 교류를 단속했다. 그런데 삼포가 다시 열리자 왜인들은 장기거주도 요청하기 시작했다.

1426년 1월 쓰시마에서 사신을 보내 쓰시마는 토지가 없어 생계가 곤란하니 조선의 해안가에서 농토 경작과 어업, 무역활동을 허용해 달라고 요청했다. 조선은 경작은 허용하지 않았으나 상인과 선원을 대상으로 술과 음식을 파는 것과 어업은 허용했다. 이때 허용한 장기거주인이 쓰시마인 14명이었다.[131] 1435년 12월에는 내이포의 정착 왜인에게 진전 개간도 허용했다.[132] 이처럼 정착해서 사는 왜인이 증가하자 이들도 우리 국민이나 다름없으니 세금을 걷자는 의견도 제시되었다. 그러나 세종은 세금 징수를 유예하고 외국인으로서의 치외적인 특권도 어느 정도 보장했다. 이후 어업을 하는 왜인에게는 세를 받았지만, 경작지에 대해서는 1494년(성종 25)까지도 세금을 받지 않는 것이 관행이 되었다.[133]

이런 관용적 조치로 인해 삼포의 거주민이 급증했다. 특히 삼포에 있는 왜인들은 거의가 쓰시마 출신이었다고 할 정도로,[134] 쓰시마인이 많았다. 삼포 중 왜인이 제일

---

128 『세종실록』 권80, 세종 20년 2월 기사.
129 『세종실록』 권4, 세종 1년 6월 정축.
130 『세종실록』 권31, 세종 8년 1월 계축.
131 『세종실록』 권1, 세종 즉위년 9월 을해.
132 『세종실록』 권70, 세종 17년 12월 경술.
133 『성종실록』 권287, 성종 25년 2월 갑신.
134 『세종실록』 권89, 세종 22년 5월 정묘.

왜관도(국립중앙박물관)
1678년에 이설한 부산포 초량왜관의 모습.

많은 곳은 웅신현[135] 내이포였다. 아마도 해류상으로 웅천이 쓰시마와 왕래하기가 제일 편했던 지역이기 때문이었다. 1435년이 되면 내이포에 머물러 사는 사람이 4백~5백 명 선이고, 가족까지 불러 정착하기를 원하는 사람도 5백 명이 넘었다.[136]

1443년에는 조선과 쓰시마도주 간에 계해조약이 체결되었다. 주요 내용은 "세견선은 1년에 50척으로 한다. 세견선에는 조선에서 식량을 지급하되 배의 크기에 따라 대선은 선원 50명, 중선은 30명, 소선은 20명으로 한다. 삼포에 체류하는 날자는 20일로 한정한다. 단 사신이 서울까지 상경하는 경우는 50일까지 허용하고 이 기간 동안 식량을 지급한다. 고초도에서 고기잡이를 허용하되 어부는 지세포 만호에게 허락을 받고 어세를 내야한다. 조선에서 쓰시마에 하사하는 쌀은 매년 2백섬으로 한다"는 것이었다. 또 1470년의 기록에 의하면 고기잡이를 하는 어선은 왜구나 도적으로부터 자위수단을 갖추어야 했는데, 이 경우도 왜인은 절대 무장을 하지 못하며, 대신 만호에게 활쏘는 군관(사관射官)을 요청해서 동승시키게 했다. 왜인이 무기를 소지했거나 고기잡이 허가증이 없으면 바로 왜구로 간주하기로 했다.[137]

---

135 당시 명칭은 웅신현이었다. 1451년(문종 1)에 웅신현을 웅천현으로 개명했다(『문종실록』 권10, 문종 1년 11월 병진).
136 『세종실록』 권69, 세종 17년 7월 기축.
137 『성종실록』 권7, 성종 원년 9월 병자.

2) 삼포의 군사력과 대응태세

(1) 삼포 방어체제의 군사적 의미

삼포에 거주하는 왜인이 증가하자 조선 정부는 삼포의 치안과 만일의 사태를 대비한 방어태세를 강구하게 되었다. 그러나 이 방어대책이 단지 삼포라는 특수 지역에 대한 치안대책만으로 구상한 것은 아니었다.

14~15세기 왜구의 증가는 일본과의 전면전 가능성에 대한 경각심을 높였다. 그리하여 세종~세조대에는 중남부 6도 지역에 대해서도 전면전을 대비한 방어체제를 편성하는 것이 군제개혁의 중요한 과제로 등장했다.

그런데 일본이 침공할 때, 유력한 침공 거점이 삼포였다. 삼포에 왜인들이 거주하기 때문만이 아니었다. 삼포는 대일 항로상에서도 기항이 가장 편리한 곳이었으며, 일본의 전함이 동서남해의 연해로 진출하는 항로상의 요충이었다.[138]

군진의 편성, 해상방어체제, 군익도와 진관체제, 기타 방어체제의 개편과 정비를 시행할 때마다 삼포의 상황이 제일 먼저 언급되었고, 개혁의 필요성을 제기하거나 방법을 제시하는 근거가 되기도 했다. 따라서 삼포의 방어체제는 곧 15세기에 구축한 조선의 국토 방위체제의 집약이며, 왜변은 그 군사제도의 작동방식과 문제점을 보여주는 사례가 된다.

(2) 개항 이후 삼포 방어체제의 정비

삼포의 방어체제는 항구마다 개항시기와 지리적 위상, 중요도가 조금씩 다르기 때문에 서로 간에 약간의 차이가 있다. 일본 사신과 상인의 왕래가 가장 많고 거주민도 제일 많았던 곳은 웅천이었다. 오늘날의 진해, 마산 지역으로, 고대로부터 대일항로의 중심지였다. 여원 연합군의 일본 원정 때도 이곳이 전진기지이자 출항지였다. 1419년 쓰시마 정벌 때도 조선 함대가 웅천의 제포(내이포), 거제의 견내량에서 출발했다.

동래는 남해안 최대의 항구로서 일찍부터 진鎭이 설치되었다. 1426년 이전에는 경

---

138 세종 즉위년에 이미 내이포에는 수영이 설치되어 거제와 남해 연안 방어의 중심이 되어 있었다 (『세종실록』 권1, 세종 즉위년 8월 병신).

동래성 인생문(16세기)

상좌도 안무사의 영이 있었다. 『세종실록지리지』에 의하면 경상좌도 수군 도안무처치사의 영이 있는 곳이었다.[139] 1426년에는 부산포에 경상좌도 도만호를 설치했다.[140] 그러나 부산포는 왜국의 사신 왕래는 많았지만 거주 왜인은 웅신(웅천)에 거주하는 왜인보다 적었다.

염포는 다른 두 포에 비해 왜인의 왕래가 적었다. 하지만 이 지역은 부산-포항 간의 해안을 방어하는 군사거점으로서 대단히 중요했다.

1397년 조선 정부는 각도의 병마도절제사를 파하고 첨절제사를 설치했다. 이것은 병마도절제사가 도내의 여러 지역의 장병을 징발하여 그때그때 왜구에 대응하는 방식을 지양하여 주요 거점별로 첨절제사가 상주하는 군진을 설치하고, 이 군진을 중심으로 지역방어를 추진하는 방식으로 전환한 것이다. 이때 경상도에 설치한 4개의 진이 동래(부산포), 합포, 강주, 영해였다. 웅신에 진이 설치되지 않은 이유는 당시 웅신이 매우 작은 현이었기 때문이다. 그러나 편제로 보면 웅신도 합포에 속하므로 삼포 중 2포가 첨절제사의 진에 편성되었다고 할 수 있다. 그러나 삼포가 개항되고 거주 왜인이 늘어나자 삼포의 방어태세를 강화할 필요가 대두되었다. 방어태세 강화는 현지의 방어력을 강화하는 것과 신속한 지원체제를 확보하는 두 방향에서 시행되었다.

현지 방어력 강화를 위해 육군과 수군 전력의 증강이 이루어졌다. 먼저 수군의 경우 1436년 11월 거제도 옥포에 두었던 도만호를 웅신의 내이포의 만호와 바꾸어 내이포를 도만호와 처치사가 다스리는 지역으로 바꾸었다.[141] 이렇게 함으로써 경상 우

---

139 『세종실록지리지』, 경상도, 경주부, 울산군.
140 『세종실록』 권34, 세종 8년 11월 기해. 부산포에 도만호가 설치되었던 때는 태종 이전이었다 (『태종실록』 권14, 태종 7년 7월 무인). 그러나 이 도만호가 염포로 옮겨 갔다가 1426년에 다시 부산포가 도만호 배치지역으로 염포가 만호배치지역으로 바뀌었다.
141 『세종실록』 권75, 세종 18년 11월 계축. 이 방안은 전 해에 경상감사가 건의한 것이었다(『세종실록』 권69, 세종 17년 7월 기축).

도 도만호는 부산포에, 좌도 도만호는 내이포에 자리잡게 되었다.

만호를 도만호로 격상시킨 이유는 내이포 만호가 관직이 낮아서 왜인에게 위엄을 보이고 굴복시키기 어렵다는 것이었다.[142] 그러나 실제로 도만호로의 승격은 내이포에 정박하는 병선의 질과 수, 선군의 병력수에도 변동을 야기했을 것으로 추정되며 주변 포구의 병선을 동원하여 통합함대의 지휘권을 행사할 수 있게 되었다. 부산포와 내이 포가 경상도 해상방어의 중심기지가 된 것이다.

나아가 삼포에 배치한 병선은 순찰과 기동훈련도 면제하고[143] 항상 항구에 정박하 게 했다. 일반적으로 세종 때에 수립한 해상방어체제는 포구별로 병선을 배치하고, 도만호나 만호는 이 병선을 이끌고 끊임없이 주요 항로를 순시하거나 항로상에 위치 한 주요 섬에 매복하여 왜구의 기습과 이동을 감시하는 것이 주임무였다. 그러나 삼 포에는 늘 왜선이 정박하고 있는 상황이었기 때문에 삼포에는 수군이 상주하게 한 것 이다.[144]

그러나 내이포에는 이미 수백 명의 왜인이 상륙하여 거주하고 있었으므로 육상방 어능력 역시 강화할 필요가 있었다. 이를 위하여 축성과 병력증강이 요구되었다. 그 런데 부산포는 이미 성이 있었고, 염포는 거주 왜인이 제일 적었다. 따라서 축성이 문 제가 된 곳은 내이포였다. 이곳은 거주 왜인은 가장 많은 곳이지만, 내이포에도 성이 없고, 웅신현도 현성이 없었다. 심지어 김해부도 읍성이 부실했다. 이에 1434년 김해 부의 읍성을 쌓고 다음 해에 내이포를 관할하는 웅신현의 현성을 축성하기로 했다.[145] 그러나 1435년이 되도록 웅신현성의 축성은 지지부진했다. 결국 1435년 웅신현만 주변 고을의 선군까지 동원한 끝에 축성을 완료했다.[146]

웅신현성을 축성했지만 병력증원이 쉽지 않았다. 내이포를 관할하는 웅신현은 아

---

142 『세종실록』 권69, 세종 17년 7월 기축.
143 『세종실록』 권86, 세종 21년 7월 병인.
144 『세종실록』 권86, 세종 21년 7월 병인.
145 『세종실록』 권65, 세종 16년 8월 기유, 황희 등의 의논. 이날 기록에는 내이포에 현성을 쌓는 것 으로 되어 있는데, 내이포는 현소재지가 아니었으므로 여기서 말한 현성은 웅신현을 말한다.
146 『세종실록』 권69, 세종 17년 7월 기축, 경상감사의 보고 ; 『세종실록』 권69, 세종 17년 8월 무 진, 경상우도 처치사의 통첩.

주 작은 현이어서 상주병력을 증강하는 데는 한계가 있었다. 이에 1437년에 내이포에 웅신진을 설치하고, 김해부사로 첨절제사를 겸임하게 했다.

> 경상도 김해의 임내인 웅신현으로 웅신진熊神鎭을 만들고 김해부사로 첨절제사를 겸하게 했다. 웅신이 내이포에 가까워서 장사하는 왜인 수백 명이 상주하고 있기 때문이다.[147]

이 기사로 보면 웅신현을 웅신진으로 개편했다는 의미로 보인다. 그러나 1444년 기록에 웅신현과 웅신진은 별도로 존재하고 있는 것이 확인이 된다.[148] 웅신현과 내이포(웅신진)의 거리는 약 2리 정도였다.[149]

웅신진을 설치하면서 진성을 쌓았다. 웅신진성의 축조연대는 확실하지 않다. 성은 둘레가 4,314척으로 석성이며 웅신현의 읍성보다도 컸다. 진성의 남문이 왜관을 마주보는 구조였다.[150]

웅신현사가 아닌 김해부사가 첨절제사를 겸임하게 한 이유는 이때까지 웅신현이 김해부의 임내여서 수령이 파견되지 않았기 때문이다. 군사적으로 부사와 첨절제사의 겸임은 웅신진의 지원체제를 효과적으로 운용할 수 있다는 장점이 있었다. 게다가 부사가 첨절제사를 겸함으로써 유사시에 수령이 격이 낮은 주변 군현의 통합부대를 직접 지휘, 운영할 수 있었다.

반면 부사와 첨절제사의 겸임은 현지 대응태세라는 측면에서는 약점이 있었다. 먼저 부사는 문무를 겸비한 사람이 요구되었는데, 현실적으로 이런 인재를 구하기가 쉽지 않았다. 이에 김해부의 군관 중에서 무략이 있는 사람을 선발해 도진무로 임명하여 웅신진에서 상주하는 보완조치를 취했다.[151]

하지만 김해부사가 첨절제사를 겸임하므로 웅신현에 사변이 발생하면 김해부에서

---

147 『세종실록』 권76, 세종 19년 2월 임오.
148 『세종실록』 권105, 세종 26년 윤7월 임오.
149 『신증동국여지승람』 권32, 경상도, 웅천현.
150 『신증동국여지승람』 권32, 경상도, 웅천현, 관방.
151 『세종실록』 76권, 세종 19년 3월 계묘.

병력을 소집해서 지원해야 하기 때문에 신속한 대응이 어려웠다. 웅신진에 전임 첨절제사를 파견하면 좋겠지만 웅신진이 독립 행정구역으로 떨어져 나가면 김해부의 임내가 줄어들고, 김해부의 부역, 조세, 번상 체제도 모두 새로 개편해야 한다는 어려움이 있었다. 나아가 겸임체제의 장점 즉 김해부 병력동원과 지원체제의 장점을 포기해야 했다.

겸임체제의 장점을 살리고 현지 방어력과 긴급대응태세를 유지하기 위하여 정부는 양계지방 구자□「에 파견하는 만호와 천호의 제도를 도입하기로 했다. 즉 김해부에서 무용과 지략이 있는 자를 골라 관군첨절제사로 임명하여 그를 웅신진에 상주시켜 군사 문제를 전담하게 하는 방안이다.[152] 평소에는 김해부사가 부사와 첨절제사를 겸임하여 민정과 군정을 처리하지만 웅신진에 상주하면서 군사를 훈련시키고 방어체제를 관리하는 현장업무와 실전 지휘능력이 필요한 전시상황에서는 천호와 만호(관군첨절제사)를 활용하게 했다.[153]

웅신진의 설치에 따라 주변의 군현에서 차출하여 상주 병력을 강화할 수 있게 되었다. 하지만 진을 신설했음에도 불구하고 상주병력은 충분하지 않았다. 1440년 세종은 동래 동평진의 예에 따라 웅신진의 병력을 증원 배치하라고 명령했다.[154] 동평진의 사례란 동래의 병력을 차출해서 동평의 병력을 2배로 증원시킨 조치였다.

이런 조치에도 불구하고 『세종실록 지리지』에 기재된 웅신진의 병력은 영진군 120명, 선군 840명이었다. 선군의 수는 적지 않지만 이들은 해상전력이다. 1백여 명의 영진군은 내이포의 상주 왜인보다도 적은 수였다. 이처럼 양적인 면에서는 병력 증강이 미미했다고 해도 진이 설치됨에 따라 군사력의 질은 높아졌다. 주변 군현에서 우수한 군사를 징발하고, 편제와 장비를 갖추어 병사를 구성할 수 있게 되었다. 따라서 과거 웅신현 단독으로 방어군을 편성할 때와 비교하면 병사의 질 즉 전투력은 몇 배 이상 상승했다고 볼 수 있다.

---

152 『세종실록』권78, 세종 19년 7월 임진. 처음 의정부에서 올린 건의에서는 양계의 관행을 그대로 사용해서 만호와 천호를 임명하자고 했다. 그러나 이 명칭이 위엄과 권위가 없다고 하여 한달 후에 관군첨절제사로 고쳤다(『세종실록』권78, 세종 19년 8월 을축).
153 『세종실록』권78, 세종 19년 7월 임진.
154 『세종실록』권89, 세종 22년 5월 정묘.

지자총통(육군박물관)

그런 사례의 하나가 총통군과 화차의 배치이다. 세종조에 이미 모든 영진, 구자, 포에 공장을 내려 보내 총통을 제조하게 했다. 제조한 총통은 군기감에 상납하는 것도 있고 지역에 배치하는 것도 있었다. 배치한 총통은 팔전총통, 사전총통, 장총통, 세총통, 신기전 등이었다. 세종조에는 1년에 4차례 총통군만이 아니라 병사들이 모두 총통 사용법을 훈련받도록 했다.[155]

총통군은 삼포만이 아니라 영진에 모두 배치되었다. 하지만 화차는 달랐다. 문종 원년에 화차를 개발하고, 전국의 주요 군사 요충에 화차를 배치했다. 웅신진에는 10량이 배치되었다. 부산포와 염포에는 배치되지 않았는데, 부산포는 인근의 동래진에 10량이 배치되었다. 4군 6진의 각 고을에 배치한 양이 15량, 절제사 본영에 20량이 배치되는 상황이었으므로 10량은 적지 않은 수준이다. 경상도의 경우 10량이 배치된 지역은 웅신진 외에 거제, 남해, 사천진, 동래진뿐이었다.[156]

이처럼 웅신진의 설치로 웅신현과 내이포의 단위 방어력이 향상되었다. 그러나 전체적으로 보면 웅신진과 첨절제사의 설치가 주는 효과는 단위 군사력의 증강보다는 주변 군현의 병력을 동원하여 지원하는 지원체제를 강화하는데 더 큰 의미가 있었다. 그리고 이 방향이 이 시기 삼포의 방어체제를 강화하려는 정책의 주안점이기도 했다.

부산포는 왜인이 많지 않아 별도의 조치가 필요하지 않다고 생각했다. 그러나 웅신진 설치 2년 후인 1439년에 부산포도 왜인이 증가하고 있으니 웅신진과 같은 보완대책이 필요하다는 지적이 제기되었다. 게다가 부산포는 상주 왜인은 적지만, 왕래하는 인원이 적지 않았다. 1440년 기록에 의하면 상주왜인은 겨우 60여 호였지만, 현재 부산포에 있는 왜인은 6천여 명이나 된다고 했다.[157]

하지만 부산포는 관할 관아인 동래가 김해부와 달리 경상좌도 수군 도안무처치사

---

155 『세종실록』 권122, 세종 30년 12월 무오.
156 『문종실록』 권9, 문종 원년 8월 계미.
157 『세종실록』 권88, 세종 22년 2월 경진, 예조판서 민의생의 보고.

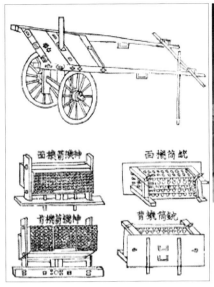

병기도설 화차도(좌)
신기전기 화차(전쟁기념관)(우)
좌측 하단이 신기전기(神機箭機) 우측 하단이 총통기(銃筒機)이다.

의 진영이 있는 곳이고, 부산포도 예전부터 좌도 도만호가 설치된 지역이어서 웅신진처럼 진으로 승격시킬 필요는 없었다. 이에 부산포에 대해서도 지원체제를 강화하는 조치를 취했다. 동래의 속현으로 부산포에서 4,5리 떨어진 동평東平에 별도의 진을 개설하고, 동래진의 군사를 나누어 배치해서 상황이 발생하면 빠르게 부산포를 지원할 수 있도록 했다. 동평진에 배치한 병력은 처음에는 1백 명이었으나 1440년 경(세종 22) 6백 명으로 증가시키고 1년 3교대로 하여 한 번에 2백 명씩 주둔하게 했다.

염포는 부산포나 제포에 비해 상대적으로 기록에 적게 등장한다. 염포는 가장 늦게 개항되었으며, 왜인들의 거주자나 왕래자도 제일 적었다. 또 서쪽 23리에 울산부가 있고, 울산부에는 좌도병마절도사영이 있어서[158] 방어체계도 탄탄했다. 동래진도 하루 거리에 있었다. 염포에는 만호가 있었으나 1426년 염포를 개항하면서 바로 도만호를 설치하여 서행포의 병선 10척 중 3척을 염포로 이동배치했다.[159] 11월에 다시 만호로 바꾸었다.[160]

---

158 『신증동국여지승람』 권22, 경상도, 울산부.
159 『세종실록』 권32, 세종 8년 4월 무진.
160 『세종실록』 권32, 세종 8년 11월 기해.

(3) 진관체제의 시행과 삼포 방어체제의 변동

조선 초기의 군제의 정비과정은 크게 2기로 나누어진다. 세종 때를 기점으로 거진을 중심으로 하는 방어체제가 정비 되었고, 세조 때에 군익도와 진관체제로 개편되었다.

그런데 군익도와 진관체제를 상징하는 특성이라고 할 수 있는 군사지역인 진과 민간행정 구역인 군현의 일치, 거진 중심의 방어체제, 거점 방어에서 1선, 2선 방어체제로의 전환 등의 사안들, 나아가 심지어는 진관체제의 변용과정으로 이해되는 현상들-육진과 수군진 합속 등-까지도 삼포의 군사체제 정비과정에서 선구적으로 나타나며 각 체제의 장단점도 논의되고 있다. 이 역시 삼포가 대일관계의 접점이며 최일선 지역이라는 국방상의 특징에 기인하는 것이라고 하겠다.

먼저 진관의 합속 사례는 웅신현과 웅신진에서 찾을 수 있다. 1451년 정부는 정분鄭苯의 상소에 따라 웅신현과 웅신진을 합쳐 웅천현을 만들고 첨절제사가 현령을 겸임하게 하였다. 다만 웅신현은 63호에 인구가 318명밖에 되지 않는 작은 현이어서[161] 독립된 현으로 승격시키기가 곤란했으므로 웅신에 김해부 소속의 완보莞補·천읍川邑 2현과 창원 소관인 산려山餘 등 3마을을 통합했다. 1460년(세조 6) 당시 웅천현의 호구는 310호, 남정이 410명이었다고 하는 바,[162] 예전의 웅신현과 비교하면 호수로는 5배 정도 증가한 것이 된다.

겸임제를 시행한 이유에 대해 정분은 첨사가 군현의 재정과 인력을 이용할 수 없어 재정과 부역 동원 능력이 극히 열악하다는 실정을 들었다. 진에 배치된 병사는 겨우 1백여 명 정도였고, 관사조차 지을 수 없어 첨절제사가 무너진 초가집에서 생활하고 있다고 했다. 이 바람에 왜인에게 위엄을 보이지 못하고 오히려 왜인이 관군을 경시하는 풍조를 낳는다고 했다.[163]

그러나 이 문제가 첨사의 위신이나 위엄과 관련된 문제만은 아니었다. 진의 재정과

---

161 『세종실록지리지』, 경상도, 진주목, 김해도호부.
162 『세조실록』 권20, 세조 6년 6월 신해.
163 『문종실록』 권10, 문종 원년 11월 병진.

병력이 열악하므로 성곽의 수축, 기계 보수 등도 제대로 시행할 수 없었다. 더욱 심각한 문제는 첨절제사가 수령을 겸임하지 않음으로 해서 진 밖의 민간인들에 대해서는 명령권이 없다는 것이었다.[164]

사변이 발생했을 때, 첨절제사가 주민을 성 안으로 입보시키고, 이들을 조직하여 저항할 권한을 가지지 못한다면 그것은 조선의 방어체제 자체를 허구화 할 수 있는 심각한 문제였다. 당시 조선의 방어전술은 왜구가 상륙하면 병사와 주민을 읍성이나 가까운 산성으로 입보시켜 수성전을 펴고, 그 사이에 가까운 육진과 수군진과 주변 군현의 병사를 동원하여 응원하는 형태였다. 이런 전략을 수행하기 위해서는 진과 현의 지휘권이 분리되어서는 곤란했고, 이것이 전면전을 대비한 국방체제로서 진관체제가 필요한 중요한 이유의 하나였다.

웅신현이 웅천현으로 개편되면서 1453년에 읍성도 새로 축성되었다. 예전 웅신현의 읍성은 너무 좁아서 주민들을 다 수용할 수 없고, 관사조차 세울 수 없었기 때문이다. 이 축성사업은 웅천현의 자력이 아니라 국가의 지원 하에 시행되었다. 사천성, 거제성 등 주변의 요해처에도 대대적인 축성사업이 함께 진행되었다.[165] 신읍성의 둘레는 3,514척이었다.[166]

이상의 조치를 통해 삼포 개항 이후부터 진행된 부산진과 제포의 방어체제가 일단락되었다. 그러나 삼포의 방어체제는 여전히 불안했다. 1455년(단종 3) 경상도 관찰사 황수신은 삼포의 방어체제를 점검하고, 종합적인 보고서를 올렸다. 이 보고서에서 황수신은 삼포 방어체제의 전술적 약점을 다음과 같이 지적했다.[167]

> ① 웅천과 부산진에는 수천 명의 왜인이 있으나 웅천진의 병력이 진군 150명, 방패 10명, 수성군 40명뿐이다. 부산진은 진군 1백 명, 방패 10명, 수성군 40명이다. 이들이 차례를 나누어 교대로(4교대로 추정된다) 방어하고 있다.

---

164 『문종실록』 권10, 문종 원년 11월 병진.
165 이 축성 책임자는 판전농시사였던 김순이었고 그는 이 공으로 지병조사로 승진했다(『단종실록』 권5, 단종 원년 1월 을축 ; 『단종실록』 권7, 단종 원년 7월 갑술).
166 『세조실록』 권20, 세조 6년 6월 신해.
167 『단종실록』 권14, 단종 3년 윤6월 기유.

② 유사시 주변 영진에서 지원하게 되어 있으나 거리가 너무 멀다. 웅천진과 우도절제사영은 49리나 떨어져 있으며, 2개의 큰 고개를 넘어야 한다.

③ 김해와 창원도 40여 리가 떨어져 있으며, 진병도 없다. 군사를 모으는 데만 1,2일 이상의 시간이 소요된다.

④ 부산포도 기장이 41리, 양산이 50리, 김해가 72리, 독진인 동래도 35리나 떨어져 있다.

⑤ 염포는 병마절도사영과 22리가 떨어져 있어 구원이 힘들다.

황수신의 논지는 그간의 노력에도 불구하고 삼포의 상주 병사가 적어 단위 방어력이 약하며, 주변의 영진과 군현변의 상호지원체제도 거리가 멀고, 절제사영 외에는 상주병력이 없어 실효성이 떨어진다는 것이다.

나아가 그는 삼포의 방어체제를 무력화할 수 있는 예상 시나리오까지 제시하였다.

> 만일에 왜인들이 서로 짜고 바다가 캄캄한 날에 배를 가까운 섬에 숨겨 두었다가 틈을 엿보아 몰래 출동하거나 밤을 틈타 침입하여 해상과 육지에서 동시에 공격하면 제포 만호가 웅천을 구원할 수 없고, 웅천 또한 만호를 구원할 수 없어, 각자가 스스로 적의 공격을 받게 될 것입니다.[168]

웅천읍성지(한국학중앙연구원)

이 시나리오는 단순해보이지만 전술적으로 아주 중요한 내용을 함축하고 있다. 먼저 웅천의 수비대는 웅천진의 육군과 제포 포구의 선군으로 분리되어 있다. 왜구를 해상과 육지에서 동시에 방어하기 위한 것이지만, 수비대의 병력이 적은 약점을

---

168 『단종실록』 권14, 단종 3년 윤6월 기유.

커버하기 위해 어느 한쪽이 공격받았을 때 서로 구원하고, 적의 공격을 받지 않은 부대가 주민을 성으로 소개시키고, 주변 기지에 신속하게 연락을 취하게 했다.

그러나 왜구가 기습적으로 두 부대를 동시에 공격하면 상호구원과 신속한 연락이라는 기능이 무력화 된다. 두 곳을 동시에 공격하려면 병력이 2배 이상이어야 한다. 그러나 야간을 이용하면 적은 병력으로도 이 작전이 가능하다. – 병력이 충분하다면 당연히 두 부대를 동시에 공격할 것이다. – 어둠으로 적정 파악이 어려운 점을 이용하여 소규모 부대로 한곳의 병력을 고착시키고, 한 곳에 병력을 집중하여 공략할 수 있다.

조선은 삼포의 수비대 병력이 부족하고, 인근 군현에서 지원병이 출동하는데 시간이 걸린다는 사실을 이미 알고 있었다. 그래서 적이 침공하면 수비대뿐만 아니라 주민이 모두 입보하여 강력한 농성전을 펼치기를 기대했다. 그래서 웅신현을 웅천현으로 확대개편하고, 읍성을 새로 쌓았다. 이런 전술은 웅천에만 해당하는 것이 아니라 전국의 군현에 모두 해당하는 것이었다. 문종 때에 전국의 군현을 검찰하여 읍성이 없는 곳은 읍성을 쌓고, 읍성이 있는 곳도 해자와 치를 반드시 보유하게 하는 등 읍 단위의 방어력을 높이기 위해 노력한 것도 같은 맥락이었다.

그러나 황수신의 생각처럼 왜구가 또는 제포에 거주하는 왜인들이 야간에 육진과 수군진을 동시에 기습하면 수비대가 완전히 고립되어 주민을 읍성으로 모으기도 힘들어진다. 읍성으로 모았다고 해도 주민들만으로는 읍성 방어가 곤란했다.

> 본도(경상도) 인민은 오직 농업에만 힘쓰고 궁시는 연습하지 않아 군병으로 편성되어 있는 자라도 활을 쏠 줄 아는 자는 1백에 한둘도 없는데, 평민은 어떻겠습니까? 지금 제포에 있는 왜인이 호수로는 92호이고, 인구는 4백 16명인데, 노약자를 제외한 장용한 자만 1백 14명입니다. 또 여러 곳에서 와서 포구에 머물고 있는 자가 2천 11명이며, 판매업에 종사하고 있는 자가 또한 많아서 적의 오랑캐 수천 명이 항상 우리 경내에 있는 셈인데, 혹시 불의의 변고라도 있어 수륙에서 함께 일어나게 되면 우리의 적고 약한 군졸로 각자가 적의 침입을 받게 되니, 그 형세가 서로 감당하지 못할 것이므로 한심한 일입니다.[169]

황수신 보고서의 결론은 읍성을 이용한 군민 합동방어, 육군진과 수군진 간의 협력방어, 인접 군현의 지원체제가 모두 실전에서 효과가 의심스럽다는 것이었다.

이 문제를 해결하는 방법은 삼포의 현지방어력, 그것도 주민 동원이 아닌 정예병에 의한 군사적 대응력을 높이는 것뿐이었다. 그래야 상호지원이나 협력방어, 농성작전 등도 효과를 볼 수 있었다. 그래서 황수신은 진의 주둔병력을 증원하고 지원체제를 강화하기 위해 삼포의 근접 지역에 제3의 군진을 추가로 설치하자고 주장했다. 염포 옆에는 유포柳浦에 진을 신설해서 4백 명을 주둔시키고, 웅천에는 진군 410명을 더해 4교대로 근무시키고, 10리쯤 떨어진 곳에 4백 명 규모의 보를 설치하자는 것이었다. 다만 부산포는 진군 80명의 증원으로 그쳤다.[170] 이 병력이 4번의 번상병을 다합친 수인지, 1번에 부방하는 병력을 말하는 것인지 명확하지 않다. 4번을 합친 병력이라면 1백 명은 25명, 80명은 겨우 20명에 불과해서 효과가 있을지 의심스럽다. 그러나 곧이어 정부가 유포의 석보에 6백 명,[171] 웅천진에 1천 2백 명, 동래진에 1천 명, 웅천에서 10리쯤 떨어진 석보에 1천 명을 배정하는 것을 보면 황수신이 말한 병력수는 1번에 해당하는 병력이었다.[172]

1456년(세조 2)에는 하번 시위패를 영진에 분속하는 조치를 취하면서 동래와 웅천, 그리고 염포 옆에 있는 울산의 도절제사 진에 경상도의 시위패 3백 명을 나누어 배치시켰다.[173] 이상의 조치로 인해 삼포의 전력은 크게 보강되었다.

그런데 1455년(세조 1) 군익도 체제, 1457년 진관체제가 시행되면서 삼포의 수비대 병력이 다시 약화되었다. 진관체제는 모든 군현이 군사단위가 되므로 이전에 거진에 파견했던 병력을 회수하게 되었다.[174] 삼포에서도 동래진, 웅천진에 배치했던 타 지

---

169 『단종실록』 권14, 단종 3년 윤6월 기유.
170 『단종실록』 권14, 단종 3년 윤6월 기유.
171 『세조실록』 권6, 세조 3년 1월 갑오. 이 기록에는 석보라고 했다. 그러나 막상 유포에는 석보가 세워지지 않았다. 수비대가 배치된 이후에도 1457년까지도 유포에는 석보가 없고 목책만 있었다.
172 『세조실록』 권6, 세조 3년 1월 갑오. 황수신은 왜인 거주지에 성을 설치하여 관방을 만들자고 제안했으나 이 방안은 왜인들을 동요시킬 소지가 있다고 하여 부결되었다(『세조실록』 권2, 세조 원년 8월 임술).
173 『세조실록』 권5, 세조 2년 12월 기미.
174 『세조실록』 권6, 세조 3년 1월 신사.

역의 군사들을 소속 읍으로 환수시켰다. 1456년 김해부의 방어를 위해 웅천석보에 배치한 김해부 군사 150명을 김해부로 되돌렸다.[175] 1458년에는 대대적인 환수조치가 취해져서 울산진 유포, 동래, 웅천석보에 증강된 병력 4,395명을 모두 본읍 방어로 되돌렸다.

> 병조에서 아뢰기를, "……경상도는 군사로 징발하는 수가 원래 많아서 역이 없는 사람이 적어 민력이 넉넉하지 못합니다. 게다가 지난 을해년에 울산진 유포의 석보와 동래·웅천진의 석보 등 여러 곳에 군인 4천 3백 95명을 증원하여 배치하는 바람에 여러 고을에서 군액을 충당할 수 없어 인리人吏·일수日守와 수륙군水陸軍의 자손들을 아울러 뽑아서 군사로 충당하니 매우 소요합니다. 지금 거진을 설치하고 통군이 있어서 스스로 성원할 수 있으니, 청컨대 (군현에서) 증원하여 (진에) 배치하는 군인을 파하여 (각 군현의) 수륙군의 유망한 수를 충정하소서."하니, 그대로 따랐다.[176]

군익도와 진관체제를 시행한 취지는 1선 방어에 치우친 방어체제를 개선하고, 2선과 3선 방어를 보강한다는 것이었다. 그러나 원칙적으로 2선, 3선 방어의 보강은 1선의 방어체제를 보존한 상태에서 이루어져야 했다. 하지만 최소한 삼포의 경우로 보면 이 2선, 3선 방어의 보강이 1선 방어의 약화를 담보로 진행되고 있었다. 결과적으로 보면 진관체제는 1~3선을 불문하고, 전체적으로 거진의 단위군사력을 약화시키고, 상호지원체제에 의한 방어의 비중을 높이는 결과가 되어 버렸다.

삼포의 방위체제 역시 삼포의 수비대를 강화하여 방어 일선에서의 직접적 대응력을 높인다는 방침이 철회되고, 주변 군현의 지원체제에 대한 의존도가 높아지는 방어 시스템이 되었다. 15세기 후반 이래 군역제의 모순이 심화되고 군역자원이 줄어들자 삼포의 병력은 다시 축소되었다.

『경국대전』의 규정에 의하면 삼포의 유방병은 각 포당 3려(375명, 1려는 125명)였다. 『경국대전』에서 이 규모는 진에 배당한 최대의 병력이었다. 『경국대전』 규정에서

---

175 『세조실록』 권5, 세조 2년 12월 경신, 병조의 계문.
176 『세조실록』 권14, 세조 4년 11월 계사.

는 주진만이 3려이고, 그 이하의 진은 1~2려가 정상이었다.[177] 염포는 주진인 울산진에 속했고, 동래와 웅천은 주진은 아니지만 전술적 중요성을 감안해서 특별히 3려를 배당했다. 이런 사례는 동래와 웅천이 유일한 것이었다. 원래 정병은 서 울과 지방에 교대로 번상하는 것이지만 지방의 주요기지는 서울로 번상하는 것을 면제하고 기지에서만 근무하게 했다. 동래와 웅천 등도 상경근무는 면제되었던 것으로 보인다.

『경국대전』 체제로 보면 삼포는 최대한으로 병력을 배치한 셈이다. 그러나 3려의 병력을 4번으로 나누면 1번은 1백 명이 되지 않는다. 병력수로 보면 삼포의 주둔 병력은 1455년 수준으로 되돌아간 셈이었다.

삼포의 방어체제는 이 상태에서 더 이상 개선되지 않았다. 삼포왜란 당시 성에는 1백여 명 정도의 병력이 있었는데, 이것은 『경국대전』의 규정과 부합한다.

2. 삼포왜란의 발발과 진압과정

1) 삼포왜란의 발발과 원인

1510년(중종 5) 쓰시마의 왜구와 삼포 거주 왜인이 합세하여 삼포의 관원을 살해하고 주변을 침공하는 사건이 발생했다. 이를 삼포왜란이라고 한다.

세종조에 삼포에 왜인의 거주와 어업을 허용하면서 거주 왜인의 수가 증가했다. 삼포에는 왜인을 위한 사찰까지 세워졌다. 부산포에만 절이 3, 제포에는 11, 염포에 1개가 있었다. 1475년에 조사한 삼포의 정착 왜인수는 〈표9-6〉과 같다.[178]

이들은 상주인의 수이고 유동인구까지 합치면 5천명이 넘었을 것이다.

거주인이 늘고 조선의 사정에 익숙해지자 왜인들의 불법행동, 조선과 왜인간의 갈등도 심해졌다. 반대로 왜인에 대한 조선 관리의 침해 행위도 증가했다. 삼포왜란 당시 홍문관 교리를 지냈던 이자李耔(1480~1533)는 당시의 상황을 이렇게 묘사했다.

---

177 『경국대전』 권4, 병전, 유방.
178 『성종실록』 권53, 성종 6년 3월 신해.

	호구	인구수							
		계	장남	장녀	노남	노녀	약남	약녀	승려
부산포	88	350	125	132	6	8	40	34	5
제포	308	1,731	607	605	33	19	234	187	46
염포	34	128	42	43	8	8	14	12	1
계	430	2,209	774	780	47	35	288	233	52

※ 약은 미성년 내지는 어린이, 장은 청장년, 노는 노인이다. 연령 기준은 정확히 알 수 없는데, 조선 측에서 나이를 정확히 파악할 수 없어 이런 방식으로 정리했을 가능성도 있다.

왜인들이 우리와 더불어 섞어 살면서 번지기 시작한 지 오래되니, 우리나라의 군비가 없는 것을 엿보고 교만한 것이 습관이 되었다. 평시의 진장鎭將이 자기들의 뜻에 조금만 거스르면 반드시 마당에서 고약한 말로 욕을 하고, 심지어는 칼날을 목에 대기까지 했다.……부산포 첨사 이우증李友曾은 본래 노둔하고 겁 많고 공연히 일을 과장해서 왜인을 어거하는 데 절제가 없고, 토목의 역사를 한결같이 위엄으로 누르려 하여 왜인의 머리를 새끼줄로 묶어 나무 끝에 매달고 활을 당겨 그 새끼를 쏘니, 왜인들이 모두 (마음에) 독을 품고 겉으로만 무서워했다.……여러 진에서 (이를 본받아) 다투어 사나운 것을 숭상했다. 좌도수사 이종의李宗義도 공을 세우고자 하여 바다에서 물고기를 잡는 왜인 10여 명을 목 베니, 원수를 사고 전쟁을 일으키는 일이 이 두 사람의 일로 시작되었다.[179]

이우증 등의 가혹행위가 왜인들의 폭동을 초래한 하나의 동기가 되었던 것은 사실이겠지만, 이런 불만이 쓰시마의 병력까지 동원한 조직적인 침공을 야기할 이유로 보기에는 부족하다. 삼포왜란의 근본적인 원인은 조선의 삼포무역 체제에 대한 왜인들

179 이자, 『음애일기』, 1510년 4월. 제포 정착 왜인의 수령인 대조마도 노고수장 등은 부산포 첨사가 소금과 기와 제조에 사용할 장작을 왜인에게 요구했다. 웅천현감은 사무역을 일체 금하고, 식량을 제때 공급하지 않았다. 제포 첨사는 고기잡이 왜인이 요청한 경호병력(射官)을 주지 않고, 왜인 4명을 죽였다는 사실을 자신들이 봉기한 이유로 제시했다(『중종실록』 권11, 중종 5년 4월 계사). 포로가 된 제포 첨사 김석철도 비슷한 보고를 했다(『중종실록』 권11, 중종 5년 4월 기해).

의 불만에서 찾아야 할 것이다.

삼포를 개항할 때부터 왜인들은 서남해안 항구의 개항과 왜인들의 내지 상업 활동을 허용해 달라고 청원했다. 특히 쓰시마는 농토와 산물이 부족하여 매년 조선에서 하사하는 쌀과 교역품, 삼포 정착민의 어업과 상업활동에 크게 의존했다. 그러다 보니 계해조약에서 규정한 매년 50척이라는 교역선 규정도 잘 지키지 않았다.

16세기가 되면 일본은 지방세력과 도시가 더욱 성장하고, 중앙과 지방, 지방세력 간의 경쟁체제가 증가했고, 국내상업과 무역의 욕구도 증가했다. 그러나 조선은 여전히 삼포 이외의 항구는 개항을 불허했고, 교역확대도 허용하지 않았다. 세견선의 수와 사무역에 대해서는 어느 정도 묵인하면서 탄력적으로 대응하기도 했지만, 단속의 손길을 늦추지 않았다. 조선은 대외무역과 상업의 발달은 농본사회의 기저를 흔들고, 사회에 분쟁과 혼란을 증대시킨다는 인식을 지니고 있었다. 더욱이 자유무역을 허용하지 않고 일본과의 교역을 사대교린의 원리로 대응했기에 삼포에 기항하는 왜선의 식량과 비용을 모두 조선 정부가 부담했다. 따라서 불법적 교역선의 증가로 정부의 접대 비용이 4만석에 달할 정도로 늘어나 조선의 재정에 큰 부담이 되었다.

국방의 관점에서 보면 조선 거주 왜인은 잠재적 위험요소였다. 그리하여 삼포를 처음 개항할 때부터 삼포를 폐쇄하고 왜인을 모두 추방하자는 건의가 지속되고 있었다. 실제로 조선인과 왜인 사이의 사건과 분쟁도 증가했다. 1508년(중종 3)에는 가덕도에서 벌목하던 웅천현 사람들이 왜인에게 습격당해 9명이 살해되었다. 1509년 3월에는 왜선 5척이 보길도에서 제주도에서 공상하는 말 수송선을 약탈해 6명이 죽고, 10여명이 부상을 당했다. 조선은 이런 사건들이 삼포의 거주왜인이나 쓰시마 왜인의 소행이라고 의심했다.[180]

이에 15세기 후반부터 어업을 금지시키거나[181] 사무역을 더욱 단속하고, 교역선에 대한 식량 지급 등을 엄격하게 했다. 이런 조치로 왜인의 불만은 더욱 늘었고, 삼포

---

180 『중종실록』 권10, 중종 5년 2월 기축. 이러한 의심은 근거 없는 것이 아니었다. 1510년 2월 경상도에서 어부를 살해, 약탈하던 왜구 몇 명을 체포했다. 나중에 그 중 한 명이 제포에 정착한 왜인의 우두머리인 신삼보라의 아들로 판명되었다. 이 사건이 신삼보라 등이 봉기하는 직접적 계기가 되었다(『중종실록』 권10, 중종 5년 2월 경자 ; 『중종실록』 권10, 중종 5년 3월 정묘).
181 『성종실록』 권292, 성종 25년 7월 기유.

왜인들로부터 얻은 수입에 많은 의존을 하던 쓰시마의 경제도 곤란하게 되었다. 이에 삼포 거주 왜인과 쓰시마의 왜인집단은 무장폭동을 기획한다.[182]

그러나 아무리 불만이 있더라도 조선의 방어체제가 탄탄했다면 감히 이런 무력침공을 계획하지는 못했을 것이다. 그러므로 이들이 무력시위라는 방법을 택했던 데는 조선의 방어체제의 약점을 간파하고 군사적 자신감을 지닐 수 있었던 것도 중요한 요인이었다고 하겠다.

2) 삼포왜란의 진행과정

1510년 4월 4일(양 5월 11일) 왜선함대가 거제도의 북단 영등포와 제포, 웅천, 부산포를 습격했다. 삼포의 정착왜인들도 사전 계획대로 공격에 참여했다. 왜군은 병력을 나누어 거의 동시에 삼포와 주변의 포구를 공격하는 각개격파 전술을 사용했다.[183] 왜선의 수와 병력 규모는 약 1백척이었다고 추정되고 있다.[184]

제포에서는 대조마도大趙馬道와 노고수장奴古守長의 지휘 아래 제포의 정착 왜인이 봉기했다. 이들의 수는 약 4천~5천에 달했다. 그러나 제포성의 병사는 성이 함락될 때 살해된 사람이 약 60명이라는 기록으로 미루어 보면[185] 기껏해야 1백여 명에 불과했다. 사전에 왜구의 습격을 탐지하지 못해 읍의 병력을 소집할 틈도 없었다. 제포성은 하루를 버티지 못하고 함락되고, 제포 첨사 김세균은 생포되었다.[186] 제포를 점령한 왜인들은 주변의 포구를 기습하여 병선을 소각하고, 민가를 약탈했다.

---

182 『중종실록』권11, 중종 5년 4월 임인, 대마주 태수 종성순의 서계.
183 왜군의 영등포, 제포, 부산의 공격이 동시다발적 공격이 아니라 한 성을 함락하고, 다음 성으로 진행하는 순차적인 공격으로 이해하는 견해도 있다(국방군사연구소, 『왜구토벌사』, 1993, 223~225쪽 ; 『한민족전쟁통사-조선시대 전편』, 1996, 61~63쪽). 그러나 당시 기록에도 왜인이 각 포를 동시에 공격했다고 했다(이자, 『음애일기』 ; 『중종실록』권11, 중종 5년 4월 계사, 관찰사 윤금손의 치계).
184 『중종실록』권11, 중종 5년 4월 을미, 김석철의 장계.
185 『중종실록』권11, 중종 5년 4월 기해, 제포 첨사 김세균의 보고.
186 김세균은 석방되지 않고 쓰시마로 납치되었다. 다음 해 쓰시마에 표류했다가 돌아온 사람이 김세균이 1511년 3월 20일 쓰시마에서 병사했다는 이야기를 들었다고 보고했다(『중종실록』권13, 중종 6년 4월 기해, 경상도 관찰사의 장계).

제포성지 남벽(문화재청)

웅천성에서도 격전이 벌어졌다. 왜군의 리더는 정장貞長이란 인물로 이전부터 쓰시마의 특송으로 조선을 방문했던 사람이었다. 그는 쓰시마도주의 명령으로 함대를 거느리고 나왔다고 말했다.

웅천성은 웅천현감 한윤의 지휘 아래 다음 날인 5일(양 5월 12일)까지 왜군의 공세를 막아냈다. 또 5일에 경상도 절도사 김석철과 김해부사 성수재, 경차관 이식이 거느린 지원군이 웅천에 도착했다. 그러나 병력이 너무 적었다. 절도사영과 김해, 함안, 고성, 의령, 칠원과 주변 성보의 군사를 모두 징발했지만 병력은 5백 명도 되지 않았다. 절도사 영이라고 해도 상주 군사는 1백~2백 명 정도에 불과했고, 동원령을 내려도 공고와 소집에 시간이 걸려 하루 동안에는 이 정도 밖에 모을 수가 없었다. 이들은 여러 번 왜군과 전투를 벌이며 웅천성으로 진입하려고 했으나 왜군의 저항과 매복으로 성공하지 못했다. 그러다가 5일 저녁 2경(21시~23시)에 왜군이 야습을 감행하자 후퇴하고 말았다.[187] 구원병이 후퇴하자 한윤도 성문을 열고 달아났고, 웅천성은 함락되었다. 한윤은 이 죄로 처형되었다.

영등포를 공격한 부대는 다른 곳에 비해 적었다. 덕분에 조선군은 4월 4일(양 5월 11일)과 5일 두 차례의 공격을 막아냈다. 하지만 8일(양 5월 15일)이 되자 40척의 함대가 몰려왔다. 아마도 제포성을 함락시킨 병력을 추가로 투입한 것으로 보인다. 영등포는 함락되고 만호는 실종되었다.

부산포의 상황도 제포와 비슷했다. 기습을 당한 부산포는 바로 함락되었다. 평소에 왜인으로부터 미움을 받았던 첨사 이우증은 처참하게 살해되고, 성안의 진병과 백성도 1백여 인이 살해되었다.[188]

---

187 『중종실록』 권11, 중종 5년 4월 병신.
188 『중종실록』 권11, 중종 5년 4월 갑진.

부산포를 점령한 왜군은 약 2백 명이 동평진을 향해 진격하면서 마을을 약탈하고, 동래성을 포위 공격했으나 성공하지 못하고 돌아갔다. 왜구는 다시 소규모 부대를 내보내 동평, 조라포를 약탈했으나,[189] 조선군의 대대적인 반격 조짐이 보이자 4월 17일(양 5월 24일)경부터 모든 병력이 제포로 집결하고, 약탈한 물건과 거주민을 가덕도와 같은 주변의 섬으로 분산하거나 쓰시마로 이송하면서 조선군의 공격에 대비했다.

삼포왜란이 조정에 보고된 것은 이미 부산포, 제포, 웅포, 영등포가 함락된 다음인 4월 8일(양 5월 15일)이었다. 정부는 4월 13일(양 5월 20일)에 방어

유순덕 초상(문화재청)

청을 설치하고 토벌계획을 논의했다. 4월 8일 황형黃衡을 경상좌도 방어사, 유담년은 우도 방어사로 삼아 각각 종사관 2인과 군관 30명을 대동하고 현지로 달려가게 했다. 유순정을 도원수로 임명했고, 안윤덕을 부원수로 임명함으로써 토벌군의 지휘체제를 갖추었다.

4월 17일(양 5월 24일)경 현지로 내려간 안윤덕의 지휘 아래 왜군의 집결지인 웅천성 공격계획을 마련했다. 정부는 충청, 강원도의 병력까지 동원하기로 했으나 왜군이 철수를 시작하자 경상도 병력만으로 공격을 감행하기로 한다. 웅천성은 진창과 산으로 둘러싸인 요새지여서 수륙에서 동시에 협공하기로 했다.

4월 19일(양 5월 26일) 육군은 3방향으로 진군했다. 유담년은 1천 9백 명의 병사로

---

189 『중종실록』 권11, 중종 5년 4월 무술.

김해 성법역省法驛에서 출발했고, 김석철은 2천명으로 창원 안민역安民驛을 출발했다. 황형은 정예 기병 수백 명을 거느리고 김해에 자리 잡았는데, 병력은 1천이었다.[190] 수군은 우도 수군 절도사 이종의李宗義와 부산 첨절제사 이보李俌의 지휘로 약 60척의 병선[191]으로 동서 양쪽에서 진격했다.

왜군은 성을 버리고, 제포 동문 바깥 작은 산에 진을 쳤다. 3개의 봉우리에 포진하고 방패로 방어벽을 구축했다. 성을 버리고 산에 포진한 이유는 여차하면 해안에 정박시킨 배로 도주할 수 있었기 때문이었다. 전투는 오전 9시(진시)경에 시작해서 오후 8시(신시)까지 지속되었다. 먼저 황형과 군관 강윤희가 기병을 끌고 왜군에게 도전했다. 왜군이 돌격해 오자 황형 부대는 기사로 응전하면서 3번이나 격퇴했다. 이후 유담년 부대가 도착해서 동쪽과 서쪽 봉우리를 차례로 공략했다.

조선군은 전위부대에게 녹각을 들려서 진격했다. 왜군이 그들의 장기인 돌격으로 나오면 녹각을 꽂아 진격을 저지하고, 조선군의 장기인 화살공격을 퍼부었다. 그래도 왜군이 전진을 계속해 방어선에 육박하자 활과 총통으로 공격하는 한편, 안동의 돌팔매 부대를 투입했다. 돌팔매의 효과가 커서 왜군의 방패가 모조리 깨졌다.

동, 서쪽 봉우리가 함락되자 남쪽의 중군은 싸움을 포기하고 해안의 배로 달아났다. 조선군은 추격하면서 총통과 화살로 공격했다. 이때 바다에서 수군이 등장하여 퇴로를 막고 협공했다. 왜구는 대패하여 대부분이 살해되거나 사로잡혔다. 침몰시킨 배가 5척, 도망간 배가 1백여 척, 목을 벤 숫자가 295급, 바다에 빠져 죽은 왜군의 수는 알 수 없다고 했다. 조선군은 단 한 명의 희생자도 없었다. 다만 유담년의 군관 김양필이 왜적의 머리를 자르다가 기습을 당해 다리와 등을 찔린 것이 전부였다.[192] 철저하게 왜군의 돌격을 차단하고, 활과 총통을 사용한 장병전술로 일관한 덕분이었다. 다만 도주한 왜선이 너무 많은데, 수군의 차단작전이 원활하지 못했던 것이 아닌가

---

190 『중종실록』 권11, 중종 5년 4월 병오 ;『중종실록』 권11, 중종 5년 4월 기유, 부원수 안윤덕의 계본.
191 『중종실록』 권11, 중종 5년 4월 기유. 21일 기록에는 30척으로 되어 있으나 60척이 맞다고 보인다.
192 『중종실록』 권11, 중종 5년 4월 정미 ;『중종실록』 권11, 중종 5년 4월 기유, 부원수 안윤덕의 계본.

하는 아쉬움이 남는다.

3) 삼포왜란의 수습과 군사적 교훈

삼포왜란은 진관체제에 기초한 조선의 군사제도의 약점, 특히 동원체제의 취약점을 여실히 보여준 사건이었다. 그러나 삼포왜란이 남긴 군사적 교훈에 대해서는 적절한 분석과 조치가 행해지지 않았다. 삼포왜란 발발 당시 왜군의 전술은 부산포, 제포와 주변의 군사기지를 동시에 공격해서 각개격파로 단숨에 공략하는 것이었다.

> 군사를 보내어 염포·부산포·동래·제포·웅천·거제 등의 각 포를 (동시에) 침노했다. 이렇게 한 까닭은 수영水營과 부산포만 침노하면 기타 침노당하지 않은 각 진의 군사가 혹시 수영과 부산포로 와서 웅거할까 염려한 때문이다.[193]

이 진술은 1455년 황수신이 예상했던 왜군의 삼포 침공 시나리오와 놀랍도록 일치하고 있다. 진관체제로 인해 각 진의 상주병력이 적고 모든 진관이 상호지원체제에 의존하기 때문에 병력 소집과 동원에 시간이 많이 소요되었다. 제포와 부산포가 공격을 받자 우도 절도사영과 김해, 동래에서 하루 만에 지원병이 출동하기는 했다. 하지만 우도 절도사가 인솔한 병력은 절도사영, 김해, 창녕, 함안 등에서 소집한 병력임에도 5백 명이 되지 않았다. 동래진에서 출동한 병력도 2백 명의 왜군이 4대로 나누어 2대는 약탈하고, 2대가 조선군을 상대했다고 할 정도로 소수였다.

이렇게 왜구의 기습에 취약했지만, 일단 병력과 편제를 확보하자 조선군은 의외로 쉽게 왜군을 제압했다. 당시 왜군이 정규군이라고 보기는 어렵고, 병력도 그리 많지는 않았다. 그럼에도 불구하고 조선의 진압군이 출동한 뒤에도 왜군이 응전한 것을 보면 이들도 편제를 완료한 조선군의 능력을 접해 본 적이 없고, 그동안 소수의 부실한 병력만을 보았기 때문에 조선군을 경시했던 것이 아닌가 싶다.

---

193 『중종실록』 권11, 중종 5년 4월 기해.

그러나 편성을 확보한 조선군은 전술적 장점을 십분 활용하면서 이들을 제압했다. 이것은 당시 조선군의 전력이 결코 허약하지 않았음을 반증한다. 그러나 경상도 지역의 병력만을 동원하고 약 3천의 육군과 병선 60척을 동원했음에도 불구하고 이 정도 수준으로 군대를 조직하는 데만 거의 10일 이상이 소요되었다.

삼포왜란은 진관체제로 대표되는 조선의 군사동원 및 방어체제가 제대로 기능하기 위해서라도 1선 진관의 전투 능력 강화가 절실한 과제임을 상기시켜 준 전쟁이었다. 그러나 이상하게도 조선 정부는 이 사실을 인지하지도 인정하지도 않았다. 침공 초기 부산포, 제포 같은 거진이 허무하게 함락된 사태가 논의되었지만, 그 원인이 각 진의 방어능력의 문제가 아니라 평소에 전쟁준비와 훈련을 소홀히 하고,[194] 군령이 엄하지 않은 탓으로 간주했다.

> 이손李蓀이 아뢰었다. "웅천은 용무用武할 수 있는 땅이어서 자력으로 적을 막을 수 있는데, 사졸이 기가 죽고 김석철도 구원하지 못하고 물러갔으니, 이것은 군령이 엄하지 못하여 그런 것입니다. 그리고 사상자를 감사가 즉시 보고하지 않았으니 또한 어찌 옳겠습니까." 성희안成希顔이 아뢰기를, "이손이 말한 군령이 엄하지 않다는 지적이 매우 옳습니다. 군령이 엄하면 윤효빙尹孝聘·이해李海가 어찌 감히 도망하여 피하였겠습니까. 마땅히 이 무리를 백의종군시켜 공을 세워 속죄하게 하소서."[195]

즉 조선은 삼포왜란 초기의 참극을 진관체제의 구조적 문제가 아닌 운영상의 문제로 치부함으로써 이 문제를 개선하려고 하지 않았다. 이것이 을묘왜변 초기 패전을 낳은 원인이 되었다.

---

194 『중종실록』 권11, 중종 5년 5월 병자.
195 『중종실록』 권11, 중종 5년 4월 갑진.

3. 을묘왜변과 병력동원체제의 변동

1) 을묘왜변 발발 이전의 정세

삼포왜란으로 조선은 일본에 대한 경제적 제재를 더욱 강화했다. 1512년에 체결한 임신조약은 "삼포에 왜인 거주를 금지한다. 포구는 제포 1포만을 개항한다. 세견선은 50척에서 절반인 25척으로 줄이고, 세사미두도 삭감한다"는 강경한 내용으로 구성되어 있었다. 그러나 이렇게 교역이 축소되자 왜인의 불만은 더 증가할 수밖에 없었다.

반면 조선의 방어태세는 취약점을 더욱 노출하게 되었다. 삼포왜란에서 드러난 방어체제의 약점은 개선되지 않았고, 군역제도의 모순과 지주제의 발달로 인해 양인은 계속 감소하고, 피역은 증가했다. 국가의 군비와 전시 대비 태세도 삼포왜란 때에 비해 현저히 약해졌다. 병선과 총통 같은 무기가 제대로 갖춰지지 않았고, 군량, 군마, 화약과 같은 전시물자의 비축이 극도로 줄었다. 삼포왜란 때는 군관들에게 역마를 지급했지만 을묘왜변 때는 국가가 지급할 말이 없어 군관들이 개인의 전마를 가지고 출정하게 했을 정도였다.[196]

을묘왜변이 발생하기 10년 전에 발발한 사량진 왜변은 당시 조선군의 실상을 더욱 확실하게 노출시켰다. 1541년 조선 정부는 왜인들의 조약 위반사항을 강력하게 단속하기 시작했다. 삼포왜란이 끝난 지 30년이 지나면서 왜인들의 불법행위에 단속행위가 조금 느슨해졌는데, 조선이 다시 조약을 준수할 것을 요구했던 것이다. 여기에 불만을 품은 왜구가 고성 앞바다에 위치한 사량진을 침공했다. 규모는 왜선 20척에 병력은 2백 명 정도였다. 그들은 갑주를 착용하고 공성구까지 가지고 왔다. 그들은 공성구를 이용하여 사량진성의 옹성을 파괴했으나 만호 유택柳澤이 지휘하는 사량진의 장병들이 잘 싸워 성을 지켜냈다. 왜구는 약 20여 명의 사망자를 남겼고, 조선군은 8~9명의 병사가 부상했다.

사량진 왜변은 삼포왜란이나 을묘왜변과는 조금 다른 전형적인 왜구의 침공에 가

---

196 『명종실록』 권18, 명종 10년 5월 기유, 정사룡의 진언.

까웠다. 그러나 이 전투에서도 최일선의 진들이 상주병력이 부족하고, 조선군의 본격적인 출동과 편성에는 시간이 걸린다는 약점이 다시 한번 노출되었다.

그러나 조선은 이번에도 이 경고성 징조를 무시했다. 오히려 1547년 정미조약을 맺어 조일 교역을 더 축소했다. 세견선은 25척으로 줄었고, 조선에 거주하는 왜인은 왜관 밖으로도 나올 수 없게 했다. 조선으로서는 도발에 대한 응징이라는 차원에서 강력한 조치를 취할 수밖에 없었지만, 왜인들의 입장에서 보면 비록 그들의 잘못이라고는 해도 가뜩이나 불만인 교역 조건이 더욱 악화된 셈이었다.

2) 달량성 전투의 패전과 지역방어체제의 붕괴

1555년(명종 10) 5월 11일(양 5월 30일), 전라남도 영암의 이진포梨津浦에서 달량포達梁浦 사이의 해안에 왜선 11척이 출현했다. 왜군의 병력은 알 수 없지만 1척당 평균 20명으로 잡으면 2백~4백 명 사이의 병력이었다고 생각된다. 이들은 해안에 상륙해 마을을 불태우고 노략질을 하기 시작했다. 달량에 성이 있었지만 상주 병력은 20명뿐이었다. 인근에 있던 가리포 첨사 이세린李世麟이 강진에 주둔하는 전라도 병마절도사 원적元積에게 이 사실을 보고했다. 보고를 받은 원적은 각 고을에 동원령을 내리고 자신의 호위무사 20여 명과 병영의 상주병력을 인솔하고, 인근 고을인 장흥부사 한온韓蘊과 영암군수 이덕견李德堅의 병력과 합세하여 당일로 달량성으로 들어갔다. 이곳에서 농성하면서 성을 보호하다가 주변 고을의 지원병이 충분히 도착하면 공세로 전환하여 적을 격퇴하려는 것이었다.

원적과 한온, 이덕견은 규정대로 신속하게 대응했다. 이들이 지원하지 않았더라면 달량성은 당장 함락되었을 것이다. 그러나 병마도절제사영의 군대와 장흥부와 영암군의 군대를 합쳤음에도 병력은 2백 명에 불과했다. 게다가 원적이 달량성으로 들어가자마자 갑자기 60척의 왜선이 더 나타나 달량성을 포위했다.

왜군은 조선의 방어전술을 완전히 꿰뚫고 역으로 이용했다. 소수의 병력을 보내 조선군의 출동을 유인해서 달량성에 들어가도록 하고, 대군이 출동해 성을 포위한 것이다.[197]

그 뿐이 아니었다. 주변 진관의 병력들이 달려 올 것도 예측하고, 길목마다 병력을 매복시켰다. 전라우도 수군절도사 김빈과 진도 군수 최린이 이 매복에 걸려 대패했다. 김빈은 목숨을 건졌지만 깃발까지 빼앗겼다. 해남현감 변협도 군사 3백 명을 인솔하고 달량성 옆까지 진출했으나 왜군에게 격파되었다. 이 전투에서 전 무장 현감 이남이 전사했다.

사기가 오른 왜군은 달량성을 6겹으로 포위했다. 왜군의 병력은 정확하지 않지만 나중의 여러 기

해남 수성송
명종 10년 달량진(현 해남군 북평면 남창리)에 왜구들이 쳐들어와 인근 성들이 함락되었는데, 해남은 현감 변협의 지휘하에 지역민들이 왜구를 물리쳤다. 이를 기념하기 위해 심은 나무이다.

록을 보면 1천 5백 명 정도였다. 성의 병사들은 활을 쏘고 돌을 굴리며 적과 싸웠다. 그러나 구원병이 차례로 격파당한 데다가 달량성에 비축한 식량이 이틀 치밖에 없었다. 원적은 병사들에게 교전을 금지시키고 왜군에게 협상을 제의했다. 하지만 이 행동은 오히려 왜군에게 조선군의 약점을 노출한 꼴이 되었다. 조선군이 방어능력이 없다고 판단한 왜군은 바로 성을 공격해서 함락시켰다. 원적과 한온은 피살되고 이덕견은 포로가 되었다. 병마절도사가 왜군에게 피살된 것은 조선 건국 후 최초의 사건이었다.

달량성의 패전으로 병마절도사와 전라우도 수군절도사, 진도, 장흥, 영암, 해남의 군대가 한순간에 괴멸되었고, 전남 해안 일대 조선군의 방어체제가 붕괴되어 버렸다.

---

197 처음에 달량성을 포위했던 왜군은 원적의 지원군이 나타나자 달량의 수비대와 원적 군 사이에서 협공을 받을 것을 우려해서 일단 후퇴했다가 왜군의 원병과 합세하여 재 포위했다고 보는 견해도 있다(국방군사연구소, 앞의 책, 1996, 72쪽). 그러나 이후의 전개과정을 보면 왜군이 처음부터 조선군의 대응방식을 예측하고 계획을 세웠던 것이 분명하다고 생각된다.

이것은 우연한 패전이 아니라 왜군의 치밀한 작전계획의 결과였다. 이 작전이 성공하자 왜군은 부대를 나누어 무방비 상태가 된 주변의 군현을 마음껏 약탈하기 시작했다.

왜군은 진도 남쪽에 위치한 수군진영인 남도항과 금갑항을 함락시켰다. 5월 21일(양 6월 9일)에는 강진의 전라도 병영과 장흥부에 침입해서 병영에 비축해 둔 병기와 군량까지 모조리 털어갔다. 조선군의 유일한 승리는 5월 17일(양 6월 5일) 수사 최종호崔宗浩가 나로도를 습격한 왜군을 격퇴하고 31명을 살상한 것이었다. 그러나 이때의 왜군의 규모는 전선 2척에 불과했다.

5월 24일(양 6월 12일) 왜군의 주력이 영암향교를 점령하고, 이곳을 본부로 하여 영암성을 포위 공격했다. 그 사이에 왜군 일부는 강진으로 진출, 5월 26일(양 6월 14일)에 강진을 함락시켰다. 다행히 영암성에는 전주 병사를 이끌고 달려온 전주부윤 이윤경의 군대와 우도방어서 김경석이 이미 들어와 있었다. 그래도 성의 병력은 왜군에 비해 훨씬 적었다.

한편 이에 앞선 5월 16일(양 6월 4일)에 전남의 상황을 보고 받은 조정은 급히 토벌군을 편성했다. 최고 사령관인 전라도 도순찰사에 이준경을 임명하고, 야전사령관인 방어사에는 좌도에 남치근, 우도에 김경석을 임명했다. 그리고 전라도의 진병만으로는 진압이 어렵다고 판단, 서울과 전라도의 산관, 한량, 무사들을 선발해서 전력을 보강하도록 했다.

왜군이 영암을 포위한 다음 날인 5월 25일(양 6월 13일) 남치근과 경상좌도 방어사 조안국이 나주를 지나 영산포로 진격했다. 영암성에 있던 왜군은 조선군의 진격 소식을 듣고 1천명의 부대를 나주로 파견하여 토벌대의 진로를 봉쇄하게 했다. 남치근 부대는 왜군을 보자 감히 공격하지 못하고 진격을 멈추었다.

영암성에 남은 왜군은 토벌군이 오기 전에 영암을 탈취하기 위해 동문에 모여 맹렬하게 공격했다. 그러나 영암성의 장병과 주민은 이윤경의 지휘 아래 맹렬하게 싸워 왜군을 격퇴했다. 왜군의 세력이 약해지자 적극적으로 공세로 전환했다. 이 공세에서 이윤경은 전주에서 선발한 정예무사인 효용군 15명을 적절히 활용했다. 성 안에서 왜군의 공격에 향해 활로 응사하다가 화전까지 쏘았는데, 마침 서풍이 강하게 불어 왜

군의 진영을 불태웠다. 왜군이 동요하자 이윤경은 효용군 10여 명을 앞장세워 성문을 열고 적진으로 돌격했다.[198] 조선군을 너무 얕보고 병력을 분산시킨 것이 왜군의 실수였다. 왜군은 패해서 달아났는데, 성 주변에 남긴 시체만 110여구였다. 나주에서 돌아온 왜군의 분견대도 영암성의 패전 상황을 보자 바로 철수했다. 이로써 약 반 달가량 진행된 을묘왜변이 종식되었다. 조선측 피해는 호남지방에서만 전사자가 161명, 민간인 희생자가 340명 총 510명이었다.[199]

3) 을묘왜변의 결과

을묘왜변은 쓰시마 정벌 이후에 가장 조직적이고 대규모적인 왜군의 침공이었다. 군사적으로 보면 조선 방어체제의 약점이 고스란히 노출된 사건이었다. 진관체제의 협력방어체제는 대응태세가 느리다는 약점 외에 조선군의 집결지와 진로가 적군에게 완전히 예측된다는 또 하나의 치명적인 약점을 노출했다. 삼포왜란 당시 왜군이 전자의 약점을 공략했다면 을묘년의 왜군은 후자의 약점을 노렸다. 그것은 한순간에 전라

---

198 영암성 전투의 상황은 『명종실록』 권18, 명종 10년 5월 임술 및 계해 조에 자세하다.
199 『명종실록』 권19, 명종 10년 8월 을유.

도의 방어체제를 붕괴시키고 군사력의 진공상태를 낳았다.

16세기 이후 군제의 이완과 피역자의 증가로 군 전력이 확연히 떨어졌다는 사실도 새롭게 드러났다. 정규군을 편성해도 전투력과 군비, 군량, 훈련이 절대적으로 부족했다. 전라도 순문사로 파견된 이준경은 현지에서 소집된 전라도 군사를 쓸모없는 군사라고 단정하고, 서울과 타도의 정병, 무신 산관, 한량, 심지어 공사천과 승도까지 강제적으로 징집할 것을 요청했다.[200] 정부는 이윤경의 요청을 받아들여 금군 80명을 포함한 서울의 정병 2백 명을 편성하고, 전라도에서 공사천과 사족, 한량, 산직 무관, 승도를 징발할 것을 결정했다.

> 방어하는 계책으로는 식량과 군대를 충분하게 하는 것이 으뜸인데 각 고을의 창고가 이미 고갈되었고, 민간의 장정은 모두 중이 되어 버렸으며 겨우 남아 있는 군졸은 굶주림에 지쳐 있으니, 비록 어진 장수가 있다 한들 벌떼처럼 많은 적을 어떻게 하겠습니까? 오늘의 사태는 통곡할 만하다 하겠습니다.
> 공사천公私賤 중에서 날래고 용맹스러운 사람들을 이미 뽑도록 했거니와, 모든 산의 사찰에 강장彊壯한 중들이 얼마인지 모릅니다. 그 강장한 사람들을 뽑아내어 적에게 달려가게 하고 노약한 중은 양식을 준비하여 군보軍保가 되게 한다면, 수많은 승군은 강한 군사가 되고 군량 준비도 잘 되어 또한 군량이 끊어질 염려가 없게 될 것이니, 창졸간의 사태에 어찌 다소나마 도움이 없겠습니까? 전라·청홍淸洪 두 도의 중들에 대해 비변사로 하여금 우선 절목을 마련하여 시행하게 하소서.[201]

이런 무작위적 징발은 조선 건국 후로 처음 발생한 사건이었다. 이렇게까지 병력을 동원했음에도 불구하고, 전투의 양상은 보잘 것 없었고, 삼포왜란 당시의 전투보다도 더욱 못했다.

왜군이 1천5백 정도의 병력이었고, 영암성에서는 패전해서 도주하는 상황이었음에도 불구하고, 정예 무장과 전라도의 진병을 합친 군대가 단 한 번도 적과 교전을 벌이

---

200 『명종실록』 권18, 명종 10년 5월 을유.
201 『명종실록』 권18, 명종 10년 5월 신해.

지 못하고, 일정한 거리를 유지하면서 몰아냈을 뿐이었다.

  결국 을묘왜변 이후 조선은 진관체제의 문제를 인정하고, 새로운 병력동원체제와 방어전술을 모색했다. 그렇게 해서 등장한 전술이 제승방략이다. 그러나 피역과 군비 부족, 전력의 전반적 하락에 대해서는 마땅한 방안을 찾지 못했다. 그 결과 이런 상황이 이어지다가 조선-일본 전쟁(임진왜란)을 맞이하게 된다.

  한편, 수군 전력에서는 을묘왜변이 중요한 변화의 자극제가 되었다. 14세기 이래 조선 수군은 왜군과의 전면전에서 대함을 선호했다. 왜군의 돌격전술에 대한 방호력을 높이고, 병력과 총통을 집중시켜 조선군의 장기인 장병전술의 효율성을 높일 수 있었기 때문이다. 반면 왜군은 돌격전술과 백병전에 의존하므로 소형선을 선호했고, 대형선의 경우도 기동성을 중시해 배를 가볍게 만드는 경향이 있었다.

  그러나 을묘왜변 때 왜군은 수군 전술에서도 개량을 가했다. 조선의 대형전함을 상대하기 위해 배를 대형화하고, 총통에 대한 방탄력을 높이기 위해 뱃전도 튼튼하게 만들었다.

  심연원이 아뢰었다. "전에 왜선倭船은 얇은 판자로 만들어서 파괴하기가 매우 쉬웠습니다. 지금은 중국인들과 교통하여 배를 아주 견고하게 만들었으므로 총통으로도 부술 수가 없습니다. 또한 왜놈들이 사용하는 총통이 극히 교묘하므로 지금은 왜놈들을 막기가 그전보다 어렵습니다."[202]

  왜군의 변화와 개량 전술에 놀란 조선은 전함을 보다 대형화하고, 왜군의 등선육박전술에 대체할 신형 전함을 모색하게 된다. 이에 을묘왜변 후 새로운 전함을 만들기 위해 고심하는데, 그 결과물이 조선 수군에게 승리를 안겨 준 판옥선과 거북선이었다.[203]

---

202 『명종실록』 권18, 명종 10년 5월 기유.
203 김재근, 「판옥선고」 『한국사론』 3, 서울대학교 한국사학회, 1976.

제4절

여진 사회의 변화와 조선의 대응

1. 1479년(성종 10)의 건주여진 정벌

세조대 말 두만강과 압록강 너머의 건주 여진 세력이 점차 강성해지면서 여진사회에 변화의 조짐이 나타났다. 건주여진 세력이 확대되면서 이들은 요동의 내지內地로 들어와 수십 차례 공격함으로써 수만 명의 사상자를 내었다. 그러자 명은 1467년(세조 13)에 조선에 군사를 요청했고, 조선은 이를 받아들였다.[204] 이에 조선은 건주위 정벌을 단행했고,[205] 승리했다.[206] 이 때에 건주위 추장 이만주가 살해되었다.[207] 이만주는 앞서 1433년(세종 15)에 조선이 최윤덕을 주장으로 해서 정벌을 단행했을 때 상당한 타격을 입었었다. 그러다가 이 때 이르러 사망하기에 이른 것이다. 조선에 의해 추장을 잃은 건주위에서는 이만주의 아들을 중심으로 조선에 보복을 획책했다.[208]

건주위를 공격한 명은 그 보복에 대비하기 위해 1468년에 만리장성을 연장하여 무순에서 애양에 이르는 지역에 요동장새遼東牆塞, 즉 요동 변장을 구축했다.[209] 요동 변

---

204 徐炳國, 「朝鮮前期 對女眞關係史」『國史館論叢』14, 1990.
205 『세조실록』권43, 세조 13년 9월 기축.
206 『세조실록』권44, 세조 13년 10월 갑진.
207 『세조실록』권44, 세조 13년 10월 무신.
208 『세조실록』권45, 세조 14년 1월 갑자;『세조실록』권45, 14년 3월 임술.
209 남의현, 「명 전기 요동도사와 요동팔참 점거」『명청사연구』21, 2004.

장의 처음은 애양보(靉陽堡)였고, 다음은 봉황성(鳳凰城), 또 다음은 탕참(湯站)이었다. 이 탕참은 조선의 의주와 반나절 거리에 있었다.[210] 이후 요동 변장은 동쪽으로 점점 확장되었다. 그리하여 파사보를 거쳐 결국 조선 압록강 중류의 위화도에까지 이르렀다.[211]

당시 건주 여진들이 세력을 확장할 수 있었던 것은 기본적으로 명의 요동정책에 기인한 결과였다. 명은 건주여진과 해서여진 등지에 위소를 설치하여 그들을 정치적으로 예속하려 했지만, 기본적으로 자치를 허용했다. 때문에 요동변장 서쪽의 요동도사(遼東都司) 관할 하에 있는 여진들은 명에 예속되었지만, 그 동쪽의 여진은 명의 간섭을 받지 않고 본래의 풍습대로 비교적 자유롭게 생활할 수 있었다.[212]

조선 성종대 들어 건주삼위는 세조대 사망한 이만주의 친인척을 중심으로 재편되어 있었다. 본위의 경우 사망한 이만주의 아들이 추장이었고, 좌위와 우위도 각각 추장세력의 변화가 있었다. 건주본위를 계승한 사람은 이만주의 손자 달한(達罕)이었다.[213] 건주좌·우위의 추장은 토로(吐老)와 보화토(甫花土), 나하(羅下)였다. 좌위추장 토로는 퉁몽거티무르(동맹가첩목아童猛哥帖木兒)의 손자로 그의 아버지는 퉁창(童倉)이었다. 퉁창은 이만주의 사위였다. 우위추장의 아버지 반거는 이만주의 처제(妻弟)였다.[214]

이러한 상황에서 성종대 초반에 이만주의 사망 이후 조선에 보복을 획책하던 건주본위에서 먼저 내조를 요청했다. 1470년(성종 1)에 달한이 상경 숙배하겠다는 뜻을 전했다. 그러나 조선은 허락하지 않았다. 그 이유로서 중국 조정이 서로간의 통래(通來)를 반대한다는 점을 들었다.[215] 조선의 거절에 건주본위는 다시 보복하고자 했다.[216]

실지로 이후 건주본위 여진들은 조선의 평안도 변경을 침범해 인물을 노략질했다.[217] 건주본위의 거듭된 침입에 대처하기 위해 조선 조정은 조전장(助戰將)을 보내고

---

210 『연산군일기』 권43, 연산군 8년 4월 신미.
211 『연산군일기』 권18, 연산군 2년 10월 정유.
212 徐炳國, 앞의 논문, 1990, 138~139쪽.
213 김주원, 『조선왕조실록의 여진족 족명과 인명』, 2008, 139쪽.
214 『성종실록』 권158, 성종 14년 9월 무술.
215 『성종실록』 권5, 성종 1년 5월 갑신.
216 김순남, 「조선 成宗代의 建州三衛」『大東文化研究』58, 2009, 232쪽.
217 김순남, 앞의 논문, 2009, 233쪽.

경군京軍을 파견하는 한편[218] 농민에게 입보入堡하도록 했다.[219] 또한 그들을 정벌하려는 뜻을 정하고[220] 그 뜻을 중국에 알리기도 했다.[221]

당시 건주 여진들이 강변에 출몰가거나 침입을 계속했던 것은 조선의 변진邊鎭에서 체탐군體探軍을 강 건너 보내는 것을 알고 그들을 약탈하기 위해서였거나,[222] 혹은 조선 농민이 입보함에 따라 이익을 얻지 못한 때문이었다.[223] 이처럼 성종대 초반의 조선은 이만주의 죽음 이후 그 원수를 갚고자 하는 건주본위와 계속되는 대립과 갈등 속에 있었으며, 이러한 국면을 전환할 어떤 계기도 마련하지 못하고 있었다.[224]

반면 이 시기 조선과 건주좌우위는 종래의 유화관계를 그대로 유지하고 있었다. 건주 우위와 좌위는 1472년(성종 3) 8월에 조선에 사신을 보내겠다는 청을 했고, 이에 조선은 토로와 보화토가 보낸 사신들이 상경하는 것을 허락했다.[225] 당시 조선이 이들의 요청을 수락한 것은 이들이 본위의 조선 보복 움직임에 협력하지 않았기 때문이었다.[226] 그러다가 1477년(성종 8)에 이르러 그동안 긴장관계에 있던 건주본위가 조선과 통교하고자 했다.[227] 건주본위에서 이러한 움직임을 보였던 것은 요동에서 명과 충돌할 가능성이 있었기 때문이었다. 이미 1476년(성종 7) 10월 이후에 건주여진이 요동을 침범할 거라는 소식이 있었거니와[228] 이때에 이르러 건주위는 명에 대해 삼위달자三衛㺚子와 연합 결탁해 약 4천여 군사들로 하여금 애양보를 도둑질하겠다고 성언했다. 이에 명은 지휘관을 파견해 출전하도록 했다. 그런 가운데 애양보로 출진했던 명 지휘관 유총이 행군하는 길에 건주 야인과 싸우다 전사했다.[229] 이런 상황에 이

---

218 『성종실록』 권51, 성종 6년 1월 무인.
219 『성종실록』 권52, 성종 6년 2월 경진.
220 『성종실록』 권51, 성종 6년 1월 임자.
221 『성종실록』 권52, 성종 6년 2월 정해.
222 『성종실록』 권56, 성종 6년 6월 무인.
223 『성종실록』 권52, 성종 6년 2월 무자.
224 김순남, 앞의 논문, 2009, 234쪽.
225 『성종실록』 권21, 성종 3년 8월 정묘.
226 『성종실록』 권23, 성종 3년 10월 신사.
227 『성종실록』 권75, 성종 8년 1월 병진.
228 『성종실록』 권72, 성종 7년 10월 을유.
229 당시 명의 총병관한빈·지휘 왕능은 군사 1만명을 거느리고 동주로 출진했고, 상해대인은 군사 1천명을 거느리고 무순소로 출진했으며, 문녕대인은 군사 1천 5백 명을 거느리고 견장보로 출진

장말손, 손소 초상(『조선의 공신』, 한국학중앙연구원 장서각, 2012)
적개공신 장말손과 손소의 초상화.

르자 조선은 지휘관을 잃은 명이 건주위를 정벌하고자 청병할 것이라 추측했다.[230]

　요동에서의 명과 건주위의 충돌은 조선에도 큰 위협이었다. 유총이 출전했던 애양보는 조선과 근접한 거리에 있었고 또한 압록강의 얼음이 어는 시기였으므로 건주 여진이 요동에 이어 강을 건너 조선의 변경을 침범할 우려도 농후했던 것이다.[231] 실제로 명은 조선의 예측대로 1478(성종 9) 8월 군사를 요청했다.[232] 명의 요청에 따라 어유소魚有沼가 조선의 정벌군을 조직해 나아갈 장수로 추천되었다.[233]

　했고, 지휘 유총은 군사 1천명을 거느리고 애양보로 출진했다(『성종실록』 권85, 성종 8년 10월 을묘).
230 『성종실록』 권85, 성종 8년 10월 병진.
231 『성종실록』 권85, 성종 8년 10월 병진.
232 『성종실록』 권95, 성종 9년 8월 임자.
233 『성종실록』 권96, 성종 9년 9월 임술.

조선이 명의 요청에 응해 여진 정벌을 실제로 단행한 것은 그 이듬해인 1479년(성종 10)이었다. 그해 윤10월 1일(양 11월 14일)에 성종은 일단 영안남도 절도사 김서형金瑞衡에게 도내의 정병 1천명을 거느리고 가서 방비하고, 군무를 잘 아는 군관으로 하여금 영안도(함경도)에 남아 방비하도록 했다. 그리고 이흠석李欽石에게는 교대한 후에 서울로 올라오지 말고 바로 평안도의 안주로 향하여 가서 어유소의 지휘를 기다리도록 했다. 또 평안도 관찰사 현석규玄碩圭, 절도사 김교金嶠와 황해도 관찰사 이맹현李孟賢에게는 평안도 선전관宣傳官 안우건安友騫과 황해도의 변오천邊伍仟이 가지고 가는 병부兵符와 맞추어 본 후 평안도에서 7천명, 황해도에서 1천명의 정병을 종사관 조석보曹碩輔, 신중거辛仲琚와 의논해 가려 뽑고, 군기를 정비하여 그들에게 맡기라고 했다. 영안도 관찰사 이덕량李德良에게는 선전관 김곤金坤을 보내 병부를 맞추어 보고 영안남도 절도사의 정병 1천명을 가려 뽑고 군기를 김서형에게 맡기라고 했다.[234]

그리고 3일 후인 윤10월 4일(양 11월 17일)에 삼도 체찰사 어유소에게 사목을 내려 군기와 물품에 관한 조치 사항을 알렸다. 그 사목의 조항은 다음과 같다.

> 1. 절도사가 군사를 검열하고 길을 떠난 지 10일 후에 황해도의 군사는 안주에서, 영안도의 군사는 영변에서 식량을 주고, 평안도의 군사는 먼 지방과 가까운 지방을 분간하여 때가 되면 급료를 나누어 주도록 한다.
>
> 1. 장수와 군졸이 싸움터에 나가는 것을 싫어하고 꺼려서 거짓으로 신병을 칭하는 자는 추국하여 논죄해서 5년을 기한하여 양계의 국경 방비에 나아가도록 한다.
>
> 1. 종사관과 군관 내에서 갑옷과 투구가 없는 사람은, 군기시軍器寺에 보관한 것을 나누어 주고 아울러 녹비 오자鹿皮襖子도 주도록 한다.
>
> 1. 군관 등은 차례대로 운運을 나누어 들여보내되, 역마가 모자라면 쇄마刷馬를 주도록 하고, 만약 지나오는 여러 고을과 여러 역에서 민폐를 끼치는 사람이 있으면 압령인押領人을 처벌하도록 한다.
>
> 1. 세조 13년 건주여진 정벌의 예에 의거하여 조습마調習馬 40필을 가려 뽑아서 사복

---

234 『성종실록』 권110, 성종 10년 윤10월 계축.

시 관원으로 하여금 인솔해 가도록 하고, 아울러 사무를 잘 아는 이마理馬 1명을 데리고 가도록 한다.

1. 무를 잘 아는 한학 통사漢學通事 3명, 여진 통사女眞通事 2명, 의원 1명을 거느리고 가도록 한다.

1. 평안도의 관찰사와 절도사로 하여금 회계하여 철물을 주어서 전다갈錢多曷 2천부를 만들도록 한다.

1. 화약 50근, 신기전神機箭 3백개, 차중전次中箭 1천개, 새로 만든 자작목自作木 1천 개, 격목구 흑각궁檄木具黑角弓 1백장, 궁현弓弦 1천개, 장전長箭과 편전片箭 각 2백 부, 어교魚膠 20근을 군기시 첨정軍器寺僉正 김진金鎭으로 하여금 가지고 가도록 하고, 아울러 사무를 잘 아는 약장藥匠 13명을 데리고 가도록 한다.

1. 군기시에 보관했던 화전火箭 2백개, 새로 만든 화기火機 6개, 중약선中藥線 1백개, 소약선小藥線 40개와 유색 형명有色刑名은 10위마다 각 1건씩을 김진으로 하여금 아울러 가지고 가도록 한다.

1. 평안도에 도형徒刑·유형流刑·부처付處된 사람 중에 무재가 있는 사람은 모두 싸움 터에 나가도록 한다.[235]

그리고 영안남도 절도사에게도 사목을 주어 보냈다. 그 내용은 다음과 같다.

1. 남도의 군사 1천명 가운데, 겸절도사兼節度使와 함께 의논하여 기병을 가려 뽑아서 병기를 정제하여 거느리고 가도록 한다.

1. 위 항복의 군사들 중에서 무재가 있고 장실壯實한 사람과 한산한 사람을 뽑아 정한 뒤에 이런 사람들이 발견되는 때에는 수령은 논죄한 후에 계문하여 파출하고, 집리 執吏는 논죄하여 온 가족을 변방으로 옮기도록 한다.

1. 1인의 기병마다 군장과 종인從人 2명, 복마卜馬 1필을 정제하고 각기 낫과 도끼를 가지도록 한다.

---

235 『성종실록』 권110, 성종 10년 윤10월 계축.

1. 단천端川과 같이 방어가 긴요한 곳에는 군사를 헤아려 줄여 뽑아 보내도록 한다.[236]

명은 이 날에 청병을 요청하는 칙서를 보냈다. 당시 요동 지휘遼東指揮 고청高淸이 기병 7인과 두목頭目 4인을 거느리고 강을 건너 왔다.[237]

성종은 8일(양 11월 21일)에 다시 경기관찰사 윤호尹壕·충청도 병마절도사 박식朴埴·전라도 병마절도사 윤말손尹末孫·경상도 좌도 병마 절도사 구겸具謙·우도 병마 절도사 박성손朴星孫·강원도 관찰사 손순효孫舜孝 등으로 하여금 숨거나 누락되어 있는 정군과 보인이 될 만한 자를 색출하라고 했다. 그리고 평안도 절도사 김교로 하여

윤호 신도비(경기 연천)

금 연변의 마상선馬尙船을 크고 많이 만들어 만포滿浦·이산里山 등지에 모아 정박시키도록 하고, 체찰사의 종사관도 군사를 거느리고 만포 등지에서 머물러 기다리도록 했으며, 영안남도 절도사도 만포 등지에서 기다리도록 했다.[238] 9일(양 11월 22일)에는 평안도 도체찰사 윤필상尹弼商으로 하여금 어유소의 배후에서 조치할 여러 일들을 준비하도록 명하면서 그가 평안도의 관찰사와 절도사를 지휘하도록 했다. 또한 삼도 도체찰사 어유소에게 전교하여 그를 원수로 삼아 관할하는 위장衛將 이하의 명령 복종 여부를 그의 처치에 맡긴다고 했다.[239]

이러한 사전 조치들이 이루어진 후 서

---

236 『성종실록』 권110, 성종 10년 윤10월 병진.
237 『성종실록』 권110, 성종 10년 윤10월 병진.
238 『성종실록』 권110, 성종 10년 윤10월 기미.
239 『성종실록』 권110, 성종 10년 윤10월 경신.

정대장西征大將 어유소, 위장 이숙기李淑琦·성귀달成貴達, 우후虞候 조간曺幹, 종사관 심안인沈安仁·조지서趙之瑞가 출발했던 것이 12일(양 11월 25일)이었다.[240] 그리고 다음 날 평안도 강변에 있는 고사리高沙里 만호萬戶를 첨절제사로 승격시켰다.[241] 어유소의 배후를 맡도록 했던 윤필상은 대신의 영송지폐迎送之弊를 우려해 파견하지 않는 것으로 하고, 그 임무를 평안도 절도사에게 맡겼다. 김교는 평안도의 군마를 거느리고 압록강 연안의 방어를 담당하면서 스스로 어유소의 군사 후면을 맡아서, 뜻밖의 변고가 있을 시에 즉시 군사를 내보내어서 응원해야 했다. 또 어유소의 군사를 출발시킨 일시日時와 모든 군기에 관계되는 것을 치보馳報하는 임무를 맡았다. 그리고 불의의 사변이 발생해 김교가 그 일을 대신할 수 없을 경우에 대비하여 평안도 관찰사로 하여금 연변의 방비를 맡도록 했다.[242]

이렇게 정벌이 이루어지는 지역의 방비에 대처하는 조치를 취한 후에, 성종은 군대의 절목을 점검하고, 군사 동원의 결과를 파악하기 위해 조관을 파견하기로 했다.[243] 이때에 유지柳輊가 임명되었는데, 그에게도 역시 자신의 임무에 관한 사목이 주어졌다. 그 내용은 다음과 같다.[244]

1. 정벌에 종사한 군사들이 돌아온 후에는 관찰사와 절도사가 함께 군대의 절목에 빙고하여 낱낱이 조사한다.
1. 정벌에 종사한 장수과 병졸 가운데 당상관 이상과 소임이 있는 당하관은 모두 연회에 참여하도록 한다.
1. 정벌 이후 국경에 남아서 방비할 군관을 나누어 정한 명단은, 군대가 돌아와서 강을 건넌 후에 어유소에게 맡겨서 조치하게 한다.

이런 과정을 거쳐 건주 여진 정벌을 단행하고자 했다. 그러나 그해 11월 11일(양

---

240 『성종실록』 권110, 성종 10년 윤10월 신유.
241 『성종실록』 권110, 성종 10년 윤10월 갑자.
242 『성종실록』 권110, 성종 10년 윤10월 을축.
243 『성종실록』 권110, 성종 10년 윤10월 병인.
244 『성종실록』 권110, 성종 10년 윤10월 무진.

12월 23일)에 서정 종사관 신중거는 예상치 않게도 군대를 해산했다는 계본을 가지고 왔다. 당시 그는 어유소의 명을 받아 올라왔는데, 요지는 얼음이 굳게 얼어붙지 않아 군대가 행진할 수 없고, 여진들이 조선에서 왕래하는 곳에 목채木寨를 만들어 진영陣 營으로 삼았기 때문에 파진罷陣했다는 것이었다. 진을 파한 이유 중의 또 하나는 적유 령狄踰嶺 길이 좁고 험한 데다가 얼음과 눈까지 겹쳐 겨우 1명의 기병만이 통행할 수 있는데, 3, 4일이 걸려야 군사들이 고개를 넘어갈 수 있으므로, 적 소굴에 이르기도 전에 추위와 굶주림으로 많은 사람들이 죽을 거라는 것이었다.[245] 이때에 계본을 올린 어유소는 11월 24일(양 1480년 1월 5일)에 돌아와 복명했다. 물론 성종은 그가 계품 하지도 않고 군대를 파한 이유를 병조로 하여금 추국하도록 했다.[246]

어유소의 계본이 올라온 후 조선 조정은 당황했다. 성종은 정승·대간들과 함께 강 을 건너기도 전에 군대를 해산해 버린 어유소의 행위를 명에게 어찌 변명할 지에 대 한 방도를 강구하도록 했다. 즉 강을 건너 정벌에 동참했다는 시늉이라도 해야 할 것 인지, 아니면 어유소의 말대로 군사들의 고통을 감안하여 사실을 그대로 알려야 할지 에 대한 판단을 해야 했던 것이다.[247] 결국 '후일'에 마땅히 들어가서 공격하겠다는 요 지의 주본을 보내는 것으로 결정했다.[248]

그러나 한명회가 이에 대해 이의를 제기했다. 그는 이미 해산한 군대는 다시 징집 할 수 없지만 중국의 의혹을 풀기 위해서는 날쌘 유방 군사留防軍士 몇을 뽑아 여진의 땅에 들어가게 해야 할 것 같다고 했다. 한명회의 제안에 성종도 동의했다. 그리하여 동부승지 이계동李季소을 불러 평안도에 가서 절도사와 더불어 유방군사를 뽑아서 기 다리도록 하고 좌의정 윤필상을 도원수로 삼고, 절도사 김교를 부원수로 삼아 앞서의 규모에 미치지는 못하지만 정벌을 도모하기로 했다.

다시 정벌을 위한 조치를 취해야 했다. 그리하여 평안도 관찰사로 하여금 부원수로 임명된 절도사 김교를 대신해 방어하도록 하고, 도원수 윤필상에게는 관할하는 부원

245 『성종실록』 권110, 성종 10년 윤10월 신미.
246 『성종실록』 권110, 성종 10년 윤10월 임진.
247 『성종실록』 권111, 성종 10년 11월 을사.
248 『성종실록』 권111, 성종 10년 11월 갑오.

수 이하의 관원과 평안도 관찰사와 수령 등의 명령 복종 여부에 대한 전적인 처치권을 주었다. 그리고 동부승지 이계동은 도원수가 군사를 거느리고 강을 건너간 후에도 그대로 남았다가 그가 돌아오기를 기다려 군사와 말을 낱낱이 조사하고 오도록 했다. 또한 평안도 관찰사와 절도사에게 교서를 내려 이계동이 가지고 간 병부를 맞추어 본 후 연변 여러 진의 방어하는 군사 중에 날랜 사람을 뽑아 기다리도록 했다.[249] 이계동은 임득창任得昌과 김세적金世勣을 부장으로 삼아 관찰사와 함께 도원수의 구원병 2천 명을 뽑았다.[250]

그 며칠 후인 12월 11일(양 1480년 1월 22일)에 성종은 평안도 관찰사로 하여금 여러 포구의 배들을 윤필상의 군사가 귀환하여 건너올 곳에 정박시켜서 얼음이 녹고 물이 불어 넘칠 것에 대비하도록 했다.[251] 다음 날에는 겸사복 육한陸閑으로 하여금 관찰사와 함께 벽단碧團으로 가서 땔감을 많이 마련해 두었다가 군대가 돌아와 강을 건널 때에, 추위로 고생하는 사졸들을 구제하도록 하고, 또 얼음이 풀리면 부교를 만들어 군사를 건너도록 했다. 그리고 그 사실을 보고하게 했다.[252]

이러한 과정을 거쳐 1479년(성종 10) 건주 여진에 대한 정벌이 이루어졌다. 이것이 이른바 기해서정己亥西征이다.[253] 기해서정의 구체적 과정에 대해서는 도원수가 종사관 이감을 보내 올린 계본을 통해 잘 나타나 있다.

이에 따르면 정벌군은 12월 초9일(양 1480년 1월 20일)에 강을 건넜다. 행군하여 13일(양 1480년 1월 24일)에는 여진의 땅에 진입했다. 이돈인·이숙기·조간·이흠석·이종생李從生·홍이로洪利老 등은 각기 정병 1백여 기를 거느렸다. 부원수 김교는 유격 군사 50기를 거느렸다. 도원수 윤필상은 스스로 경기輕騎 3백 명을 거느렸다. 이들의 공격에 여진들은 혼비백산했다. 그 결과는 적의 머리 15급, 귀 2개를 베고, 중국 여인 7구와 야인 15구를 사로잡고, 가축을 쏘아 죽이고, 가옥을 불살라 없앴다. 조선의 군사는 피해가 없었다. 정벌군은 16일(양 1480년 1월 27일)에 돌아왔다. 관군 둘이

249 『성종실록』 권111, 성종 10년 11월 무술.
250 『성종실록』 권111, 성종 10년 11월 기해.
251 『성종실록』 권112, 성종 10년 12월 을묘.
252 『성종실록』 권112, 성종 10년 12월 임술.
253 『성종실록』 권112, 성종 10년 12월 계해.

죽었으나, 이들은 병으로 사망했고 한 사람만 빗나간 화살에 맞았다.[254]

승리가 보고된 후 성종은 친히 쓴 서찰로써 도원수의 공을 치하했다. 윤필상은 이 정벌의 성공으로 군대의 일에는 익숙하지 않은 서생인데도, 장수와 군사를 부서별로 잘 나누어 움직이게 했고, 호령이 엄숙하고 분명해 위엄이 있었으며, 군기를 조치하는 데에 조금도 정체되지 않았다는 호평을 사관으로부터 들었다.[255] 반면 어유소는 직첩을 회수당했다. 그리고 활쏘기와 말타기를 잘했던, 담력이 있어 세조 13년 여진정벌 때에도 공을 세웠던 이 사람은 위엄과 결단이 없어 남의 말에 이리저리 휩쓸리다가 마침내 군대를 파하게 되었다는 사평을 받았다.[256]

이후 전과에 따른 논공행상이 이루어졌다. 먼저 병조에서는 전쟁에서 목숨을 잃은 사람들에게 부물과 제문을 보냈다. 또 사고로 마필을 잃은 사람에게는 아마兒馬를 주도록 했다.[257] 직접 탐문하면서 여진의 땅으로 들어가는 길을 인도했던 이들에게도 상사물이 주어졌다.[258] 장수와 군사들에 대한 논공도 이루어졌다. 부원수, 선봉장, 포영장布營將 등도 논공되었다. 적진에 들어갔던 종사관從事官 등도 선봉장의 예에 의거하

성종 어필 부채(국립중앙박물관)

여 논공되었다.[259] 그리하여 도원수 윤필상에게는 3품계를 대가代加하도록 했다. 부원수와 여러 장수들은 3품계를 더하되 2품계는 대가하도록 했다. 종사관에게는 3품계를 더해 주었다. 이하 각 등급에 따라 품계를 올려주었다.[260] 또한 전쟁에 참여했던 장수 50인

---

254 강성문, 「朝鮮時代 女眞征伐에 관한 연구」 『軍史』 18, 1989.
255 『성종실록』 권112, 성종 10년 12월 신미.
256 『성종실록』 권112, 성종 10년 12월 신미.
257 『성종실록』 권112, 성종 10년 12월 신미.
258 『성종실록』 권112, 성종 10년 12월 정축.
259 『성종실록』 권112, 성종 10년 12월 신사.
260 『성종실록』 권113, 성종 11년 1월 을유.

에게는 관작이 제수되었다.[261]

비록 중국의 요청에 응한 형태였다 해도 조선은 기해서정을 통해 여진 사회에 위엄을 확인시킬 수 있었다. 하지만 이를 통해 이후 조선과 건주본위와의 관계는 다시 악화될 수밖에 없었다.[262] 이처럼 성종 10년의 건주여진 정벌은 실질적인 성과는 거두지 못한 반면, 차후의 군사적 충돌 가능성을 상당히 내포한 채 마무리되었다.

2. 1491년(성종 22)의 우디캐 정벌

1479년(성종 10)에 건주 여진에 대한 정벌이 단행되고 난 이후, 또 한 차례의 여진 정벌이 조선에 의해 이루어졌는데, 그것은 1491년에 우디캐족을 대상으로 한 것이었다. 우디캐[兀狄哈]는 송화강과 흑룡강 일대에 광범위하게 분포하여 살았던 여러 여진 종족중의 하나였다. 우디캐족 중에서 혐진嫌眞·남돌南突·활아간闊兒看의 세 종족이 특히 조선과 관계했다. 이중 혐진과 남돌은 주로 속평강 일대에 살면서 동북면에 토착한 여진을 배후에서 위협한 부족이었다.[263] 활아간은 두만강 하류를 중심으로 북쪽 해안 일대에 살던 부족이었다.[264]

우디캐의 동향은 조선과 여진 관계에 큰 변화를 야기시키곤 했다. 1410년(태종 10)에 있었던 혐진의 침입은 조선에 의한 오도리斡朶里와 오랑캐兀良哈의 소탕으로 이어졌다.[265] 1433년(세종 15)에 우디캐의 양목답올楊木答兀이 오도리 추장 퉁몽거티무르童猛哥帖木兒를 살해했던 일은 이후 조선이 4군과 6진을 개척하는 단초를 마련해 주었다. 당시 퉁몽거티무르의 죽음은 두만강 유역 여진 세력의 약화를 가져왔다. 세종

---

261 『성종실록』 권113, 성종 11년 1월 을유.
262 『성종실록』 권113, 성종 11년 1월 병술.
263 김순남, 앞의 논문, 2009, 237쪽.
264 金九鎭, 「麗末鮮初 豆滿江 流域의 女眞 分布」, 『白山學報』15, 1973.
265 김구진은 이 활아간 우디캐가 바로 골간 우디캐로서, 이들은 유목생활을 하던 내지 우디캐와는 달리 일정한 곳에 정착하여 촌락을 이루고 살았는데, 이들은 여진 중에서 해양족에 가까운 특수 종족이었다고 했다(金九鎭, 「骨看 兀狄哈 女眞 硏究」 『史叢』20, 1976, 192쪽).

송화강(중국 하얼빈)

은 이를 계기로 여진을 두만강 북쪽으로 축출하거나 조선 영내로 흡수하면서 동북면 개척에 착수했다. 세종의 지원에 힘입은 김종서는 두만강 중류의 회령(오음회)을 중심으로 경원·경흥을 연결하여 마침내 회령·종성·온성·경원·경흥의 5진을 개척했고, 뒤에 부령까지 합하여 6진을 설치했다.[266] 이후 우디캐와 오도리는 원수관계가 되어 대를 이어갔다.

1455년(단종 3)에 두만강 유역의 야인 실태에 대한 보고서가 작성되었다.[267] 이때 우디캐 족류 중에서는 골간만이 오도리, 오랑캐과 더불어 조사대상이 되었고, 조선과 거리가 떨어져 있는 화라온火兒溫[268]과 수빈강愁濱江·구주具州[269] 등지의 우디캐는 지리적인 한계 때문에 제외되었다.[270] 이 때의 조사에 따르면, 골간은 경흥慶興을 중심

---

266 金九鎭,「吾音會의 斡朵里女眞에 對한 研究」『史叢』17·18, 1973, 102~111쪽.

267 육진 개척에 관한 자세한 내용은 金九鎭, 「尹瓘九城의 範圍와 朝鮮六鎭의開拓-女眞 勢力 關係를 中心으로-」『史叢』21, 1977 : 송병기, 「동북·서북계의 수복」『한국사 9』, 국사편찬위원회, 1973 참조.

268 『단종실록』 권13, 단종 3년 3월 기사.

269 화라온은 홀라온(忽刺溫) 우디캐를 말한다. 홀라온은 해서여진의 별명으로서 홀라온(Hulaghun)강과 송화강 유역에 분포하였다(和田淸, 「兀良哈 三衛에 關すろ 研究」『滿洲地理歷史研究報告』 권 14 : 金九鎭, 앞의 논문, 『白山學報』15, 1973, 141쪽에서 재인용).

270 수빈강은 속평(Shupping)강이며 구주는 영고탑으로 추정된다. 이 지역에는 혐진 우디캐가 분포했다. 혐진 우디캐는 칠성야인이다. (池內宏, 『朝鮮의 東北境과 女眞との 關係』: 金九鎭, 앞의 논문, 『白山學報』15, 1973, 141쪽에서 재인용.

으로 동해안 해안 지역에 거주하고 있었는데, 삼림에 거주하던 다른 우디캐와는 달리 비호전적이었고, 그 추장 김두칭개金豆稱介는 조선에 복속하여 끝까지 원만한 관계를 유지했다.[271]

성종대에 이르러 조선과 관계한 우디캐 종족은 골간뿐 아니라 5성姓이 있고 3성이 있었다.[272] 이 시기 여러 우디캐의 본거지는 모두 속평강 가에 있었다. 구체적으로는 니마거尼麻車가 강의 상류에 웅거했고, 남눌南訥·거절巨節·오울미거亏乙未車 등이 강의 연안에 살고 있었다.[273] 이들의 본거지를 조선의 국경을 중심으로 살핀다면 두만강 유역의 5진을 빙 둘러 있었다고 할 수 있다. 니마거·도골都骨은 온성穩城과 접해 있었고, 대소 거절·남눌·골간과 기타 여러 우디캐는 경원慶源과 경흥慶興에 가까웠다.[274]

성종대 우디캐는 오도리, 오랑캐와 여전히 원수관계에 있었다. 때문에 날마다 서로 보복했다.[275] 그런데 우디캐가 오도리나 오랑캐 혹은 조선에 협력하는 골간 등을 침략하여 타격을 가했을 때 조선에서는 그 피해를 처리해 주어야 했다.[276] 그들이 유원진柔遠鎭과 같은 요충지 근처에 살고자 원했을 경우에는 내지로 옮겨 번리藩籬로 삼는 쪽을 택했고,[277] 경흥 근처로 옮겨 오고자 할 때는 그들의 청을 들어 주었으며[278] 황성평 같은 곳으로 옮기고자 할 때는 명과의 관계를 고려해 옮겨 오는 것 자체를 거절했다.[279]

우디캐는 조선과 직접적인 원수 관계는 아니었다.[280] 때문에 조선은 우디캐와 오랑캐가 서로 싸울 때 가능한 한 거기에 간여하지 않으려 했다.[281] 조선은 우디캐에 대해

271 金九鎭, 앞의 논문, 『白山學報』 15, 1973, 140쪽.
272 골간에 관한 자세한 내용은 金九鎭, 앞의 논문, 『史叢』 20, 1976 참조. 이에 따르면 우디캐는 주로 어로 생활을 위주로 하여 물 우디캐로 일컬어졌다고 한다.
273 『성종실록』 권252, 성종 22년 4월 병진.
274 『성종실록』 권250, 성종 22년 2월 갑자.
275 『성종실록』 권242, 성종 21년 7월 무진.
276 『성종실록』 권148, 성종 13년 11월 을사.
277 김순남, 「조선 成宗代 兀狄哈에 대하여」 『朝鮮時代史學報』 49, 2009, 44~45쪽.
278 『성종실록』 권40, 성종 5년 3월 갑오.
279 『성종실록』 권67, 성종 7년 5월 병진.
280 『성종실록』 권154, 성종 14년 5월 신축.
281 『성종실록』 권182, 성종 16년 8월 신축.

서도 기미책을 적용했다.[282] 조선에서는 내조한 우디캐에게 상사물과 관직 등을 차등 있게 내려 주었다. 그렇지만 보통 우디캐는 건주삼위 여진들보다는 홀대를 받았다.[283]

우디캐는 성종 재위 내내 조선에 입조하면서도 자신들의 요구가 충족되지 않는 경우에는 바로 조선의 변경을 침범했다.[284] 우디캐는 조선을 직접적으로 겨냥해 침입하기도 했지만 보통은 조선의 변경에 사는 여진의 거주지를 침략해 그 여파가 조선에 미쳤다. 우디캐는 오도리를 다반사로 공격했는데, 이런 경우 조선의 변장은 군사를 정돈하여 성 위에 벌여 놓고 상호 원수가 되지 말 것을 잘 타이를 뿐 경솔하게 나가 싸우지 않는 것이 원칙이었다.[285]

그러다가 성종대 후반 들어 우디캐는 조선 변방의 여진 부락을 치는 데에 그치는 것이 아니라 조선으로 직접 침범해 들어와서 조선 변장에게 상해를 입히고 조선 백성들에게 위해를 가했다. 이러한 우디캐의 조선 침입은 그들의 본거지를 소탕하는 대규모의 군사정벌로 이어졌다.

1491년(성종 22) 1월 12일(양 2월 20일) 밤 오고五鼓에 우디캐 1천여 인이 조산보造山堡를 에워쌌다. 그 중 3인이 동문의 자물쇠를 부수고 성을 넘어 마구 들어와서 조선 군사와 서로 싸워 3인을 사살했다. 뿐만 아니라 만호 및 군사 26명을 쏘아 부상을 입히고는 성안의 남녀 7명과 말 5필, 소 11두를 노략해 갔다. 당시 경흥부사慶興府使 나사종羅嗣宗이 이 사실을 듣고, 군사를 거느리고 강을 넘어 여진의 땅으로 10여 리쯤 들어가서 적과 싸우다가 화살에 맞아 죽었다. 경흥 부사가 사살되었다는 소식을 들은 우후虞候 최진하崔進河가 가서 확인해 보니 사실이었다. 그 3일 뒤인 1월 15일(양 2월 23일)에는 야인들이 창주진昌洲鎭을 포위했다. 그런데 그 수가 거의 2천여 명 정도였다. 당시 평안도 절도사 이조양李朝陽이 적 5백여 명과 대적했다. 그 때 마침 창성 부

282 김순남, 앞의 논문, 『朝鮮時代史學報』 49, 2009, 44~45쪽.
283 기미책에 대한 보다 자세한 내용은 이현희의 일련의 논문을 통해 잘 정리되어 있다.
   李炫熙, 「朝鮮前期 來朝野人의 政略的 待遇에 對하여」 『史學硏究』 18, 1964.
   李炫熙, 「朝鮮前期 留京侍衛野人攷」 『鄕土서울』 20, 1964.
   李炫熙, 「朝鮮前期 野人의 誘京綏懷策攷」 『一山金斗鐘博士 稀壽紀念論文集』, 1966.
   李炫熙, 「對女眞貿易—對野人 交涉政策의 背景」 『韓國史論』 11, 1982.
284 김순남, 앞의 논문, 『朝鮮時代史學報』 49, 2009, 46~49쪽.
285 김순남, 앞의 논문, 『朝鮮時代史學報』 49, 2009, 50~52쪽.

사府使 이영산李英山이 군사 3대隊를 거느리고 왔다. 이들은 함께 적들과 하루 종일 전투했다. 그 결과 화살에 맞은 적이 40여 명이었는데 13명은 즉사했고, 조선 군사는 화살에 맞은 자가 7인이었는데 1인은 중상이었다. 야인의 매복을 우려해 밤 10시쯤에 창주진에 이르자, 절제사 정승은鄭承殷·조방장 선천 군수宣川郡守 문신文臣이 하는 말이 그 날 새벽에 적 1천 5백여 명이 장성長城 이북에 늘어서 있다가 아침에 접전했는데, 적은 11인이 화살에 맞았고, 조선군은 6인이 화살에 맞았다는 것이었다.[286]

　성종 22년 1월에 연달아 일어난 우디캐의 침입에 조선은 긴장했다. 더구나 성이 함락당하고 북방의 수령이 적의 손에 죽은 일은 유례가 없었다.[287] 때문에 그들의 죄를 추궁하는 군사를 일으켜야 한다는 의논이 일어났다. 나사종이 피살당한 후 이영희李永禧가 그를 이어 경원부사에 임명되었다.[288] 영안북도 절도사 윤말손과 우후 최진하, 평사評事 신건辛鏗은 의금부에 의해 잡혀왔다. 그 자리에 성준成俊이 절도사로, 김계종金繼宗이 우후로 임명되었다.[289] 그리고 승문원承文院으로 하여금 야인을 정토征討할 때에 중국 조정에 주문했는지의 여부를 상고하도록 했다.[290] 이후에도 도골·사거 등 칠성七姓 우디캐와 니마거가 반란을 일으키려고 한다는 소식이 연달아 들려왔다.[291] 경흥 부사의 죽음으로 이어진 이때의 침입이 문제되었던 것은 종래 조선에 우호적이었던 골간 등

허종 숭모비(서울 강동)

---

286 『성종실록』 권162, 성종 15년 1월 계묘.
287 이전에 북방변장이 여진족에게 패사한 일은 1410년(태종 10) 동북면 병마사 한흥보(韓興寶)가 있었다. (『태종실록』 권19, 태종 10년 2월 경자).
288 『성종실록』 권249, 성종 22년 1월 병신.
289 『성종실록』 권249, 성종 22년 1월 정유.
290 『성종실록』 권249, 성종 22년 1월 무술.
291 『성종실록』 권249, 성종 22년 1월 기해.

이 우디캐가 침입할 것이라는 사실을 알고도 묵인했거나 아니면 그에 동조했다는 정황이 드러났기 때문이었다. 실제로 이 시기를 전후해 그동안 경흥 내에 귀순해 살면서 여러 여진 종족들의 사변을 듣는 대로 보고했던 골간 등이 조선과의 왕래를 끊고 떠나버렸다.[292]

이러한 우디캐의 동향에 조선은 더 이상 회유책을 고집할 수 없었다. 그리하여 먼저 영안도(함경도)의 군사력을 강화하는 조치를 취했다. 성종은 별도로 경군 1백 명을 보내 한 해 동안 머물면서 방어에 종사하되 남도에 머물도록 하고, 남도의 날랜 병사 1백 명을 뽑아 북도에 가서 방어하도록 했다. 그리고 경군이 휴식하기를 기다렸다가 먼저 70명을 북도로 보내서 경비하게 하고, 그 나머지 30명은 그대로 남도에 머물게 했다.[293] 그리고 조산造山을 침범했다고 알려진 니마거의 내조는 거절했다.[294]

성종은 우디캐에 대한 정벌을 결정했다. 그 시기는 10월 초10일(양 11월 11일) 이후로 했다. 당시 영안도 관찰사 허종은 오도리와 오랑캐를 우디캐 정벌의 향도로 삼는 것이 좋겠다는 의견을 제시했다.[295] 동원 군사는 총 1만 5천명으로 했다. 다만 간혹 사고가 있어 종군할 수 없을 경우에 대비해 2만명을 뽑도록 했다. 이들은 영안도(함경도) 군사 7천여 명과 그 나머지는 경상도·전라도·충청도·경기와 경군으로 구성할 것이었다.[296] 도원수에는 허종이 임명되었다. 아울러 자원한 사람과 제색 군사諸色軍士·한량인·첩자손 등에게 말타기와 활쏘기를 시험하여 기용할 만한 자 156명을 뽑았다.[297]

도원수 허종은 곧이어 동원군사에 관한 서계를 올렸다. 그 내용은 다음과 같다.

1. 여러 장수는 150명, 군관은 2백 명이어야 한다.

1. 영안도 군사가 7천명이니, 나머지 1만 3천 명은 병조와 함께 여러 도와 고을의 기병

---

292 『성종실록』 권250, 성종 22년 2월 기유.
293 『성종실록』 권250, 성종 22년 2월 경술.
294 『성종실록』 권250, 성종 22년 2월 경신.
295 『성종실록』 권251, 성종 22년 3월 경진.
296 『성종실록』 권252, 성종 22년 4월 병진.
297 『성종실록』 권252, 성종 22년 4월 임술.

과 보병을 서로 참고하여 뽑아 정해야 한다.

1. 여러 도의 군사가 들어가는 도로는 나누어 정해야 한다.

1. 여러 도의 군사가 길을 떠날 때의 양식은 호조와 함께 의논해야 한다.

1. 군기시에 간직된 군기를 수송하는 절목을 상의해야 한다.

1. 여러 장수는 겸사복과 내금위를 아울러 뽑아 정해야 한다.

북정에 필요한 군사를 동원하는 기간은 3개월로 하고, 군사 2만과 그 보인을 합쳐 4만 인원의 3개월 군량은 4만 8천 석으로 계산했다. 또 기병에게는 말 2필과 보인 1명을, 보병 2인에게는 말 한 필을 주도록 했다.[298] 그리고 앞서 기사騎射를 시험하여 직접 뽑은 사람 중에 쓸 만한 자를 가려 뽑아 2만의 숫자에 넣어 계산하도록 했다. 그리고 제장과 군관 중에서도 선발하고 장리贓吏 및 금고인禁錮人 중에서도 뽑도록 했다. 그리고 전임田霖·육한을 우후로 삼았다.[299] 이때에 제장의 임무를 감당할 사람으로 추천된 당상관이 심응沈應·정유지鄭有智·이소李劭·허희許熙·임효곤林孝坤·이거인李居仁·유호劉灝·변극곤邊克崐·민한閔翰·조한손曺漢孫·이병정李秉正이었다. 이 가운데 조한손은 아비가 늙어서, 이병정은 본인이 늙어서 제외되었고, 상중喪中에 있는 동청례童淸禮는 여진 지역을 체탐體探한 경험이 있다 하여 비록 상중이지만 벼슬을 내려 데려가도록 했다.[300] 그리고 정벌에 동원된 하삼도 군사가 지나가는 길에 있는 충청도 충주의 가흥창可興倉과 강원도 원주의 흥원창興原倉, 춘천의 소양강창昭陽江倉의 전세로 받은 미두를 조운하지 말고 군수에 보충하도록 했다.[301]

원주 흥원창 터

298 『성종실록』 권252, 성종 22년 4월 계해.
299 『성종실록』 권252, 성종 22년 4월 갑자.
300 『성종실록』 권252, 성종 22년 4월 무진.
301 『성종실록』 권252, 성종 22년 4월 기사.

허종이 올린 북정사목(北征事目)

부원수에는 영안북도 절도사 성준이 임명되었다. 이계동도 부원수로 삼았다.[302] 그리고 북방 정벌에 따라간 조관朝官으로서, 중죄로 금고禁錮된 외에 그 나머지 전함인前衝人은 서용하도록 했다.[303] 또한 서울과 지방에 있는 첩 자손과 한량인 중에서 북정에 참여하는 자의 가난한 가족에게는 쌀 2석과 면포 2필씩을 주도록 했다.[304] 북정 군사에게 내려 줄 납의納衣 1만건 중에서 5천건은 꿰매는 기구까지 들여보내고 5천건은 여러 관사에서 만들도록 했다.[305]

허종은 북정에 필요한 사목을 올렸다. 그 내용은 다음과 같다.[306]

1. 여러 도의 군사를 뽑을 때, 절도사의 차사원差使員이 수령과 결탁하여 사정私情으

---

302 『성종실록』 권252, 성종 22년 4월 경오.
303 『성종실록』 권252, 성종 22년 4월 임신.
304 『성종실록』 권253, 성종 22년 5월 병자.
305 『성종실록』 권253, 성종 22년 5월 정축.
306 『성종실록』 권253, 성종 22년 5월 무인.

로, 혹 관중官中의 역사役使로, 건장하고 재능이 있는 사람을 빠뜨리고 쇠약하고 못난 사람을 대신 뽑는 경우가 있으니, 도원수가 이를 점고할 때에 부정이 나타난 색리色吏·패두牌頭·여수旅帥는 사면 전이라고 전가사변全家徙邊시키고, 죄를 저지른 차사원과 수령들은 당상관, 공신, 의친을 논할 것 없이 모두 제서유위율制書有違律에 의거해 장형 1백대를 집행하고, 절도사는 추국 파출시키고, 이 사실을 점고하는 데 해이한 경차관敬差官도 국문해야 한다.

1. 별시위·갑사·파적위·팽배·대졸 중에서 먼저 뽑아 정하고, 정병正兵·충찬위忠贊衛·충순위忠順衛·전함조사前銜朝士·작산군사作散軍士·한량인·첩자손·제색군사보인諸色軍士保人·제읍의 향리·아전·향교생도鄕校生徒·재인才人·백정 중에서는 말을 잘 타고 활을 잘 쏘고 안장을 얹은 말을 가진 건장한 사람을 기병으로 가려 뽑고, 비록 활쏘는 힘은 강하지 못하더라도 과감하고 용건勇健한 사람과 활을 잘 쏘고 말을 잘 달리는 사람이 있으면 모두 뽑고, 보병은 몸이 건장하고 힘이 있어서 걸음을 잘 걷고 달음박질을 잘하여 한 사람이 백 명을 감당할 사람을 가려 뽑도록 한다. 군사를 뽑을 때에 정군과 보인 등이 도망해 피하거나, 신병으로 죽었다고 일컫거나, 사고를 핑계하고 피하는 사람은 수령이 친히 살펴서 관찰사와 절도사에게 보고하고, 관찰사와 절도사는 다시 조사하여 이것이 사실이면 즉시 충원하고, 그 도망해 피하는 사람은 쫓아가 잡아서 죄를 사면해 주지 말고 전일의 군법에 의거하여 참형에 처하도록 한다. 그래도 나타나 자수하지 않는 사람은 처자를 전가사변시키고 여러 이유를 거짓으로 핑계한 사람도 전사 사변시키도록 한다. 정상情狀을 알고도 거짓 보고한 수령은, 당상관, 공신, 의친을 논할 것 없이 제서유위율에 의거하여 장형 1백대를 집행하도록 하고, 군사를 뽑은 후에도 이와 같이 피하기를 꾀하는 사람을 거짓 보고한 수령도 위의 예에 의거해 처벌하도록 한다.

1. 상중에 있는 사람 내에서 군사와 서민은 마땅히 종군해야 한다. 다만 전함 조사이거나 한량, 제색 인원諸色人員과 같은 경우는 입정入征할 때에 대상大祥을 이미 지난 사람은 모두 뽑도록 한다.

1. 여러 고을에 나누어 정한 군사의 수효를 채우지 못하면 다른 고을에 사는 응당 징발해야 될 사람의 중에서 무재가 있는 사람을 뽑도록 한다.

1. 절도사는 각기 그 지경에 이르러 친히 군사를 점검하되, 1백명 이상의 군사는 수령이 친히 스스로 데리고 오고, 1백명 이하가 되면 색리와 삼반 수리三班首吏, 유향소의 좌수留鄕座首, 품관品官이 데리고 와서 점고하는 곳에 이르러 교부하도록 한다.

1. 재인과 백정으로 북정에 참여하는 경우 그 기간 동안 동류同類 중의 부실富實한 사람으로 각기 6명씩을 보인으로 삼도록 한다.

1. 차일遮日·우구雨具·취반기炊飯器·작도斫刀·도끼·칼 등을 가져 오지 않은 군사가 있으면 그들을 거느리고 온 차사원은 논죄한다.

1. 정벌에 참여하는 인마의 마른 식량은 15일치를 가져가도록 한다.

1. 군사들이 입는 의복은 몸은 짧고 소매가 좁도록 할 것이며, 갑적고리甲赤古里는 두꺼운 종이를 사용하여 소금물에 4, 5번을 적시어 사을갑沙乙甲의 목을 두르는 슬갑膝甲을 만들도록 하고, 말을 탈 때 앞뒤로 막는 것도 또한 종이를 사용하여 만들도록 한다.

1. 보병이 입는 월로지月老只도 모두 스스로 만들도록 하고 기병 중에 갖추어야 할 사람도 또한 스스로 만들도록 한다.

1. 갑옷 위에 차는 통개筒介는 불편하니 모두 첩개貼介를 사용하되, 쉽사리 만들 수 없는 것은 독촉하여 만들지 말도록 한다.

1. 들판의 풀은 마땅히 말 1필에 5속을 주도록 하되, 그 있는 곳의 차사원은 각기 운반하는 마필의 수효를 미리 상고하여 풀을 베어 모아 숙소에다 쌓아놓고 푯말을 세워 모두를 거느린 차사원에게 주면 그 차사원은 거느리고 있는 군사들에게 나누어 주도록 한다. 군사들의 숙소에서 사방 10리 안에서는 풀을 베지 못하게 한다.

1. 식량을 나누어 줄 때는 본 고을의 수령이 군사의 수목數目을 상고하여 군사를 거느린 차사원과 함께 석수碩數로 나누어 주도록 한다. 매 석마다 혹은 15두에 차지 못하거나 혹은 먼지와 흙을 섞어 썩은 것도 간혹 있을 것이니, 그 도의 관찰사로 하여금 강직하고 명민한 차사원을 정하여 미리 먼저 석수를 만들어 쌓아 둔 후에 경차관이 선별하여 됫박으로 곡식을 달아 주고 산료散料할 때도 또한 거느린 차사원으로 하여금 위의 예에 의거하여 됫박으로 곡식을 주도록 한다. 만약 잡물이 서로 섞여져 있거나, 혹은 수효에 맞지 않는다면 잘못을 저지른 색리와 감고監考는 사면 전이라도

전가 사변시키고, 공신, 의친과 당상관을 물론하고 수령은 제서유위율에 의거해 장 1백대를 집행하도록 하고, 관찰사와 도사도 모두 중죄로 논결하도록 한다.

1. 갑옷·투구·활·화살 등 모든 군기를 갖추기가 어려울 것이니, 여러 고을에 간직한 원수元數의 3분의 1을 가려서 주도록 하고, 관청에서 간직한 것이 모자란다면 남아 있는 군사들의 실제 있는 갑옷과 투구로 바꾸어 주도록 한다.

1. 비단을 끊어서 장표章標를 만들어 아무개 차사원이 거느린 아무개 도 아무개 읍에 거주하는 아무개 군사 아무개라고 써서 가슴에 붙이고, 또 두구頭具에도 모두 초기 旕旗를 꽂도록 한다.

1. 혹시 거짓으로 병이 났다고 일컫는 자가 있으면 차사원이 친히 살피고 만약 거짓이면 관할 고을에 가두고 그 도의 관찰사에게 보고하여 추국계문하여 군법에 의거해 참형에 처하도록 한다. 실제 병이 있는 자는 이르는 고을에 교부交付하여 죽·밥과 약물藥物로써 구료救療한 후 병이 낫기를 기다려 정벌에 나가도록 한다.

1. 정군과 보인 중에서 죽는 자가 있으면, 차사원이 이르는 고을의 수령으로 하여금 관을 갖추어 매장해 주고 거주하는 고을에 공문을 보내어 통지하며, 이장하고자 하면 여러 고을과 여러 역驛에서 차례로 보내 주도록 한다.

1. 다갈多朅은 스스로 준비하기가 어려우니, 여러 도의 관찰사와 절도사로 하여금 회계를 사용하여 철물을 주어 여러 고을에 나누어 정하여 만들게 한다. 각기 길을 갈 때는 1인마다 번아 다갈番兒多朅 1부씩을 주도록 하고 정벌에 나갈 때는 두예정 다갈 頭銳釘多朅 2부씩을 주도록 한다. 정성을 들여 다갈을 잘 만들지 않았거나 그것을 주지 않은 수령 및 절도사·관찰사는 중죄로 논결한다.

1. 군사들이 함경도에 들어가서 거주할 때, 영안도 안변安邊이북 지방은 한 길을 따라서 가도록 하고, 충청도와 강원도는 여러 고을의 군자軍資가 넉넉치 못하니 길을 나누어 가도록 할 것이며, 경유하는 길도 멀리서 헤아리기 어려우니 그 도의 관찰사·절도사와 함께 군사들의 숙박할 곳을 의논해 정하되, 멀어도 6, 70리를 넘지 못하도록 할 것이며, 그 지나가는 고을의 군수의 수량을 헤아려 아무개 차사원이 거느린 군사의 수효 몇 명이 아무개 읍의 몇 날 양식을 받았는가를 경차관이 수량을 갖추어 아뢰도록 한다.

1. 여러 도의 관찰사와 도사로 하여금 공선公船과 사선私船을 논할 것 없이 3, 40척 이상의 배를 찾아내어, 있는 곳의 수령이 고을의 아전을 많이 거느리고 여러 도에서 올라온 군사들이 나루를 건너도록 보호하도록 한다. 노량露梁·양화도楊花渡·삼전도三田渡·광진廣津에서는 공조工曹로 하여금 배를 찾아내어 공조와 의금부·한성부의 낭청郎廳이 함께 보호해 건너도록 한다. 혹시 배를 찾아내는 일에 해이하거나, 혹시 보호해 건너는 일에 마음을 쓰지 않아서 사람과 말이 물에 빠져서 죽는다면 수령과 낭청, 장수는 모두 중죄로 논결한다.

1. 제색군사는 도목장都目狀 내에 상·중·하로 분간하여 시행하고 3건을 첩帖을 만들어 도원수에게 보내어 아무개 군 몇 명, 총수總數를 계문하도록 한다.

1. 차사원으로 하여금 군사들이 길을 갈 때에 길가에 있는 벼를 밟거나 베어 와서 혹민간에 폐를 끼치게 될 일을 대비하도록 하고, 관직이 높고 견식이 있는 사람을 가려서 장수로 삼아 엄중히 고찰해 하여 이와 같이 못하도록 하고, 혹 지극히 무거운 범죄를 저질렀으면 군법에 의거하여 참형에 처하게 하고, 가벼운 죄를 범한 사람은 적당히 논죄할 것이며, 흐리멍덩하게 고찰한 장수와 차사원은 당상관, 공신, 의친을 막론하고 죄의 경중을 분간하여 장형을 집행하도록 한다.

1. 종사관을 경기·강원도·충청도에 나누어 보내어 여러 도의 군사들이 들어올 때에 지나간 여러 고을에서 산료와 산초를 혹시 시기에 맞추지 못하여 인마가 굶주려 피곤할 것을 고찰하도록 하고, 군사들이 민간에 폐를 끼치는 것도 아울러 살피도록 한다.

1. 사목의 내용을 여러 고을의 수령들이 상세히 알도록 하고, 군사들도 두루 알도록 하고, 경차관이 이르는 곳마다 강론하여 영을 세우도록 한다. 만약 잘 알지 못하는 사람이 있으면 그 고을의 수령은 논죄한다.

1. 종사관으로 하여금 술·고기·쌀가루를 많이 가져간 차사원이 폐를 끼치는지 단속하도록 하고, 짐 싣는 말을 탄 찰방察訪 외에는 모두 관아에서 기른 말을 사용하게 한다.

1. 경차관으로 하여금 여러 장수와 군관軍官에게 통지하여 7월 초10일(양 8월 14일)에 서울에 와서 갑옷·투구·장전長箭·편전片箭을 받아 가도록 하고, 그들이 서울에 이를 때는 역에서 타는 말과 짐 싣는 말을 주도록 하고, 종인從人 2명에게도 사

사로운 용도로 사용할 말과 짐 싣는 말 각 1필과 초료(草料), 죽·밥을 아울러 주도록
한다.

이 사목에는 군사의 징발과 군량, 군기, 군령 등에 관한 대단히 상세한 부분까지 규
정하여 놓았다. 또한 구체적인 사안들에 관해서는 관찰사와 절도사 아래에 각읍 수
령을 위치시켜, 수령을 중심으로 구처하도록 하되, 다시 그들이 하는 일을 종사관이
나 경차관으로 하여금 검핵하도록 했다. 이 사목을 통해 당시 체계적이고 엄격한 지
휘 시스템을 구동한 가운데 북정을 단행하고자 했음을 알 수 있다. 특이할 점은 많은
조항들이 있고, 관찰사나 절도사 혹은 수
령에 대한 엄한 처벌을 명시해 놓았지만,
참형에 처하는 경우는 벼를 밟아 손상시
켜 민간에 피해를 주는 몇 경우에서 한해
서만이라는 점이었다.

이런 준비 과정을 거쳐 도원수 허종은
1491년(성종 22) 5월 15일(양 6월 21일)
에 출발했다.[307] 그런데 서북면에도 건주
위가 조선을 침략할 것이라는 소문이 요
동 통사에 의해 전해진 바가 있어[308] 이극
균(李克均)을 서북면 도원수로 삼았고, 허종
은 특히 북정도원수라 했다.[309] 당시 우디
캐를 치는 이 북정에는 귀화한 향화 여진
도 참여했다.[310] 절도사 변종인(卞宗仁)은 건
주위와 가까운 갑산(甲山)·삼수(三水) 등지의

노사신 신도비(경기 파주)

307 『성종실록』 권253, 성종 22년 5월 기묘.
308 『성종실록』 권253, 성종 22년 5월 경인.
309 『성종실록』 권253, 성종 22년 5월 무술.
310 『성종실록』 권253, 성종 22년 5월 신축.

방어에 대비하여 진에 남기로 했다.[311] 그리고 도원수가 정벌하러 들어가고, 부원수가 그 배후에 진을 치게 되면 영안북도의 지휘를 맡을 사람이 없게 되는 사정을 고려하여 우의정 노사신을 파견하도록 했다.[312] 이때 노사신의 직함은 영안도 도체찰사였다.[313]

허종이 북정하기 위해 영흥永興을 출발했던 것은 9월 초9일(양 10월 11일)이었다. 같은 날 북정 도원수의 종사관 한구韓昫는 홍원洪原을 출발해 9월 14일(양 10월 16일)에 문천文川에서 도체찰사 노사신을 만났다. 이때 허종은 니마거 종족인 야당지也堂只를 향도嚮導로 삼았다. 성종은 정벌이 끝난 후 이계동은 상경하도록 명했다.[314] 9월 15일(양 10월 17일)에는 부원수 이계동이 먼저 얕은 여울로 몰래 건너가서 야인들이 왕래하는 길목을 차단해 다리를 만들었다.

북정군의 조직은 다음과 같았다. 이거인·홍정로·육한·유자영柳自英·정유지·김계종·황형·변극곤·엄귀손嚴貴孫 등의 9도장都將의 이름은 응양鷹揚·호분虎賁·골격鶻擊·용양龍驤·표확豹攫·사후獅吼·뇌분雷奔·화열火烈·풍치風馳였다. 한 도장에 각각 15대장이 있었다. 대장도 모두 무재가 있는 명사였다. 1대장은 각각 25명의 군사를 거느렸다. 그리하여 총 9도장이 거느리는 3천여 명을 선봉으로 삼았다. 각 도장은 기치를 새로 만들어 장수의 이름을 쓰고, 대장隊將은 각각 자호字號를 써서 구별했다. 도원수의 군대는 중군中軍이 되었다. 부원수 이계동이 중군의 좌아장左亞將이었고, 전임이 우아장右亞將이었다. 그 다음에는 오위五衛의 중위장中衛將으로서 왕종신王宗信이 부오部伍를 나누어 들어갔다. 그 다음에는 부원수 성준이 전원장前援將, 이굉李紘이 중원장中援將, 한충인韓忠仁이 후원장後援獎으로 각각 군사를 거느렸다. 전원장은 울지鬱地를 지나 둔병屯兵하고, 중원장은 울지의 위에 이르러 둔병하고, 후원장은 울지의 아래 이르러 둔병하기로 했다. 선봉이 니마거를 공격해 포로를 잡으면 원장援將에게 넘겨주고 난 후 다시 들어가 도골을 공격하기로 했다. 3원장은 대군이 돌아올 때까지

---

311 『성종실록』 권254, 성종 22년 6월 임자.
312 『성종실록』 권256, 성종 22년 8월 을사.
313 『성종실록』 권256, 성종 22년 8월 계해.
314 『성종실록』 권256, 성종 22년 8월 계유.

군대를 거느리고 움직이지 않도록 했다.[315]

　11월 10일(양 12월 10일)에 서장을 가져온 종사관 이수언의 보고에 따르면, 정벌군이 강을 건너 간 것은 10월 15일(양 11월 16일)이었다. 닷새를 가서 19일(양 11월 21일)에 보을현甫乙峴에 이르러 전날 척후斥候 김장손金長孫 등이 보았던 우디캐 8인을 찾아 3인은 참수했고 4인은 놓쳤다. 나머지 1인은 우디캐가 아니라 오랑캐였다. 이수언李粹彦은 정벌군이 도착했다는 소문이 나기 전에 군사를 재촉해 가서 앞서 계획했던 것처럼 전원장은 울지령鬱地嶺 위에 주둔하고 중원장·후원장은 울지령 남쪽 동구洞口에 주둔하게 했다. 전위장前衛將 이소·우위장右衛將 허희는 적이 다니는 길의 요충인 삼기三岐에 주둔하게 했다. 10월 22일(양 11월 23일)에 울지를 넘어가서 김장손 등이 우디캐 1백여 기를 만나 싸웠다. 향도였던 오랑캐 아랑개阿郎介가 화살에 맞고 아속阿速이 잡히고 홀빈아忽賓阿가 말을 빼앗겼다. 이날 적의 소굴에서 1식[316]쯤 떨어진 곳에 결진結陣하여 잤다. 23일(양 11월 24일)에 적의 소굴에 닿았다. 적의 무리는 이미 산과 들로 달아나 흩어졌다. 장수들이 여러 부락으로 나누어 집들을 불살라 없앴다.[317] 남녀 각각 하나를 참획하고 말 3필을 얻었다. 그리고 그날 그대로 적의 소굴에 결진하여 잤다. 10월 24일(양 11월 25일)에 군사를 돌이켜 적의 소굴에서 20여 리쯤 떨어진 곳에 하영下營했다. 당시 군사를 돌이킨 것은 앞서 도망간 우디캐에 의해 북정군이 들어왔다는 소식이 다 퍼져버렸고, 15일치 양식 중 9일이 지나 절반 이상을 소비했으므로 돌아가는 중에 전투한다면 곤욕을 치룰 가능성이 있었기 때문이었다. 실지로 25일(양 11월 26일)에 행군할 때 좌아장 이계동의 후방에 적 2백여 기가 뒤따라 와서 그들과 접전했다. 이 때에 적 4급을 참획했고, 태반 이상에게 화살을 명중시켰다. 조선 군사는 용양 도장龍驤都將 육한·대장隊將 조원장趙元璋·장한명張漢明·정건鄭鍵과 군사 10여 인이 화살에 맞았다. 그날 오시午時에 울지에 들어와 숲속에서 머물러 잤다. 28일(양 11월 29일)에 사편평沙便坪에 이르러 결진하여 머물러 잤다. 11월 2일(양 12월 2일)에 다시 강을 건너 조선으로 들어 왔다.[318] 이것이 이른바 1491년의

---

315 『성종실록』 권257, 성종 22년 9월 신묘.
316 『성종실록』 권258, 성종 22년 10월 경신.
317 1식은 30리이다.

신해 북정이었다.[319]

조산보의 사변을 계기로 감행된 이 북정은 사실 그 성과는 그다지 두드러지지 않았다. 11월 15일(양 12월 15일)에 돌아온 부원수의 성과물은 참수 9급과 적의 활과 화살 및 건복鞬服이었다.[320] 참획의 결과가 크지 않았기 때문에 종묘에 고하지도 않았다.[321] 그러나 이를 계기로 종래 조선의 군사가 약체이기 때문에 자신들의 원수인 우디캐에 대항하지 못한다고 여겼던 오도리의 인식을 바꿀 수 있게 되었다.[322]

북정 후에는 후속 조치가 이루어졌다. 그 하나는 경군사 350인과 전부터 머물러 방수하던 100인 중에서 150인, 화포군 150인 중에서 100인, 제장 150인 중에서 100인, 군관 200인 중에서 100인 등은 돌아오지 말고 그곳에 남아 방수하도록 했다. 그리고 우디캐의 향도였던 야당지를 참형에 처했다. 성 밑에 투화해 와서 거주하는 성저야인城底野人 오도리는 논공하기로 했다. 영안도 도체찰사 노사신에게는 북정군이 돌아온 뒤에 군사와 말의 피해 실상을 샅샅이 점검하도록 했다. 그리고 도원수에게는 당시의 정벌 대상에서 빠진 도골에 대한 방비를 곡진하게 하라고 했다.[323] 그리고 북정에 참여한 군사들은 전정田丁이 많고 적음을 한정하지 않고, 상번·하번을 논하지 않고 1492년(성종 23)까지 호에게 부과되는 잡역을 면제해 주는 복호復戶의 혜택을 주었다.[324]

그러나 북정이 단행되었다 해서 우디캐의 문제가 모두 해결된 것은 아니었다. 정벌이 단행된 이후 니마거는 조선에 직접 보복하기보다는 조선의 향도가 되었던 성저야인을 공격하려 했다. 때문에 조선은 우디캐을 회유하거나 혹은 협박하여 또 다른 사변이 일어나지 않도록 경계를 늦추지 말아야 했다.[325]

---

318 이계동의 말에 따르면 이 때에 불사른 적의 집은 4백여 채였다(『성종실록』 권259, 성종 22년 11월 무자).

319 『성종실록』 권259, 성종 22년 11월 임오.

320 강성문 , 앞의 논문, 1989, 57쪽.

321 『성종실록』 권259, 성종 22년 11월 정해.

322 『성종실록』 권259, 성종 22년 11월 을유.

323 『성종실록』 권259, 성종 22년 11월 임오.

324 『성종실록』 권259, 성종 22년 11월 임오.

325 『성종실록』 권259, 성종 22년 11월 계사.

3. 1524년(중종 19)의 야인 구축

성종대 서정과 북정이 단행되었지만 조선과 여진의 갈등은 일거에 해결될 수 있는 성질의 것이 아니었다. 연산군대 들어서도 평안도 지역으로의 여진 침입이 계속되었다. 평안도는 조선의 서쪽 관문으로서[326] 서쪽으로는 명나라와 서북쪽으로는 강 건너 울창한 산림을 경계로[327] 여진과 맞닿아 있었다. 따라서 방어의 중대성으로 친다면, 야인들이 6진 성 아래 거주하면서 미리 여러 여진세력의 기미를 알려주어 대처하기 용이한 영안도(함경도)보다는[328] 평안도가 더욱 긴절하다고 할 수 있었다.[329] 특히 강변의 경우에는 군사들은 부실하고 방어처는 허술하여 여진들이 침입하기 쉽고, 또한 성저 야인도 없어 적변을 미리 알 길도 없었다.[330]

평안도의 지리적 상황이 이러했으므로 조선 초기 이래 야인들은 해당 지역을 빈번하게 침입했다. 특히 세조대 말부터 세력이 강성해진 건주여진이 성종대를 이어 연산군대에 이르러서도 조선 침입의 중심에 있었다. 이러한 가운데 평안도 연변 여진들 중에서는 조선의 번병이 되고자 요청하는 경우가 있었다. 종래 함경도에는 연변 성 밑에 투화해 와서 거주하는 자가 많았지만, 평안도에는 피차 거리가 멀리 떨어져 있기 때문에 투화하는 자도 거의 없었다.[331] 그런데 연산군대 들어 만포 건너편 강가에 옮겨 살던 여진인 동아망개童阿亡介가 조선의 번리藩籬가 되기를 청원했다. 그러나 조선에서는 평안도 근경의 여진들을 번호藩胡로 삼는 일에 대해서는 부정적이었다. 평안도 일대는 영안도(함경도)와 달라서 인물이 적기 때문에, 여진들의 청을 좇아 근처에 거주하게 할 경우, 조선의 허실을 염탐해 오히려 침범할 가능성을 높인다고 여겼던 때문이었다. 결국 이들의 청은 들어 주지 않았다.[332]

---

326 김순남, 앞의 논문, 『朝鮮時代史學報』 49, 2009, 53~55쪽.
327 『연산군일기』 권50, 연산군 9년 8월 경술.
328 『연산군일기』 권40, 연산군 7년 6월 정유.
329 『연산군일기』 권12, 연산군 2년 2월 정사.
330 『연산군일기』 권14, 연산군 2년 윤3월 기사.
331 『연산군일기』 권32, 연산군 5년 2월 을사.
332 『연산군일기』 권23, 연산군 3년 5월 기사.

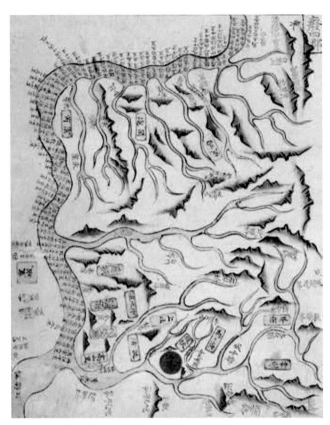

『여지도(輿地圖)』의 폐사군도(廢四郡圖)(규장각한국학연구원)

그러다가 중종대에 이르러 야인들은 본격적으로 조선의 영역으로 들어와 거주했다. 그들이 들어와 살았던 곳은 조선의 폐사군(廢四郡) 지역이었다.[333] 4군은 1459년(세조 5)에 자성을 마지막으로 모두 철폐된 이후 인민도 거주하지 않고 심찰도 잘 이루어지지 않아, 수풀이 우거진 채 여진의 사냥터가 되어 있었다.[334]

---

333 『연산군일기』 권19, 연산군 2년 11월 을사.

334 이인영은 조선이 4군을 혁파했다 해도 해당 지역에 대한 영토나 영유권을 포기한 것은 아니었다고 보았다. 그는 압록강이 자연적으로 조선의 국경을 이루고 있고, 4군이 철폐된 이후에도 여진들이 압록강을 넘어 해당 지역에 들어와 살수 없도록 했으며, 또한 여전히 해당 지역의 순찰을 계속하고 있었다는 등의 근거를 들어, 사군의 철폐는 군사상 국경 방어선의 임시적인 후퇴이며 법제상의 폐지에 지나지 않는다고 보았던 것이다(李仁榮, 『韓國滿洲關係史의 硏究』, 1954, 85쪽). 그러나 실상은 이와는 달랐다.

중종대 중반 온화위溫下衛의 야인 김주성개金主成介가 여연 건너편 미언천未彦川에 와서 거주했다. 당시 조정에서는 이들의 거주를 용인하고자 했다. 대신들은 그들이 조선의 국경에 가까이 사는 것이 바람직한 일은 아니지만, 이미 6년 이상을 살았고, 그들의 거주 지역이 조선의 방어가 미치는 곳이 아니니 그냥 살게 하면서 타이르는 것이 나을 것이라고 했다. 그러나 이에 대해 일부의 「지변사재상知邊司宰相」은 반대했다. 그들은 무창 등 4군을 폐기한 지가 오래 되었지만, 그곳은 엄연한 조선의 땅이므로 그들을 몰아내야 한다고 했다. 야인들을 미리 몰아내지 않는다면, 마치 삼포의 왜인과 같이 될 것이라고 경고했다.[335] 그 후 여진들 중에는 영안도(함경도)에서 폐사군 지역으로 옮겨오는 경우도 있었다. 1519년(중종 14) 당시 수는 총 17호였다. 그러나 그보다 더 문제가 되었던 것은 차후에 회령에 거주하는 야인들이 그곳으로 옮겨올 것이라는 점이었다.[336]

그러자 조선의 경내로 들어 온 이들 야인들 쫓아내야 할지 어떨지에 대한 논의가 이루어졌다. 수년에 걸친 수차례의 논의 끝에 결국 1523년(중종 18)에 여연·무창으로 들어 온 야인들을 구축驅逐할 것을 의계했다.[337] 그리하여 평안·함경 두 도의 군사로 야인을 구축하는데, 함경남도로부터 들어가는 군사는 무창까지 가고 평안도로부터 들어가는 자는 여연까지 가는 것으로 했다. 그리고 여연과 무창의 위 아래 끝에 있는 야인만 쫓아낼 것이 아니라 그 마을을 모두 쫓아내는 것으로 했다. 구축에 참여하는 군관으로는 양계에 거주하면서 해당지역의 도로 형세를 잘 아는 겸사복이나 내금위로 정했다.[338] 이주해 살고 있는 야인 부락의 우두머리 김주성합은 죽이지 않고 죄를 따지고 나서 놓아주는 쪽으로 했다. 그리고 구축의 뜻을 몽골어로 써서 방을 붙이도록 했다. 일정은 정월 5~6일(양 1524년 2월 8~9일)에 군사를 내고, 보름 때 돌려오는 것으로 했다. 이리하여 함경도 순변사에게 군사를 내어 야인을 구축할 것을 하교하고[339] 평안도 관찰사와 절도사, 함경도 관찰사와 남도절도사 등에게도 군사 일으킬

---

335 김순남, 「조선 중종대의 북방 야인 구축」『조선시대사학보』54, 2010, 59~61쪽.
336 『중종실록』권28, 중종 12년 6월 임자.
337 『중종실록』권36, 중종 14년 6월 갑술.
338 『중종실록』권49, 중종 18년 9월 정해.
339 『중종실록』권49, 중종 18년 11월 임신.

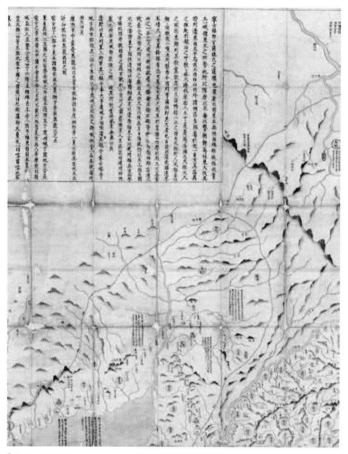

『서북피아양계만리일람지도』 중 폐사군 지역(규장각한국학연구원)

것을 하교했다.[340]

또한 함경북도 병사에게는 군사를 일으키는 동안 성 밑에 거주하는 야인에게 음식과 소금을 주어 위무함으로써 여연·무창의 야인과 연결되지 않도록 하라고 하유했다.[341] 그리고 비변사 낭관에게 평안도 사목을 주어 보내 구체적인 사실을 알렸다. 그 사목의 내용은 다음과 같다.

340 『중종실록』 권49, 중종 18년 11월 을해.
341 『중종실록』 권49, 중종 18년 11월 을유.

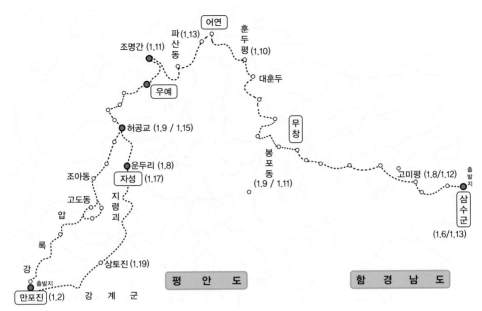

어연
파산동
훈두평 (1.10)
조명간 (1.11)
우예
대훈두
허공교 (1.9 / 1.15)
무창
운두리 (1.8)
자성 (1.17)
조아동
봉포동 (1.9 / 1.11)
고미평 (1.8/1.12)
고도동
삼수군
압
지령괴
출발지
상토진 (1.19)
록
강
출발지
만포진 (1.2)
강 계 군
(1.6/1.13)

평 안 도

함 경 남 도

1524년의 야인 구축 경로도

1. 평안도에서는 갑신년(1524년) 정월 11일(양 2월 14일)에, 함경남도에서는 정월 6일(양 2월 9일)에 군사를 일으킬 것.

1. 평안도는 여연으로, 남도는 무창으로 들어가 구축한 뒤에 양군이 함께 김주성합의 마을에 이르러 만나도록 할 것. 그러나 김주성합의 마을과 김거대金巨大의 마을이 서로 거리가 떨어져 있으므로 먼저 들어간 군사가 머물러 있다가 늦게 오는 군사를 기다릴 것인지, 아니면 맡은 곳의 구축이 끝나면 바로 군대를 돌릴 것인지 서로 상의해서 할 것.

1. 평안도는 거쳐 가는 거리와 야인들의 집이 함경남도보다 많고, 함경남도는 군사가 적고 물길이 험하고 싸움에 동원된 말의 먹이가 평안도만 못하니, 평안도는 김거대의 마을까지 들어가 쫓을 것.

1. 대군이 야인과 교전할 때에 장사들로 하여금 인민을 함부로 죽이지 못하도록 군령을 엄중히 할 것.[342]

---

342 『중종실록』 권49, 중종 18년 11월 신묘.

그런데 평안도와 함경남도의 군사가 서로 만나 함께 구축을 단행할 수 있도록 기일을 맞추는 문제에 대해 평안도 절도사가 계본을 올렸다. 처음 계획은 평안도의 경우에는 김거대의 마을까지 들어가고 함경남도의 경우에는 김주성합의 마을까지 들어가는 것이었다. 그런데 평안도와 함경도는 상황이 같지 않았다. 구축군이 평안도에서 출발한다고 할 때 함경남도에서 출발하는 것보다 목적지까지의 거리가 훨씬 멀었다. 그러므로 두 도의 군사가 1월 6일(양 2월 9일)에 동시에 출발한다면 군사가 만나기로 기약한 날짜인 11일(양 2월 14일)이 되기 전에 함경남도의 군사는 이미 김주성합의 마을에 이르는 반면, 평안도의 군사는 김거대의 마을에 반도 채 못 미치는 상황에 이를 것이었다. 일이 이렇게 되면, 군사가 모두 도착하지 않았는데 야인을 구축한다는 소식만이 먼저 퍼질 것이었다. 그러면 그 소식을 듣고 해당 지역의 야인들이 달아나 숨어 버릴 것이었다. 결국 구축의 효과는 반감될 것이었다. 이를 해결하기 위해 평안도의 군사가 먼저 들어가고 함경남도의 군사는 조금 뒤에 들어가서 동시에 구축하는 것으로 했다. 구축 할 대상은 여연에 있는 김아송가 등 10곳의 마을과 무창에 있는 김주성합 등의 마을, 그리고 남도의 김거대의 마을이었다.[343]

이리하여 실제 구축을 위한 군사 작전이 단행된 것은 1524년(중종 19) 1월 2일(양 2월 5일)이었다. 이 날에 병사 이지방이 만포로 들어온 박야랑합朴也郎哈을 향도로 삼아 행군을 시작했다. 만포를 출발해 강을 건넌지 30여 리쯤 되어 사을외동斜乙外洞에 도착했다. 그리고 그곳에 있던 야인 동타시합童他時哈의 부락을 지나서 무창에 있는 동상시童尙時·김사지金舍知 등을 회유했다. 1월 7일(양 2월 10일)에 진중의 허약한 군마와 약한 병졸을 만포로 돌려보냈다. 그리고 30여 리를 행군한 후 유숙했다. 다음 날 향도인 박야랑합의 부락에 도착했다. 5~6리를 행군하다가 야인 박산朴山 등 10여 인을 만났다. 1월 9일(양 2월 12일)에 20여 리 행군하여 허공교 건너편에 이르러 하영하고 유숙했다. 1월 10일(양 2월 13일)에 좌위·우위·중위로 하여금 기병·보병 2천여 인을 거느리고 유둔하게 하여 원병으로 삼았다. 8대로 나누어 정예 군사 3천여를 각각 뽑아 강물을 따라 대를 벌여서 5리쯤 행진했다. 관군이 조명간 진입로에 도달한

---

343 『중종실록』 권49, 중종 18년 12월 병오.

것이 1월 11일(양 2월 14일)이었다. 이때에 야인 동해음童海陰 등이 마중을 나왔다.

유홍 초상

다음 날인 12일(양 2월 15일)에 여연 아래 끝에 도달했다. 이때 야인 김거대·거응구내巨應仇乃·시여응합時汝應哈 등 6~7인이 말을 타고 내려와 알현을 했다. 구축군은 그들을 회유하면서 야인들로 하여금 스스로 자신의 집을 불사르도록 했다. 다음 날인 13일(양 2월 16일)에 야인들의 집이 불태워졌는지 확인하고 난 후 회군을 시작했다. 파산동巴山洞에 도달해서 이함李菡의 패전 소식을 들었다. 구축군은 조명간까지 내려와 유숙했다. 이틀 뒤인 15일(양 2월 18일)에 채 불사르지 못한 야인의 집을 끝까지 태우자 야인들이 저항했다. 다시 이틀 뒤인 17일(양 2월 20일)에 구축군은 자성 삼기이三岐伊에 도착했다. 이곳은 야인이 들어오는 길의 요해지로서 복병과 매복 야인과의 충돌 가능성이 있었다. 그 이틀 뒤 19일(양 2월 22일)에 구축군은 상토上土에 진입했다. 다음 날인 20일(양 2월 23일)에 점고 결과, 야인과 접전을 벌여 이함이 포위당했고, 강계군관 김남해金南海가 납치당했다. 이때에 사상한 조선 군사의 말은 60~70필이고, 사상한 조선 군사는 50인이었다. 이함은 상해를 입었고, 사로잡힌 야인은 야랑개也郞介·나송개羅松介 등 모두 14인이고 참획한 야인은 3인, 화살에 다친 조선인은 3인, 이외 조선인 15~16명이 납치당했다.[344]

함경도의 경우 구축군이 출발한 것은 평안도보다 4일 늦은 1월 6일(양 2월 9일)이었다. 군사 1천 8백 명이 삼수군에서 출발해, 장사진長蛇陣과 학익진鶴翼陣을 병행하면서 행군했다. 가을파지加乙波知를 지나 고미평古未坪에 도착해 야인 5명을 사로잡아 타일렀다. 그중 박나장합朴羅陽哈을 향도로 삼아 후주厚州에 도착했다. 이틀 뒤인 8일(양 2월 11일)에 어동구비於同仇非에 도착했다. 다음 날인 9일(양 2월 12일)에 봉포동本浦洞 밑의 박아양합·김사지·김이랑합金伊郞哈 등이 사는 곳에 도착해 그들을 타일

─────────

344 『중종실록』 권49, 중종 18년 12월 병진.

렀다. 10일(양 2월 13일)에 훈두평薫頭坪에 도착해 진을 짰다. 동상시의 집을 방문하고 동상시 부락 야인 6~7명의 집의 재물을 죄다 불살랐다. 11일(양 2월 14일)에 봉토동으로 귀환했고 12일(양 2월 15일)에 고미평에 도달했다. 이틀 뒤인 13일(양 2월 16일)에 삼수군에 이르러 명부를 대조하여 점고했다. 그 결과 말 8필이 사상했고, 불사른 야인의 집 수는 30~40호였다.[345]

그런데 야인을 구축하는 과정에서 조선군은 야인에게 큰 패배를 당했다. 평안도 절도사 이지방이 1월 9일(양 2월 12일)에 군사를 출동시켜 허공교에 이르렀을 때, 그는 좌위장左衛將 이함·중위장中衛將 한규韓珪·우위장右衛將 유홍柳泓 등을 그곳에 남겨둔 채, 여연으로 향했다. 절도사가 떠난 후 그곳에 남아 있던 좌위장은 마초馬草를 베어 들이느라 상동구上洞口에 진을 쳤다가 1백 남짓의 야인 기병의 공격을 받았다. 그 날은 1월 12일(양 2월 15일)이었다. 야인에게 포위된 좌위장은 그들과 대적하다가 부상을 당한 채 진중으로 돌아왔다. 이날의 전투로 강계의 군관 김남해海와 갑사 전부성田富成·전국부田國寶 등이 전사했고, 중위장이 거느렸던 조선군사도 사망했다.[346]

1월에 1차 야인 구축이 이루어지고 난 후 2월 12일(양 3월 16일)에는 다시 우후 이장길과 만포첨사 이성언으로 하여금 1월의 군사작전에서 빠졌던 파탕동波蕩洞·고도동古道洞, 여둔동餘屯洞의 야인들을 쫓아내었다. 당시 이들은 군사 150명을 각각 거느리고 야인 마을로 들어갔다. 이때 만포첨사의 군사는 동타시합의 군사와 충돌했는데, 조선 군사는 동타시합 등 23명을 베고 동가가려童可可呂 등 3명을 사로잡고 야인에게 빼앗긴 조선 말 2필·소 4마리, 궁시를 되찾았다. 이성언의 군사는 야인의 집에서 허공교의 전투와 관련된 문서 등 빼앗긴 문서들을 되찾은 후, 사람과 말을 모두 참획하고 그들의 집들을 불사르고 돌아왔다. 이장길도 박야랑개의 집으로 가서 2인을 사로잡고, 고도동으로 가서 싸움 끝에 야인 7급의 머리를 베고 4인을 사로잡았으며, 사로잡혔던 조선인 1명과 말 5필을 찾고 야인들의 궁시를 빼앗은 다음 그들의 집을 불살랐다. 양군은 그 다음날 돌아왔다.[347]

---

345 『중종실록』 권50, 중종 19년 1월 임진.
346 『중종실록』 권50, 중종 19년 1월 갑오.
347 『중종실록』 권50, 중종 19년 1월 갑신.

1524년(중종 19) 4월에 구축의 최종 전과를 평안도 경차관이 보고했다. 그에 따르면 구축에 동원된 군사의 총수는 29고을의 기병·보병을 합한 수 총 2,474인이었다. 그 중 사망하거나 사로잡힌 자는 51인, 찾아 돌려왔거나 도망하여 돌아온 자는 모두 16인, 동상 때문에 들어가지 못하고 집으로 돌아간 자는 40여 인, 점열點閱 때에 미처 도착하지 못한 자는 41인, 도망하여 돌아간 자는 15인, 미처 여연에 들어가지 못하고 죽은 자는 17인이었다. 동원된 말은 모두 2,995필이었는데, 그 중 죽은 것이 357필, 잃어버리거나 잡혀간 것은 모두 48필이었다.[348]

심사손 신도비(서울 강서)

이리하여 1520년부터 제기되었던 폐사군 지역의 야인을 몰아내는 일은 1524년 정월과 2월 두 차례에 걸쳐 이루어졌다. 그러나 이 군사 행동으로 야인 문제가 해결된 것은 아니었다. 구축한 이후 야인들은 여연으로 다시 돌아와 거주했다. 이들은 예전처럼 밭을 갈고 집을 지어서 안정하며 살아갔다.[349] 오히려 구축으로 인해 야인과 반목하게 되면서 결국 조선의 북방 문호의 진장이 살해당하는 사건으로까지 이어졌다. 그것이 만포지변滿浦之變이다.

만포지변은 1528년(중종 23) 1월에 만포첨사滿浦僉使 심사손沈思遜이 야인의 공격을 받아 살해당한 사건이다.[350] 당시 첨사는 1월 23일(양 2월 13일) 사시에 조방장·의천군수와 함께 군사를 거느리고 차가대연대車加大烟臺의[351] 건너편 금둔동金屯洞 등

348 『중종실록』 권50, 중종 19년 2월 을묘.
349 『중종실록』 권50, 중종 19년 4월 을묘.
350 『중종실록』 권51, 중종 19년 6월 무오.
351 『중종실록』 권60, 중종 23년 1월 신축.

처에서 벌채를 하다가 야인 1백여 명의 공격을 받아 환도를 맞고 즉사했다.[352] 심사손은 좌의정 심정沈貞의 아들이었다.[353] 변장으로 있던 현직 좌의정 아들이 창졸지간에 살해당했던 것이다.[354] 만포지변 이후 무신 변장을 양성하여 뽑아 쓰는 일의 중요성이 논의되었다.[355] 또한 변장들의 경계 태세를 강화하는 계기가 되었다.[356] 그리고 야인에 대한 정벌을 단행해야 한다는 의견도 제시되었으나[357] 결국 이후 야인을 군사적으로 통제하는 일은 실행에 옮겨지지 않았다.

이 시기의 야인 구축에 대해 당시 사관은 신랄하게 비판했다. 사관은 "야인 구축은 남곤南袞이 안에서 의논을 주도하고 이지방·이성언이 밖에서 그 말을 올려 (실행되었다. 그러나) 겨우 부락의 첫머리 땅에 들어가서 이함은 적의 병기에 상처를 입어 잡힐 뻔하고 전군은 패해서 흩어졌으니, 변방의 말썽을 연 죄를 누가 감당할 것인가……조정은 용병을 잘못하고 나서 또 장수를 문책하는 일도 잘못했다"[358]라고 평가했다. 실제로 구축이 단행된 이후에도 조선의 영토로 들어오려는 야인들의 움직임이 계속되었고, 조선은 이에 대한 적절한 대응책을 찾지 못했다. 때문에 이후 명종·선조대까지 조선 조정은 야인 문제를 해결하기 위해 고심해야 했다. 4군과 6진의 설치로 상징되

352 차가대 연대는 만포 바로 위에 위치한다.
353 이때의 심사손의 죽음은 당시 그와 함께 있다 야인과 대적한 조방장 송인강의 옥중 상소를 통해 나타난다. 그는 상소를 통해 자신이 심사손을 구하는데 적극적이지 못했던 것은 사세로 보아 어쩔 수 없었다며, 야인의 공격이 창졸지간에 이루어졌음을 강조하고 있다(『중종실록』 권60, 중종 23년 2월 경오). 그러나 이와는 달리 사손이 해를 입을 당시 그 광경을 숲속에 엎드려 목격한 그의 구종 천동의 말을 빌리면 야인들이 심사손을 에워싸고서 협박하여 옷을 벗게 했고, 심사손은 옷가지를 벗을 때마다 구원할 사람들이 이르기를 간절히 바랐으나, 야인들에 의해 모두 벗겨질 때까지 끝내 구원할 사람들이 오지 않아 결국에는 죽었다는 것이었다. 이를 통해 판단할 때 사세 상 어쩔 수 없었던 것이 아니라 조방장이 적극적으로 구원하지 않은 것이었다고 말하는 사람들도 있었다(『중종실록』 권60, 중종 23년 3월 무인).
354 『중종실록』 권58, 중종 22년 1월 무술.
355 심사손의 죽음 이전에 변장으로서 살해당한 자는 성종대의 나사종이 있었다. 성종 22년 당시 경흥부사였던 나사종은 그 해 1월 조산보로 쳐들어 온 우디캐와 대적하다 화살에 맞아 죽었다. 이 경우는 전투 중에 죽은 것이었으므로 심사손의 예와는 같지 않았다(『성종실록』 권249, 성종 22년 1월 병신).
356 『중종실록』 권60, 중종 23년 2월 갑진.
357 『중종실록』 권60, 중종 23년 3월 임진.
358 『중종실록』 권61, 중종 23년 4월 기사.

는 조선 초기 야인 정책은 세종·세조·성종대의 정벌에서 중종대의 '구축'을 거쳐 변화되었고, 결국 후금의 건국과 마주하면서 새로운 모색을 해야 했던 것이다.[359]

4. 이탕개의 난

조선은 건국 초창기 이래 북방 야인에 대해 회유와 정벌의 교린책을 구사했다. 가능하면 야인과 물리적 충돌을 피하고자 하는 것이 조선의 정책 방향이었지만, 상황에 따라 그들에 대한 군사적 정벌을 단행하기도 했다. 그러나 이러한 야인정책은 긍정적인 성과를 거두었다고 보기 어려운 측면이 있다. 왜냐하면 선조대 6진번호였던 이탕개가 조선에 반란을 꾀함으로써 조선의 통제 밖으로 벗어나게 되었기 때문이다.

1583년(선조 16) 2월 7일(양 2월 28일)에 경원부慶源府의 번호藩胡와 이탕개尼湯介 등이 경원과 아산보阿山堡를 포위하고 있다고 북도병사 이제신李濟臣이 보고했다. 이에 선조는 삼공과 비변사 당상들을 불러들여 무신 오운吳澐과 박선朴宣을 서용해 조방장으로 삼아 용사 80명을 거느리고 먼저 가도록 하고, 경기 감사 정언신鄭彦信을 우참찬으로, 도순찰사 이용李鎔을 방어사로 특별 제수했다가 곧이어 남병사南兵使 김우서金禹瑞를 방어사로, 이용을 남병사로 교체했다.[360] 그 이틀 후 북병사는 '경원부와 안원보安遠堡의 성이 함락되었다.'고 보고했다. 이 보고를 접한 선조는 성을 함락하는 데 이른 경원부사 김수金璲와 판관 양사의梁士毅를 진전陣前에서 목 베도록 했다.[361]

당시 경원부가 함락되었던 것은 변장들이 적임자가 아니었던 데 기인한 결과라는 의견이 지배적이었다. 이미 중종대 중반부터 만포와 같은 최북단에도 문신이 변장으로 파견되고 있었던 상황이었다.[362] 당시 북도의 오랑캐로서 강 건너 변보邊堡 가까이 살며 무역을 하고 공물을 바치는 자들을 '번호'라고 했고, 백두산 북쪽에 사는 여러

359 『중종실록』 권50, 중종 19년 4월 갑자.
360 『선조실록』 권17, 선조 16년 2월 경인.
361 『선조실록』 권17, 선조 16년 2월 임진.
362 김순남, 「조선전기 滿浦鎭과 滿浦僉使」『史學研究』97, 2010, 63쪽.

오랑캐로서 아직 조선에 친부親附하지 않은 자들을 '심처호深處胡'라고 불렀다. 그런데 심처호가 변방에 들어오려고 할 때면 번호가 즉시 이 사실을 조선에 보고하고 이들을 막거나 구원을 하는 역할을 했다. 그런데 변방의 방어가 소홀해지면서 번호가 차츰 강성해지는데도 조선에서는 이들을 제대로 무마하지 못했다. 그러자 번호들이 앞장서서 난을 일으켰다. 번호들은 자신들의 이익을 위해 심처호를 이끌고 와서 침범하는 경우도 있었다. 이로부터 북쪽 변방의 정세는 불안해졌다. 이러한 상황이었음에도 불구하고 변장들은 번호를 위무하기는커녕 번호의 부락에 피해를 끼쳤다. 그러자 이들이 분개해 반란을 일으켰던 것이다.

반란 당시 경원부 아산보 번호의 추장인 우을지迂乙知는 조선의 전 만호 최몽린崔夢麟이 번호를 침학한다고 소문을 퍼트렸다. 만호 유중영柳重榮은 이런 모의가 있는 줄도 모르고 토병을 보내 번호의 사정을 정탐하게 했다. 추장 우을지는 그 정탐꾼을 잡아서 심처深處로 보내고 결국 반란을 일으켜 밤에 성을 습격했다. 이들의 공격에 계원장繼援將으로 보에 있었던 이성현감利城縣監 이지시李之詩는 혼자 나가 싸웠다. 그러나 만호 유중영은 겁에 질려 나가 싸우지 못했다. 아산의 토병이 잡혔다는 소식에 경원부사 김수와 판관 양사의는 경병輕兵을 인솔해 강을 건너가 오랑캐를 공격했다. 그러나 이들은 도리어 오랑캐에게 포위를 당했고, 간신히 그곳을 탈출했다. 이 과정에서 군수품은 모두 번호의 수중에 들어갔다. 적병 1만여 기가 경원부의 성 안으로 난입했을 때 경원부사는 항전했다. 그러나 판관 양사의는 숨어 있으면서 나오지 않았다. 이 때의 경원부 함락에 종성鍾城의 번호 율보리栗甫里와 회령의 번호 이탕개 등도 후에 호응했다.[363] 이후 난을 일으킨 경원부 번호추장 우을기내于乙其乃는 7월에 잡혀서 참수되었다.[364]

경성과 종성, 회령의 번호들이 반란을 일으키자 선조와 비변사는 그에 대한 대비를 위한 논의를 했다. 선조는 호인을 6진의 울타리로 삼은 것 자체가 문제였다면서 변장들이 방어를 잘못한 것으로만 책임을 지워서도 안된다고 했다. 따라서 반란을 일으킨 번호들을 토벌해 징계해야 할 것이라고 했다. 선조의 이러한 뜻에 대해 비변사도 역

---

363 『선조수정실록』 권17, 선조 16년 2월 갑신.
364 『선조실록』 권17, 선조 16년 7월 기축.

시 그 의견에 찬성했다. 그러면서 먼저 내지內地의 군졸을 정밀하게 뽑아 전열을 정비하고 식량을 점차적으로 운반하여 군량에 대비를 해야 하므로, 일단 순찰사를 파견해 함경북도의 병력과 군자를 점검하자고 했다. 그리고 문신인 북도 병사 이제신을 구원하기 위해 무재가 뛰어난 남도병사 김우서를 방어사로 삼도록 했다.[365] 그리고 부교리 정희적鄭熙績, 이조좌랑 김수金睟를 순찰사 종사관으로, 전 부사府使 최경창崔慶昌을 방어사 종사관으로 삼았다.[366] 그리고 반란이 일어나기 전에 이미 서울에 와 있다가, 경원부까지 미치지 못한 번호들을 중도에서 잡아 함흥부에 가두고 그들의 부형父兄으로 하여금 반란에 가담했던 오랑캐들을 잡아 속바치라고 명했다.[367]

1583년(선조 16) 2월 13일(양 3월 6일)에 다시 북도 병사의 계본이 올라왔다. 1월 28일(양 2월 20일)에 번호들이 훈융진訓戎鎭을 포위했고, 첨사 신상절申尙節과 온성부사穩城府使 신립申砬이 이에 대항해 수급 50여를 베고, 강 건너까지 추격해 그들의 부락을 소탕했다는 것이었다. 북병사의 보고에 비변사에서는 공을 세운 신립 등을 포상

신립 묘(경기 광주) 묘비의 이수부분이 정교하다.

365 『선조실록』 권17, 선조 16년 2월 계사.
366 『선조실록』 권17, 선조 16년 2월 을미.
367 『선조실록』 권17, 선조 16년 2월 계사.

할 것을 청했다. 또한 이전에 패한 경원부사 김수가 공을 세워 죄를 씻을 생각으로 고군분투하여 적의 수급 40여를 베었으므로 참수형을 바로 집행하지 말 것도 아울러 청했다. 그러나 선조는 재고의 여지없이 경원 판관 양사의와 함께 선전관을 보내 형을 그대로 집행하라고 했다.[368] 비변사가 경원부사를 옹호하는 발언을 한데 대해 선조는 그를 비난했다. 그리고 함경북도의 병사를 교체하는 일에 대해서도 부정적인 태도를 보였다. 하지만 이에 대해 양사에서는 6진 번호의 반란이 일어난 것은 북병사의 부적절한 처사 때문이었다고 그를 탄핵했다.[369] 그 후 2월 9일(양 3월 2일)에 다시 오랑캐가 훈융진을 포위했고, 그들을 물리쳤다는 보고가 올라왔다.[370] 북병사의 서장에 따르면 2월 16일(양 3월 9일)에 장사를 징발해 오랑캐의 부락으로 쳐들어가 그들을 소탕했으며, 그 결과인 오랑캐 150여 명의 수급에서 귀를 잘라 올려 보낸다는 것이었다.[371] 이 전과에 당초 비판받던 북병사 이제신은 그 공을 인정받았다.[372]

1583년(선조 16) 1월에 경원부 번호의 반란이 있었던 데 이어 5월에도 종성의 추장 율보리와 회령의 추장 이탕개가 무려 1만여 명의 기병을 거느리고 종성의 요새지를 공격했다. 1일(양 6월 20일)에 감행된 이들의 공격에 우후 장의현張義賢, 판관 원희元喜, 군관 권덕례權德禮 등이 기병과 보병 1백여 명을 거느리고 가서 여울을 지키며 한참동안 대항했으나 중과부적이었다. 이때에 군관이 피살되었다. 그러자 우후와 판관 등은 모두 종성의 성안으로 도망해 돌아왔다. 적들이 성을 포위하자 병사 김우서는 종일 성을 지켰다. 적이 물러가자, 이때 종성부사 유영립柳永立이 나가서 그들을 공격할 것을 청했다.

그러나 병사는 허락하지 않았다. 그러자 부사가 몰래 판관에게 영을 내려 기병장騎兵將 김사성金嗣成을 인솔하고 동문을 열고 나가 그들을 공격하게 했다. 기병장은 적의 수급 다섯을 베어 왔다. 그러나 병사는 오히려 명령을 어겼다고 판관 등에게 장형을 가했다. 2일(양 6월 21일)에도 적들이 또 와서 종성을 포위했다. 이날 저녁에 온성

368 『선조실록』 권17, 선조 16년 2월 병신.
369 『선조실록』 권17, 선조 16년 2월 정유.
370 『선조실록』 권17, 선조 16년 2월 계묘.
371 『선조실록』 권17, 선조 16년 2월 신해.
372 『선조실록』 권17, 선조 16년 2월 계축.

육진지역 성곽

부사 신립이 구원하러 왔다. 병사가 신립을 만나보고자 했으나 그가 응하지 않았다.[373] 6일(양 6월 25일)에도 2천여 기의 오랑캐 무리가 종성의 강가에 모여 있었는데, 그 중 강을 건너오는 10여 기 중 1명을 쏘아 죽였다는 보고가 들어왔다.[374]

5월에 일어난 종성과 회령 번호들의 반란에 대해 비변사에서는 그 방비를 논의했다. 이때에 경기수사 이발(李潑)을 가선(嘉善)으로 올려 방어사에 임명했다. 그러자 조정에서는 이미 병사가 있는 마당에 또 방어사를 보내면 지휘에 계통이 맞설 염려가 있다고 이의를 제기했다. 이에 방어사의 호칭을 조방장으로 고쳐 파견하는 것으로 했다. 그리고 공사천 잡류로서 활을 잘 쏘는 자 2백명을 골라 각기 면포와 쌀을 주고, 또 활을 쏘지 못하는 백성들에게는 각각 보(保)를 주어 전마를 갖추게 하여 2 운(運)으로 나누어 보내도록 했다.

---

373 『선조수정실록』 권17, 선조 16년 5월 임오.
374 『선조실록』 권17, 선조 16년 5월 정해.

또 부족한 북도의 식량을 우려해 동·서반의 당상과 종친 종2품 이상, 동·서반 4품 이상과 종친 부정 이상 등은 각기 쌀 1석씩을 내어 안변安邊으로 수납케 하고, 함경도와 평안도 박천博川 이북의 각 고을을 제외한 외방의 수령들은 모두 모곡耗穀으로 정미正米 2석씩을 안변에 수납하도록 했다.[375] 그런데 이때 회령 번호 이탕개와 원수 사이였던 번호 효정孝丁이 이탕개가 없는 틈을 타서 그들의 여사盧舍를 모조리 불태웠다. 이 때문에 이탕개는 군대를 철수하지 않을 수 없었다. 그래서 조정에서는 효정 등을 논상하고자 했다.[376]

이후에도 호인들의 침입은 계속되어 5월 13일(양 7월 2일)에는 1천여 기가 종성을 포위했고, 16일(양 7월 3일)에는 동관潼關·방원防垣 등지를 포위했다.[377] 그러자 선조는 서울에서 활솜씨에 능한 자 1백명을 더 뽑아 함경북도로 들여보내고, 편전片箭 1천부部와 장전長箭 5백부 역시 더 들여보내도록 했다.[378] 8월에도 적호賊胡 2만여 기가 방원보防垣堡를 포위했다.[379]

1월부터 이어진 6진 번호들의 반란에 대해 선조는 특히 여러 차례 조선을 공격한 이탕개를 언급하며 그들을 정토하고자 했다. 그리하여 가을과 겨울 사이에 4~5운運으로 나누어 대대적으로 군사를 동원하여 이탕개와 그를 따르는 번호들을 소탕하고, 그보다 앞서서 이탕개보다 세력이 약한 종성번호를 먼저 치도록 했다.[380]

이탕개의 난 이후 6진 번호들의 반란이 다시 일어난 것은 조선이 일본과의 전쟁(임진왜란, 정유재란)을 치른 후였다. 당시 조선은 일본과의 전쟁으로 손상된 국위를 회복하는데 주력하여 6진 번호에 신경을 쓸 여유가 없었다. 그러자 번호들이 다시 조선을 배반하고 반란을 일으켰는데, 그것이 무산茂山의 노토老土와 종성의 아당개阿堂介였다. 노토는 심처호였는데, 조선의 번호들을 공격했고, 그의 공략을 받은 회령의 번호들이 노토에게 붙어 조선을 공격했다.

---

375 『선조실록』 권17, 선조 16년 5월 갑오.
376 『선조실록』 권17, 선조 16년 5월 무술.
377 『선조실록』 권17, 선조 16년 5월 정미.
378 『선조실록』 권17, 선조 16년 5월 정미.
379 『선조실록』 권17, 선조 16년 8월 경술.
380 『선조실록』 권18, 선조 17년 1월 임진.

이에 조선은 1600년(선조 33) 4월 14일(양 5월 26일)에 노토 정벌을 단행했다. 이 결과 노토의 노선을 추종하였던 번호, 또는 조선을 배반한 회령의 번호가 다시 조선에 귀부했다. 이후 또 한 차례 조선에 공격을 감행했던 노토는 인적·물적 손실을 많이 입고 세력이 약화되어 고립무원의 곤경에 빠졌다. 그러다가 선조 35년 무산에 나타나 거짓으로 항복을 자청했다가 이것이 받아들여지자 바로 다시 회령의 번호를 침략했다. 조선은 노토의 이중적 태도를 확인했다. 그래서 그들의 경제적 요구도 들어주고 황폐해진 6진도 장려하고자 잔약해진 무산보를 거진으로 만들어 개시開市하려는 논의를 당시 비변사를 중심으로 했다.[381]

이탕개의 난을 비롯한 번호들의 반란은 '교린'으로 규정되는 조선과 여진사이의 전통적인 관계가 붕괴되었음을 의미했다. 변방의 방어가 소홀해지면서 강성해진 여진을 조선은 제대로 무마하지 못했고, 번호들은 그들을 더 이상 보호해 주지 못하는 조선에 대해 등을 돌렸다. 이후 조선 번호들은 새로이 일어나는 누르하치에게 협력했다.[382]

381 徐炳國, 앞의 논문, 1990, 156~159쪽.
382 김순남, 「조선전기 5진 番胡 동향의 추이」 『역사와 실학』 46, 2011, 98쪽.

제5절

병력동원체제의 개선 -제승방략-

1. 제승방략 성립의 배경과 남도 제승방략

1) 을묘왜변과 제승방략의 탄생

제승방략은 16세기 중반 을묘왜변의 경험을 바탕으로 기존의 진관체제의 한계와 약점을 깨닫고 새롭게 구상한 방어체제이다. 일반적으로 제승방략에는 남도 제승방략과 북도 제승방략이 있다고 알려져 있다. 이 중에서 구체적인 내용을 전해주고 있는 것은 북도 제승방략이다.[383] 남도 제승방략은 관련 자료가 남아 있지 않다.

그러나 북도와 남도 제승방략이 크게 다른 것은 아니었다고 생각된다. 전술적 원칙은 같으나 남도와 북도의 방어체제나 적의 상황이 달랐으므로 실행방법에서 세세한

---

[383] 제승방략은 『조선왕조실록』에는 거의 등장하지 않아 실록 기록으로는 개요 이상의 내용을 파악하기 어렵다. 현재 남아 있는 『제승방략』은 함경병사 이일이 편찬한 것이다. 1583년(선조 16이일은 함경도 경원부사로 부임했을 때 『제승방략』을 접했다. 그러나 이 내용이 현실과 맞지 않는 점이 있다고 해서 자신이 내용을 수정해서 1588년에 새로 편찬했다. 이 책은 병영은 물론 작은 진보에까지 비치하고 전술지침으로 삼도록 했다. 그러나 17세기 무렵에는 거의 사라졌던 것을 1670년(현종 1110월 함경북도 병마 평사로 부임했던 이선(李選 : 1631~1692)이 발견해서 새로 간행했다. 그는 평사로 재직 중 경성에 갔다가 겨우 1책만 남아 있던 이일의 『제승방략』을 발견했다고 한다. 이 책은 1936년 조선사편수회에서 간행한 『조선사료총간』 12호로 영인되었고, 1999년 세종대왕기념사업회에 의해 국역본이 간행되었다.

변화가 있었을 것이다. 이런 점에서는 북도 제승방략도 평안도와 함경도의 내용이 조금 달랐을 가능성이 있다. 하지만 어느 경우이든 전술적 원칙이 크게 다른 것은 아니었다.

제승방략이 처음 시행되고 그 전술적 원칙이 제시된 곳은 남쪽이 먼저였으므로 제승방략의 출현 배경과 전술원리는 남방 제승방략의 성립과정을 통해서 살펴보고, 실제적인 구조와 구체적인 운영방식은 기록이 남아 있는 북도 제승방략을 통해 고찰해보도록 하겠다.

유성룡에 의하면 1555년(명종 10)의 을묘왜변이 제승방략이 탄생한 직접적 계기였다.

> 지난 을묘년 변란 이후 김수문金秀文이 전라도에 있으면서 처음 분군법分軍法으로 고쳐 도내의 여러 고을을 순변사巡邊使·방어사防禦使·조방장·도원수都元帥 및 본도의 병사와 수사에게 나누어 소속시키고 이를 제승방략이라고 하였습니다.[384]

김수문은 을묘왜변이 발발한 1555년에 제주목사로 있었다. 이 해 7월에 제주도로 침공한 1천명의 왜군을 격퇴해서 명성을 얻었다.[385] 그는 1556년에도 제주를 침공한 왜선 4척을 포획하여 1백급에 가까운 왜군의 목을 베는 공적을 세웠다.[386] 이때 제승방략을 시행해서 공적을 세운 것 같다. 하지만 그는 당시 제주목사여서 제승방략을

유성룡 도검(경성대박물관)

---

384 『선조수정실록』 권25, 선조 24년 10월 계사, 비변사에서 진관법의 복구를 요청하는 상소 ; 유성룡, 『서애집』 권7, 계사, 진관제도를 재정비하여 시행할 것을 건의하는 계(1594년의 상소 ;『서애집』 권16, 잡저, 「임진년의 시말을 적어 아이들에게 보임」;『서애집』 연보 권1, 만력 19년. 유성룡은 『징비록』에서도 이 견해를 소개했다.
385 『명종실록』 권19, 명종 10년 7월 무술, 제주목사 김수문의 장계.
386 『명종실록』 권20, 명종 11년 6월 신축.

김수문의 묘

시행할 수 있는 범위는 제주도에 한정되어 있었다. 1577년에 그는 경상도 순변사로 발령받아 경상도의 방어체제를 점검했고, 그 뒤로는 3번이나 평안도 병사로 재직했다. 이 기간 동안에 제승방략을 경상도와 평안도에 보급했고, 그의 성공에 자극 받아 여러 장수들이 제승방략을 적용하고 개량했던 것 같다.[387]

2) 진관체제의 한계와 남도 제승방략

그가 창안한 제승방략의 요체는 분군법이다. 분군법의 요체는 "한 도의 군병을 미리 순변사·방어사·조방장과 병사·수사에게 분속시켜 두는 것"이다.[388] 을묘왜변을 통해 드러난 조선군의 동원체제 즉 진관체제의 동원체제와 전술적 약점을 보완하기 위한 것이었다.

진관체제의 약점은 군현과 군사단위인 진을 일치시키다 보니 군진이 너무 많아져 병력이 군현별로 과도하게 분산되고, 상비병력은 적어진다는 것이었다. 심지어는 병마절도사의 병영이나 주요 군사요충지에도 상비병력이 너무 적었다. 상비병력이 적어서 적의 습격을 받은 성이나 진보는 오래 버틸 수가 없었다. 그러므로 주변 군현의 신속한 지원에 기댈 수밖에 없었다. 그러나 모든 지역의 상비병력이 적다 보니 하루 동

---

387 허선도, 「제승방략연구(하)」 『한국군사사논문선집 4(조선전기편)』, 국방군사연구소, 1999, 532쪽.
388 『선조실록』 권49, 선조 27년 3월 정미, 영의정 유성룡의 계문.

안에 동원할 수 있는 병력은 군현마다 1백 명 단위에 불과할 정도였다. 심지어 전라 병사 원적이 인솔했던 병력은 병영과 두 고을의 군사를 합쳤음에도 병력 2백 명에 불과했다. 그러므로 신속하게 출동하면 동원할 수 있는 병력이 너무 적고, 병력을 갖추려면 시간이 너무 걸렸다.

서둘러 출동한 군대는 병력이 적다는 외에도 여러 가지 문제를 안고 있었다. 여러 군현의 군대가 수령의 지휘 아래 제각기 도착하다 보니 지휘체제가 형성되지 않았다. 진관체제에 편성원칙이 없는 것은 아니었다. 전시가 되면 각 군현은 오위 체제에 따른 편성원칙과 지위가 정해져 있었다. 그러나 실제로 이 방식이 유효하려면 평소에 수령 임명을 이 원칙에 맞추어 임명해야 했다. 하지만 그렇게 하면 몇몇 군현은 계속해서 무관 수령을 임명해야 한다는 문제가 생긴다. 게다가 16세기가 되면 군역제의 문란이 심각한 상태가 되어서 군사문제를 규정대로 운영할 수가 없었다. 따라서 군사들에게 보인을 지급하고, 필요한 군사를 색출, 유지하거나 지정된 군사 정원을 맞추고 동원하는 등 군사제도의 외형을 유지하기 위해서는 상당한 행정적 노력과 수완이 필요했다. 그러다 보니 군사 요충이나 군정의 비중이 높은 곳일수록 오히려 무관보다는 행정능력이 우수한 문관 수령을 필요로 했고, 실제로 그렇게 되었다.[389]

게다가 지원군의 집결지가 공격을 받고 있는 지역이었으므로 적군이 지원군의 이동경로를 충분히 예측할 수 있었다. 급하게 동원하는 부대는 편제를 제대로 갖출 수 없다는 것도 심각한 약점이었다. 여러 군현의 병력을 모으면 좀 개선될 수가 있겠지만 지휘체제도 명확하지 않은 상태에서 군현의 병력을 섞어서 재구성하는 데는 시간도 많이 소요되고, 지휘관의 권위와 명령체계도 서지 않았다.

특히, 이 문제는 인근 도의 병력을 동원할 때 큰 문제가 되었다. 조정에서 도원수나 순변사를 파견하는 이유는 병사가 지휘하는 도 단위 이상의 병력을 동원하고 편제하기 위해서였다. 원칙대로라면 진관체제 하에서는 도 단위로 일원적인 명령(행정)체제가 갖추어져 있으므로 도원수나 순변사는 세 도의 지휘체제를 그대로 통제하기만 하면 되었다. 하지만 실제 이런 편제는 불가능했으므로 3도의 병사를 합칠 때는 세 도

---

389 이 책 9장 1절 참조.

에 있는 우수한 지휘관을 있는 대로 발굴해 당장 필요한 전투편제 또는 오위체제로 재편성해야 했다. 이 작업은 불필요한 갈등과 시간을 소비할 수밖에 없었다. 북도 제승방략을 편찬한 이일이 남도에도 제승방략이 필요한 이유를 설파하면서 "계원장, 유격장, 조방장을 차정하여 각 위로 나누어 분군해야 할 것입니다. 그러나 같은 도의 수령들이 저쪽 도, 우리 도를 일컬으면서 본도의 모든 명령을 빨리 거행하지 않습니다. 그래서 만약 위급한 일이 있을 때에 빨리 가서 구원하지 아니할 경우에는 후회가 막급하고 지극히 염려스러운 일입니다"[390]라고 말한 것은 이런 사정을 말하는 것이다.

이런 사정을 인지하고 보다 신속한 동원체제와 효율적인 지휘체제의 편성을 위해 창안한 방법이 분군법이었다.

분군법이란 한 도의 군병을 순변사, 방어사, 조방장과 도원수, 병사, 수사에게 미리 분속시키는 방법이었다.[391] 이중 도원수, 순변사, 방어사, 조방장 등은 중앙에서 새로 파견하는 지휘관들이다. 그러므로 이들의 지휘를 받기로 약정된 군현을 미리 지정해 두었다가 사변이 발생하면 해당하는 군현 수령이 병력을 인솔하고 사전에 약속된 집결지로 달려가 중앙에서 내려오는 장수를 기다리는 것이다.

적이 지원군의 진로를 예측하는 약점을 해결하기 위해 병사와 수사에게 집결하는 군대도 이전처럼 성으로 바로 달려가지 말고 제3의 장소에서 병사와 수사를 만난 뒤 이동하게 했다. 이는 다음의 기록을 통해서도 짐작할 수 있다.

> 우리나라는 적의 소리만 들으면 각 읍의 수령을 한 성중에 몰아넣으니, 한 도를 적에게 주고 외로운 성만을 지키려는 그 계책이 또한 그르지 않습니까? 우리나라의 제승방략에도 '감사와 병사는 모두 성에 들어가지 않고 밖에서 책임지고 대응한다' 하였으니, 그 뜻이 어찌 우연에서 나온 것이겠습니까?[392]

이 방법을 사용하면 적의 매복에 당할 염려도 적고, 개별적으로 도착한 지원군이

---

390 이일, 「제승방략을 시행하기를 요청하는 장계」, 『국역제승방략』 권2, 157쪽.
391 『선조수정실록』 권25, 선조 24년 10월 계사.
392 안방준, 『묵재일기』 3, 비어론변.

누구는 성 안으로 들어가고, 누구는 성 밖에 있어서 지휘체계가 분열되는 사태도 예방할 수 있었다.

2. 북도 제승방략

제승방략이 을묘왜변을 계기로 만들어졌다고 하지만 그것은 도 단위의 동원체제로 정식으로 자리잡게 된 것이 그렇다는 것이다. 제승방략의 단초는 4군 6진 지역에서 부분적으로 시행되던 방어전술과 경험에서 도출되었을 가능성이 크다.[393] 김수문은 제주 목사로 부임하기 전에 북방에서 근무했다. 그는 1551년에 경흥부사로 부임했는데, 재직하면서 북방 경계의 한계와 여진족의 발흥을 예측하고 적극적인 활동을 폈다.[394] 그러나 그의 적극성이 오히려 여진족을 자극해서 1552년에 경흥 관내의 서수라가 여진족의 침공을 받는 사건이 발생한다. 김수문은 출동했지만 요격에 실패했고, 서수라는 함락되어 군민 80여 명이 사로잡혀 가는 피해를 입었다.[395]

이는 당시로서는 충격적인 패배였고, 김수문은 이 사건의 책임을 지고 파면되었다.

---

393 이일의 『제승방략』은 그가 처음 고안한 것이 아니고 기존에 북방에서 사용되던 제승방략을 증보한 것이다(이일, 『국역제승방략』 권2, 「제승방략을 시행하기를 요청하는 장계」, 156쪽). 이 이일 이전의 제승방략에 대해 김종서가 4군 6진을 개척할 때 마련한 방략이라는 주장이 있다. 이 설은 규장각의 제승방략 해제에서 처음 제시되었다(『규장각도서 한국본총목록』, 서울대학교 문리대학 동아문화연구소 ; 허선도, 「제승방략연구(상)」, 『한국군사사논문선집 4(조선전기편)』, 국방군사연구소, 1999, 496쪽이 설에 대해 허선도는 김종서 제작설은 전혀 근거도 없고 관련이 없다고 주장했다(허선도, 앞의 논문, 1999, 488쪽). 최근에 다시 김종서설을 주장하는 견해가 제기되었다(김구진, 「제승방략해제」 『국역제승방략』, 24~27쪽). 그러나 아직은 김종서설은 추정의 단계를 벗어나지 못하고 있다.

394 『명종실록』 권12, 명종 6년 12월 을해. 중종~명종대에 조선이 폐사군 지역을 포기하는 것이 거의 공식화 되면서 여진족이 이 지역으로 남하해서 조선과 인접한 지역에 거주하게 되었다. 이때부터 국경지방의 갈등이 높아져 갔다. 조선은 대규모 여진정벌을 기획하지만 시도하지 못하고 중단되었는데, 이런 일로 여진족들은 더욱 조선을 두려워하지 않게 되었다. 결국 명종대부터 국경충돌이 다시 증가하고 마침내 이탕개의 난으로 발전하게 된다. 서수라 침공 사건은 여진족이 공세로 전환하는 시발적인 사건이었다.

395 『명종실록』 권13, 명종 7년 7월 정미 ; 『명종실록』 권13, 명종 7년 7월 경술 ; 『국역제승방략』 권1, 9~10쪽.

이 경험으로 김수문은 진관체제의 동원태세와 동원방식의 한계를 깨닫고 제주목사로 부임한 뒤에 제승방략을 고안했을 가능성이 높다. 즉 제승방략이 드러나게 된 계기는 을묘왜변이었지만 제승방략의 아이디어는 북방의 경험에서 잉태되었을 가능성이 높다.

그런데 제승방략의 실체를 보여주는 유일한 사료인 이일의 『제승방략』은 이러한 전술적 원리만을 소개한 책이 아니다. 그 외에도 아주 상세한 규정과 내용을 수록했는데, 내용으로 보면 전시에 사용하는 지침서에 가깝다. 이 책에는 6진에 속한 모든 진보의 위치, 성의 크기, 인근 여진부락과 규모, 거리, 봉수, 감시초소, 병력, 장비, 군량까지 자세히 기록했다. 일례로 여진부락은 추장의 이름과 거리, 호수를 기록했으며 5호 정도의 작은 부락까지 빠짐없이 기록했다.

제승방략(규장각한국학연구원)

여진족 부락 藩胡部落

상문부락 上門部落 서쪽으로 10리이고 추장 소대所大 등 15호가 있다.

성의 수비, 동원, 편제, 진법 훈련, 정찰, 교련, 군기, 비상식량과 출동태세 등에 대해서도 상세한 지침을 제시했다. 심지어 백두산에 오르는 길도 자세하게 소개하고[396] 덤으로 천지가 압록강과 두만강의 근원이 된다는 사실까지 적어 놓았다.

군량의 경우도 병사 1인당 군량을 1일에 쌀 3승, 기

---

396 그 내용은 다음과 같다. "백두산으로 오르는 길은 박가천에서 1일 노정 거리에 우을구비탄이 있고 이곳에서 오부비라까지 1일 노정 거리이다. 이곳에서 백두산 밑에 있는 다탄까지 1일 노정 거리이고 이곳에서 백두산까지 반일 노정 거리이다. 백두산 정상에는 호수(池)가 있는데 동쪽으로 흘러서 압록강이 되고 북쪽으로 흘러서 화라강이 된다. 길이 좁아서 말이 통행하지 못하는데 모름지기 두만강 이쪽을 거쳐서 소 박가천에서 대로를 이루어 통행할 수가 있으므로 또 장백산을 향하게 된다. 대 박가천 검천 홍단 수동에서 백두산에 이르기까지 그 사이에 경로가 있다고 한다(『국역제승방략』 권1, 회령진, 87쪽).

마 1필에 죽미 큰 되로 1승, 종 2인에게 쌀 4승과 콩 3승, 복마 1필에 콩 2승이라고 규정을 적어 놓았다. 그런데 이처럼 기준만 제시하지 않고 군사 1명(종과 기마, 복마를 포함한 양)부터 1만명 단위까지 "1천명의 하루 군량 얼마, 이틀 군량 얼마……2천명의 하루 군량 얼마, 이틀 군량 얼마"라고 하는 식으로 1일부터 30일 분량의 표를 만들어 나열해 놓았다(1만명은 8일까지만 계산했다).[397] 장수들이 군량의 양을 계산할 필요도 없이 바로 표를 보고 정하도록 하는 배려였다. 이처럼 제승방략은 다양한 내용을 포함하고 있지만, 그중 동원체제 및 대응전술에 대한 부분을 위주로 고찰해 보겠다.

1) 요격처와 추격처의 지정

조선 건국 이후로 4군 6진 지역에서는 수많은 충돌이 발생했다. 전투는 조선 측에서 여진정벌을 시행한 때를 제외하고는 거의가 여진족의 기습과 조선군의 방어 전투로 진행되었다. 여진족은 출동 중인 조선군을 습격하거나 조선의 진보나 읍을 습격하기도 했다. 후자의 경우는 성이 함락되면 민간인 피해와 재산피해가 컸다. 대부분의 경우 포위가 오래 지속되는 법은 거의 없었다. 며칠 내로 조선의 지원군이 출동하면 여진족은 후퇴했다. 승부는 수비군이 지원군이 올 때까지 버틸 수 있느냐로 판가름이 났다. 즉 신속한 지원체제가 관건이었는데, 간혹 지휘관의 무능, 정보 착오, 혹은 길을 잘못 드는 등의 이유로 지원이 늦어지는 경우가 있었다.

> 지난 갑인년(1554) 가을철에 오랑캐들이 갑자기 본보(경흥 조산보)에 들이닥쳐서 성을 몇 겹으로 포위해서 밤새도록 서로 싸웠다. 전 만호 김정국이 미처 신 만호 최한정과 교대하지도 못하고, 좌우로 편제를 나누어 성을 지키면서 힘써 싸웠다. 적들을 향해 화살을 쏘니 적들이 능히 성벽에 오르지 못하여 이기지 못하고 군사를 돌이켜 물러갔다. 경흥부사가 다른 길로 잘못 들어가서 적병을 요격할 수가 없었다. 병사 이사증이 마침 순찰하다가 경흥진에 이르렀기 때문에 그러나 그는 군사의 진을 4, 5리의 지점에

---

397 『국역제승방략』 권2, 군량미를 지급하는 방식, 160~190쪽.

두고 머뭇거리면서 진군하지 않다가 적이 두만강을 건너간 다음에 비로서 조산보에 들어갔다.[398]

위 기사에 의하면 조산보 전투는 하루 동안 기습적으로 지속되었다. 경흥부사는 길을 잘못 들어 지원하지 못했고, 북도 병사 이사증은 전투를 피했다. 그런데 이 지원병의 역할이 조산보의 구원에 국한되지 않았다는 점이 주목된다. 지원병에는 적의 규모와 이동경로에 따라 적을 요격하거나 추격하는 임무도 부여되어 있었다. 전반적으로 여진족은 하루 정도의 기습공격을 선호했는데, 수비만 해서는 여진족의 기세를 꺾을 수 없었다. 여진족의 공격을 근절시키고, 납치당한 인원을 되찾기 위해서는 퇴각하는 여진족을 추격하고, 역습을 가해 적에게 타격을 주어야 했다. 여진족도 이를 예상하고 보통은 날이 밝기 전에 퇴각했다. 그런데 이 지역은 산이 많고 도로가 좁아 성의 병사가 어둠 속에서 추격하기란 쉽지 않았고, 설불리 추격하다가 복병에 당할 위험도 높았다.[399]

따라서 4군 6진 지역에서는 주변 군현에서 지원병이 출동할 때 신속하게 성으로 들어가는 경우 못지않게, 적을 요격할 지점이나 추격할 지점으로 바로 이동하는 것도 중요했다. 이것이 『제승방략』의 주요 목적으로 이일의 『제승방략』에서는 절반 이상의 분량이 이 요격처와 추격처를 할당하는데 할애되어 있다.

예를 들어 여진족과의 전투가 가장 치열했던 경흥진의 경우 다음과 같은 지침이 제시되었다.

본부에서 적변이 있을 경우 국사당에서 적을 추격한다. 적을 추격하는 데에 미치지 못

---

398 『국역제승방략』 권1, 조산보, 13쪽.

399 1585년 여진족 율보리 1천명이 동관진 성 가까이에 있던 여진족 투을지의 부락을 습격해서 투을지를 죽이고 가족을 납치해 갔다. 투을지가 조선군을 도와준데 대한 보복이었다. 첨사 최미수는 어두운 밤이어서 매복을 우려해 성문을 열고 출동하지 못했다. 최미수는 이 일로 도형의 형벌을 받았다. 최미수의 용기가 부족했던 탓도 있겠으나 산곡과 매복지가 많은 이 지역에서 밤중에 병력을 출동시키기가 쉽지 않았음을 보여주는 사례이다(『국역제승방략』 권1 동관진). 제승방략에서도 이 점을 주의시켰다(『국역제승방략』 권2, 군기 29조, 7번째 조문, 144쪽).

할 때는 주을온천변朱乙溫泉邊, 야춘也春 등지에서 적을 추격한다.

아오지보, 무이보가 공격을 받으면 주을온천변, 야춘 등지에서 적을 추격한다.

조산보가 공격을 받으면 늑대바위狼巖, 아질다라이阿叱多羅耳, 주을온천변에서 적을 추격한다.

서수라보가 공격을 받으면 육로일 경우는 우암연대牛巖烟臺의 중항中項에서 적을 요격하고, 수로일 경우에는 마상선(ㅏ尚船, 큰 통나무를 파서 만든 배)을 타고 두만강 어귀에 있는 후라도에서 적을 추격한다.[400]

이 같은 지침을 참조하되 응원, 요격, 추격은 지휘관의 판단에 의해 결정하게 했다.[401]

이러한 내용은 제승방략에서 비로소 시행된 전술이라기 보기는 어렵다. 군과 전술 운영에서는 반드시 필요한 기본적인 내용이기 때문이다. 그러므로 제승방략에서 처음 등장한 것이 아니고, 4군 6진 개척, 혹은 그 이전부터 존재했던 것이라고 생각된다. 다만 추격과 요격은 적세, 아군의 상태에 따라 수시로 달라지는 것이므로 장수들에 의해 끊임없이 수정되어야 했을 것이고, 군기가 해이해지면 이런 준비가 소홀해 질 수 있었다. 이일이 제승방략을 수정하면서 "적로도 서로 어긋났으며, 각 항목이 절목도 소루한 것이 많았다"라고 말했던 것은[402] 이런 사정을 지칭한 것이라고 생각된다.

그런데 북도 제승방략에서 지원군을 바로 요격지와 추격지로 이동하도록 조치하는 방식은 이 지역의 군대가 그만한 전투력을 보존하고 있었기에 가능했다. 16세기가 되면 양계 지역도 군사력이 많이 해이해졌다는 지적을 자주 발견할 수 있지만, 그런 기록에도 과장이 심한 면이 없지 않다. 그런 비판을 인정하더라도 이 지역은 일단 군사적 긴장도가 높고, 여진족의 침공이 끊이지 않았기 때문에 중간 장교층과 정예 군사

---

400 『국역제승방략』 권1, 17쪽. 원문과 국역본은 "적변이 있을 때에는"으로 되어 있으나 "공격을 받으면"으로 의역했다.

401 『국역제승방략』 권2, 군기 29조, 7번째 조문, 144쪽, "적을 추격하는 노정은 제승방략에 실려 있다."

402 『국역제승방략』 권2, 「제승방략을 시행하기를 요청하는 장계」, 156쪽.

를 제공하는 무사층이 여전히 살아 있었다. 16세기에도 강변군사(4군 6진의 무사)들은 다른 지역의 병사들이 비교할 수 없을 정도로 강했다는 기록이 보이고, 정로위를 선발할 때도 남쪽에서는 이미 문인화한 집단이 많은 지방 사족들의 호응도가 낮았던 반면, 양계 지역에서는 지원자가 넘쳐 정원을 초과하는 실정이었다.[403]

양계 지역의 수령에도 문관이 많이 진출했지만, 그래도 4군 6진에는 정예 무장들이 풍부하게 파견되었다. 특히 최일선인 진보에는 우수한 무장이나 지역에서 선발한 권관權官들을 배치했다. 중남부 지방에서 파견 오는 부방병도 있었다. 그러므로 정예 부대를 편성해서 적을 추격하거나 요격하는 등 다양한 전술과 대응을 할 수 있는 역량이 상대적으로 높았다.

> 성을 지키는 원래 군사 가운데서 정병을 골라 적을 추격하게 한다. 나머지 늙고 쇠약한 남녀는 성을 지키게 한다.……적이 퇴각하면 진보의 장수는 함께 정병을 골라 뽑고, 그들을 영솔해서 적을 엄습한다.[404]

군기, 군량의 보유상황도 상대적으로 우수했다. 조선은 군기와 군마는 군사들이 자비하는 것이 원칙이었다. 군량도 평상시에는 군사들의 자비였다. 그러나 16세기가 되면 급보제가 파탄상태가 되어 군사들의 군기, 군마 보유상황이 아주 열악해졌다. 이 점은 군사들의 임전태세나 무사층의 존재와는 무관한 경제적인 문제였으므로 양계에서도 심각한 수준으로 진행되었다. 이런 상황을 보완할 수 있는 방법은 관에서 확보한 군기와 군마를 지원하는 방법 밖에 없었다. 양계 지역은 일단 군사재정 분야에서는 6도 지역보다 여유가 있었으므로 장비와 말, 군량, 그리고 훈련에 보다 많은 노력을 기울일 수 있었다.

을묘왜변 때 전라병사 원적이 전사한 달량성은 평소에 병력이 약 20명 정도 주둔하는 곳으로 양계의 진보 수준인데, 비축한 군량은 2백 명이 2일을 버틸 분량 밖에 되지 않았다. 제승방략의 기준에 의하면 2백 명의 2일치 군량은 쌀 21석 5두, 콩 13

403 『중종실록』 권28, 중종 12년 7월 경진.
404 『국역제승방략』 권2, 군무 29조, 3번째 조문, 143쪽.

석 5두였다. 반면 이일의『제승방략』에 기록된 경원진과 예하 진보의 군량과 군기 보유량을 예시하면 다음과 같다.

〈표 9-7〉 6진의 병력과 군기, 군량 보유량(일부)

	병력	장비	군량
경원진	379	활:721, 장전:1,620부 편전:1,922부 12개	3314석(군량 6165석)
경흥 훈융진	토병:114 부방병:39	활:282, 장전:786부 23개 편전 898부 1개	
온성	토병:323	활:1,046 장전:1,577부 4개 편전 1975부 21개	41648석(군량 6898석)
온성 미전진	토병:81 부방병:28	활:271 장전:607부 편전:607부	
온성 황자파보	토병:56 부방병:15	활:180, 장전:410부 편전: 457부	
경흥진	198명	활:666, 장전1349부 5개 편전:1682부 25개	25,669석(군량 3016석)
경흥 무이보	토병:62 부방병:25	활:275장 장전:680부 70개 편전:929부 22개	
경흥 아오지보	토병:63 부방병:14	활:205, 장전:562부 편전:545부 13개	
경흥 아산보	토병:69 부방병:52	활:207, 장전:634부 7개 편전: 867부	

※ 군량은 승 홉 석(夕) 단위까지 기록되어 있으나 석 단위까지만 표기했다.

달량성과 직접 비교할 수 있는 진보의 군량은 기록되어 있지 않아 명확하게 비교하기는 곤란하다. 그러나 6진의 군량을 병력과 대조해 보면 대체로 3백 명의 10일분 군량을 쌀 160석, 콩 1백석으로 도합 260석으로 산정하고 있으므로 대략 3백일 정도즉 1년 치 군량을 기준으로 하고 있음을 알 수 있다. 그렇다면 진보의 경우는 1년 치는 아니어도 어느 정도 충분한 군량을 비축하고 있었을 것이라고 생각된다. 활의 보유량도 전체 주둔병보다 충분히 많은 수를 비축하고 있다. 물론 이 수치가 실제 보유량인지 서류상의 수치인지는 명확하지 않다. 군량은 홉 이하까지 화살은 개 단위까지 기록하고 있는 것이 오히려 작위적이라는 느낌도 준다. 그러나 당시 실제 전투 사례를 보아도 성이 함락되지 않는 이상 군량이나 화살의 결핍없이 며칠 정도는 충분히 버티며, 1583년 경원진의 성이 함락되었지만, 경원부사 김수金璲가 관아 주변에 방어진을 형성하고 관아와 창고, 군기창고는 끝끝내 지켜냈다는 사례 등을 보면 군기와 군량 보유량이 허술하지는 않았던 것은 분명하다.[405]

반면에 남부 지방에서는 일단 장수와 군관, 병사들이 적고, 약했다. 요충이나 습격을 받는 지역이 거의 해안가여서 추격과 요격처를 설정하기도 쉽지 않고, 추격과 요격 임무는 수군에게 기대는 부분이 많았다. 그러므로 주변 군현의 수령을 요격처와 추격처로 바로 배치하는 전술은 남방에서는 별다른 의미를 지닐 수 없었을 것이다. 유성룡은 제승방략을 거론하면서 제승방략의 이런 기능은 일체 거론하지 않았다. 그 이유는 근본적으로 유성룡이 상정하는 적이 여진족이나 왜군 같은 소규모 침공이 아니라 조선-일본 전쟁 같은 전면전을 전제하고 분석한 때문이겠지만, 남부에서는 이런 전술이 활성화되지 않았고, 그런 작전지침을 마련했다고 해도 적용할 기회가 거의 없었던 데도 원인이 있었다고 생각된다.

2) 분군법

유성룡이 제승방략의 핵심으로 지적했던 내용은 분군법이었다. 앞에서 살펴본 대로 분군법의 목적은 상주군단이 없고 동원체제에 의존하는 진관체제의 약점을 보완하기 위해 유사시의 편제를 미리 지정해 두어서 동원과 편제에 걸리는 시간을 절약하고, 편제 과정에서 발생하는 불필요한 갈등과 낭비를 예방한다는 것이었다.

제승방략의 분군법은 6진 전체를 동원하는 대분군과 함경도 남부 지역의 군을 동원하는 삼분군이 있다.[406] 각각의 분군법은 〈표 9-8〉과 같다.

---

405 『국역제승방략』 권1, 경원진 고사, 41쪽. 그러나 김수는 성을 피탈당한 책임을 물어 효수되었다 (『선조수정실록』 권17, 선조 16년 2월 갑신).
406 이하 내용은 김구진, 앞의 논문, 1999, 50~61쪽 참조.

<표 9-8>제승방략의 6진 대분군의 오위편제[407]

대장	오위장	5부장
함경북도 절도사	우위장:온성부사	좌부장 : 유원보 첨사
		전부장 : 영건보 만호
		중부장 : 온성부 판관
		유군장 : 온성부 군관
		우부장 : 미전진 첨사
		후부장 : 황자파보 권관
	전위장:종성부사	좌부장 : 동관진 첨사
		전부장 : 방원보 만호
		중부장 : 종성부 판관
		유군장 : 종성부 군관
		우부장 : 세천보 권관
		후부장 : 종성부 군관
	중위장:회령부사	좌부장 : 풍산보 만호
		전부장 : 회령부 군관
		중부장 : 회령부 판관
		유군장 : 회령부 군관
		우부장 : 보을하진 첨사
		후부장 : 회령부 군관
	후위장:부령부사	좌부장 : 양영만동보 권관
		전부장 : 옥련보 만호
		중부장 : 무산보 만호
		유군장 : 부령부 군관
		우부장 : 부령부 군관
		후부장 : 부령부 군관

---

407 김구진, 앞의 논문, 1999, 53쪽 표9.

		좌부장 : 양영만동보 권관
함경북도 절도사	후위장·부령부사	전부장 : 옥련보 만호
		중부장 : 무산보 만호
		유군장 : 부령부 군관
		우부장 : 부령부 군관
		후부장 : 부령부 군관
	좌위장·경원부사	좌부장 : 훈융진 첨사
		전부장 : 안원보 권관
		중부장 : 경원부 판관
		유군장 : 경원부 군관
		우부장 : 건원보 권관
		후부장 : 아산보 만호
	선봉장·우후	

이 편성 외에 후방과 후원부대도 조직했다. 후방을 경계하는 한후장捍後將은 고령진 첨사가 담당한다. 감사는 경성부에서 수성군으로 남겨놓은 병사를 거느리고 경성부에 주둔한다. 이때 주둔하는 병사는 모든 진과 보가 전 병력의 1/3이다.[408] 예비대로서 계원장을 두었다. 계원장은 6진의 중심지로 감사가 주둔하는 경성의 정예병과 남부에서 올라오는 명천과 길주의 군사로 편성했다. 이외 돌격을 전담하는 돌격장, 그리고 수송과 보급을 담당하는 치중장을 두었다.

  1계원장: 경성부 판관(본부에서 정예 군사를 뽑아서 거느린다)

  2계원장: 명천현감

  3계원장: 길주진 목사

  퇴로차단: 참퇴장: 행영의 군관

  돌격군: 좌돌격장: 행영 군관

    우돌격장: 행영 군관

---

408 『국역제승방략』 권2, 군기 27조, 첫 번째 조문, 150쪽.

특별군: 별도장: 경흥부사(관할병사를 거느리고 본부를 방어한다)

수송군: 수성역 찰방

〈표 9-9〉 제승방략의 3읍 분군의 3위 편제[409]

대장	오위장	5부장
함경북도 절도사	우위장: 명천현감	좌부장 : 삼삼파보 만호
		전부장 : 보화보 권관
		중부장 : 사마동보 판관
		유군장 : 명천현 군관
		우부장 : 보로지보 첨사
		후부장 : 주을온보 권관
	중위장: 길주부 목사	좌부장 : 덕만동보 권관
		전부장 : 길주진 군관
		중부장 : 사하북보 권관
		유군장 : 길주진 군관
		우부장 : 길주진 군관
		후부장 : 장군파보 만호
	좌위장: 부령부사	좌부장 : 양영만동보 권관
		전부장 : 옥련보 만호
		중부장 : 무산보 만호
		유군장 : 부령진 군관
		우부장 : 어유간진 만호
		후부장 : 오촌보 권관
	선봉장: 서북부 만호	

대분군은 조선의 정벌군이 두만강을 건너가 오랑캐가 살고 있는 내지 지역을 공격할 때에 사용하는 군사 편제이고, 삼분군은 정벌군이 만주에 투입되었을 때에 전방의

---

409 김구진, 앞의 논문, 1999, 53쪽 표9.

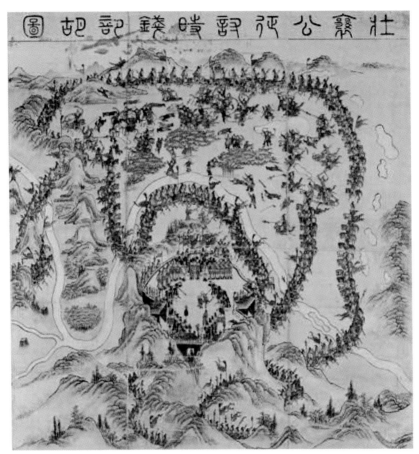

장양공정토시전부호도(육군박물관) 부분
선조21년 이일이 두만강을 건너 여진 마을을 공격하는 그림이다.

정벌군을 지원하기 위해 또는 두만강 남쪽을 방어하기 위해 조직하는 후방의 군사편제로 이해하는 견해도 있다.[410] 하지만 이일李鎰의 서문에도 이러한 견해는 피력되어 있지 않다. 그는 진보의 여러 장수가 6진에 적변이 있을 때는 6진 5위로 분군하고, 경성·명천·길주 3고을의 경내에 있는 산보에 적변이 있을 때는 3읍 3위로 분군한다고 했을 뿐이다.[411]

그러므로 이 분군법은 도 단위의 병력동원이 필요할 상황을 상정한 편제법으로 이

410 김구진, 앞의 논문, 1999, 57쪽 표10.
411 이일, 「제승방략을 시행하기를 요청하는 장계」, 『국역제승방략』 권2, 157쪽.

해하는 것이 옳다. 다만 요격처와 추격처 개념에서도 드러나듯이 여진과의 국경은 중국 국경과는 의미가 달라서 방어와 격퇴라는 것이 국경 내에서만 국한되어야 한다는 개념은 없었다. 따라서 방어에는 역습과 추격, 필요한 경우에는 만주 지역에 소재한 여진부락의 소탕까지 포함할 수 있었다.

3읍 3위의 분군법은 신속동원체제의 확립이라는 제승방략의 지향을 잘 보여주는 전술이다. 경성 일대는 6진 지역에서도 전투가 제일 치열하고 도발이 많았던 지역이다. 그리고 개마고원 북방에 있는 다른 6진 지역과 달리 이 지역은 남쪽의 길주, 명천에서 접근하기가 쉬웠다. 따라서 국초부터 이 지역에 분쟁이 발생하면 길주 일대의 남읍의 병력이 출동하는 사례가 많았고, 6진 지역의 병사가 부족하므로 이 지역의 병사들이 국경방어에 동원되기도 했다.

그런데 함경도는 한 도 내에 북병사와 남병사의 관할 구역이 나뉘어져 있고, 진관체제에 의한 기존의 명령체계가 있다. 그러므로 고식적으로 진관체제에 따라 동원하고, 편성하고, 이들을 받아 다시 전투편제로 전환하려면 불필요한 시간이 걸린다. 더욱이 길주, 명천 지역에서 경성으로 오는 길은 이 지역의 군대만이 아니라 함경도 이남 지역의 군대를 동원하거나 강원도, 또는 6도의 지원병이 6진을 지원하러 올 때에도 이동해야 하는 경로였다. 따라서 지원병을 빨리 흡수하고, 전투 편성을 구성하기 위해서도 이 지역 병사를 신속하게 전투 편제로 전환할 필요가 있었다.

북방 제승방략의 특징은 현지의 군관, 무사 자원과 장점을 최대한 활용하는데 있다. 그래서 현지의 군관, 권관을 돌격장이나 전부장 등 위험하고 중요한 위치에 집중 배치하고 있다. 치중장을 찰방으로 임명한 것도 독특한 모습으로, 현지 지리를 제일 잘 아는 인물에게 역할을 맡겼다.

대분군과 3읍 분군을 망라해서 이 방침에는 도원수나 순변사와 같이 중앙에서 지휘관이 내려오는 경우를 상정한 체제가 없다. 즉 대분군의 경우라고 해도 1도 이상의 범주를 넘어가는 병력동원체제는 상정하지 않고 있다. 무반수령과 무관, 무사들이 부족하고 민정을 중시하는 남부에서는 요격처와 추격처를 지정하는 경우와 마찬가지로 이런 정치한 분군법을 사전에 만들어 운영하기가 곤란했다. 더욱이 길주, 명천 같은 후방지역은 무반수령이나 무장이 더욱 부족했다. 그래서 남방 제승방략에서는 사변이 발생하면 병사와 수사에게로 병력을 모아주고, 해안에서 떨어진 내지지역은 오히려 가능한 북쪽으로 이동해서 중앙에서 파견한 도원수 이하 신임 지휘관들과 만나는 편제 방식에 중점을 두었다.

유성룡이 제승방략을 비판하면서 "적에 관한 정보를 듣기만 하면 적군의 많고 적음과 적의 정세와 지세의 험난과 평이함을 살피지 아니하고 일제히 징발하여 모두 국경 부근에 결집시켰다"라고 했는데, 이 진술은 북방 제승방략에는 전혀 맞지 않고 억울한 표현이다. 이 역시 남부에서는 북부의 대분군, 3읍분군 같은 방식은 사용하지 않았던 남부와 북부의 차이성에서 기인한 것이라고 생각된다.

다만 휘하 관내의 지리와 시설, 장비에 대한 상세한 지침 등 비상시의 행동 및 대응방식에 대한 상세한 지침을 마련하는 것은 내용의 동일성을 불문하고 모든 지역에서 적용할 수 있고 필요한 것이었다. 실제 제승방략의 운용과정에서는 수십 년에 한 번 발생할지 모르는 사태를 대비한 대분군법보다는 현장에서 당장 눈에 띄고, 끊임없이 점검해야 하는 이런 운영지침들이 주관심사가 되었을 것이다.

3. 제승방략의 전술적 의미

제승방략에 대한 비판은 유성룡에게서 시작되었다. 유성룡은 조선–일본 전쟁(임진왜란)의 초기 패전은 오직 제승방략에서 기인한 것이라고 지적하고, 제승방략을 폐지하고 진관체제를 복구하자고 주장했다. 조선–일본 전쟁이 발발하자 경상감사 김수는 제승방략에 의해 분군하기로 하고 여러 군현에 공문을 보냈다. 이에 군현 수령들은 병사를 인솔하고 약속된 장소로 집결했다. 이 약속장소가 북쪽으로 치우쳐 있어서 조령 남쪽 군현의 병력이 모두 대구 벌판으로 이동해서 벌판에서 야영하면서 순변사를 기다렸다. 각 군이 비었으므로 왜군은 신속하게 전진했고, 지휘관도 없이 무작정 대기하던 병력은 순변사는 오지 않고 왜군이 근접하자 모두 도주해 버렸다. 이일은 문경을 차단할 작정으로 현지에 도착했지만, 문경 군사는 모두 대구에서 도산한 뒤였다.[412]

이 병력이 진관체제에 따라 군현과 요충지를 막았더라면 경상도가 그렇게 빨리 떨어지지 않고, 서울이 바로 함락당하지 않았을 것이라고 유성룡은 판단했다.

조종祖宗의 제도에는 8도의 각 큰 고을에 모두 진관을 두어 병마절제사라고 하였으니 법을 세운 본래의 뜻은 진실로 범연한 것이 아니었습니다. 평시에는 진관의 읍이 주진이 되어 그 소속된 고을을 검칙檢飭하여 일체의 병기를 다루고 군대를 훈련하는 일을 모두 다스렸고, 유사시에는 진관이 또한 각기 소속된 군병을 인솔하고 차례차례 정돈하여 주장主將의 약속을 듣게 하였으니, 조종과 신축은 오직 주장에게 달려 있었습니다. 그리고 한 진관의 군병이 비록 패배하여 무너진다 하여도 다른 진관이 각기 대병으로서 차례로 굳게 지켜 혹 앞을 가로막기도 하고 혹 뒤를 습격하기도 하며 혹 좌우를 뒤흔들기도 하니, 적이 비록 승세를 타더라도 감히 쉽사리 충돌하지 못하는 것은 그 형세가 그러하기 때문입니다.

이처럼 진관체제는 전면전에서 유용한 체제였다. 그러나 조선-일본 전쟁과 같은 전면전에서 조선이 진관체제를 버리고 제승방략을 사용함으로써 한 도의 병력이 한번에 무너지게 되었고, 더 이상 조직적인 대응을 못하게 되었다는 것이다. 또 분군법에 의해 병마절도사에게 소속되는 병력이 일부에 불과하므로 1도의 병사를 운영해야 할 병마절도사가 일부 병력만을 관장하게 되었다는 것이다. 한마디로 유성룡의 요지는 제승방략은 작은 적을 상대할 수는 있어도 대적을 제압할 방법은 되지 못한다는 것이다.

유성룡은 조선-일본 전쟁을 직접 경험하고 국정을 운영했던 인물로서 그의 판단을 존중하지 않을 수 없다. 그러나 동시대를 살았던 인물들 중에는 진관체제 복구론에 회의적인 인물들도 많았던

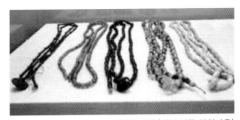

유성룡 갓끈(경북 안동 하회마을)

412 『선조수정실록』 권26, 25년 4월.

것도 사실이다. 유성룡의 제승방략 비판론은 제승방략이 진관체제를 대체하는 새로운 방어체제였다는 인식에서 나온 것이다.

그러나 제승방략은 진관체제를 부정하기보다는 진관체제 안에서의 개량적 방법이었다.[413] 군역제의 문란으로 인해 전시에는 군사와 민간인을 불문한 무차별적인 징발에 의존하는 바가 커졌고,[414] 진관체제의 특성인 군현단위 방어(각읍자수)의 원칙을 사용할 수 없게 됨에 따라 여러 군의 병력을 모아서 운영하는 제승방략 체제로 전환했다는 견해[415]는 수정할 필요가 있다.

진관체제의 각읍자수의 원칙이라고 해서 군현간의 상호지원 체제를 배제한 것은 아니었다. 오히려 진관체제는 동원체제에 의한 상호지원방식에 전적으로 의존했으며, 그런 방식에 대한 전술 의존도가 너무 높은 것이 문제였다. 이런 동원체제는 전술 개념에서 보면 적의 규모와 상황에 따라 다양한 방법을 예비해야 한다. 진관체제의 "각읍자수" 역시 동원방법의 하나에 해당하며, 동원체제란 적의 규모에 맞추어 다양한 범주의 동원전술을 갖출 수밖에 없다.

북방 제승방략에 주목하면 이런 성격이 더욱 두드러진다. 이일의 제승방략은 분군법과 같이 진관체제의 원칙을 수정하는 내용도 포함되어 있었지만, 근본적으로는 상세하고 현실적인 전시교본, 전술지침서에 가까운 것이었다. 이런 지침서와 접근방식은 시기를 불문하고 필요한 것이었고, 특히 4군 6진의 상황과 여진족과의 전투에서는 유용한 것이었다. 17세기의 무장 이선이 『제승방략』을 복간한 것도 이러한 유용성을 발견했기 때문이었다.

그러나 남방으로 오면 군사적 현실의 차이로 인해 제승방략의 이 장점들이 사라지게 되었다. 게다가 제승방략은 소수의 전임 무장들에게 군 지휘를 이양하는 방식이므로 현실적으로는 진관의 군사적 기능을 축소시키고, 수령들의 군정에 대한 노력을 더욱 이완시키는 결과를 가져왔을 가능성이 높다. 유성룡이 제승방략을 철폐해야 진관체제로 복구할 수 있다고 주장한 것은 그가 속오군 제도를 이상적인 지향점으로 추구

---

413 허선도, 앞의 논문, 『한국군사사논문선집 4(조선전기편)』, 국방군사연구소, 1999, 553쪽.
414 육군본부, 앞의 책, 1969, 301쪽.
415 허선도, 앞의 논문, 1999, 553쪽.

했기 때문이기도 하지만,[416]416 현실적으로 남부 지방에서는 제승방략이 진관체제의 기능과 의무를 방기하는 구실로 전개되고 있었기 때문일 것이다. 물론 그렇다고 해도 조선-일본 전쟁 초기 패전의 근본적인 원인은 제승방략이 아니라 조선이 세계와 주변세계의 변화에 뒤처지고, 16세기 이래 지속된 군역제의 모순, 이로 인한 군사력의 저하와 동원체제의 약화에서 찾아야 할 것이다.

416 허선도, 앞의 논문, 1999, 553쪽.

제6절

비변사의 설치와 변천

1. 「지변사재상」의 등장과 축성사의 파견

1) 「지변사재상」의 등장 배경

「지변사재상」은 조선 성종대 구체화된 재상급 국방전문가를 지칭한다.[417] "우리나라의 땅은 오랑캐의 지경과 접해 있고, 바다로는 왜국과 연해 있어 변방의 환을 염려하지 않을 수 없다"고 했던 언급으로도 알 수 있듯이 조선은 남북방의 이민족들과 국경을 맞대고 있었다.[418] 이러한 지리적인 조건 때문에 조선은 이른바 남방의 도이島夷와 북방의 야인野人에 대해 다양한 방책을 강구해야만 했다.[419]

조선이 주변의 외적들에 대해 지대한 관심을 기울였던 이유는 이들과의 물리적 충돌을 피하기 위해서였다. 이를 위해 조선은 이들의 정치적, 경제적 욕구를 충족시켜주고 대신 침입을 저지시켰다. 이러한 정략적인 목적에 따라 조선은 그 초기부터 내조하는 야인과 왜인들에 대해 관직을 내려주거나 조선인 여자와의 혼인을 장려하거

---

417 김순남, 「조선초기 備邊對策의 수립과 시행—재상급 국방전문가의 활약을 중심으로—」『조선시대사학보』45, 2008.
418 『태종실록』권26, 태종 13년 8월 임자.
419 『세종실록』권72, 세종 18년 6월 을묘.

나, 내조 야인의 자손을 대우해 주고 성씨를 내려주는 등의 정치적 배려를 했고, 경제적으로는 거처, 양곡, 전토, 생필품 등을 지급했다. 구체적으로는 이들에게 목면이나 비단 등의 옷감이나 옷을 지급하거나[420] 상사喪事에 쓰일 종이를 하사하고 혹은 그들이 토산물을 바치면, 야인의 경우 천호나 만호와 같은 관직을 제수하기도 했다.[421]

그러나 조선의 의도와는 달리 이들은 규모의 대소를 막론하고 빈번하게 침입했다. 이들 침입이 문제되었던 것은 그것이 조선 백성의 생활과 밀접한 관계가 있었기 때문이었다. 일례로 남방의 왜인들은 조선의 경내로 들어와 인민을 살해하고 약탈하거나 군인의 딸을 강탈하여 첩으로 삼았고,[422] 60여명이나 되는 군인들을 살해하기도 했다.[423] 결국 조선 백성들은 이들의 침입에 의해 삶의 기반이 위협을 당했고, 결과적으로 이는 국가적 위기까지도 초래할 수 있는 문제였다. 때문에 조선의 위정자들은 이들에 대한 대비책을 세우는 일, 즉 비변대책備邊對策을 국가의 존립과 직결되는 중대사로 간주하여 그와 관련된 여러 정책을 추진하는데 상당한 노력을 기울였다.

조선이 강구할 수 있는 비변대책은 크게 세 가지였다. 하나는 그들의 침입에 대비하여 방어태세를 갖추거나, 아니면 적과 화해하거나 그것도 아니면 죄목을 들어 정벌하는 것이었다.[424] 그래서 북방의 경우 야인들이 오면 어루만지고 가면 쫓지 않음으로써 되도록 변경에서의 소요 발생을 피하고자 했다.[425] 이 비변대책 중 가장 기본적인 것은 무엇보다도 조선의 자체 방어를 굳건히 하는 것이었다.[426] 이를 위해 조선은 건국 초창기 이래 장수를 고르고 후량餱糧을 저축하고 병기를 연마하고자 했다.[427]

그러나 이것만으로는 충분하지 않았다. 그리하여 항상적인 군사·국방 태세를 갖추기 위해 북방의 변경 지대를 조선의 행정력이 미치는 영역으로 편제했다.[428] 이 일은

---

420 『태조실록』 권4, 태조 2년 12월 정해 ; 『태조실록』 권11, 태조 6년 4월 무술.
421 『태조실록』 권6, 태조 3년 12월 기묘 ; 『태조실록』 권13, 태조 7년 1월 임신.
422 『태조실록』 권7, 태조 4년 4월 경인.
423 『태종실록』 권7, 태종 4년 3월 정미.
424 『세종실록』 권74, 세종 18년 9월 임술.
425 『세종실록』 권77, 세종 19년 4월 경오.
426 『세종실록』 권75, 세종 18년 11월 경자.
427 『태종실록』 권26, 태종 13년 7월 계묘.
428 당시 동북면 지역은 왕업을 일으킨 땅으로서 야인들이 위엄을 두려워하고 은덕을 생각한 지 오

건국 초창기인 태조대부터 시도되었다. 이 일을 주도한 사람은 정도전鄭道傳이었다. 정도전은 1398년(태조 7)에 도선무순찰사로 동북면에 파견되어[429] 해당 지역 주군과 참로站路를 구획하고 관리의 명분名分까지 제도를 정했다.[430] 이 조치는 동북면이 조선의 행정구역으로 편입된다는 의미였다. 다시 말하면 해당 지역을 다스리기 위해 조선의 지방관이 파견된다는 뜻이었다.

북방 지역을 행정적으로 정비하는 것과 아울러 조선은 해당 지역에 성곽을 축조하고자 했다. 그리하여 축성책이 본격적으로 강구되었다. 이미 태조대에 정도전이 동북면의 경원부에 성곽을 쌓는 것을 감독한 바 있거나와,[431] 축성 논의는 태종대 이후 보다 적극적으로 이루어졌다. 1402년(태종 2)에 하륜 이하 이무·김사형 등의 중신들은 평양·안주·의주·니성·강계 등의 지역에 석성을 쌓거나 목책을 세워야 한다면서 서북면의 축성 문제를 제기했다.[432] 이 지역의 축성이 본격적으로 추진된 것은 1410년(태종 10)에 우디캐를 토벌한 이후였다.[433] 이해 2월 3일(양 3월 8일)에 우디캐 김문내金文乃와 갈다개葛多介 등이 오도리·오랑캐의 갑병 3백여 기와 결탁하여 조선의 경원부에 침입했다. 그러자 경원 등처 병마사겸 경원부사였던 한흥보韓興寶가 급히 수병戍兵 1백인을 거느리고 출전을 했다. 접전 결과 한흥보가 탄 말이 화살에 맞아 죽고, 한흥보도 세 발의 화살을 맞고 겨우 성안으로 들어갔는데, 3일 만에 죽었다.[434] 야인의 침입에 조선의 변장이 접전 끝에 사망에 이르게 되면서 태종을 우디캐를 칠 것을 결정했다. 이에 길주찰리사吉州察理使 조연趙涓에게 명해 그들을 치도록 했다.[435]

이 공격이 이루어지고 난 이후 당시 좌정승 하륜河崙이 평상시에 성곽을 축조함으로써 변란에 대비해야 한다고 주장했다.[436] 이에 이조판서 이천우李天祐가 서북면으로

래되어 야인추장들이 멀리서 오고, 移闌豆漫도 모두 와서 태조를 섬기고 있었다(『태조실록』 권8, 태조 4년 12월 계묘).

429 『태조실록』 권13, 태조 7년 2월 경진.
430 『태조실록』 권13, 태조 7년 3월 정묘.
431 『태조실록』 권13, 태조 7년 2월 계사.
432 『태종실록』 권3, 태종 2년 6월 계축.
433 『태종실록』 권19, 태종 10년 6월 병신.
434 『태종실록』 권19, 태종 10년 2월 경자.
435 『태종실록』 권19, 태종 10년 2월 정미.

가서 성보城堡와 무비武備를 살폈고,[437] 성산 부원군星山府院君 이직李稷이 동북면으로 가서 역시 같은 활동을 했다. 동서북면으로 파견되었던 이들은 모두 도체찰사의 직함을 띠었다.[438]

이천우 신도비(경기 고양)

태조대의 정도전이나 태종대의 하륜, 이천우, 이직 등은 모두 당시의 고위 재상으로서 북방의 방어와 관련된 일들을 처리했다. 이들이 담당했다는 것은 이 일이 국가의 중대사라는 것을 의미했다. 현직 좌정승이 거론하고, 이조판서가 해당 지역으로 직접 파견되어서 처리했던 일은 성곽의 축조였다. 축성은 지세의 평탄하고 험한 것과 인구가 많고 적은 것과 군량이 많고 적은 것을 살펴서 해야 하고 그것이 이루어진 후 오래도록 지킬 수 있는가와 관련 있는 국가 중대사였다.[439] 따라서 축성의 중대성을 감안할 때 이 일은 국정을 책임지는 위치에 있는 경륜 있는 당시의 최고위 관료들이 담당할 수밖에 없었던 것이다.

태종대를 이어 축성과 같은 군국중사로서의 비변대책을 국가의 항상적恒常的인 사업으로 여겨 본격적이고 정례적定例的으로 추진했던 것은 세종대에 들어서였다. 이 시기 북방의 야인들이 세종 4년 이후 빈번하게 또 대규모로 조선의 변경을 침입했다. 1422년(세종 4) 9월에는 1백명의 험진우디캐가 쳐들어 왔고,[440] 그 다음 달에는 오랑캐 2백인이 경원부에 침입했다.[441] 12월에는 오랑캐 4백여 기가 여연에 침입했다.[442]

436 『태종실록』 권26, 태종 13년 7월 계묘.
437 『태종실록』 권26, 태종 13년 8월 무신.
438 『태종실록』 권26, 태종 13년 8월 계축.
439 『태종실록』 권29, 태종 15년 1월 을묘.
440 『세종실록』 권17, 세종 4년 9월 무인.
441 『세종실록』 권18, 세종 4년 10월 병술.

이처럼 야인들의 침입이 빈번해지자 세종은 그에 대한 대비책을 강구하고자, 먼저 삼의정과 육조의 참판 이상을 불렀다.[443] 그리고 변방의 위협에 관한 소식이 있을 때는 입직한 도진무都鎭撫가 '암련변사장수諳練邊事將帥' 즉, 변방 사정을 잘 아는 장수 1, 2인과 더불어 의논해 아뢰는 것을 항구적 법식으로 삼도록 했다.[444] 특히 1427년(세종 9) 이후 세종은 "조종의 강토는 줄일 수 없다"는 강고한 의지를 표명하면서 해당 지역의 방비에 박차를 가했다. 이때에 세종은 의정부와 육조 뿐만 아니라 전현직 2품 이상의 관리들 중에서 식견이 있는 자들도 함께 참여하여 국방 문제를 의논토록 했다.[445]

세종이 비변대책으로서 가장 관심을 기울인 사안은 북방의 축성 문제였다. 세종은 1428년(세종 10) 9월에 좌의정 황희를 도체찰사로 파견해 평안도 약산에 성을 수축해야 할지 말지를 직접 살피도록 했다.[446] 당시 황희의 파견은 병조를 중심으로 의정부·육조와 일찍이 평안도의 2품 이상의 직임을 역임한 자들과 함께 했던 논의를 통

해 결정되었다. 이 논의에 참여한 구성원의 수는 세종 4년의 그것보다 확대된 형태였다. 특히 이때에는 일찍이 그 도의 2품 이상 직임을 역임한 자들까지 참여했다.[447]

현직 좌의정을 도체찰사로서 파견했던 이때의 일은 비변대책으로서의 축성의 중요성을 새삼 강조하는 계기가 되었다고 여겨진다. 이후 축성을 포함한 비변대책은, 보통 재상급 관료들이 직접 해당 지역으로 가서 실제 현장을 답사하고 그에 근거해 정책을 수립 시행하는 것이 거의 정례화 되었다.[448]

황희 초상(한국학중앙연구원)

442 『세종실록』 권18, 세종 4년 12월 경자.
443 『세종실록』 권18, 세종 4년 10월 임진.
444 『세종실록』 권18, 세종 4년 10월 신해.
445 『세종실록』 권37, 세종 9년 8월 을축.
446 『세종실록』 권41, 세종 10년 9월 신유.
447 『세종실록』 권42, 세종 10년 10월 무술.

세종대 중반의 재상급 국방 전문가로 활약한 인물은 좌의정 황희와 병조 판서 최윤덕이었다. 두 인물은 모두 이미 북방 지역에 관한 실질적인 답사 경험을 가지고 있었다. 황희는 도체찰사로서 평안도와 함길도를 살펴본 적이 있었고,[449] 최윤덕은 평안도 도절제사를 1422년(세종 4)부터 1424년(세종 6)까지 2년간 역임했다.[450] 세종은 자신이 해당 지역의 상황을 직접 살필 수 없기 때문에 비변 대책을 바로 결정할 수 없다고 생각했다.[451] 이것이 이들을 파견한 목적이었다. 세종은 함길도를 다녀온 황희의 의견에 따라, 해당 지역의 지세를 고려한 요충지와 읍성 문제에 관한 구체적인 정책을 수립하도록 했다. 물론 그곳을 답사한 황희는 해당 지역의 방어 요해지에 관한 세종의 질문에 즉각적으로 자신의 의견을 개진할 수 있었다.[452]

최윤덕 역시 해당 지역의 지형에 대해 갖추어 알고 있는 경험을 들어 의견을 개진했고,[453] 세종은 적합한 인물을 찾지 못해 유임시키기까지 했던[454] 최윤덕의 경험을 인정하여 그의 의견을 들어 주곤 했다.[455] 그리하여 1433년(세종 15) 이후에는 세종과 더불어 황희, 맹사성, 최윤덕의 삼의정과 도승지 안숭선이 참여하는 형태로 남북방의 비변 대책에 관한 논의가 진행되었다.[456] 비변대책에 관해서는 국방전문가로서의 이들의 의견을 세종은 특히 존중했다. 이들이 편전에서 임금을 뵙고 정사를 아뢰는 시간에 참여하지 않았을 경우에는 도승지를 그들의 집으로 직접 보내어 그 의견을 들어오게 하기도 했다.[457]

세종대 중반의 황희와 최윤덕을 이어 후반에 비변대책을 전담했던 인물은 김종서金宗瑞와 황보인皇甫仁이었다.[458] 김종서는 1433년(세종 15)에 파저강의 건주 야인을 정

---

448 김순남, 「세종대 체찰사제의 운용」『한국사학보』14, 2003.
449 주 30참조.
450 『세종실록』권26, 세종 6년 12월 경술.
451 『세종실록』권55, 세종 14년 3월 을축.
452 『세종실록』권56, 세종 14년 4월 경자.
453 『세종실록』권30, 세종 7년 11월 기유.
454 『세종실록』권26, 세종 6년 12월 경술.
455 『세종실록』권58, 세종 14년 12월 무술.
456 『세종실록』권60, 세종 15년 6월 임진 ;『세종실록』권60, 세종 15년 6월 기해 ;『세종실록』권60, 세종 15년 6월 신축.
457 『세종실록』권60, 세종 15년 6월 경술.

맹사성의 집터(서울 북촌)

벌하고 난 뒤 함길도 관찰사에 제수되었고[459] 2년 뒤인 1435년(세종 17)에 함길도 병마도절제사로 임명되었다.[460] 그는 함길도에서 무려 7년 반의 감사·병사 직임을 맡다가 1440년(세종 22) 12월에야 중앙으로 복귀했다.[461] 이 기간 동안 그는 4군 지역의 방어에 대한 계책을 올리고,[462] 야인 정벌을 건의했으며[463] 야인의 반역에 대한 대처 방안을 개진하는 등 북방 방어의 전적인 책임을 지고 있었다.[464] 그가 돌아온 이후에도 세종은 함길도 방어책에 관한 한 반드시 그와 더불어 의논해 처리토록 했다.[465] 이는 함길도 도절제사로서의 그의 경험을 충분히 존중했기 때문이었다.

김종서가 중앙으로 돌아온 후 북방의 축성에 주력하여 비변대책을 전담했던 인물은 황보인이었다. 황보인은 1436년(세종 18) 12월에 병조판서에 임명되었는데, 이미 참판 시절부터 변방의 일에 깊숙이 관여했었다.[466] 황보인은 자체 방비를 강화하고자 장성을 축조하려는 세종의 의지에 따라 북방 2도의 도체찰사로 파견되었다.[467] 이후 그는 1441년(세종 23)부터 세종이 승하하는 해인 1450년(세종 32)까지 10년간 1년 평균 2회씩 봄, 가을로 평안도와 함길도를 번갈아 왕래하면서 해당 지역의 장성과

458 『세종실록』 권77, 세종 19년 5월 기유.
459 『세종실록』 권62, 세종 15년 12월 무오.
460 『세종실록』 권67, 세종 17년 3월 기해.
461 『세종실록』 권91, 세종 22년 12월 임신.
462 『세종실록』 권75, 세종 18년 11월 임진.
463 『세종실록』 권75, 세종 18년 11월 경자.
464 『세종실록』 권75, 세종 18년 11월 정사.
465 『세종실록』 권92, 세종 23년 1월 정사.
466 『세종실록』 권75, 세종 18년 12월 갑자.
467 『세종실록』 권88, 세종 22년 2월 을미.

행성을 축조했다.[468] 당시 재상급의 관원을 파견하는데 따른 폐단을 들어 파견에 대한 반대가 있기도 했지만, 세종은 이를 일축하면서 그에게 힘을 실어 주었다.[469]

세종 사후 세조대에도 재상급 국방전문가로 하여금 북방의 문제를 전담시켜 비변대책을 추진하게 했던 양상은 그대로 계승되었다. 다만 세조대 초반의 북방 문제는 정치적인 상황과 연결되어 대내적對內的인 성격을 띠었다.[470] 계유정란癸酉靖亂을 통해 권력을 장악했던 세조는[471] 그에 대한 반발의 움직임에 대단히 민감해서 "이징옥李澄玉의 난"이 발생했던[472] 북방지역에 대한 경계를 게을리 하지 않았다.[473]

이후 정치적으로 안정되면서 세조대 중반의 비변대책은 특히, 여진 문제를 중심으로 본격적으로 수립, 추진되었다. 이 시기에는 '유시諭示'로 상징되는 세조의 적극적인 주도 아래[474] 공신들로 하여금 북방을 전적으로 장악하게 하는 방식으로 비변대책을 추진하고 실행했다. 세조대의 국방전문가였던 인물은 한명회韓明澮와 신숙주申叔舟였다. 신숙주는 1459년(세조 5) 1월에 도체찰사로 함길도에 파견되었다. 오랑캐와 우디캐 사이에 화해를 도모하기 위해서였다.[475] 그 이듬해인 1460년(세조 6)에 그는 여진 정벌 계획에 따라 강원 함길도 도체찰사로 임명되어 출정했다. 이때에 신숙주는 동북방 군사에 관한 업무를 전적으로 처리할 권한을 위임받았다.[476] 뿐만 아니라 정벌이 이루어지는 지역인 강원도와 함길도의 관찰사까지도 지휘(절도節度)할 수 있었다.[477] 신숙주는 이와 같은 권한을 바탕으로 적극적인 군사작전을 감행했고, 북방 야인

468 김순남, 앞의 논문, 2003, 118~121쪽.
469 『세종실록』 권105, 세종 26년 7월 갑자.
470 본고에서 편의상 서술한 세조대 초반은 신숙주와 한명회를 중심으로 한 야인대책이 본격적으로 추진되기 전인 세조 5년 이전까지로 하고자 한다. 이 시기는 세조의 집권과 즉위를 인정하지 않고 그에 반대하는 정치적인 사건이 연이어 일어났다가 점차 안정되는 기간이라고 하겠다.
471 崔承熙,「世祖代 王位의 脆弱性과 王權强化策」『朝鮮時代史學報』1, 1997 ;『朝鮮初期 政治史硏究』, 2002, 272~279쪽.
472 『단종실록』 권8, 단종 1년 10월 무신.
473 鄭杜熙,「朝鮮 世祖-成宗朝의 功臣硏究」『震檀學報』51, 1981 ;「世祖-成宗代 功臣集團의 政治的 性格」『朝鮮初期政治支配勢力硏究』, 一潮閣, 1983, 204쪽.
474 『세조실록』 권10, 세조 3년 11월 경오 ;『세조실록』 권14, 세조 4년 9월 병술.
475 『세조실록』 권15, 세조 5년 1월 임자.
476 『세조실록』 권21, 세조 6년 7월 신축.
477 『세조실록』 권21, 세조 6년 7월 신축.

한명회 묘(충남 천안)

에 대한 무력 정벌을 성공적으로 일단락시킬 수 있었다.[478]

한명회는 세조대 거의 전 시기에 걸쳐 도순찰사나 도체찰사로서 전국 8도로 파견되었다. 한명회는 주로 북방 방비와 같은 국방 군사적 임무에 주력하면서 해당 지역 백성들에 대한 위무활동은 물론 지방 수령과 향리 등에 대한 검핵檢覈활동을 했다. 한명회가 체찰사로 파견된 지역은 전국 8도를 대상으로 했다. 평안·황해·강원·함길 등 북방 4도를 동시에 아우르거나, 경상·전라·충청 등 하삼도 혹은 황해·평안 등 북방 2도를 묶기도 했다. 또한 경기나 충청 등 1개도를 단위로 한 적도 있었다.[479] 특히 세조는 한명회를 지방으로 파견해서 활동하게 하는 동안 그로 하여금 해당 지역을 군사적·행정적으로 장악하게 했다.[480]

이들이 세조대의 국방 전문가였다. 한명회와 신숙주는 계유정난 당시부터 세조에게 적극 협력했던 인물들로서 정난, 좌익 공신에 거듭 책봉되었다. 이들은 세조의 최측근이자 당대 최고의 권력자들이었다.[481] 이들은 세조대 초반부터 평안도와 함길도에 번갈아 혹은 동시에 도체찰사로 직접 파견되어 비변대책을 직접 실행에 옮겼다.[482]

---

478 『세조실록』권21, 세조 6년 9월 갑신.
479 김순남, 「朝鮮 世祖代 體察使 韓明澮에 대하여」『韓國史學報』23, 2005.
480 『세조실록』권27, 8년 1월 신해.
481 鄭杜熙, 앞의 책, 1983, 196~222쪽.
482 이들의 도체찰사로서의 구체적인 활약상에 대해서는 김순남, 「체찰사제의 강화」『조선초기 체찰

이처럼 세조대의 비변대책은 이들에 의해 대강이 정해졌고, 이들에 의해 실행에 옮겨졌다.

결국 조선은 초기부터 국가 중대사로서 비변대책을 적극적으로 추진했는데, 그 중심에는 재상급 유력 관원들이 있었다. 이들은 해당 지역에 대한 실질적인 군사적·행정적 경험을 바탕으로 당대의 국가의 안위와 관련된 비변대책을 주도했다. 지방의 실제 현장에서 체득한 실무 경험이 국가의 중대정책에 반영되었던 것이다. 세종대 이래의 이러한 역사적 과정은 세조대를 거쳐 성종대에 이르러 「지변사재상」의 등장으로 이어졌다.[483]

2) 「지변사재상」의 설치와 활동 내용

재상급 국방 전문가가 「지변사재상」으로 구체화된 것은 성종대 중반에 이르러서였다. 성종이 즉위한 초반은 정치적으로 세조대 말엽과 거의 흡사했다.[484] 세조가 사망했을 뿐 그 말엽에 시행된 원상들이 어린 왕을 보좌하여 정사를 보는 원상제院相制가 여전히 계속되었다. 특히 세조비 정희왕후에 의한 수렴청정이 이루어지면서, 원상들의 발언권은 더욱 강해지는 상황이었다.[485] 한명회와 신숙주를 필두로 하는 성종대의 원상들은 세조대 도체찰사로서 북방지역을 직접 장악했던, 경험이 대단히 풍부한 인물들이었다. 이들은 야인을 회유하고 정벌하는 절박하고 어수선한 상황 속에서 인민을 안집安集시키면서 해당 지역의 지휘관들을 지휘했던 어려운 경험들을 몸소 겪은 인물들이었다.[486] 때문에 성종은 재위 초반에 발생하는 북방의 문제에 대해서는 원상

사제 연구』, 2007, 경인문화사, 78~107쪽 참조.

483 「지변사재상」에 주목한 연구로는 다음의 것이 있다.
　　重吉萬次 「備邊司の設置に就きて」 『靑丘學叢』 23, 1936.
　　정하명, 「군령군정계통의 변화」 『한국군제사 근세조선전기편』, 1969, 육군본부.

484 본고에서 편의상 서술한 성종대 초반이란 정희대비의 수렴청정이 이루어졌던 성종 7년까지이다. 이 시기 초반에는 한명회 등의 원상들이 비변대책을 주도했으나, 성종의 친정이 이루어지는 동왕 7년을 전후하여 그의 논의과정에서 북방의 직임을 맡았던 전현직 관리들이 참여하기 시작하는 변화가 나타나기 시작한다.

485 鄭杜熙, 앞의 책, 1983, 248~254쪽.

들로 하여금 의논해 처리하도록 하고 대개 그들의 의견을 그대로 따르는 모습을 보여주었다.[487]

이러한 모습은 1475년(성종 6)을 계기로 점차 변화의 조짐이 나타났다. 이전에는 주로 원상들을 중심으로 비변대책을 강구했으나 이때에 이르러서는 반드시 그 도의 관찰사나 절도사, 수령을 지낸 인물들을 논의에 참여케 했던 것이다. 즉 평안도와 영안도(함경도) 지역의 문제를 논의할 때에 해당 지역의 실무경험을 가진 감사·절도사·수령을 지낸 사람들도 원상과 더불어 논의에 참여하도록 했다.[488] 1476년(성종 7) 이후에는 현직 정부와 육조의 재상들뿐 아니라 전직 정승을 역임한 자들까지 참여하여 비변대책을 논의했다. 이때는 원상제가 이미 폐지된 후였다.[489]

이후 남북방의 대책을 논의할 때에는 으레 의정부·육조의 현직 정승과 전직 정승, 더불어 해당 도의 관찰사나 절도사를 지낸 자들이 참여했다. 1478년(성종 9) 8월에는 중국이 건주위를 치고자 하여 조선에 군사를 요청했는데, 그 문제를 의논할 때에는 전임 정승을 지낸 자와 의정부·병조 그리고 일찍이 평안도의 관찰사·절도사를 지낸 자들이 참여했다.[490] 그 1년 뒤인 1479년(성종 10) 10월 29일(양 11월 12일에는) 그 요청을 따라야 할지 말아야 할지를 논의했는데, 이때에는 전현직 여러 정승과 의정부·병조를 불렀다.[491] 이처럼 원상제가 폐지되고 난 후 비변 대책을 수립하고 시행하는 과정에서는 현직 재상뿐 아니라 원상에서 해면解免된 전직 재상들 그리고 해당 도의 전임 감사·병사들까지 논의에 참여했다.

이러한 상황이 계속되다가 1482년(성종 13)을 전후해서 비변대책의 논의석상에 참석한 전직 감사·병사를 역임한 재상급 관료들을 「지변사재상」으로 호칭하게 되었다.[492] 「지변사재상」은 구체적으로 평안도와 영안도(함경도), 경상도와 전라도의 관찰

486 김순남, 앞의 논문, 2008, 86쪽.

487 『성종실록』권52, 성종 6년 2월 정미.

488 『성종실록』권57, 성종 6년 7월 경오 ;『성종실록』권62, 성종 6년 12월 정해.

489 『성종실록』권94, 성종 9년 7월 기묘.

490 『성종실록』권95, 성종 9년 8월 임자.

491 『성종실록』권109, 성종 10년 10월 신해.

492 이에 대해 중길만차는 비변사의 설치배경이 되는 「지변사재상」이 기원하는 해를 성종 13년으로 보고 있다(重吉萬次, 앞의 논문, 1936, 33쪽).

사나 도절제사를 역임했거나 목사 등의 수령직을 역임했던 인물들이었다.[493] 「지변사재상」은 의정부와 영돈녕 이상 그리고 육조 판서 등과 더불어 비변대책의 논의 과정에 참여해 그들의 의견을 개진했다. 이들이 참여한 논의 주제로는 건주위의 문제,[494] 영안도(함경도)의 영북진 설치 문제, 경상도 연변의 왜적 제어 사안 등이었다.[495]

성종대 「지변사재상」으로 특히 주목할 만한 인물은 허종許琮이었다. 그는 문신 출신으로서는 드물게 지방의 현장 경험이 풍부했다. 허종은 세조대 사간원직에 있으면서도 경차관으로 함길도에 파견된 바 있었고,[496] 평안도 도체찰사 한명회의 종사관으로도 활약했다.[497] 이후 그는 평안도와 함길도의 관찰사와 절도사를 번갈아 역임했다.[498] 그는 오도리와 니마거의 화해를 이루고[499] 이시애의 반란을 평정하는 데에도 공을 세웠다.[500] 허종은 1477년(성종 8)에 건주 야인이 요동을 침범하자, 예조판서로서 평안도 순찰사가 되어[501] 서북 변경을 방비하고 적변에 대비하는 임무를 담당했다.[502] 또한 1480년(성종 11)에 건주 야인이 침입했다는 보고가 올라오자 대신과 병조의 추천으로 조모祖母의 상중喪中에 있으면서도 순찰사로 임명되었다.[503] 당시 성종이 허종을 지목한 것은 변방 대책의 구체성을 강조한 때문이었다. 성종은 병사兵事란 멀리서 헤아리기가 어려우므로 그의 시기적절한 조치에 북방대책의 성패 여부가 달려 있다고 언급했다.[504] 또한 1491년(성종 22)에 단행된 니마거의 정벌을 즈음해서는[505] 허종의 임기가 만료되어 마땅히 교체되어야 할 경우였는데도 그대로 있으면서 우디캐를

493 김순남, 앞의 논문, 2008, 90쪽.
494 『성종실록』권173, 성종 15년 12월 정묘.
495 『성종실록』권216, 성종 19년 5월 갑술.
496 『세조실록』권29, 세조 8년 9월 병오.
497 『세조실록』권31, 세조 9년 11월 을해.
498 『세조실록』권36, 세조 11년 5월 무오.
499 『세조실록』권38, 세조 12년 1월 갑진.
500 『세조실록』권42, 세조 13년 6월 을미.
501 『성종실록』권85, 성종 8년 10월 병진.
502 『성종실록』권86, 성종 8년 11월 2일 을축.
503 『성종실록』권121, 성종 11년 9월 기묘.
504 『성종실록』권121, 성종 11년 9월 무술.
505 『성종실록』권252, 성종 22년 4월 정묘.

소탕하도록 했다.[506]

　허종의 사례는 성종 중반 이후 「지변사재상」을 포함해 비변대책을 주도했던 재상급 관원들의 실체를 시사해 준다. 이들은 재상에 이르기 전부터 이미 변방에 대한 축적된 경험을 가지고 있었다. 즉, 이들의 경차관이나 종사관으로서의 경력이 군국중사의 현장 실무를 파악하는 계기가 되었던 것이다. 이러한 바탕 위에서 이들은 평안도와 함길도의 병사와 감사 임무를 역임했다. 나아가 이들은 왕명을 봉행하는 순찰사 등으로 파견되어 국가 중대사를 처결했다. 결국 이들은 하급 관료시절부터 미래의 「지변사재상」으로 양성되었다고도 할 수 있다. 이는 1481년(성종 12)에 허종을 포함해 이숙기李叔琦·김교·정난종鄭蘭宗·이극균·황석생黃石生 등이 장수가 될 것이라 하여 세조대부터 양성되었던 인물들이라는 언급으로도 확인할 수 있다.[507] 실지로 이때에 언급된 이들은 대부분 성종 중반 이후의 비변대책회의에 참여해 발언했다.[508]

　이러한 선상에서 성종대 중반 이후부터 「지변사재상」을 양성하고자 하는 시도가 이루어졌다. 1482년(성종 13)에 성종은 당시 비변대책에 정통한 재상들이었던 허종·정난종 등에게 미래에 장수 임무를 감당할 후보자를 의논해 뽑도록 했다.[509] 또한 1484년(성종 15)에는 허종과 어유소 등 변방 경험이 많은 사람들에게 보좌했던 무신들 중에서 적절한 사람을 천거하라고 했다.[510] 1486년(성종 17)에는 무신 중에서도 특진관特進官이 될 만한 자를 뽑도록 했다.[511] 1491년에는 변방의 임무를 맡길 문·무관 선발의 필요성이 승정원에 의해 제기되었다. 당시 승정원에서는 허종과 이극균의 예를 들어 현재 이들이 활약하고 있는 것은 세조대부터 변방의 임무를 담당했던 경험에 기인한 것이라면서 관직과 품계의 높낮이를 헤아리지 말고 재간이 있는 젊은 무신과 활 잘 쏘는 문신을 가려 뽑아 변방의 사무에 익숙하도록 임무를 맡겨 양성해야 한다고 제안했다.[512]

506 『성종실록』 권287, 성종 25년 2월 계유.
507 『성종실록』 권126, 성종 12년 2월 정미.
508 김순남, 앞의 논문, 2008, 89쪽.
509 『성종실록』 권147, 성종 13년 10월 무자.
510 『성종실록』 권168, 성종 15년 7월 병술.
511 『성종실록』 권191, 성종 17년 5월 계유.

승정원의 이 제안은 채택되었다. 그리하여 5일 후에 활 잘 쏘는 문신 2인을 가려 뽑아 양계 원수의 종사관으로 삼도록 했다. 이들은 이 기회를 통해 주장主將이 지휘하는 법과 사졸들이 하는 일의 절차를 알아야 했다. 이때 승정원에 내려진 이름이 홍형洪洞·한후·안윤손安潤孫·이계복李繼福·김연수金延壽·강참姜參 등 11인이었다. 이들이 모두 임명된 것은 아니었고, 최종적으로 서북 정벌의 종사관으로는 안윤손이, 북방 정벌의 종사관으로는 한후가 선택되었다.[513] 이들이 성종대 이후의 비변대책을 주도할 것이었다.

성종대 등장한「지변사재상」은 조선의 국정운영 실상을 파악하는 데에 시사하는 바가 크다. 성종대 초반에 원상들을 중심으로 비변대책이 강구될 때에는 특별히 전임 정승이나「지변사재상」을 참여케 할 필요가 없었다. 한명회나 신숙주 같은 인물들이 북방에 대한 충분한 경험을 이미 축적해 놓았고, 그 발언은 구체성을 띨 수 있었기 때문이었다. 그러나 성종 중반 이후 국가 중대사로서의 비변대책은 이전처럼 몇몇 원상들에 의해 주도되는 것으로는 처결될 수 없었다. 그래서 비변대책도 공론公論의 장場에서 논의를 통해 해결책을 찾게 되었다. 이때에는 세종대보다 그 참석인원이 확대되었다. 현직 의정부·육조의 관원뿐 아니라 전임 정승까지 참여했고, 또한 정책의 실효성을 얻기 위해 해당 도의 감사나 병사직을 역임한 인물까지 참여하게 되었다. 그리하여 성종대의 비변대책 논의에 참여한 이들 남북방 변경의 전현직 감사·병사, 재상급 수령들을「지변사재상」으로 호칭하게 되었다.

이 시기에 이르러 비변대책은 국가의 고위 관료들 거의 대부분이 관여해야 할 문제가 된 것이다. 성종대에 비변대책을 주도했던 인물들은 세조대부터 하급관료로서 북방의 경험을 가지고 있었다. 또한「지변사재상」을 통해 군국중사로서의 비변대책의 의미를 다시 새길 수 있다. 이러한 역사적 과정 속에서 성종대에도 미래의「지변사재상」을 양성하고자 하는 시도가 이루어졌다. 이때에 이르러 국가중대사로서 비변대책을 담당할 전문가적 소양을 지닌 관료들을 미리 훈련시키고 길러야 하는 필요성이 공식적으로 제기되었던 것이다. 이 사실은, 조선의 비변대책이 단지 한 시기만의 분절

---

512 『성종실록』 권255, 성종 22년 7월 무술.
513 『성종실록』 권255, 성종 22년 7월 임인.

적인 문제가 아니라 지속적이고 항상적인 관심을 가지고 진력해야 할 성격을 지닌 국정의 분야임을 시사한다.[514]

3) 축성사의 파견

축성사築城使는 지방의 축성을 감독하기 위해 파견된 봉명재상奉命宰相이었다. 봉명재상이란 국왕의 명을 받들어 임시로 지방에 파견되어 임무를 수행하던 재상급 사신을 말한다. 『대전속록』의 규정에 따르면, 조선 초기에 지방으로 파견된 재상급 봉명사신은 각 품에 따라 구별하여 정1품의 도체찰사, 종1품의 체찰사, 정2품의 도순찰사, 종2품의 순찰사, 3품의 찰리사라고 했다.[515] 이들은 각기 담당한 임무에 따라 진휼사賑恤使·제언사堤堰使·축성사·군적사軍籍使·안접사安接使 등으로 호칭되었다. 다만 특히 군사·국방의 임무와 관련해서는 임무를 구체적으로 명시하지 않은 채 체찰사나 순찰사 등으로만 불렸다.[516]

조선초기 재상급 봉명사신들은 거의 매년 각지에 파견되어 국가의 주요 정책들을 추진하는 근간으로서의 역할을 담당했다.[517] 이들은 진휼이나 제언 등 백성들의 생활과 비교적 밀접한 관련이 있는 사안에서부터 군적의 작성이나 축성과 같은 국방, 군사적인 사안에 이르기까지의 국가의 중대사를 지방 현장에서 직접 처결했다.[518] 그래서 체찰사제體察使制라는 제도로 형성되었다고 말할 수 있을 정도였다.[519]

왕명을 봉행하는 재상급 관료를 파견해 처결하도록 했던 국가중대사의 하나가 축

---

514 김순남, 앞의 논문, 2008, 95쪽.
515 『대전속록』 권1, 이전, 관직.
516 가령, 세조 12년에 군적사로 파견된 김질은 그의 졸기에는 군적순찰사로 나타나고 있다. 성종 13년에 파견된 진휼사는 뒤이은 사료에서는 구황순찰사라 불린다. 그러므로 진휼사를 예로 든다면, 진휼사로 파견된 인물의 품질이 1품이면 진휼체찰사, 2품이면 진휼순찰사 등으로 구분해 불려야 했으나, 보통 이들을 진휼사로 통칭했던 것이다(김순남, 앞의 책, 2007, 2~3쪽).
517 김순남, 『조선초기 체찰사 연구-봉명출사재상제의 형성과 전개』, 고려대학교 박사학위논문, 2003.
518 김순남, 앞의 책, 2007.
519 김순남, 「世宗代 體察使制의 運用」『韓國史學報』 14, 2003.

성이었다. 조선은 북방 여진과 남방 왜인의 불시의 침구에 대비해야 했는데, 그 방안의 하나가 축성으로 대표되는 관방시설을 정비하는 것이기 때문이었다.[520] 조선 초기에 성곽을 축조하는 일은 남북방에서 함께 이루어졌다. 북방 2도는 주로 여진족과 몽골족의 침입에 대한 방비를 위해서,[521] 남방은 주로 고려말 이래 극심한 침입을 자행했던 왜구에 대비하기 위해서였다.[522]

때문에 조선 건국 직후부터 지속적으로 축성이 추진되었다. 태조대에는 동북면의 갑주甲州와 공주孔州, 안주安州, 경원부 등지와[523] 서북면의 영삭진寧朔鎭, 선주宣州, 평양 등지에 축성했다.[524] 동북면의 축성이 이루어졌던 것은 이곳이 태의 '조기지지肇基之地'로서 자신의 태생지이기도 하면서 그의 조상들의 주요 활동무대였을 뿐 아니라 인접한 여진족과 영역의 주도권을 둘러싼 중요한 군사지대였기 때문이었다.[525]

태종대 들어서는 이전보다 적극적으로 축성이 이루어졌다. 특히, 1409년(태종 9) 10월에 명과 달단韃靼의 충돌 가능성이 보고되면서,[526] 북방 야인에 대한 현실적인 방비의 차원에서 축성 사업이 더욱 적극적으로 검토되었다. 이에 축성업무를 담당하기 위한 체찰사의 파견이 시도되어, 1413년(태종 13) 8월에 이직을 동북면도체찰사로,[527] 이천우李天祐를 서북면도체찰사로 각각 임명하여 해당지역의 무비武備와 성책을 살피고 오도록 했다.[528] 태종대 후반에 축성업무를 관장하기 위해 이처럼 도체찰사를 파견했던 사실은 이후 축성 임무를 담당한 주체와 관련하여 중요한 변화의 계기가

---

520 관방시설은 성책과 연대·돈대 등의 지상시설물, 구지·호참 등의 지하 시설물로 구분할 수 있으나, 그 가운데 가장 중심이 되는 것은 성책과 구지이다(車勇杰, 「朝鮮前期 關防施設의 整備過程」 『韓國史論』 7, 1981, 83쪽).

521 오종록, 「조선초기의 국방정책」 『역사와 현실』 13, 1994, 218~222쪽.

522 車勇杰, 「高麗末 倭寇防守策으로서의 鎭戍와 築城」 『史學硏究』 38, 1984, 145~146쪽.

523 『태조실록』 권4, 태조 2년 8월 을유 ; 『태조실록』 권6, 태조 3년 8월 을해 ; 『태조실록』 권13, 태조 7년 2월 계사.

524 『태조실록』 권10, 태조 5년 8월 계축.

525 姜性文, 「朝鮮初期 六鎭 開拓의 國防史的 意義」 『軍史』 42, 2001, 96쪽.

526 당시 주문사 오진이 와서, 중국 황제가 이듬해 2월 달단을 정벌하려는 목적으로, 명사 황엄을 조선에 보내어 군사 10만과 장수 두 사람을 청하여 동북면을 경유하여 협공하려 할 것이라 보고하여, 각도에 순찰사가 파견되기도 하였다(『태종실록』 권18, 태종 9년 12월 병진).

527 『태종실록』 권26, 태종 13년 8월 계축.

528 『태종실록』 권26, 태종 13년 8월 무신.

되었다.[529]

세종대 들어 국가의 중대사로서의 축성 사업이 본격적으로 추진되었다. 1428년(세종 10)에 좌의정 황희를 평안도 도체찰사에 임명했던 것을 계기로,[530] 이후 북방의 축성활동은 도체찰사를 중심으로 본격적이고 체계적으로 이루어졌다.[531] 남방은 쓰시마 정벌 이후 그들의 공격을 예방하는 차원에서 1429년(세종 11)에 최윤덕이 하삼도도순문사로 파견되어 축성 사업을 전담했다.[532] 이후 남북방의 축성은 체찰사로 대표되는 2품 이상의 재상급 관료들의 주도하에 이루어졌다. 이들은 왕의 이목지재耳目之宰로서 지방의 현장에 직접 파견되었다.[533] 특히 황보인은 세종 22년부터 32년까지 평안·함길도 도체찰사로서 무려 10년간 매번 2~3개월간의 체찰 활동을 계속했다. 그 결과 국가 방어 시설로서 장성, 행성이 굳건하게 구축될 수 있었다.[534]

세조대에는 하삼도의 읍성을 축조하거나[535] 세종대 쌓은 읍성과 산성을 수축, 개축했다.[536] 그러나 이전 시기보다는 축성활동에 소극적인 편이었다. 1460년(세조 6)에 여진 정벌을 단행한 후,[537] 북방 지역의 방비를 철저히 했던 결과였다.[538]

북방의 축성문제가 세조대의 소강상태를 벗어나 다시 관심의 대상이 되었던 것은 성종대에 들어서였다. 먼저 1469년(예종 1)에 이르러 당시 명의 대여진 방비시설인 요동 장성이 조선의 벽동강변碧潼江邊까지 이르게 되었다.[539] 이에 명의 사신들이 왕래

---

529 도순찰사는 고려후기부터 각도에 파견되어, 고려말 도내 최고군사책임자로서의 성격을 띠게 되다가 조선 건국 후 태종 8년 최고 국방 책임자인 도절제사로 최종 정비되었다. 그러나 당시 이 전임 도절제사의 파견은 남방 6도에 국한되어 이루어졌기 때문에, 군사적 요충지인 양계에는 동왕 17년 관찰사의 파견이 이루어지기까지 여전히 도순문사가 군민사를 총괄하고 있는 형편이었다.

530 『세종실록』 권41, 세종 10년 9월 신유.

531 이때의 축성활동에는 방어상의 요지나 중국사행의 하는 요로에 설치하는 읍성의 축조, 특히 여진의 침구를 막기 위한 행성의 축조, 그리고 신설 주군의 입보처로서의 읍성의 축조 등이 해당된다.

532 『세종실록』 권46, 세종 11년 12월 신묘.

533 『세종실록』 권125, 세종 31년 7월 기묘.

534 황보인의 체찰활동에 대한 자세한 내용은 김순남, 앞의 논문, 2003 참조.

535 『세조실록』 권5, 세조 2년 8월 기유.

536 車勇杰, 앞의 글, 1981, 128~131쪽.

537 『세조실록』 권21, 세조 6년 7월 신축.

538 『세조실록』 권21, 세조 6년 8월 병진.

539 『예종실록』 권6, 예종 원년 6월 경신.

면천 읍성(충남 당진) 세종 21년 11월 왜구 침입을 방비하기 위해 쌓은 읍성이다.

하는 지역을 중심으로 축성이 재개되어야 했다.[540] 이에 성종은 1475년(성종 6)에 어유소를 평안도 순찰사로 파견해 붕괴된 여러 성을 심찰하여 수축하고, 군무도 함께 살피도록 했다.[541]

그러다가 1481년(성종 12)에 이르러 명이 동팔참東八站 지역을 점거하면서 북방의 방비를 위한 축성이 더욱 적극적으로 추진되었다.[542] 남방의 경우 경상도 연변 긴요처에도 성보城堡를 설치해야 한다는 상소가 1484년(성종 15)에 올라왔다.[543] 이런 상황에서 당시 우의정이었던 홍응洪應이 경기·충청·전라·경상 4도의 순찰사로 사목을 휴대한 채 파견되었다.[544] 홍응은 전라도와 경상도 연해에 성보를 설치해야 할 요해처와 목장을 심찰하고 수령을 검찰하며 아울러 군기의 실태를 점검하기 위해 3개월간

---

540 車勇杰, 앞의 글, 1981, 131~132쪽.
541 『성종실록』 권57, 성종 6년 7월 갑술.
542 柳在春, 「15세기 明의 東八站 地域 占據와 朝鮮의 對應」 『朝鮮時代史學報』 18, 2001.
543 『성종실록』 권171, 성종 15년 10월 임오.
544 『성종실록』 권174, 성종 16년 정월 임진.

이극배 신도비(서울 강동)(좌), 이철견 신도비(대구 달성)(우)

의 순찰활동을 했다.[545] 이 외 허종,[546] 이철견李鐵堅,[547] 한치형韓致亨,[548] 이극배李克培[549] 등이 축성체찰사로 파견되어 평안도와 전라도 등지의 축성활동에 매진했다.

　세조대의 소극적인 상황에서 벗어나 성종대에 적극적인 축성 활동이 이루어지면서, 종래에 재상급 관료를 도체찰사나 순찰사 등으로 임명해 주도하게 했던 양상에 변화가 나타났다. 그것은 '고위 관료'를 파견해 처리하던 방식에서 아예 중앙에 축성 임무를 전담하는 관서를 임시로 설치한 것이었다. 이것이 축성사築城司였다.

545 『성종실록』 권176, 성종 16년 3월 무술.
546 『성종실록』 권226, 성종 20년 3월 기미.
547 『성종실록』 권234, 성종 20년 11월 임술.
548 『성종실록』 권280, 성종 24년 7월 계축.
549 『성종실록』 권275, 성종 24년 3월 을유.

4) 축성사의 설치와 축성사 조직

축성사는 축성의 업무를 전담하기 위해 성종대 후반 중앙에 임시로 설치된 관서였다. 축성사는 성종 중반부터 본격적으로 재개된 체찰사의 축성활동 과정에서 나타났다. 성종대 후반에 축성사가 설치되었던 것은 그 초반에 나타났던 재상급 봉명사신활동의 새로운 양상과 관련이 있었다. 그것은 기왕의 봉명재상이 담당했던 특정 업무를 중앙에 관서를 별도로 설치해 전담토록 하는 것이었다. 이러한 양상은 먼저 성종대 체찰사의 제언 활동 과정에서 나타났다.[550]

1470년(성종 1)에 한명회는 제언의 일을 전담하는 기구를 중앙에 설치해야 한다는 의견을 제기했다.[551] 그 후 1472년(성종 3) 2월에 강호強豪한 자가 수리水利를 독점해 이용하는 것이 문제되면서 제언사의 파견이 논의됨에 따라 홍윤성洪允成이 하삼도 제언체찰사로 임명되었다.[552] 그리고 6개월이 지난 8월에 제언을 전담하는 부서로서 제언사提堰司가 설치되었다.[553] 또한 군적의 작성을 전담하는 임시부서로서 군적청軍籍廳도 설치되었다. 1475년(성종 6) 7월에 성종은 원상院相에게 명하여 군적청에서 계문한 군액 충정充定의 편부를 논의하게 했다.[554] 이때에 처음 군적청이 나타나는데, 당시 여기에서는 군정에서 빠진 반인伴人을[555] 수괄收括해 다시 군정에 귀속시키는 등의 군적 관련사를 총괄했다.[556]

이처럼 성종대 초반에 제언사나 군적청과 같은 임시 관서들이 중앙에 별도로 설치되기 시작했다. 이는 이전 시기에는 찾아볼 수 없었던 새로운 양상이었다. 세종대 이후 봉명재상의 파견이 정례화되었다 할 정도로 대단히 빈번하게 이루어지면서, 주요

---

550 김순남, 「成宗代 體察使의 變化와 築城司의 設置」 『史學研究』 71, 2003.
551 한명회는 세조 7년 제언 심찰활동을 하였던 것으로 나타나는데, 그 앞서 제언제조가 언급되고 있으므로, 이때 한명회는 제조로서 활동하였던 것이라 생각된다.
552 『성종실록』 권15, 성종 3년 2월 무진.
553 『성종실록』 권21, 성종 3년 8월 정축.
554 『성종실록』 권57, 성종 6년 7월 무오.
555 반인은 반당이라고 한다. 반인은 『경국대전』에는 경아전으로 분류되어 있는데, 왕족과 고관에게 지급하는 일종의 호종원 겸 경호원이었다.
556 『성종실록』 권57, 성종 6년 8월 갑진.

한 국가 정책들은 대체로 왕과 직접 연결되는 봉명재상이 전담했다. 그런데 이러한 상황은 성종대에 이르러 종래 이들의 임무를 전담하는 임시 관서들이 중앙에 별도로 설치되는 새로운 국면을 맞이했다.[557]

축성사는 제언사나 군적청과 마찬가지로 성종대 중후반에 신설되었다. 축성사는 1485년(성종 16)경 설치되었다고 여겨진다. 이 때는 1481년(성종 12) 이래 평안도에 행성을 축조해야 한다는 논의가 계속되는 연결선상에 있었고,[558] 하삼도에 성보를 수축해야 한다는 상소도 올라옴으로써,[559] 축성을 위한 고위 재상의 파견이 고려되고 있었던 시점이었다.[560]

이처럼 축성사는 성종 후반 체찰사의 축성활동이 적극적으로 재개되었던 것과 맞물려, 해당 사안을 전담하는 임시관서로서 중앙에 설치되었다. 축성사는 축성도감으로도 불렸다.[561] 이 시기에 설치된 축성사는 이후 조직을 갖추어 축성정책을 추진하는 중심으로서의 기능을 담당했다.

성종대 후반 설치된 축성사는 상설화되지는 않았지만 관서로서의 조직이 갖추어져 있었다. 그 조직은 제조와 낭청이었다. 축성사 이전에 설치된 제언사의 제조로는 한명회와 홍윤성 등이 있었고,[562] 심회와 이극증도 있었다.[563] 군적청은 이극배가 군적청 당상으로 제조였다.[564] 이를 통해 축성사 역시 제조와 당상이 있었음을 짐작할 수 있다. 축성사의 조직은 연산군대의 기록을 통해 분명하게 알 수 있다. 1500년(연산군 6)에 축성사 제조로 성준과 이계동이 언급되고 있고[565] 이극균 역시 축성사 당상으로 나타난다.[566] 제조 외에 낭청도 축성사의 구성 요소였다. 1480년(성종 11)에 제언사 낭

---

557 김순남, 앞의 논문, 2003 참조.
558 『성종실록』 권161, 성종 14년 12월 신미.
559 『성종실록』 권171, 성종 15년 10월 임오.
560 『성종실록』 권171, 성종 15년 10월 계미.
561 『성종실록』 권266, 성종 23년 6월 갑진.
562 『성종실록』 권150, 성종 14년 정월 을사.
563 『성종실록』 권184, 성종 16년 10월 정미.
564 『성종실록』 권217, 성종 19년 6월 병진.
565 『연산군일기』 권36, 연산군 6년 2월 계사.
566 『연산군일기』 권38, 연산군 6년 8월 갑오.

청을 하삼도에 파견해 제언 규찰활동을 벌이기도 했다는 기록이나,[567] 1487년(성종 18)에 군적의 장적 대조를 위해 군적 낭청을 파견하라는 것으로 보아,[568] 낭청 조직도 갖추어져 있었음을 알 수 있다. 이후 연산군 10년 축성도감을 다시 설치하면서 당상은 제조, 당하는 낭청으로 이름 붙였다는 기록으로 보아[569] 축성사에도 제조 외에 낭청 조직이 있었던 것이다.

그런데 축성사의 제조에는 체찰사로 지방에 직접 파견되어, 축성을 포함해 국방·군사와 관련된 해당 사안을 현지에서 직접 처리한 경험을 가지고 있었던 인물들이 대부분 임명되었다.[570] 따라서 전문성을 띠는 이들이 축성사의 제조에 임명되면서 이들이 주도하는 축성 정책은 구체성을 담보할 수 있었다. 이들은 지방의 현장 경험을 바탕으로 한 합리적인 발언권을 행사했다.[571] 왕도 이들의 의견을 대부분 채택했다.[572] 축성사의 제조직에 체찰사로 파견되었던 인물이 임명되면서, 낭청에는 체찰사의 종사관이 임명되었다.[573]

축성은 『경국대전』에 의하면 병조의 속아문인 무비사武備司의 여러 관장 사항 중 하나인 성보城堡에 포함되었다.[574] 그런데 성종대 축성사가 설치됨으로써 축성은 병조에서 관장하는 여러 일들 중의 하나가 아닌, 그것만을 오로지 체계적이고 항상적으로 도모할 수 있게 되었다. 축성사가 중앙에 설치되어 그 제조로 실제 현장의 체찰 경험을 가진 인물이 임명되고, 그들은 자신이 가진 군국중사의 대체를 바탕으로 축성 정책을 전담함으로써 보다 체계적이고 효과적으로 해당 사안을 추진할 수 있었다. 이는 이전 시기에는 찾아볼 수 없는 새로운 역사상이었다.

---

567 『성종실록』 권120, 성종 11년 8월 무오.
568 『성종실록』 권205, 성종 18년 7월 임술.
569 『연산군일기』 권51, 연산군 10년 12월 정축.
570 김순남, 앞의 논문, 2003, 166~167쪽.
571 『연산군일기』 권34, 연산군 5년 8월 기유.
572 『연산군일기』 권34, 연산군 4년 9월 계축 ; 『연산군일기』 권34, 5년 7월 기사.
573 『성종실록』 권271, 성종 23년 11월 경오.
574 『경국대전』 권1, 이전, 경관직, 육조.

2. 도체찰사제의 형성과 전개

1) 도체찰사제의 성립

도체찰사제都體察使制는 조선초기에 도제道制가 강화되어 도의 장관으로 관찰사가 확립되어 가는 과정에서 중앙의 통치력을 지방 현장에 구현하는 별도의 체제로 형성되었다. 대내외적 혼란이 극심했던 고려후기에 민정을 원활히 하고, 민생을 안정시키고자 찰방사察訪使·권농사勸農使 등 다양한 명목의 봉명사신들이 파견되었다. 또한 몽골과의 전쟁과 원元의 부마국 체제 하에서 순무사·도순문사 등 또 다른 성격의 임시사신들도 파견되었다. 여기에 고려 충정왕 이후 왜구의 침입이 본격화되면서 그에 대한 군사적 방비를 위해 도지휘사·도순위사都巡慰使 등 역시 봉명사신들이 파견되었다. 이 경우에는 특히 군사적 성격이 강했다.

도체찰사는 고려 말에 지방에 파견된 수많은 봉명사신 가운데 외적에 대비하기 위해 파견된 군사적 성격의 사신이었다. 도체찰사라는 직함은 1363년(고려 공민왕 12)에 처음 등장한다.[575] 이때의 도체찰사는 순찰사·체복사體覆使[576] 등과 함께 출정군의 최고 지휘관으로서의 역할을 담당하기도 했고, 지휘관에 대한 감찰 임무를 담당하기도 했다.[577]

도체찰사가 군사적 성격을 넘어서 그 임무의 범위를 확대하게 된 것은 조선이 건국된 후 집권체제를 정비하면서였다. 건국 초창기 조선은 집권적인 지배체제를 구축하고자 중앙과 지방의 통치조직을 정비했다. 이에 따라 고려에서 6개월 임기의 임시 사신에 불과하던 안찰사按察使를 도의 전임 장관인 관찰사로 대체했다. 건국 이후 안렴사와 관찰사의 설치와 폐지를 거듭하는 진통 끝에 태종대에 도의 장관으로서 관찰사의 존재가 일단 확립되었다.[578] 그리고 5도 양계의 이원적인 고려의 지방 제도를 개편

---

575 『고려사』 권40, 세가40, 공민왕 12년 5월 임진.
576 『고려사』 권44, 세가44, 공민왕 22년 9월 정사.
577 김순남, 앞의 논문, 2003, 10~20쪽.
578 張炳仁, 「朝鮮初期의 觀察使」 『韓國史論』 4, 1978, 137쪽.

하여 서북면과 동북면까지도 남방의 6도와 같은 일원적인 도道체제로 편제했다. 그리하여 1417년(태종 17)에 이르러 도의 장관으로 관찰사가 파견됨으로써 조선의 8도체제가 완성되었다.[579]

도를 단위로 하는 관찰사제가 확립되면서 고려후기 이래 혼란상을 연출했던 광범위한 봉명사신 파견의 필요성은 현저히 줄어들게 되었다. 그렇지만 중앙과 직접 연결되는 봉명사신의 필요성이 전혀 없어진 것은 아니었다. 관찰사를 중심으로 일을 처리한다 해도 실제 운영 과정에서는 한 도를 단위로 하는 관찰사만으로는 해결할 수 없는 문제점들이 상존했기 때문이었다.

그리하여 필요성은 줄어들었지만 여전히 유효했던 봉명사신에 대한 정비가 태종대부터 이루어졌다.[580] 먼저 중앙의 3품 이하관으로 파견되는 사신은 경차관으로 대개 정비했다. 아울러 그보다 상위인 2품 이상의 재상급 봉명사신에 대한 정비도 이루어졌다. 재상급 봉명사신의 존재는 태조대 정도전을 동북면 도선무순찰사都宣撫巡察使로 파견한 것이 그 대표적이었다.[581] 이후 태종이 즉위하면서 조운선 건조를 주도하기 위해 체찰사를 파견한다던가, 중국과의 외교관계에 따른 문제를 해결하기 위해 순찰사가 파견된다던가, 북방 축성을 위해 도체찰사가 파견된다던가 하는 등 재상급의 관원이 사신으로 파견되었다. 이들이 관장했던 업무는 관찰사만으로는 수행하기 힘든 대규모의 긴요한 사업이었다. 따라서 사안의 성격상 관찰사보다 상위의 재상급이 파견될 수밖에 없었다.[582]

태종대까지 재상급 관료로 파견되었던 도체찰사가 제도로서 확립된 것은 세종대에 이르러서였다. 1419년(세종 원)의 쓰시마 정벌 때 이종무李從茂를 삼군도체찰사로 삼은 예를 제외하고는, 세종 즉위 후 10년 남짓 기간 동안 별도의 봉명사신은 파견하지 않았다. 그러다가 1428년(세종 10) 좌의정 황희黃喜가 평안도에 파견되면서, 도체찰사는 제도로 형성될 단초가 마련되었다. 당시 황희는 축성문제로 평안도에 갔는데,[583]

---

579 『태종실록』 권34, 17년 10월 정유.
580 김순남, 앞의 논문, 21~27쪽.
581 『태조실록』 권12, 6년 12월 경자.
582 김순남, 앞의 논문, 27~48쪽.
583 『세종실록』 권42, 10년 10월 임인.

황희 동상(전북 장수)

이때 그는 도체찰사라고 불렸다.[584]

황희를 통해 단초가 마련된 도체찰사제가 그 기틀을 마련한 것은 황보인皇甫仁의 활동을 통해서였다. 황보인은 세종 22년 이후 10년간 도체찰사로 평안도와 함길도를 왕래하면서, 사목을 휴대한 채 해당 지역의 행성 축조를 중심으로 한 국방 시설 구축에 큰 실적을 올렸다. 이러한 과정을 거쳐 조선초기의 도체찰사제는 중앙의 고관을 지방에 파견하여 국가 중대사를 처결하는 새로운 국정 운영방식으로서 자리 잡게 되었다.[585]

도체찰사의 이러한 성격은 고려시대와는 차별성을 띠는 것이었다. 고려말에 외적을 격퇴하기 위한 지휘관이었던 도체찰사가 조선에 들어와 재상급 관원이 군국의 중사를 처결하는 주체로서의 도체찰사로 발전했던 것이다.

봉명출사재상奉命出使宰相으로서의 도체찰사제는 세조대에 이르러 앞 시기보다 더욱 활발히 운영되었다. 세조대의 도체찰사는 거의 매년 전국 8도에 파견되었다. 이때에 도체찰사는 충청·전라·경상의 하삼도를 묶어 파견되거나 평안·함길·강원·황해 등 북방 4도를 아울러 파견되곤 했다. 먼저 군액을 확장하기 위해 1459년(세조 5)에 양계를 제외한 남방 6도에 도순찰사와 도체찰사를 일괄 파견하도록 했다가 호적을 작성하는 일이 완료되지 않아 잠정 중단되기도 했다.[586] 그 후 1462년(세조 8)에 도순찰사 김질로 하여금 호구 장부를 토대로 군정을 파악해 군적을 작성하도록 했다. 그 결과 누락된 장정 9만 8천여 명을 찾아내는 성과를 거두었다.[587]

---

584 『세종실록』 권42, 10년 11월 정묘.
585 김순남, 앞의 논문, 49~69쪽.
586 『세조실록』 권17, 세조 5년 7월 무신.

또한 세조대 도체찰사는 야인에 대한 무력 정벌을 도모하는 가운데 정벌군의 총사령관으로서의 임무를 맡기도 했다. 세조 재위 중반 야인들이 변방 지역에 자주 침입하여 거주민을 살해하는 폭력적인 양상을 보이자, 그들에 대한 무력 정벌을 결정했다.[588] 곧이어 세조는 도체찰사를 파견해 해당 지역의 상황을 직접 살펴보도록 함으로써, 군사력을 동원한 정벌이 가능한지를 판단했다. 이때에 도체찰사 신숙주가 함길도에 파견되어 도내의 여러 진을 순행하면서 군사와 병마들의 편대를 짜고 병기와 의장들을 정리했다. 아울러 신숙주는 절제사인 양정楊汀·홍윤성 등과 함께 군사작전을 실행할 때 진을 설치할 장소를 자세히 조사하고, 다시 6진을 순행巡行하면서 천천히 형세를 살폈다. 신숙주는 이러한 체찰 활동을 마치고 돌아와 세조에게 결과를 보고했다.[589]

도체찰사의 보고에 따라 정벌의 타당성이 입증되자, 출정군의 지휘체계가 조직되었고, 그 지휘체계의 최고 자리에 도체찰사가 위치했다. 이때에 정벌군 총사령관으로서 도체찰사 신숙주는 세조로부터 부장 이하에 대한 처벌권을 포함한 동북방 군사에 관한 업무를 전적으로 처리할 권한을 위임받았다.[590] 뿐만 아니라 정벌이 이루어지는 지역인 강원도와 함길도의 관찰사까지도 지휘(절도節度)할 수 있었다.[591]

또한 도체찰사는 군사작전이 실질적으로 이루어지는 지역의 배후에서 군사를 조치하면서 후방의 방비를 담당하기 위해서도 파견되었다. 당시 한명회는 서북면 도체찰사로 평안·황해 두 도의 군사를 관장하고 있었다.[592] 그는 평안도 관찰사와 도절제사를 지휘할 권한을 부여받았다.[593] 특히 세조대를 거쳐 도체찰사제는 더욱 강화되었다. 이 시기 도체찰사로 파견된 신숙주와 한명회의 상징성은 그 권한을 강화하는데 상당히 기여했다.[594] 세조 역시 이들을 북방의 도체찰사로 파견함으로써, 군사가 동원되는

587 『세조실록』 권39, 세조 12년 6월 기유.
588 金昊鍾, 「世祖의 國防政策에 關한 一研究」 『安東大學論文集』 창간호, 1979.
589 『세조실록』 권20, 6년 4월 병진.
590 『세조실록』 권21, 6년 7월 신축.
591 『세조실록』 권21, 6년 7월 신축.
592 『세조실록』 권19, 6년 2월 병진.
593 『세조실록』 권21, 6년 8월 병진.
594 鄭杜熙, 「朝鮮 世祖一成宗朝의 功臣研究」 『震檀學報』 51, 1981 ; 「世祖一成宗代 功臣集團의 政治的

지역을 더욱 확고하게 장악하고 통제할 수 있었다.[595]

성종대에 들어 도체찰사의 파견은 감소했지만, 그보다 낮은 체찰사나 순찰사 등의 활동이 활발해졌다. 이것은 군사, 국방 문제보다는 백성에 대한 진휼이나 제언 등의 문제로 비중이 옮겨갔음을 의미했다. 먼저 성종대 초반 제언체찰사가 파견되었고, 이는 중반 이후 대규모의 제언 축조 역사役事로 발전했다. 1485년(성종 16)에 정난종이 순찰사로 파견되어 황해도 전탄箭灘에 천방을 수축하는 사업이 타당한 지를 조사한 후,[596] 정괄鄭佸로 교체하여[597] 이후 거의 2년 동안 제언 천방 수축 사업을 추진했다. 또한 이 시기에 순찰사의 파견을 통해 남북방 축성 사업도 계속했다.

그 결과 기존의 성보를 보수하면서 새로운 성보도 축조할 수 있었다. 뿐만 아니라 하삼도민의 북방 이주移住나 양전 등의 사업도 순찰사의 파견을 통해 이루어졌다. 성종대 중반 노사신과 이철견이 하삼도와 황해평안도 순찰사로 파견되어 사민徙民하여 입거시키는 임무를 주도했거니와 이계종李繼宗, 이극증 등이 순찰사나 체찰사로 파견되어 양전 활동에 종사했다.[598] 성종대에 도체찰사가 파견되었던 것은 1491년(성종 22)에 우디캐를 정벌하는 북정北征때였다. 당시 성종은 우디캐 정벌을 결정하면서, 도원수에는 허종을 선임하고, 우의정 노사신을 영안도 도체찰사로 삼아 배후에서 성원하도록 했다.[599]

성종대에는 이전 시기보다 도체찰사의 파견은 빈번하지 않았다. 반면 체찰사, 순찰사 등의 봉명재상이 지방으로 파견되어 민생과 직결된 문제를 주도했다. 그런데 이 시기에 군사 국방의 문제와 관련해 파견된 도체찰사 임무에 분화가 일어났다. 실제로 군사를 지휘하여 작전을 수행하는 총사령관으로서의 도원수와 그의 배후에서 불의의 사태에 대비하는 조치를 취하는 도체찰사로 임무가 구분되었던 것이다. 이러한 변화는 조선후기 『속대전』에 '군무봉행자軍務奉行者'로서의 도체찰사를 규정하는 단초가

性格」 『朝鮮初期 政治支配勢力研究』, 一潮閣, 1983, 200~201쪽.

595 김순남, 앞의 논문, 70~92쪽.

596 『성종실록』 권184, 16년 10월 갑오.

597 『성종실록』 권199, 18년 정월 신해.

598 김순남, 앞의 논문, 100~110쪽.

599 『성종실록』 권256, 22년 8월 계해.

되었다.

2) 도체찰사제의 운영과 기능

조선초기 도체찰사는 2품의 중앙 관원으로 파견되었다. 도체찰사를 현직 재상으로 파견한 것은 지방의 실제 현장에서 보다 유연하게 명령을 관철시킬 수 있는 힘을 부여하려는 조치였다. 따라서 도체찰사의 파견은 형식적인 것이 아니라 실질적인 문제 해결 방식으로 기능할 수 있었다. 도체찰사는 지방으로 파견된 기간 동안 중앙을 비울 수 밖에 없었으므로 때로 자신의 직책에서 물러나게 해달라고 요청하거나,[600] 소임이 없는 중추원 관직을 겸대했다가 돌아와 승진하기도 했다.[601]

도체찰사의 파견지역은 그 임무에 따라 달랐다. 군사 국방의 임무와 관련해서는 축성을 하거나, 정벌을 단행하기 위해서 평안도와 함길도의 북방 2도로 파견되었다. 군적이나 사민 등의 임무와 관련해서는 하삼도로 파견되었다. 도체찰사가 1회 체찰 활동을 하는데 걸리는 기간은 대략 2개월~6개월이었고, 1년 이상은 예외적인 경우였다. 의정이나 판서의 지위에 있었던 도체찰사는 몇 개월간에 걸친 체찰활동을 통해 해당 지역에 대해 객관적으로 파악한 후 그 결과를 중앙에 보고했다. 중앙에서는 그것을 토대로 국가 정책의 추진 계획, 주변 상황 파악, 예측 결과 등을 구체적으로 논의 검토할 수 있었다.

도체찰사는 체찰 임무를 원활히 수행하기 위해 체찰부사·종사관·통사通事·군관軍官 등 수행관을 대동했다. 체찰부사는 도체찰사를 보좌하고 그의 임무를 도와주는 역할을 했다. 그런데 도체찰사가 체찰부사를 대동하는 것은 일반적인 양상은 아니었다. 보통 도체찰사는 종사관만을 대동했다. 종사관은 주로 4~6품의 문관이 임명되었다.

---

600 세종대 평안함길도도체찰사로 파견되었던 황보인이 그러했다. 그는 자신이 양계의 축성을 전담한 까닭에 항상 지방에서 근무해야 한다는 점을 들어 의정의 직책을 한관으로 바꿔 달라고 세종에게 요청했다(『세종실록』 권 124, 세종 31년 5월 경자).
601 세조대의 박원형이 그러했다. 세조 3년에 형조판서에 임명되었던 박원형은 이듬해 3월에 형조판서에서 중추원사로 이동한 후 곧 도체찰사로 함길도로 파견되었다가 체찰활동을 마치고 중앙으로 돌아와, 다시 형조판서로 복귀했다(김순남, 앞의 책, 2007, 132쪽).

이것은 종사관 임무와 관련이 있다. 종사관은 도체찰사가 체찰 기간 동안 이룬 성과를 중앙으로 보고하거나 왕이 내린 명령을 도체찰사에게 전달하는 임무를 맡았다. 때문에 도체찰사와 왕의 의견을 서로에게 잘 전달할 수 있어야 했기 때문에, 종사관에게는 보통 문관으로서 유교적인 소양이 요구되었다.[602]

체찰부사·종사관 이외에 도체찰사의 수행관으로 군관이 있었다. 도체찰사가 군관을 동원했던 경우는 물리력을 동원해야 할 때였다. 군관은 보통 도체찰사의 군사 활동을 원활히 수행하기 위해 체찰 지역의 지리나 상황을 소상히 파악하고 있는 하급 관료로 임명되었다.[603] 도체찰사 행렬의 규모는 특별히 규정되어 있지 않았다. 가장 간략한 경우가 도체찰사 1인, 종사관 1인, 그 밖에 수종인과 수종마를 합해 10여 기 정도였다.[604] 그러나 국방·군사적인 목적으로 파견되는 경우에는 이보다 규모가 더 컸다. 체찰부사·종사관·군관 등을 비롯해 40명 안팎의 인원이 함께 했다. 1460년(세조 6)의 황해 평안도 도체찰사 한명회의 행차에는 군관 3인, 종사관 2인, 군사 34인을 포함해 대략 40명이 함께 했으며,[605] 1461년(세조 7)에도 군관을 포함해 40인이 가는 것으로 보고되었다.[606]

한편, 도체찰사의 활동이 주로 지방에서 이루어졌기 때문에, 재상급으로 임용되는 도체찰사의 파견을 둘러싼 폐단이 초래되기 마련이었다. 그 폐단의 하나는 도체찰사의 활동이 주로 지방의 실제 현장에서 이루어졌으므로, 해당 지역의 행정·군사적 장관인 관찰사·절도사와의 지휘 관계가 설정되어야 했다. 도체찰사제의 형성 초기부터 이러한 문제는 불거졌다. 세종대에는 도체찰사가 관찰사와 상호 협조를 하고, 도절제

---

602 그렇다 하더라도 이들에게 활쏘기와 같은 무예에 소질이 있으면 더욱 적합하다고 평가받았다. 세조대에 문신이면서 활쏘기를 잘했던 인물로는 군기판사 이효장·전농판관 홍일동·이조정랑 강효문·병조정랑 오백창·성균직구 황윤원·사복소윤 강미수·승문원교리 정문형·예조좌랑 오응·형조좌랑 이서장·봉례 김호인 등이 있었다(『세조실록』권 12, 세조 4년 4월 정축). 이들 중 강효문은 도체찰사 신숙주의 종사관으로, 오백창은 한명회의 종사관으로 임명되었다(김순남, 앞의 책, 2007, 158쪽).

603 『문종실록』권 5, 문종 즉위년 12월 병신.

604 『성종실록』권 138, 성종 13년 2월 무신.

605 『세조실록』권 21, 세조 6년 8월 병진.

606 『세조실록』권 24, 세조 7년 6월 갑술.

사와는 지휘 관계를 유지하면서 활동했다. 세조대에는 도체찰사가 해당 지역의 관찰사와 절도사를 지휘하도록 했다.[607] 도체찰사 파견에 따르는 폐단의 또 하나는 2품 이상의 재상급이 부사·종사관 등을 수행관으로 대동하고서 파견되는 만큼 그들을 보내고 맞이하거나 접대하는데 따른 비용이 과다했다는 점이었다. 중앙의 최고 권력자가 도체찰사로 파견될 경우, 체찰 행렬 규모가 커지게 마련이었고, 이들에 대한 접대비용을 감당해야 하는 백성들은 과중한 부담으로 도체찰사 파견에 대한 불만이 적지 않았다.[608] 실제로 성종 10년에 윤필상의 경우는 이러한 이유로 파견을 결정했다가 중지하기도 했다.[609] 그러나 도체찰사의 파견에 따른 이러한 폐단은 보통 심각하게 고려되지 않았다. 도체찰사는 국가적 중대사를 실현하기 위해 불가피하게 파견될 수밖에 없다는 논리에서였다.[610]

이러한 조선초기의 도체찰사제의 운영을 통해 먼저 이 시기 국토 전역에 걸친 국가방어 시설이 구축되었다. 조선초기 도체찰사는 북방의 변경과 남방 연안의 축성 사업을 주도했다. 이들이 적극적으로 축성 사업을 주도함으로써 평안도·함길도 등 북방 지역에는 구자가 증설되었고, 목책이 없는 곳에는 그것을 설치했고, 목책이 있는 곳은 석보(石堡)로 개축했으며, 성을 쌓는 재료로 벽돌을 시험하는 등 국가의 방어 시설과 관련한 상당한 성과를 거두었다.

뿐만 아니라 하삼도 연해에도 읍성 축조가 이루어졌다.[611] 또한 도체찰사는 야인 정벌 등 외적들을 진압하기 위한 정벌군의 총지휘관으로서의 임무를 수행하면서 국가 안위에 절대적인 역할을 했다. 총사령관으로서의 도체찰사는 관할 군사에 대한 처결권을 가지고, 군사 활동을 총지휘했다. 특히, 성종대에는 도체찰사에서 도원수가 분리되었다. 이 때에 직접 군사들을 지휘해 출정하는 역할은 도원수가 담당했고, 도체찰

---

607 김순남, 앞의 책, 2007, 177~180쪽.

608 김순남, 앞의 책, 2007, 174~177쪽.

609 『성종실록』, 전110, 성종 10년 윤10월 병인.

610 세종 12년에 하삼도의 축성을 위해 최윤덕이 파견되었을 때, 사헌부에서는 영송지폐를 근거로 반대했다. 그러자 세종은 축성과 같은 대사를 완수하기 위해서는 영송의 폐단 등 백성의 사소한 폐단은 감수해야 한다고 했다(『세종실록』권 49, 세종 12년 9월 기해).

611 김순남, 앞의 책, 2007, 181쪽.

사는 정벌이 이루어지는 배후의 인접 지역에서 예기치 않은 사변에 대비해 군사를 장악하고서 백성을 보살피고 정세를 시찰하는 업무를 담당했다.[612]

이러한 조선시대 도체찰사제의 운영을 통해 먼저 국가의 중대사가 현장에서 처결될 수 있었다. 도체찰사의 주도로 특히 국방·군사 정책과 관련하여 북방 변경과 남방 연안의 축성, 각지의 군용 점고, 외적 정벌 등의 사안이 추진되었다. 도체찰사는 왕을 대신해 지방의 실제 현장에서 상황을 살피고, 일의 진행 여부와 완급을 조정하여 시의적절하게 일을 추진함으로써 조선의 국정 운영 방식은 정책 집행의 효율성을 높이고 정치에 대한 신뢰성을 증대시킬 수 있었다.[613]

또한 도체찰사제의 운영을 통해 감사·병사제를 보완할 수 있었다. 도체찰사는 '군국중사軍國重事'로 표현되는 국가의 주요 정책들을 현장에서 처결했다. 이러한 직무는 한 도에 국한된 관찰사나 도절제사가 감당할 수 없는 것이었다. 현직 재상급으로 파견된 도체찰사는 관찰사나 도절제사보다 우위에서 그들을 견제하고 수령들을 지휘, 감독했다. 또한 도체찰사는 전문성을 가질 수 있었다. 도체찰사는 1회 2~6개월간의 체찰 활동을 몇 년에 걸쳐 지속했다. 이러한 과정에서 도체찰사는 실제로 둘러봄으로써만 얻을 수 있는 해당 지역에 대한 상세한 정보를 축적할 수 있었다. 이는 1년 또는 2년의 임기를 마치면 교체되는 감사·병사에게는 기대할 수 없는 것이었다. 결국 도체찰사제는 관찰사제와는 별도로 운영되면서도 관찰사제의 한계를 보완하는 한편, 지방의 실제 통치 현장을 중앙과 유기적으로 연결할 수 있는 체제였다.[614]

그리고 도체찰사제의 운영을 통해 조선의 중앙집권체제가 강화될 수 있었다. 도체찰사제는 국가적 차원에서 이루어져야 할 중대사를 처리하기 위해 중앙의 재상급 관료가 지방에 파견되어 해당 사안의 실제 현장을 직접 방문해 사안을 처결하는 제도였다. 도체찰사는 자신의 체찰 결과를 왕에게 보고했고, 왕은 그것을 판단 근거로 삼았

---

612 성종 10년에 중국의 건주위 정벌에 따른 청병요구를 수용하는 차원에서 서정군의 지휘체계를 조직했다. 이때 윤필상과 어유소가 도체찰사로 임명되었다. 윤필상은 출정이후의 평안도 지역을 예방하는 차원에서 파견되어 관찰사와 절도사를 지휘했고, 어유소는 특히 도원수로 임명되어 실지 출정임무를 맡아 관할 위장 이하에 대해 절도했다.

613 김순남, 앞의 책, 2007, 191쪽.

614 김순남, 앞의 책, 2007, 195~199쪽.

다. 결국 왕은 실질적인 현장 답사를 통한 결과에 기초해 국가의 중대사를 추진하는 셈이었다. 이와 같은 도체찰사제를 운영하는 것은 통상적인 국가 정책의 구현 방법은 아니었다.[615] 그렇다 하더라도 축성이나 정벌처럼 국가의 안위에 관한 중대사에는 왕명을 체현體現한 도체찰사가 주도적으로 나설 수밖에 없었던 것이다. 따라서 조선전기 도체찰사는 대체로 왕의 두터운 신임을 받은 인물들이 파견되었다.[616] 각 시기마다 도체찰사의 활동 양상은 조금씩 달랐을지 모르지만 그들이 국왕과의 특별한 신임을 얻은 인물이었음은 공통적인 사실이었다.[617] 결국 도체찰사의 운영을 통해 조선의 중앙집권적 통치체제는 훨씬 더 확고하고 더 강력한 방향으로 운영될 수 있었다.[618]

3) 도체찰사제의 변화

도체찰사제는 재상급 관료를 지방으로 파견해 군국중사를 처결케 하던 독특한 제도로서 세종대에 형성되어 성종대까지 이어졌다. 그런데 성종대에 이르러 이 제도상의 변화가 나타났다. 그것은 도체찰사의 국방 군사 활동과 관련해 도체찰사와 도원수의 임무가 분리되는 것이었다.

종래 도체찰사는 외적을 격퇴하기 위해 군사를 동원할 때 그 총사령관으로서의 임무가 부여되었다. 1419년(세종 1) 쓰시마를 정벌할 때 도체찰사 이종무가 그러했고, 세조대 야인 정벌 당시 신숙주가 그러했다. 그런데 1479년(성종 10) 건주 야인을 정벌하는 과정에서 기존의 도체찰사의 임무는 실제로 전투현장에 나아가는 임무와 후방의 조치를 총책임하는 임무로 구분되었다. 그리하여 전자는 도원수로 후자는 도체찰사로 불렸다. 1478년(성종 9)에 명에서 건주위 야인을 정벌하기 위한 병력을 조선

---

615 조선 초기 통상적인 국정 운영은 중앙에서 정책을 결정하고 지방에서 관찰사–수령을 통해 정책을 집행하는 것이었다.

616 이는 세종대의 황희·황보인, 세조대의 한명회·신숙주 등이 파견되었던 사실로도 알 수 있다.

617 황보인의 경우, 세종은 지친도 들이지 않던 내전까지 그를 들여 축성사를 논의했고, 한명회의 경우 세조는 그를 전적으로 신임해 양계의 일을 모두 그에게 전임했고, 그가 주청한 일은 대부분 가납해주었다.

618 김순남, 앞의 책, 2007, 211~212쪽.

에 요청했다. 이를 받아들인 성종은 정벌군을 주도할 장수로 의정부 우참찬 어유소를 선임했다.[619] 이듬해 10월에 정벌군의 출정이 구체적으로 추진되면서 성종은 윤필상을 평안도 도체찰사로 삼아, 그에게 어유소를 대장으로 한 평안도의 출정이 있을 것임을 알리고 불시의 변고에 대비해 도체찰사로 파견한다는 뜻을 교지했다. 그리고 도체찰사 윤필상에게 관찰사와 절도사에 대한 지휘권을 위임했다.[620] 또한 서정 대장四征大將으로 임명된 3도 도체찰사 어유소에게는 3도의 군사 1만 명을 차출해 출정하고, 관할 위장 이하에 대한 처벌 권한을 위임했다.[621]

즉, 성종 10년의 서정군 지휘체계를 살피면, 같은 도체찰사라 하더라도 윤필상은 정벌군이 출전한 이후 그 배후에 있는 평안도를 위무하기 위해 파견되어 해당 지역의 관찰사와 절도사를 지휘하는 임무를 맡았다. 반면 어유소는 도원수로 임명되어 실지로 군대를 이끌고 출정하여 군사작전을 수행토록 함으로써 관할 위장 이하를 지휘(절도)할 수 있는 권한을 부여받았다. 양자의 군사적 기능이 분화된 것이다.

이것은 성종대에 나타난 새로운 양상이었다. 세조대에도 신숙주를 도체찰사로 삼아 북방 정벌을 한 경우가 있었으나 이때 도체찰사 신숙주는 관찰사와 절도사를 지휘하면서 관할 군사들에 대한 상벌권까지 행사할 수 있었다.[622] 그러나 성종대에 들어 도체찰사와 도원수가 분리되면서 지휘권을 행사할 대상이 구별되었고, 그 임무도 각각 분리되었다.

이러한 양상은 이후 1491년(성종 22)에 우디캐를 정벌하는 북정이 단행되었을 때도 그대로 적용되었다. 당시 야인 정벌을 결정하면서, 도원수에는 허종을 선임하고, 그의 배후에는 우의정 노사신을 영안도 도체찰사로 삼아 성원하도록 했던 것이다.[623] 이처럼 성종 10년 이후 도체찰사의 군사적 기능의 분화가 나타났다. 도체찰사의 지휘와 정벌의 기능이 분리되었던 것이다. 이 경우 대체로 후방의 지휘 임무는 도체찰사가, 정벌은 도원수가 담당했다. 이때 군사업무 후원을 위해 파견된 도체찰사는 주로

---

619 『성종실록』권96, 성종 9년 9월 임술.
620 『성종실록』권110, 성종 10년 윤10월 신유.
621 『성종실록』권110, 성종 10년 윤10월 신유.
622 『세조실록』권19, 세조 6년 3월 기해.
623 『성종실록』권256, 성종 22년 8월 계해.

연미정(인천 강화)
고려시대 누정으로 삼포왜란 당시 전라좌도 방어사로 왜구를 물리친 황형에게 하사하였다.

의정議政이 임명되었다. 그리고 의정의 도체찰사가 관찰사와 절도사를 지휘하면서 도
원수를 후원했다.[624]

　이러한 변화는 1510년(중종 5)의 삼포왜란三浦倭亂 때에 다시 약간의 변화가 있었
다. 당시 제포薺浦의 왜인이 무력도발을 함으로써 이른바 삼포왜란이 발생했는데, 중
종은 이들을 진압하기 위해 경상좌우도의 방어사를 임명하고 따로 도순찰사를 선임
해 해당 지역으로 파견했다. 이때에 도순찰사는 군령을 정제整齊하도록 했다.[625] 임
시관서로서 비변사도 이때에 처음 설치되었다. 왜란을 기회로 북방에 야인이 소요할
까 염려하여 관질이 높은 문신을 비변사 종사관으로 임명해 함경도에 파견했던 것이
다.[626] 그리고 원만한 일의 처리를 위해 우의정을 도체찰사로 임명했다. 그런데 이때의
도체찰사는 해당 지역으로 파견된 것이 아니라 경중京中에 남아 일을 조치했다.[627]

---

624 김순남, 앞의 논문, 고려대학교 박사학위논문, 2003, 110~111쪽.
625 『중종실록』 권11, 중종 5년 4월 갑오.
626 『중종실록』 권11, 중종 5년 4월 계사.
627 『중종실록』 권11, 중종 5년 4월 무술.

도체찰사제의 이러한 변화는 이 제도의 법제화에 영향을 미쳤던 것으로 생각된다. 도체찰사가 세종대 이후의 국정 운영 과정에 현실적으로 상당한 비중을 차지하게 되자 그것은 제도로서 정비되지 않을 수 없었다. 그러나 1485년(성종 16)에 반포된『경국대전』에는 도체찰사의 존재가 드러나지 않는다. 실지로 도체찰사가 빈번하게 파견되어 활발하게 활동했지만, 그 활동이 법적인 규정에 따라 이루어진 것은 아니었다. 그러나 세종 10년을 계기로 도체찰사 파견이 정례화될 정도로 적극적인 활동 양상을 보이면서 제도의 기틀이 마련되었고, 세조대에는 당시의 정치적 상황과 맞물려, 국가적 차원에서 지방 현장에 추진되어야 할 중대사를 주도하는 존재로 도체찰사가 관찰사보다 더 부각되었다. 이런 현실에서도 체찰사에 대한 규정이 마련되지 않을 수 없었다. 이에 1488년(성종 19) 이조吏曹에 의해 도체찰사를 포함한 봉명출사재상에 대한 규정이 처음으로 제기되었다.

> 이조에서 아뢰기를, "조종조에서는 명을 받들고 사신으로 나가는 재상은 정1품이면 도체찰사라 부르고 종1품이면 체찰사라 부르고 정2품이면 도순찰사都巡察使라 부르고 종2품이면 순찰사라 불러. 그 직질職秩의 높낮이에 따라 달리 불렀습니다. 세조조世祖朝에 이르러 체찰사라는 칭호를 없애고서 직질을 논하지 않고 다 순찰사라 불렀으나, 이름이 차등이 없으므로 일의 체모에 적당하지 못합니다. 조종조의 전례에 따르소서" 하니, 그대로 따랐다.[628]

　　그 후 성종 22년에 제정된『대전속록』에 이 사실이 명문화되었다.『대전속록』에서는 1491년(성종 19)의 조치를 그대로 수록하면서 아울러 3품에 관한 규정을 더했을 뿐이었다.

> 왕명을 받들어 나가는 재상을 정1품은 도체찰사, 종1품은 체찰사, 정2품은 도순찰사, 종2품은 순찰사, 3품은 찰리사라고 각 품에 따라 호칭한다.[629]

---

628 『성종실록』 권220, 성종 19년 9월 을축.
629 『대전속록』 권1, 이전, 관직.

이러한 도체찰사제는 조선후기에 이르러 순찰사는 관찰사가 겸하는 것으로 정리되고, 『속대전』에는 군무봉행자로서만 규정되기에 이르렀다.[630] 조선전기 도체찰사제의 역사적 변화 과정이 법전의 등재 내용에도 반영되었던 것이다.

3. 비변사 체제의 성립

1) 대외관계의 변동과 설치 배경

비변사備邊司는 조선 중종대에 변방의 일을 대비하기 위해 설치된 임시 기관이었다.[631] 이때에 비변사가 설치되었던 것은 당시 일본과의 관계에 변동이 초래되었기 때문이다. 건국초 이래 조선은 일본과 교린관계를 맺었다. 태종대 이래 3포를 열어주고 쓰시마 세견선을 공인하면서 시작된 관계는 성종대에 이르기까지 계속되었고 그 기간 동안 그들의 침구는 거의 없었다. 그러다가 1475년(성종 9)에 왜인들이 내예진에 침입한 이후부터 소규모였지만 다시 기승을 부리기 시작했다.[632] 이후 1497년(연산군 3) 3월에 왜선 4척이 녹도 돌산포를 내습했고,[633] 1499년(연산군 5) 3월에는 여도呂島를,[634] 1500년(연산군 6) 2월에는 마도馬島 등지를 습격했다.[635]

한편, 조선으로 들어오는 일본인의 수는 계속 증가했다. 1443년(세종 25) 이래 계속되는 통교로 삼포에 왕래하던 일본인은 종종 조선인과 마찰을 일으켰다. 그러던 차에 1510년(중종 5)에 삼포 거주 왜인들에 의한 대규모의 폭동이 발생했다. 이해 4월 4일(양 5월 11일)에 쓰시마의 소오 요시모리[宗義盛]는 조선에서 그 사절을 대함이 전

---

630 『속대전』 권1, 이전, 경관직.
631 비변사에 대해서는 다음의 연구를 참조할 수 있다.
    이재철 『조선후기 비변사 연구』 집문당, 2001.
    반윤홍 『조선시대 비변사 연구』 경인문화사, 2003.
632 『성종실록』 권90, 성종 9년 3월 계해.
633 『연산군일기』 권22, 연산군 3년 3월 경오.
634 『연산군일기』 권32, 연산군 5년 3월 갑자.
635 『연산군일기』 권36, 연산군6년 2월 임자.

례와 같지 않고, 삼포의 조선 진장이 자신들을 거칠게 다룬다며 아들 소오 모리히로 [宗盛弘]로 하여금 병사 3백 명을 거느리고 바다를 건너오게 했다. 이들은 삼포의 거류민과 합세해 삼포의 조선 관원을 살해하고 주변을 침공했다.[636] 먼저 부산을 공격해 첨사僉使 이우증을 살해했다.[637] 그리고 제포를 공격해 성을 함락하고 첨사 김세균을 납치했다.[638] 이들은 길을 나누어 웅천과 동래를 포위했다. 그 다음 날 웅천성도 함락했다.[639] 이것이 이른바 1510년의 삼포왜란이었다. 쓰시마 왜인과 삼포 거주 왜인이 합세해 삼포를 함락하고 진장을 살해했다는 소식이 전해지자, 조정에서는 회의를 거쳐 대대적으로 군사를 동원할 것을 결정했다. 중종은 경상좌우도의 방어사를 임명하고 따로 도순찰사를 선임해, 해당 지역으로 파견하여 군령을 정제하도록 했다.[640] 이러한 응급조치가 취해진 뒤 1달쯤 지나서야 현지의 병력으로 왜인들은 평정될 수 있었다.

　조선전기에 비변사의 명칭이 드러났던 것은 이때가 처음이었다. 삼포왜란을 틈타 북방 야인이 소요할 것을 염려하여 관질이 높은 문신을 비변사 종사관으로 함경도에 파견하면서 '비변사'가 대두된 것이었다.[641] 등장 초기의 비변사는 성종대 이후 재상급 봉명사신의 활동과 관련하여 임시관서가 중앙에 별도로 설치되었던 새로운 양상의 일환으로 나타났다.[642] 비변사가 등장하는 중종 5년은 성종대 이래로의 임시관서가 보다 적극적으로 설치되었던 시기였다. 이미 1500년(연산군 6)에 비융사備戎司

---

636 『중종실록』 권11, 중종 5년 4월 을미.
637 『중종실록』 권11, 중종 5년 4월 갑진.
638 『중종실록』 권13, 중종 6년 4월 기해.
639 『중종실록』 권11, 중종 5년 4월 병신.
640 『중종실록』 권11, 중종 5년 4월 갑오.
641 『중종실록』 권11, 중종 5년 4월 계사.
642 비변사의 설치시기에 대해서는 각 연구자들에 따라 여러 설이 있다. 세종대 왜구 및 야인 대책에 변사암려자 즉 지변사자를 변사 주획에 참여시킨 선례가 비변사 대두의 모태가 되었다는 세종 15년설[이현종], 비변사의 존재가 처음 나타나는 것을 증거로 한 중종 5년설[중길만차·이재호·반윤홍 등)], 제조와 낭청의 비변사 조직이 등장하는 것을 증거로 한 중종 12년설[신석호], 또 남북 변사에 대처하기 위한 비변사의 설치 기사가 나타나는 명종 10년설(麻生武龜)이 그것이다. 이처럼 그 설치 연대와 관련한 논란이 분분하지만, 성종대 이후 특정 사안을 전담하는 여러 임시관서가 치폐를 거듭하는 상황을 감안할 때, 비변사는 중종 5년 변사에 대비하기 위해 처음 설치되었다고 생각된다. 그러나 비변사가 신설된 임시관서로써 제조와 낭청의 조직을 갖추고 본격적인 활동을 전개한 것은 중종 12년 축성사에서 개칭된 이후부터인 것이다.

가 설치되어 무기 제작을 전담한 바 있거니와 1504년에는 입거청人居廳이 설치되는 등[643] 성종대를 이어 임시관서들이 중앙에 계속 별도로 설치되고 있는 형편이었다. 이러한 선상에서 중종 5년에 왜인의 무력 도발을 계기로 비변사와 방어청이 임시로 설치되었다.[644]

황형 묘(인천 강화)
삼포왜란 당시 큰 공을 세웠다.

그런데 이때에 특히, 비변사가 설치될 수 있었던 것은 앞서 성종대에 「지변사재상」이 대두되었던 사정과 관련이 있었다. 「지변사재상」은 성종대보다 앞선 세종대의 지변사자知邊事者로 소급된다. 세종은 왜구와 야인 대책을 의논할 때 변사암련자邊事諳錬者 즉 변방의 일에 정통한 자도 논의에 참여해 결정하도록 했다. 이때에 변방의 일을 잘 아는 지변사자를 변방의 일을 의논하는 자리에 참여시킨 선례가 성종대 「지변사재상」의 모태가 된 것이다. 「지변사재상」은 그 후 북방 야인 문제가 대두되면서 성종 10년에 건주위 정벌을 둘러싼 논의가 분분하게 되자 그 과정에서 대두되었다. 변방의 일을 의논하는 자리에 참여하는 인원은 세종대보다 확대되었다. 전현직 의정과 병조 당상 이외에 변방의 직임을 역임한 재상급 관료들도 여기에 포함되었다. 결국 성종대 「지변사재상」이 출현했던 것이 중종대 비변사 등장의 한 배경으로 작용했다고 할 수 있다.[645]

비변사 설치의 또 다른 배경으로는 성종대에 이르러 군정, 군령 체계에 모순이 드러났다는 점을 거론할 수 있다. 조선의 군정, 군령체계는 『경국대전』에 따르면, 병조가 군정을 담당하고 오위도총부가 군령을 담당하는 것으로 이원화되어 있었다. 다만 오위도총부의 군령 업무는 중앙군에 국한되었다. 반면 지방군을 지휘한 것은 해당 도의 관찰사와 절도사였다. 지방군의 용병用兵에 관한 군령은 왕이 병조와 의정부의 합의를 거쳐 절도사에게 하달했다. 이것이 규정된 지휘체계였다. 그런데 성종대 중

643 『연산군일기』 권56, 연산군 10년 11월 정유.
644 『중종실록』 권11, 중종 5년 4월 무술.
645 정하명, 「군령 군정체계의 변화」 『한국군제사』 근세선 전기편, 육군본부, 1969. 331~340쪽.

반 이후부터 크고 작은 소요가 변방에서 일어났다. 당연히 군사를 동원해야 할 경우가 많아졌다. 그런데 종래의 왕-의정부의 삼공과 병조의 당상관-제도의 절제사로 이어지는 군령 전달 절차보다는, 특히 변방의 사정과 전략에 정통한 대신급이 참여해 논의하는 것이 효과적이었다. 그러한 과정에서 변사암련자의 역할은 증대되었다. 그리하여 반드시 군령에 국한되지 않고 그 지방의 사정에 정통하거나 군사 국방 문제에 경험이 많은 재상급이 의정부 대신과 병조 당상과 함께 하는 협의 과정에 참여하게 되었다. 이러한 상황은『경국대전』에 확립된 군령과 군정 체계와는 차이가 있는 것이었다. 성종대 이후 규정된 군령, 군정체제는 실제적인 필요에 의해 변통變通이 이루어졌고 이 변통은 결국 비변사라는 새로운 합의 기관의 설치로 이어졌다고 말할 수 있다.[646]

또한 16세기 초부터 붕괴되기 시작한 진관체제의 상황도 국방 대책기관으로서의 비변사가 설치되는 배경의 하나가 되었다. 조선 성종대부터 진관체제에 균열이 오면서 북방의 요새지는 그 보완책으로서의 제승방략 체제로 전환되었다. 제승방략 체제에서는 변란이 발생한 지역에 군사들을 집중했다. 그리고 인접지역에서 변란이 발생한 지역으로 모인 군사들을 지휘하기 위해 중앙에서는 도체찰사, 도원수, 순변사 등의 지변 재상을 경장京將으로 파견했다. 이들을 중심으로 전란을 수습하도록 하는 비상체제가 가동되었다. 결국 진관체제에서 제승방략으로의 방어체제의 전환이 비변사 등장의 또 다른 배경이 되었던 것이다.[647]

2) 의정부 서사제의 부활과 비변사의 설치

1516년(중종 11) 6월 의정부서사제議政府署事制가 부활되었다.[648] 세조가 즉위하면서 육조직계제로 권력구조를 개편했었는데, 이때에 다시 의정부에서 서사하는 것으로

---

646 정하명, 앞의 논문, 1969, 332쪽.
647 車文燮,「朝鮮中期 倭亂期의 軍令·軍事指揮權 研究 ; 都體察使·都元帥를 중심으로」『韓國史學』 5, 1983.
648 『중종실록』권25, 중종 11년 6월 신해.

430 한국군사사 -조선전기 II

바뀌었던 것이다. 의정부서사제의 부활을 전후한 시기의 중종대는 북방 야인의 소란으로 매우 분주한 형편이었다. 1515년(중종 10) 육진 야인 망합亡哈이 상경해서 자신의 아들을 당상관으로 승진시켜 줄 것을 요청했다가 거부당하자 통사를 구타하는 난동을 부렸다.[649] 이에 조정에서는 「지변사재상」을 중심으로 그에 대한 처리여부를 논의했으나 어떠한 명확한 결론도 내지 못한 채[650] 일단 망합 부자를 진도로 유배하는 것으로 결정했다.[651] 당시에는 변방의 일에 정통한 자가 적었다.[652] 연산군대에 변방 일에 정통했던 성준과 이극균, 이계동 등이 있었으나[653] 이들은 모두 1504년(연산군 10)의 갑사사화 때 목숨을 잃었다.[654] 따라서 중종대 초반에는 의정議政으로서 변방의 일을 주도할 인물이 없었다. 그러므로 「지변사재상」의 활약이 요구되었다.[655] 이러한 여건 속에서 의정부서사제가 부활되었다.

의정부서사제로 권력 구조가 개편된 이해에 북방의 상황은 더욱 악화되어 갔다. 망합 부자가 진도에 유배되었던 것을 기회로 그 동생인 주장합住張哈이 성 아래의 자신들의 물건을 모두 깊은 곳에 옮기고 진장의 부름에도 응하지 않는 등 심상치 않은 동태를 보였다.[656] 또한 건주위 야인 1천여 명이 탕참 지방에 와서 둔치고 있다는 소식이 들려왔다.[657] 실지로 이들은 8월에 요동으로 쳐들어갔다.[658] 게다가 남방의 상황도 여의치않았다. 1516년(중종 11) 7월에 전라도에 왜선이 연속 출몰한다는 소식이 전해졌다.[659] 이러한 상황은 이듬해에도 개선되지 않았다. 1517년(중종 12) 2월에는 야인 1천여 명이 방상진의 국경을 넘어 둔치고 있다는 소식이 들려왔다.[660] 4월에는 의주

---

649 『중종실록』 권21, 10년 정월 기묘.
650 『중종실록』 권21, 10년 2월 임진.
651 『중종실록』 권21, 10년 2월 갑오.
652 『중종실록』 권22, 10년 5월 무술.
653 김순남, 「조선 연산군대 여진의 동향과 대책」 『한국사연구』 144, 144~149쪽.
654 『연산군일기』 권57, 연산군 11년 3월 기유.
655 『중종실록』 권22, 중종 10년 7월 임진.
656 『중종실록』 권24, 중종 11년 4월 무진.
657 『중종실록』 권25, 중종 11년 5월 정미.
658 『중종실록』 권26, 중종 11년 9월 무인.
659 『중종실록』 권25, 중종 11년 7월 임자.
660 『중종실록』 권27, 중종 12년 2월 기사.

건너편 요동 팔참에 야인들이 둔치고 살고 있다는 소식이 들려와 그 실정을 정탐하기도 했다.[661] 이에 영의정 정광필의 주장에 따라 축성사築城司가 설치되었다. 이때에 설치된 축성사는 이미 성종대 후반에 축성의 일을 전담하기 위해 중앙에 별도로 설치되었던 임시관서였다.[662]

그러나 당시에 축성사가 설치되었던 것은 목적 그대로 축성하기 위함이 아니었다. 당시 영의정은 북방 민심의 동요를 우려해 편의상 축성사를 설치한 것이었다. 정광필은 군사에 정통한 대신을 1~2명 선발해 서북 방비의 일을 전담하도록 하자면서 이를 위해서는 도체찰사와 순찰사를 차출해야 할 테지만, 민심이 동요될까 우려해 표면상 축성사를 설치하고 실상은 변방의 일에 대처하게 하자고 했다. 이에 도체찰사와 순찰사 각 2명씩을 두기로 했다.[663] 그리하여 영의정 정광필과 우의정 신용개를 도체찰사로 하고 「지변사재상」인 안윤덕과 유담년을 순찰사로 하며, 종사관까지 정했다.[664]

그러자 사헌부는 축성 체찰사에 의한 축성 활동이 이루어지지 않는 상황에서 축성사를 설치하고 의정을 축성도체찰사라고 명칭하는 것은 부당하다며, 축성도체찰사·순찰사의 명칭과 축성사를 폐지해야 한다고 했다.[665] 이 의견은 받아들여졌다. 중종은 이에 축성사와 도체찰사의 명칭을 없애고 단지 순찰사 2인을 선임해 변방의 일을 주관하도록 하고, 순찰사는 그 일을 항상 삼의정과 의논해 조치하도록 했다.[666] 이에 따라 순찰사가 주관하는 북방의 일을 감독하고 명령하기 위한 삼공三公의 기관 설치가 모색되었다. 그리하여 폐지한 축성사를 대신할 기관의 명칭을 순찰사 안윤덕安潤德과 유담년柳聃年 등이 정하자고 했다. 삼공의 의논 결과, 그 기관의 명칭은 비변사라 하고 삼공 가운데 1인 혹은 전원이 감령監領하여 함께 논의하고 조치하도록 했다.[667] 축성사의 비변사로의 개칭이 이루어졌던 것이다.[668]

661 『중종실록』 권27, 중종 12년 4월 경오.
662 김순남, 앞의 논문, 2003, 161~164쪽.
663 『중종실록』 권27, 중종 12년 4월 신미.
664 『중종실록』 권27, 중종 12년 5월 병자.
665 『중종실록』 권28, 중종 12년 5월 경자.
666 『중종실록』 권28, 중종 12년 5월 임인.
667 『중종실록』 권28, 중종 12년 6월 경술.
668 『중종실록』 권28, 중종 12년 6월 경술.

중종 12년에 세워진 비변사는 앞서 중종 5년에 이미 설치된 적이 있었던 임시관서였다.[669] 이 때의 비변사도 비융사나 입거청과 같은 여타의 임시관서처럼 상설 기관이 되지 못하고 상황에 따라 치폐를 거듭했다.[670] 그리하여 중종 5년 설치되었다가 폐지된 후, 중종 12년에 축성사를 대체하는 과정에서 다시 대두된 것이었다. 이때에 설치된 비변사의 도제조都提調에는 삼공이 임용되었다. 제조에는 순찰사가 임용되었다. 비변사의 낭관은 순찰사의 종사관으로 했다. 이와 같은 관서의 골격이 이때에 갖추어진 것이다.[671]

축성사는 비변사로 개칭된 중종 12년 이후 다시 설치되지 않았다. 반면 축성사의 후신인 비변사는 이후 그 치폐에 대한 논란을 거듭했지만 조선-일본 전쟁(임진왜란)을 겪으면서 단순히 '비변사備邊事'를 전담하는 임시관서가 아니라 조선초기의 의정부를 대신한 최고 관부로 발전하게 되었다.

---

669 『중종실록』 권12, 중종 5년 8월 경인.
670 연산군 6년 설치된 비융사는 동왕 10년 혁파되었고(『연산군일기』 권55, 연산군 10년 9월 무자), 연산군 8년 설치된 입거청은 중종 6년 혁파되었다가(『중종실록』 권14, 중종 6년 9월 임자), 동왕 10년 복설되었고(『중종실록』 권21, 중종 10년 2월 임진), 중종 11년 다시 혁파되었다가(『중종실록』 권25, 중종 11년 5월 정유), 중종대 후반 재차 복설되었다. 중종 6년 설치되었던 진휼청 동왕 8년까지 존속하였다가(『중종실록』 권18, 중종 8년 6월 계묘), 혁파되어 동왕 11년 복설되었고(『중종실록』 권26, 중종 11년 10월 기미), 이후 그 치폐를 둘러싼 논의가 분분하였다. 성종대 이후 설치된 임시관서들의 치폐경위를 표로 나타내면 다음과 같다.

임시관서	초치(初置)	폐지(廢止)	복설(復設)	폐지(廢止)	재복설(再復設)	『속대전』등재여부
제언사(堤堰司)	성종 3년		성종6년		성종16년	
군적청(軍籍廳)	성종 6년		성종18년			
축성사(築城司)	성종 16년		연산군10년			
비융사(備戎司)	연산군 6년	연산군10년				
입거청(入居廳)	연산군 8년	중종6년	중종8년	중종11년		
비변사(備邊司)	중종 5년				중종12년	○
방어청(防禦廳)	중종 5년					
진휼청(賑恤廳)	중종 6년		중종11년		중종 후반	○ (宣惠廳)
전운청(轉運廳)	중종 8년					

※ 출처 : 『朝鮮王朝實錄』의 기록을 근거로 작성.

671 『중종실록』 권28, 중종 12년 6월 계축.

3) 비변사의 상설기구화

중종대 임시관서로 설치된 비변사는 이후 그 기능이 강화되었고, 명종대 들어 청사를 마련하면서 거의 상설기구화 되었다. 먼저 중종 12년 설치된 비변사는 그 후 폐지되었다가 1520년(중종 15)에 복설되었다. 이때에 복설된 이유도 북방의 야인문제가 다시 불거졌기 때문이었다. 당시에 온화위 야인 김주성합은 무리를 이끌고 여연 무창 등 폐사군 지역에 들어와 영구히 거주할 계획을 하고 있었다. 함경남도 병사가 퇴거를 명령했으나 김주성합은 도리어 거주를 허락하지 않으면 조선을 쳐들어오겠다고 큰 소리를 쳤다. 이에 그들을 무력으로 정벌하고자 했다.[672] 그러나 이후 야인 토벌을 보류하게 되면서 비변사의 존재 의의도 감소되었다.

비변사의 기능이 강화된 계기가 되었던 것은 1522년(중종 17) 6월에 왜구가 신달량 등 전라도 연안 도서를 침입한 일이었다.[673] 당시 조정에서는 왜구의 문제를 중대 사건으로 간주해 병조 당상에 무신을 교차하고 호조판서와 좌참찬을 순찰사로 삼고 정승 가운데 1인이 비변사를 겸하도록 했다. 이에 대해 삼공은 변방의 일을 알지 못한다는 이유로 끝내 회피했다. 그리하여 결국 영중추부사 정광필이 비변사를 겸임 했다.[674]

이후 비변사의 폐지를 둘러싼 논란이 거듭되었다. 1526년(중종 21)에 대간에서는 비변사를 따로 설치하는 일이 '설관분직設官分職'의 본래의 뜻과 다를 뿐더러,

정광필 신도비(경기 군포)

---

672 『중종실록』 권39, 중종 15년 4월 병인.
673 『중종실록』 권45, 중종 17년 6월 병술.
674 『중종실록』 권45, 중종 17년 6월 갑오.

뒷날의 폐단이 있을 것이라 하여 그를 폐지해야 한다고 했다.[675] 또한 1528년(중종 23)에도 사헌부는 비변사의 폐지를 강력히 주장했다. 이때에는 대신이 나랏일을 알지 못하는 상태에서 비변사가 변방의 일을 독단한 것을 비판하고 이로 인해 국가의 명령이 어지럽게 되었고, 분주하게 되었다고 비난했다.[676] 그 후 변방의 소요가 어느 정도 진정되었던 데다 비변사를 중심으로 하는 비변대책의 결정에 대간들의 반발이 계속되자 1541년(중종 36)까지 비변사의 활동은 중지되었다.[677] 그러다가 이 때에 이르러 비변사는 다시 복설되었다. 당시 제포에 거주하는 왜인들이 반란했기 때문이었다. 이 때에는 의정부의 삼공이 모두 비변사를 겸했다.[678]

임시관서였던 비변사가 중종대 치폐를 거듭하다가 독립된 관서로 발전한 것은 1554년(명종 9)이었다. 이해 6월 18일(양 7월 17일) 전라우도 수군절도사 김빈金貧이 포왜계본捕倭啓本을 올려 횡간도橫看島에 정박하다 도망간 왜선 1척을 격파하고 왜인의 머리 15급을 참획했음과 왜인의 물건과 왜인의 서계를 올려 보낸다는 사실을 전했다. 그러자 중종은 이를 삼공과 비변사로 하여금 의논하게 했다.[679] 그러자 비변사에서 변방의 일이 긴급한데 궐내闕內에서 회의하면 번거롭고 불편하니 향후에는 비변사에 모여 회의하고 계문하겠다고 청했다. 명종은 이를 허락했다.[680] 그 이후 비변사당상은 빈청이 아니라 비변사에 모여 변방의 일을 의논했다. 드디어 비변사가 독립된 하나의 관서가 된 것이었다. 하지만 이때까지도 여전히 청사도 직제도 마련하지 못했다.[681]

비변사가 청사를 마련하고 정식 관서가 된 것은 그 1년 후인 1555년(명종 10) 5월이었다. 당시 왜선 70여 척은 달량 밖에 와서 정박했다가 이진포와 달량포에서 동쪽과 서쪽으로 나뉘어 육지로 상륙하여 성저城底의 민가를 불태워 버리고 성을 포위했다. 이때에 달량을 구하러 간 병사兵使 원적과 장흥부사 한온, 영암군수 이덕견 등은

675 『중종실록』권57, 중종 21년 6월 계축.
676 『중종실록』권60, 중종 23년 2월 계해.
677 정하명, 앞의 논문, 1969, 355쪽.
678 『중종실록』권97, 중종 36년 12월 기묘.
679 『중종실록』권16, 중종 9년 6월 정해.
680 『중종실록』권16, 중종 9년 6월 무자.
681 정하명, 1969, 2003, 356쪽.

적에게 포위되었다.[682] 이를 계기로 비변사의 역할이 증대되면서 창덕궁 돈화문 밖에 청사가 마련되었다.[683] 그러나 이때에 청사를 설치하고 상설관서가 되었다 하더라도 아직은 중앙과 지방의 군국의 모든 일을 총령한 것은 아니었다. 그 직무는 변방의 일에 국한되었고, 권한도 비록 1품 아문이었지만 의정부에 비할 바는 되지 못한 형편이었다.[684]

4. 비변사의 운영

1) 설치 초기의 운영 방식

비변사는 중종 5년에 처음 설치되었다.[685] 비변사가 창설된 중종대는 남북방에서 외적의 침입이 빈번했던 시기였다. 이러한 시대적 상황에서 비변사가 설치되고 조직이 활성화될 수 있었다. 초창기의 비변사는 대신의 감령監領 아래 「지변사재상」 중심의 협의체로 구성되었다. 비변사의 조직은 임시로 설치된 다른 관서처럼 도제조와 제조, 낭청으로 구성되었다.[686] 이때 도제조는 의정 대신이 겸했고, 낭관(낭청)은 종사관이었다. 비변사의 업무에 주력한 것은 제조였다. 비변사는 제조 중심의 주획체籌劃體였다.[687]

비변사는 처음 설치된 이후부터 삼사를 중심으로 치폐의 논란이 계속되었다. 그 이유는 설관분직에 어긋난다는 체통體統상의 문제와 권력이 비변사로 집중된다는 운

---

682 『명종실록』 권18, 명종 10년 5월 기유.
683 重吉萬次, 앞의 논문, 1936.
684 『명종실록』 권20, 명종 11년 4월 신묘.
685 비변사가 처음 설치된 시기에 대해서는 연구자의 주장이 통일되어 있지 않다. 다만 비변사의 역할 및 기능에 따라 그 시기를 나누어 이해하고 있다. 비변사의 제1기는 중종 5년~선조 24년까지의 변사주획기, 제2기는 군국기무총령기로 선조 25년~숙종 24년까지, 제3기는 외교재정 장악기로 숙종 25년~정종 24년까지, 그리고 제4기는 순조 1년~고종 2년까지의 내정전횡기로 시기구분하고 있다(반윤홍, 「비변사의 치폐와 시기별 특징」 『조선시대 비변사 연구』, 2003, 경인문화사).
686 『만기요람』 군정편 1, 비변사, 직제.
687 반윤홍, 앞의 책, 2003, 35쪽.

영상의 문제였다. 때문에 비변사는 치폐를 거듭했다. 창설 초창기인 중종대에도 그 5~12년에 비변사가 창설 조직되었다가, 그 후에 일시 폐지되었다. 이후 비변사는 1520년(중종 15)에 복설되었다. 이때는 변방의 일뿐만 아니라 경중京中의 군무까지도 비변사가 병조와 함께 의논하도록 했다.[688]

신기전과 화차(서울대박물관)

비변사의 역할이 본격화되었던 것은 1522년(중종 17)에 들어서였다. 이해 5월 적왜賊倭들이 추자도楸子島에서 조선인 30여 인을 살상했고,[689] 6월에는 왜선 12척이 깃발을 세우고 징과 북을 치면서 신달량新達梁에 침범해 조선 군사들이 대응한 일이 있었으며[690] 또 10척~15척씩 무리를 지은 왜선이 초도草島·보길도甫吉島·추자도 등지에 출입해서 조선군사는 신기전神機箭과 총통銃筒을 쏘면서 그들과 접전하기도 했다.[691]

그러자 조정에서는 이에 대한 대책을 수립하기 위해 비변사와 병조의 당상들을 불러 변방의 일을 담당할 중신을 뽑는 일에 관해 의논했다.[692] 이때에 순변사를 파견하기로 했다.[693] 그런데 순변사가 파견되고 영의정을 도원수라 부를 경우 외침을 우려해 각도 및 변방 백성들이 소란해질 것이 우려되었다. 이에 비변사에서는 순변사를 비변사 제조로 고치자고 했다.[694] 이 말은 수용되어 이후 비변사에서는 제조를 중심으로

688 『중종실록』 권39, 중종 15년 5월 기해.
689 『중종실록』 권44, 중종 17년 5월 신미.
690 『중종실록』 권45, 중종 17년 6월 병술.
691 『중종실록』 권45, 중종 17년 6월 기축.
692 『중종실록』 권45, 중종 17년 6월 갑오.
693 『중종실록』 권45, 중종 17년 6월 갑오.
694 『중종실록』 권45, 중종 17년 6월 병신.

왜적에 대한 대책을 논의하고 계문을 올렸다.[695] 또한 중종도 비변사에게 왜적을 수색하여 토벌하라는 전교를 내렸다.[696]

상황이 여기에 이르자 병조가 외적의 대처 업무에서 소외되었다. 그러자 홍문관에서는 관직을 나누어 설치한다는 본래의 뜻에 어긋난다며 비변사의 폐지를 주장했다.[697] 중종은 이를 거부했다. 중종은 비변사 제조가 조정의 반의 차지하고 있는 상황에서 이를 폐지하면 도리어 소란이 심해질 것이라 했다.[698] 의정부의 삼공도 중종의 뜻에 동조했다.[699] 이후 왜적을 수색하여 토벌하는 일이 마무리되면서 비변사의 폐지가 다시 거론되었다. 그래서 증원된 당상의 인원을 줄이고[700] 처음에 비변사를 설치했던 취지를 살려, 복설될 때 참예하지 않았던 삼공으로 하여금 비변사를 겸임케 하라는 계에 따라[701] 큰 일이 있을 때에는 삼공으로 하여금 비변사를 겸임케 하도록 했다.[702]

이후에도 비변사의 폐지에 대해서는 1526년(중종 21)에 대간이 강력하게 주장했으나 이때에도 허락하지 않았다.[703] 그 2년 뒤인 1528(중종 23)에도 또 다시 헌부를 중심으로 폐지론이 대두되었다. 그해 4월에 사헌부 전원은 비변사의 폐지를 강청했으나 역시 중종은 허락하지 않고,[704] 5월에도 상황은 마찬가지였다.

중종대의 계속된 치폐 논란에도 비변사는 폐지되지 않은 채 명종대로 이어졌다. 명종 초반에도 변방의 긴급한 일들이 남북방에서 발생하면서 그 대책을 마련하기 위한 비변사의 활동이 이루어져야 했다. 1554년(명종 9)에 명종은 대신 및 병조·비변사에 전교하여 변방의 소란에 대비해 지변사재상을 많이 뽑아 변사邊事를 맡기려 한다는

---

695 『중종실록』 권45, 중종 17년 6월 정유,
696 『중종실록』 권45, 중종 17년 6월 정유.
697 『중종실록』 권45, 중종 17년 7월 신미.
698 『중종실록』 권45, 중종 17년 7월 임신.
699 『중종실록』 권45, 중종 17년 7월 계유.
700 『중종실록』 권45, 중종 17년 8월 신사.
701 『중종실록』 권45, 중종 17년 8월 신사.
702 『중종실록』 권45권, 중종 17년 8월 을유.
703 『중종실록』 권57, 중종 21년 6월 계축.
704 『중종실록』 권61, 중종 23년 4월 경술.

뜻을 전했다.[705] 이때에도 사간원에서는 비변사가 오히려 변경문제를 야기시킨다면서, 병무는 병조와 정부에 귀속시키고, 필요할 경우마다 지변사자를 불러서 함께 의논하면 될 뿐 비변사는 폐지하라고 했다.[706] 하지만 비변사는 오히려 그해 6월 독립된 관서로 발전했고,[707] 이듬해인 1555년에는 청사가 마련되었다.[708]

비변사의 청사가 마련된 이후에도 그 혁파 논의가 있었다.[709] 이는 비변사가 설치된 이후 의정부 기능이 약화되는 상황이 초래된 데 따른 것이었다.[710] 그러나 비변사는 이를 극복하고 결국 조선-일본 전쟁(임진왜란)을 계기로 국가 최고의 정치 기관으로 발전했다. 비변사의 설치는 조선-일본 전쟁 이전부터 행해 오던 재상급 관료들의 수의收議의 장이 공식적으로 마련되었음을 의미한다. 비변사 초창기에 치폐의 논의가 거듭 되었지만 이는 임시로 설치된 관서가 상설화되어 가는 과정에서 나타난 과도기적 갈등이었을 뿐, 역사적 대세는 비변사의 발전이었다.[711]

2) 기구 개편과 기능의 변화

중종, 명종대를 거쳐 임시기구에서 상설기구가 된 비변사는 1592년(선조 25)의 조선-일본 전쟁을 거치면서 그 기능이 더욱 확대되었다. 이 기간 동안 비변사는 효과적으로 전시에 대처했고, 또한 전쟁 후의 일들을 수습하는 데에도 큰 기여를 했다. 광해군대에 들어서도 후금에 대비하는 정책을 마련하는 데에 괄목할 만한 활동을 했다.[712]

이러한 과정 속에서 비변사의 조직이 확대되었다. 먼저 제조의 수가 증가했다. 조

---

705 『명종실록』 권16, 명종 9년 2월 병자.
706 『명종실록』 권16, 명종 9년 2월 기묘.
707 『중종실록』 권16, 중종 9년 6월 무자.
708 重吉萬次, 앞의 논문, 1936.
709 『명종실록』 권20, 명종 11년 1월 을해.
710 『연려실기술』에는 명종대 비변사가 설치되고 선조조에 이르러서는 군국의 중요한 일들을 비변사에 일임하면서 대신들이 의정부로 출근하지 않아 병부에서 일을 보는 제도가 폐해졌다고 되어 있다(『연려실기술』 별집6, 관직전고, 의정부).
711 반윤홍, 앞의 책, 2003, 47~48쪽.
712 이재호, 「조선비변사고」 『역사학보』 51, 52합집, 1971, 33~34쪽.

선-일본 전쟁 중에 비변사 부제조副提調 1인이 신설되었다. 제조의 수는 중종 17년 6월에 6~7명 선에서 1594년(선조 27)에 15명으로 증가했다. 이 수치는 조선-일본 전쟁 중에 제조의 수가 2배로 증가했음을 알려준다. 광해군대 들어 제조의 수는 더욱 증가했다. 1617년(광해군 9)의 비변사 당상의 총수는 22명인데, 이는 관직에 따라 당연직으로 겸직하는 예겸例兼에 해당하는 도제조, 병판兵判, 예판禮判, 호판戶判을 제외하다더라도 그 수가 총 18명에 달하는 것이다. 이 수치는 중종대에 비해 수적으로 거의 3배나 증가한 셈이다. 1624년(인조 2)에는 제조수가 총 24명으로 광해군대보다 더 증가했다. 그러다가 1638년(인조 16)에 16명, 인조 말년에는 14명으로 약간 감소했다. 이후 현종, 숙종 연간까지 비변사 제조의 수는 대체적으로 16~17명 선을 유지했다. 비변사제조의 수가 폭발적으로 증가한 것은 순조대 이후 세도정치가 본격화되면서였다. 순조 초, 중엽까지는 앞 시기의 수를 그대로 유지했으나, 순조 중엽부터 제조의 수가 30명 선을 넘기 시작했다. 헌종대에는 40명을 돌파했다. 이후 철종대 이르러서는 당상의 숫자만 54명에 이르렀다. 특히 철종 말기에는 제조 중 20명이 척신 세력인 안동 김씨였다.[713]

제조 중에서도 특히 예겸제조의 수가 증가되었다. 예겸제조의 증가는 비변사 기구의 확대에 큰 역할을 했다. 이러한 추세는 조선-일본 전쟁 이후부터 18세기 말엽 정조대까지 이어졌다. 조선-일본 전쟁 전에는 이, 호, 예, 병조의 4조 판서와 강화 유수가 비변사 제조를 예겸했다. 그러다가 조선-일본 전쟁 중에 신설된 훈련도감의 대장도 제조를 예겸했다. 그리고 1646년(인조 24)에는 종래 비변사의 구성원이 아니었던 대제학도 비변사제조를 겸하게 되었다. 이후 1675년(숙종 1)에는 형조판서가, 1691년(숙종 17)에는 개성유수가, 1699년(숙종 25)에는 어영대장 등이 비변사의 제조직을 겸하게 되었다. 이리하여 영조대에 이르러 수어사守禦使 및 총융사總戎使, 금위대장禁衛大將까지 모두 비변사제조를 겸하게 됨으로써 5군영 대장이 모두 비변사 구성원이 되었다. 또한 정조대에는 4도 유수 가운데 그때까지 제조를 예겸하지 않았던 수원과 광주의 유수가 1793년(정조 17)과 1795년(정조 19)에 모두 비변사의 직임을 겸하

---

713 반윤홍, 앞의 책, 2003, 32~37쪽.

게 되었다. 이때에 이르러 4도 유수, 5군영 대장이 전원 비변사의 구성원이 되었던 것이다. 그러면서 조선-일본 전쟁 이전에 5인이었던 예겸제조의 수가 정조대에 이르러 10명이 증원되면서, 도합 15명 선이 되었다.[714]

비변사 기구의 확대와 관련하여 특히 언급할 것은 비변사 유사당상有司堂上의 기능이 강화되었다는 것이다. 종래 3명이었던 유사당상은 인조반정 이후 1명이 증가되었다. 이후 인조 2년 이래 총 4명으로 운영되었다. 유사당상의 임무는 비변사의 사무를 상임으로 삼아 전적으로 관장하는 것이었다. 또한 유사당상은 정책을 의정하는 데 있어 중간 다리 역할을 했다. 따라서 예겸제조의 증원보다 더욱 중요한 의미를 띠었다.

조선-일본 전쟁을 거치면서 조직의 확대가 이루어졌던 비변사는 인조대를 거치면서 그 기구의 성격이 변화되었다. 당초 중종대 비변사는 변방에 대비하는 정책들을 논의하고 마련하기 위한 회의체로서 창설되었다. 그런데 인조반정이 일어난 이후부터 비변사는 정치적인 기구가 되었다. 인조대 비변사당상의 수가 확대되었는데, 그 당상들은 반정에 참여해 공신으로 책봉된 훈신들이었다. 이 사실은 변방의 일을 의논해 결정하던 기관으로서의 비변사 성격이 정치적으로 전환되었음을 의미한다. 그러면서 비변사를 구성하고 있는 세력이 정치의 핵심세력이 되었다.[715]

정치적 기구로 전환한 비변사는 이후 지방을 통제하는 기구로서의 성격도 띠게 되었다. 그것은 1713년(숙종 39)에 팔도구관당상제八道句管堂上制가 시행하면서였다. 팔도구관당상제는 현직의 비변사 당상 가운데 팔도구관당상 각 1명씩 8명을 임명하고, 다시 유사당상 4명으로 하여금 각기 2도씩을 겸하게 하는 제도

비변사 터(서울 종로) 창덕궁 앞에 있다.

714 『만기요람』 군정편 1, 비변사, 직제.
715 반윤홍, 앞의 책, 36쪽.

였다. 즉, 구관당상은 지방을 맡고 유사당상은 다시 구관당상을 장악함으로써 지방을 겹겹으로 통제할 수 있게 된 것이다. 이러한 팔도구관당상제의 운영을 통해 중앙에서는 지방의 군정 만이 아니라 행정까지 관할하여 통제할 수 있었다. 이를 통해 부정기적 감찰로서의 기왕의 암행어사 제도가 마련된 위에 정기적으로도 지방을 감찰할 수 있게 된 것이었다. 이것은 종래 국왕과 감사監司로 이어지는 단선적 지방 통제 시스템이 비변사의 구관 조정으로 입체화될 수 있었음을 의미한다. 8도구관당상제는 비변사에 의한 지방통제가 본격적이고 치밀하게 운영되어 그 정치적 기능이 중앙뿐 아니라 지방의 통치행정도 주관하게 되었음을 시사한다.[716]

3) 직제와 관원 구성

비변사는 여타의 임시관서와 같이 제조-낭청으로 조직되고 그 구성원도 위계와 임무에 따라 도제조-제조-낭청-이서吏胥로 구분되었다. 비변사의 조직은 관서가 임시로 설치된 중종 연간에 기틀이 잡히어 명종 10년 이전까지는 도제조 1인, 계차제조啓差提調 2~3인, 예겸제조 5인, 낭청 12원 등 도합 20명 내외로 구성되었다. 이러한 직제는 조선-일본 전쟁 이후에도 거의 변동이 없었다. 하지만 조선-일본 전쟁 및 인조반정, 숙종대의 구관당상 운영, 영조 말엽과 순조대 이후 척신 세도시대 등 정치적으로 변동된 상황과 관련해 낭청을 포함하여 66명에 이르는 방만한 조직이 나타나기도 했다.[717]

비변사의 직제와 관원 구성에 관해서는 『속대전』에 다음과 같이 규정되어 있다.

> 도제조는 시원임時原任 의정議政이 겸하며 제조는 정한 숫자가 없이 계차啓差하고 이호예병형조의 판서와 양국雨局(훈련도감, 어영청) 대장 및 양도雨都(개성, 강화)유수 그리고 대제학이 예겸한다. 제조 가운데 4인을 유사당상이라 칭하며(부제조가 있으면 예겸한다) 8원을 팔도구관당상으로 겸차한다.[718]

---

716 반윤홍, 앞의 책, 95~103쪽.
717 반윤홍, 앞의 책, 67~83쪽.

『대전회통大典會通』에는 『속대전』의 규정 이외에 낭청 등에 관한 사항이 보충되어 있다.

> 도제조는 정1품이요, 제조는 종2품 이상이며 부제조 1원은 정3품이다. 낭청은 12원員으로 종6품이요 문낭청文郞廳 4원 가운데 1원은 병조 무비사 낭관이 예겸하고 3원은 시종으로 계차하며 무낭청武郞廳 8원은 혹 참외參外로 겸하기도 한다. 참외로서 무낭청이 된 자는 사만仕滿 15삭朔에 6품으로 승진한다.[719]

비변사의 상층 조직을 구성한 제조는 품질과 임무에 따라 도제조와 제조 그리고 부제조로 구분되었다. 비변사는 정1품의 시원임 의정 대신이 도제조와 고위제조에 임명되었다. 그래서 비변사는 도제조 아문이었다. 나머지 여러 당상은 종1품 이하 문무 당상으로 제수했고, 이들이 비변사의 사무를 맡았다. 부제조 이상은 당상관이었다. 비변사 당상은 도제조, 제조 부제조를 총칭했다. 비변사 제조와 당상은 겸임이 기본이었다.[720] 비변사제조는 차출형식에 따라 겸차兼差, 계차啓差, 예겸, 분차分差 등으로 나뉘었다. 겸차는 비변사의 고유기능에 관계된 지변사관원이 겸임하는 것이었다. 계차는 제한 없이 관서에서 계하는 사계司啓로 차출되었다. 예겸은 지위에 따른 당연직 겸직자였다. 그리고 분차는 기존 구성원이 사무를 분담할 때에 나누어 맡는 보임補任 절차였다. 비변사 당상

비변사등록

---

718 『續大典』 吏典, 正1品 衙門, 備邊司.
719 『大典會通』 吏典, 正1品 衙門, 備邊司.
720 권설아문은 제조 제도로 운영되었고, 제조 제도는 겸임이었다. 권설아문은 도제조 아문과 제조아문으로 나누어졌다. 도제조 아문은 정1품이고 제조아문은 종1품 이하 당상관으로 제수되는 것이 원칙이었다.

은 또 직무의 분장分掌 여하에 따라 유사당상과 구관당상으로 나누어졌다. 유사당상은 비변사의 상위 구성원이고, 구관당상은 군정, 재정, 지방 행정 등의 문제를 전적으로 담당했다. 비변사의 당상은 삼공 및 의정부 이상을 비롯해 6조, 3사, 3관, 한성부 등 중요 경관직과 중추부·돈녕부 등의 고위 군직軍職 및 원임대신에 이르기까지 폭넓은 범위에서 차출했다.[721]

도제조를 위시한 고위 제조는 통상 2~6인으로 좌목에 나타난다. 도제조는 시원임 의정이 예겸했다. 나머지 고위 제조는 영중추부사領中樞府事 등 서반西班으로 충당된 경우가 더 많았다. 일반 제조는 『비변사등록』의 좌목에 당상으로 표기되어 있다. 일반제조 가운데 계차제조는 정무를 협의하는 데에 중심적 역할을 했다. 6조의 판서 및 4도 유수留守와 5군영 대장 등이 겸하는 예겸제조는 계차제조를 보완했다. 예겸제조는 비변사 회의에 참석해 계차제조와 함께 정무를 협의했다. 이들은 비변사 운영의 중심적 구성원은 아니었다. 부제조는 1592년(선조 25)에 처음 설치되었다. 부제조는 정3품 통정通政 중에서 병무를 잘 알고 명망이 있는 자를 계차했다. 부제조는 비변사의 서무를 처결했다. 부제조는 비변사 회의 때에 자료를 제공하고, 논의에 참여했다. 부제조로 재임 중에 관계官階가 올라가면 바로 유사당상을 예겸했다.[722]

유사당상의 임무는 비변사의 대부분의 기무機務를 전적으로 맡아 처리하는 것이었다.[723] 유사당상은 제조 중에서 병무를 잘 아는 자를 계차했다. 선조 초에는 삼망三望을 갖추어 낙점하여 유사당상을 뽑았으나, 1641년(인조 19)부터는 구두口頭 또는 초기草記에 의해 단망單望으로 선임했다.[724] 유사당상은 비변사의 문서를 왕복하는 일이나 호령號令 또는 분부分付의 일을 맡았다. 유사당상은 비변사의 공사를 전적으로 맡아 처리했다. 그리고 인사에 관여 했으며 비변사와 관련이 있는 병무를 관장했다. 유사당상은 관장해야 할 사무가 많았기 때문에 비변사 창설 초창기부터 3명의 복수로

---

721 반윤홍, 앞의 책, 2003, 85~89쪽.
722 계차당상이 예겸당상이 되는 경우도 있고, 계차당상으로 있다가 본직이 예겸에 해당하는 자리로 바뀌면 예겸당상이 되는 경우도 있었다. 따라서 외형적인 비변사 구성원의 선임 형식이나 분장 임무 여하가 비변사에서의 핵심 여부와는 하등 관계가 없었다.
723 『비변사등록』 1책, 광해군 10년 2월 18일.
724 『연려실기술』 별집 6권, 관직전고, 비변사.

운영했다가 1624년(인조 2)에 1명을 증치해 총 4명의 유사당상을 운영했다.

유사당상은 제조 중에서 병무를 잘 아는 자를 계차했다. 이것도 항례는 아니었다. 유사당상은 그 임무가 중요했기 때문에, 조금이라도 어긋나거나 지체하면 추고를 받았다. 유사당상이 공사를 처리할 수 있는 권한은 막중했다. 특히 긴급 공사를 처리할 상황에서 대신이 자리에 없으면, 유사당상이 직접 대신에게 찾아가 수의해 처리했다. 때로 대신과 사사로이 의논해 공사를 조치하기까지도 했다.[725]

구관당상은 비변사 당상의 분장 업무 가운데 군정, 재정, 지방행정 등 특수한 사무를 전적으로 맡아 처리했다. 양남주사兩南舟師구관당상, 강도江島구관당상, 남한산성 구관당상, 제언사당상, 선혜당상, 연해어염구관당상 등이 그 예이다. 비변사 구관당상제를 특징적으로 드러내는 것이 팔도구관당상제였다. 팔도구관당상제 하에서 유사당상과 구관당상의 조정 역할은 막중했다. 그리하여 숙종대에는 선혜당상, 어염구관당상, 공시貢市당상 등을 운영해, 군사·재정뿐만 아니라 대동大同·전폐錢幣·시전·무역 등을 광범위하게 관할했다. 비변사의 재정분야 구관은 영·정조대에 더욱 확대되었다. 이때에 공시당상과 준천사濬川司당상 및 주교사당상 등이 비변사의 구관당상으로 포함되었다. 이후 세도정치하에서 재정 분야의 구관당상은 대부분 외척의 몫으로 돌아갔다. 이는 외척의 비변사 장악을 뜻하는 것이었다.[726]

비변사 낭청은 비변사의 사무를 보조한 실무원이었다. 낭청은 종6품으로 임명되었다. 비변사의 제조나 당상급에는 정해진 인원의 규정이 없었다. 반면 당하堂下의 실무 행정관인 낭청은 12명의 정원이 규정되어 있었다. 그 중 문낭청이 4명이었고, 무낭청이 8명이었다. 문낭청은 병조 무비사 낭관이 예겸하거나 왕의 시종이 계차되었다. 무낭청의 경우는 참외관이 예겸했다. 낭청을 교체할 때는 스스로 후임을 천거하여 충원하는 자천자충自薦自充이었으나 비변사가 계를 올리는 형식을 취했다. 낭청의 임기는 7품 이하의 참하가 10개월, 6품 이상 정3품 통훈대부 이하의 참상參上은 15개월이었다. 낭청은 근무일수가 다 차면 승진이 보장되어 있었다. 비변사 낭청을 역임한 자는 통정 이상으로 승진하는 데에 유리했다. 참하는 6품으로 승진시키고 참상 이상은 즉

---

725 반윤홍, 앞의 책, 2003, 91~94쪽.
726 반윤홍, 앞의 책, 2003, 95~99쪽.

시 관계를 올려 주었다. 무낭청은 외직 수령으로 제수하는 것이 상례였다.[727]

낭청의 임무는 다양했다. 낭청은 먼저 비변사의 실무를 담당하여 계문초기啓文草記, 등록謄錄 작성, 수의收議, 구관당상의 사무 보좌 등을 했다. 낭청은 비변사 회의가 열릴 때에 참석자의 이름을 차례로 부르고, 비변사 당상에게 공문서를 돌려 보도록 했다. 또한 대신의 의견을 정리하여 계문을 작성하고 비변사 회의 내용을 기록했다. 특별한 경우 낭청이 대신의 처소로 직접 찾아가 사안을 문의하기도 했다. 이러한 업무는 주로 문낭청이 담당했다. 뿐만 아니라 변사를 정탐하거나 표류인을 심문하거나 전황戰況을 파악하는 등 군정 업무에도 종사했다. 또한 지방에 일이 있을 때에 사건을 조사하여 실상을 파악하거나 어염, 둔전, 송산訟山 등의 잘못된 사실을 적발했다. 혹, 몽골까지 파견되어 소를 무역하는 일에 종사하기도 했다.[728]

비변사 서리는 43인으로 구성되었다. 이속吏屬 서리의 경우 각도 영리營吏 각 2인이 뽑혀 올라갔다. 이것이 『만기요람』에는 경리京吏로 바뀌었다. 이 43명은 서리書吏 16명, 서사書寫 1명, 고직庫直 2명, 사령使令 16명, 대청직人廳直 1명, 문서직文書直 1명, 수직군守直軍 3명, 발군撥軍 3명 등으로 그 소임이 나뉘어 있었다.[729]

이처럼 비변사는 도제조-제조-낭청-이서의 조직으로 구성되어 운영되었다. 비변사의 상층부를 구성하고 있던 것은 도제조, 제조였고, 비변사를 운영하기 위한 실무를 맡았던 것은 낭청과 이서였다. 도제조를 필두로 비변사의 제조들이 논의할 수 있도록 낭청들이 준비하면, 제조들이 비변사에 나와 군국의 기무들을 의논하여 결정하고, 결정된 사항은 각 임무를 분장한 당상들이 맡아 처리했다. 이 모든 논의와 과정은 낭청에 의해 기록되었다. 경우에 따라 지방으로 파견되어 처리해야 할 일이 있다면 그것은 낭청의 몫이었다. 이런 조직 속에서 비변사는 초기의 군사, 국방의 회의체에서 점차 정치성을 띠어가고 다시 지방통제를 강화하면서 조선의 가장 높은 관서로 발전했던 것이다.

---

727 반윤홍, 앞의 책, 2003, 99~100쪽.
728 반윤홍, 앞의 책, 2003, 100쪽.
729 반윤홍, 앞의 책, 2003, 69쪽.

참고문헌
찾아보기

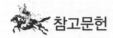 참고문헌

1. 사료

『조선왕조실록(朝鮮王朝實錄)』

『고려사(高麗史)』

『고려사절요(高麗史節要)』

『경국대전(經國大典)』

『경국대전주해(經國大典註解)』

『대전속록(大典續錄)』

『대전후속록(大典後續錄)』

『수교집록(受敎輯錄)』

『대전회통(大典會通)』

『대명률직해(大明律直解)』

『눌재집(訥齋集)』(梁誠之)

『대동야승(大東野乘)』

『만기요람(萬機要覽)』

『병장설(兵將說)』

『병정(兵政)』

『삼봉집(三峯集)』(鄭道傳)

『서정록(西征錄)』

『신기비결(神器秘訣)』(韓孝純)

『신전자초방(新傳煮硝方)』(金指南)

『신증동국여지승람(新增東國輿地勝覽)』

『양촌집(陽村集)』(權近)

『역대병요(歷代兵要)』(鄭麟趾·俞孝通·李石亨)

『연려실기술(燃藜室記述)』(李肯翊)

『용비어천가(龍飛御天歌)』

『제승방략(制勝方略)』

『증보문헌비고(增補文獻備考)』

『진법(陣法)』

『진설(陣說)』(韓孝純)

『화기도감의궤(火器都監儀軌)』

『화포식언해(火砲式諺解)』(李曙)

『명실록(明實錄)』

2. 단행본 (박사학위논문 포함)

(1) 국내

강성문, 『韓民族의 軍事的 傳統』, 鳳鳴, 2000.

강성문, 『한국 군사사의 재조명』, 황금알, 2005.

계승범, 『조선시대 해외파병과 한중관계』, 푸른역사, 2009.

국방군사연구소, 『민족전란사 9-왜구토벌사』, 1993.

국방군사연구소 편, 『한국무기발달사』, 1994.

국방군사연구소편, 『한국의 군복식발달사 1.2』, 1997.

국방부전사편찬위원회편, 『조선시대군사관계법-경국대전·대명률-』, 1986.

국방사학회편, 『國防史學會報-논문집-』, 1977.

김기웅, 『무기와 화약』, 세종대왕기념사업회, 1977.

김순남, 『朝鮮初期 體察使 研究-奉命出使宰相制의 形成과 展開-』, 고려대 박사학위논문, 2003.

김순남, 『조선초기 體察使制 연구』, 경인문화사, 2007.

김순자, 『韓國 中世 韓中關係史』, 혜안, 2007.

김일환, 『조선초기 군기감의 무기제조연구』, 홍익대 박사학위논문, 2000.

김영수,『건국의 정치』, 이학사, 2006.

김재근,『朝鮮王朝軍船硏究』, 一潮閣, 1971.

김재근,『거북선』, 正宇社, 1992.

김재근,『속한국선박사연구』, 서울대학교 출판부, 1994.

김정자,『한국군복의 변천사연구-전투복을 중심으로-』, 세종대 박사학위논문, 1996.

김주홍,『한국의 연변봉수』, 한국학술정보, 2007.

김한규,『한중관계사Ⅱ』, 아르케, 1999.

김한규,『요동사』, 문학과 지성사, 2004.

남도영,『韓國馬政史〈개정판〉』, 한국마사회 마사박물관, 1997.

문화재관리국,『한국의 甲冑』, 1987.

민현구,『朝鮮初期의 軍事制度와 政治』, 韓國硏究院, 1983.

민승기,『조선의 무기와 갑옷』, 가람기획, 2004.

박가영,『조선시대의 甲冑』, 서울대 박사학위논문, 2003.

박원고,『明初朝鮮關係史硏究』, 一潮閣, 2002.

반윤홍,『朝鮮時代 備邊司 硏究』, 景仁文化社, 2003.

방상현,『朝鮮初期 水軍制度』, 민족문화사, 1991.

서병국,『宣祖時代女直交涉史硏究』, 敎文社, 1970.

심승구,『朝鮮前期 武科硏究』, 국민대 박사학위논문, 1994.

육군본부,『韓國軍制史-近世朝鮮前期編』, 1968.

연세대학교국학연구원편,『經濟六典輯錄』, 다은, 1993.

연세대학교 국학연구원편,『중세사회의 변화와 조선 건국』, 혜안, 2005.

오종록,『朝鮮初期 兩界의 軍事制度와 國防體制』고려대 박사학위논문, 1992.

유승주,『조선시대 광업사연구』, 고려대출판부, 1993.

유재춘,『韓國 中世築城史 硏究』, 景仁文化社, 2003.

육군군사연구소,『한국고대무기체계』, 1979.

육군본부군사연구실,『한국군제사:조선전기편』, 1968.

윤훈표,『麗末鮮初 軍制改革硏究』, 혜안, 2000.

이상백,『李朝建國의 硏究』, 乙酉文化社, 1947.

이성무,『朝鮮初期兩班硏究』, 一潮閣, 1980.

이성무,『韓國의 科擧制度』, 한국학술정보, 2004.

이인영,『韓國滿洲關係史의 硏究』, 乙酉文化社, 1954.

이재룡,『朝鮮初期社會構造硏究』, 一潮閣, 1984.

이재철,『朝鮮後期 備邊司硏究』, 集文堂, 2001.

이중화,『朝鮮의 弓術』, 조선궁술연구회, 1929.

이현수,『朝鮮初期 軍役制度 硏究』, 한국정신문화연구원 박사학위논문, 1997.

이홍두,『조선시대 신분변동 연구』, 혜안, 1999.

장학근,『조선시대해양방어사』, 창미사, 1998.

장학근,『조선시대 군사전략』, 국방부군사편찬연구소, 2006.

전해종,『韓中關係史硏究』, 一潮閣, 1970.

정두희,『朝鮮初期 政治支配勢力硏究』, 一潮閣, 1983.

정하명,『고병서해제』, 육군본부, 1979.

정해은,『한국전통병서의 이해』, 국방부군사편찬연구소, 2004.

정해은,『한국 전통 병서의 이해(Ⅱ)』, 국방부군사편찬연구소, 2008.

조인복, 『韓國古火器圖鑑』, 대한공론사, 1975.

차문섭, 『朝鮮時代 軍制硏究』, 檀國大學校出版部, 1973.

차문섭, 『朝鮮時代 軍事關係硏究』, 檀國大學校出版部, 1996.

차용걸·심정보, 『壬辰倭亂 前後 關防史硏究』, 문화재연구소, 1989.

천관우, 『近世朝鮮史硏究』, 一潮閣, 1979.

채연석, 『韓國初期 火器硏究』, 一志社, 1981.

최승희, 『朝鮮初期 政治史硏究』, 지식산업사, 2002.

한영우, 『朝鮮前期社會經濟硏究』, 乙酉文化社, 1983.

한영우, 『改正版鄭道傳思想의 硏究』, 서울大出版部, 1983.

한충희, 『朝鮮初期 六曹와 統治體系』, 啓明大出版部, 1998.

한충희, 『朝鮮初期 官職과 政治』, 계명대학교출판부, 2008.

허선도, 『韓國 火器發達史(上)』, 육사육군박물관, 1969.

허선도, 『朝鮮時代 火藥兵器史硏究』, 一潮閣, 1994.

(2) 국외

宇田川武久, 『東アジア兵器交流史の硏究』, 吉川弘文館, 1993.

劉謙, 『明遼東鎭長城及防禦考』, 文物出版社, 1989.

有馬成甫, 『火砲の起源とその傳流』, 吉川弘文館, 1962.

周緯, 『中國兵器史稿』, 明文書局, 1981.

太田弘毅, 『倭寇-商業·軍事史的 硏究』, 春風社, 2002.

3. 논문

(1) 국내

강성문, 「조선시대 여진정벌에 관한 연구」 『軍史』 18, 1989.

강성문, 「조선시대 環刀의 기능과 제조에 관한 연구」 『학예지』 3, 1993.

강성문, 「조선시대 片箭에 관한 연구」 『학예지』 4, 1995.

강성문, 「조선초기 화기 방사군의 실상」 『학예지』 6, 1999.

강성문, 「조선시대 활의 군사적 운용」 『학예지』 7, 2000.

강성문, 「朝鮮初期 六鎭 開拓의 國防史的 意義」 『軍史』 42, 2001.

강성문, 「조선의 역대 화차에 관한 연구」 『학예지』 9, 2002.

강성문, 「조선시대 도검의 군사적 운용」 『고문화』 60, 2002.

강순애, 「조선왕조실록을 통해 본 環刀의 의미와 기능」 『학예지』 11, 2004.

강신엽, 「조선중기 李鎰의 관방정책」 『학예지』 5, 1997.

강신엽, 「국궁에 반영된 철학사상」 『학예지』 7, 2000.

강신엽, 「조선시대 大射禮의 시행과 그 운영-『大射禮義軌』를 중심으로-」 『조선시대사연구』 16, 2001.

강신엽, 「조선시대 雲劍·別雲劍·寶劍 연구」, 『학예지』 11, 2004.

강영철,「朝鮮初期의 軍事道路-北方 兩江地帶의 境遇에 대한 試考-」『韓國史論 7-朝鮮初期 國防體制의 諸問題-』, 國史編纂委員會, 1980.

강은경,「朝鮮初 無受田牌의 性格」『東方學志』 77·78·79 합집, 1993.

강지언,「威化島 回軍과 그 推進 勢力에 대한 검토」『梨花史學研究』 20·21합, 1993.

곽낙현,「武經七書를 통해서 본 조선전기 武科試取에 관한 연구」『동양고전연구』 34, 2009.

곽낙현,「조선전기 習陳과 군사훈련」『동양고전연구』 35, 2009.

김광수,「鄭道傳의「陣法」에 대한 고찰」『陸士論文集』 51, 1996.

김광철,「朝鮮前期 良人農民의 軍役-正兵을 中心하여-」『釜山史學』 3, 1980.

김기훈,「弩解번역」『학예지』 4, 1995.

김구진,「麗末鮮初 豆滿江 流域의 女眞 分布」『白山學報』 15, 1973.

김구진,「吾音會의 斡朶里女眞에 대한 研究」『史叢』 17·18, 1973.

김구진,「初期 毛憐 兀良哈 研究」『白山學報』 17, 1974.

김구진,「尹瓘 九城의 範圍와 朝鮮 六鎭의 開拓」『史叢』 21·22합, 1977.

김구진,『朝鮮初期 對女眞關係와 女眞社會의 實態」『東洋學』 14, 1984.

김구진,『조선초기에 韓民族으로 동화된 土着女眞』『白山學報』 58, 2001.

김구진,「조선전기 여진족의 2대종족-오랑캐(兀良哈)와 우디캐(兀狄哈)」『白山學報』 68, 2004.

김구진,「조선시대 6鎭 방어전략-제승방략체제의 연구-」『白山學報』 71, 2005.

김구진,「조선시대 女眞에 대한 정책」『백산학보』 88, 2010.

김당택,「李成桂의 威化島回軍과 制度改革」『全南史學』 24, 2005.

김대중,「고려말. 조선초 화약병기 연구의 현황과 과제」『학예지』 9, 2002.

김동경,「조선 초기의 군사전통 변화와 진법훈련」『軍史』 74, 2010.

김동경,「정도전의『진법(陣法)』과 태조대 군사력 재건」『한국문화』 53, 2011.

김미경,「칠성검연구」『학예지』 11, 2004.

김범수,「선초 의흥삼군부연구」, 단국대 석사학위논문, 1984.

김석형,「朝鮮初期 國役編成의 基柢」『震檀學報』 14, 1941.

김성수·김영일,「한국 군사류 전적의 발전계보에 관한 서지적 연구」『서지학연구』 8, 1993.

김성혜·박선식,「조선시대 도검의 실측과 분석」『학예지』 5, 1997.

김성혜·김영섭,「도검의 기능성 연구」『학예지』 6, 1999.

김순규,「弩」『학예지』 2, 1991.

김순규,「조선시대 수총운용의 성격」『軍史』 26, 1993.

김순규,「동서양 전장의 도와 검」『학예지』 4, 1995.

김순남,「世宗代 體察使制의 運用」『韓國史學報』 14, 2003.

김순남,「成宗代 體察使의 變化와 築城司의 設置」『史學研究』 71, 2003.

김순남, 「朝鮮初期 敬差官과 外官」『韓國史學報』 18, 2004.

김순남, 「朝鮮 世祖代 體察使 韓明澮에 대하여」『韓國史學報』 23, 2005.

김순남, 「조선 成宗代 御史의 파견과 지방통제」『歷史學報』 192, 2006.

김순남, 「조선초기 賑恤使臣의 파견과 賑恤廳의 설치」『朝鮮時代史學報』 41, 2007.

김순남, 「조선초기 敬差官의 對外交隣활동」『軍史』 66, 2008.

김순남, 「조선초기의 국방대책의 수립과 시행-재상급 국방전문가의 활약을 중심으로」『朝鮮時代史學報』 45, 2008.

김순남, 「조선 燕山君代 여진의 동향과 대책」『韓國史研究』 144, 2009.

김순남, 「조선 成宗代 兀狄哈에 대하여」『朝鮮時代史學報』 49, 2009.

김순남, 「조선 성종대의 建州三衛」『大東文化研究』 68, 2009.

김순남, 「조선전기 滿浦鎭과 滿浦僉使」『史學研究』 97, 2010.

김순남, 「조선 中宗代의 북방 野人 驅逐」『朝鮮時代史學報』 54, 2010.

김순자, 「高麗末 東北面의 地方勢力研究」, 연세대 석사학위논문, 1987.

김순자, 「고려말 대중국관계의 변화와 신흥유신의 사대론」『역사와 현실』 15, 1995.

김영민, 「영남지역 板甲에 대한 일고찰」『고문화』 6, 1995.

김영숙, 「갑주에 관한 연구-우리나라를 중심으로-」, 원광대 석사학위논문, 1986.

김영주, 「조선전기 군역에 관한 연구」, 충남대 석사학위논문, 1982.

김용곤, 「朝鮮前期 軍糧米의 確保와 運送」『韓國史論 7-朝鮮初期 國防體制의 諸問題-』, 國史編纂委員會, 1980.

김용곤, 「조선전기 조군-조운과 관련하여-」『명지사론』 1, 1983.

김웅호, 「朝鮮初期 京軍再編과 '首都防衛'」『서울학연구』 23, 2004.

김일환, 「朝鮮初期 軍器監別軍考」『實學思想研究』 12, 1999.

김일환, 「朝鮮初期 月課軍器制下의 軍器製造」『朝鮮時代史學報』 16, 2001.

김일환, 「朝鮮初期 監鍊官制下의 軍器製造研究」『韓國史學報』 10, 2001.

김일환, 「조선초기 군기감 무기제조의 변화추이」『학예지』 12, 2005.

김일환, 「임란기 서경 유근의 사환과 지방관활동」『韓國人物史研究』 15, 2011.

김성준, 「李澄玉과 六鎭」『史叢』 12·13합, 1968.

김정자, 「한국군복의 변천연구」『대한가정학회지』 24-4, 1986.

김정자, 「한국고융복복식의 변천고」『복식』 11, 1987.

김정자, 「한국군복식 발달사에 관한 소고」『학예지』 4, 1995.

김정자, 「고려시대 갑주에 관한 연구」『복식』 29, 1996.

김종하, 「조선왕조의 봉족제」『영남대논문집』 9, 1975.

김주홍, 「朝鮮前期 경기중부지역의 烽燧 고찰」『祥明史學』 8·9합, 2003.

김재근, 「조선왕조의 수군」『軍史』 1, 1980.

김종수, 「16세기 甲士의 消滅과 正兵立役의 變

化」『國史館論叢』32, 1992.

김종수, 「조선초기 甲士의 성립과 변질」『典農史論』 2, 1996.

김종수, 「高麗·朝鮮初期의 府兵」『歷史敎育』 69, 1999.

김종수, 「高麗·朝鮮時期 中央軍의 變化」『典農史論』 7, 2001.

김종수, 「朝鮮初期 府兵制의 改編」『歷史敎育』 77, 2001.

김종수, 「朝鮮初期 中央軍制의 整備와 私兵制 改革」『朝鮮의 政治와 社會』, 集文堂, 2002.

김진봉·차용걸·양기석, 「조선시대 군역자원의 변동에 대한 연구-호서지방의 경우를 중심으로-」『호서문화연구』 3, 1983.

김진태, 「조선초기 군역제 연구」, 경희대 석사학위논문, 1988.

김창수, 「成衆愛馬考」『東國史學』 9·10합, 1966.

김태영·서정상, 「조선초기 군역편제의 추이와 개혁방향」『경희사학』 19, 1995.

김태진, 「선초 총통위의 양상」『素軒南都泳博士華甲紀念史學論叢』, 1984.

김호동, 「조선초기 울릉도 독도에 대한 공도정책 재검토」『민족문화논총』 32, 2005.

김호일, 「梁誠之의 關防論」『韓國史論 7-朝鮮初期 國防體制의 諸問題-』, 國史編纂委員會, 1980.

김호종, 「세조의 국방정책에 관한 일연구」『안동대논문집』 1, 1979.

김화선, 「우리나라 군복사의 고찰」, 홍익대 석사학위논문, 1985.

남도영, 「상승국에 대하여-선초의 내사복시·겸사복 성립에 대한 일고-」『東國史學』 9·10합, 1966.

남도영, 「朝鮮初期의 兼司僕에 대하여」『金載元博士回甲紀念論叢』, 1969.

남도영, 「조선시대의 봉수제」『歷史敎育』 23, 1978.

남도영, 「조선시대 군사통신 조직의 발달」『韓國史論 7-朝鮮初期 國防體制의 諸問題-』, 國史編纂委員會, 1980.

남의현, 「명대 요동정책의 성격-요동도사 방어체계의 특징과 분석을 중심으로-」『동아시아의 영토와 민족문제』, 2008.

노기식, 「만주의 흥기와 동아시아 질서의 변동」『중국사연구』 16, 2001.

노기식, 「명청 대립시기 만주와 몽골·조선의 관계 변화」『16~7세기 동아시아의 국제질서 모색』, 명청사학회, 2004.

노상복, 「양성지의 비변십책」『軍史』 7, 1983.

노성태, 「세조대의 보법」, 전남대 석사학위논문, 1987.

노성호, 「명종대 수군 강화정책 연구」, 한림대 석사학위논문, 1996.

노영구, 「조선초기 수군역과 해령직의 변화」『한국사론』 33, 서울대, 1995.

노영구, 「군사제도」『한국역사입문 2』, 풀빛, 1995.

노영구, 「조선시대 병서의 분류와 간행 추이」『역사와 현실』 30, 1998.

노영구, 「율곡 이이의 軍政改革論과 그 계승」『역사문화논총』 1, 2005.

노영구, 「《國朝征討錄》 편찬의 특징과 자료적 가치」『藏書閣』 18, 2007.

노영구, 「세종의 전쟁수행과 리더십」, 『오늘의 동양사상』 19, 2008.

노영구, 「태권도 전사(前史)로서 조선시대 도수무예의 전개」 『문화로 보는 한국사 2-물질문화와 농민의 삶』, 이태진교수 정년기념논총간행위원회.

도현철, 「대책문을 통해본 정몽주의 국방 대책과 문무겸용론」 『한국중세사연구』 26, 2009.

리영룡, 「15세기 우리나라 화포군의 신분구성과 편성」 『력사과학』 1990-1호, 1990.

문형진, 「조선시대 군사관련법 제 규정과 사례 연구」 『군사연구』 120집, 육군군사연구소, 1995.

문형진, 「동국병감에 나타난 전투현황과 전술 형태분석」 『군사연구』 122집, 육군군사연구소, 2006.

민현구, 「한국 軍制史 연구의 회고와 전망-조선전기를 중심으로-」 『史叢』 26, 1982.

민현구, 「朝鮮初期의 私兵」 『東洋學』 13, 1983.

박가영, 「조선시대 甲冑의 제조」 『학예지』 12, 2005.

박도식, 「朝鮮初期 講武制에 관한 一考察」 『慶熙史學』 14, 1987.

박 돈, 「高麗末 東寧府征伐에 대하여」 『中央史論』 4, 1985.

박원호, 「永樂年間 明과 朝鮮間의 女眞問題」 『亞細亞研究』 85, 1991.

박원호, 「宣德年間 明과 朝鮮間의 建州女眞」 『亞細亞研究』 88, 1992.

박원호, 「15세기 동아시아 정세」 『한국사 22-조선 왕조의 성립』, 국사편찬위원회, 1995.

박원호, 「鐵嶺衛의 位置에 관한 再考」 『동북아역사논총』 13, 2006.

박윤서, 「조선시대 궁시의 발달」 『학예지』 1, 1989.

박재광, 「15-16세기 조선의 화기 발달」 『학예지』 9, 2002.

박재광, 「조선시대 도검 연구의 현황과 과제」 『학예지』 11, 2004.

박재광, 「여말선초의 화약. 화기 제조에 대한 일고찰」 『학예지』 12, 2005.

박재우, 「高麗 恭讓王代 官制改革과 權力構造」 『震檀學報』 81, 1996.

박 진, 「族親衛의 설치와 성격」 『史叢』 65, 2007.

박천식, 「戊辰回軍功臣의 册封顚末과 그 性格」 『全北史學』 3, 1979.

박홍갑, 「朝鮮前期의 宣傳官」 『史學研究』 41, 1990.

박홍갑, 「朝鮮前期 武班蔭職 研究-部將을 中心으로」 『水邨朴永錫教授華甲紀念韓國史學論叢 (上)』, 1992.

박홍갑, 「조선시대 군사훈련기구 훈련원의 성립과정과 역할」 『軍史』 43, 2001.

박홍갑, 「조선초기 훈련원의 위상과 기능」 『史學研究』 67, 2002.

박홍갑, 「조선초기 금군(禁軍)과 숙위(宿衛)체제」 『조선시대의 과거와 벼슬』, 집문당, 2003.

박희현, 「각궁과 화살의 제작」 『民俗藝術』, 교문사, 1989.

방상현, 「조선전기의 봉수제-국방상에 미친 영향을 중심으로-」 『사학지』 14, 1980.

방상현, 「조선전기 수군 군역고」 『경희사학』

11, 1983.

배영복, 「세종대왕의 국방사상」 『軍史』 28, 1994.

송병기, 「世宗朝의 兩界 行城築造에 對하여」 『史學研究』 18, 1964.

신명호, 「조선초기 해양개척과 어장개방」 『조선전기 해양개척과 대마도-한국해양사연구총서1』, 국학자료원. 2007

신용남, 「여말선초 군역부과의 보편화 과정과 그 추이」, 경희대 석사학위논문, 1988.

심승구, 「朝鮮初期 武科制度」 『北岳史論』 1, 1989.

심승구, 「朝鮮初期 都試와 그 性格」 『韓國學報』 60, 1990.

심승구, 「朝鮮初期 覆試에 대한 檢討」 『擇窩許善道先生停年紀念韓國史學論叢』, 一潮閣, 1992.

심승구, 「朝鮮 宣祖代 武科及第者의 身分 -1583~1584년의 大量試取 榜目을 중심으로-」 『歷史學報』 144, 1994.

심승구, 「朝鮮 端宗代 武科及第者의 身分과 그 政治的 性格」 『震檀學報』 88, 1999.

심승구, 「조선시대 무과에 나타난 궁술과 그 특성」 『학예지』 7, 2000.

심승구, 「16世紀 武科의 運營과 推移」 『朝鮮의 政治와 社會』, 집문당, 2002.

심승구, 「조선전기의 觀武才 연구」 『鄕土서울』 65, 2005.

심승구, 「조선시대 사냥의 추이와 특성-講武와 捉虎를 중심으로-」 『역사민속학』 24, 2007.

안재한, 「조선시대 회화에 나타난 도검의 모습」 『학예지』 11, 2004.

오종록, 「朝鮮初期 兵馬節度使制의 成立과 運用(상,하)」 『震檀學報』 59·60. 1985.

오종록, 「朝鮮初期의 邊鎭防衛와 兵馬僉使·萬戶」 『歷史學報』 123, 1989.

오종록, 「高麗後期의 軍事 指揮體系」 『國史館論叢』 24, 1991.

오종록, 「朝鮮初期 兩界의 翼軍體制와 國防」 『水邨朴永錫敎授華甲紀念韓國史學論叢 (上)』, 1992.

오종록, 「朝鮮初期의 營鎭軍」 『宋甲鎬敎授停年退任紀念論文集』, 1993.

오종록, 「조선초기의 국방정책-양계(兩界)의 국방을 중심으로-」 『역사와 현실』 13, 1994.

오종록, 「조선 초기 正兵의 軍役」 『韓國史學報』 1, 1996.

오종록, 「朝鮮初期의 國防論」 『震檀學報』 86, 1998.

오종록, 「朝鮮前期 軍事史 硏究의 現況과 課題」 『軍史』 36, 1998.

오종록, 「세종 시대의 북방영토 개척」 『세종문화사대계 3』, 세종대왕기념사업회, 2001.

오종록, 「申叔舟의 軍事政策과 宰相으로서의 經論」 『역사학논총』 3·4합, 2003.

오종록, 「朝鮮時期 軍事史 硏究의 동향-2001 2004-」 『軍史』 53, 2004.

오종록, 「조선초엽 漢陽 定都 과정과 수도방위」 『韓國史硏究』 127, 2004.

원영환, 「한성부연구(3)-도성과 수도방위를 중심으로-」 『鄕土서울』 41, 1983.

유세현, 「한국의 쇠뇌-그 형태와 제작을 중심으로-」 『학예지』 4, 1995.

유세현, 「조선시대 角弓과 交子弓의 제작실태」 『학예지』 12, 2005.

유승주, 「朝鮮前期의 軍需鐵鑛業硏究」 『韓國史論 7-朝鮮初期 國防體制의 諸問題-』, 國史編纂委員會, 1980.

유재춘, 「15세기 明의 東八站 地域 占據와 朝鮮의 對應」 『朝鮮時代史學報』 18, 2001.

유창규, 「李成桂의 軍事的 基盤-東北面을 중심으로-」 『震檀學報』 58, 1984.

유창규, 「朝鮮初 親軍衛의 甲士」 『歷史學報』 106, 1985.

유창규, 「太宗代 軍指揮體系의 변화와 집권층의 갈등」 『水邨朴永錫敎授華甲紀念韓國史學論叢(上)』, 1992.

유창규, 「高麗末 崔瑩 勢力의 형성과 遼東攻略」 『歷史學報』 143, 1994.

윤대원, 「여말선초 江華의 방어체제」, 고려대 석사학위논문, 2001.

윤동섭, 「조선 弓角에 대한 소고」, 동국대 석사학위논문, 1965.

윤병태, 「조선시대의 군사서적 간행」 『軍史』 8, 1984.

윤훈표, 「朝鮮初期 武科制度 硏究」 『學林』 9, 1987.

윤훈표, 「高麗末 朝鮮初期 兵器의 製造 및 管理體系에 관한 硏究」 『東方學志』 77·78·79합, 1993.

윤훈표, 「朝鮮初期 京軍의 編成에 관한 硏究」 『서울학연구』 2, 1994.

윤훈표, 「朝鮮初期 武器點考體系의 改編과 그 運營-법전 규정의 변화를 중심으로-」, 『人文科學硏究論叢』 16, 명지대인문과학연구소, 1997.

윤훈표, 「朝鮮初期 外方武班의 褒貶制」 『實學思想硏究』 10·11합집, 1999.

윤훈표, 「高麗末 國防財源 調達體系의 改編」 『實學思想硏究』 13, 1999.

윤훈표, 「朝鮮初期 '軍官'의 機能變化」 『河炫綱敎授定年紀念論叢-韓國史의 構造와 展開』, 혜안, 2000.

윤훈표, 「朝鮮初期 甲士의 統率體系」 『實學思想硏究』 17·18합집, 2000.

윤훈표, 「朝鮮初期 軍功褒賞制의 改定과 身分移動」 『史學硏究』 63, 2001.

윤훈표, 「麗末鮮初 軍法의 運營體系와 改編案」 『韓國思想史學』 21, 2003.

윤훈표, 「麗末鮮初 軍事訓鍊體系의 改編」 『軍史』 53, 2004.

윤훈표, 「朝鮮前期 北方開拓과 領土意識」 『韓國史硏究』 129, 2005.

윤훈표, 「麗末鮮初 身分制의 改編과 武班層의 變化」 『중세사회의 변화와 조선건국』, 혜안, 2005.

윤훈표, 「朝鮮前期 領職의 除授」 『實學思想硏究』 29, 2006.

윤훈표, 「朝鮮前期 軍法의 適用과 軍令의 運用」 『軍史』 61, 2006.

윤훈표, 「朝鮮初期 武經講習制」 『歷史와 實學』 32, 2007.

윤훈표, 「조선초기 階級法 運用에 관한 試論的 考察」 『歷史와 實學』 37, 2008.

윤훈표, 「조선 세조 때 兵政(병정) 편찬의 의미와 그 활용」 『歷史와 實學』 40, 2009.

윤훈표, 「조선초기 發兵符制의 실시」 『學林』, 31, 2010.

이강칠, 「정익공 이완장군의 유물에 대하여」

『학예지』6, 1999.

이강칠, 「한국의 갑주: 여몽연합군의 잔존유물을 중심으로」『문화재』15, 1981.

이강칠, 「한국의 갑주: 정충신장군의 갑주와 충렬사 소장 갑주를 중심으로」『복식』5, 1981.

이강칠, 「한국의 갑주(2): 皮甲을 중심으로」『고고미술』142, 1979.

이강칠, 「한국의 갑주(3): 두정갑을 중심으로」『고고미술』145, 1979.

이강칠, 「한국의 갑주(4): 출토유물 중 철제갑주를 중심으로」『고고미술』147, 1980.

이강칠, 「한국의 갑주소고:두석린갑을 중심으로」『고고미술』136·137합, 1979.

이강칠, 「한국의 화약병기」『학예지』9, 2002.

이광린, 「號牌考」『백낙준박사환갑기념국학논총』, 1955.

이규철. 「조선초기(태조기~세종대) 대외정보수집활동의 실상과 변화」『역사와 현실』65, 2007.

이기백, 「고려 말기의 익군」『이홍직박사회갑기념 한국사학논총』, 1969.

이겸주, 「임진왜란전 조선의 국방실태」『한국사론 22』, 국사편찬위원회, 1992.

이명희·장세옥, 「고려 말-조선 중기 전함개선과정에 관한 고찰」『군사연구』125집, 육군군사연구소, 2008.

이미나, 「갑옷에 대한 연구-조선왕조시대를 중심으로」, 이화여대 석사학위논문, 1983.

이민수, 「세종조의 국방정책과 국민복지」『역사교육논집』13·14합, 1990.

이민웅, 「조선전기(15·16C) 수군의 변천사」『이순신연구논총』14, 2010.

이상창, 「조선조의 대외위협 인식과 평안도 관방체제의 변화」『군사연구』125집, 육군군사연구소, 2008.

이성곤, 「조선시대 四寅劍의 연구」『생활문물연구』20, 국립민속박물관, 2007.

이석재, 「조선시대 도검의 유형분석」『학예지』11, 2004.

이석재, 「眸眥紋 연구-조선검의 고동, 그 명칭의 오류」『학예지』11, 2004.

이석재, 「조선시대 刀劍·矛戟의 결합구조연구」『학예지』12, 2005.

이승해, 「조선시대 도검에 나타난 문양과 매듭장식에 관한 연구」『학예지』11, 2004.

이인영, 「廢四郡問題管見」『震檀學報』13, 1941.

이장희, 「壬亂前의 西北邊界 政策」『白山學報』12, 1972.

이장희, 「朝鮮初期 土班武職의 性格」『韓國史論 7-朝鮮初期 國防體制의 諸問題-』, 國史編纂委員會, 1980.

이장희, 「조선전기 변계수어와 토병」『軍史』2, 1981.

이장희, 「조선전기 토병에 대하여」『남사정재각박사고희기념동양학논총』, 1984.

이장희, 「임란전후 한국의 사회동태」『아시아문화』8, 1992.

이장희, 「朝鮮前期 事大交隣關係와 國防政策」『軍史』34, 1997.

이재룡, 「奉足에 대하여」『歷史學研究』Ⅱ, 1964.

이재룡, 「朝鮮初期의 遞兒職에 대한 考察」, 『歷

史學報』35 · 36합집, 1967.

이재룡, 「朝鮮前期의 水軍」『韓國史研究』 5, 1970.

이재룡, 「朝鮮前期 良人農民의 軍役과 土地所有」『東洋學』 9, 1979.

이재룡, 「朝鮮初期의 翼軍」『崇田大論文集』 12, 1982.

이재성, 「승자총통에 대한 과학적 연구」『학예지』 12, 2005.

이재호, 「朝鮮 備邊司考」『歷史學報』 50 · 51합집, 1971.

이재훈, 『太宗 · 世宗代의 三軍 都摠制府』『史學研究』 69, 2003.

이재훈, 「朝鮮 太宗代 三軍鎭撫所의 成立과 國王의 兵權 掌握」『史叢』 61, 2005.

이재훈, 「太宗代 節制使 · 牌頭와 중앙군의 지휘」『韓國史學報』 39, 2010.

이종학, 「實戰에서의 병력동원문제」『韓國史論 7-朝鮮初期 國防體制의 諸問題-』, 國史編纂委員會, 1980.

이지우, 「朝鮮初期 奉足制의 推移와 實態」『慶南史學』 2, 1989.

이지우, 「朝鮮初期 保法의 推移와 實態」『慶南史學』 3, 1990.

이지우, 「조선초기 순작의 실태와 추이」『경대사론』 8, 1995.

이태진, 「조선 전기 군역의 포납화 과정」, 서울대 석사학위논문, 1969.

이현수, 「조선전기의 병역제도」『학예지』 2, 1991.

이현수, 「조선초기 講武 施行事例와 軍事的 기능」『軍史』 45, 2002.

이현숙, 「조산시대 융복에 관한 연구」, 성균관대 석사학위논문, 1981.

이현숙, 「조선시대 군복에 관한 연구」『학예지』 4, 1995.

이현희, 「朝鮮前期 來朝野人의 政略的 待遇에 對하여」『史學研究』 18, 1964.

이현희, 「朝鮮前期 留京侍衛野人攷」『鄕土서울』 20, 1964.

이현희, 「朝鮮前期 野人의 誘京綏懷策攷」『一山金斗鐘博士 稀壽紀念論文集』, 1966.

이현희, 「對女眞貿易-對野人 交涉政策의 背景」『韓國史論 11』, 국사편찬위원회, 1982.

이현종, 「조선초기의 대외관계」『한국사 9』, 국사편찬위원회, 1981.

이혜은, 「조선초기 교통망과 교통수단에 관한 연구」『國史館論叢』 80, 1998.

이홍두, 「朝鮮前期 雜色軍」『軍史』 39, 1999.

이홍두, 「조선초기 야인정벌 기마전」『軍史』 41, 2000.

이희관, 「高麗末 · 朝鮮初 前銜官 · 添設官에 대한 土地分給과 軍役賦課」『高麗末 · 朝鮮初 土地制度史의 諸問題』, 西江大學校人文科學研究所, 1987.

이희관, 「朝鮮初 太宗의 執權과 그 政權의 性格」『歷史學報』 120, 1988.

임명미, 「介胄와 軍服과 戎服에 관한 연구」『한국의류학회지』 3-1, 1979.

임영정, 「선초 보충군산고」『南溪曺佐鎬博士화갑기념논총 현대사학의 제문제』, 1977.

임용한, 「14~15세기 喬桐의 군사적 기능과 그 변화」『인천학연구』 3, 2004.

임용한, 「고려후기 수군개혁과 전술변화」『軍史』 54, 2005.

임용한, 「조선전기의 국방의식」『군사연구』

126, 육군본부, 2008.

임용한, 「조선 건국기 수군개혁과 해상방어체제」『軍史』72, 2009.

장경숙, 「영남지역 출토 縱長板甲에 관한 연구」, 동아대 석사학위논문, 2000.

장병인, 「朝鮮初期의 兵馬節度使」『韓國學報』34, 서울대, 1984.

장상주, 「정도전의 북진정책에 대한 연구-동북면 수복을 중심으로-」, 안동대 석사학위논문, 2007.

장학근, 「朝鮮前期水軍萬戶考」『海士論文集』26, 1987.

장학근, 「선초『武經七書』의 도입 배경」『동서사학』2, 1996.

전형택, 「보충군 입역규례를 통해 본 조선초기의 신분구조」『역사교육』30 · 31합, 1982.

정구복, 「1596년 평안도 鎭管官兵編伍册」『고문서연구』5, 1994.

정다함, 「조선 초기 壯勇隊 설치 배경과 운영실태」『韓國史學報』24, 2006.

정두희, 「三峯集에 나타난 鄭道傳의 병제개혁안의 성격」『震檀學報』50. 1980.

정두희, 「朝鮮 世祖—成宗朝의 功臣研究」『震檀學報』51, 1981.

정두희, 「朝鮮建國初期 統治體制의 成立過程과 그 역사적 意味」『韓國史研究』67, 1989.

정연식, 「조선시대의 도로에 대하여」『韓國史論』41 · 42, 서울대, 1999.

정청주, 「朝鮮初期의 別侍衛」, 전남대 석사학위논문, 1983.

정태헌, 「눌재 양성지의 국방관」『素軒南都泳博士華甲紀念史學論叢』, 1984.

정하명, 「朝鮮初期의 體探」『陸士論文集』32, 1987.

조동걸, 「韓國軍史의 原流意識」『軍史』5, 1982.

조영록, 「水牛角貿易을 통해 본 鮮明關係」『동국사학』9 · 10합, 1966.

조혁상, 「조선조 劍舞詩에 나타난 검의 이미지」『학예지』11, 2004.

조혁상, 「조선조 寅劍의 상징성연구」『軍史』62, 2007.

지두환, 「조선전기 군역의 납포체제 확립과정-군호제 붕괴과정을 중심으로-」『한국문화연구』1, 1988.

차문섭, 「선초의 갑사에 대하여(상,하)」『史叢』4 · 5, 1959·1960.

차문섭, 「선초의 충의·충찬·충순위에 대하여」『史學研究』19, 1967.

차문섭, 「중종조의 정로위」『사학지』1, 1967.

차문섭, 「군사조직」『한국사 10』, 국사편찬위원회, 1974.

차문섭, 「軍事制度」『韓國史論 3-朝鮮前期』, 國史編纂委員會, 1975.

차문섭, 「조선전기의 국방체제」『東洋學』14, 1984.

차문섭, 「군사조직」『한국사 23-조선초기의 정치구조』, 1994.

차용걸, 「朝鮮 成宗代 海防築城論議와 그 樣相」『白山學報』23, 1977.

차용걸, 「朝鮮前期 關防施設의 整備過程」『韓國史論 7-朝鮮初期 國防體制의 諸問題-』, 國史編纂委員會, 1981.

차용걸, 「高麗末 倭寇防守策으로서의 鎭戍와

築城」『史學研究』38, 1984.

차인배, 「朝鮮前期 成宗~中宗代 '捕盜將'制 고찰」『史學研究』72, 2003.

채연석, 「주화와 신기전의 연구-조선초기 (1377~1600)의 로케트에 대하여-」『歷史學報』70, 1976.

채연석, 「조선 소총통의 발달-세종시대 총통의 내부구조를 중심으로-」『軍史』1, 1980.

채연석, 「조선초기(1400~1467) 화기의 연구」『韓國史論 7-朝鮮初期 國防體制의 諸問題-』, 國史編纂委員會, 1980.

천관우, 「조선초기 오위의 형성」『歷史學報』17 · 18합, 1962.

천관우, 「오위와 조선초기의 국방체제」『이상백박사회갑기념논총』, 1964.

천관우, 「조선초기 오위의 병종」『史學研究』18, 1964.

천영경, 「조선세종대 선군연구」, 숭전대 석사학위논문, 1986.

최영숙, 「군복식에 대한 고찰」, 성신여대 석사학위논문, 1988.

최영창, 「조선초기의 수군과 수군역」, 고려대 석사학위논문, 1989.

최영희, 「龜船考」『史叢』3, 1958.

최진희, 「국궁의 과학적 분석」『학예지』7, 2000.

최효식, 「조선시대 우림위의 성립과 그 편제」『東國史學』15 · 16합, 1981.

하차대, 「朝鮮初期 軍事政策과 兵法書의 發展」『軍史』19, 1989.

한충희, 「朝鮮初期 文 · 武散階의 淵源과 整備小考」『仁荷史學』10, 2003.

한문종, 「朝鮮初期의 倭寇對策과 對馬島征伐」『全北史學』19 · 20합, 1997.

한성주, 「조선초기 受職女眞人 연구-세종대를 중심으로」『朝鮮時代史學報』36, 2006.

한성주, 「조선초기 二重受職女眞人의 兩屬 문제」『朝鮮時代史學報』40, 2007.

한성주, 「두만강 지역 여진인 동향 보고서의 분석-『端宗實錄』기사를 중심으로」『史學研究』86, 2007.

한성주, 「朝鮮 세조대 毛憐衛 征伐과 여진인의 從軍에 대하여」『강원사학』22 · 23합, 2008.

한정수, 「여말선초 관위 인식과 수문장 제도의 성립」『군사연구』131집, 육군군사연구소, 2011.

한희숙, 「조선초기의 雜色軍」『韓國學研究』1, 1991.

한희숙, 「조선초기 군역과 농민경영에 관한 연구」『國史館論叢』61, 1995.

허선도, 「麗末鮮初 火器의 傳來와 發達 (上 · 中 · 下)」『歷史學報』24 · 25 · 26, 1964.

허선도, 「陣法」『國會圖書館報』, 1972.

허선도, 「『制勝方略』研究-임진왜란 직전 방위체제의 실상(上 · 下)」『震檀學報』36 · 37, 1973 · 1974.

허선도, 「'鎭管體制 復舊論' 연구-유성룡의 군정개혁의 기본시책-」『국민대학논문집』5, 1973.

허선도, 「『兵政』(影印 및 解題)」『韓國學論叢』4, 1982.

허선도, 「조선전기의 화약병기의 발달과 그 금비책」『東洋學』13, 1983.

허선도, 「世宗朝의 火器發達」 『世宗朝文化研究
　　(Ⅱ)』, 한국정신문화연구원, 1984.

허선도, 「近世朝鮮前期의 烽燧(上·下)」 『韓國
　　學論叢』 7·8, 1985·1986.

허선도, 「조선전기의 화약병기 대외금비책」
　　『학예지』 2, 1991.

허흥식, 「高麗末 李成桂(1335~1408)의 세력
　　기반」 『歷史와 人間의 對應』, 한울,
　　1984.

(2) 국외

宮原兎一, 「14·5·6世紀朝鮮における火藥」
　　『東洋史學論集』 2, 東京敎育大, 1953.

宮原兎一, 「李朝の軍役制度 ‘保’の成立」 『朝鮮
　　學報』 28, 1963.

麻生武龜, 「朝鮮軍制史-附 警察制度史-」 『朝
　　鮮史講座』, 朝鮮史學會, 1926.

北村明美, 「李朝初期國役制度 ‘保法’の成立に
　　ついて」 『朝鮮史研究會論文集』 29,
　　1992.

衫山博, 「中國·朝鮮·南蠻の技術と軍事力」
　　『日本歷史』 8, 1976.

小田省吾, 「李朝時代の水軍」 『朝鮮史學』 6, 朝
　　鮮史同攷會, 1926.

有井智德, 「李朝補充軍考」 『朝鮮學報』 21·22
　　合, 1961.

重吉萬次, 「備邊司の設置に就きて」 『靑丘學
　　叢』 23, 1936.

池內宏, 「朝鮮における水軍の起源及び其の組
　　織」 『服部博士古稀紀念論文集』, 1936.

春名徹, 「アジアにおける銃と砲」 『アジアのな
　　かの日本史 6』, 東京大學出版會, 1993.

河內良弘, 「燕山君時代の 朝鮮と女眞」 『朝鮮學

報』 81, 1976.

河內良弘, 「中宗·明宗時代の 朝鮮と女眞」 『朝
　　鮮學報』 82, 1977.

河內良弘, 「李朝成宗時代の女眞と朝鮮」 『朝鮮
　　學報』 133, 1989.

찾아보기

『한국군사사』권별 집필진

구분	집필진		구분	집필진	
고대 I	이 태 진	국사편찬위원장	조선 후기 II	송 양 섭	충남대 교수
	송 호 정	한국교원대 교수		남 상 호	경기대 교수
	임 기 환	서울교대 교수		이 민 웅	해군사관학교 교수
	서 영 교	중원대 박물관장		이 왕 무	한국학중앙연구원 연구원
	김 태 식	홍익대 교수	근현대 I	이 헌 주	국사편찬위원회 편사연구사
	이 문 기	경북대 교수		조 재 곤	동국대 연구교수
고대 II	임 기 환	서울교대 교수	근현대 II	윤 대 원	서울대 규장각 HK교수
	서 영 교	중원대 박물관장	강역	박 영 길	한국해양수산개발원 책임연구원
	이 문 기	경북대 교수		송 호 정	한국교원대 교수
	임 상 선	동북아역사재단 연구위원		임 상 선	동북아역사재단 연구위원
	강 성 봉	한국미래문제연구원 연구원		신 안 식	숙명여대 연구교수
고려 I	최 종 석	동덕여대 교수		이 왕 무	한국학중앙연구원 연구원
	김 인 호	광운대 교수		김 병 렬	국방대 교수
	임 용 한	충북대 연구교수	군사 사상	임 기 환	서울교대 교수
고려 II	김 인 호	광운대 교수		정 해 은	한국학중앙연구원 선임연구원
	홍 영 의	숙명여대 연구교수		윤 대 원	서울대 규장각 HK교수
조선 전기 I	윤 훈 표	연세대 연구교수	군사 통신· 무기	조 병 로	경기대 교수
	김 순 남	고려대 초빙교수		남 상 호	경기대 교수
	이 민 웅	해군사관학교 교수		박 재 광	전쟁기념관 학예연구관
	임 용 한	충북대 연구교수	성곽	서 영 일	단국대 교수
조선 전기 II	윤 훈 표	연세대 연구교수		여 호 규	한국외국어대 교수
	임 용 한	충북대 연구교수		박 성 현	연세대 국학연구원
	김 순 남	고려대 초빙교수		최 종 석	동덕여대 교수
	김 일 환	순천향대 연구교수		유 재 춘	강원대 교수
조선 후기 I	노 영 구	국방대 교수	연표		한국미래문제연구원
	이 민 웅	해군사관학교 교수	개설	이 태 진	국사편찬위원장
	이 근 호	국민대 강사		이 현 수	육군사관학교 명예교수
	이 왕 무	한국학중앙연구원 연구원		이 영 화	한국학중앙연구원 연구원

『한국군사사』간행위원

1. 주간

준장 오상택 (현 육군 군사연구소장)

준장 이필헌 (62대 육군 군사연구소장)

준장 정대현 (61대 육군 군사연구소장)

준장 신석현 (60대 육군 군사연구소장)

준장 이웅희 (59대 육군 군사연구소장)

2. 사업관리

대령 하보철 (현 한국전쟁연구과장)

대령 신기철 (전 한국전쟁연구과장)

대령 김규빈 (전 군사관리과장)

대령 이동욱 (전 군사관리과장)

대령 임방순 (전 군사관리과장)

대령 유인운 (전 군사관리과장)

대령 김상원 (전 세계전쟁연구과장)

중령 김재종 (전 군사기획장교)

소령 조상현 (전 세계현대전사연구장교)

연구원 조진열 (현 한국고대전사연구사)

연구원 박재용 (현 역사편찬사)

연구원 이재훈 (전 한국고대전사연구사)

연구원 김자현 (전 한국고대전사연구사)

3. 연구용역기관

사단법인 한국미래문제연구 (원장 안주섭)

편찬위원장 이태진 (국사편찬위원장)

교열 감수위원 채웅석 (가톨릭대 교수)

책임연구원 임용한 (충북대 연구교수)

연구원 오정섭, 이창섭, 심철기, 강성봉

4. **평가위원**　　김태준 (국방대 교수)

　　　　　　　　　김　홍 (3사관학교 교수)

　　　　　　　　　민현구 (고려대 교수)

　　　　　　　　　백기인 (국방부 군사편찬연구소 선임연구원)

　　　　　　　　　서인한 (국방부 군사편찬연구소 부장)

　　　　　　　　　석영준 (육군대학 교수)

　　　　　　　　　안병우 (한신대 교수)

　　　　　　　　　오수창 (서울대 교수)

　　　　　　　　　이기동 (동국대 교수)

　　　　　　　　　임재찬 (위덕대 교수)

　　　　　　　　　한명기 (명지대 교수)

　　　　　　　　　허남성 (국방대 교수)

5. **자문위원**　　강석화 (경인교대 교수)

　　　　　　　　　권영국 (숭실대 교수)

　　　　　　　　　김우철 (한중대 교수)

　　　　　　　　　노중국 (계명대 교수)

　　　　　　　　　박경철 (강남대 교수)

　　　　　　　　　배우성 (서울시립대 교수)

　　　　　　　　　배항섭 (성균관대 교수)

　　　　　　　　　서태원 (목원대 교수)

　　　　　　　　　오종록 (성신여대 교수)

　　　　　　　　　이민원 (동아역사연구소 소장)

　　　　　　　　　이진한 (고려대 교수)

　　　　　　　　　장득진 (국사편찬위원회 편사연구관)

　　　　　　　　　한희숙 (숙명여대 교수)

집 필 자

• 윤훈표(연세대 연구교수) 제7장, 제1·2절
• 임용한(충북대 연구교수) 제7장 제3·4·5절, 제8장 제2절,
                          제9장 제1·2·3절, 제5절
• 김순남(고려대 초빙교수) 제7장 제6절, 제8장 제3절, 제9장 제4절, 제6절
• 김일환(순천향대 연구교수) 제8장 제1·2절

한국군사사 6   **조선전기 II**

초판 인쇄 2012년 10월 15일
초판 발행 2012년 10월 31일

발 행 처 육군본부(군사연구소)
주   소 충청남도 계룡시 신도안면 부남리 계룡대로 663 사서함 501-22호
전   화 042) 550 - 3630~4
홈페이지 http://www.army.mil.kr

출   판 경인문화사
등록번호 제10-18호(1973년 11월 8일)
주   소 서울시 마포구 마포대로4다길 8 경인빌딩(마포동 324-3)
대표전화 02-718-4831~2   팩스 02-703-9711
홈페이지 http://www.kyuginp.co.kr
이 메 일 kyunginp@chol.com

ISBN 978-89-499-0874-8 94910 세트
      978-89-499-0881-6 94910
육군발간등록번호 36-1580001-008412-01
값 44,000원